Lehrbücher

des

Deutschen Reichsrechtes.

III.

Das Reichs-Concursrecht

von

Hermann Fitting.

Berlin und Leipzig.
Verlag von J. Guttentag.
(D. Collin.)
1881.

Das

Reichs-Concursrecht

und

Concursverfahren.

Von

Dr. Hermann Fitting,
Geh. Justizrathe und ordentlichem Professor der Rechte zu Halle.

Berlin und Leipzig.
Verlag von J. Guttentag.
(D. Collin.)
1881.

Vorrede.

Die Abfassung dieses Lehrbuches ist durch den Wunsch der Verlagsbuchhandlung veranlaßt, der Entschluß dazu aber erst nach langer Zögerung gefaßt worden. Die Bedenken wurzelten vornehmlich in der ungewöhnlichen Schwierigkeit der Aufgabe, einer Schwierigkeit, eben so sehr begründet in der Eigenthümlichkeit der von dem Concursrechte gestellten Probleme, als in der Beschaffenheit der Reichs-Concursordnung selbst, welche in ihrer überaus knappen Haltung und mit der ganz allgemeinen Verweisung auf entsprechende Anwendung der Civilproceßordnung in §. 65 dem Zweifel nur allzu viel Spielraum läßt. Dazu kommt noch, daß das Concursrecht überall mit dem allgemeinen bürgerlichen Rechte zusammenhängt, das zur Zeit noch in den verschiedenen Gebieten des Deutschen Reiches geltende bürgerliche Recht aber gerade in den Partieen, die vom Concursrechte vorzugsweise berührt werden, die allererheblichsten Verschiedenheiten aufweist.

War durch diese Erwägungen das Mißtrauen wohl gerechtfertigt, ob es gelingen möchte, in dem engen Rahmen eines kurzen Lehrbuches etwas ausreichend Brauchbares, für Theorie und Praxis Förderliches zu schaffen, so mußten freilich die nämlichen Erwägungen in Verbindung mit der Rücksicht auf die starken Neuerungen, welche die Reichs-Concursordnung für die meisten deutschen Rechtsgebiete bewirkt hat, gerade eine systematische und übersichtliche Darstellung des neuen Concursrechtes und Concursverfahrens, und zwar unbeschadet des wesentlich nur auf die erste Einführung berechneten Lehrbuches von Fuchs, als ein besonders dringendes Bedürfniß erscheinen lassen. Und daß dieses Bedürfniß namentlich von Seite der praktischen Juristen wirklich in weiten Kreisen gefühlt wurde, dafür lieferten zahlreiche Anfragen bei der Verlagsbuchhandlung sattsame Beweise.

So wurde denn nach langem Schwanken Hand ans Werk gelegt. Die Schwierigkeiten erwiesen sich allerdings bei der Ausführung noch viel größer und zahlreicher als nach der ursprünglichen Schätzung, und es steht nur zu wünschen, daß das fertige Werk die Mühsal des werdenden nicht mehr allzu sehr merken lasse. Auf der anderen Seite übte indessen die fortschreitende Arbeit auch eine wachsende Anziehung; denn gerade die eigenthümliche Beschaffenheit des Gesetzbuches gestattet der Wissenschaft wie der Praxis in ungleich höherem Maße als irgend ein anderes der Reichs-Justizgesetze freie Bewegung und ein stetes Zurückgehen auf allgemeine Rechtsgrundsätze. Daß dabei vorwiegend an das römische und gemeine Recht angeknüpft wird, liegt, scheint mir, schon in der Natur der Sache, mag aber für das vorliegende Buch auch in dem Berufe und der Studienrichtung des Verfassers seine Erklärung und nöthigenfalls seine Entschuldigung finden.

Das Unternehmen einer durchgehend gemeinfaßlichen Darstellung wäre bei diesem Gegenstande ein ziemlich zweck- und fruchtloses gewesen. Auch erheischte das Bedürfniß der Praxis, welches hier, wie bei dem „Reichs-Civilproceß“, vorzugsweise ins Auge gefaßt ist, diesmal vor Allem eine streng wissenschaftliche, überall auf die inneren Gründe und auf die allgemeinen civilrechtlichen Begriffe und Gesichtspunkte zurückgreifende Bearbeitung. Dadurch war zugleich eine etwas größere Ausführlichkeit und eine ziemlich vollständige Berücksichtigung der Litteratur bedingt, auf welche namentlich überall hingewiesen ist, wo sie weiter gehende Erörterungen bietet. So wird hoffentlich das Werk bei keiner wichtigeren Frage ganz im Stiche lassen. Die Verweisung auf die für die preußischen Gerichte maßgebenden Formulare in dem Formularbuche von Vierhaus verfolgt weniger praktische Zwecke, weil ja den preußischen Juristen diese Formulare ohnehin bekannt sind, als vielmehr den allgemeinen Zweck der Veranschaulichung, die durch nichts so sehr gefördert wird als gerade durch sorgfältig abgefaßte Formulare.

Wenngleich aber das Buch in erster Reihe für den Juristen, vornehmlich für den praktischen, bestimmt und berechnet ist, so ist immerhin danach gestrebt worden, ihm eine solche Haltung zu geben, daß es doch auch dem nicht juristisch gebildeten Kaufmann und sonstigen Geschäftsmann von Nutzen und zum Verständnisse der Concursordnung dienlich sein könne. Auch dem Bedürfnisse des Studirenden, welcher neben dem naturgemäß kürzeren akademischen Vortrage eine eingehendere Belehrung sucht, will es entgegenkommen.

Wie weit es gelungen ist, jedes dieser Ziele zu erreichen, wird der Erfolg erweisen müssen. Ein Unternehmen wie das vorliegende kann zur Zeit im besten Fall nicht mehr sein als ein bloßer Versuch, dem sicherlich noch gar manche Mängel und Unvollkommenheiten ankleben werden. Wie vieles aber auch der fortschreitenden Wissenschaft zu berichtigen bleibe, und wie weit das Werk noch von der Vollendung entfernt sein möge, so wage ich doch die Hoffnung, daß es zum richtigen Verständnisse und zur richtigen Anwendung der Concursordnung, sachlich eines der trefflichsten unserer Reichs-Justizgesetze, etwas werde beitragen können.

Halle, den 4. Juli 1881.

H. Fitting.

Inhalt.

Einleitung.

Seite

I. Entstehungsgeschichte der Reichs-Concursordnung. §. 1 . . . 1

II. Verhältniß der Concursordnung zu anderen Gesetzen. §. 2 . . . 5

III. Litteratur. §. 3 . . . 10

Erster Theil.
Das Concursrecht.

Einleitung. §. 4 . . . 13

I. Einwirkung der Eröffnung des Concursverfahrens auf die vermögensrechtlichen Verhältnisse des Gemeinschuldners.

1. Im Allgemeinen. §. 5 . . . 29

2. Insbesondere.

a. Einwirkung der Concurseröffnung auf Rechtsverhältnisse aus gegenseitigen Verträgen. §. 6 . . . 34

b. Einwirkung der Concurseröffnung auf anhängige Processe. §. 7 . . . 53

II. Die Concursgläubiger und die Concursforderungen.

1. Begriff der Concursgläubiger und der Concursforderungen. §. 8 . . . 66

2. Einfluß des Concursverfahrens auf die Concursgläubiger. §. 9 . . . 78

Seite

3. Art und Umfang der Geltendmachung der Concursforderungen. §. 10 86
4. Rangordnung der Concursforderungen. §. 11 . 95
5. Feststellung der Concursforderungen und ihres Ranges. §. 12 101

III. Die Concursmasse.
1. Bestand derselben.
a. Im Allgemeinen. §. 13 117
b. Masseansprüche. §. 14 127
c. Vermehrung der Concursmasse durch Anfechtung von Rechtshandlungen.
aa. Allgemeine Voraussetzungen der Anfechtbarkeit. §. 15 136
bb. Die einzelnen Fälle der Anfechtbarkeit. §. 16 142
cc. Art der Ausübung und Dauer der Anfechtungsrechte. §. 17 156
dd. Wirkungen der Anfechtung. §. 18 . 161
d. Verminderung der Concursmasse durch die Ausübung von Absonderungsrechten.
aa. Die einzelnen Absonderungsrechte. §. 19 169
bb. Gemeinsames in Ansehung der Absonderungsrechte. §. 20 183
e. Verminderung der Concursmasse durch Aufrechnung. §. 21 187
f. Aussonderungsrechte. §. 22 198
2. Verwaltung und Verwerthung der Concursmasse. §. 23 205
3. Stellung des Gemeinschuldners zu der Concursmasse. §. 24 217

IV. Einwirkung der Beendigung des Concursverfahrens auf die vermögensrechtlichen Verhältnisse des Gemeinschuldners. §. 25 226

Zweiter Theil.
Das Concursverfahren.

Seite

I. Vorbemerkungen. §. 26 235
II. Die Factoren des Concursverfahrens.
Uebersicht. §. 27 243
1. Das Concursgericht. §. 28 244
2. Der Concursverwalter. §. 29 247
3. Der Gläubigerausschuß. §. 30 256
4. Die Gläubigerversammlung. §. 31 262
5. Die einzelnen Concursgläubiger. §. 32 . . . 270
6. Der Gemeinschuldner. §. 33 272
III. Der Gang des Concursverfahrens.
Einleitung. §. 34 277
1. Eröffnungsverfahren.
a. Voraussetzungen der Concurseröffnung und Vorverfahren. §. 35 279
b. Concurseröffnung und begleitende Maßregeln. §. 36 289
2. Erledigung des Concursverfahrens durch Vertheilung der Concursmasse.
a. Herstellung der Theilungsmasse. §. 37 . . 295
b. Ermittelung der Schuldenmasse. §. 38 . . 303
c. Vertheilungsverfahren.
aa. Allgemeines. §. 39 314
bb. Vorbereitung der Vertheilungen. §. 40 316
cc. Weiteres Verfahren bei den Abschlagsvertheilungen. §. 41 323
dd. Eigenthümlichkeiten der Schlußvertheilung. §. 42 328
ee. Nachtragsvertheilungen. §. 43 . . . 336
ff. Vollzug der Vertheilungen. §. 44 . 340
3. Erledigung des Concursverfahrens durch Zwangsvergleich.
a. Einleitung. §. 45 346

Seite

b. Vergleichsvorschlag und Vorprüfung desselben. §. 46 352
c. Beschlußfassung über den Vergleichsvorschlag. §. 47 355
d. Verfahren nach der Annahme des Zwangsvergleiches. §. 48 364
e. Wirkungen des Zwangsvergleiches für die Concursgläubiger. §. 49 371
f. Anfechtbarkeit und Entkräftung des Zwangsvergleiches. Wiederaufnahme des Concursverfahrens. §. 50 375
4. Einstellung des Concursverfahrens. §. 51 . . 381
IV. Eigenthümlichkeiten einzelner Fälle.
1. Concursverfahren über das Vermögen einer Actiengesellschaft. §. 52 389
2. Concursverfahren über das Vermögen einer eingetragenen Genossenschaft. §. 53 392
3. Concursverfahren über das Vermögen einer sonstigen juristischen Person. §. 54 395
4. Concursverfahren über das Vermögen einer offenen Handelsgesellschaft, einer Commanditgesellschaft und einer Commanditgesellschaft auf Actien. §. 55 397
5. Concursverfahren über einen Nachlaß. §. 56 . 401
6. Concursverfahren über das inländische Vermögen eines im Auslande wohnhaften Schuldners. §. 57 403

Anhang.

Strafbestimmungen. §. 58 407

I. Sachregister 414
II. Quellenregister 420

Abkürzungen.

a. A. = am Anfange.
a. a. O. = am angeführten Orte.
a. d. a. OO. = an den angeführten Orten.
a. E. = am Ende.
A. M. = Anderer Meinung.
Abs. = Absatz.
Anm. = Anmerkung.
Art. = Artikel.
Bem. = Bemerkung.
bes. = besonders.
betr. = betreffend.
bezw. = beziehungsweise.
BGB. = Bundesgesetzblatt.
Conc.O. = Concursordnung.
CP. = Civilproceßordnung.
d. h. = das heißt.
ebend. = ebendaselbst.
EG. = Einführungsgesetz.
Einl. = Einleitung.
Entsch. = Entscheidungen des Reichsgerichts in Civilsachen.
entspr. = in entsprechender Anwendung von.
Entw. = Entwurf.
ff. = und die folgenden.
fg. — und die folgende.
G. = Gesetz.
g. E. = gegen Ende.
GB. = Gesetzbuch.
GK. = Gerichtskostengesetz.
GV. = Gerichtsverfassungsgesetz.
GVollz.Geb. = Gebürenordnung für Gerichtsvollzieher.
HGB. = Handelsgesetzbuch.
insbes. = insbesondere.
Mot. = Motive.
Nr. = Nummer.
O. = Ordnung.
ob. = oben.
Prot. = Protokolle der zur Vorberathung der Concursordnung gewählten Commission des Deutschen Reichstags.
RAGeb. = Gebürenordnung für Rechtsanwälte.
RAO. = Rechtsanwaltsordnung.
RG. = Reichsgesetz.
RGB. = Reichsgesetzblatt.
RGer. = Reichsgericht.
S. oder s. = Siehe.
S. vor einer Zahl (z. B. S. 30) = Seite.
sog. = sogenannt.
StGB. — Strafgesetzbuch.
StP. = Strafproceßordnung.
Tit. = Titel.
u. a. = und andere.
u. dgl. = und dergleichen.
u. dgl. m. = und dergleichen mehr
unt. = unten.
v. = von, oder: vom.
Vbd. oder vbd. = Verbinde damit, oder verbunden mit.
Vgl. oder vgl. = Vergleiche, oder: verglichen mit.
Vorbem. = Vorbemerkung.
vorl. = vorletzt.
WO. = Wechselordnung.
z. = zu, oder: zum, oder: zur.

R.CP. = Fitting, Der Reichs-Civilproceß. 4. oder 5. Auflage.

Vierhaus = F. Vierhaus, Formularbuch zu den Deutschen Prozeßordnungen für den Gebrauch der Gerichte und Staatsanwaltschaften. Auf amtliche Veranlassung herausgegeben.

Windscheid = B. Windscheid, Lehrbuch des Pandektenrechts. 5. Auflage.

Zachariä = C. S. Zachariä v. Lingenthal, Handbuch des Französischen Civilrechts. 6. Auflage. Herausgegeben von S. Puchelt.

Weitere Abkürzungen von Büchertiteln sind S. 12 bezeichnet.

Berichtigungen.

S. 36 Z. 12 v. o. lies „noch“ statt „uoch“.
S. 56 Anm. 6 Z. 1 lies „§. 8 Abs. 1 Satz 2“.
S. 81 Anm. 13 Z. 1 lies „Klage“ statt „Klae“.
S. 136 Anm. 1 Z. 2 v. u. lies „Handlung, wo“ u. s. w.
S. 224 Anm. 20 Z. 1 lies „Conc.O. §. 7“ statt „Conc.O. § 17“.
S. 233 Anm. 23 Spalte 2 Z. 11 setze nach „Anm. 20)“ ein Komma.
S. 256 letzte Zeile des Textes lies „nicht auf“ statt „nich tauf“.
S. 269 Anm. 31 Spalte 1 letzte Zeile lies „die“ statt „bei“.

Einleitung.

§. 1.

I. Entstehungsgeschichte der Reichs-Concursordnung.

Wie der Civilproceß, so zeigte bis auf die jüngste Zeit auch das Concursverfahren in den verschiedenen deutschen Rechtsgebieten eine sehr bunte und verschiedenartige Gestalt.[1] Zudem litt das Concursverfahren, wie es im Anschlusse an das sog. gemeine deutsche Concursrecht in den meisten dieser Rechtsgebiete bestand, an Schwerfälligkeit, Langsamkeit und Kostspieligkeit. Wesentlich nur in Preußen war es gelungen, durch die sich vielfach an das französische Recht anlehnende Concursordnung vom 8. Mai 1855 ein beweglicheres und rascheres, den Bedürfnissen und Anforderungen des heutigen Verkehrslebens besser entsprechendes Concursverfahren zu erreichen.

So mußte, als nach der Errichtung des Norddeutschen Bundes die Abfassung einer gemeinsamen Civil- und Strafproceßordnung beschlossen wurde, in nicht geringerem Maße auch eine Verbesserung und einheitliche Gestaltung des Con-

[1] S. die Zusammenstellung in Anlage I. zu den Motiven des Entwurfs einer Concursordnung (Anlage-Band zu den Motiven S. 5 ff.).

cursverfahrens durch eine gemeinsame Concursordnung als unabweisliches Bedürfniß erscheinen. Zufolge Beschlusses vom 21. Februar 1870 richtete daher der Bundesrath an den Bundeskanzler, dieser aber hinwiederum an den preußischen Justizminister das Ersuchen, die Ausarbeitung eines Entwurfes zu veranlassen, — eine Aufgabe, welche sich durch die bald darauf erfolgte Errichtung des Deutschen Reiches von selbst zur Ausarbeitung des Entwurfes einer Reichs-Concursordnung erweiterte. Bei dieser Arbeit wurde die genannte preußische Concursordnung zum Ausgangspunkte und zur Grundlage genommen, weil es von vornherein nicht zweifelhaft sein konnte, daß die Neugestaltung des deutschen Concursverfahrens an dieses durch langjährige Anwendung erprobte und im Großen und Ganzen trefflich bewährte Gesetzeswerk anzuknüpfen habe.

Im November 1873 wurde der fertige Entwurf unter dem Titel „Entwurf einer Deutschen Gemeinschuldordnung" mit ausführlichen Motiven den Bundesregierungen mitgetheilt[2] und sodann durch Bundesrathsbeschluß vom 21. Dezember 1873 einer Vorberathung durch eine aus acht angesehenen Juristen und drei angesehenen Vertretern des Handelsstandes bestehende Commission unterworfen, welche am 16. März 1874 in Berlin zusammentrat und bis zum 31. Juli 1874 den Entwurf nebst demjenigen eines Einführungsgesetzes in drei Lesungen durchberieth. Sie hielt zwar die Anlage und die Grundzüge des Entwurfes fest, nahm aber im Einzelnen zahlreiche Aenderungen vor, theilweise von grundsätzlicher Bedeutung. Auch gab sie dem Gesetze anstatt

[2] Gleichzeitig wurde er nebst Motiven und Anlagen auch durch den Buchhandel veröffentlicht im v. Decker'schen Verlage. Berlin 1873.

des Titels „Gemeinschuldordnung" die hergebrachte und allgemein übliche Benennung als „Concursordnung".

Nachdem der von der Commission festgestellte Entwurf durch die Beschlüsse des Bundesrathes noch mehrfache, jedoch nirgends tiefer eingreifende Abänderungen erlitten hatte, wurde er mit dem Entwurfe des Einführungsgesetzes durch Schreiben des Reichskanzlers vom 21. Januar 1875 dem Reichstage vorgelegt.[3] Beiden Entwürfen waren unter dem Titel „Motive" ausführliche und für die Auslegung höchst werthvolle Begründungen beigegeben.[4]

---

[3] Wegen der bisherigen Darstellung vgl. das Vorwort zu den Motiven (S. 3 fg.) und das Schreiben an der Spitze der Entwürfe.

[4] Entwürfe und Motive liegen gedruckt vor theils in der dem Reichstage zugegangenen amtlichen Vorlage, theils in den Actenstücken des deutschen Reichstags II. Legislaturperiode. 2. Session 1874/75. Justiz-Gesetzgebung Nr. IV. Actenstück Nr. 200. S. 1245—1618. (Auch im Buchhandel: Berlin 1875 bei Fr. Kortkampf erschienen.) Endlich sind sie in den vierten Band der von C. Hahn begonnenen Ausgabe der „gesammten Materialien zu den Reichs-Justizgesetzen" (Berlin, R. v. Decker's Verlag) aufgenommen. Um die Benutzung eines jeden Abdruckes zu ermöglichen, werden die Motive in diesem Lehrbuche nach den Paragraphen der Entwürfe angeführt. Jedoch sind zur Erleichterung der Auffindung die — auch in der Hahn'schen Ausgabe vermerkten — Seitenzahlen der amtlichen Vorlage beigesetzt. — Die Motive sind zwar nach der im Namen des Bundesrathes in der Reichstagssitzung vom 24. November 1874 abgegebenen Erklärung (Hahn Bd. I S. 188 fg.) nicht von den verbündeten Regierungen selbst ausgegangen und festgestellt und haben also nicht die Bedeutung einer unmittelbaren Aeußerung eines der gesetzgebenden Factoren. Allein ihre Bedeutung geht immerhin weit über diejenige einer bloßen Privatarbeit hinaus; denn sie sind in Verbindung mit der Abfassung der Entwürfe von den Verfassern derselben in amtlichem Auftrage verfaßt und mit den Entwürfen als „unentbehrliches Hülfsmittel" zum Verständnisse derselben dem Reichstage amtlich vorgelegt. Sie haben daher die Vermuthung richtiger Auf-

Weil die Entwürfe in dieser Session wegen des Schlusses derselben nicht mehr zur Berathung kommen konnten, so wurden sie am Beginn der folgenden im Oktober 1875 dem Reichstage von Neuem vorgelegt und von diesem nach der ersten nur die geschäftliche Behandlung betreffenden Berathung durch Beschluß vom 4. November 1875 zuvörderst an eine Commission von vierzehn Mitgliedern verwiesen, welche sie vom 11. November 1875 bis zum 4. Februar 1876 und nach der Verlängerung ihres Mandates durch Gesetz vom 20. Februar 1876 wiederum vom 18. bis zum 26. Mai 1876 einer eingehenden Berathung in zwei Lesungen unterzog.[5] Das

---

fassung und Auslegung des Sinns der gesetzlichen Vorschriften für sich und müssen, wo der Wortlaut derselben eine verschiedene Deutung gestattet, in der Regel als entscheidend angesehen werden, während sie, wo sie (wie z. B. zu Conc.O. §. 167) mit den Gesetzesworten in unvereinbarem Widerspruche stehen diesen natürlich weichen müssen. Eben so wichtig und beachtenswerth sind ihre Aeußerungen über den Gang und Mechanismus des Verfahrens, weil bei der äußerst knappen Haltung der Concursordnung der Zusammenhang der einzelnen Vorschriften häufig erst aus den Motiven klar wird. Dagegen können sie, wo sie die Vorschriften des Gesetzes auf allgemeine Grundsätze zurückführen oder weitere Folgerungen aus ihnen ziehen, kein stärkeres Gewicht in Anspruch nehmen als dasjenige einer, wenn auch allerdings sehr hervorragenden, Privatarbeit; denn es handelt sich hiebei um rein wissenschaftliche Fragen, für deren Beantwortung nur innere, sachliche Gründe entscheidend sein können, und zwar dieses um so mehr, als der Gesetzgeber immer vorzugsweise von praktischen Erwägungen geleitet wird und, durch ein richtiges Gefühl praktischer Angemessenheit geleitet, nicht selten unbewußt ganz neuen Grundgedanken folgt, obwohl er selbst an den alten festzuhalten meint. Vgl. Petersen, Commentar zur Civilproceß-Ordnung I. S. 17 fg.

[5] Die Protokolle dieser Commission sind ebenfalls ein wichtiges Hülfsmittel der Auslegung. Sie werden in diesem Lehrbuche nach den — auch in den Hahnschen „Materialien" vermerkten —

Ergebniß war eine Anzahl einzelner, jedoch nicht sehr erheblicher und zumeist nur die Fassung berührender Aenderungen.

In dieser Gestalt wurden auf den im Namen der Commission erstatteten mündlichen Bericht sowohl die Concursordnung als das Einführungsgesetz vom Reichstage in der Sitzung vom 2. Dezember 1876 in zweiter, in derjenigen vom 21. Dezember in dritter Lesung ohne Einzelberathung im Ganzen, und zwar einstimmig, angenommen, worauf sie nach erfolgter Zustimmung des Bundesrathes als Gesetze vom 10. Februar 1877 in Nr. 10 des Reichsgesetzblattes von 1877 (S. 351 ff.) verkündigt wurden.

Beide Gesetze sind mit den übrigen sog. Reichs-Justizgesetzen am 1. Oktober 1879 in Kraft getreten.[6]

§. 2.

II. Verhältniß der Concursordnung zu anderen Gesetzen.

I. Die Concursordnung erhält eine Ergänzung zuvörderst durch das Gerichtsverfassungsgesetz. Denn das Concursverfahren ist den ordentlichen Gerichten zugewiesen und wurde bei der Abfassung der Reichs-Justizgesetze zu dem Gebiete der ordentlichen streitigen Gerichtsbarkeit gerechnet, so daß im Sinne des Gesetzes EG. z. GV. §. 2 sich auch auf das Concursverfahren bezieht und der Ausdruck „Proceßordnungen“ in GV. §§. 24 und 161 außer der Civilproceßordnung und der Strafproceßordnung auch die Concursordnung umfaßt.[1]

Seitenzahlen des von der Commission veranstalteten Abdruckes angeführt.

[6] Vgl. EG. §. 1 vbd. EG. z. GV. §. 1.

[1] S. GV. §. 204. Vgl. Begründung z. §. 13 des Entw. des GV. (S. 64), Begründung des EG. z. GV. a. E. (S. 215), Prot. z. GV. S. 71, Mot. z.

Ferner kommen als Ergänzung der Concursordnung, soweit diese nicht abweichende Bestimmungen enthält, die Vorschriften der Civilproceßordnung auf das Concursverfahren zu entsprechender Anwendung.[2]

II. Auf die Landesherren und die Mitglieder der landesherrlichen Familien sowie der fürstlichen Familie Hohenzollern sind die Vorschriften der Concursordnung, gleich denjenigen der übrigen Reichs-Justizgesetze, nur so weit anwendbar, als nicht besondere Vorschriften der Hausverfassungen oder der Landesgesetze abweichende Bestimmungen enthalten.[3] Die Geltung dieser Vorschriften beschränkt sich jedoch auf das eigene Land; in anderen Bundesstaaten haben die genannten Personen bloß diejenigen Vorrechte, welche ihnen die Reichs-Justizgesetze ausdrücklich gewähren.[4]

EG. z. Conc.O. §. 1. Auch Drechsler im Archiv für die civilistische Praxis LXII. S. 425 ff., Schultze S. 140 ff. und Wilm. 2. Aufl. Vorbem. 1. II. z. Buch I. (S. 36) rechnen das Concursverfahren zur streitigen Gerichtsbarkeit, weil es seiner Aufgabe nach eigentlicher Civilproceß sei. Dagegen betrachtet die vorwiegende Meinung im Anschlusse an die Aeußerungen der Motive im zweiten Hauptabsatze der Einleitung (S. 9 fg.) das Concursverfahren in der ihm durch die Concursordnung gegebenen Gestalt nicht als Proceß, sondern als eine unter richterlicher Auctorität sich vollziehende Auseinandersetzung des seine Leistungen einstellenden Schuldners mit allen seinen Gläubigern, vergleichbar der Liquidation einer kaufmännischen Firma. Hienach würde denn die Thätigkeit des Concursgerichtes eher zur freiwilligen Gerichtsbarkeit gehören. Vgl. Mot. §§. 65 — 69 (S. 297). Mir scheint die Thätigkeit des Concursgerichtes im Concursverfahren, wie die nahe verwandte Thätigkeit des Vollstreckungsgerichtes im Zwangsvollstreckungsverfahren, auf der Grenze beider Gebiete zu liegen, so daß die Zutheilung, wie bei jedem wissenschaftlichen Grenzgebiete, zweifelhaft sein kann.

[2] Conc.O. §. 65. Vgl. unt. §. 26.

[3] EG. §. 7. Vgl. EG. z. GV. §. 5, EG. z. CP. §. 5, EG. z. StP. §. 4.

[4] S. Begründung z. §. 5 des Entwurfs des EG. z. GV.

Ferner gehen der Concursordnung vor die landesgesetzlichen Vorschriften, welche die Lehen, Stammgüter oder Familienfideicommisse betreffen.[5]

III. Die übrigen das Concursverfahren und seine eigenthümlichen Einwirkungen auf die Privatrechtsverhältnisse betreffenden Vorschriften der Landesgesetze[6] sind aufgehoben, soweit sie nicht entweder durch Verweisung auf sie in der Concursordnung oder durch die Bestimmung, daß sie nicht berührt werden, ausdrücklich aufrechterhalten sind. Dieses gilt nicht nur von allen Vorschriften des Landesrechtes über Concurs-, Fallimentss-, Gant-, Debit-Verfahren, über gerichtliche, zur Abwendung oder Einleitung eines solchen Verfahrens dienende Stundungs- oder Nachlaßverhandlungen, concursmäßige Einleitungen, Vermögensuntersuchungen, über die Rechtswohlthat der Güterabtretung und die landesherrliche oder gerichtliche Bewilligung einer allgemeinen Zahlungsstundung, sondern auch von den Vorschriften über das Concursrecht.[7]

(S. 210 fg.). Bbd. CP. §§. 196 Abs. 2, 340 Abs. 2, 441 Abs. 2, 444 Abs. 3, StP. §. 71. Völd. z. EG. §. 7 Bem. III. hält die Vorschriften der Hausverfassungen auch außerhalb des eigenen Landes für maßgebend.

[5] EG. §. 5 Nr. 1, Conc.O. §. 45. Vgl. Mot. z. EG. §. 5 Nr. 1 (S. 469).

[6] Unter „Gesetz" ist hier wie sonst in der Concursordnung und dem Einführungsgesetze zu derselben jede Rechtsnorm, d. h. jeder Rechtssatz mit Einschluß des Gewohnheitsrechtes, zu verstehen: EG. §. 2. Vgl. Prot. S. 133.

[7] EG. §. 4 Abs. 1. Vgl. Mot. z. EG. §. 4 (S. 467 ff.). Aufgehoben sind demnach auch die landesgesetzlichen Vorschriften, welche vermöge des Vorbehaltes in Art. 122 und 169 des Handelsgesetzbuches den Privatgläubigern des Mitgliedes einer offenen Handelsgesellschaft oder des persönlich haftenden Gesellschafters einer Commanditgesellschaft ein Absonderungsrecht in Ansehung seines Privatvermögens gewährten. S. unt. §. 55

Jedoch ist ein vor dem Tage des Inkrafttretens der Concursordnung eröffnetes Concursverfahren nach dem bisherigen Rechte zu erledigen, soweit nicht die Landesgesetzgebung durch Uebergangsbestimmungen die Vorschriften der Concursordnung auf die Erledigung solcher Concurssachen für anwendbar erklärt hat.[8] Ferner ist selbst in einem erst unter der Herrschaft der Concursordnung eröffneten Concursverfahren auf solche Rechtsverhältnisse, welche schon vor dem Inkrafttreten der Concursordnung entstanden waren, das bisherige Concursrecht noch in einzelnen Beziehungen anzuwenden, theils unbedingt, theils wenn es die Landesgesetzgebung für anwendbar erklärt.[9]

Auch die mit dem Concurse in Beziehung stehenden Strafbestimmungen der Landesgesetze sind aufgehoben[10] mit Ausnahme derjenigen, welche die Nichtbefolgung der Vorschriften über die Anzeige des zwischen dem Gemeinschuldner und seinem Ehegatten bestehenden Güterrechtes mit Strafe belegen.[11]

IV. Die den Concurs betreffenden Vorschriften der Reichsgesetze bestehen neben der Concursordnung fort, soweit

---

Anm. 17. Dagegen bestehen als nicht zum Concursrechte gehörig fort die Vorschriften über die Einwirkung des Concurses auf die politischen und Ehrenrechte des Gemeinschuldners. S. Mot. Schlußbemerkungen zu Buch II Tit. 7 im letzten Abs. (S. 439) vbd. Mot. z. EG. §. 4 in Abs. 1 (S. 467).

[8] EG. §. 8 vbd. Mot. z. EG. §. 8 (S. 470).

[9] S. EG. §§. 9—13. Diese Ausnahmen von der Regel, daß in jedem seit dem 1. Oktober 1879 eröffneten Concursverfahren nur die Concursordnung maßgebend ist, werden treffenden Ortes näher angegeben werden.

[10] EG. §. 4 Abs. 2. S. unt. §. 58. I.

[11] EG. §. 5 Nr. 2.

sie nicht ausdrücklich aufgehoben sind.[12] Aufgehoben sind aber:[13]

1. §. 51 des Genossenschaftsgesetzes vom 4. Juli 1868 und die in §. 48 dieses Gesetzes bestimmte Zuständigkeit des Handelsgerichtes;[14]
2. §§. 13—18 des Rechtshülfegesetzes vom 21. Juni 1869;[15]
3. §§. 281—283 des Strafgesetzbuches.[16]

Der Art. 80 der Wechselordnung ist dahin abgeändert, daß die Verjährung auch nach Maßgabe des §. 13 der Concursordnung unterbrochen wird.[17]

Die Verjährung zu Gunsten eines zur Zeit der Eröffnung des Concursverfahrens über das Vermögen einer eingetragenen Genossenschaft bereits aus der Genossenschaft ausgeschiedenen oder ausgeschlossenen Genossenschafters wird auch durch Anmeldung der Forderung in dem Concurse der Genossenschaft unterbrochen.[18]

V. Was endlich das Verhältniß der Concursordnung zum ausländischen, d. h. außerhalb des Deutschen Reiches geltenden, Rechte anlangt, so werden zuvörderst die vom Reiche oder von einzelnen Bundesstaaten mit ausländischen

---

[12] EG. §. 3 Abs. 1. Die fortgeltenden Vorschriften werden jedesmal an gehöriger Stelle namhaft gemacht werden.

[13] EG. §. 3 Abs. 2.

[14] Ersetzt durch Conc.O. §§. 195—197, §. 64. S. unt. §. 53.

[15] Vgl. Mot. z. EG. §. 3 Nr. 2 (S. 465 fg.).

[16] Ersetzt durch Conc.O. §§. 209—214. S. unt. §. 58.

[17] EG. §. 3 Abs. 3.

[18] EG. §. 3 Abs. 4. Vgl. GenossenschaftsG. v. 4. Juli 1868 §§. 63, 64 Abs. 1. S. unt. §. 53 Anm. 12. — Außerdem ist auch der Art. 122 des Handelsgesetzbuches durch Conc.O. §. 201 Abs. 2 vbd. §. 57 abgeändert, und der am Schlusse dieses Artikels für die Landesgesetzgebung gemachte Vorbehalt ist durch Conc.O. §. 3 Abs. 1 beseitigt. S. unt. §. 55 Anm. 13 u. 17.

Staaten abgeschlossenen Staatsverträge durch die Concursordnung, wie durch die übrigen Reichs-Justizgesetze, nicht berührt.[19] Außerdem geht die Concursordnung von dem Grundsatze der Gleichberechtigung des inländischen und des ausländischen Concursrechtes aus und schreibt daher dem im Auslande eröffneten Concursverfahren im Allgemeinen volle Wirkung nach Maßgabe des ausländischen Rechtes auch in Ansehung der inländischen Gläubiger und des im Inlande befindlichen Vermögens zu. Weil jedoch noch keinesweges alle Staaten eine solche Gleichberechtigung anerkennen, so führt sie diesen Grundsatz nur mit gewissen Beschränkungen durch oder gestattet die Anordnung von Beschränkungen zur Anwendung eines Vergeltungsrechtes.[20]

§. 3.

III. Litteratur.

Als die hauptsächlichsten Schriften über die Reichs-Concursordnung sind die folgenden zu nennen:

---

[19] Vgl. Mot. z. EG. §§. 3—7 (S. 463), Begr. z. EG. z. GV. a. E. (S. 214 a. E.), Begr. z. Entw. der CP. §§. 610, 611 a. E. (S. 403), Mot. z. EG. z. StP. §. 5 a. E. (S. 256 a. E.).

[20] S. Conc.O. §§. 4, 207, 208. Vgl. Mot. §. 4 (S. 31 fg.), §§. 207, 208 (S. 456 ff.), Prot. S. 8 fg., 196 ff. S. unt. §. 8. VI., §. 57. — Eine Beziehung zum ausländischen Rechte liegt auch noch darin, daß die Concursordnung nach dem Gesetze über die Consulargerichtsbarkeit vom 10. Juli 1879 §. 14 in den Ländern, in welchen dem Deutschen Reiche die Consulargerichtsbarkeit zusteht, für die Concurssachen der dieser Gerichtsbarkeit unterworfenen Personen maßgebend ist. Jedoch mit gewissen, durch die Eigenthümlichkeit des Verhältnisses gebotenen Abweichungen. S. die §§. 12 Abs. 1, 18 Abs. 2 u. 3, 19, 45 des Gesetzes. Wo die Concursordnung auf Landesrecht Bezug nimmt, ist das Recht derjenigen preußischen Landes-

I. Commentare:[1]

A. Hullmann, Konkursordnung für das Deutsche Reich. Nördlingen 1879. VIII. u. 388 SS.

Julius Petersen, Konkursordnung für das Deutsche Reich. Lahr 1878. XXII. u. 571 SS.

Dr. von Sarwey, Die Konkursordnung für das Deutsche Reich. Berlin 1879. LVI. u. 806 SS.

W. Stieglitz, Die Konkursordnung für das Deutsche Reich. Tübingen 1879. XXXIX. u. 779 SS.

Dr. Otto Freiherr von Völderndorff, Konkursordnung für das Deutsche Reich. Erlangen 1879. Abth. I. XXXIV. u. 593 SS. Abth. II. 717 SS.

F. A. Wengler, Die Konkursordnung für das Deutsche Reich. Leipzig 1879. VI. u. 768 SS.

G. von Wilmowski, Deutsche Reichs-Konkursordnung. Berlin 1878. VIII. u. 372 SS. 2. Aufl. 1881.[2]

II. Systematische Darstellungen:

1. des Concursrechtes und Concursverfahrens:

Dr. Carl Fuchs, Der deutsche Concursproceß. Leipzig 1877. VI. u. 180 SS.

2. bloß des Concursrechtes:

Dr. Heinrich Dernburg, Lehrbuch des Preu-

---

theile anzuwenden, in welchen das Allgemeine Landrecht gilt. S. §§. 3 Abs. 1, 14 des Gesetzes. Vgl. noch Stiegl. Schlußbemerkung zu Buch II. Tit. 8 (S. 707 fg.).

[1] Zu erwähnen ist, daß Hullmann und v. Sarwey an der Vorberathung der Concursordnung als Mitglieder der Reichstags-Commission in hervorragender Weise Antheil genommen haben.

[2] Bis jetzt (Anfang Mai) 1. Lieferung, bis zu Conc.O. §. 23 reichend.

ßischen Privatrechts. 2. Aufl. Band II. Halle 1880. §§. 111—132.

III. Erörterung der juristischen Grundlagen:

Dr. Aug. Sigm. Schultze, Das Deutsche Konkursrecht in seinen juristischen Grundlagen. Berlin 1880. XII. u. 156 SS.

In sorgfältiger und sehr beachtenswerther Weise ist das Concursrecht auch berücksichtigt bei

Gustav Mandry, Der civilrechtliche Inhalt der Reichsgesetze. Tübingen 1878.[3]

[3] Alle diese Schriften werden nur mit den Namen der Verfasser angeführt, und zwar unter Anwendung folgender Abkürzungen: Hullm., Pet., Stiegl., Völd., Wilm.

Erster Theil.

Das Concursrecht.

§. 4.

Einleitung.

I. Da es bei entwickelten wirthschaftlichen Verhältnissen und ausgebildetem Tauschverkehr in der Regel leicht ist, Güter jeder Art einerseits mittels Geldes zu erwerben, andererseits in Geld umzusetzen, so muß auf höheren Stufen wirthschaftlicher Entwickelung der allgemeinen Anschauung als die weitaus wichtigste Seite aller Vermögensstücke ohne Rücksicht auf ihre sonstige Verschiedenheit naturgemäß ihre gemeinsame Eigenschaft als Träger von Geldwerthen erscheinen. Entsprechend stellen sich die Schulden ohne Rücksicht auf die Verschiedenheit des Gegenstandes gemeinsam als Verringerungen des Geldwerthes des Vermögens dar, als fremde Geldwerthe („aes alienum"), für deren richtige Erstattung an die Berechtigten der Schuldner verantwortlich ist. Soweit der Geldwerth der Activen durch denjenigen der Schulden aufgewogen wird, ist daher der Schuldner der Sache nach Inhaber und Verwalter fremden Vermögens, eines Vermögens, welches für eine bloß die Werthseite ins Auge fassende Betrachtung nicht ihm, sondern seinen Gläubigern gehört.[1]

Auf dieses Verhältniß muß der Schuldner bei seiner Lebens- und Geschäftsführung gebürende Rücksicht nehmen. Er handelt unehrlich und schädigt in schuldhafter Weise fremdes Vermögen, wenn er sich nicht bloß mit Absicht, sondern auch nur durch Lässigkeit, Leichtsinn oder unordentliche Geschäftsführung zur Befriedigung seiner Gläubiger außer Stande setzt.[2] Ja selbst Dritte müssen darauf Rücksicht nehmen, wenigstens insofern, als sie nicht zu absichtlicher Benachtheiligung der Gläubiger wissentlich die Hand bieten, und als sie sich nicht durch unentgeltliche Zuwendungen, welche ihnen der Schuldner auf Kosten der Gläubiger gemacht hat, zum Nachtheil der letzteren bereichern dürfen.[3]

Gleichwohl enthält, da die activen Vermögensstücke des Schuldners von dem nicht einseitig bloß die Werthseite des Vermögens beachtenden Rechtsstandpunkte immerhin sein eigenes Vermögen sind, und da ferner die Gläubiger, wenn sie nur rechtzeitig ihre Befriedigung erhalten, sich nicht darum zu kümmern haben, ob der Schuldner dieselbe aus eigenen

---

[1] Vgl. L. 39 §. 1 D. de verb. sign. 50, 16: Bona intelleguntur cuiusque, quae deducto aere alieno supersunt. S. auch Mot. §§. 202—206 in Abs. 3 (S. 453): „Reicht der Nachlaß zur Deckung der Schulden nicht aus, — — so wird er für den Erben factisch seinem ganzen Umfange nach zu einer fremden Sache. — — Die Gläubiger sind es in Wirklichkeit allein, welchen der Nachlaß zukommt."

[2] Auf diesem Gesichtspunkte beruhen die Ehrenfolgen, welche sich an die Concurseröffnung knüpfen, und die in Conc.O. §§. 209, 210 festgesetzten Strafen.

[3] Hierauf beruhen neben der Strafbestimmung in Conc.O. §. 212 namentlich die in Conc.O. §§. 24, 25 und in dem AnfechtungsG. v. 21. Juli 1879 §. 3 festgesetzten Anfechtungsrechte.

oder vermöge seines Credites aus fremden Mitteln beschafft, der Zustand der Ueberschuldung, d. h. der Unzulänglichkeit des Geldwerthes der Activen zur Deckung des Geldwerthes der Schulden, für sich allein und so lange der Schuldner zahlungsfähig, d. h. zur pünktlichen Erfüllung seiner Geldverbindlichkeiten im Stande ist,[4] noch keinen genügenden Rechtfertigungsgrund, ihn selbst in seiner wirthschaftlichen Freiheit und in der Verfügung über jenes sein Vermögen sowie seine einzelnen Gläubiger aus Rücksicht auf die übrigen in der freien Geltendmachung ihrer Forderungen durch äußeres Eingreifen zu beschränken. Dieses könnte sogar nicht einmal im wohlverstandenen Interesse der Gläubiger liegen; denn es benähme dem Schuldner die nur bei ungestörter Freiheit der Bewegung gegebene Möglichkeit, durch Thätigkeit und Einsicht, namentlich aber durch Benutzung des ihm zustehenden Credites, den Zustand der Ueberschuldung zu überwinden, und es hätte daher für die Gläubiger nothwendig Verluste zur Folge, während doch der Schuldner thatsächlich bewiesen hat, daß er bisher durch seine Ueberschuldung an der Befriedigung seiner Gläubiger nicht gehindert war. Endlich kommt in Betracht, daß bei der engen und mannigfaltigen Verflechtung der wirthschaftlichen Beziehungen jede Hemmung des freien Ganges der wirthschaftlichen Bewegung, wenn sie auch nur an einem einzelnen Punkte stattfindet, immer auf weitere Kreise störend einwirkt und daher schon aus Rücksichten des Gemeinwohls so lange

[4] Bloß die Geldverbindlichkeiten kommen in Betracht, weil alle anderen vermögensrechtlichen Verbindlichkeiten, wenn ihre Erfüllung dem Schuldner unmöglich wird, soweit sie dadurch nicht untergehen, sich zunächst in Geldverbindlichkeiten auflösen.

vermieden werden muß, als sie nicht durch unbedingt zwingende Gründe geboten erscheint.[5]

II. Solche Gründe sind aber vorhanden, sobald der Schuldner zahlungsunfähig geworden und dieser Zustand äußerlich, insbesondere durch Zahlungseinstellung, zu Tage getreten ist. Denn darin liegt der thatsächliche Beweis, daß er neue Mittel zur Erfüllung seiner Verbindlichkeiten im Wege des Credites nicht aufzutreiben vermag, und daß daher seine Gläubiger für ihre Befriedigung bloß noch auf Dasjenige angewiesen sind, was ihm selbst an activen Vermögensstücken gehört. Zugleich aber ist eine starke Vermuthung begründet, daß dieses Activvermögen zur Deckung der Schulden nicht ausreiche, da eine Zahlungsunfähigkeit ohne Ueberschuldung nur in den allerseltensten Fällen vorkommt. Sonach muß sich jetzt und jetzt erst die Vorstellung mit voller Schwere geltend machen, daß Dasjenige, was der Schuldner vom Rechtsstandpunkte aus zu Eigen hat, dem Werthe nach vielmehr seinen Gläubigern gehört, und daß er also der Sache nach bloß noch Verwalter fremden Vermögens ist, und zwar ein Verwalter, dessen Gebarung sich bereits als für die Gläubiger verderblich gezeigt hat.

Bei dieser Sachlage wird es nunmehr zur unabweislichen Anforderung der Gerechtigkeit, im Interesse der Gläubiger dem Schuldner diese Verwaltung zu nehmen und durch äußeres Eingreifen dafür zu sorgen, daß jene aus den noch vorhandenen Activen, so weit sie reichen, unverkürzt, und zwar insbesondere auch unverkürzt durch die Theilnahme neuer Gläubiger, ihre Befriedigung erhalten. Weil aber die

---

[5] Vgl. Mot. §. 94 in Abs. 1 u. 2 (S. 319 fg.), Vorbem. zu Buch II. Tit. 6 in Abs. 2 a. E. (S. 391 a. A.).

Forderung jedes Gläubigers gleichermaßen einen Geldwerth darstellt, zu dessen Erstattung der Schuldner verpflichtet ist, und weil also das vorhandene Activvermögen des letzteren seinem Werthe nach dem einen Gläubiger so gut als dem anderen gehört, so wäre es ferner eine ungerechte Aneignung fremden Vermögenswerthes, wenn einzelne Gläubiger mit Benutzung einer besonderen Gunst der Umstände oder des Schuldners sich ohne Rücksicht auf die übrigen für ihre Forderungen aus jenem Activvermögen volle Befriedigung verschaffen und so die Folgen des gemeinsamen Mißgeschickes ausschließlich auf die übrigen abwälzen wollten.[6] Jenes äußere Eingreifen muß daher auch in dem Sinne stattfinden, daß dieses verhütet und jedem Gläubiger die ihm gerechter Weise gebürende Befriedigung zu Theil werde, d. h., weil abgesehen von einzelnen durch besondere Rücksichten gerechtfertigten Ausnahmen alle Gläubiger gleich starke Ansprüche haben, im Allgemeinen eine Befriedigung nach gleichem Verhältnisse. Dieses Ziel ist aber nur dadurch zu erreichen, daß die Freiheit der Gläubiger zu vereinzelter Geltendmachung ihrer Forderungen gänzlich aufgehoben und zur Befriedigung sämmtlicher Gläubiger aus den vorhandenen Activen des Schuldners ein gemeinsames Verfahren (das Concursverfahren) unter der Leitung eines Gerichtes (des Concursgerichtes) eröffnet wird, in welches jeder Gläubiger, um an jener Befriedigung Theil zu nehmen, mit seiner Forderung eintreten muß.[7]

---

[6] Aus dieser Erwägung erklären sich insbesondere auch die in Conc.O. §. 23 festgesetzten Anfechtungsrechte sowie die Strafbestimmung in Conc.O. §. 211.

[7] Vgl. Mot. Vorbem. z. Buch I. Tit. 1 in Abs. 1, 8 u. 10 g. E. (S. 14, 16, 18). — Die Motive bezeichnen die in Folge der eingetretenen Zahlungsunfähig-

Doch greift auch bei sichtlich gewordener Zahlungsunfähigkeit des Schuldners das Recht und der Staat nicht unaufgefordert ein. Denn es handelt sich hier überall um privat-

---

keit begründete gerechte Erwartung der derzeit vorhandenen Gläubiger, aus dem zur Zeit vorhandenen Vermögen des Schuldners ausschließliche und gemeinschaftliche Befriedigung nach gesetzlicher Ordnung zu erlangen, als rechtlichen Concursanspruch, welcher durch das Zahlungsunvermögen des Schuldners und die Collision der gegen ihn bestehenden Forderungen für jeden Gläubiger erzeugt werde. S. Mot. Vorbem. z. Buch I. Tit. 1 in Abs. 1 (S. 14 fg.), Vorbem. z. Buch I. Tit. 3 in Abs. 22 (S. 102 fg.), §§. 96—101 in Abs. 7 (S. 330 a. E.). Es liegt nach manchen Aeußerungen der Motive nicht fern, dabei im Sinn derselben an einen ganz neuen, eigenartigen, erst durch die Zahlungsunfähigkeit entstehenden privatrechtlichen Anspruch von obligatorischer Natur zu denken, welcher durch den Antrag auf die Concurseröffnung geltend gemacht werde. Auch ist die Bedeutung des Concursanspruches mehrfach so aufgefaßt worden. S. Wilm. Einl. §. 3 Abs. 2 (S. 15 fg., 2. Aufl. S. 18), Vorbem. z. Buch I. Tit. 1 unter Nr. 1 (S. 42, 2. Aufl. S. 40), Stiegl. Einl. §. 3 (S. XIX), Schultze S. 10 ff. Allein in diesem Sinn ist die Annahme eines Concursanspruches gewiß nicht gerechtfertigt. Die Gläubiger haben nach wie vor eingetretener Zahlungsunfähigkeit ihres Schuldners bloß den Anspruch auf Befriedigung aus seinem Vermögen. Durch die Zahlungsunfähigkeit wird dieser Anspruch nur in der Weise beeinflußt, daß er, weil der Schuldner neue Mittel nicht mehr beschaffen kann, sein zur Zeit vorhandenes Activvermögen fest ergreift, woraus sich, da dieses von den Ansprüchen aller vorhandenen Gläubiger gilt, von selbst die wechselseitige Beschränkung der Befriedigung ergibt. Demgemäß machen denn auch die Gläubiger im Concursverfahren einfach nur ihre Forderungen geltend (s. z. B. Conc.O. §. 13). Die Befugniß zum Antrage auf die Eröffnung des Concursverfahrens aber kann deshalb nicht als ein besonderer Anspruch im privatrechtlichen Sinn angesehen werden, weil die Concurseröffnung für sich allein dem Antragsteller noch gar nichts verschafft, und weil diese Antragsbefugniß zudem auch dem Schuldner zusteht. Aus der Anerkennung des Concursanspruches können überhaupt, wie mir scheint, nur gesetzgeberische, nicht unmittelbar juristische Folgen ge-

rechtliche Interessen, deren Wahrung hier wie sonst den Betheiligten überlassen bleibt, und den Anforderungen der Gerechtigkeit ist daher genügt, wenn jeder Betheiligte in der Lage ist, jenes Eingreifen und die Eröffnung des Concursverfahrens durch seinen Antrag herbeizuführen.[8]

III. Das Concursverfahren hat zum Zwecke, den zur Zeit vorhandenen Gläubigern des Schuldners, die jetzt **Concursgläubiger** heißen, während er selbst **Gemeinschuldner** heißt,[9] aus seinem zur Zeit vorhandenen Activvermögen, soweit es der Zwangsvollstreckung und somit überhaupt dem Angriffe der Gläubiger unterliegt, der sog. **Concursmasse**,[10] eine gemeinsame und gerechte Befriedi-

---

zogen werden, und es ist daher wohl am besten, die Verwendung dieses, wenig klaren und überdies entbehrlichen, Begriffes lieber ganz zu vermeiden. Vgl. Mandry S. 381 Anm. 14.

[8] S. Mot. §. 95 (S. 325 ff.). Die Antragsbefugniß ist von der Concursordnung nicht bloß jedem betheiligten Gläubiger, sondern mit Recht auch dem Schuldner selbst gegeben; denn erstens hat er im Fall der Zahlungsunfähigkeit wenigstens die sittliche Verpflichtung, für die gerechte Befriedigung seiner Gläubiger aus seinem noch vorhandenen Vermögen zu sorgen (s. Mot. a. a. O. in Abs. 4 und Conc.O. §. 211), und zweitens kann er, um der sein wirthschaftliches Wiederemporkommen im höchsten Grade gefährdenden Bedrängung durch die regellosen und unberechenbaren Einzelangriffe seiner Gläubiger zu entgehen, sogar ein sehr großes und berechtigtes eigenes Interesse daran haben, die Befriedigung derselben in ein festes und gesetzlich geregeltes Geleise hinüberzuleiten.

[9] S. Conc.O. §. 2.

[10] S. Conc.O. §. 1. Die Beschränkung des Concursverfahrens auf das der Zwangsvollstreckung ausgesetzte Vermögen rechtfertigt sich aus dem Grunde, weil man von denjenigen Vermögensstücken, aus welchen die Gläubiger keine Befriedigung verlangen können, nicht sagen kann, daß sie ihrem Geldwerthe nach den Gläubigern gehören. Desgleichen beruht auch die Beschränkung desselben auf das zur Zeit seiner Eröffnung vorhandene Vermögen mit Aus-

gung zu verschaffen. Demnach wird durch die Eröffnung des Concursverfahrens die bisherige Entwickelung der Vermögensverhältnisse des Gemeinschuldners gehemmt und gleichsam in ihrem derzeitigen Stande festgehalten. Die im Zeitpunkte der Concurseröffnung vorhandenen Schulden sollen nach Maßgabe ihres Standes in diesem Zeitpunkte aus dem in dem gleichen Zeitpunkte vorhandenen Activvermögen nach Maßgabe seines Standes in demselben soweit als möglich getilgt werden.[11]

Zur Erreichung dieses Ziels muß aber jetzt eine neue Entwickelung beginnen. Denn eine gemeinschaftliche und gerechte, d. h. in der Regel gleichmäßige, Tilgung der gesammten Schulden aus den gesammten Activen ist nur möglich, wenn, entsprechend zudem dem Grundgedanken, auf welchem das Concursverfahren beruht, jene wie diese ohne Rücksicht auf ihre sonstige besondere Beschaffenheit nur nach der ihnen allen gemeinsamen Werthseite in Betracht gezogen werden, nach

---

schluß alles nachher neu erworbenen keineswegs, wie die Mot. §. 1 in Abs. 7 (S. 20) erklären, nur auf Rücksichten der Billigkeit und Nützlichkeit, sondern sie ist, da an dem Verfahren bloß die zur Zeit der Concurseröffnung vorhandenen Gläubiger Theil nehmen, ganz folgerecht. Denn, wenn sich auch der Befriedigungsanspruch der Gläubiger nicht auf das zu einer bestimmten Zeit erworbene Vermögen des Schuldners beschränkt, so kann man doch nur von dem zur Zeit der Concurseröffnung vorhandenen Vermögen sagen, daß es dem Werthe nach den damals vorhandenen Gläubigern gehöre, da auf das später erworbene die neuen Gläubiger gleiche Ansprüche haben. S. Mot. §. 1 in Abs. 8 (S. 20).

[11] Vgl. Mot. §. 12 in Abs. 1 (S. 53), §. 15 in Abs. 3 (S. 65), §. 58 in Abs. 8 (S. 278). Daß sich das Maß der Befriedigung der Concursgläubiger aus der Concursmasse unbedingt nach den Verhältnissen zur Zeit der Concurseröffnung richtet, ist sonach ebenfalls durchaus naturgemäß und folgerecht.

welcher sie allein als gleichartige, einer wechselseitigen Vergleichung und Abrechnung zugängliche Größen erscheinen. Jede Forderung kann daher im Concursverfahren nur nach ihrem Geldwerthe zur Zeit der Concurseröffnung geltend gemacht werden und muß sich sonach, wenn sie ursprünglich nicht auf Geld oder doch nicht auf einen bestimmten Geldbetrag gerichtet war, durch die Geltendmachung gegen die Concursmasse in eine bestimmte Geldforderung umwandeln.[12] Desgleichen müssen die Activen, soweit sie nicht in Geld bestehen, in Geld umgesetzt werden. Während aber die Umwandlung der Concursforderungen in Geldforderungen sich einfach durch Abschätzung und Rechnung vollzieht, bedarf es zur Umsetzung der Activen in Geld einer verwaltenden Thätigkeit. Diese muß im Hinblicke auf die Aufgabe des Concursverfahrens immer in erster Reihe das von dem persönlichen Interesse des Gemeinschuldners oft sehr verschiedene Interesse der Concursgläubiger zur Richtschnur nehmen.[13] Sie kann daher nicht dem Gemeinschuldner überlassen, sondern muß in die Hände einer von ihm unabhängigen anderen, zur Wahrung voller Unabhängigkeit mit amtlichem Charakter bekleideten Person, des von dem Concursgerichte ernannten Concursverwalters, gelegt werden, der überhaupt die Aufgabe hat, die gesetzmäßige Befriedigung der Concursgläubiger

---

[12] S. Mot. §§. 62, 63 in Abs. 1 u. Nr. 1 (S. 289 fg.), §. 47 a. E. (S. 234).

[13] S. Mot. §§. 79—84 in Abs. 3 (S. 309 fg.), §. 107 in Abs. 4 g. E. (S. 339 a. A.), §§. 193, 194 in Abs. 7 (S. 444 g. E.). Das Interesse der Gläubiger fällt keineswegen so ausnahmslos, als die Mot. Vorbem. z. Buch I. Tit. 1 in Abs. 8 a. E. (S. 16 a. E.), §§. 8 u. 9 in Abs. 14 (S. 45 a. A.) annehmen, mit demjenigen auch selbst eines redlichen Schuldners zusammen.

aus der Concursmasse herbeizuführen.[14] Weil der Concursverwalter im Interesse der Concursgläubiger bestellt wird, und weil überhaupt das Concursverfahren vornehmlich im Interesse dieser Gläubiger stattfindet, so ist es natürlich, daß ihnen in Gestalt der ihre Gesammtheit darstellenden Gläubigerversammlung ein wesentlicher Einfluß auf seine Auswahl und eine weitgehende Einwirkung auf seine Geschäftsführung zukommt, welche sie namentlich durch einen ihm zu fortlaufender Unterstützung und Ueberwachung an die Seite gesetzten Gläubigerausschuß ausüben können.[15]

IV. Durch die Concurseröffnung hört die Concursmasse noch nicht auf, im Rechtssinn Vermögen des Gemeinschuldners zu sein.[16] Denn die Concursgläubiger sind nicht schon durch die Eröffnung des Concursverfahrens mittels Empfanges der Concursmasse an Zahlungsstatt befriedigt, so daß es sich in diesem Verfahren nur noch um eine Auseinandersetzung unter ihnen selbst handelte, sondern sie sollen erst durch das Verfahren aus der in Geld umgesetzten Masse befriedigt werden, und es wäre daher geradezu zweckwidrig, diese dem Gemeinschuldner rechtlich abzusprechen. Wohl aber verliert er im Interesse der Concursgläubiger die Verwaltungs- und Verfügungsbefugniß über die Masse an den Concursverwalter.[17] So erhält er zu derselben gleichsam die rechtliche Stellung eines Entmündigten, der Concurs-

---

[14] Vgl. unt. §. 29. III.

[15] S. Mot. §. 5 a. E. (S. 35), §§. 70—78 in Abs. 6 (S. 302 fg.), §§. 79—84 in Abs. 3—7 (S. 309 ff.).

[16] S. Conc.O. §. 5 Abs. 1: „sein zur Concursmasse gehöriges Vermögen". Vgl. Mot. Vorbem. z. Buch I. Tit. 1 in Abs. 4 u. 6 (S. 15, 16), Prot. S. 9.

[17] S. Mot. Vorbem. z. Buch I. Tit. 1 in Abs. 8 (S. 16), §. 5 in Abs. 8 u. 9 (S. 34 fg.).

verwalter diejenige seines Vormundes. Jedoch wird der Gemeinschuldner nicht überhaupt handlungs- oder verfügungsunfähig, sondern er behält die freie Verfügung nicht allein über diejenigen Vermögensstücke, welche, weil der Zwangsvollstreckung nicht unterworfen, von der Concursmasse ausgeschlossen sind, sondern auch und namentlich über alles nach der Concurseröffnung neu erworbene Vermögen.

Sonach sondert sich sein im Concurse befangenes Vermögen rechtlich von seinem übrigen (freien) Vermögen. Jedes unterliegt als selbständiges Ganzes einer selbständigen Entwickelung. Weil aber die Entwickelung der Concursmasse durch das Interesse der Concursgläubiger bestimmt wird, während sich diejenige des freien Vermögens durch das persönliche Interesse des Gemeinschuldners bestimmt, so stehen sich in Ansehung des einen und des anderen Vermögens auch gleichberechtigte gesonderte Interessen gegenüber, woraus sich erklärt, daß während des Concursverfahrens zwischen der Concursmasse und dem Gemeinschuldner selbst, d. h. seinem freien Vermögen, rechtliche Ansprüche und Verpflichtungen und folglich auch Rechtsstreitigkeiten möglich sind.[18]

[18] S. Conc.O. §. 1 Abs. 2 vbd. Prot. S. 5. Vgl. auch Mot. §. 51 Nr. 3 (S. 244), §§. 118—120, 124 in Abs. 1 a. E. (S. 351). Das Verhältniß ist ein rechtlich sehr eigenthümliches, weil die Masse juristisch Vermögen des Gemeinschuldners ist und daher seine Ansprüche an die Masse juristisch als Ansprüche an sich selbst erscheinen. Indessen bietet das Verhältniß des Erben, der mit der Rechtswohlthat des Inventars angetreten hat, zu der Erbschaft eine Analogie. Vgl. Unger, System des österreich. allg. Privatrechts VI. §. 42. Noch näher verwandt ist das Verhältniß, welches nach dem römischen Rechte ursprünglich zwischen dem Gewalthaber und dem castrense peculium seines Haussohns bestand. Obwohl juristisch Vermögen des Gewalthabers, war dieses doch der Verwaltung und Verfügung desselben rechtlich entzogen und

V. Zu dem von dem Concursverfahren erfaßten Vermögen des Gemeinschuldners (Concursvermögen) gehören nicht allein die zur Zeit der Concurseröffnung vorhandenen Activen als positive, sondern auch die zu dieser Zeit vorhandenen Schulden als negative Bestandtheile desselben; denn beiderlei Bestandtheile eines Vermögens bilden immer zusammen erst das wirkliche Vermögen und bestimmen seinen Gesammtwerth.[19] Auch darf gerade in Ansehung des Concursvermögens diese Zusammengehörigkeit nie vergessen werden. Denn beiderlei Bestandtheile nehmen allerdings im Concursverfahren ganz selbständige Wege und treten daher für die praktische Behandlung als zwei getrennte Massen,

---

derjenigen des Haussohns nach Maßgabe seines eigenen Interesses überlassen. Deshalb wurden wahrscheinlich von Anfang an und jedenfalls später, obwohl die Auffassung des castrense peculium als eines Vermögens des Gewalthabers noch immer nicht ganz verschwunden war, in Ansehung desselben auch wirksame Ansprüche und sogar Processe zwischen Gewalthaber und Haussohn als möglich angenommen. Vgl. mein Buch über das castrense peculium S. 103 ff., 174 ff. S. auch unt. §. 24. IV.

[19] S. Mot. §. 12 in Abs. 1 (S. 53): „Der Beschlagnahme der Vermögensstücke des Gemeinschuldners entspricht so zu sagen eine Beschlagnahme aller Forderungen der Concursgläubiger." Ein fernerer Beweis, daß vom Standpunkte der Concursordnung auch die Concursforderungen zu dem vom Concursverfahren ergriffenen und dadurch für die Dauer desselben von dem übrigen Vermögen des Gemeinschuldners rechtlich gesonderten Vermögen gehören, liegt darin, daß die Concursgläubiger während des Concursverfahrens dieses übrige Vermögen nicht angreifen dürfen. S. Conc.O. §. 11. Sie sind also, ähnlich den Gläubigern einer mit der Rechtswohlthat des Inventars erworbenen Erbschaft, während des Concursverfahrens rechtlich nur Gläubiger des Concursvermögens. Ob die Concursordnung nicht hierin etwas zu weit gegangen sei, mag dahingestellt bleiben.

die Concursmasse und die Schuldenmasse, auseinander.[20]

Während bei dem gewöhnlichen und normalen Entwickelungsprocesse eines Vermögens zwischen der Entwickelung der Activen und derjenigen der Passiven eine fortlaufende Wechselwirkung besteht, ist durch die Eröffnung des Concursverfahrens die Entwickelung der Concursforderungen vorläufig abgeschlossen. Abgesehen davon, daß sie Behufs der Geltendmachung im Concursverfahren nach ihrem Geldwerthe zur Zeit der Concurseröffnung abgeschätzt, und daß sie ferner, um an der Befriedigung aus der Concursmasse Theil zu nehmen, gehörig angemeldet, geprüft und festgestellt werden müssen, was aber alles im Grunde ihre innere Entwickelung nicht berührt, steht diese Entwickelung einstweilen, und zwar gleichermaßen für alle Concursforderungen, vollständig still, bis hinreichende baare Masse zu einer Vertheilung vorhanden ist. Dagegen beginnt für die Concursmasse mit der Concurseröffnung eine um so regere und beschleunigtere Entwickelung. Denn gerade um jenen Stillstand nicht länger als unbedingt nothwendig andauern zu lassen, zugleich aber den Concursgläubigern möglichst volle Befriedigung zu verschaffen, muß sie möglichst rasch und möglichst vortheilhaft in Geld umgesetzt werden. Dazu bedarf es aber des Abschlusses mannigfaltiger Rechtsgeschäfte und der Eingehung

---

[20] S. Conc.O. §. 1 vgl. Conc.O. Buch II. Tit. 4, insbes. §. 136. In GK. §. 52 und RAGeb. §. 59 Abs. 1 ist die Concursmasse als Activmasse bezeichnet. Die in Geld umgesetzte und dadurch zur Vertheilung reife Concursmasse heißt Theilungsmasse. S. Conc.O. Buch II. Tit. 3, Conc.O. §. 136 und Mot. Vorbem. z. Buch I. Tit. 7 (S. 239), §. 107 in Abs. 1 (S. 336 fg.).

vielfacher Verbindlichkeiten. Diese, wie überhaupt die Verbindlichkeiten, welche aus der Thätigkeit des Concursverwalters bei der Verwaltung und Verwerthung der Masse entstehen, nicht minder die durch das Concursverfahren erwachsenden Kosten müssen vor der Befriedigung der Concursgläubiger aus der Masse berichtigt werden, weil dieses Verfahren und jene Thätigkeit die unerläßlichen Mittel zur Herbeiführung der Befriedigung der Concursgläubiger sind und sonach im gemeinsamen Interesse dieser Gläubiger stattfinden. Auch geschieht die Berichtigung, weil sie der Befriedigung der Concursgläubiger unbedingt und rücksichtslos vorgeht, naturgemäß unabhängig vom Concursverfahren und nach den außerhalb desselben geltenden Grundsätzen. Es handelt sich hier gleichsam um besondere Schulden der Masse als eines gegen die Concursforderungen abgeschlossenen Vermögens, welche, bevor dieselbe zur Befriedigung dieser Forderungen verwendet werden kann, aus ihr getilgt werden müssen. Die Concursordnung bezeichnet sie daher auch in der üblichen Weise als Masseschulden und Massekosten, die entsprechenden Ansprüche als Masseansprüche und die Inhaber solcher Ansprüche als Massegläubiger.[21]

So entwickelt sich also die Concursmasse, ursprünglich bloß das zur Zeit der Concurseröffnung vorhandene Activvermögen des Gemeinschuldners, im Laufe des Concursverfahrens zu einer von den Concursforderungen gesonderten, gleich einem selbständigen Vermögen aus zusammengehörigen

---

[21] S. Conc.O. Buch I. Tit. 7, ferner Conc.O. §§. 121 Nr. 2, 159, 176. Vgl. Mot. Vorbem. z. Buch I. Tit. 7 (S. 239 fg.), §. 53 in Abs. 2 a. E. (S. 248), Prot. S. 49.

Activen und Passiven bestehenden Vermögensmasse, die erst am Ziel ihrer Entwickelung als Theilungsmasse, d. h. als eine reine und keinen weiteren Abgängen unterworfene Masse baaren Geldes,[22] mit der Schuldenmasse, welche dieser Entwickelung ohne Mitleidenschaft und gewissermaßen abwartend gegenübersteht, wieder in Verbindung und Abrechnung tritt.

Die Concursmasse kann aber auch noch aus einem anderen Grunde Minderungen erleiden, welche die Befriedigung der Concursgläubiger schmälern. Von ihrem Gesammtwerthe gehen nämlich den Concursgläubigern gegenüber auch die Werthe derjenigen Vermögensstücke ab, welche schon vor der Concurseröffnung für gewisse Forderungen vermöge eines Pfandrechtes oder verwandten Rechtes in bestimmter Weise rechtlich verhaftet waren, soweit sie zur Deckung dieser Forderungen erforderlich sind und von den Inhabern derselben in Anspruch genommen werden. Denn die letzteren hatten auf die genannten Werthe schon vor der Concurseröffnung ein festes besonderes Anrecht, und sie verkürzen daher die Concursgläubiger nicht, wenn sie aus jenen Vermögensstücken die abgesonderte Befriedigung verlangen. Weil diese aber wiederum auf die Concursgläubiger keine Rücksicht zu nehmen braucht, so ist sie, wie diejenige der Massegläubiger, naturgemäß an das Concursverfahren und die darin geltenden besonderen und beschränkenden Rechtsregeln nicht gebunden.[23]

Endlich gehören rechtlich gar nicht zu der Concursmasse

---

[22] S. ob. Anm. 20.

[23] S. Conc.O. §. 3, Conc.O. Buch I. Tit. 5. Vgl. Mot. §. 3 in Abs. 4 (S. 27 fg.), Vorbem. z. Buch I. Tit. 5 in Abs. 3 (S. 188 fg.), Vorbem. z. Buch I. Tit. 7 a. E. (S. 240).

fremde Vermögensstücke, welche, weil sie sich zur Zeit der Concurseröffnung thatsächlich bei denjenigen des Gemeinschuldners befanden, von dem Concursverwalter thatsächlich als Stücke der Masse behandelt worden sind. Ein solches Vermögensstück kann daher der Berechtigte ohne Rücksicht auf das Concursverfahren an sich ziehen und somit aus der Concursmasse aussondern.[24] Weil aber, wenn der Aussonderungsanspruch streitig ist, wiederum eine mögliche Minderung der Concursmasse in Frage steht, so ergibt sich von selbst eine Verwandtschaft der praktischen Behandlung dieser Ansprüche mit derjenigen der Absonderungs- und Masseansprüche.[25]

VI. Es erhellt, daß die Eröffnung und Durchführung eines Concursverfahrens nothwendig vielfache und wichtige Einwirkungen auf die vermögensrechtlichen Verhältnisse der Betheiligten, des Gemeinschuldners sowohl als der Concursgläubiger, übt, die sich aber, weil die Concursforderungen nach ihrer Kehrseite als Schulden ebenfalls zum Vermögen des Gemeinschuldners gehören, als „Einwirkungen auf die vermögensrechtlichen Verhältnisse des Gemeinschuldners" zusammenfassen lassen. Sie müssen, ebenso wie die Art und der Gang des Verfahrens, vom Rechte genau bestimmt werden. Der Inbegriff der einschlagenden Rechtssätze bildet einen besonderen Zweig des Privatrechtes und heißt das Concursrecht im engeren Sinn dieses Wortes.[26] Es ist

---

[24] S. Conc.O. Buch I. Tit. 4. Vgl. Mot. Vorbem. z. Buch I. Tit. 4 in Abs. 1, 5 u. 6 (S. 154, 156).

[25] S. Conc.O. §§. 9, 121 Nr. 2.

[26] S. Ueberschrift des ersten Buches der Concursordnung und EG. §. 4 Abs. 1 a. E. Vgl. Mot. Einl. im dritten Hauptabsatze (S. 12), Mot. z. EG. §. 4 in Abs. 3 (S. 468).

zur Erzielung größerer Uebersichtlichkeit nach dem Vorgange der Concursordnung selbst äußerlich getrennt von dem Concursverfahren darzustellen, jedoch zweckmäßig in etwas anderer Abgrenzung. Eine ganz strenge Scheidung ist bei dem engen Zusammenhange des Concursrechtes mit den Vorschriften über das Concursverfahren überhaupt nicht durchführbar.

I. Einwirkung der Eröffnung des Concursverfahrens auf die vermögensrechtlichen Verhältnisse des Gemeinschuldners.

§. 5.

1. Im Allgemeinen.

I. Der Aufgabe des Concursverfahrens gemäß beschränken sich die privatrechtlichen Wirkungen der Concurseröffnung[1] immer auf das Vermögen des Gemeinschuldners.[2] Seine nicht vermögensrechtlichen Privatrechtsverhältnisse, wie namentlich seine rein familienrechtlichen Beziehungen, insbesondere das Verhältniß zu seiner Ehefrau oder seinen Kin-

[1] Die Concurseröffnung zieht für den Gemeinschuldner auch Beschränkungen der politischen und Ehrenrechte nach sich. Diese fallen aber, weil sie nicht privatrechtlicher Natur sind, nicht unter das Concursrecht und folglich nicht unter EG. §. 4, sondern bemessen sich fortwährend nach den betreffenden reichs- oder landesrechtlichen Vorschriften. Vgl. ob. §. 2 Anm. 7 a. E. Reichsrechtliche Vorschriften dieser Art s. WahlG. für den Reichstag v. 31. Mai 1869 §. 3 Nr. 2, §. 4, GewerbeO. §§. 83 Nr. 3, 86, GV. §§. 32 Nr. 3, 85 Abs. 2, 113 Abs. 2, RAO. §§. 5 Nr. 3, 22, 43 Nr. 1. Vgl. Mot. Schlußbemerkungen z. Buch II. Tit. 7 (S. 438 fg.).

[2] S. Conc.O. §. 1 Abs. 1, §. 2.

dern, soweit es sich nicht um die aus diesen Verhältnissen entsprungenen Vermögensrechte handelt, werden von der Concurseröffnung nicht berührt. Ebensowenig seine persönliche (körperliche oder geistige) Arbeitskraft, und er kann daher nicht zu persönlicher Arbeit oder Dienstleistung im Interesse der Concursgläubiger angehalten werden.[3] Aber auch die vermögensrechtlichen Verhältnisse des Gemeinschuldners werden von der Concurseröffnung nur ergriffen, soweit sie von seiner Person ablösbar sind, weshalb alle seine sog. höchstpersönlichen Rechte und Pflichten von dem Concursverfahren ausgeschlossen bleiben.[4] Außerdem erstreckt sich die Wirkung der Concurseröffnung nicht auf diejenigen Vermögensstücke des Gemeinschuldners, welche der Zwangsvollstreckung zur Beitreibung einer Geldforderung entzogen sind.[5] Endlich aber ist sie stets beschränkt auf das zur Zeit der Concurseröffnung bereits vorhandene Vermögen; erst nachher entstandene Activen oder Passiven stehen außerhalb des Concursverfahrens.[6]

II. Soweit das Vermögen des Gemeinschuldners von dem Concursverfahren erfaßt wird, verliert dieser mit der Concurseröffnung die Befugniß, dasselbe zu verwalten und darüber zu verfügen.[7] Das Verwaltungs- und Verfügungsrecht steht jetzt dem Concursverwalter zu, der es anstatt des Gemeinschuldners nach eigenem selbständigem Ermessen

---

[3] S. Mot. §§. 92, 93 in Abs. 1 a. E. (S. 318), §§. 118—120, 124 in Abs. 1 a. E. (S. 351).

[4] S. Mot. Einl. z. Buch I. Tit. II in Abs. 6 (S. 64).

[5] Conc.O. §. 1 Abs. 1. Ausnahmen: Conc.O. §. 1 Abs. 3. Vgl. ob. §. 4 Anm. 10.

[6] Conc.O. §. 1 Abs. 1, §. 2. — Näheres s. unt. §. 8. III. und §. 13. VI.

[7] Conc.O. §. 5 Abs. 1. Vgl. oben §. 4. III. u. IV.

und kraft eigener selbständiger Amtspflicht ausübt und daher gleich einem Vormunde als gesetzlicher Vertreter des Gemeinschuldners bezüglich des Concursvermögens erscheint.[8] Der Concursverwalter unterscheidet sich jedoch von einem Vormunde wesentlich dadurch, daß seine Thätigkeit nur die Befriedigung der Concursgläubiger aus der Concursmasse zum Zwecke hat, und daß sie daher nicht, wie diejenige des Vormundes, im Interesse Desjenigen, den er vertritt, sondern im Interesse der Gläubiger desselben stattfindet.[9] Damit hängt zusammen, daß er, obwohl überall nur gesetzlicher Vertreter des Gemeinschuldners, aus Rücksicht auf das Interesse der Gläubiger zu Manchem befugt ist, wozu der Gemeinschuldner selbst oder ein Vormund desselben nicht befugt wäre, daß er insbesondere unter Umständen vom Gemeinschuldner schon vor der Concurseröffnung vorgenommene, an sich gültige Rechtshandlungen, weil dadurch die Gläubiger benachtheiligt sind, anfechten kann, und daß er, ferner im Interesse derselben den Gemeinschuldner im Rechtswege zur Leistung eines Offenbarungseides anhalten, überhaupt

[8] Conc.O. §. 5 Abs. 2 vbd. §. 15 Abs. 1 („an Stelle des Gemeinschuldners") und Mot. §§. 70—78 in Abs. 6 (S. 302), §. 5 in Abs. 9 (S. 34 fg.), Vorbem. z. Buch I. Tit. 1 in Abs. 8 (S. 16). An der letzten Stelle erklären die Motive allerdings, es unentschieden und der Wissenschaft überlassen zu wollen, ob die Vertretung des Gemeinschuldners zunächst auf die Gläubiger übergehe und nur in ihrer Vertretung vom Concursverwalter besorgt werde, oder ob der Verwalter unmittelbarer Vertreter des Gemeinschuldners sei. Diese letzte Auffassung ist aber nicht nur die einfachere, sondern auch im Sinn des Gesetzes gewiß die allein richtige. Vgl. auch Fuchs §. 20. II., Wilm. Vorbem. z. Buch I. Tit 1 unter Nr. 2 (S. 43 ff., 2. Aufl. S. 44 ff.), Sarwey §. 5 Bem. 4, Pet. §. 5 Bem. II. 1, Wengler S. 92 ff., Mandry S. 388 fg., Schultze S. 39 ff.

[9] Vgl. bes. Mot. §. 5 in Abs. 9 (S. 34 fg.).

als Kläger wie als Beklagter Processe mit ihm führen kann.[10]

III. Weil der Gemeinschuldner durch die Concurseröffnung die Verfügungsbefugniß in Ansehung des Concursvermögens eingebüßt hat, so sind Rechtshandlungen, welche er nach der Concurseröffnung bezüglich dieses Vermögens vornimmt, „den Concursgläubigern gegenüber nichtig", d. h. sie können von dem Concursverwalter als rechtlich nicht bestehend behandelt werden.[11] Ferner verliert er durch die Concurseröffnung die Proceßfähigkeit für alle das Concursvermögen betreffenden Processe.[12]

IV. Gleich dem zur Zeit der Concurseröffnung vorhandenen Activvermögen des Gemeinschuldners wird auch sein zu dieser Zeit vorhandenes Passivvermögen durch die Concurseröffnung ergriffen[13] und an das Concursverfahren gebunden in dem doppelten Sinn, daß während der Dauer desselben die Concursgläubiger ihre Befriedigung nur aus der Concursmasse, nicht aus dem freien Vermögen des Gemeinschuldners betreiben können, und daß sie dieselbe über-

---

[10] S. Conc.O. §§. 29, 115 und §. 1 Abs. 2 vbd. Prot. S. 5. Vgl. auch Mot. §. 29 in Abs. 1 (S. 144) und ob. §. 4. IV. a. E., unt. §. 17 Anm. 1, §. 24. IV. Ebenso Fuchs §. 20. II., Pet. §. 5 Bem. II. 1, Wengler S. 94, 233 fg., Mandry S. 388 fg., Wilm. 2. Aufl. Vorbem. z. Buch I. Tit. 1 unter Nr. 2. I. Abs. 2, III. u. IV., Vorbem. z. Buch I. Tit. 3 unter Nr. 1 Abs. 7 (S. 144 g. E.). A. M. Schultze S. 66 ff., Dernburg II. §. 115 (S. 277), welche den Verwalter bei der Ausübung des Anfechtungsrechtes als Vertreter der Concursgläubiger ansehen; ferner Völd. Vorbem. 3 zu Buch I. Tit. 1 (S. 35 fg.) u. Stiegl. §. 5 Bem. IV. a. E., welche den Verwalter überall nur für den Vertreter der Concursmasse als solcher und folglich (?) ebensowohl der Concursgläubiger als des Gemeinschuldners halten.

[11] Conc.O. §. 6. S. unt. §. 24. I.

[12] S. unt. §. 7. II.

[13] Vgl. ob. §. 4. V.

dies nur durch Theilnahme am Concursverfahren betreiben können.[14] Zugleich wird durch die Concurseröffnung das Maß der Befriedigung, auf welche jeder Gläubiger aus der Concursmasse Anspruch hat, unverrückbar festgestellt.[15] Keiner kann nach der Concurseröffnung durch Erwerb von Absonderungsrechten an Gegenständen der Concursmasse zum Nachtheil der anderen in eine bessere Lage als zur Zeit der Concurseröffnung kommen,[16] und jeder kann Befriedigung aus der Concursmasse nur nach Maßgabe des Geldbetrages oder Geldwerthes seiner Forderung zur Zeit der Concurseröffnung begehren.[17]

---

[14] Conc.O. §§. 10, 11. S. unt. §. 9.

[15] S. Mot. §. 12 in Abs. 1 (S. 53): „Durch die Concurseröffnung wird das Verhältniß eines jeden Concursgläubigers zur Concursmasse und zu den anderen Concursgläubigern fixirt"; Mot. §. 58 in Abs. 8 (S. 278): „Dieser (der Zeitpunkt der Concurseröffnung) ist es, welcher die Passivmasse und den Umfang jeder Concursforderung fixirt"; Mot. §. 15 in Abs. 3 (S. 65). Vgl. ob. §. 4. III.

[16] Conc.O. §. 12 vbd. Mot. §. 12 in Abs. 6 (S. 54). Dasselbe gilt von dem Erwerbe neuer Aussonderungsrechte, soweit es sich dabei der Sache nach um Deckung eines Concursgläubigers gegenüber den übrigen handelt. S. unt. §. 6 Anm. 38 a. E.

[17] Conc.O. §§. 58 Abs. 2, 62 vbd. Mot. §. 58 in Abs. 8 (S. 278), §§. 62, 63 Nr. 1 Abs. 2 (S. 290), Prot. S. 58. S. unt. §. 10. I. Die Mot. Vorbem. z. Buch I. Tit. 1 im letzten Abs. (S. 17 fg.) führen diese und andere Sätze des Concursrechtes auf ein Verhältniß „zufälliger Gemeinschaft (communio incidens)" zurück, welches zwischen den Concursgläubigern bestehe. Ueber die Unhaltbarkeit dieser Auffassung s. Schultze S. 13 fg. Dagegen freilich wieder Wilm. 2. Aufl. Vorbem. z. Buch I. Tit. 1 unter Nr. 1 (S. 42 fg.). Jedenfalls ist aber die Annahme einer solchen Gemeinschaft entbehrlich, weil die gedachten Rechtssätze sich sehr füglich aus anderen Gesichtspunkten erklären lassen und überdies zu einem Theil, wie namentlich die für die Minderheit bindende Kraft der Mehrheitsbeschlüsse der Gläubigerversammlungen, aus dem Gesichtspunkte der Gemeinschaft

2. Insbesondere.

§. 6.

a. Einwirkung der Concurseröffnung auf Rechtsverhältnisse aus gegenseitigen Verträgen.

I. Da das Vermögen des Gemeinschuldners von dem Concursverfahren in derjenigen Lage ergriffen wird, in welcher es sich zur Zeit der Concurseröffnung befindet, so bleiben, soweit nicht zu Gunsten der Concursgläubiger Anfechtungsrechte begründet sind,[1] trotz der Concurseröffnung die rechtlichen Verhältnisse, insbesondere die Forderungen und Verbindlichkeiten, bestehen, welche vor derselben für den Gemeinschuldner durch gültige Rechtshandlungen oder andere rechtlich wirksame Thatsachen entstanden sind. Die Concurseröffnung bringt in der Regel nur die aus ihrer allgemeinen Wirkung sich von selbst ergebende Folge mit sich, daß die Forderungen und sonstigen Rechte des Gemeinschuldners, soweit sie nicht höchstpersönlicher Natur sind, nunmehr in die Concursmasse fallen und daher bloß noch von dem Concursverwalter ausgeübt werden können, und daß wegen der Verpflichtungen des Gemeinschuldners, soweit sie nicht höchstpersönlicher Natur oder durch Absonderungsrechte gesichert sind, die Befriedigung bloß im Concursverfahren und mit den daraus fließenden Beschränkungen gefordert werden kann.

Ausnahmen von dieser Regel treten zuvörderst bei denjenigen Rechtsverhältnissen ein, bei welchen aus Rücksicht auf ihre besondere Eigenart reichs- oder landesrechtliche Vor-

gar nicht erklärbar sein würden. S. unt. §. 31 Anm. 7.

[1] S. unt. §§. 15 ff. Die Ausnahme ist übrigens, genau zugesehen, auch nur eine scheinbare. S. unt. §. 17 Anm. 1.

schriften an die Concurseröffnung entweder die Erlöschung des Rechtsverhältnisses oder andere von den genannten abweichende Folgen knüpfen.[2] Sodann aber hat die Concursordnung selbst den Einfluß der Concurseröffnung auf Rechtsverhältnisse aus gegenseitigen, d. h. auf beiderseitige Leistung zu wechselseitiger Vergeltung der Gegenleistung gerichteten, Verträgen (als z. B. Kauf-, Tausch- und Miethverträgen) des Gemeinschuldners nach selbständigen Rücksichten bestimmt.

Für den Fall zwar, daß der Vertrag vor der Concurs-

[2] Conc.O. §. 20 vbd. Prot. S. 202. Vgl. Prot. S. 153—161. Jedoch behalten diese Vorschriften ihre Kraft nur insoweit, als sie sich nicht auf die in Conc.O. §§. 16—19 geregelten Verhältnisse beziehen, und als sie nicht mit Conc O. §. 21 in Widerspruch stehen: Conc.O. §. 20 vbd. Prot. S. 156, 202. Hierher gehören demnach die reichsgesetzlichen Bestimmungen über die Auflösung der Handelsgesellschaften, der stillen Gesellschaft und der Genossenschaft durch die Concurseröffnung: HGB. Art. 123 Nr. 3, 170 Abs. 2, 200, 242 Nr. 3; 261 Nr. 3; GenossenschaftsG. vom 4. Juli 1868 §. 34 Nr. 3 (Anders bei der Rhederei: HGB. Art. 472 Abs. 2. 476); über den Einfluß der Zahlungsunfähigkeit des Versicherers auf die Seeversicherung: HGB. Art. 903; über den Einfluß der (nicht selten durch die Concurseröffnung bewirkten) Unfähigkeit des Lehrherrn zur Erfüllung seiner Verpflichtungen auf den Lehrvertrag: GewerbeO. §. 128 Nr. 2 a. E. (früher §. 123 Abs. 2). Ferner die landesrechtlichen Vorschriften über die Beendigung anderer als der oben genannten Gesellschaften durch den Concurs eines Gesellschafters: L. 65 §. 1 D. pro socio 17. 2, §. 8 Inst. de soc. 3, 25, sächs. bürg. GB. §. 1385, c. civ. art. 1865 nr. 4, sowie über die Einwirkung des Concurses auf das Auftragsverhältniß: Preuß. LR. I, 13 §§. 197—199, c. civ. art. 2003, auf die Werkverdingung: Preuß. LR. I, 11 §. 975, auf ein dem Zahlungsunfähigen gemachtes Darlehensversprechen: ebend. §§. 656, 657, auf die Versicherungsverträge: Preuß. LR. II, 8 §§. 2012—2015, auf das eheliche Güterrecht: Preuß. LR. II, 1 §§. 261—265, 421, auf die Rechte des Gemeinschuldners an dem Vermögen seiner Kinder: Preuß. LR. II, 2 §§. 206—209, 268 u. a. m. Vgl. Sarwey §. 20 Bem. 2—5.

eröffnung von der einen Seite bereits vollständig erfüllt war, bleibt es bei den obigen Regeln. War er also von Seite des Gemeinschuldners erfüllt, so kann, falls die Gegenleistung nicht von der Art ist, daß sie nur an den Gemeinschuldner persönlich geschehen kann, der Concursverwalter von dem anderen Theil die Gegenleistung begehren oder, wenn wegen des Unterbleibens derselben der Gemeinschuldner unter der Voraussetzung nicht erfolgter Concurseröffnung nach dem bürgerlichen Rechte zur Rückforderung der von ihm gemachten Leistung berechtigt wäre, dieses Rückforderungsrecht ausüben.[3] War dagegen der Vertrag von Seite des anderen Theils erfüllt, so kann dieser, falls die noch rückständige Leistung des Gemeinschuldners nicht von der Art ist, daß sie nur von ihm persönlich geschehen kann, seinen Anspruch auf dieselbe oder den ihm wegen ihres Unterbleibens schon vor der Concurseröffnung erwachsenen Anspruch auf Schadenersatz, wenn ihm nicht ein Absonderungsrecht zusteht, nur als Concursforderung geltend machen. Desgleichen das für ihn wegen des Unterbleibens der Leistung des Gemeinschuldners nach Maßgabe des bürgerlichen Rechtes schon vor der Concurseröffnung begründete Recht der Rückforderung der von ihm gemachten Leistung, es wäre denn, daß er dasselbe, weil der Gegenstand nach dem bürgerlichen Rechte in seinem Eigenthum geblieben oder wieder in sein Eigenthum zurückgefallen ist, als Aussonderungsrecht geltend machen kann. In diesem Fall bringt er durch die Berufung auf das Aussonderungsrecht die Sache in die gleiche Lage, wie wenn der Vertrag noch von keiner Seite erfüllt wäre.[4]

---

[3] S. Mot. §. 15 in Abs. 7 (S. 67).

[4] S. Mot. a. a. O. vbd. Conc.O. §§. 21, 35. S. auch Conc.O. §. 36. Vgl. Sarwey Vorbem. z. Buch I. Tit. 2 unter Nr. 2 (S. 63 fg.).

II. Ist aber ein gegenseitiger Vertrag zur Zeit der Concurseröffnung noch von keiner Seite, weder von derjenigen des Gemeinschuldners, noch von derjenigen des anderen Theils, vollständig erfüllt, so wäre es, da bei den gegenseitigen Verträgen der Werth der Leistung einer jeden Vertragspartei durch denjenigen der Gegenleistung ersetzt werden soll, in einem überall nur die Werthseite der Vermögensstücke ins Auge fassenden Verfahren äußerst unbillig, wenn der andere Theil genöthigt werden könnte, die ihm obliegende Leistung unverkürzt zu machen, wegen der dem Gemeinschuldner obliegenden aber sich mit antheiliger Befriedigung in der Reihe der Concursgläubiger zu begnügen und so einen Theil des ihm gebürenden Werthes, den er — nur in anderer Erscheinungsform — noch in seinem Vermögen hat, aus diesem zu Gunsten der übrigen Gläubiger herzugeben, die letzteren also theilweise aus seinem Vermögen zu befriedigen. Deswegen muß der Concursverwalter, wenn er die Erfüllung des Vertrages von Seite des anderen Theils zu Gunsten der Concursmasse verlangt, nun auch die noch rückständige Leistung des Gemeinschuldners in der Art, wie sie diesem oblag (also Zug um Zug oder der Gegenleistung vorgängig oder derselben nachfolgend), aus der Masse und als Berichtigung einer Masseschuld vollständig machen.[5] Ueber-

[5] Conc.O. §. 15 Abs. 1 vbd. §. 52 Nr. 2. Vgl. Mot. §. 15 in Abs. 6 u. 11 (S. 67, 69). Handelt es sich um einen Werth von mehr als 300 Mark, so muß der Concursverwalter, wenn er die Erfüllung des Vertrages verlangen will, die Genehmigung des Gläubigerausschusses, falls ein solcher bestellt ist, einholen: Conc.O. §. 121 Nr. 2. S. auch Conc.O. §§. 123, 124. Uebrigens versteht sich von selbst, daß der andere Theil alle ihm gegen den Gemeinschuldner zustehenden Rechte und Einreden, insbesondere auch ein schon vor der Concurseröffnung wegen

dies muß er, damit nicht der andere Theil durch längere Ungewißheit Schaden erleide, falls er die Erfüllung verlangen will, dieses dem anderen Theil auf (mündliche oder schriftliche) Aufforderung desselben ohne Verzug, d. h. so schleunig, als es ihm nach Bewandtniß der Umstände verständigerweise möglich ist, erklären, selbst wenn die vertragsmäßige Erfüllungszeit noch nicht eingetreten ist. Unterläßt er die rechtzeitige Erklärung, so verliert er das Recht, die Erfüllung zu verlangen.[6]

Hat er aber dieses Recht verloren, oder hat er ausdrücklich erklärt, daß er die Erfüllung nicht verlange, so kann nunmehr der andere Theil, wenn er nicht die Geltendmachung seiner Forderung aus dem Vertrage bis nach der Beendigung des Concursverfahrens verschieben will, nach allgemeinen Grundsätzen einen doppelten Weg einschlagen. Entweder nämlich kann er gemäß den allgemeinen Grundsätzen des Concursrechtes jene seine Forderung, wenn sie nicht schon vorher auf eine Geldleistung gerichtet war, als eine durch die Concurseröffnung nach Maßgabe ihres damaligen Schätzungswerthes in eine Geldforderung umgewandelte behandeln und sonach, falls die ihm obliegende Leistung in Geldzahlung besteht, sich durch Aufrechnung befriedigen,[7] anderenfalls aber die Forderung gegen Erbieten zu vollständiger Erfüllung des Vertrages von seiner Seite im Concurs-

---

Betruges, Zwanges, Verzuges u. dgl. (vgl. HGB. Art. 354—357) begründetes Recht des Rücktrittes vom Vertrage behält. Vgl. Mot. §. 15 in Abs. 5 (S. 66 fg.).

[6] Conc.O. §. 15 Abs. 2 vbd. Mot. §. 15 in Abs. 9 (S. 68 fg.).

[7] S. Conc.O. §§. 46, 47 Abs. 1, 4. Vgl. Mot. §. 47 a. E. (S. 234). Sollte der Geldwerth seiner Forderung den Betrag seiner Schuld übersteigen, so kann er selbstverständlich diesen Ueberschuß im Concursverfahren geltend machen.

verfahren geltend machen. Oder aber er kann auch seinerseits erklären, daß er auf die Erfüllung des Vertrages verzichte, so daß dieser dann durch Uebereinkunft der Parteien als aufgehoben erscheint.[8]

---

[8] Da die Concursordnung über die Behandlung des Falls, wenn der Concursverwalter das Recht, die Erfüllung des Vertrages zu verlangen, durch Verzicht oder Unterlassung rechtzeitiger Erklärung verloren hat, keine ausdrücklichen Bestimmungen enthält, so muß sich die Behandlung nach den allgemeinen Grundsätzen des Concursrechtes und des bürgerlichen Rechtes bemessen. Dieses erkennen auch die Motive an, ziehen daraus aber ganz andere Folgen. Wenn, so sagen sie, der Concursverwalter nicht die Erfüllung des Vertrages verlange, so bringe die Concurseröffnung von selbst die Nichterfüllung des Vertrages mit sich, und der Vertragsgegner des Gemeinschuldners könne daher eine Entschädigungsforderung wegen Nichterfüllung, und bloß eine solche, als Concursforderung geltend machen. S. Mot. §. 15 in Abs. 6 und 9 (S. 67, 68), §. 21 in Abs. 16, 24—26 (S. 91, 93 fg.), §. 52 Nr. 2 (S. 245 fg.). Ebenso sämmtliche Schriftsteller. Allein es kann nicht zugegeben werden, daß die Concurseröffnung an und für sich die Nichterfüllung des Vertrages zur Folge habe, noch weniger, daß durch die natürlichen Folgen der Concurseröffnung nach allgemeinen Rechtsgrundsätzen ein Anspruch auf Schadenersatz begründet sei. Die Concurseröffnung würde vielmehr ohne die Vorschrift in Conc.O. §. 15 nur bewirken, daß der Vertragsgegner, wenn er nicht in der Lage wäre, sich durch Aufrechnung zu befriedigen oder vermöge einer ihm zur Seite stehenden Einrede des nicht erfüllten Vertrages seine Leistung bis zu vollständigem Empfange der Gegenleistung zurückzuhalten, zwar seine Leistung an die Masse machen, seinen Anspruch auf die Gegenleistung aber ihrem Geldwerthe nach in der Reihe der übrigen Concursgläubiger geltend machen müßte. Und so gestaltet sich denn nun auch naturgemäß das Verhältniß, wenn, nachdem der Concursverwalter das Recht, die Erfüllung zu verlangen, durch Verzicht oder Saumsal eingebüßt hat, der Vertragsgegner seinerseits auf der Erfüllung besteht. Wie aber ferner daraus, daß ein Concursgläubiger das allgemeine Schicksal aller anderen theilt, wie insbesondere

III. Die unter II. angegebenen Regeln können naturgemäß nicht angewendet werden auf beiderseits noch nicht vollständig erfüllte gegenseitige Verträge, bei denen sich die Leistung des Gemeinschuldners oder diejenige des anderen Theils auf einen nicht

daraus, daß der Concursverwalter einem Concursgläubiger, der seine Forderung zufällig auf einen beiderseits noch nicht vollständig erfüllten gegenseitigen Vertrag stützt, aus Rücksicht auf die anderen den außergewöhnlichen Vorzug vollständiger Befriedigung verweigert, ein berechtigter Anspruch auf Schadenersatz entstehen könnte, ist in der That nicht abzusehen, zumal da doch ein solcher Concursgläubiger auch nach der Annahme der Motive schon den großen Vortheil vor den anderen voraus hat, daß er seine Leistung aus dem Vertrage nicht zu machen braucht, und da er, wenn er zufällig diese Leistung schon vor der Concurseröffnung vollständig gemacht hätte, auch nach den Motiven sich einfach in die Reihe der Concursgläubiger stellen müßte. Das Unbefriedigende der Ausführungen der Motive hat hier vornehmlich darin seinen Grund, daß sie nicht genügend zwischen der Geltendmachung einer Forderung dem Geldwerthe oder Schätzungswerthe (vera aestimatio) nach und einer Entschädigungsforderung (Interesseforderung) unterscheiden, so daß sie an mehreren Stellen sogar jedem Concursgläubiger, der ursprünglich etwas Anderes zu fordern hatte als Geld, zufolge der Concurseröffnung einen Entschädigungsanspruch zuschreiben, während ihm doch nach Conc.O. §. 62 zweifellos nur ein Anspruch auf den einfachen Schätzungswerth zusteht. S. Mot. §. 15 in Abs. 3 (S. 65), §. 21 Nr. 5 und weiter (S. 93 fg.). Vgl. auch Mot. §. 16 in Abs. 6 u. 7 (S. 71) vbd. §§. 62, 63 Nr. 1 (S. 290), ferner Mot. §. 21 Nr. 1 (S. 86). — Für das im Texte angenommene Recht des Vertragsgegners, bei Verzicht des Concursverwalters auf das Verlangen der Erfüllung des Vertrages nun seinerseits sich entweder für die Erfüllung des Vertrages mit Geltendmachung seiner Forderung aus demselben als Concursforderung, oder für die Aufhebung des Vertrages zu entscheiden, — ein Wahlrecht, welches ihm alles gewährt, was er neben den übrigen Concursgläubigern billigerweise beanspruchen kann, — spricht übrigens auch noch die Fassung von Conc.O. §. 15 Abs. 2 in den Worten: „Unterläßt er (der Verwalter) dies, so kann er auf der Erfüllung nicht bestehen“.

in die Concursmasse fallenden Gegenstand bezieht,[9] oder bei denen es sich um eine Leistung handelt, welche ihrer Beschaffenheit nach nur von dem Gemeinschuldner persönlich oder nur an ihn persönlich geschehen kann.[10] Die Forderungsverhältnisse aus solchen Verträgen gehören gar nicht zu dem Concursvermögen, und zwar, da bei einem gegenseitigen Vertrage der Werth jeder Leistung den Ersatz desjenigen der Gegenleistung bilden soll, nach keiner ihrer beiden Seiten. Handelt es sich also um eine Leistung, welche nur von dem Gemeinschuldner persönlich geschehen kann, so kann diese der Vertragsgegner ohne Rücksicht auf die Concurseröffnung von jenem begehren, wogegen aber auch die Gegenleistung in das freie Vermögen des Gemeinschuldners kommt. Gleicherweise kann der Gemeinschuldner eine Leistung, welche nur an ihn persönlich geschehen kann, trotz der Concurseröffnung von dem Vertragsgegner fordern, während dieser wegen seines Gegenanspruches auf das freie Vermögen des Gemeinschuldners angewiesen ist, es wäre denn, daß nach dem bürgerlichen Rechte der Vertrag zufolge der Concurseröffnung als aufgelöst oder auflösbar erscheint.[11]

---

[9] S. Conc.O. §. 1 Abs. 1, 3. So z. B. ein beiderseits noch nicht erfüllter Kaufvertrag über einen zur persönlichen Ausübung des Berufes des Gemeinschuldners unentbehrlichen Gegenstand. S. CP. §. 715 Nr. 4.

[10] Ergibt sich mittelbar aus den Worten: „an Stelle des Gemeinschuldners" in Conc.O. §. 15 Abs. 1. Hierher gehört z. B. der Vertrag, wodurch sich der Gemeinschuldner gegen ein bestimmtes Honorar zur Lieferung eines schriftstellerischen Werkes verpflichtet hat, ferner das Vertragsverhältniß zwischen ihm und seinem Hausarzte u. dgl. Vgl. Mot. Vorbem. z. Buch I. Tit. 2 in Abs. 6 (S. 64).

[11] S. Mot. a. a. O. Vgl. Sarwey §. 15 Bem. 5 u. 7, Wilm. 2. Aufl. Vorbem. 2 z. Buch I. Tit. 2 und Bem. 2. IV. zu §. 1, Pet. §. 15 Bem. I. 1 a. E. Eine Ausnahme machen die in Conc.O. §. 19 geregelten Dienstverträge. S. unt. Nr. 3.

Ferner gehen den unter II. angegebenen Regeln die abweichenden besonderen Vorschriften vor, welche Reichs- oder Landesrecht für gewisse Vertragsverhältnisse aus Rücksicht auf die Eigenart derselben geben.[12]

Endlich gelten nach der Concursordnung selbst besondere, mit Beseitigung aller abweichenden Vorschriften des Reichs- oder Landesrechtes ausschließlich maßgebende[13] Grundsätze in folgenden Fällen:

1. War die Lieferung von Waaren,[14] welche einen Markt- oder Börsenpreis haben, durch ein sog. Fixgeschäft, d. h. genau zu einem festbestimmten Zeitpunkte oder innerhalb einer festbestimmten Frist, für einen im voraus bestimmten Preis[15] bedungen, so verwandelt sich, wenn der Zeitpunkt oder der Ablauf der Frist erst nach der Concurseröffnung eintritt und zur Zeit der letzteren der Vertrag noch von keiner Seite vollständig erfüllt ist,[16] zur Verhütung von Unzuträglichkeiten für beide Theile der Anspruch auf die Lieferung, mag er dem Gemeinschuldner oder dem anderen Theil zustehen, durch die Concurseröffnung in eine Geldforderung, und zwar

---

[12] S. Conc.O. §. 20 vbd. Mot. §. 20 (S. 84 ff.), Prot. S. 156 ff. Vgl. ob. Anm. 2.

[13] Conc.O. §. 20 vbd. Prot. S. 156.

[14] Waare ist jede bewegliche Sache, welche Gegenstand eines Handelskaufes sein kann, mit Einschluß der Werthpapiere. Vgl. HGB. Art. 271 Nr. 1 und Mot. §. 36 in Abs. 14 (S. 165 a. E.).

[15] S. Conc.O. §. 16 Abs. 2.

[16] Die letzte Voraussetzung ergibt sich aus Conc.O. §. 16 Abs. 2 vbd. Mot. Vorbem. z. Buch I. Tit. 2 in Abs. 5 (S. 63) und Mot. §. 16 in Abs. 1—4 (S. 69 ff.). Vgl. Hullm. §. 16 Bem. 6, Völd. §. 16 Bem. d. II., Pet. §. 16 Bem. II. 2 a. E., Stiegl. §. 16 Bem. IV. 2, Wilm. 2. Aufl. §. 16 Bem. 1. A. M. Sarwey §. 16 Bem. 5 a. E., Wengler §. 16 Bem. II. 1 a. E., wonach Conc. §. 16 auch dann anzuwenden wäre, wenn der Kaufpreis schon vor der Concurseröffnung bezahlt ist.

nach Maßgabe des Markt- oder Börsenpreises gleichartiger Lieferungen bei Fixgeschäften mit der nämlichen Erfüllungszeit, welche am zweiten Werktage nach der Concurseröffnung an dem bedungenen Erfüllungsorte oder dem für ihn maßgebenden Handelsplatze abgeschlossen werden. Soweit sich der hienach berechnete Geldwerth der Lieferung mit dem bedungenen Preise deckt, findet wechselseitige Aufrechnung statt, und es kann daher nur eine Forderung auf den etwaigen Ueberschuß des einen oder des anderen Betrages geltend gemacht werden, von Seite des Concursverwalters als Forderung der Concursmasse, von Seite des anderen Theils als Concursforderung.[17] Läßt sich am zweiten Werktage nach der Concurseröffnung für Lieferungen gleicher Waaren zu gleicher Zeit wie die bedungene ein Markt- oder Börsenpreis an dem Erfüllungsorte oder dem für ihn maßgebenden Handelsplatze nicht (weder durch amtliche Cursfeststellungen noch durch Vernehmung Sachverständiger) ermitteln, so kann diese Ausnahmebestimmung nicht angewendet werden, sondern es bleibt bei den unter II. angegebenen Regeln.[18]

---

[17] Conc.O. §. 16 Abs. 1, 2. Vgl. HGB. Art. 357. Man kann dieses mit den Motiven §. 16 in Abs. 5 (S. 71) auch so ausdrücken: durch die Concurseröffnung werde das Lieferungsgeschäft in ein Differenzgeschäft aufgelöst. Wenn es dagegen in Conc.O. §. 16 Abs. 1 heißt: es könne „nicht die Erfüllung verlangt, sondern nur eine Forderung wegen Nichterfüllung geltend gemacht werden", und wenn in Mot. §. 16 in Abs. 3 a. E., 6, 7 (S. 71) von einer „Entschädigungsforderung" und von „Ausgleichung des Interesse" die Rede ist: so ist diese Ausdrucksweise juristisch nicht genau. Vgl. ob. Anm. 8.

[18] Conc.O. §. 16 Abs. 3 vbd. Mot. §. 16 a. E. (S. 74). Hierher gehört auch der Fall, wenn die bedungene Zeit oder das Ende der bedungenen Frist auf den Tag der Concurseröffnung oder den ersten Werktag nachher fällt. S. Wilm. 2. Aufl. §. 16

2. Bei Pacht- oder Miethverträgen über (unbewegliche oder bewegliche) Sachen[19] kommt es zuvörderst darauf an, ob zur Zeit der Concurseröffnung die Sache bereits zum Pacht- oder Miethbesitze übergeben war, oder nicht.

a. War die Sache noch nicht übergeben und ist der Gemeinschuldner der Verpächter oder Vermiether, so kann, falls der Pacht- oder Miethzins nicht bereits für die ganze Pacht- oder Miethzeit vorausbezahlt war, der Concursverwalter zufolge der unter II. angegebenen Regeln sich für die beiderseitige vollständige Erfüllung des Vertrages bis zu dem vertragsmäßigen Ende des Verhältnisses entscheiden. Die Verpflichtungen des Gemeinschuldners aus dem Vertrage erscheinen dann als Verbindlichkeiten der Masse, und das Verhältniß ist überhaupt so zu beurtheilen, wie wenn erst der Verwalter den Vertrag für die Masse abgeschlossen hätte.[20] Hat aber der Verwalter das Recht, die Erfüllung zu verlangen, durch Verzicht oder Unterlassung rechtzeitiger Erklärung verloren, so kann nunmehr der Pächter oder Miether entweder den Vertrag als aufgehoben betrachten oder seine Ansprüche aus demselben als durch die Concurseröffnung nach Maßgabe ihres damaligen Schätzungswerthes in eine Geldforderung umgewandelt behandeln, sich demnach, soweit sich der Betrag dieser Forderung mit demjenigen des Pacht- oder Miethzinses deckt, durch Aufrechnung befriedigen, einen etwaigen Ueberschuß über den letzteren aber im Concursver-

Bem. 4 Abs. 2, Pet. §. 16 Bem. III. 3 a. E. A. M. Völd. §. 16 Bem. d. III.

[19] Vgl. Mot. §§. 17, 18 im vorl. Abs. (S. 81). Auf andere Arten der sog. Sachen-Miethe oder Pacht (Zollpacht, Fischereipacht u. dgl.) sind Conc.O. §§. 17 u. 18 entsprechend anzuwenden. S. Völd. §. 17 Bem. a., Pet. §§. 17, 18 Bem. I. 2.

[20] Conc.O. §§. 15, 52 Nr. 2 vbd. Mot. §§. 17, 18 im letzten Abs. (S. 81 fg.).

fahren geltend machen.[21] War dagegen der Pacht- oder Miethzins bei der Concurseröffnung bereits für die ganze Pacht- oder Miethzeit bezahlt, so bleibt dem Pächter oder Miether nichts übrig, als seine Ansprüche aus dem Vertrage nach ihrem Schätzungswerthe zur Zeit der Concurseröffnung im Concursverfahren geltend zu machen.[22] Ist umgekehrt der Gemeinschuldner der Pächter oder Miether, so kann der Verpächter oder Vermiether den Vertrag gleich einem nicht geschlossenen behandeln.[23] Er muß dieses aber dem Concursverwalter auf (mündliche oder schriftliche) Aufforderung desselben ohne Verzug[24] erklären. Unterläßt er die rechtzeitige Erklärung, oder erklärt er sich für die Aufrechthaltung des Vertrages, so kommen nunmehr die unter II. angegebenen Regeln zur Anwendung.[25] Der Concursverwalter hat also das Recht, sich für die beiderseitige vollständige Erfüllung des Vertrages bis zu dem vertragsmäßigen Ende des Verhältnisses zu entscheiden, wodurch die Pacht- oder Miethzins-

---

[21] S. Conc.O. §. 62 vbd. §§. 46, 47. Vgl. ob. Anm. 8. — Nach den Motiven §§. 17, 18 im letzten Abs. (S. 82) könnte, wenn sich der Concursverwalter nicht für die Erfüllung entscheidet, der Pächter oder Miether nur eine Entschädigungsforderung wegen Nichterfüllung nach Conc.O. §. 21 geltend machen.

[22] Conc.O. §. 62. A. M. Sarwey §. 17 Bem. 2 a. E., Pet. §§. 17, 18 Bem. II. 1.

[23] Conc.O. §. 18 Abs. 1 vbd. Mot. §§. 17, 18 a. E. (S. 82). Da der Grund der Vorschrift, die Rücksicht auf die wesentliche Bedeutung der Persönlichkeit des Pächters oder Miethers, ebenso wie der Wortlaut derselben auch dann zutrifft, wenn der Gemeinschuldner bereits den Pacht- oder Miethzins bezahlt hatte, so muß sie auch auf diesen Fall angewendet werden. Nur muß dann natürlich der von dem Vertrage zurücktretende Verpächter oder Vermiether den empfangenen Pacht- oder Miethzins zurückerstatten.

[24] S. ob. II. Abs. 1 a. E.

[25] Conc.O. §. 18 Abs. 2 vbd. Mot. a. a. O. Vgl. Hullm. §. 18 Bem. 3.

forderung zu einem Masseanspruche wird.[26] Hat er aber dieses Recht durch Verzicht oder Unterlassung rechtzeitiger Erklärung verloren, so kann der Verpächter oder Vermiether gegen Erbieten zu vollständiger Erfüllung des Vertrages von seiner Seite die Pacht- oder Miethzinsforderung nach ihrem Werthe zur Zeit der Concurseröffnung im Concursverfahren geltend machen, wenn er nicht jetzt noch vorzieht, den Vertrag als aufgehoben zu behandeln.[27]

b. War die Sache bei der Concurseröffnung bereits zum Pacht- oder Miethbesitze übergeben, so wird, wenn der Gemeinschuldner der Verpächter oder Vermiether ist, der vertragsmäßige Fortbestand des Pacht- oder Miethverhältnisses durch die Concurseröffnung nicht berührt, und kein Theil erhält also ein Kündigungsrecht, welches ihm ohne die Concurseröffnung nicht zustünde. Damit jedoch durch das Pacht- oder Miethverhältniß die durch den Zweck des Concursverfahrens gebotene Veräußerung der Sache nicht gehemmt sei, so wirkt die freiwillige Veräußerung derselben durch den Concursverwalter auf das Verhältniß und seine Fortdauer wie eine Zwangsversteigerung der Sache.[28] Ist dagegen um-

---

[26] Conc.O. §§. 15 Abs. 1, 52 Nr. 2.

[27] Conc.O. §. 15 Abs. 2 vbd. §§. 62, 63. Vgl. ob. Anm. 8.

[28] Conc.O. §. 17 Nr. 2 vbd. Mot. §§. 17, 18 unter II. (S. 80 fg.). Wenn das bürgerliche Recht, wie z. B. das gemeine Recht in L. 25 §. 1, L. 32 D. locati 19, 2, das sächs. bürg. Gesetzbuch §. 1222 und das Preuß. LandR. I. 21 §§. 355, 356, wegen einer in Folge einer Zwangsversteigerung der Sache eintretenden vorzeitigen Entziehung des Gebrauches der gepachteten oder gemietheten Sache dem Pächter oder Miether einen Schadenersatzanspruch gewährt, so kann demnach auch bei freiwilliger Veräußerung der Sache im Concurse der Pächter oder Miether einen solchen Anspruch geltend machen, jedoch nach Conc.O. §. 21 (in schwerlich gerechtfertigter Weise) nur

gekehrt der Gemeinschuldner der Pächter oder Miether, so wird zwar das Pacht- oder Miethverhältniß durch die Concurseröffnung nicht ohne Weiteres aufgehoben, und selbst der Concursverwalter ist nicht zu einer sofortigen Aufhebung befugt; allein dieser sowohl als der Verpächter oder Vermiether kann das Verhältniß ohne Rücksicht auf die vertragsmäßig festgesetzte Dauer desselben jederzeit mit Beobachtung der gesetzlichen oder ortsüblichen Kündigungszeiten und Kündigungsfristen aufkündigen. Die vertragsmäßigen Kündigungszeiten oder Kündigungsfristen sind nur dann maßgebend, wenn jene näher oder diese kürzer sind, als die gesetzlichen oder ortsüblichen.[29] Den Pacht- oder Miethzins kann der Verpächter oder Vermiether für die Zeit vor der Concurseröffnung nur als Concursgläubiger, für die Zeit von der Concurseröffnung bis zu der Aufhebung des Verhältnisses dagegen, weil er für diese Zeit Vergeltung und Ersatz des Werthes der aus dem Vermögen des Verpächters oder Vermiethers in die Masse fließenden Nutzungen der verpachteten oder vermietheten Sache ist, als Massegläubiger fordern.[30]

---

als Concursforderung. Vgl. Mot. §. 21 unter Nr. 2 a. E. (S. 92).

[29] Conc.O. §. 17 Nr. 1 vbd. Mot. §§. 17, 18. I. Abs. 7—11 (S. 78 ff.). Indessen wird die Vorschrift nicht so angewendet werden dürfen, daß, wenn z. B. die Wohnungsmiethe ortsüblich am ersten jedes Quartals mit vierteljähriger Frist kündbar ist, der Gemeinschuldner aber auf Kündigung am 1. August zum 1. Februar oder am 1. Februar zum 1. August gemiethet hatte, bei Concurseröffnung im Laufe des Juli am 1. August zum 1. November gekündigt werden könnte, weil hier die vertragsmäßige Kündigungszeit näher, die ortsübliche Kündigungsfrist aber kürzer sei. — Wie lange der Gemeinschuldner persönlich die gepachteten oder gemietheten Sachen noch benutzen darf, bemißt sich nach Conc.O. §§. 118 Abs. 1, 120 Abs. 1.

[30] Conc.O. §. 52 Nr. 2. Vgl. Mot. §. 52 Nr. 2 (S. 245 fg.). Absonderungsrecht des Verpäch-

3. Ein auf die fortgesetzte Leistung gleichartiger, sei es niederer oder höherer, Dienste gerichtetes Dienstverhältniß im Haushalte, Wirthschaftsbetriebe oder Erwerbsgeschäfte des Gemeinschuldners, wie z. B. dasjenige eines Dienstboten, einer Amme, eines Erziehers, Hauslehrers, Handlungs- oder Gewerbegehülfen, Gesellen, Fabrikarbeiters, Packers, Markthelfers u. dgl., wird, wenn es zur Zeit der Concurseröffnung bereits angetreten ist, durch die letztere gleichfalls nicht ohne Weiteres aufgehoben; auch ist, wenn es nicht unter der Voraussetzung nicht erfolgter Concurseröffnung durch sofortige Entlassung oder sofortigen Austritt hätte aufgelöst werden können, weder der Concursverwalter noch der andere Theil zu sofortiger Aufhebung befugt. Wohl aber kann jener wie dieser das Verhältniß ohne Rücksicht auf die vertragsmäßig bestimmte Dauer desselben jederzeit mit Beobachtung der gesetzlichen oder ortsüblichen Kündigungszeit und Kündigungsfrist oder, wenn es an einer solchen fehlt, einer auf Antrag

---

ters oder Vermiethers sowohl wegen des aus der Zeit vor der Concurseröffnung rückständigen als wegen des nachher laufenden Zinses: Conc.O. §. 41 Nr. 2, 4. — Falls das Verhältniß vor Ablauf der vertragsmäßig bestimmten Dauer durch Kündigung von Seite des Concursverwalters aufgehoben wird, so stünde nach den Motiven §§. 17, 18. I. Abs. 8 a. E. (S. 78) und §. 21 Nr. 2 (S 91 fg.) dem Verpächter oder Vermiether ein Schadenersatzanspruch, jedoch nach Conc.O. §. 21 nur als Concursforderung, zu. Ebenso z. B. Sarwey §. 17 Bem. 3, Pet. §§. 17, 18 Bem. II. 2 Abs. 3, welche einen solchen Entschädigungsanspruch nach allgemeinen Rechtsgrundsätzen für selbstverständlich halten. Mir scheint dagegen nach allgemeinen Rechtsgrundsätzen ein solcher Anspruch vielmehr ausgeschlossen zu sein, weil der Verwalter nur von einem ihm gesetzlich gewährten Kündigungsrechte Gebrauch macht. S. die in den Mot. §. 21 Nr. 2 (S. 92) angeführte Aeußerung der Motive zu §. 21 der Preuß. Conc.O. Vgl. Völd. §. 19 Bem. e.

des Kündigenden von dem Concursgerichte festgesetzten aufkündigen. Die vertragsmäßige Kündigungszeit oder Kündigungsfrist ist nur dann maßgebend, wenn jene nicht entfernter oder diese nicht länger ist als die gesetzliche oder ortsübliche oder, in Ermangelung einer solchen, diejenige, welche das Concursgericht für angemessen hält.[31] Der Anspruch auf den Lohn oder Gehalt ist auch hier für die Zeit nach der Concurseröffnung Masseanspruch, für die Zeit vor der Concurseröffnung nur Concursforderung, welche jedoch, soweit es sich um die für das letzte Jahr vor derselben rückständigen Bezüge handelt, an erster Stelle zu berichtigen ist.[32] Ist das Dienst-

---

[31] Conc.O. §. 19 vbd. Mot. §. 19 in Abs. 4 (S. 83). Die Vorschrift gilt, wie schon der Ausdruck: „in dem Haushalte — — des Gemeinschuldners angetretenes Dienstverhältniß" beweist, auch dann, wenn es sich um Dienste handelt, die ihrer Natur nach nur dem Gemeinschuldner oder seinen Angehörigen persönlich geleistet werden können. S. auch Prot. S. 17 fg., 149, Hullm. §. 19 Bem. 3, §. 54 Bem. 4, Pet. §. 19 Bem. 2. A. M. Sarwey §. 19 Bem. 1, §. 54 Bem. 5, Fuchs §. 20 Anm. 54, Wengler §. 19 Bem. 2. — Reichsgesetzlich bestimmte Kündigungszeiten und Kündigungsfristen in Ansehung der Handlungsdiener: HGB. Art. 61, in Ansehung der Gesellen, Gewerbegehülfen und Fabrikarbeiter: GewerbeO. §§. 122, 134 (früher §§. 110, 127). — Der Gemeinschuldner kann sich, selbst bei einem Dienstverhältnisse von höchstpersönlicher Natur, nicht auf Conc.O §. 19 berufen und hat daher kein Einspruchsrecht, wenn sich der Concursverwalter mit dem Bediensteten über die Auflösung des Verhältnisses ohne Rücksicht auf Kündigungszeit und Kündigungsfrist oder über eine andere, der Concursmasse nützliche Art der Dienstleistung einigt. S. Hullm. §. 19 Bem. 3 a. E., Pet. §. 19 Bem. 4.

[32] Conc.O. §. 52 Nr. 2 vbd. Mot. §. 19 in Abs. 5 (S. 83); Conc.O. §. 54 Nr. 1. — Ein Entschädigungsanspruch des Bediensteten wegen vorzeitiger Kündigung des Verhältnisses durch den Concursverwalter läßt sich auch hier aus allgemeinen Rechtsgrundsätzen nicht ableiten. S. ob. Anm. 30.

verhältniß zur Zeit der Concurseröffnung noch nicht angetreten, so kommen die unter II. angegebenen Regeln zur Anwendung, falls nicht besondere landesgesetzliche Vorschriften über die Einwirkung des Concurses auf ein solches Verhältniß bestehen.[33]

Ein Dienstverhältniß, in welchem der Gemeinschuldner selbst steht, wird, sei es bereits angetreten oder nicht, wenn nicht besondere reichs- oder landesrechtliche Vorschriften ein Anderes bestimmen,[34] durch die Concurseröffnung nicht berührt. Die Vergütung für seine Dienste fließt für die Zeit bis zur Concurseröffnung, soweit sie der Zwangsvollstreckung unterliegt, als Theil seines damals bereits vorhandenen Vermögens in die Concursmasse.[35] Für die Zeit nach der Concurseröffnung dagegen fällt sie als Vergeltung von Dienstleistungen, auf welche die Concursgläubiger keinen Anspruch haben, in das freie Vermögen des Gemeinschuldners.[36]

IV. Der Umstand, daß in Folge der Concurseröffnung eine Verbindlichkeit des Gemeinschuldners aus einem gegenseitigen Vertrage nicht in der ursprünglich bedungenen Weise, sondern nur nach ihrem Schätzungswerthe und nur mit den durch die Aufgabe des Concursverfahrens bedingten Beschränkungen erfüllt oder ein Rechtsverhältniß aus einem solchen Vertrage, sei es durch Uebereinkunft der Parteien, sei es durch vorzeitige Kündigung von Seite des Concurs-

[33] Conc.O. §. 20. Vgl. Hullm. §. 19 Bem. 7. A. M. Sarwey §. 19 Bem. 2.

[34] Vgl. Conc.O. §. 20 und s. z. B. HGB. Art. 62.

[35] Vgl. G. v. 21. Juni 1869, betr. die Beschlagnahme des Arbeits- oder Dienstlohns §. 1 vbd. CP. §. 749 Nr. 1; ferner CP. §. 749 Nr. 8 und Abs. 2, 3.

[36] Vgl. Sarwey §. 1 Bem. 4 Nr. 4, Wilm. 2. Aufl. §. 1 Bem. 2. IV. Abs. 2—4. Pet. §. 1 Bem. III. 2, Stiegl. §. 1 Bem. V. 5. Vgl. ob. §. 5. I. und unt. §. 13. II.

verwalters oder des anderen Theils, sei es endlich kraft Gesetzes, aufgehoben wird,[37] gibt dem anderen Theil nicht das Recht, das von seiner Seite aus dem Vertrage Geleistete aus der Concursmasse zurückzufordern, es wäre denn, daß er, sei es weil er zur Zeit der Concurseröffnung noch Eigenthümer des geleisteten Gegenstandes war, sei es aus einem anderen Grunde, die Rückgabe als Aussonderungsberechtigter verlangen kann.[38] Vielmehr kann er, abgesehen von

---

[37] Die Concursordnung versteht in Buch I Tit. 2 unter der „Erfüllung" eines Vertrages oder einer Verbindlichkeit nur die vertragsgemäße Vornahme der ursprünglich bedungenen Leistung. S. Conc.O. §§. 15, 16, 21. Vgl. Mot. §. 15 in Abs. 2—4 u. 6 (S. 65 fg., 67), §. 21 Nr. 1 Abs. 3, 4, 10 (S. 86 fg., 89). Demnach beziehen sich in Conc.O. §. 21 die Worte: „Wenn in Folge der Eröffnung des Concursverfahrens die Nichterfüllung einer Verbindlichkeit — — des Gemeinschuldners eintritt" nicht allein auf den Fall, wenn zur Zeit der Concurseröffnung der Vertragsgegner des Gemeinschuldners seine Leistung aus dem Vertrage nur erst theilweise gemacht hatte, der Concursverwalter aber sich nicht nach Conc.O. §. 15 für die beiderseitige vollständige Leistung in der vertragsmäßigen Art entscheidet, sondern auch und namentlich auf den anderen, wenn zur Zeit der Concurseröffnung die Leistung des Vertragsgegners schon vollständig erfolgt war und nur diejenige des Gemeinschuldners ganz oder theilweise noch ausstand. Vgl. Mot. §. 21 Nr. 1 Abs. 10—12 (S. 89 ff.). Die Worte: „Wenn in Folge der Eröffnung des Concursverfahrens — — die Aufhebung eines Rechtsverhältnisses des Gemeinschuldners eintritt" treffen zuvörderst die in Conc.O. §§. 17, 19, 20 vorgesehenen Fälle, außerdem aber auch den Fall, wenn bei beiderseits noch nicht vollständig erfolgter Erfüllung eines gegenseitigen Vertrages der Concursverwalter sowohl als der Vertragsgegner auf die Erfüllung verzichten und so den Vertrag durch Uebereinkunft aufheben. S. ob. II. a. E. und III. 2. a.

[38] Conc.O. §. 21 Satz 1 vbd. §§. 35, 36. Vgl. Mot. §. 21 Nr. 1 Abs. 8—13, 15 (S. 89 ff., 91). (Anders die Preuß. Conc.O. §. 16 Abs. 3.) Dieser Satz ist besonders wichtig für die Gebiete des französischen Rechtes, weil danach trotz des allgemeinen

diesem Fall, jeden Anspruch, der ihm nach Bewandtniß der Umstände, sei es auf Rückerstattung seiner Leistung, sei es auf Entschädigung, zufolge des bürgerlichen Rechtes zukommt, nur als Concursforderung, also, soweit ihm nicht ein Absonderungsrecht zusteht, nur im Concursverfahren geltend machen.[39]

Grundsatzes des letzteren, daß bei einem gegenseitigen Vertrage wegen Nichterfüllung von der einen Seite der andere Theil entweder auf die Erfüllung oder auf die Auflösung des Vertrages nebst Schadenersatz klagen könne (c. civ. art. 1184 vbd. art 1610, 1654, 2102 nr. 4), der Vertragsgegner des Gemeinschuldners nicht auf die Rückgabe des von ihm Geleisteten aus der Concursmasse klagen kann, wenn der Grund, weshalb der Vertrag von Seite des Gemeinschuldners nicht in der ursprünglich bedungenen Weise erfüllt wird, in der Concurseröffnung liegt. Vgl. Mot. §. 21 Nr. 1 Abs. 7—9 (S. 88 fg.). Vgl. Sarwey §. 21 Bem. 1 Abs. 4 (S. 102), Pet. §. 21 Bem. II. 3, IV. 2. Auch die Vorschrift des Preuß. LandR. I. 11 §. 977 ist durch Conc.O. §. 21 beseitigt. S. Mot. §. 21 Nr. 3 (S. 93). Endlich hat aber selbst für die Gebiete des gemeinen Rechtes Conc.O. §. 21 die wichtige Bedeutung, daß trotz einer dem Vertrage beigefügten lex commissoria die von dem Vertragsgegner bereits geleistete Sache nicht in das Eigenthum desselben zurückfällt, wenn die Gegenleistung des Gemeinschuldners nur in Folge der Concurseröffnung nicht zu der bedungenen Zeit erfolgt. (A. M. Völd. §. 1 Bem. g. B. 1 a. E.) Ueberhaupt wird sich aus Conc.O. §. 21 der allgemeine Satz ableiten lassen, daß ein Concursgläubiger nach der Concurseröffnung zum Behufe seiner Deckung gegenüber den übrigen Concursgläubigern eben so wenig ein neues, d. h. zur Zeit der Concurseröffnung noch nicht bestehendes, Aussonderungsrecht als nach Conc.O. §. 12 ein neues Absonderungsrecht erlangen kann. Dagegen wird natürlich der Rückfall des Eigenthums in Folge einer in diem addictio oder einer sonstigen dinglich wirkenden und nicht auf Deckung des anderen Theils abzielenden Nebenberedung durch die Concurseröffnung nicht gehindert. Vgl. ob. §. 5 Anm. 16.

[39] Conc.O. §. 21 Satz 2. Vgl. Mot. §. 21 Nr. 2 a. E. (S. 92), Sarwey Vorbem. z. Buch I. Tit. 2 unter Nr. 2 (S. 63 fg.) und §. 21 Bem. 1 a. E.

§. 7.

b. Einwirkung der Concurseröffnung auf anhängige Processe.

I. Auf Processe, welche das Concursvermögen nicht betreffen, übt die Eröffnung des Concursverfahrens keinen Einfluß. Sie können daher ohne Rücksicht auf dasselbe von dem Gemeinschuldner wie gegen ihn erhoben oder, wenn sie zur Zeit der Concurseröffnung bereits anhängig waren, fortgesetzt werden. Hierher gehören zuvörderst Processe über Ansprüche von nicht vermögensrechtlicher Natur, wie z. B. über Vaterschaft, Vollziehung oder Scheidung einer Ehe u. dgl. Sodann aber auch Processe über Ansprüche von vermögensrechtlicher Natur, wenn diese das Concursvermögen nicht berühren, wie z. B. Ansprüche auf höchstpersönliche Leistungen von Seite des Gemeinschuldners oder an denselben, Ansprüche auf Gegenstände, welche, weil der Zwangsvollstreckung zur Beitreibung einer Geldforderung entzogen, nicht in die Concursmasse fallen, oder welche aus dieser dem Gemeinschuldner zur freien Verfügung überlassen sind, Ansprüche aus Rechtsgeschäften, welche der Gemeinschuldner erst nach der Concurseröffnung abgeschlossen hat, u. dgl. m.[1]

(S. 103 fg.). Ein Entschädigungsanspruch steht dem anderen Theil z. B. in dem ob. Anm. 28 erwähnten Falle zu. Dagegen läßt sich der von den Motiven angenommene Entschädigungsanspruch, so oft der Concursverwalter sich nicht für die Erfüllung eines gegenseitigen Vertrages entscheide, oder so oft er ein Pacht-, Mieth- oder Dienstverhältniß nach Conc.O. §§. 17 Nr. 1, 19 durch vorzeitige Aufkündigung aufhebe, aus allgemeinen Rechtsgrundsätzen nicht ableiten. S. ob. Anm. 8, 17, 21, 30, 32.

[1] S. Mot. §§. 8 u. 9 in Abs. 2 u. 3 (S. 41). Vgl. ob. §. 5. I., §. 6. I. u. III., unt. §. 13. V.

II. Für Processe dagegen, welche das Concursvermögen betreffen, verliert der Gemeinschuldner durch die Concurseröffnung, weil ihm dadurch die Verfügungsbefugniß in Ansehung dieses Vermögens entzogen wird, die Proceßfähigkeit.[2] Solche Processe können während der Dauer des Concursverfahrens nur von dem Concursverwalter als dem gesetzlichen Vertreter des Gemeinschuldners in Ansehung des Concursvermögens geführt werden.

Daher wird jeder zur Zeit der Concurseröffnung anhängige Proceß, wenn er das Concursvermögen betrifft oder doch betreffen kann,[3] durch die Concurseröffnung unterbrochen,

---

u. VI. — Jedoch können die Kosten, welche bis zur Concurseröffnung erwachsen sind, für den Fall, daß der Gemeinschuldner zur Tragung derselben verurtheilt werden sollte, als (bedingte) Concursforderung geltend gemacht werden, weil es sich dabei um einen „zur Zeit der Eröffnung des Verfahrens begründeten Vermögensanspruch an den Gemeinschuldner" handelt. S. Conc.O. §. 2. Vgl. unt. Anm. 18.

[2] Die Mot. §§. 8 u. 9 in Abs. 5 (S. 42) sprechen dem Gemeinschuldner für solche Processe sogar die Sachlegitimation ab; mit Unrecht, da das Concursvermögen juristisch immerhin Vermögen des Gemeinschuldners bleibt. Vgl. Schultze S. 84 ff., der jedoch auf der anderen Seite zu weit geht, wenn er dem Gemeinschuldner sogar noch eine gewisse Proceßfähigkeit für solche Processe zuschreibt. Da der Gemeinschuldner durch seine Verträge die Concursmasse nicht, oder doch mindestens nicht ohne besondere Genehmigung des Concursverwalters verpflichten kann, so kann ihm auch für Processe, welche die Concursmasse betreffen, keinerlei Proceßfähigkeit zustehen. S. R.CP. §. 21. II., Archiv für die civilistische Praxis LXI. S. 409 ff. Vgl. auch Wilm. 2. Aufl. §. 8 Bem. 1.

[3] Denn ob ein Proceß wirklich das Concursvermögen betrifft, klärt sich häufig erst nachträglich durch das Verhalten des Concursverwalters oder des Proceßgegners auf. S. unt. bei Anm. 7, 10 u. 14. Vgl. Wilm. 2. Aufl. §. 8 Bem. 1 a. E., §. 9 Bem. 1 Abs. 3.

und zwar gleichviel, ob der Gemeinschuldner darin Kläger oder Beklagter ist, ob es sich im letzten Fall um einen Anspruch handelt, welcher nach der Concurseröffnung als Concursforderung oder als Aussonderungs-, Absonderungs- oder Masseanspruch erscheint, ob endlich der Gemeinschuldner den Proceß durch einen Proceßbevollmächtigten führte oder nicht.[4] Die Beseitigung der Unterbrechung geschieht durch Aufnahme des Verfahrens nach Maßgabe folgender Regeln:

1. Dreht sich der vom Gemeinschuldner geführte Proceß, sei es daß er darin Kläger oder Beklagter ist, um eine Berechtigung (wie z. B. Eigenthum, Grunddienstbarkeit, Nießbrauch, Hypothek, Forderung u. dgl.), welche er für sich in Anspruch genommen hat, so steht es zunächst im Ermessen des Concursverwalters, den Proceß für die Concursmasse aufzunehmen oder die Aufnahme abzulehnen.[5] Wenn er seine Erklärung

---

[4] CP. §§. 218, 220, Conc.O. §§. 8, 9, 132 Abs. 2, 134 Abs. 3; vbd. CP. §. 223 (wo nur auf die §§. 217, 219 verwiesen ist). Vgl. Mot. §§. 8 u. 9 in Abs. 6—8 (S. 42), §. 10 in Abs. 2, 3, 8, 10 (S. 46 fg., 48 fg.), §. 134 in Abs. 5 (S. 365), Prot. der Reichstags-Commission zur Berathung der Civilproceßordnung S. 76 a. E. (Der Ausdruck: „Verfahren, wenn es die Concursmasse betrifft" in CP. §. 218 ist also in einem weiteren Sinn zu verstehen.) Ebenso wird jeder zur Zeit der Concurseröffnung anhängige Anfechtungsproceß eines einzelnen Concursgläubigers unterbrochen: Anfechtungs G. v. 21. Juli 1879 §. 13 Abs. 2. — Wegen der Folgen der Unterbrechung s. CP. §. 226. Vgl. R.CP. §. 42.

[5] Conc.O. §. 8. Zur Ablehnung der Aufnahme muß bei einem Werthe des Streitgegenstandes von mehr als dreihundert Mark der Concursverwalter die Genehmigung des Gläubigerausschusses, falls ein solcher bestellt ist, einholen: Conc.O. §. 121 Nr. 2. S. auch Conc.O. §§. 123, 124. — Nach den Mot. §§. 8 u. 9 in Abs. 8 (S. 42) wäre in Conc.O. §. 8 von denjenigen Processen die Rede, in welchen der Gemeinschuldner Kläger (oder Widerkläger), in Conc.O. §. 9 von denjenigen, in welchen er Beklagter ist. Eben

darüber verzögert, d. h. ungebürlich hinausschiebt, so kann sie der Proceßgegner dadurch herbeiführen, daß er den Verwalter mittels Zustellung eines Schriftsatzes zur Aufnahme des Verfahrens und zugleich zur Verhandlung der Hauptsache ladet. Erscheint der Verwalter nicht, so ist nach Feststellung seiner Legitimation auf Antrag des Gegners durch Versäumnißurtheil auszusprechen, daß das Verfahren aufgenommen sei. Zur Hauptsache kann dann aber erst nach Ablauf der Einspruchsfrist und im Fall rechtzeitiger Einlegung des Einspruches nach Erledigung desselben verhandelt werden.[6] Lehnt der Verwalter die Aufnahme des Processes ab, so liegt darin, falls die streitige Berechtigung, wie z. B. Eigenthum, Nießbrauch, Forderung, als ein selbständiges, aus der

so nach der Darstellung der Mehrzahl der Schriftsteller. Vgl. z. B. Sarwey §. 8 Bem. 2 und 6 Nr. 2, §. 9 Bem. 2, Schultze S. 89 ff. Allein diese (durch den Wortlaut des Gesetzes nicht unbedingt gebotene) Annahme trifft nur für die gewöhnlichen Fälle zu und müßte, ausnahmslos festgehalten, zu völlig unbrauchbaren Ergebnissen führen. Unter Conc.O. §. 8 fällt vielmehr z. B. auch eine Klage gegen den Gemeinschuldner auf Löschung einer für diesen auf ein Grundstück des Klägers eingetragenen Hypothek oder auf Feststellung der Aufhebung einer Forderung des Gemeinschuldners durch Zahlung, die negatorische Klage wegen einer Dienstbarkeit, welche der Gemeinschuldner an einer Sache des Klägers in Anspruch nimmt, u. dgl. m. Vgl. Hullm. §§. 8, 9 Bem. 10 Abs. 1—3, Stiegl. Vorbem. F. z. §§. 8 u. 9, Wilm. 2. Aufl. §. 8 Bem. 3.

[6] Conc.O. §. 8 Abs. 2 vbd. CP. §§. 217, 54 Abs. 1, 300 Nr. 1. Vgl. Schultze S. 92. — Die nämlichen Regeln kommen zur Anwendung, wenn der Concursverwalter die Erklärung über die Aufnahme eines durch die Concurseröffnung unterbrochenen Anfechtungsprocesses verzögert: AnfechtungsG. v. 21. Juli 1879 §. 13 Abs. 2. — Ueber die Frage, wann Verzögerung anzunehmen sei, s. Sarwey §. 8 Bem. 5, Stiegl. §. 8 Bem. II. a. E. und Note b einerseits, Hullm. §§. 8, 9 Bem. 6 Anm. 1, Wilm. 2. Aufl. §. 8 Bem. 5 andererseits.

Concursmasse ausscheidbares Vermögensstück erscheint, die Erklärung, dieselbe nicht als Bestandtheil der Masse behandeln zu wollen. Hienach gehört sie denn gar nicht zu dem Concursvermögen, sondern zu dem freien Vermögen des Gemeinschuldners, und da sich dieser folglich als proceßfähig für den Rechtsstreit erweist, so kann der letztere sowohl von ihm gegen den Proceßgegner als von diesem gegen ihn aufgenommen werden, ohne daß durch den Ausgang die Concursmasse berührt wird.[7] Ist dagegen die streitige Berechtigung, wie z. B. Grunddienstbarkeit oder Hypothek, ein unselbständiges, aus der Concursmasse nicht ausscheidbares Vermögensstück, so kann der Proceß um dieselbe nur von dem Concursverwalter geführt werden, und der Proceßgegner kann ihn daher gegen diesen aufnehmen.[8]

---

[7] Conc.O. §. 8 Abs. 2 vbd. Mot. §§. 8 u. 9 a. E. (S. 46), Prot. S. 97. S. aber auch Conc.O. §. 121 Nr. 2 vbd. §. 124. Wegen der bis zur Concurseröffnung entstandenen Kosten s. ob. Anm. 1. — Hat aber der Verwalter durch Aufnahme des Processes einmal erklärt, daß er den streitigen Anspruch als Bestandtheil der Concursmasse behandle, und hat er sich damit als Vertreter des Concursvermögens zur Proceßpartei gemacht, so kann er sich dieser Stellung nicht mehr einseitig zu Ungunsten des Gegners entziehen. Daher kann, wenn der Verwalter auf den Gebrauch eines Rechtsmittels gegen ein wider ihn ergangenes Urtheil verzichtet, auch der Gemeinschuldner kein Rechtsmittel einlegen; vielmehr wird jetzt das Urtheil gegen jenen und folglich auch gegen diesen bindend und rechtskräftig. Vgl. Mot. §§. 8 u. 9 Anm. 3 z. Abs. 14 (S. 44). A. M. Schultze S. 95, der freilich S. 97 fg. auch annimmt, daß selbst die gegen den Verwalter ergangene rechtskräftige Entscheidung den Gemeinschuldner nicht binde. S. dagegen auch Wilm. 2. Aufl. §. 8 Bem. 1 g. E., §. 9 Bem. 5 a. E.

[8] Dieses folgt aus Conc.O. §. 8 Abs. 2 vbd. §. 5 und aus der in Conc.O. §. 8 Abs. 1 vorgeschriebenen entsprechenden Anwendung von CP. §. 217. Die Mot. und Prot. a. d. a. OO. scheinen allerdings anzunehmen, daß der Proceß im Fall der

2. Dreht sich der vom Gemeinschuldner geführte Proceß, wiederum gleichviel, ob er darin Kläger oder Beklagter ist, um eine von seinem Proceßgegner in Anspruch genommene Berechtigung, welche nach der Concurseröffnung als ein Aussonderungs-, Absonderungs- oder Masseanspruch erscheint, so kann der Proceß sowohl von dem Concursverwalter gegen den Gegner als von diesem gegen jenen aufgenommen werden.[9]

Ablehnung der Aufnahme von Seite des Concursverwalters bloß von dem Gemeinschuldner und gegen ihn aufgenommen werden könne. Allein das Gesetz selbst enthält eine solche Beschränkung nicht, und jene Annahme ist schon deshalb verwerflich, weil sie dem Proceßgegner des Gemeinschuldners jedes Mittel nähme, in den Fällen der angegebenen Art die Entscheidung des Processes vor der Beendigung des Concursverfahrens herbeizuführen. Verschiedene Ansichten über die Behandlung dieser Fälle s. bei Sarwey §. 8 Bem. 6 Nr. 2, Hullm. §§. 8, 9 Bem. 10 Abs. 4—7, Wilm. 2. Aufl. §. 8 Bem. 7 Abs. 2. — Wegen der Kosten s. unt. IV.

[9] Conc.O. §. 9 Abs. 1 vbd. Prot. S. 97 fg. Vgl. ob. Anm. 5. Als Proceß über einen Aussonderungsanspruch erscheint auch der Streit über eine Dienstbarkeit, welche der Proceßgegner an einer Sache des Gemeinschuldners in Anspruch nimmt, sei es daß jener confessorisch, oder daß dieser negatorisch als Kläger aufgetreten war. S. Mot. Vorbem. z. Buch I. Tit. 4 in Abs. 2 und Hullm. §§. 8, 9 Bem. 9 Abs. 2, Bem. 10 a. E., Wilm. 2. Aufl. §. 9 Bem. 1 Abs. 2. Vgl. unt. §. 22. I. Proceß über einen Absonderungsanspruch ist z. B. der Streit über eine Hypothek, welche der Proceßgegner an einem Grundstücke des Gemeinschuldners geltend macht, mag er durch hypothekarische Klage von Seite des ersten oder durch Klage auf Löschung der Hypothek von Seite des letzten eingeleitet sein. S. Hullm. §§. 8, 9 Bem. 10 Abs. 3. Als Proceß über einen Masseanspruch kann ein vor der Concurseröffnung begonnener Rechtsstreit nur dann erscheinen, wenn es sich darin um einen Anspruch aus einem mit dem Gemeinschuldner abgeschlossenen gegenseitigen Vertrage handelt, dessen Erfüllung von dem Concursverwalter verlangt wird oder nach Rechtsvorschrift über die Concurser-

Im letzten Fall kann sich jedoch der Verwalter von der Uebernahme des Processes losmachen durch die Erklärung, daß er den Gegenstand, worauf sich der Aussonderungs- oder Absonderungsanspruch bezieht, nicht als Bestandtheil der Concursmasse behandle. Denn dadurch scheidet dieser Gegenstand aus dem Concursvermögen aus, und folglich erweist sich der Proceß als ein das Concursvermögen nicht betreffender, welcher bloß von dem Gemeinschuldner geführt werden kann und daher nunmehr gegen den Gemeinschuldner aufgenommen werden muß.[10]

öffnung hinaus erfolgen muß. S. Conc.O. §. 52 Nr. 2 vbd. §§. 15, 17—19. Vgl. Mot. §§. 8, 9 im vorl. Abs. (S. 45).

[10] Dies ist eine nothwendige Folge daraus, daß es nach Conc.O. §. 8 Abs. 2 im Ermessen des Verwalters steht, einen an sich zur Concursmasse gehörigen Gegenstand von derselben auszuschließen. S. unt. §. 13. V. 4. Vgl. Sarwey §. 9 Bem. 5, Stiegl. §. 9 Bem. II. A. M. Hullm. §. 5 Bem. 11 Abs. 2, §§. 8, 9 Bem. 8, Völd. §§. 8 u. 9 Bem. o, Pet. §§. 8—10 Bem. II. 2, Wilm. 2. Aufl. §. 9 Bem. 5. — Bei Aussonderungsansprüchen scheint sich eine Schwierigkeit daraus zu ergeben, daß durch das rechtskräftige Unterliegen des Verwalters die Nichtzugehörigkeit des Streitgegenstandes zu dem Vermögen des Gemeinschuldners und mithin zu der Concursmasse festgestellt wird. Hiemit scheint, da der Verwalter nur gesetzlicher Vertreter des Concursvermögens ist, zugleich festgestellt zu sein, daß er keine Legitimation zur Führung des Processes gehabt habe, und folglich scheint der Gemeinschuldner das Urtheil nach CP. §. 542 Nr. 4 mit der Nichtigkeitsklage anfechten zu können. Allein diese Behandlung würde nicht nur zu den größten praktischen Unzuträglichkeiten führen, sondern auch dem Sinn des Gesetzes nicht entsprechen. Vielmehr erhellt aus Conc.O. §. 9 vbd. Mot. §§. 8, 9 in Abs. 10 a. E., 15, 16 (S. 43, 45 fg.), Vorbem. z. Buch I. Tit. 4 in Abs. 6 (S. 156), daß, wenn der Verwalter einen Proceß über einen Aussonderungsanspruch führen will, der Ausgang auch für den Gemeinschuldner bindend ist. Vgl. unt. §. 23 Anm. 4. Der Ausweg, zur Beseitigung dieser Schwierigkeit den Aussonderungsproceß gegen

3. Dreht sich endlich der Proceß um eine von dem Proceßgegner des Gemeinschuldners in Anspruch genommene Berechtigung, welche nach der Concurseröffnung als eine Concursforderung erscheint, so kommt es darauf an, ob sie jener im Concursverfahren geltend machen, oder ob er auf die Theilnahme an demselben verzichten will. Im ersten Fall muß er die Forderung zunächst im Concursverfahren gehörig anmelden.[11] Wird sie im Prüfungstermin von keiner Seite bestritten, so gilt sie zufolge der Eintragung dieses Ergebnisses in die Tabelle allen Betheiligten, dem Concursverwalter, den übrigen Concursgläubigern und dem Gemeinschuldner, gegenüber einer durch rechtskräftiges Urtheil festgestellten gleich, womit sich der bei der Concurseröffnung anhängige Proceß erledigt.[12] Wird sie dagegen bei der Prüfung von Seite sei es des Concursverwalters, sei es eines oder mehrerer Concursgläubiger, sei es endlich des Gemeinschuldners bestritten, so kann ihre Feststellung nur durch Aufnahme jenes Processes gegen den oder die Bestreitenden verfolgt werden.[13]

---

den Verwalter und den Gemeinschuldner zugleich zu führen (vgl. Schultze S. 96 Anm. 1, S. 98), scheint mir nicht möglich, weil die Proceßfähigkeit des Gemeinschuldners wie die Legitimation des Verwalters ungewiß und von entgegengesetzten Bedingungen abhängig wären, folglich aber nicht zu bestimmen wäre, wessen Geständnisse maßgebend, wem Eide zuzuschieben oder zurückzuschieben seien u. dgl. m.

[11] Conc.O. §. 10 vbd. §. 127. Vgl. Mot. §. 10 in Abs. 8 (S. 48 fg.).

[12] Conc.O. §§. 132 Abs. 1, 133 Abs. 2, 152 Abs. 2. Vgl. Mot. a. a. O. S. unt. §. 12. III.

[13] Conc.O. §§. 132 Abs. 2, 134 Abs. 1, 3. Vgl. Mot. a. a. O. Näheres unt. §. 12. II. u. III. Diese Grundsätze gelten auch für anhängige Processe über solche Concursforderungen, welche, wie in den meisten Staaten die Steuerforderungen, nicht im Rechtswege, sondern im Verwaltungswege zu verfolgen sind, vorausgesetzt daß solche Verwaltungsprocesse durch die Concurseröffnung unterbrochen werden, was sich nach den Landes-

Verzichtet aber der Proceßgegner des Gemeinschuldners dem Concursverwalter gegenüber in bindender Weise auf die Theilnahme am Concursverfahren, so kann er den Proceß, weil dieser sich dadurch als ein das Concursvermögen nicht betreffender erweist, sofort gegen den Gemeinschuldner aufnehmen, jedoch nur zum Zwecke der Feststellung seiner Forderung, weil er für dieselbe während der Dauer des Concursverfahrens aus dem freien Vermögen des Gemeinschuldners keine Befriedigung begehren darf.[14]

III. Die Aufnahme des Processes geschieht jedesmal durch Zustellung eines Schriftsatzes.[15] Der aufgenommene Proceß wird in der Lage fortgesetzt, in welcher er sich zur Zeit der Concurseröffnung befand, und was vorher zwischen dem Gemeinschuldner und seinem Proceßgegner geschehen ist, wie z. B. Geständnisse, Eidesannahmen, Eidesleistungen u. dgl., behält daher seine Kraft, soweit nicht eine Anfechtung möglich ist.[16] Dagegen kann nach der Aufnahme des Pro-

rechten bemißt. S. Conc.O. §. 134 Abs. 5 und Mot. §. 10 a. E. (S. 49).

[14] S. Mot. §§. 8 u. 9 in Abs. 2 a. E. (S. 41), §. 10 in Abs. 7 u. 8 (S. 48 fg.), Prot. S. 99 fg. Näheres s. unt. §. 9. I. 1. Man könnte, namentlich auch im Hinblicke auf die Mot. §. 10 a. a. O., zu der Annahme geneigt sein, wenn sich durch Verzicht auf die Theilnahme am Concursverfahren der Proceß als ein die Concursmasse nicht betreffender erweise, so erweise er sich nach CP. §. 218 zugleich als nicht unterbrochen, so daß es sich nicht um eine eigentliche Aufnahme, sondern nur um eine einfache Fortsetzung desselben gegen den Gemeinschuldner handeln könne. Allein daß diese Annahme dem Sinn des Gesetzes nicht entspräche, erhellt aus Conc.O. §§. 8 Abs. 2, 132 Abs. 2 und aus den Erklärungen in den Prot. a. a. O. Vgl. Hullm. §. 10 Bem. 3 Abs. 3 u. 4. A. M. Wilm. 2. Aufl. §. 10 Bem. 1.

[15] CP. §. 227.

[16] Conc.O. §. 8 Abs. 1 vbd. Mot. §§. 8 u. 9 in Abs. 14 (S. 44), §. 10 in Abs. 8 a. E. (S. 49), §. 134 in Abs. 5 (S. 365 fg.).

cesses von Seite des Concursverwalters oder gegen ihn der Gemeinschuldner wegen mangelnder Proceßfähigkeit keinerlei Proceßhandlungen mehr mit Wirksamkeit in demselben vornehmen.[17]

IV. Wird der Proceß von dem Concursverwalter oder gegen ihn aufgenommen, so sind im Fall seines Unterliegens die nach der Concurseröffnung erwachsenen Proceßkosten, weil die Verpflichtung zur Tragung dieser Kosten aus der Proceßführung des Verwalters entstanden ist, von der Concursmasse als Masseschuld zu tragen, während die Verpflichtung zur Tragung der vor der Concurseröffnung erwachsenen als eine zur Zeit der Concurseröffnung begründete persönliche Verpflichtung des Gemeinschuldners erscheint und daher von dem Proceßgegner nur als Concursforderung geltend gemacht werden kann.[18] Erkennt jedoch in den Fällen der

---

[17] S. CP. §§. 50, 54 Abs. 1, 55. Vgl. Mot. §§. 8 u. 9 in Abs. 14 (S. 44). S. jedoch CP. §. 54 Abs. 2. Ferner kann dem Gemeinschuldner, da er in Ansehung des Concursvermögens wesentlich dem entmündigten Verschwender gleichsteht (s. ob. §. 4. IV.), nach CP. §. 435 Abs. 2 vbd. Conc.O. §. 65 über etwas, was er selbst gethan oder wahrgenommen haben soll, der Eid zugeschoben oder zurückgeschoben werden, wenn dieses auf Antrag des Proceßgegners von dem Gerichte nach Ermessen für zulässig erklärt wird. Vgl. Schultze S. 96 fg. A. M. Wilm. 2. Aufl. §. 8 Bem. 4.

[18] Conc.O. §§. 52 Nr. 1, 55 Nr. 1. vbd. §. 2. Die Mot. §§. 8 u. 9 in Abs. 11 (S. 43) gehen ohne weitere Begründung davon aus, daß als Folge des Unterliegens des Verwalters in einem von ihm oder gegen ihn aufgenommenen Processe alle Kosten, auch die vor der Concurseröffnung entstandenen, der Masse zur Last fallen müßten. S. auch Prot. S. 98. Ebenso die einhellige Annahme der Schriftsteller. S. z. B. Hullm. §§. 8, 9 Bem. 8 u. 11, Wilm. 2. Aufl. §. 8 Bem. 4 Abs. 1 a. E., §. 9 Bem. 6. Allein abgesehen von dem seltsamen und höchst unbilligen Ergebnisse, daß danach der rein zufällige Umstand der Beendigung des Processes

Nr. II. 2 nach erfolgter Aufnahme des Processes gegen den Verwalter dieser den Anspruch des Proceßgegners sofort, d. h. ohne vorgängige Bestreitung, bei der mündlichen Verhandlung an,[19] so ergeht zwar auf Antrag des Gegners ein dem Anerkenntnisse entsprechendes Urtheil gegen den Ver-

erst nach der Concurseröffnung den Anspruch des Proceßgegners auf Erstattung der nämlichen Kosten, die er bei früherer Beendigung nur als Concursforderung hätte fordern können, nunmehr zum Masseanspruch machen und so zum Nachtheil der übrigen Gläubiger mit einem Vorrechte ausstatten würde, steht diese Annahme auch in unvereinbarem Widerspruche mit den angeführten Paragraphen der Concursordnung. Als „aus Geschäften oder Handlungen des Concursverwalters entstanden" (Conc.O. §. 52 Nr. 1) können immer nur die Ansprüche auf Tragung solcher Kosten angesehen werden, welche durch eigene Proceßführung des Verwalters, hier also nach der Aufnahme des Processes, erwachsen sind. Daß man aber ferner im Fall des Unterliegens des Verwalters nicht sämmtliche Proceßkosten als ein untrennbares Ganzes zu behandeln, vielmehr die vor und die nach der Concurseröffnung erwachsenen zu sondern hat, zeigt Conc.O. §. 55 Nr. 1 vbd. Mot. §. 55 Nr. 3 (S. 269 fg.). Ueberdies ergibt sich aus GK. §§. 18, 46, 81, 84, 86, 89, 93, 94 Nr. 1, daß die Verpflichtung zur Bezahlung der Gerichtskosten der Staatskasse gegenüber theils schon durch die Einreichung der Klage zur Terminsbestimmung, theils durch die Vornahme eines gebürenpflichtigen Actes begründet wird, und zwar, abgesehen von der Vorschußpflicht des Antragstellers, zunächst als bedingte Verpflichtung jeder Partei für den Fall, daß ihr die Kosten auferlegt werden sollten. Ferner entsteht für jede Partei, welche im Laufe eines Processes Kosten aufwendet, naturgemäß alsbald ein bedingter Anspruch auf Erstattung derselben gegen die Gegenpartei für den Fall, daß dieser laut des gerichtlichen Erkenntnisses die Kosten zur Last fallen; denn die richterliche Entscheidung schafft hier wie sonst sachlich keine neuen Ansprüche, sondern spricht nur das Dasein schon bestehender Ansprüche aus.

[19] Die Versäumung des Verhandlungstermins von Seite des Verwalters steht dem Anerkenntnisse des Anspruches nicht gleich. Vgl. CP. §. 296.

walter,[20] aber der Masse fallen keinerlei Proceßkosten zur Last.[21]

V. Ist ein durch die Concurseröffnung unterbrochener Proceß während des Concursverfahrens weder aufgenommen, noch auch durch Vergleich, Anerkennung oder Verzicht erledigt worden, so wird die Unterbrechung durch die Aufhebung oder Einstellung des Concursverfahrens von selbst beseitigt, so daß nunmehr sowohl der bisherige Gemeinschuldner als sein Proceßgegner den Proceß ohne Weiteres betreiben kann.[22]

VI. Ein gegen den Gemeinschuldner anhängiges Zwangsvollstreckungsverfahren wird durch die Concurseröffnung nicht unterbrochen.[23] Fand es auf Betreiben Aussonderungs- oder

---

[20] CP. §. 278.

[21] Conc.O. §. 9 Abs. 2 vbd. Prot. S. 98. Die vor der Concurseröffnung erwachsenen Kosten können auch in diesem Fall als Concursforderung geltend gemacht werden. Die Verpflichtung zur Tragung der nachher erwachsenen erscheint, da sie aus der Proceßführung des Concursverwalters als gesetzlichen Vertreters des Gemeinschuldners entstanden ist, juristisch gleich den Masseschulden als eine nach der Concurseröffnung neu entstandene Verpflichtung des letzteren (s. Mot. Vorbem. z. Buch I. Tit. 7), die jedoch, weil sie kraft besonderer Rechtsvorschrift von den Masseschulden ausgeschlossen ist, wie alle erst nach der Concurseröffnung entstandenen aber nicht zu den Masseschulden gehörenden Schulden des Gemeinschuldners, nur gegen das freie Vermögen desselben, gegen dieses aber schon während des Concursverfahrens geltend gemacht werden kann. Vgl. noch Wilm. 2. Aufl. §. 9 Bem. 6 Abs. 2 u. 3. — Die Vorschrift in Conc.O. §. 9 Abs. 2 ist entsprechend auch dann anzuwenden, wenn in dem Fall der Nr. II. 1. a. E. der Proceß gegen den Concursverwalter aufgenommen ist.

[22] CP. §. 218; vgl. Conc.O. §§. 105, 151, 175, 188, 190, 191.

[23] S. CP. §. 693, wonach eine begonnene Zwangsvollstreckung nicht einmal durch den Tod des Schuldners unterbrochen wird; vbd. Begr. z. §§. 642, 643 des Entw. d. CP. Ebenso Sarwey §. 11 Bem. 1, §. 116 Bem. 1 Nr. 6, Hullm.

Absonderungsberechtigter statt, so wird es von der Concurseröffnung überhaupt nicht berührt.[24] Fand es dagegen auf Betreiben bloßer Concursgläubiger statt, so kann es nach der Concurseröffnung von diesen nicht weiter betrieben werden, weil während des Concursverfahrens eine Zwangsvollstreckung zu Gunsten einzelner Concursgläubiger nicht zulässig ist; wohl aber kann es der Concursverwalter zu Gunsten sämmtlicher Concursgläubiger fortsetzen.[25]

---

§. 116 Bem. 7, Petersen, Civilproceßordnung §. 218 Bem. 3. A. M. Hauser in Ztschr. f. Reichs- u. LandesR. III. S. 468 ff.

[24] Conc.O. §. 11 (durch arg. a contrario), §. 3 Abs. 2; vbd. Mot. §. 3 in Abs. 11 (S. 29 a. E.), §. 11 in Abs. 2 (S. 49 fg.). Hierher gehört auch der Fall, wenn zu Gunsten eines bloß persönlichen Gläubigers schon vor der Concurseröffnung eine Pfändung, sei es zum Behufe der Vollstreckung, sei es zur Vollziehung eines Arrestes, erfolgt war, weil durch die Pfändung ein Absonderungsrecht entsteht. S. Conc.O. §. 41 Nr. 9. Vgl. Mot. §. 11 in Abs. 6 (S. 51). Ferner, falls nach dem Landesrechte die Einleitung der Zwangsvollstreckung in unbewegliches Vermögen zu Gunsten des betreibenden Gläubigers ein Pfandrecht oder Vorzugsrecht erzeugt, der Fall, wenn das Verfahren schon vor der Concurseröffnung zu dem Schritte gediehen war, an den sich diese Wirkung knüpft. S. Conc.O. §. 39 Abs. 1. — Der Concursverwalter kann übrigens stets das Verfahren auch seinerseits betreiben: Conc.O. §§. 116, 117.

[25] Conc.O. §§. 11, 116 vbd. Mot. §. 11 in Abs. 6 a. E. (S. 51), §§. 116, 117 in Abs. 2 g. E. (S. 347). Hierher gehört ein anhängiges Vollstreckungsverfahren in unbewegliches Vermögen, falls nach dem Landesrechte durch die Einleitung desselben kein Pfandrecht oder Vorzugsrecht für den betreibenden Gläubiger entsteht. S. Mot. §. 11 a. a. O. Die juristische Möglichkeit für den Verwalter, ein solches Verfahren anstatt des betreibenden Gläubigers fortzusetzen, ist darin begründet, daß dasselbe, wenn auch zunächst nur auf den Antrag und im Interesse eines Gläubigers eingeleitet, gleichwohl in Vertretung des Schuldners ausgeführt wird, ähnlich wie die Römer sogar den Pfandgläubiger bei der Vornahme des Pfandverkaufes als Vertreter des Verpfänders auffassen: s. §. 1 Inst.

II. Die Concursgläubiger und die Concursforderungen.

§. 8.

1. Begriff der Concursgläubiger und der Concursforderungen.

Concursgläubiger sind nach dem Sprachgebrauche der Concursordnung alle diejenigen Gläubiger des Gemeinschuldners, welche befugt sind, an dem Concursverfahren Theil zu nehmen, gleichviel, ob sie wirklich daran Theil nehmen oder nicht.[1] Dieses sind aber in Rücksicht auf die

---

quib. alien. 2, 8, L. 29 in f. D. fam. erc. 10, 2. Bei jenem Vollstreckungsverfahren kann die Richtigkeit dieser Auffassung schon deshalb nicht zweifelhaft sein, weil nach dem heutigen Rechte die Zwangsvollstreckung in unbewegliches Vermögen immer die Befriedigung sämmtlicher betheiligter Realgläubiger bezweckt, auch wenn sie das Verfahren nicht beantragt haben. Hienach kann es denn aber keinem juristischen Bedenken unterliegen, daß, wenn wegen der erfolgten Concurseröffnung die Fortsetzung des Verfahrens zu Gunsten des einzelnen Gläubigers, der es betrieben hatte, nicht mehr statthaft ist, nunmehr der Concursverwalter, obwohl Vertreter nicht der Gläubiger sondern des Gemeinschuldners, dieselbe zu Gunsten sämmtlicher Gläubiger betreiben kann.

[1] Conc.O. §. 2 vbd. Mot. §. 2 a. E. (S. 26). Demnach sind die durch Conc.O. §. 56 von der Theilnahme am Concursverfahren ausgeschlossenen Forderungen auch begrifflich keine Concursforderungen. S. Mot. §. 55 Nr. 3 (S. 269), §. 56 in Abs. 1 u. 6 (S. 270, 271). Vgl. Dernburg II. §. 121. I. c. A. M. Sarwey §. 2 Bem. 3, §. 11 Bem. 1, §. 46 Bem. 2 Nr. 5, §. 56 Bem. 1, §. 178 Bem. 2 Nr. 2, Völd. §. 2 Bem. f., §. 11 Bem. b. A., §. 56 Bem. a. I., II., §. 178 Bem. d., Stiegl. §. 2 Bem. VII. Abs. 3, Wilm. 2. Aufl. §. 2 Bem. 1. IV. — gegen die ausdrückliche Erklärung der Motive. Auch lassen sich doch wohl der Natur der

Aufgabe des Concursverfahrens, eine erschöpfende Auseinandersetzung zwischen den Activen und den Schulden des Gemeinschuldners nach dem Vermögensstande zur Zeit der Concurseröffnung herbeizuführen, naturgemäß alle diejenigen persönlichen Gläubiger des Gemeinschuldners, welche einen zur Zeit der Eröffnung des Concursverfahrens begründeten Vermögensanspruch an ihn haben.[2] Solche persönliche Vermögensansprüche selbst heißen Concursforderungen.[3]

I. Concursgläubiger sind also zuvörderst nur solche, welche einen Vermögensanspruch an den Gemeinschuldner haben, d. h. einen Anspruch auf eine Leistung aus seinem Vermögen, sei es auf Geldzahlung, sei es auf eine andere in Geld schätzbare Leistung aus dem Vermögen.[4] Nicht zu den Concursforderungen gehören demnach die Ansprüche von rein familienrechtlicher Natur, wie z. B. auf Anerkennung der Vaterschaft, auf Schließung oder Auflösung einer Ehe u. dgl. Aber auch nicht die Ansprüche auf persönliche Handlungen oder Unterlassungen des Gemeinschuldners, weil es sich dabei nicht um Leistungen aus dem Vermögen handelt, und weil jener, da er seine persönliche Freiheit und die freie Verfügung über seine Arbeitskraft behält, diese Ansprüche trotz der Concurseröffnung zu erfüllen vermag.[5] Hiebei ist auch zunächst kein Unterschied, ob die schuldige Handlung vertretbar, d. h., wie z. B. gewöhnliche Handwerkerarbeit,

---

Sache nach Gläubiger, die am Concursverfahren gar nicht Theil nehmen können, nicht als Concursgläubiger betrachten und bezeichnen.

[2] Conc.O. §. 2. Vgl. ob. §. 4. III. Ausnahmen: Conc.O. §. 56. Vgl. Anm. 1.

[3] S. Conc.O. §§. 31, 42, 54, 87, 126 u. a.

[4] S. Mot. §. 2 in Abs. 2 (S. 25). Vgl. ob. §. 5. I.

[5] S. Sarwey §. 2 Bem. 2 Nr. 4.

mit gleicher Wirkung für den Gläubiger auch durch einen Dritten ausführbar ist, oder ob sie nicht vertretbar ist, d. h., wie z. B. ärztliche Behandlung, Unterrichtsertheilung, Abfassung eines Buches u. dgl., bloß durch den Gemeinschuldner selbst geschehen kann.[6] Da indessen die Zwangsvollstreckung wegen einer vertretbaren Handlung stets nur in der Weise möglich ist, daß der Gläubiger ermächtigt wird, die Handlung auf Kosten des Schuldners vornehmen zu lassen,[7] so erscheint der Anspruch auf eine solche Handlung immer von vornherein zugleich als ein bedingter Anspruch auf diese Kosten und muß daher im Concursverfahren als bedingte Geldforderung geltend gemacht werden können.[8] Ferner erscheint jeder Anspruch auf eine, sei es vertretbare oder nicht vertretbare, Handlung oder auf eine Unterlassung da, wo nach dem bürgerlichen Rechte der Gläubiger beim Unterbleiben rechtzeitiger Erfüllung anstatt der wirklichen Erfüllung die Leistung seines Interesse verlangen kann, als ein bedingter

---

[6] Die Mot. §. 2 in Abs. 2 (S. 25) scheinen nur „Ansprüche gegen den Gemeinschuldner auf Leistung oder Unterlassung einer individuellen, von seiner Person untrennbaren Handlung, welche einen Vermögenswerth nicht darstellt oder eine Schätzung nicht zuläßt", von den Concursforderungen auszuschließen. Allein dies ist sicher zu eng. Gewiß wird doch z. B. wer einem in Concurs gerathenen Buchbinder unter Vorausbezahlung des Preises Bücher zum Einbinden übergeben hatte, wegen seines Anspruches auf Ausführung dieser Arbeit in keiner anderen als der im Texte angegebenen Weise als Concursgläubiger zu betrachten sein und daher, wenn der Gemeinschuldner zu derselben bereit ist, im Concurse nichts fordern können.

[7] S. CP. §. 773.

[8] Der Fall ist ganz ähnlich, wie wenn sich Jemand zu einer persönlichen Handlung, für den Fall der Unterlassung aber zu einer Vertragsstrafe verpflichtet hat, und zwar so, daß dann bloß die Strafe soll gefordert werden können. Aehnlich Völd. §. 2 Note 7 a. E. Enger Sarwey §. 2 Bem. 2 Nr. 4, Wilm. 2. Aufl. §. 2 Bem. 1. III. Abs. 4 (S. 65 a. E.).

Anspruch auf dieses Interesse und insofern wiederum als eine bedingte Concursforderung.[9]

Auf die Entstehungsart, sei sie Rechtsgeschäft, unerlaubte Handlung oder Zustandsverhältniß, kommt es für die Eigenschaft eines Vermögensanspruches als einer Concursforderung nicht an, und ein solcher Anspruch gehört daher namentlich auch dann zu den Concursforderungen, wenn er, wie z. B. ein Alimentenanspruch, aus einem Familienverhältnisse entsprungen ist.[10]

II. Von Denjenigen, welche Vermögensansprüche an den Gemeinschuldner haben, gehören aber zu den Concursgläubigern nur die persönlichen Gläubiger des Gemeinschuldners, d. h. Diejenigen, welche für ihre Befriedigung auf sein Vermögen angewiesen sind, und zwar unbestimmt auf das Vermögen, nicht auf einzelne besondere für ihre Forderungen haftende Vermögensstücke.[11] Durch das erste Merkmal sind die Aussonderungsberechtigten ausgeschlossen, da sie Vermögensstücke als nicht zu dem Vermögen des Gemeinschuldners gehörig in Anspruch nehmen, durch das zweite die Absonderungsberechtigten, insofern sie ihren Absonderungsanspruch geltend machen, da sie ihre Befriedigung nur aus einzelnen besonderen Vermögensstücken des Gemeinschuldners zu erlangen suchen. Sind jedoch die Absonderungsberechtigten zugleich persönliche Gläubiger des Gemeinschuldners,

[9] Vgl. CP. §. 778 und z. B. c. civ. art. 1142, 1145. Abgesehen von diesem Fall kann ein Anspruch auf eine nicht vertretbare Handlung oder auf eine Unterlassung im Hinblicke auf die in CP. §§. 774, 775 vorgeschriebene Art der Zwangsvollstreckung schon wegen Conc.O. §. 56 Nr. 3 nicht im Concursverfahren geltend gemacht werden.

[10] S. Mot. §. 2 in Abs. 2 (S. 25). S. aber unt. V. 4.

[11] S. Mot. a. a. O. Vgl. ob. §. 4. V

können sie sich also wegen der Forderung, zu deren Gunsten das Absonderungsrecht besteht, auch unbestimmt an sein Vermögen halten, so sind sie zugleich Concursgläubiger und können ihre Forderung auch im Concursverfahren geltend machen, nehmen aber an der antheiligen Befriedigung aus der Concursmasse nur Theil für denjenigen Betrag, für welchen sie auf die Ausübung ihres Absonderungsrechtes verzichten oder durch dieselbe nicht befriedigt worden sind.[12]

III. Concursgläubiger sind endlich nur diejenigen persönlichen Gläubiger des Gemeinschuldners, deren Ansprüche schon zur Zeit der Eröffnung des Concursverfahrens begründet waren, d. h. in diesem Zeitpunkte entweder bereits vollkommen entstanden waren, wenn auch, wie z. B. bei Schadenersatzforderungen, ihr Dasein oder ihr Betrag oder beides noch einer Ermittelung bedurfte,[13] oder, wie z. B. bedingte Forderungen, wenn auch noch nicht vollkommen, so doch wenigstens so weit entstanden waren, daß ihre vollkommene Entstehung nicht mehr von einer Handlung des Gemeinschuldners abhing, welche als ein Verfügungsact über sein Vermögen zu betrachten wäre.[14] Dagegen gehören nicht zu den Concursforderungen solche Ansprüche an den Gemeinschuldner, welche zwar aus einem schon vor der Concurseröffnung bestehenden Rechtsverhältnisse entspringen, aber doch erst durch eine hinzutretende weitere, in die Zeit nach der Concurseröffnung fallende Thatsache wirklich begründet werden. So z. B. Ersatzansprüche aus einem schon vor der Concurseröffnung eingegangenen Dienstverhält-

---

[12] Conc.O. §. 57 vbd. §§. 88, 141, 155 Nr. 3. Vgl. Mot. §. 57 in Abs. 8 u. 9 (S. 274 fg.). S. unt. §. 10. V.

[13] S. Prot. S. 8.

[14] S. Mot. §. 2 in Abs. 2 a. E. u. Abs. 3 (S. 26). Vbd. Conc.O. §. 5 Abs. 1, §. 6 Abs. 1.

nisse des Gemeinschuldners wegen einer erst nachher vorgekommenen Pflichtwidrigkeit desselben, Ansprüche auf Pacht-, Mieth- oder Dienstgelder aus einem schon vor der Concurseröffnung abgeschlossenen Pacht-, Mieth- oder Dienstvertrage für die Zeit nach derselben, Ansprüche auf Zinsen einer schon vor der Concurseröffnung bestehenden Capitalforderung für die Zeit nachher u. dgl.[15]

Erst nach der Concurseröffnung begründete Ansprüche an den Gemeinschuldner sind entweder Masseansprüche und werden dann aus der Masse vor der Befriedigung der Concursforderungen berichtigt.[16] Oder sie sind keine Masseansprüche und erhalten dann aus der Masse überhaupt keine Befriedigung, sondern sind auf das nach der Concurseröffnung neu erworbene Vermögen des Gemeinschuldners angewiesen. Hierher rechnet das Gesetzbuch insbesondere auch die Kosten, welche den einzelnen Concursgläubigern durch ihre Theilnahme am Concursverfahren erwachsen, und die von der Concurseröffnung an laufenden Zinsen von Concursforderungen.[17]

---

[15] S. Mot. §. 52 Nr. 2 (S. 245 fg.), §. 56 in Abs. 1 (S. 270). Der Anspruch auf das Pacht-, Mieth- oder Dienstgeld wird, weil diese Gelder die Vergütung für eine gewisse Zeitdauer der Benutzung der gepachteten oder gemietheten Sache bezw. der Dienstleistung sind, für einen bestimmten Zeitraum immer erst dadurch begründet, daß während desselben jene Benutzung gewährt wird bezw. die Dienste geleistet werden. Desgleichen wird der Anspruch auf Zinsen, als Vergütung der Entbehrung des Capitals während gewisser Zeit, für einen bestimmten Zeitraum erst dadurch begründet, daß der Gläubiger das Capital während desselben entbehrt hat. Vgl. RGer. 4. Mai 1880 (Entsch. I. S. 348).

[16] S. Conc.O. §§. 51, 52. Vgl. unt. §. 14. Hierher gehören insbesondere auch die Pacht-, Mieth- und Dienstgelder für die Zeit nach der Concurseröffnung. S. ob. §. 6. III. Nr. 2. a. u. b., Nr. 3.

[17] Conc.O. §. 56 Nr. 1, 2 vbd. Mot. §. 55 Nr. 3 (S. 269),

IV. Vermöge besonderer gesetzlicher Ausnahme sind von der Geltendmachung im Concursverfahren und folglich vom Begriffe der Concursforderungen[18] ausgeschlossen:

1. die Forderungen auf die von dem Gemeinschuldner verwirkten Geldstrafen, jedoch mit Ausnahme der Vertragsstrafen,[19]

2. die Forderungen aus freigebigen Zuwendungen des Gemeinschuldners, sei es unter Lebenden oder von Todeswegen.[20]

Solche Forderungen werden vom Concursverfahren nicht ergriffen. Sie können daher auch gegen eine an die Concurs-

---

§. 56 in Abs. 1 u. 2 (S. 270). Der Anspruch auf die gedachten Kosten wird erst durch das Concursverfahren begründet. Der Ausschluß der genannten Zinsen vom Concurse aber hat darin seinen guten Grund, daß die Verzögerung, welche die Befriedigung eines Gläubigers nach der Concurseröffnung erleidet, ihre Ursache, ebenso wie bei den übrigen Concursgläubigern, bloß im Concursverfahren hat. Es ist daher nicht abzusehen, warum im Verhältnisse der Gläubiger zu einander der eine bloß wegen des zufälligen Umstandes, daß seine Forderung eine verzinsliche war, eine Vergütung für jene Verzögerung erhalten soll, der andere nicht.

[18] S. ob. Anm. 1.

[19] Conc.O. §. 56 Nr. 3 vbd. §. 55 Nr. 2. Vgl. Mot. §. 56 Nr. 1 (S. 270). Nicht zu den Geldstrafen gehört eine vom Strafrichter nach StGB. §§. 188, 231, NachdrucksG. v. 11. Juni 1870 §§. 18 Abs. 4, 5, 43, 45, UrheberrechtsG. v. 9. Jan. 1876 §. 16, v. 10. Jan. 1876 §. 9, v. 11. Jan. 1876 §. 14, MarkenschutzG. v. 30. Nov. 1874 §. 15, PatentG. v. 25. Mai 1877 §. 36 verhängte Buße, weil sie die Bestimmung einer Entschädigung hat. Wegen der strafrichterlich ausgesprochenen Einziehungen (StGB. §. 40 vbd. §§. 152, 295, 360, 367, 369; §. 335) s. Sarwey §. 56 Bem. 4, Pet. §. 56 Bem. II. 2.

[20] Conc.O. §. 56 Nr. 4; vgl. §. 25. Hierher gehört auch eine der Ehefrau des Gemeinschuldners versprochene Morgengabe, Widerlage, Leibgeding, Witthum u. dgl. S. Mot. §§. 54—56. VIII. Abs. 3 (S. 260), §. 56 Nr. 2 (S. 271).

masse zu zahlende Schuld nicht aufgerechnet werden, wenn nicht nach Maßgabe des bürgerlichen Rechtes schon vor der Concurseröffnung die Voraussetzungen der Aufrechnung bestanden haben. Ferner werden sie von einem Zwangsvergleiche nicht betroffen. Dagegen können sie schon während des Concursverfahrens gegen das freie Vermögen des Gemeinschuldners geltend gemacht werden.[21]

V. Als schon zur Zeit der Concurseröffnung begründet gehören zu den Concursforderungen insbesondere:

1. betagte Forderungen, deren Verfalltag zur Zeit der Concurseröffnung noch nicht eingetreten ist;[22]

2. Forderungen, deren Entstehung von einer zur Zeit der Concurseröffnung noch schwebenden, sei es gesetzlichen, sei es vertragsmäßig oder letztwillig gesetzten, Bedingung abhängt.[23] Nur dann kann eine solche Forderung nicht als

---

[21] S. Conc.O. §. 11, §§. 46, 47 vbd. §. 49, §. 178, wo überall bloß von Concursforderungen die Rede ist. A. M. Völd. §. 11 Bem. b. A., §. 56 Bem. a. II., §. 178 Bem. d., Sarwey §. 11 Bem. 1, §. 46 Bem. 2 Nr. 5, §. 56 Bem. 1, §. 178 Bem. 2 Nr. 2, Pet. §. 56 Bem. I., Stiegl. §. 11 Bem. II., §. 56 Bem. I., weil die durch Conc.O. §. 56 vom Concurse ausgeschlossenen Forderungen nicht besser gestellt sein dürften als die zugelassenen. Allein die Concursgläubiger haben an der Anwendung von Conc.O. §. 11 auf jene Forderungen, soweit es sich nur um das freie Vermögen des Gemeinschuldners handelt, gar kein Interesse, und Conc.O. §. 178 kann man schon deshalb nicht auf sie anwenden, weil die betreffenden Gläubiger nicht an der Abstimmung über den Zwangsvergleich Theil nehmen und keinen Einfluß auf seinen Inhalt haben. Vgl. in dieser Hinsicht auch Stiegl. §. 178 Bem. II. a. E.

[22] Conc.O. §. 58. Ueber die Art der Behandlung im Concursverfahren s. unt. §. 10. I. 1.

[23] Conc.O. §. 60 vbd. Mot. §. 60. I. Abs. 2 (S. 279 fg.). Bedingte Vermächtnisse fallen nach gemeinem Rechte zwar erst mit dem Eintritte der Bedingung an (vgl. auch c. civ. art. 1040, Sächs. bürg. GB. §. 2426);

zur Zeit der Concurseröffnung begründet angesehen und folglich nicht im Concursverfahren geltend gemacht werden, wenn die Erfüllung der Bedingung in der Weise in das Belieben des Gemeinschuldners gestellt ist, daß die Erfüllung der Sache nach als die Erklärung des Willens, den Anspruch zu begründen, betrachtet werden müßte, wie z. B. wenn die Vornahme einer an sich ganz gleichgültigen Handlung des Gemeinschuldners (eines Spazierganges u. dgl.) zur Bedingung gemacht wäre in dem Sinn, daß die Bedingung nur dann als erfüllt gelten solle, wenn jener die Handlung zum Zwecke der Erfüllung der Bedingung bei erster Gelegenheit vornehme.[24]

---

gleichwohl aber können die Ansprüche daraus, falls nur der Belastete vor der Concurseröffnung die Erbschaft erworben hat, selbst bei noch schwebender Bedingung in seinem Concurse geltend gemacht werden. Denn der Bedachte konnte nach römischem Rechte verlangen, daß der Belastete durch ausdrückliches Versprechen auch noch eine bedingte vertragsmäßige Verpflichtung zur Entrichtung des Vermächtnisses übernehme, die man nach heutigem Rechte schon als eine gesetzliche betrachten darf (vgl. Windscheid §. 648 Anm. 7). S. auch Mot. §. 60. I. Abs. 2 u. 9 (S. 279, 281). Nach dem preußischen Rechte kann wegen LR. I. 12 §. 485 der Zweifel gar nicht entstehen. — Ueber die Art der Behandlung bedingter Forderungen im Concurse s. unt. §. 10. II. — Forderungen, deren Auflösung von einer noch schwebenden Bedingung abhängt, werden im Concurse wie unbedingte geltend gemacht: Conc.O. §. 59.

[24] Nur in dieser Beschränkung ist die Erklärung der Mot. §. 60. I. in Abs. 1 (S. 279) richtig, daß „Bedingungen, deren Erfüllung auf eine Thätigkeit des Gemeinschuldners gestellt sei, die Forderung von der Theilnahme am Concursverfahren gänzlich ausschlössen"; sonst müßte auch eine Verbindlichkeit, die er für den Fall seiner Verheirathung übernommen hat, oder die ihm für diesen Fall durch ein Vermächtniß auferlegt ist, insbesondere aber jede Verpflichtung zu einer Vertragsstrafe für den Fall der Vornahme einer gewissen Handlung von der Theilnahme am Concurse ausgeschlossen werden. S. aber

Als zur Zeit der Concurseröffnung begründete gesetzlich bedingte Ansprüche an den Gemeinschuldner erscheinen insbesondere auch die Rückgriffsansprüche seiner Bürgen und Mitschuldner, soweit sie nicht bloß aus dem Eintritte in die Rechte des Gläubigers, sondern aus einem Auftragsverhältnisse oder einem sonstigen selbständigen rechtlichen Verhältnisse zu dem Gemeinschuldner fließen. Sie können daher in dem Concursverfahren geltend gemacht werden, selbst ehe ihre Bedingung, die Zahlung an den Gläubiger, eingetreten ist, und selbst wenn auch dieser seine Forderung in dem Concursverfahren geltend gemacht hat.[25]

Conc.O. §. 55 Nr. 2. Vgl. auch Völd. §. 60 Bem. III., Pet. §. 60 Bem. 3. A. M. z. B. Sarwey §. 2 Bem. 2 Nr. 2, §. 60 Bem. 3, Stiegl. §. 2 Bem. VI. 2, Wilm. 2. Aufl. §. 2 Bem. 1. III.

[25] S. Mot. §. 60. II. Abs. 2, 14, 15 (S. 282, 284 fg.). Derjenige Anspruch, welcher aus dem Eintritte in die Rechte des Gläubigers erwächst, kann im Concurse erst dann geltend gemacht werden, wenn jener Eintritt nach Maßgabe des bürgerlichen Rechtes, sei es durch Cession von Seite des Gläubigers, sei es unmittelbar durch die Befriedigung desselben, bereits stattgefunden hat. Vgl. Hullm. §. 60 Bem. 3 g. E. A. M. Sarwey §. 60 Bem. 3 g. E., Pet. §. 60 Bem. 4 g. E. S. noch Windscheid §. 481 Nr. 2. Die Entscheidung der Hauptfrage, ob der Indossant eines Wechsels für den Fall, daß er diesen vermöge seiner Regreßpflicht werde einlösen müssen, den dadurch für ihn gegen den Acceptanten und gegen seine Vormänner erwachsenden Regreßanspruch zum voraus als bedingte Forderung in dem Concurse einer dieser Personen geltend machen könne, hängt davon ab, ob dieser Anspruch auf einem schon vor der Einlösung bestehenden rechtlichen Verhältnisse beruht. Für die Bejahung spricht, daß wegen eines solchen etwaigen Regreßanspruches unter Umständen schon vor der Verfallzeit des Wechsels Sicherstellung verlangt werden kann. S. WO. Art. 25, 26, 29. Vgl. auch Sarwey §. 60 Bem. 3 a. E., Pet. §. 60 Bem. 4 g. E., Stiegl. §. 60 Bem. II. 3. A. M. Hullm. §. 60 Bem. 3 a. E.

3. Wechselforderungen werden gegen den Acceptanten durch die Annahme, gegen den Aussteller durch die Ausstellung, gegen den Indossanten durch die Indossirung des Wechsels begründet. Sie können daher in dem Concurse des Acceptanten geltend gemacht werden, wenn die Annahme, in demjenigen des Ausstellers, wenn die Ausstellung, in demjenigen des Indossanten, wenn die Indossirung vor der Concurseröffnung stattgefunden hatte, sollte auch der derzeitige Inhaber des Wechsels die Wechselforderung erst nach der Concurseröffnung erworben haben, oder sollte es sich auch vorerst nur um einen durch die mögliche Nichtzahlung des Wechsels zur Verfallzeit bedingten Regreßanspruch des Inhabers an den Gemeinschuldner als Aussteller oder Indossanten, oder um eine durch die mögliche Regreßnahme eines Nachmannes bedingte Wechselforderung eines Vormannes des derzeitigen Inhabers an den Gemeinschuldner, wie z. B. um die durch die mögliche Regreßnahme eines Indossatars bedingte Wechselforderung des Indossanten an den Gemeinschuldner als Vormann oder Acceptanten, handeln.[26]

4. Ansprüche an den Gemeinschuldner auf fortlaufende Leistungen zum Zwecke des Lebensunterhaltes sind vor der Concurseröffnung begründet und können daher selbst wegen der erst nach derselben verfallenden Leistungen im Concursverfahren geltend gemacht werden: wenn sie auf Vertrag beruhen, falls der Vertrag vor der Concurseröffnung geschlossen ist, wenn sie auf letztwilliger Verfügung beruhen, falls der damit belastete Gemeinschuldner die Erbschaft vor der Con-

[26] Vgl. über diese Fragen Völd. §. 2 Bem. e. 4, §. 48 Bem. a. ad 2. II., Pet. §. 2 Bem. IV. 3, §. 48 Bem. III. 2, §. 60 Bem. 4 g. E., Wilm. 2. Aufl. §. 2 Bem. 1. III. Abs. 6 (S. 66). S. auch die vorige Anm.

curseröffnung erworben hat,[27] wenn sie als Schadenersatzansprüche erscheinen, falls der die Schadenersatzpflicht erzeugende Umstand vor der Concurseröffnung eingetreten ist.[28] Dagegen können Unterhaltsansprüche, welche, wie namentlich diejenigen zwischen Ehegatten und zwischen ehelichen Eltern und Kindern, bloß in dem ehelichen oder verwandtschaftlichen Verhältnisse wurzeln, für die Zeit nach der Concurseröffnung nicht im Concursverfahren geltend gemacht werden, weil solche Ansprüche nicht durch ein bestimmtes Ereigniß ein für alle Male, sondern für jeden Zeitpunkt besonders und neu durch das Dasein der gesetzlichen Voraussetzungen begründet werden.[29]

VI. Ausländische, d. h. nicht dem Deutschen Reiche angehörige, Gläubiger stehen in Ansehung des Concursrechtes und Concursverfahrens den inländischen gleich.[30] Jedoch kann

---

[27] Ein Alimentenvermächtniß erscheint zwar nach dem gemeinen Rechte juristisch als eine Mehrheit von Vermächtnissen mit je besonderem Anfall (unbedingtes Vermächtniß für das erste, bedingtes für jedes folgende Jahr: L. 8 §. 10 in f. D. de transact. 2, 15, L. 26 §. 2 in f. D. quando dies leg. 36, 2 vbd. L. 10, 12 pr. D. eod., L. 4 pr. D. de annuis leg. 33, 1; vgl. Windscheid §. 660); allein s. ob. Anm. 23.

[28] Hierher gehören auch die Alimentationsansprüche unehelicher Kinder in denjenigen Rechtsgebieten, wo sie das bürgerliche Recht als Quasidelictsansprüche auffaßt.

[29] S. Mot. §. 2 in Abs. 2 (S. 25). Vgl. Sarwey §. 2 Bem. 2 Nr. 3, Hullm. §. 2 Bem. 8, Pet. §. 2 Bem. IV. 5, Stiegl. §. 2 Bem. VI. 5, Wilm. 2. Aufl. §. 2 Bem. 1. III. (S. 67). A. M. Völd. §. 2 Bem. e. IV. B. (S. 94 ff.). Anders verhält es sich, wenn dem Alimentationsberechtigten, wie z. B. der geschiedenen Ehefrau, durch richterliches Urtheil bestimmte Beträge zuerkannt sind, weil aus dem Urtheil ein neuer vertragsähnlicher Anspruch entspringt. Vgl. Sarwey §. 2 Bem. 2 Nr. 3 g. E., Pet. §. 2 Bem. IV. 5 a. E., Stiegl. §. 2 Bem. VI. 5 g. E., Wilm. 2. Aufl. §. 2 Bem. 1. III. (S. 68). A. M. Hullm. §. 2 Bem. 8 a. E.

[30] Conc.O. §. 4 Abs. 1. Vgl.

mit Zustimmung des Bundesrathes durch Anordnung des Reichskanzlers bestimmt werden, daß gegen die Angehörigen eines ausländischen Staates, welcher deutsche Reichsangehörige im Concursverfahren gesetzlich schlechter stellt als jene, ein Vergeltungsrecht zur Anwendung komme, welches zur Verhütung der Umgehung auch auf die (inländischen oder ausländischen) Rechtsnachfolger derselben ausgedehnt werden kann.[31]

§. 9.

2. Einfluß des Concursverfahrens auf die Concursgläubiger.

I. Weil das Concursverfahren eine gemeinsame und gerechte Befriedigung sämmtlicher zur Zeit seiner Eröffnung vorhandener Gläubiger aus den damals vorhandenen Activen des Gemeinschuldners herbeiführen soll, so werden von ihm mit diesen Activen als positiven auch die Concursforderungen als negative Bestandtheile des Concursvermögens ergriffen und dadurch für seine Dauer von dem freien Vermögen des Gemeinschuldners rechtlich gesondert.[1] Daraus ergibt sich eine doppelte Folge:

1. Die Concursgläubiger können sich während der Dauer des Concursverfahrens zum Zwecke ihrer Befriedigung bloß an die Concursmasse, nicht an das freie Vermögen des Gemeinschuldners halten.[2] Zwar haftet ihnen als persönlichen,

---

Sarwey §. 4 Bem. 1, Pet. §. 4 Bem. 1, Mandry S. 49 fg.

[31] Conc.O. §. 4 Abs. 2 vbd. Mot. §. 4 in Abs. 4 u. 5 (S. 31 fg.). Die bestehenden oder zukünftigen Staatsverträge mit ausländischen Staaten werden durch diese Vorschrift natürlich nicht berührt. S. Mot. §. 4 a. E. (S. 32).

[1] Vgl. ob. §. 4. V., §. 5. IV.

[2] Conc.O. §. 11 vbd. Mot. §. 1 in Abs. 9 (S. 20 fg.), §. 11 in Abs. 7 (S. 51 fg.). Ausnahme:

unbestimmt auf das Vermögen ihres Schuldners angewiesenen Gläubigern keineswegs nur das zu einer bestimmten Zeit, insbesondere zur Zeit der Concurseröffnung vorhandene Vermögen desselben, sondern eben so wohl auch das später erst erworbene; und daran wird auch durch das Concursverfahren nichts geändert.[3] Ferner sind sie nicht genöthigt, ihre Befriedigung zuvörderst aus der Concursmasse zu betreiben, sondern sie können sich mit Verzicht auf die Befriedigung aus derselben den Angriff bloß des übrigen Vermögens vorbehalten.[4] Allein sie können die Befriedigung aus diesem Vermögen doch immer erst dann verlangen, wenn die rechtliche Sonderung desselben von dem Concursvermögen durch Aufhebung oder Einstellung des Concursverfahrens aufgehört hat.[5] Deshalb können sie denn auch während der Dauer des Concursverfahrens gegen den Gemeinschuldner nicht auf Erfüllung klagen,[6] sondern nur auf Feststellung der Forderung,[7] und auch dieses

---

AnfechtungsG. v. 21. Juli 1879 §. 13 Abs. 5. S. unt. §. 17 Anm. 2.

[3] S. Mot. §. 152 Nr. 1 a. E. (S. 383).

[4] Vgl. Mot. a. a. O. und §. 10 in Abs. 7 (S. 48).

[5] S. Conc.O. §§. 152 Abs. 1, 179, 192.

[6] Conc.O. §. 11 vbd. §. 152 Abs. 1 (durch arg. a contrario). Vgl. Mot. §. 1 in Abs. 9 (S. 20 fg.), §. 13 in Abs. 4 (S. 59). Jeder Klage auf Erfüllung könnte der Gemeinschuldner mit einer verzögerlichen Einrede begegnen; das Proceßgericht müßte sie aber auch ohne dies „zur Zeit" abweisen, wie jede Klage, aus deren Inhalte sich die verfrühte Anstellung ergibt. S. die folg. Anm.

[7] Nach den Mot. §. 10 in Abs. 7 (S. 48), §. 13 in Abs. 5 (S. 59 fg.), Prot. S. 100, 173 könnte der Gläubiger die Klage auch auf Verurtheilung zur Zahlung nach Aufhebung des Concurses richten, um sich zum voraus einen vollstreckbaren Schuldtitel zu verschaffen. Allein eine solche Verurtheilung ist nach allgemeinen Grundsätzen unmöglich. Vielmehr muß eine Klage auf eine Leistung, zu welcher der Beklagte zur Zeit noch nicht angehalten werden kann, als verfrüht einstweilig abgewiesen

nur, wenn sie daran ein begründetes rechtliches Interesse haben.[8] Ein solches hat aber ein Concursgläubiger allemal dann, wenn seine im Concursverfahren angemeldete Forderung bei der Prüfung vom Gemeinschuldner bestritten worden ist, weil er sich hier, vorausgesetzt daß weder der Verwalter noch ein Concursgläubiger gegen die Forderung Widerspruch erhoben hat, oder daß ein solcher Widerspruch nachher beseitigt wird, durch die Feststellung zum voraus einen vollstreckbaren Schuldtitel gegen den Gemeinschuldner verschaffen kann.[9] Unterläßt er die Anmeldung im Concursverfahren, so ist sein rechtliches Interesse an alsbaldiger richterlicher Feststellung seiner Forderung gegen den Gemeinschuldner mindestens dadurch bedingt, daß er auf die Theilnahme am Concursverfahren dem Verwalter gegenüber in bindender Weise verzichtet;[10] ob es aber unter dieser Voraussetzung wirklich bestehe, hängt von den Umständen ab.[11]

---

werden. Vgl. Wetzell, System des ord. Civilprocesses 3. Aufl. S. 127, 557 Anm. 33, Heffter, (Preuß.) Civil-Proceß §. 166 Anm. 2. S. auch unt. §. 12 Anm. 43.

[8] CP. §. 231.

[9] Vgl. unt. §. 12. III.

[10] Denn so lange er im Hinblicke auf Conc.O. §. 152 Abs. 2 die Möglichkeit hat, durch die Theilnahme am Concursverfahren zur Feststellung seiner Forderung auch dem Gemeinschuldner gegenüber, und sogar zu einem vollstreckbaren Schuldtitel zu gelangen, hat er offenbar an richterlicher Feststellung derselben außerhalb des Concursverfahrens kein begründetes Interesse. S. Hullm. §. 10 Bem. 3. (Der Verzicht erscheint juristisch als ein pactum de non petendo der Concursmasse gegenüber.)

[11] Es wird, da der Gläubiger unter solchen Umständen durch die Feststellung doch keinen vollstreckbaren Schuldtitel für die Zeit nach der Aufhebung des Concursverfahrens erlangen kann (s. ob. Anm. 7), und da er es sich selbst zuschreiben muß, wenn er die Gelegenheit, durch Theilnahme am Concursverfahren die Feststellung und einen vollstreckbaren Schuldtitel, möglicher-

2. Die Concursgläubiger können aber ferner ihre Befriedigung oder Sicherstellung aus der Concursmasse nicht anders als durch gehörige Theilnahme am Concursverfahren und nach Maßgabe der Concursordnung verfolgen.[12] Keiner kann daher gegen den Concursverwalter auf Befriedigung oder Sicherstellung aus der Masse klagen;[13] auch können in dieselbe zu Gunsten einzelner Concursgläubiger weder Zwangsvollstreckungen begonnen oder fortgesetzt, noch Arreste vollzogen werden.[14] Vielmehr muß jeder Concursgläubiger seine Forderung im Concursverfahren anmelden,[15] und zwar selbst dann, wenn zur Zeit der Concurseröffnung ein Proceß über dieselbe anhängig war oder der Gläubiger sogar bereits einen vollstreckbaren Schuldtitel erlangt hatte.[16] Wird die Forderung bei der Prüfung oder nachher für das Concursverfahren festgestellt, so erhält sie die ihr im Verhältnisse zu

weise sogar ohne Proceß, zu erreichen, nicht benutzt hat (L. 203 D. de R. I. 50, 17), kaum anders angenommen werden dürfen als dann, wenn durch die vorgängige Entscheidung über die Forderung an den Gemeinschuldner Ansprüche gegen Dritte bedingt sind. Ohnehin verdienen solche mit Umgehung des Concursverfahrens gegen den Gemeinschuldner erhobene Feststellungsprocesse keine Begünstigung.

[12] Conc.O. §. 10.

[13] Jede solche Klae müßte, weil die Vorschrift in Conc.O. §. 10 eine unbedingt zwingende ist, schon von Amtswegen abgewiesen werden. Auch könnte der Verwalter die Einrede der Unzulässigkeit des Rechtsweges gebrauchen: CP. §. 247 Nr. 2. Vgl. R.CP. §. 44. II.

[14] Conc.O. §. 11 vbd. Mot. §. 11 in Abs. 4 (S. 50). Vgl. ob. §. 7. VI. — Ausnahme: Conc.O. §. 207.

[15] Conc.O. §. 127. Vgl. unt. §. 12. I.

[16] S. Conc O. §. 134 Abs. 3, 6. Die Anmeldung ist auch bei denjenigen Concursforderungen erforderlich, welche, wie z. B. in den meisten Staaten die Steuerforderungen, nicht im Rechtswege, sondern im Verwaltungswege zu verfolgen sind. S. Conc.O. §. 134 Abs. 5 vbd. Mot. §. 10 a. E. (S. 49).

den anderen gebürende Befriedigung oder Sicherstellung aus der Masse durch das Vertheilungsverfahren.[17]

II. Das Concursverfahren soll mittels einer erschöpfenden Auseinandersetzung zwischen den Activen und den Schulden des Gemeinschuldners jedem Concursgläubiger denjenigen Antheil des Gesammtwerthes der zur Zeit der Concurseröffnung vorhandenen Activen desselben gewähren, welcher ihm nach dem damaligen Stande der Dinge den übrigen Gläubigern gegenüber gebürt.[18] Deshalb können einerseits

1. auch betagte und bedingte Forderungen, obgleich der Verfalltag oder die Bedingung zur Zeit der Concurseröffnung noch nicht eingetreten ist, im Concursverfahren geltend gemacht werden, weil sich auch solche Forderungen, die bedingten wenigstens für den Fall des Eintrittes der Bedingung, als Verringerungen des Werthes des Vermögens des Gemeinschuldners darstellen.[19] Auf der anderen Seite aber kann

2. nach der Concurseröffnung kein Concursgläubiger den anderen Werthe, welche ihnen nach dem Stande der Dinge zur Zeit der Concurseröffnung gebüren, durch die Erlangung neuer Absonderungsrechte an Gegenständen der Concursmasse entziehen,[20] selbst wenn es zu der Erlangung

---

[17] S. Conc.O. §§. 137 ff. vbd. §§. 132—135.

[18] Vgl. ob. §. 4. III., §. 5. IV.

[19] S. Conc.O. §§. 58, 60, 62, 63. Ueber die Art der Behandlung s. unt. §. 10. I. 1, II. Auf das mit der Concursforderung verbundene Absonderungsrecht hat diese Art der Behandlung keinen Einfluß. Eben so wenig auf das Verhältniß des Gläubigers zu den Mitschuldnern des Gemeinschuldners. Vgl. Mot. §. 58 in Abs. 2 (S. 276), Sarwey §. 58 Bem. 1, Pet. §. 58 Bem. 1.

[20] Eben so wenig durch die Erlangung neuer Aufrechnungsrechte oder neuer Aussonderungsrechte, soweit es sich dabei der Sache nach um Deckung eines Concursgläubigers gegen-

des Absonderungsrechtes keiner Mitwirkung des Gemeinschuldners mehr bedarf, und selbst wenn schon vor der Concurseröffnung ein Anspruch auf dieselbe bestand.[21] Daher ist der Erwerb von Pfand- und Hypothekenrechten, Vorzugsrechten oder Zurückbehaltungsrechten an Gegenständen der Concursmasse oder, wo, wie nach dem französischen Rechte, die Wirksamkeit gewisser erworbener Hypotheken- oder Vorzugsrechte gegen Dritte durch Eintragung in ein öffentliches Buch bedingt ist, die Eintragung solcher Rechte an Gegenständen der Masse, wenn der Erwerb bezw. die Eintragung erst nach der Concurseröffnung geschieht, den Concursgläubigern gegenüber ohne Kraft,[22] d. h. der Concursverwalter kann und muß, da er nicht befugt ist, einem Concursgläubiger Vortheile vor den anderen zu gewähren, bei der Verwaltung und Verwerthung der Concursmasse das Absonderungsrecht als nicht bestehend behandeln. Hat er jedoch bis zu der Beendigung des Concursverfahrens nicht in einer dem Absonderungsrechte widerstreitenden Weise über den Gegenstand verfügt, so erweist sich jenes von Anfang an als rechtsbeständig; denn der Gemeinschuldner ist zu einer Entscheidung im Sinne der Nichtigkeit nicht befugt.[23]

über den übrigen handelt. S. ob. §. 6 Anm. 38 a. E. und unt. §. 21. III. Abs. 2.

[21] Vgl. Mot. §. 12 in Abs. 3, 4 u. 6 (S. 53, 54). Die Erlangung eines neuen Absonderungsrechtes durch eine Handlung des Gemeinschuldners ist schon durch Conc.O. §. 6 ausgeschlossen.

[22] Conc.O. §. 12 vbd. Mot. §. 12 in Abs. 6—17 (S. 54—57). Vgl. noch Sarwey §. 12 Bem. 5, Hullm. §. 12 Bem. 3. Dem Eintritte eines Anderen in ein schon vor der Concurseröffnung bestehendes Absonderungsrecht kraft Vertrages oder Rechtssatzes steht Conc.O. §. 12 natürlich nicht im Wege. S. Mot. §. 12 im vorl. Abs. (S. 57).

[23] S. Mot. §. 12 in Abs. 17 (S. 56 fg.). Das rechtliche Verhältniß ist also hier dieses: Der

Schon vor der Concurseröffnung können Pfand- und Hypothekenrechte im Wege der Zwangsvollstreckung oder des Arrestes nicht mehr mit Kraft gegenüber den Concursgläubigern erworben oder eingetragen werden, sobald ein an den Gemeinschuldner erlassenes allgemeines Veräußerungsverbot öffentlich bekannt gemacht ist.[24]

III. Weil durch die Eröffnung des Concursverfahrens die Geltendmachung der Concursforderungen nicht gehindert wird, so wird durch dieselbe auch ihre Verjährung nicht gehemmt.[25] Dagegen wird durch die gehörige Anmeldung einer

---

Erwerb bezw. die Eintragung erscheint von Anfang an als nichtig oder umgekehrt als gültig, je nachdem der Concursverwalter während des Concursverfahrens eine dem Absonderungsrechte widerstreitende Verfügung trifft oder nicht. Während des Schwebezustandes kann aber nach allgemeinen Grundsätzen das Absonderungsrecht nicht mit Wirksamkeit geltend gemacht werden. Vgl. mein Buch über das castrense peculium S. 336. S. aber auch Völd. §. 12 Bem. c. — Ob eine erst nach der Concurseröffnung erworbene oder eingetragene Hypothek dadurch, daß sie in gutem Glauben von einem Dritten erworben wird, noch während des Concurses Kraft gegen die Concursgläubiger erhält, bemißt sich nach dem bürgerlichen Rechte. S. Mot. a. a. O.

[24] Conc.O. §. 98 vbd. §. 95 Abs. 1. Vgl. Mot. §§. 96—101 in Abs. 7 (S. 330 fg.), Prot. S. 77. Ob nach der Erlassung oder der öffentlichen Bekanntmachung des Veräußerungsverbotes der Schuldner vertragsmäßig noch Pfand- und Hypothekenrechte mit Kraft gegenüber den Concursgläubigern einräumen könne, bemißt sich nach dem bürgerlichen Rechte. S. Mot. a. a. O. Vgl. Mandry S. 171 Nr. 2, Stiegl. §. 98 Bem. I. 3. b. A. M. Sarwey §. 98 Bem. 4. S. unt. §. 24 Anm. 8.

[25] Conc.O. §. 13 Satz 1 vbd. Mot. §. 13 Abs. 4 (S. 58 fg.). Satz 1 des §. 13 beschränkt sich übrigens nicht auf die Concursforderungen, sondern spricht den allgemeinen Grundsatz aus, daß keine Verjährung irgend einer Art für oder gegen den Gemeinschuldner oder gegen Dritte durch die Concurseröffnung gehemmt wird. Vgl. Sarwey §. 13 Bem. 1, Wilm. 2. Aufl. §. 13 Bem. 1.

Concursforderung im Concursverfahren ihre Verjährung in gleicher Weise wie durch Klageerhebung unterbrochen, weil jene wie diese als Geltendmachung der Forderung in einem gerichtlichen Verfahren erscheint, welches zur Feststellung und Befriedigung derselben führen kann.[26] Wann und mit welcher Frist je nach der Verschiedenheit der Fälle die Verjährung wieder beginnt, bemißt sich nach dem bürgerlichen Rechte.[27]

---

[26] Conc.O. §. 13 Abs. 2 vbd. Mot. §. 13 Abs. 4—6 (S. 58ff.). Vgl. CP. §. 239. Diese Unterbrechung wirkt natürlich auch gegen den Gemeinschuldner für die Zeit nach der Beendigung des Concursverfahrens. S. Prot. S. 14 fg. Ferner tritt sie auch bei Wechselforderungen ein: EG. §. 3 Abs. 3 vbd. Mot. a. a. O. S. auch EG. §. 3 Abs. 4 und unt. §. 53 Anm. 12.

[27] S. Mot. §. 13 a. E. (S. 60 fg.). Man wird folgende Hauptfälle unterscheiden müssen: 1) Vor stattgehabter Prüfung der Forderung kann, da der Zeitpunkt der Prüfung nicht von dem Willen des Gläubigers abhängt, keine neue Verjährung beginnen. Daher läuft für die während des Concursverfahrens angemeldeten aber nicht geprüften Forderungen erst von der (öffentlichen Bekanntmachung der) Beendigung des Concursverfahrens wieder eine Verjährung mit der ursprünglichen Verjährungszeit. Vgl. Stiegl. §. 13 Bem. VI. 2. b. 2) Gleiches gilt, wenn die Forderung bei der Prüfung für das Concursverfahren festgestellt worden ist, oder wenn sie zwar streitig geblieben ist, aber zu den in Conc.O. §. 134 Abs. 6 genannten Forderungen gehört, weil in beiden Fällen die Befriedigung des Gläubigers durch die von seinem Willen unabhängigen Vertheilungen geschieht. Ist die festgestellte Forderung auch vom Gemeinschuldner bei der Prüfung nicht bestritten, oder ist seine Bestreitung nachträglich beseitigt worden, so steht die Forderung zufolge ihrer Eintragung als einer festgestellten und von jenem nicht bestrittenen in die Tabelle einer gegen ihn durch rechtskräftige Verurtheilung festgestellten gleich (s. Conc.O. §. 152 Abs. 2 und unt. §. 12. III.), und es läuft daher von der Beendigung des Concursverfahrens die regelmäßig dreißigjährige Verjährung des Urtheilsanspruches (actio indicati). Vgl. Sarwey §. 13 Bem. 3 Nr. 4, Stiegl. §. 13 Bem. VI. 2. a. 3) Ist gegen eine nicht zu den in Conc.O.

§. 10.

3. Art und Umfang der Geltendmachung der Concursforderungen.

I. Zufolge der Aufgabe des Concursverfahrens, die zur Zeit der Concurseröffnung vorhandenen Forderungen nach Maßgabe ihres damaligen Standes aus dem damals vor-

---

§. 134 Abs. 6 genannten gehörige Forderung bei der Prüfung vom Verwalter oder von einem Concursgläubiger Widerspruch erhoben worden, so muß, weil jetzt die Theilnahme der Forderung an der Befriedigung im Concursverfahren von der Betreibung der Feststellung durch den Gläubiger abhängt (Conc.O. §. 140), die Forderung also bis dahin aus dem Concursverfahren ausscheidet (das fortdauernde Stimmrecht in den Gläubigerversammlungen — Conc.O. §. 87 Abs. 1 — erklärt sich zur Genüge aus jener Möglichkeit des Wiedereintretens), alsbald von der Prüfung an bis zu neuer Unterbrechung durch die Betreibung der Feststellung (Conc.O. §. 134 Abs. 1) oder durch die Erhebung einer Feststellungsklage gegen den Gemeinschuldner (s. unt. §. 12. III.) eine neue Verjährung laufen. Vgl. Sarwey §. 13 Bem. 3 Nr. 5 u. 7. A. M. Hullm. §. 13 Bem. 3 Note 1, Pet. S. 74 Note 1, Stiegl. §. 13 Bem. VI. 2. c. Die Verjährungszeit ist, wenn schon vor der Concurseröffnung ein Proceß über die Forderung anhängig war (s. Conc.O. §. 134 Abs. 3), die (nach gemeinem Rechte vierzigjährige) Verjährungszeit der sog. Litispendenz; anderenfalls ist sie die ursprüngliche, weil dann wegen des einstweiligen Ausscheidens der Forderung aus dem Concursverfahren und der Nothwendigkeit ihrer Geltendmachung durch Erhebung einer ganz neuen Klage (s. Conc.O. §. 134 Abs. 2) eine Litispendenz nicht angenommen werden kann. A. M. für den letzten Fall Sarwey §. 13 Bem. 3 Nr. 5 u. 6, Hullm. §. 13 Bem. 3 Abs. 3, Völd. §. 13 Bem. f. B., Pet. §. 13 Bem. 2 g. E., Stiegl. §. 13 Bem. VI. 2. c. 4) Die Zurücknahme der Anmeldung von Seite des Gläubigers läßt entspr. CP. §. 243 Abs. 3 die Verjährung als von Anfang an nicht unterbrochen erscheinen. Vgl. R.CP. §. 43 Anm. 30.

handenen Activvermögen nach gerechtem und daher in der Regel gleichem Verhältnisse zu befriedigen, kann jede Concursforderung im Concursverfahren nur nach ihrer Werthseite, und zwar nach ihrem Geldwerthe zur Zeit der Concurseröffnung in Rücksicht kommen.[1] Eine Concursforderung kann daher ohne Rücksicht auf ihren ursprünglichen Gegenstand und Inhalt im Concursverfahren niemals anders denn als Forderung desjenigen bestimmten Geldbetrages in Deutscher Reichswährung geltend gemacht werden, welcher ihren Werth im Zeitpunkte der Concurseröffnung ausdrückt, und eine ursprünglich nicht auf Geldleistung gerichtete Forderung muß sich folglich durch die Geltendmachung im Concurse in eine Geldforderung verwandeln.[2] Die Berechnung, welche nicht allein für die Theilnahme an den Vertheilungen im Concursverfahren, sondern auch für alle anderen Fragen des Concursrechtes, insbesondere für die Aufrechnung und für das Stimmrecht in den Gläubigerversammlungen, maßgebend ist,[3] geschieht nach folgenden näheren Regeln:

1. Eine auf einen bestimmten Geldbetrag in Reichswährung gerichtete Forderung wird zu ihrem vollen Betrage berechnet, wenn sie unbetagt oder zwar betagt aber, sei es auch zu einem geringeren als dem gesetzlichen Zinsfuße, verzinslich war.[4] War sie dagegen betagt und unverzinslich, so wird sie, gleichviel ob die Betagung zu Gunsten des

---

[1] Vgl. ob. §. 4. III., §. 5. IV.

[2] S. Conc.O. §. 62 vbd. §§. 58 Abs. 2, 63, Prot. S. 58. Vgl. Mot. §§. 62, 63 Nr. 1 (S. 290), §. 58 in Abs. 8 (S. 277 fg.).

[3] S. Mot. §. 58 in Abs. 3 (S. 276), §§. 62, 63 Nr. 1 Abs. 1 a. E. (S. 290).

[4] S. Conc.O. §. 58 Abs. 2 (durch arg. a contrario), Mot. §. 58 in Abs. 10 (S. 278).

Schuldners oder des Gläubigers geschehen war, falls zur Zeit der Concurseröffnung der Verfalltag als ein bestimmter Kalendertag feststand, mit demjenigen Geldbetrage berechnet, welcher bei Hinzurechnung der einfachen gesetzlichen Zinsen desselben für die Zeit von der Concurseröffnung bis zum Verfalltage dem vollen Betrage der Forderung gleichkommt.[5] Falls aber der Verfalltag noch nicht als ein bestimmter Kalendertag feststand, so wird sie mit ihrem durch Schätzung ermittelten Geldwerthe zur Zeit der Concurseröffnung berechnet.[6] Handelt es sich um Zahlung einer Geldsumme durch bestimmte Theilzahlungen in mehreren Zahlungsterminen, so ergibt sich der im Concurse maßgebende Gesammtgeldwerth der Forderung zur Zeit der Concurseröffnung durch Zusammenzählung der damaligen Geldwerthe sämmtlicher Theilzahlungen, welche für diejenigen, deren Verfalltag zu jener Zeit noch nicht eingetreten war, in der angegebenen Art mittels Abzuges der Zwischenzinsen zu berechnen sind. Gleiches gilt bei einer Forderung auf wiederkehrende Hebungen von bestimmtem Betrage und für bestimmte Zeitdauer, wie z. B. auf eine zehn Jahre lang zu zahlende feste Jahresrente; jedoch darf hier als Gesammtwerth kein höherer Betrag als der Gesammtwerth einer Forderung auf eine immerwährende Hebung von gleicher Höhe, d. h. als der zum

---

[5] Conc.O. §. 58 Abs. 2 vbd. Mot. §. 58 in Abs. 7 (S. 277). Die Berechnung geschieht nach der einfachen Formel:

$$x : C = 100 : 100 + u,$$

$$\text{also } x = \frac{C \cdot 100}{100 + u},$$

wobei x den gesuchten Betrag, C den vollen Betrag der Forderung, u die gesetzlichen Zinsen von 100 für die Zeit von der Concurseröffnung bis zum Verfalltage bezeichnet.

[6] Conc.O. §. 62 vbd. Mot. §. 58 a. E. (S. 278), §§. 62, 63 Nr. 1 Abs. 2 u. Nr. 3 (S. 290), Prot. S. 55, 58.

gesetzlichen Zinsfuße capitalisirte Betrag der einzelnen Hebung, berechnet werden.[7]

2. Forderungen, welche, wie z. B. Ansprüche auf die Verschaffung des Eigenthums einer bestimmten oder nur der Gattung nach bezeichneten Sache, die Uebertragung einer Forderung, die Bestellung eines Nießbrauches u. dgl., nicht auf einen Geldbetrag gerichtet sind, sind nach ihrem Schätzungswerthe in Reichswährung zur Zeit der Concurseröffnung zu berechnen, wobei natürlich auch auf die festgesetzte Zeit der Leistung gebürende Rücksicht genommen werden muß.[8] Gleiches gilt von Forderungen, deren Geldbetrag zur Zeit der Concurseröffnung, wie z. B. bei Schadensansprüchen, unbestimmt oder, wie z. B. bei Forderungen mit hinsichtlich der Zeit des Eintrittes ungewissem Anfangs- oder Endtermin oder bei Forderungen auf wiederkehrende Hebungen von unbestimmtem Betrage oder für unbestimmte Zeitdauer, ungewiß ist. Endlich von Forderungen auf einen nicht in Reichswährung festgesetzten Geldbetrag.[9]

II. Eine Forderung, deren Entstehung von einer zur Zeit der Concurseröffnung noch schwebenden (sei es gesetzlichen, sei es vertragsmäßig oder letztwillig gesetzten) Bedingung abhängt,[10] wird zwar in dem Concursverfahren mit

---

[7] Conc.O. §. 63 vbd. Mot. §§. 62, 63 Nr. 3 Abs. 3 (S. 291).

[8] Conc.O. §. 62 vbd. Mot. §§. 62, 63 Nr. 1 (S. 290). Ein gesetzliches Beispiel gibt Conc.O. §. 16 Abs. 2. — Wegen der Ansprüche auf persönliche Handlung oder Unterlassung s. ob. §. 8. I.

[9] Conc.O. §. 62 vbd. Mot. §§. 62, 63 Nr. 2 u. Nr. 3 Abs. 1, 4, 8 (S. 290, 291, 292), Prot. S. 55, 58. Vgl. ob. Nr. 1 bei Anm. 6.

[10] Hierher gehört auch der Anspruch auf eine noch nicht verfallene Vertragsstrafe, wenn der Hauptanspruch von der Art ist, daß er im Concursverfahren nicht geltend gemacht werden

dem vollen Betrage wie eine entsprechende unbedingte Forderung geltend gemacht und bei den Abschlagsvertheilungen berücksichtigt,[11] allein der Gläubiger hat vor dem Eintritte der Bedingung kein Recht auf wirklichen Bezug der auf die Forderung entfallenen Antheile, sondern bloß ein Recht auf Sicherung derselben in der Weise, daß sie einstweilen für den Fall des Eintrittes der Bedingung zurückbehalten werden.[12] Ist aber der letztere bis zum Ablaufe der Ausschlußfrist für die Schlußvertheilung dem Concursverwalter nicht nachgewiesen, so werden sie ohne weitere Berücksichtigung der bedingten Forderung mit zur Vertheilung gebracht.[13] Bloß dann wird trotzdem die Forderung auch bei der Schlußvertheilung berücksichtigt und alles bei dieser wie bei den früheren Vertheilungen auf sie Entfallene bis zur Entscheidung der Bedingung für Rechnung des Gläubigers hinterlegt, wenn ihm während der Schwebe der Bedingung nach dem bürgerlichen Rechte gegen den Schuldner ein Anspruch auf Sicherheitsleistung zustand.[14]

Hängt die Auflösung einer Forderung von einer zur Zeit der Concurseröffnung noch schwebenden Bedingung ab, so wird sie vor der Entscheidung in jeder Hinsicht wie eine be-

---

kann. Vgl. ob. §. 8. I. Ueber den Fall, wenn der Hauptanspruch als Concursforderung erscheint, s. unt. Anm. 18.

[11] Conc.O. §. 142 Abs. 1 vbd. Mot. §. 60. I. a. E. (S. 282).

[12] Conc.O. §. 60 vbd. §. 155 Nr. 2. Vgl. Prot. S. 55.

[13] Conc.O. §§. 142 Abs. 2, 144 vbd. Mot. a. a. O.

[14] Conc.O. §. 142 Abs. 2 vbd. §§. 155 Nr. 2, 156. Vgl. Mot. §. 60. I. Abs. 8 u. 10 a. E. (S. 281, 282). Bleibt in solchem Fall die Bedingung aus, so werden die zurückbehaltenen Antheile zu nachträglicher Vertheilung gebracht: Conc.O. §. 153 Abs. 1. — Ueber die Behandlung bedingter Forderungen in Ansehung der Aufrechnung s. unt. §. 21. II. 1. Ueber das Stimmrecht bedingter Gläubiger s. unt. §. 31. IV. 3.

dingter Auflösung nicht unterworfene behandelt.[15] Selbst zur Bestellung einer Sicherheit wegen Rückzahlung des Empfangenen für den Fall des Eintrittes der Bedingung ist der Gläubiger bloß dann verpflichtet, wenn er ohne den Concurs auch von dem Gemeinschuldner die Zahlung nur gegen Bestellung einer solchen Sicherheit hätte fordern können. Leistet er in diesem Fall die Sicherheit nicht, so werden die bei einer Vertheilung auf seine Forderung fallenden Antheile bis zur Entscheidung der Bedingung zurückbehalten.[16]

III. Mit der Hauptforderung kann der Gläubiger als Nebenforderungen an gleicher Stelle geltend machen:

1. die ihm vor der Concurseröffnung durch die Einklagung oder einen sonstigen Versuch der Beitreibung der Forderung erwachsenen gerichtlichen oder außergerichtlichen Kosten;[17]

2. die für den Fall der Nichterfüllung oder nicht gehörigen, insbesondere nicht rechtzeitigen, Erfüllung der Hauptforderung bedungenen Vertragsstrafen, vorausgesetzt daß sie zur Zeit der Concurseröffnung bereits verfallen waren;[18]

---

[15] Conc.O. §. 59 vbd. Mot. §. 59 (S. 279).

[16] Conc.O. §. 155 Nr. 4 vbd. Mot. a. a. O., §§. 154—156 Nr. 4 (S. 388).

[17] Conc.O. §. 55 Nr. 1. Der Gläubiger kann sie, selbst wenn über ihre Erstattung noch nicht entschieden ist, mit der Hauptforderung im Concurse anmelden und im Fall der Bestreitung die Entscheidung durch Aufnahme des Processes gemäß Conc O. §. 134 Abs. 3 herbeiführen. Vgl. Mot. §. 55 Nr. 3 a. E. (S. 270). S. noch ob. §. 7 Anm. 1, 7, 18. Wegen der erst nach der Concurseröffnung erwachsenden Proceßkosten s. ob. §. 7. IV. Wegen der den Concursgläubigern durch die Theilnahme am Concursverfahren verursachten Kosten s. Conc.O. §. 56 Nr. 2 und ob. §. 8. III. a. E.

[18] Conc.O. §. 55 Nr. 2. Der Grund der Gleichstellung mit der Hauptforderung im Concurse liegt darin, daß solche Vertragsstrafen in der Regel die Stelle der Entschädigung ver-

3. die rückständigen Zinsen für die Zeit bis zu der Concurseröffnung, ohne Rücksicht auf den Grund der Zinspflicht.[19]

IV. Wenn, gleichviel aus welchen Rechtsgründen, Mehrere neben einander für eine und dieselbe Leistung in der Weise haften, daß zwar ein Jeder wegen des ganzen Betrages in Anspruch genommen, dieser aber gleichwohl nur Einmal gefordert werden kann,[20] so darf der Gläubiger, so lange und so weit er noch nicht befriedigt ist, einen Jeden so behandeln,

---

treten sollen, so daß der Gläubiger entweder die Strafe oder sein Interesse fordern kann. Vgl. L. 41, 42 D. pro soc. 17, 2, L. 28 D. de act. emti vend. 19, 1; HGB. Art. 284 Abs. 3, 398. S. auch Mot. §. 55 Nr. 2 (S. 269). Nach der Concurseröffnung kann eine für den Fall der Nichterfüllung oder nicht rechtzeitigen Erfüllung einer im Concurse geltend gemachten Hauptforderung bedungene Vertragsstrafe nicht mehr verfallen, weil die in Folge des Concurses eintretende Nichtbefriedigung oder Verzögerung der Befriedigung einer Concursforderung eben so wenig gestraft werden als einen Anspruch auf Interesseleistung erzeugen kann. Vgl. ob. §. 6 Anm. 8. A. M. Sarwey §. 55 Bem. 2, Völd. §. 55 Bem. c. a. E., Pet. §. 55 Bem. unter Nr. 2, Stiegl. §. 55 Bem. I. 2. Ueber den Fall, wenn der Hauptanspruch nicht als Concursforderung erscheint, s. ob. Anm. 10.

[19] Conc.O. §. 55 Nr. 3 vbd. Mot. §. 55 Nr. 1 (S. 268 fg.). Wegen der Zinsen für die Zeit seit der Concurseröffnung s. Conc.O. §. 56 Nr. 1 und ob. §. 8. III. bei Anm. 15 und 17.

[20] So z. B. mehrere Correal- oder Solidarschuldner, Hauptschuldner und Bürge, wenn diesem die Einrede der Vorausklage nicht zusteht, Acceptant und sämmtliche Vormänner des Inhabers eines Mangels Zahlung protestirten Wechsels u. dgl. Vgl. Mot. §. 61 in Abs. 9 u. 10 (S. 287 fg.). Ebenso, wenn der Eine nur für den Ausfall haftet, wie z. B. der Bürge, welchem die genannte Einrede zusteht; nur mit dem Unterschiede, daß hier seine solidarische Haftung bloß eine bedingte ist. Vgl. Sarwey §. 60 Bem. 4, Völd. §. 60 Bem. V., Pet. §. 60 Bem. 4 a. E. Anders, mit Unrecht, die Mot. a. a. O. in Abs. 10 a. E.

wie wenn er sein alleiniger Schuldner wäre. Da nun ferner jeder Concursgläubiger an der Befriedigung aus der Concursmasse nach dem Stande der Dinge zur Zeit der Concurseröffnung Theil nimmt, so ergibt sich von selbst, daß in dem Concurse eines Jeden der Mehreren, sei es daß nur Einer oder daß Einige oder Alle in Concurs gerathen sind, der Gläubiger den ganzen Betrag anmelden kann, welcher ihm zur Zeit der Eröffnung dieses Concurses noch geschuldet war, und daß er, so lange er nicht für Capital, Zinsen und sonstige Nebenforderungen vollständig befriedigt ist, bei den Vertheilungen zu jenem ganzen Betrage berücksichtigt wird ohne Anrechnung der Theilzahlungen, welche er nach der Concurseröffnung von Seite eines anderen der Schuldner oder aus der Concursmasse eines solchen erhalten hat.[21]

---

[21] Conc.O. §. 61 vbd. Mot. §. 61 in Abs. 7 (S. 287), Prot. S. 55 — 58, 131. Vgl. auch Sarwey §. 61 Bem. 2 a. E. (Solche Theilzahlungen sind nicht anders zu behandeln als Abschlagszahlungen, welche ein Concursgläubiger während des Concursverfahrens freiwillig von einem Dritten für den Gemeinschuldner erhielte.) Beispiel: A, B und C schulden solidarisch 3000. Geräth A in Concurs, bevor auf die Schuld eine Zahlung geschehen ist, so nimmt der Gläubiger, so lange auch nur der kleinste Rest seiner Forderung nicht bezahlt ist, in diesem Concurse an allen Vertheilungen stets für den ganzen Betrag von 3000 Antheil, sollten auch inzwischen von Seite des B oder des C Abschlagszahlungen erfolgt sein. Verfällt, nachdem der Gläubiger bereits 1000 aus der Concursmasse des A oder von B oder C erhalten hat, auch B in Concurs, so nimmt in diesem Concurse der Gläubiger bis zu voller Tilgung seiner Forderung an allen Vertheilungen für den Betrag von 2000 Antheil u. s. w. Gesetzt, daß zur Zeit, als die Schuld noch 2000 betrug, A, B und C gleichzeitig in Concurs gerathen und nach einander zuerst die Masse des A mit 50%, sodann die des B mit 40%, zuletzt die des C mit 30% zur Vertheilung gelangt, so erhält der Gläubiger aus der ersten Masse volle 50% seiner Forde-

Wird in Folge dieser Behandlung aus der Concursmasse eines der Schuldner mehr bezahlt, als ihm den anderen gegenüber nach Maßgabe des bürgerlichen Rechtes schließlich zur Last fällt, so kann sein Regreßanspruch in den Concursen der übrigen Schuldner als Concursforderung geltend gemacht werden, und zwar als unbedingte Concursforderung, wenn die Zahlung bereits geschehen ist, als bloß bedingte, wenn sie erst in Aussicht steht.[22]

V. Ist einem Concursgläubiger für seine Forderung ein bestimmtes Vermögensstück vermöge eines Pfandrechtes oder eines verwandten Rechtes verhaftet, so kann er demungeachtet die Forderung zu ihrem vollen Betrage im Concurse anmelden, ohne Unterschied, ob jenes Vermögensstück zur Concursmasse gehört oder nicht.[23] Im letzten Fall nimmt er auch an allen Vertheilungen zu jenem vollen Betrage Theil so lange, bis er, sei es aus der Concursmasse, sei es aus dem Werthe des ihm verhafteten Vermögensstückes, vollständig befriedigt ist.[24] Gehört aber dieses Vermögensstück zu der Concursmasse und steht also dem Concursgläu-

---

rung mit 1000, aus der zweiten volle 40% mit 800, aus der dritten aber natürlich nur die noch fehlenden 10% mit 200. S. Mot. §. 61 in Abs. 5 (S. 286).

[22] Vgl. ob. §. 8. V. 2 Abs. 2, Mot. §. 60. II. Abs. 14, 15 (S. 284 fg.). S. auch Völd. §. 61 a. E., Stiegl. §. 61 Bem. IV. A. M. Pet. §. 61 Bem. 5, welcher wegen der Ausdrucksweise in den Mot. §. 61 a. E. (S. 289) den Regreßanspruch, soweit er gegen eine Concursmasse geltend gemacht wird, für einen Masseanspruch aus dem Gesichtspunkte rechtloser Bereicherung (Conc.O. §. 52 Nr. 3) hält.

[23] Conc.O. §§. 57, 88, 141 vbd. Mot. §. 57 im letzten Abs. (S. 275), Prot. S. 57 a. E.

[24] Entspr. Conc.O. §. 61. Dieses gilt auch dann, wenn der Gläubiger an einem Vermögensstücke eines solidarisch haftenden Mitschuldners des Gemeinschuldners ein Absonderungsrecht hat. S. Prot. a. a. O. Vgl. Sarwey §. 61 Bem. 4 a. E.

biger ein Anspruch auf abgesonderte Befriedigung aus demselben zu, so erhält er, wenn er diesen Anspruch geltend gemacht hat, in der Reihe der Concursgläubiger antheilige Befriedigung nur für denjenigen Betrag, für welchen er auf die abgesonderte Befriedigung verzichtet hat, oder mit welchem er bei derselben ausgefallen, d. h. unbefriedigt geblieben, ist, und er wird daher bei jeder Vertheilung nur zu demjenigen Betrage berücksichtigt, für welchen er bis zum Ablaufe der ihr vorausgehenden Ausschlußfrist dem Concursverwalter den Verzicht oder den Ausfall nachgewiesen hat.[25]

§. 11.

4. Rangordnung der Concursforderungen.

I. Regel ist, daß die Concursforderungen einander gleichstehen und daher bei Unzulänglichkeit der Concursmasse nach Verhältniß ihrer im Concurse maßgebenden Beträge[1] befriedigt werden.[2] Aus Rücksichten theils des öffentlichen Wohls, theils besonderer Schutzbedürftigkeit gewisser Gläubiger ist jedoch als Ausnahme gewissen Concursforderungen ein Vorrecht im Concurse, d. h. ein Recht vorzugsweise Befriedigung

[25] Conc.O. §. 57 vbd. §. 141. Vgl. Mot. §. 57 in Abs. 5—9 (S. 272ff.), §. 3 a. E. (S. 31). Der Verzicht muß demnach in bestimmt nachweisbarer und den Gläubiger von der Befriedigung aus dem Absonderungsgegenstande endgültig ausschließender Weise geschehen, wozu, wenigstens nach gemeinem Rechte, eine ausdrückliche und unbedingte Erklärung desselben an den Concursverwalter genügt. S. Stiegl. §. 141 Bem. II. 1. Vgl. Mot. a. a. O. in Abs. 8. A. M. Sarwey §. 141 Bem. 3. — Wegen des Stimmrechtes in der Gläubigerversammlung s. unt. §. 31. IV. 3.

[1] S. ob. §. 10. I. und III.

[2] Conc.O. §. 54 im Eingange und Nr. 6.

zu begehren,[3] eingeräumt, so daß zwischen bevorrechtigten und nicht bevorrechtigten Concursforderungen unterschieden werden muß.[4] Da aber jene Vorrechte selbst wieder fünferlei Abstufungen aufweisen, so bestehen dem Range nach sechs Klassen von Concursforderungen, von denen jede frühere der späteren vorgeht, während innerhalb jeder Klasse der Regel gemäß eine Befriedigung nach Verhältniß der Beträge stattfindet. Diese Klassen sind die folgenden:

1. Die für das letzte Jahr vor der Concurseröffnung oder, wenn diese erst nach dem Tode des Gemeinschuldners erfolgt ist, für die Zeit vom Beginn des letzten Jahrs vor seinem Tode bis zur Concurseröffnung[5] rückständigen Forderungen an Lohn, Kostgeld oder anderen Dienstbezügen derjenigen Personen, welche sich dem Gemeinschuldner für seinen Haushalt, seinen Wirthschaftsbetrieb oder sein Erwerbsgeschäft zu fortgesetzter Leistung gleichartiger, sei es niederer oder höherer, Dienste verdungen haben, wie z. B. Dienstboten, Gesellen, Fabrikarbeiter, Handlungsgehülfen, Wirthschaftsbeamte, Förster, Secretäre, Hauslehrer, Erzieher u. dgl.[6]

---

[3] Die Vorrechte werden nicht von Amtswegen berücksichtigt. S. Conc.O. §§. 127, 130 Abs. 2, Mot. §. 127 a. E. (S. 360).

[4] S. Conc.O. §§. 157, 160, 166, 168, 173, 174, 176 Abs. 2, 178.

[5] S. Sarwey §. 54 Bem. 4 a. E., Hullm. §. 54 Bem. 6, Pet. §. 54 Bem. II. 1 u. A.

[6] Conc.O. §. 54 Nr. 1 vbd. Mot. §§. 54—56. X. Nr. 1 u. 2 (S. 266 ff.). Conc.O. §. 54 Nr. 1 bezieht sich auf die nämlichen Dienstverhältnisse wie Conc.O. §. 19 und ist, wie §. 19, auch dann anzuwenden, wenn es sich um ganz persönliche und daher für die Concursmasse nicht verwerthbare Dienstleistungen handelt. S. ob. §. 6 Anm. 31. Die Ansprüche für die Zeit nach der Concurseröffnung sind, soweit das Verhältniß kraft gesetzlicher Vorschrift (Conc.O. §. 19) oder zufolge einer Uebereinkunft des Concursverwalters und des Bediensteten fortdauert, Masse-

2. Die Forderungen der Reichskasse, der Staatskassen und der Gemeinden, sowie der Amts-, Kreis- und Provincialverbände wegen öffentlicher, directer oder indirecter, aus dem letzten Jahr vor der Concurseröffnung rückständiger Abgaben, sei es, daß sie zur Zeit der Concurseröffnung bereits fällig waren oder, wenn wegen gesetzlicher oder freiwilliger Stundung noch nicht fällig, nach Conc.O. §. 58 im Concursverfahren als fällig gelten.[7] Hat der Steuererheber die Abgabe aus seinen Mitteln vorschußweise an die Kasse entrichtet, so überträgt sich das Vorrecht auf seine Ersatzforderung.[8]

---

ansprüche (Conc.O. §. 52 Nr. 1, 2), soweit dagegen die Fortdauer auf bloßer Uebereinkunft mit dem Gemeinschuldner beruht, die Concursmasse nicht berührende Ansprüche an diesen. S. Mot. a. a. O. Nr. 2 (S. 267). Ansprüche aus dem Dienstverhältnisse, welche nicht die Natur von Dienstbezügen haben, wie namentlich Schadensansprüche aus der Zeit vor der Concurseröffnung, gehören zu den nicht bevorrechtigten Concursforderungen. S. Mot. a. a. O. Vgl. aber ob. §. 6 Anm. 32.

[7] Im letzten Fall ist nach Conc.O. §. 58 Abs. 2 ihr Geldwerth zur Zeit der Concurseröffnung durch Abzug der Zwischenzinsen zu berechnen. S. Hullm. §. 54 Bem. 7 a. E., Pet. §. 54 Bem. III. Abs. 2 g. E. A. M. Völd. §. 54 ad 2. III. — Vgl. z. B. TabakssteuerG. v. 16. Juli 1879 §§. 16, 20.

[8] Conc.O. §. 54 Nr. 2 vbd. Mot. §§. 54—56. I. Abs. 2 u. 5 (S. 254 fg., 256), Prot. S. 49. Vgl. Wilm. §. 54 Bem. 6. Das Vorrecht gilt auch für die rückständigen öffentlichen Abgaben, welche auf einem Grundstücke des Gemeinschuldners lasten, selbst wenn sie durch ein Absonderungsrecht an dem Grundstücke gesichert sind. Ist im letzten Fall die Abgabe aus der Concursmasse bezahlt worden, so hätte diese nach Hullm. §. 39 Bem. 5 gegen die abgesonderte Immobiliarmasse einen Anspruch auf Ersatz. Ein solcher Anspruch würde aber doch wohl voraussetzen, daß jedesmal, so oft ein absonderungsberechtigter Concursgläubiger mit Verzicht auf die abgesonderte Befriedigung seine Forderung bloß als Concursforderung geltend gemacht hätte, der Concursmasse ein Ersatzanspruch an die Absonderungsmasse zustünde. S. hiegegen Mot. §. 57 in Abs. 5 u. 8 a. E.

3. Die Forderungen der Kirchen[9] und öffentlichen Schulen, der öffentlichen Verbände[10] und der öffentlichen, zur Annahme der Versicherung verpflichteten Feuer-Versicherungsanstalten wegen der nach Gesetz oder Verfassung zu entrichtenden, aus dem letzten Jahr vor der Concurseröffnung rückständigen Abgaben und Leistungen.[11]

4. Die Forderungen der Aerzte, Wundärzte und Apotheker,[12] sowie der Hebammen[13] und Krankenpfle-

(S. 272 ff., 274). — Nach der Concurseröffnung laufende öffentliche Abgaben von Gegenständen der Concursmasse sind Massekosten: Conc.O. §. 51 Nr. 2. — Auf andere Forderungen der Staatskassen u. s. w., insbesondere auf die Ansprüche wegen Gerichtskosten oder Gebüren anderer Behörden, bezieht sich das Vorrecht nicht. S. Mot. §§. 54—56. I. Abs. 4 (S. 255 fg.).

[9] Unter „Kirchen" sind im Sinn des Gesetzes alle nach dem Rechte des betreffenden Staates als öffentliche Corporationen anerkannte Religionsgemeinschaften zu verstehen; unter dieser Voraussetzung also namentlich auch die israelitischen Gemeinden. S. Sarwey §. 54 Bem. 10, Hullm. §. 54 Bem. 9, Stiegl. §. 54 Bem. III. 1.

[10] D. h. aller kraft öffentlichen Rechtes bestehenden corporativen Verbindungen, wie z. B. der Orts- und Land-Armenverbände (G. über den Unterstützungswohnsitz v. 6. Juni 1870 §§. 2—5), der Deich- und Wegeverbände, Uferschutzgenossenschaften, der vom Staate begründeten Gewerbe- und Handelskammern oder landwirthschaftlichen Vereine u. dgl. Vgl. Prot. S. 52.

[11] Conc.O. §. 54 Nr. 3 vbd. Mot. §§. 54—56. III., Prot. S. 50—52, 150—152. Ob die Abgaben oder Leistungen an die Kasse der Kirche, Schule u. s. w. oder an einen Beamten zu entrichten sind, dem sie als Theil der Besoldung zufallen, macht keinen Unterschied. Daher werden auch die Stolgebüren hierher zu rechnen sein. S. Hullm. §. 54 Bem. 12, Völd. §. 54 ad 3. II. a. E. A. M. Sarwey §. 54 Bem. 15, Pet. §. 54 Bem. IV. 2, Stiegl. §. 54 Bem. III. 5.

[12] Darunter sind nach GewerbeO. §. 29 nur die approbirten Aerzte (auch Augenärzte, Geburtshelfer und Zahnärzte) und die approbirten Apotheker zu verstehen. Thierärzte gehören im Sinn des Gesetzes nicht hierher. S. Dernburg II. §. 123 Anm. 8. A. M. Völd. §. 54 ad 4. I.

[13] S. GewerbeO. §. 30 Abs. 2.

ger[14] wegen Kur- und Pflegekosten für das letzte Jahr vor der Concurseröffnung, soweit der Betrag der Forderung, wenn für solche Leistungen eine Gebürentaxe besteht,[15] den taxmäßigen Betrag nicht übersteigt.[16]

5. Die Forderungen der (ehelichen oder unehelichen, leiblichen oder Adoptiv-) Kinder und der Pflegebefohlenen des Gemeinschuldners in Ansehung solchen Vermögens, welches nach Rechtsvorschrift seiner Verwaltung mit oder ohne Nutzungsrecht unterworfen war. Das Vorrecht ist verloren, wenn die Forderung nicht innerhalb zweier Jahre seit der Beendigung der Vermögensverwaltung gerichtlich, sei es im Concursverfahren selbst oder vor der Concurseröffnung, geltend gemacht und im letzten Fall bis zur Concurseröffnung verfolgt worden ist.[17]

6. Alle übrigen (nicht bevorrechtigten) Concursforderungen.[18]

---

[14] D. h. der gewerbs- oder doch gewohnheitsmäßigen Krankenpfleger. Dahin gehören auch Krankenhäuser, Diakonissenhäuser und andere Anstalten, welche regelmäßig Kranke zur Pflege aufnehmen. Vgl. GewerbeO. §. 30 Abs. 1. S. Pet. §. 54 Bem. V. Abs. 2.

[15] Völd. §. 54 ad 4. III. bezieht das Vorrecht überhaupt nur auf diejenigen Gebüren, für welche eine Taxe besteht. S. dagegen Sarwey §. 54 Bem. 17 a. E., Pet. §. 54 Bem. V. a. E.

[16] Conc.O. §. 54 Nr. 4 vbd. Mot. §§. 54—56. V. (S. 257). Es genügt, daß wegen der Kur- oder Pflegekosten eine Forderung an den Gemeinschuldner besteht, auch wenn sie nicht durch persönliche Erkrankung desselben entstanden sind. S. Sarwey §. 54 Bem. 17 Abs. 2, Pet. §. 54 Bem. V. g. E. Etwas enger Hullm. §. 54 Bem. 13, Stiegl. §. 54 Bem. IV. 2.

[17] Conc.O. §. 54 Nr. 5 vbd. Mot. §§. 54—56. IX. Nr. 1 u. 2 (S. 264 fg.). Vgl. Sarwey §. 54 Bem. 19, Pet. §. 54 Bem. VI. 1 u. 2. Nicht hierher gehören die Stiefkinder, wenn sie nicht als Pflegebefohlene anzusehen sind. S. Sarwey a. a. O. 3. b. u. e, Pet. a. a. O. VI. 1, Stiegl. §. 54 Bem. V. 1. a. A. M. Völd. §. 54 ad 5. I. u. Anm. 74.

[18] Conc.O. §. 54 Nr. 6.

II. Die Vorrechte haften den in Conc.O. §. 54 Nr. 1—5 bezeichneten Forderungen an und können daher auch dann geltend gemacht werden, wenn die bevorrechtigte Forderung, sei es durch Cession, sei es nach Maßgabe des bürgerlichen Rechtes schlechthin durch Abfindung des bisherigen Gläubigers, auf eine Person übergegangen ist, welche zu keiner der im Gesetzbuche genannten Klassen gehört.[19]

III. Die Vorschriften der Concursordnung über die Rangordnung der Concursforderungen sind in jedem seit dem Inkrafttreten des Gesetzbuches eröffneten Concursverfahren anzuwenden, selbst wenn es sich dabei um Forderungen handelt, welche schon vor jenem Zeitpunkte erworben waren. Alle nach dem bisherigen Rechte begründeten Vorrechte sind aufgehoben, insbesondere dasjenige der Ehefrauen.[20] Zur möglichsten Schonung bestehender Verhältnisse ist jedoch der Landesgesetzgebung gestattet, für gewisse schon vor dem Inkrafttreten der Concursordnung entstandene Forderungen ein Vorrecht vor allen oder einzelnen der nach Conc.O. §. 54 Nr. 1—5 bevorrechtigten Forderungen zu gewähren.[21]

---

[19] Conc.O. §.54: „Die Concursforderungen werden nach folgender Rangordnung — — berichtigt". Auch in Nr. 1—5 ist überall nur von den „Forderungen" die Rede. S. auch Völd. §. 54 Bem. a., Pet. §. 54 Bem. I. 2. a. E., Dernburg II. §. 123 a. E. A. M. Hullm. §. 54 Bem. 3, wonach die Frage von der Concursordnung nicht entschieden und daher nach den Landesrechten zu entscheiden wäre. Ebenso RGer. 24. Nov. 1880 (Entsch. III. S. 39 ff.).

[20] S. Mot. z. EG. §§. 9—17 a. E. (S. 471 a. E.) und z. EG. §. 13 in Abs. 1 (S. 475). Auch das im ReichsbeamtenG. vom 31. März 1873 §. 20 Nr. 2 erwähnte Vorzugsrecht ist durch EG. §. 4 aufgehoben. Vgl. auch Prot. S. 52 (zu Nr. 5 und 6).

[21] Näheres s. EG. §§. 12, 13. Vgl. unt. §. 19. IV. S. auch EG. §. 17 Nr. 3.

§. 12.

5. Feststellung der Concursforderungen und ihres Ranges.

I. Die Geltendmachung einer Concursforderung im Concursverfahren kann immer nur durch Anmeldung derselben bei dem Concursgerichte geschehen.[1] Diese muß als Grundlage des Feststellungsverfahrens die Angabe des in Reichswährung ausgedrückten bestimmten Geldbetrages, für welchen die antheilige Befriedigung der Forderung aus der Concursmasse verlangt wird,[2] sowie des Grundes derselben, d. h. des sie begründenden Verhältnisses,[3] enthalten und, wenn ein Vorrecht für sie in Anspruch genommen wird, auch dieses angeben.[4] Jede angemeldete Forderung wird in eine Tabelle

[1] Conc.O. §. 10 vbd. §. 127. Vgl. ob. §. 9. I. 2.

[2] S. ob. §. 10. I.

[3] Als z. B. des am 1. Januar 1880 gegebenen Darlehens, des am 1. Juli 1880 geschlossenen Kaufes, des am 1. April 1881 angenommenen oder ausgestellten Wechsels u. dgl. Vgl. CP. §. 230 Nr. 2 und R.CP. §. 43. I. S. auch v. Wilmowski, Das Concursverfahren an einem Rechtsfalle dargestellt (auch in Gruchot's Beiträgen zur Erläuterung des Deutschen Rechts XXIII.) Nr. 10 (S. 24 fg.).

[4] Conc.O. §. 127 Satz 1. A. M. in Ansehung des Vorrechtes Völd. §. 127 Bem. c. Außerdem sollen die Vorschriften in CP. §. 121 Nr. 1, 4, 5 entsprechend beobachtet und die Urkunden, auf welche zum Beweise Bezug genommen wird, in Urschrift oder in Abschrift beigefügt werden. S. Conc.O. §§. 65, 127 Satz 3 vbd. CP. §. 122 Abs. 1, 2. Vgl. Mot. §. 127 in Abs. 2 (S. 359). Mangel der Angabe des Betrages oder des Grundes der Forderung hätte die Nichtunterbrechung der Verjährung der Forderung (s. Conc.O. §. 13) und die Nichtberücksichtigung der Anmeldung, Mangel der Angabe des Vorrechtes die Nichtberücksichtigung des letzteren zur Folge. S. Mot. §. 127 in Abs. 2 (S. 359), Prot. S. 91. Vgl. CP. §. 230 Abs. 2 und R.CP. §. 43 Anm. 3. S. auch Völd. §. 127 Bem. d, Pet. §§.

eingetragen, welche für das ganze weitere Verfahren als urkundliche Unterlage dient.[5] Sodann wird sie in einem Prüfungstermin, zu welchem sämmtliche Betheiligte, der Concursverwalter, die Concursgläubiger und der Gemeinschuldner, berufen werden, unter Leitung des Concursgerichtes einer Prüfung sowohl nach ihrem Bestande, als nach ihrem Betrage und dem für sie beanspruchten Vorrechte unterzogen.[6]

Als Parteien stehen sich dabei für die juristische Betrachtung einerseits der anmeldende Concursgläubiger, andererseits der Gemeinschuldner gegenüber, und zwar der letztere theils als Eigenthümer der Concursmasse, in dieser Eigenschaft ohne eigenes Verfügungsrecht und vertreten durch den Con-

126 — 128 Bem. II. 2 Abs. 1 a. E. A. M., wonach wegen Mangels eines der wesentlichen Stücke nur Widerspruch gegen die Prüfung der Forderung oder gegen diese selbst erhoben werden könnte, Sarwey §. 127 a. E., Stiegl. §. 127 Bem. II. a. E., §. 128 Bem. I. 2. Nachträgliche Aenderung oder Nachholung eines der drei Stücke steht einer neuen Anmeldung gleich und muß daher wie eine solche behandelt werden. S. Conc.O. §. 130 Abs. 2 vbd. Mot. a. a. O., §§. 129—131 in Abs. 2 a. E. (S. 361). Vgl. Sarwey §. 130 Bem. 2, Stiegl. §. 130 Bem. I. 1. Mangel der Beifügung der Beweisurkunden dagegen könnte nur zur Bestreitung der Forderung im Prüfungstermin Anlaß geben. Vgl. Völd. §. 127 Bem. d u. i, Stiegl. §. 127 Bem. I. a. E. — Ihrer juristischen Natur nach erscheint die Anmeldung nicht als eine Klage, worüber im Fall des Widerspruches von Seite der Betheiligten das Concursgericht zu verhandeln und zu entscheiden hätte, sondern nur als ein Antrag auf Zulassung zur Theilnahme an dem Concursverfahren und an der Befriedigung aus der Concursmasse. Darum wird auch durch die Feststellung einer angemeldeten Forderung für das Concursverfahren bloß diese Frage in rechtskräftiger Weise erledigt. S. unt. II. Vgl. Sarwey §. 134 Bem. 1.

[5] Conc.O. §. 128 Abs. 2 vbd. Mot. §. 128 in Abs. 1 (S. 360). Vgl. unt. §. 38. III.

[6] Conc.O. §. 129 Abs. 1 vbd. Mot. §§. 129 — 131 in Abs. 4 (S. 362). Vgl. unt. §. 38. IV. u. V.

cursverwalter, theils als möglicher Inhaber eines nach der Beendigung des Concursverfahrens dem Angriffe des Concursgläubigers ausgesetzten Vermögens, welches seiner freien Verfügung unterliegt und von ihm selbst vertreten wird.[7] Wegen ihres Interesse, daß nicht durch die Theilnahme eines Unberechtigten an den Vertheilungen die Concursmasse in ungerechtfertigter Weise geschmälert und ihnen in Folge dessen etwas von den ihnen aus derselben gebürenden Werthen entzogen werde, dürfen sich aber auch die übrigen (bevorrechtigten oder nicht bevorrechtigten) Concursgläubiger, welche eine Forderung angemeldet haben, selbst diejenigen, deren Forderungen noch nicht geprüft oder noch nicht festgestellt sind, an der Prüfung betheiligen und zu Gunsten der Masse, also als Vertreter derselben, Widerspruch gegen die Forderung erheben.[8]

---

[7] S. Schultze S. 51 gegen die Ansicht des Reichs-Oberhandelsgerichtes und des Dresdener Oberappellationsgerichtes, daß die Anmeldung im Concurse vielmehr Geltendmachung der Forderung gegen die übrigen Concursgläubiger sei.

[8] S. Conc.O. §. 132 Abs. 1 vbd. Mot. §§. 129—131 in Abs. 4 (S. 362), Prot. S. 92. Erst in dem nachfolgenden Feststellungsprocesse kann zur Beseitigung des Widerspruches der Mangel des Interesse des Widersprechers geltend gemacht werden. S. Mot. u. Prot. a. d. a. OO. — Die Concursgläubiger, welche einer angemeldeten Forderung widersprechen, erscheinen dabei juristisch als auftraglose Geschäftsführer der Concursmasse und folglich des Gemeinschuldners. Sie werden als solche zugelassen, weil sie an dieser Geschäftsführung ein eigenes wohlbegründetes Interesse haben. Die Richtigkeit dieser Auffassung scheint schon darum keinem Zweifel unterliegen zu können, weil es sich doch für den widersprechenden Gläubiger zunächst und unmittelbar nur darum handelt, von der Masse eine ungerechtfertigte Verminderung abzuwenden, während es, da ja auch der Widerspruch des Gläubigers einer noch nicht geprüften oder festgestellten Forderung beachtet wird, noch völlig ungewiß sein kann, ob er selbst davon einen Vortheil hat. Noch zweifelloser muß sie aber im Hinblicke auf

II. Soweit gegen die Forderung im Prüfungstermin weder von Seite des Concursverwalters noch von Seite eines der übrigen Concursgläubiger ein Widerspruch erhoben ist, ist sie für das Concursverfahren festgestellt,[9] d. h. es steht fest, daß sie im Concursverfahren als begründete Concursforderung zu behandeln ist, und daß sie daher an diesem

---

die Vorschriften in Conc.O. §§. 134 Abs. 3, 135 erscheinen, die sich, wie mich dünkt, mit keiner anderen Auffassung erklären lassen. S. unt. bei Anm. 23 und Anm. 34. Vgl. auch unt. §. 17 Anm. 1. A. M. Schultze S. 17, 55 ff., wonach der widersprechende Concursgläubiger als Vertreter nicht der Masse und des Gemeinschuldners, sondern aller übrigen Concursgläubiger dem anmeldenden den gemeinsamen Concursanspruch in seiner Richtung auf ausschließliche Befriedigung aus der Masse in den Weg stellte, welches Hinderniß dann der anmeldende nicht, wie gegenüber dem widersprechenden Concursverwalter, durch Erhebung der Forderungsklage (condictio mutui, actio locati u. dgl.), sondern vielmehr mittels einer Feststellungsklage („actio in rem") beseitigen müßte. Allein, abgesehen davon, daß der „Concursanspruch" schwerlich ein juristisch verwerthbarer Begriff ist (s. ob. §. 4 Anm. 7), scheint mir diese Zurechtlegung unrettbar schon daran zu scheitern, daß, wenn über die angemeldete Forderung zur Zeit der Concurseröffnung ein Rechtsstreit anhängig war, nach Conc.O. §. 134 Abs. 3 der Gläubiger den widersprechenden anderen Concursgläubigern ebenso wie dem widersprechenden Concursverwalter gegenüber die Feststellung der Forderung nur durch Aufnahme dieses Rechtsstreites, also des Processes über die Forderungsklage (condictio mutui, actio locati u. dgl.) verfolgen kann. Schultze bleibt denn auch nichts übrig, als (S. 102) hierin eine bloß positive, inconsequente und unzulässige Bestimmung zu erblicken. Es kommt aber noch hinzu, daß die Geltendmachung des Concursanspruches gegenüber der angemeldeten Forderung juristisch Bekämpfung derselben mittels eines anderen hemmenden Rechtes wäre. Eine solche Art der Bekämpfung wäre aber doch höchstens dann am Platze, wenn das Dasein und die Richtigkeit der Forderung zugegeben würden, nicht aber in dem weitaus häufigsten Fall, wenn der widersprechende Gläubiger gerade dies bestreitet.

[9] Conc.O. §. 132 Abs. 1. S. noch Conc.O. §§. 133, 134, 135, 140, 152 Abs. 2, 179, 180 u. a.

Verfahren und an den Vertheilungen der Masse nach Maßgabe der Anmeldung theilnimmt.[10] Diese Feststellung wirkt nach erfolgter Eintragung des Ergebnisses der Prüfung in die Tabelle gegenüber allen Betheiligten, auch denjenigen Concursgläubigern, welche ihre Forderungen noch nicht angemeldet hatten oder im Prüfungstermine nicht erschienen waren, gleich einem rechtskräftigen Urtheil.[11] Soweit dagegen die Forderung bei der Prüfung wegen eines von Seite des Concursverwalters oder eines Concursgläubigers, sei es gegen den Bestand derselben oder gegen den angemeldeten Betrag oder gegen das angemeldete Vorrecht, erhobenen Widerspruches streitig geblieben ist,[12] ist ihre Feststellung für das Concursverfahren dadurch bedingt, daß dieser Widerspruch entweder durch Zurücknahme desselben von Seite sämmtlicher Widersprecher oder durch die außerhalb des Concursverfahrens

---

[10] S. Mot. §. 152 Nr. 2 Abs. 3 (S. 384), §. 136 a. E. (S. 368), Prot. S. 175.

[11] Conc.O. §. 133 Abs. 2 vbd. Mot. §§. 132, 133 in Abs. 4 (S. 363 fg.). Daraus folgt namentlich auch, daß ein bei der Prüfung nicht erschienener Concursgläubiger das Recht nachträglichen Widerspruches nicht im Wege einfacher Wiedereinsetzung in den vorigen Stand nach CP. §§. 211 ff. erlangen, sondern daß die Feststellung nur mittels Restitutionsklage nach CP. §. 543 angegriffen werden kann. S. Mot. a. a. O. Vgl. Hullm. §. 133 Bem. 3, Sarwey §. 133 Bem. 3. A. M. Völd. §. 133 Bem. f. II. Die Eintragung der Forderung als festgestellt in die Tabelle wirkt gleich einem rechtskräftigen Urtheil auch gegen den Gläubiger, der sie angemeldet hat. S. Mot. a. a. O. Daher kann dieser insoweit, als einer neuen Klage wegen der Forderung nach rechtskräftiger Entscheidung über die erste die Einrede der Rechtskraft entgegenstünde, seine Anmeldung nicht mehr abändern, noch auch dieselbe, z. B. durch Beanspruchung eines Vorrechtes, ergänzen. Vgl. Mot. §. 10 in Abs. 5 a. E. (S. 48), Sarwey §. 131.

[12] S. Conc.O. §§. 87 Abs. 1, 134 Abs. 1

in einem besonderen Processe ergehende Entscheidung des zuständigen Gerichtes oder der sonstigen zuständigen Behörde beseitigt wird.[13] In der letzten Hinsicht sind jedoch zweierlei Fälle zu unterscheiden:

1. Wenn für die Forderung weder ein mit der Vollstreckungsclausel versehener vollstreckbarer Schuldtitel, noch ein Vollstreckungsbefehl, noch endlich ein, wenn auch noch nicht vollstreckbares, Endurtheil vorliegt, so muß, um ihre Berücksichtigung bei den Vertheilungen herbeizuführen, der anmeldende Gläubiger die Feststellung gegen den oder die Widersprecher betreiben.[14] Er kann dieselbe aber nur nach Maßgabe der Art und Weise beantragen, wie er die Forderung im Prüfungstermin endgültig geltend gemacht hat, d. h. ohne Aenderung des Grundes und ohne Erweiterung in Ansehung des beanspruchten Betrages oder Ranges.[15] Um ihn zum Nachweise dieser Erfordernisse in den Stand zu setzen, muß ihm das Concursgericht von Amtswegen einen beglaubigten Auszug aus der Tabelle ertheilen.[16]

---

[13] Conc.O. §§. 132 Abs. 1, 134. Vgl. Mot. §§. 132, 133 in Abs. 1 (S. 363). Die Feststellung durch Zurücknahme des Widerspruches wirkt nach der Eintragung der letzteren in die Tabelle gleichfalls allen Concursgläubigern gegenüber wie ein rechtskräftiges Urtheil: Conc.O. §. 133 Abs. 2 vbd. §. 132 Abs. 1. Die Feststellung durch rechtskräftige Entscheidung im Processe mit dem Widersprecher hat schon für sich allein diese Wirkung: Conc.O. §. 135. S. jed. Conc.O. §. 134 a. E.

[14] Conc.O. §§. 134 Abs. 1 Satz 1, 140. Vgl. Mot. §. 134 in Abs. 1, 2 u. 8 (S. 364 fg., 366).

[15] Conc.O. §. 134 Abs. 4 vbd. §§. 127, 130 Abs. 2. Vgl. Mot. §. 134 in Abs. 6 (S. 366).

[16] Conc.O. §. 134 Abs. 1 Satz 2 vbd. Mot. §. 134 in Abs. 3 a. E. (S. 365). Die Beglaubigung geschieht durch den Gerichtsschreiber: entspr. CP. §. 156 Abs. 2. Preußisches Formular s. Vierhaus Nr. 139 (S. 104).

Die Feststellung gegenüber einem bestimmten von Mehreren gemeinsam erhobenen Widerspruche kann nur gegen alle gemeinsam betrieben werden bei Vermeidung der Abweisung des Feststellungsantrages.[17] Die rechtliche Stellung der mehreren Widersprecher in einem solchen Processe entspricht, weil Jeder, welcher gegen eine angemeldete Forderung Widerspruch erhebt, ein widersprechender Concursgläubiger nicht minder als der widersprechende Concursverwalter, dabei juristisch als

---

[17] Dieses folgt theils aus dem Wortlaute von Conc.O. §. 134 Abs. 1 („Feststellung — — gegen die Bestreitenden") vbd. Mot. §. 134 in Abs. 4 u. 5 (S. 365 fg.), theils und vornehmlich aus der Natur der Sache. Denn der Antrag kann nach Conc.O. §. 134 Abs. 1—4 vbd. Mot. §. 134 in Abs. 6 (S. 366) immer nur auf „Feststellung der Forderung" lauten; eine Forderung ist aber nach Conc.O. §. 132 Abs. 1 für den Concurs erst dann festgestellt, wenn kein unbeseitigter Widerspruch vorhanden ist. Folglich muß das Proceßgericht den Antrag auf Feststellung allemal einstweilig abweisen, wenn er nicht gegen alle (aus dem Auszuge der Tabelle ersichtliche) Widersprecher gerichtet ist, es wäre denn, daß der Feststellungskläger mittels eines Auszuges aus der berichtigten Tabelle die durch Zurücknahme erfolgte Beseitigung des Widerspruches der nicht mitbelangten Widersprecher bewiese. Vgl. Prot. S. 94 fg., 174 ff. Gleicher Ansicht Völd. §. 134 Bem. d. II. Die andere Ansicht, daß bei einer Mehrheit von Widersprechern die Beseitigung des Widerspruches auch gegen jeden einzeln betrieben werden könne (Prot. S. 175 fg., Hullm. §. 134 Bem. 2. I. Abs. 3 u. 5, Sarwey §. 134 Bem. 4 Nr. 5, Stiegl. §. 134 Bem. II. 5. a), kann nur für den Fall gebilligt werden, daß sich der Widerspruch eines jeden auf einen anderen Punkt bezieht, z. B. derjenige des einen nur auf den angemeldeten Betrag, derjenige des anderen auf das beanspruchte Vorrecht u. dgl. Nach Schultze S. 101 fg., 104 ff. könnte zwar die Feststellung gegen jeden von mehreren Widersprechern einzeln betrieben werden, allein die gegen einen widersprechenden Concursgläubiger rechtskräftig ausgesprochene Feststellung wäre allen gegenüber wirksam, während die gegen den Concursverwalter ausgesprochene den widersprechenden Concursgläubigern gegenüber keine Wirkung hätte.

Stellvertreter der Concursmasse handelt,[18] derjenigen einer Mehrheit gesetzlicher Vertreter des Gemeinschuldners.[19]

War bei der Eröffnung des Concursverfahrens noch kein Proceß über die Forderung anhängig, so muß die Betreibung der Feststellung durch Erhebung einer Klage auf die Feststellung im ordentlichen Verfahren geschehen.[20] Für diese Klage ist das Amtsgericht, bei welchem das Concursverfahren anhängig ist, wenn aber der Streitgegenstand nicht zur sachlichen Zuständigkeit der Amtsgerichte gehört,[21] das demselben

[18] S. ob. I. a. E. und Anm. 8.

[19] Die widersprechenden Concursgläubiger sind zwar keine eigentlichen gesetzlichen Vertreter des Gemeinschuldners wie der Concursverwalter, sondern auftraglose Geschäftsführer desselben (s. ob. Anm. 8). Allein sie können, da ihnen das Recht des Widerspruches gegen die Forderung von dem Gesetze selbständig und unabhängig von dem Willen des Gemeinschuldners wie des Concursverwalters beigelegt ist, nicht wie gewöhnliche auftraglose Vertreter (nach CP. §. 85), sondern nur entsprechend den gesetzlichen Vertretern behandelt werden. Offenbar liegt es denn nach Conc.O. §§. 132 Abs. 1, 134 Abs. 1, 3, 135 auch im Sinn und Geiste der Concursordnung, den widersprechenden Concursgläubigern im Feststellungsprocesse eine gleiche Stellung zuzuschreiben wie dem widersprechenden Concursverwalter. Deshalb müssen nicht allein, wenn lediglich mehrere Concursgläubiger, sondern auch wenn der Verwalter und ein oder mehrere Concursgläubiger Gegner des Anmelders im Feststellungsprocesse sind, CP. §§. 59, 436, 438, nicht minder CP. §. 435 zu entsprechender Anwendung kommen. Uebrigens kann jeder Widersprecher die Mittel zur Verhütung der Feststellung selbständig wählen; nur zur Bekämpfung derselben mittels Anfechtung nach Conc.O. §§. 22 ff. oder mittels Aufrechnung einer Forderung der Concursmasse an den Anmelder ist wegen Conc.O. §§. 29, 5 Abs. 2 bloß der Concursverwalter befugt. Vgl. Prot. S. 92, Sarwey §. 134 Bem. 4 Nr. 5 Abs. 2, Stiegl. §. 129 Bem. I. 1 g. E. Vgl. auch unt. §. 17. I., §. 21. VI.

[20] Conc.O. §. 134 Abs. 2 Satz 1. Vgl. R.CP. §. 38. I. Abs. 3.

[21] Ueber die Festsetzung des Werthes des Streitgegenstandes s. Conc.O. §. 136 vbd. Mot. §. 136. Vgl. unt. bei Anm. 38.

übergeordnete Landgericht ausschließlich zuständig.[22] War dagegen bei der Concurseröffnung bereits ein Proceß über die Forderung anhängig, so kann die Feststellung derselben nur durch Aufnahme dieses Processes gegen den oder die Widersprecher betrieben werden.[23]

Gehört die Sache vor ein besonderes Gericht, eine Verwaltungsbehörde oder ein Verwaltungsgericht, so ist die Feststellung der Forderung in entsprechender Weise, also durch selbständige Klage oder, wenn bei der Concurseröffnung bereits ein Proceß über die Forderung anhängig war, durch Aufnahme desselben gegen den oder die Widersprecher, bei jener zuständigen Behörde nach Maßgabe des Landesrechtes zu betreiben.[24]

2. Liegt für die streitig gebliebene Forderung bereits ein

---

[22] Conc.O. §. 134 Abs. 2 Satz 2. Vgl. CP. §. 765 Abs. 1. Die Klage gehört immer vor eine Civilkammer des Landgerichtes. S. Mot. §. 134 in Abs. 4 a. E. (S. 365). Vgl. Hullm. §. 134 Bem. 4 Abs. 2, Sarwey §. 134 Bem. 5.

[23] Conc.O. §. 134 Abs. 3 vbd. CP. §§. 218, 227. Die früheren Anträge müssen natürlich nach Maßgabe des erstrebten Zweckes und der veränderten Sachlage abgeändert und auf Feststellung der Forderung so, wie sie in dem Prüfungstermin geltend gemacht worden ist, beschränkt werden. Dagegen können sie andererseits auf Feststellung des für die Forderung beanspruchten Vorrechtes erweitert werden. S. Mot. §. 134 in Abs. 5 u. 6 (S. 365 fg.), Prot. S. 173. Vgl. Stiegl. §. 134 Bem. III.

[24] Conc.O. §. 134 Abs. 5 vbd. Mot. §. 134 in Abs. 7 (S. 366), §. 10 a. E. (S. 49). Ist aber ein für eine solche Forderung beanspruchtes Vorrecht streitig geblieben, so muß, wenn sich darauf die Zuständigkeit des besonderen Gerichtes u. s. w. nicht erstreckt, die Feststellung dieses Vorrechtes durch Klage bei dem nach Conc.O. §. 134 Abs. 2 zuständigen ordentlichen Gerichte betrieben werden. Vgl. Pet. §§. 134—136 Bem. I. 1. d. a. E., Sarwey §. 134 Bem. 8, Stiegl. §. 134 Bem. V. 4.

mit der Vollstreckungsclausel versehener vollstreckbarer Schuldtitel,[25] ein Vollstreckungsbefehl[26] oder ein, wenn auch noch nicht vollstreckbares, Endurtheil[27] vor, so muß umgekehrt, um die Theilnahme der Forderung an den Vertheilungen auszuschließen, der Widersprecher seinerseits seinen Widerspruch gegen den anmeldenden Gläubiger verfolgen.[28] Und zwar durch Gebrauch der Mittel, welche ihm zu diesem Zwecke nach den Vorschriften der Civilproceßordnung oder der Concursordnung oder nach anderen maßgebenden Rechtssätzen der Lage der Sache gemäß zu Gebote stehen,[29] und bei dem zufolge jener Vorschriften zuständigen ordentlichen Gerichte oder der nach dem Landesrechte zuständigen sonstigen Be-

---

[25] S. CP. §§. 644, 702 Nr. 1, 2, 3, 5, 706, 660, 868; vbd. §§. 662, 663, 703, 705 Abs. 1, 2.

[26] S. CP. §. 702 Nr. 4 vbd. §§. 640, 704.

[27] S. CP. §§. 272—274, 502 Abs. 3, 562 Abs. 3; vbd. §. 644.

[28] Conc.O. §. 134 Abs. 6 vbd. §§. 140, 155 Nr. 1. Vgl. Mot. §§. 137—142 in Abs. 7 (S. 375), §§. 154—156 Nr. 1 (S. 387). Ein Auszug aus der Tabelle wird in diesen Fällen von Amtswegen nicht ertheilt. Vgl. Stiegl. §. 134 Note b. u. m.

[29] Als z. B. Aufnahme des Processes zur Fortsetzung desselben (CP. §§. 503, 563) oder zur Einlegung von Einspruch, Berufung, Revision oder Beschwerde (CP. §§. 303, 640; 472; 507; 530, 531); Nichtigkeits- oder Restitutionsklage (CP. §§. 542, 543); Anfechtungsklage nach Conc.O. §§. 22 ff., welche jedoch nach Conc.O. §. 29 nur von dem Concursverwaltererhobenwerden kann, u. s. w. S. Mot. §. 134 in Abs. 8 (S. 366 fg.), Prot. S. 93. — Uebrigens thut der Widersprecher schon genug, wenn er die Voraussetzungen von Conc.O. §. 134 Abs. 6 beseitigt, wie z. B. durch Erhebung gegründeter Einwendungen gegen die Zulässigkeit der für eine gerichtliche oder notarielle Urkunde ertheilten Vollstreckungsclausel (vgl. CP. §. 668). Der anmeldende Gläubiger muß dann wieder, um die Berücksichtigung der Forderung bei den Vertheilungen zu erlangen, die Feststellung derselben nach Conc.O. §. 134 Abs. 1 u. 2 betreiben. Vgl. Pet. §§. 134—136 Bem. I, 4 Abs. 3.

hörde (besonderes Gericht, Verwaltungsbehörde, Verwaltungsgericht).[30]

Ist ein bestimmter Widerspruch von Mehreren gemeinsam erhoben, so kann ihn jeder Widersprecher für sich allein verfolgen.[31] Weil aber die einem Widersprecher gegenüber ergehende Entscheidung allen gegenüber wirkt,[32] so darf sich jeder andere Widersprecher dem betreibenden als Streitgenosse anschließen, und überdies ist der anmeldende Gläubiger gehalten, diejenigen Widersprecher, welche weder die Verfolgung des Widerspruches betrieben, noch sich dem betreibenden angeschlossen haben, seinerseits zu der mündlichen Verhandlung zu laden, widrigenfalls er sich gegen einen nicht zu derselben geladenen auf die ihm günstige Entscheidung nicht berufen kann.[33]

[30] S. Mot. §. 134 in Abs. 8 a. E. (S. 367), Prot. S. 93.

[31] Folgt aus dem Wortlaute von Conc.O. §. 134 Abs. 6 („von dem Widersprechenden") und aus der Natur der Sache, da schon der Erfolg eines einzelnen Widersprechers zur Ausschließung der Forderung von der Theilnahme am Concurse genügt und folglich ein darauf gerichteter Antrag auch nur eines einzigen Widersprechers nichts Widersinniges hat. Vgl. CP. §. 753 Abs. 1.

[32] Folgt aus Conc.O. §. 135; denn, da nicht ein und derselbe Widerspruch dem einen Widersprecher gegenüber begründet, dem anderen gegenüber unbegründet sein kann, um so minder, als jeder bei seinem Widerspruche gleichermaßen als Vertreter der Concursmasse erscheint (s. ob. Anm. 8), so wird durch das Urtheil, welches den Widerspruch auch nur Einem Widersprecher gegenüber als grundlos zurückweist, „die Forderung festgestellt". Vgl. CP. §. 753 Abs. 4.

[33] Entspr. CP. §. 753 Abs. 2, 3, 5; vbd. Conc.O. §. 65. Die Ansicht, wonach der anmeldende Gläubiger sich nach dem Belieben der Widersprecher mit jedem in einen besonderen Proceß einlassen müßte (Prot. S. 176 fg., Sarwey §. 134 Bem. 9 g. E., Stiegl. §. 134 Bem. IV. 2), verträgt sich nicht damit, daß jeder Widersprecher gleicherweise Vertreter der Concursmasse ist. Auch kann es doch unmöglich im Sinne des Gesetzes liegen, daß z. B. gegenüber einem End-

Soweit in einem Feststellungsprocesse (Nr. 1) oder in einem Widerspruchsprocesse (Nr. 2) durch Urtheil rechtskräftig entweder die Forderung festgestellt oder umgekehrt ein Widerspruch für begründet erklärt ist, wirkt diese Entscheidung, weil jeder Widersprecher in einem solchen Processe als Vertreter der Concursmasse erscheint, gegenüber allen Concursgläubigern, auch wenn sie ihre Forderungen noch nicht angemeldet oder ihrerseits keinen Widerspruch gegen die Forderung erhoben haben.[34]

Ueber die Kosten jedes Feststellungs- oder Widerspruchsprocesses wird nach Maßgabe der allgemeinen Grundsätze entschieden.[35] Die Kosten, welche dem Concursverwalter erwachsen oder auferlegt sind, sind Masseschulden,[36] diejenigen, welche den einzelnen widersprechenden Concursgläubigern erwachsen oder auferlegt sind, fallen ihnen persönlich zur Last. War jedoch der Proceß nur von widersprechenden Concursgläubigern und nicht auch von dem Concursverwalter geführt, so können jene, soweit durch das erstrittene Urtheil der Concursmasse ein Vortheil erwachsen ist, den Ersatz der von ihnen aufgewendeten Proceßkosten aus derselben verlangen, natür-

---

urtheil, worauf sich der anmeldende Gläubiger beruft, nach Verwerfung der zuerst bloß von einem der mehreren Widersprecher eingelegten Berufung nunmehr ein zweiter mittels selbständiger Aufnahme des Processes und dadurch für sich herbeigeführter neuer Eröffnung der Berufungsfrist (s. CP. §§. 218, 226) nochmals Berufung gegen das Urtheil sollte einlegen können, dann vielleicht noch ein dritter, vierter u. s. w.

[34] Conc.O. §. 135 Satz 1 vbd. Mot. §. 135 (S. 368), Prot. S. 175 ff. Vgl. Conc.O. §. 133 Abs. 2. Berichtigung der Tabelle: Conc.O. §. 134 Abs. 7. Vgl. unt. §. 38. VI. g. E.

[35] CP. §§. 87 ff.

[36] Conc.O. §. 52 Nr. 1. S. auch unt. §. 14. II. B. 1 vgl. II. A. 2 und Anm. 4.

lich unbeschadet der etwaigen Erstattungspflicht des besiegten Proceßgegners.[37]

Der Werth des Streitgegenstandes ist in jedem Feststellungs- oder Widerspruchsprocesse, mag sich dieser um die Richtigkeit oder bloß um das Vorrecht einer angemeldeten Forderung drehen, mit maßgebender Wirkung nicht nur für die sachliche Zuständigkeit des Gerichtes, sondern auch für die Höhe der Gerichts- und Anwaltsgebüren von dem Proceßgerichte mit Rücksicht auf das nach freiem Ermessen abzuschätzende Verhältniß der Theilungsmasse zu der Schuldenmasse festzusetzen.[38]

III. Auch der Gemeinschuldner kann eine angemeldete Forderung im Prüfungstermin bestreiten. Dies hindert zwar ihre Feststellung für das Concursverfahren nicht, ebensowenig als umgekehrt seine Anerkennung der Forderung ihre Theilnahme an der Befriedigung aus der Concursmasse bewirkt.[39]

---

[37] Conc.O. §. 135 Satz 2 vbd. Mot. §. 135 (S. 368). Vgl. Conc.O. §. 52 Nr. 3. Auch diese Sätze erklären sich einfach aus der Auffassung der widersprechenden Concursgläubiger als auftragloser Geschäftsführer für die Masse, welche jedoch das fremde Geschäft nur aus Rücksicht auf ihr eigenes Interesse besorgen und daher gegen den Geschäftsherrn Ansprüche auf Schadloshaltung nur haben, soweit dieser durch die Geschäftsführung einen Vortheil erlangt hat. Vgl. L. 3 C. de neg. gest. 2, 19, L. 5 §. 5 (6 §. 3), L. 48 (49) D. eod. 3, 5. S. auch unt. §. 17 Anm. 3.

[38] Conc.O. §. 136 vbd. Mot. §. 136 (S. 368). Handelt es sich z. B. um eine ihrem ganzen Betrage nach bestrittene Forderung von 1000 Mark, so ist, wenn im Concurse eine Befriedigung der Concursforderungen zu 30 % zu erwarten steht, der Werth des Streitgegenstandes auf 300 Mark festzusetzen. S. Prot. S. 95 fg. — Für die sachliche Zuständigkeit läßt sich jedoch die Vorschrift auf den Fall, wenn die Feststellung oder der Widerspruch durch Aufnahme eines anhängigen Rechtsstreites zu verfolgen ist, wegen CP. §. 235 Nr. 2 nicht anwenden. Vgl. noch Stiegl. §. 136.

[39] S. Conc.O. §. 132 Abs. 1

Es ist aber von Bedeutung für die Zeit nach der Beendigung des Concursverfahrens. Ist nämlich eine Forderung im Prüfungstermin vom Gemeinschuldner nicht ausdrücklich bestritten worden, so steht ihre Feststellung für das Concursverfahren, sei es durch Nichtbestreitung von Seite des Concursverwalters und der Concursgläubiger, sei es durch rechtskräftiges Urtheil im Feststellungs- oder Widerspruchsprocesse, nach der Beendigung des Concursverfahrens auch jenem gegenüber einem rechtskräftigen Urtheil gleich,[40] und zwar in der Weise, daß die Eintragung der Forderung als einer festgestellten in die Tabelle einen vollstreckbaren Schuldtitel gegen ihn bildet.[41] Hat dagegen laut der Tabelle der

---

vgl. Abs. 2, §. 152 Abs. 2 vbd. Mot. §§. 129—131 in Abs. 4 (S. 362); ferner Conc.O. §. 6 Abs. 1 vbd. Prot. S. 10. S. noch Mot. §. 152 Nr. 2 Abs. 5 (S. 385).

[40] Vgl. Sarwey §. 152 Bem. 10, Pet. §§. 149—152 Bem. IV. 3 a. E., Stiegl. §. 152 Bem. II. 1. A. M. Hullm. §. 152 Bem. 3.

[41] Conc.O. §§. 152 Abs. 2, 192 Abs. 2; vgl. §. 179. Vbd. Mot. §. 152 Nr. 2 Abs. 4 u. 6 (S. 384 fg.), §§. 129—131 in Abs. 4 (S. 362). Auf Grund einer von dem Gerichtsschreiber des Concursgerichtes mit der Vollstreckungsclausel versehenen Ausfertigung dieser Eintragung kann daher ohne Weiteres die Zwangsvollstreckung stattfinden. S. CP. §§. 662, 663. Preußisches Formular s. Vierhaus Nr. 139 vbd. Anm. 2 (S. 104). Auch die übrigen das Vollstreckungsverfahren betreffenden Vorschriften in CP. §§. 662—701 kommen zu entsprechender Anwendung: Conc.O. §. 152 Abs. 2. Für Klagen auf Ertheilung der Vollstreckungsclausel (CP. §. 667), sowie für Klagen zur Geltendmachung von Einwendungen, welche die Forderung selbst betreffen (CP. §. 686), oder zur Bestreitung, sei es des bei der Ertheilung der Vollstreckungsclausel als bewiesen angenommenen Eintrittes der Thatsache, von welcher die Vollstreckung aus der Eintragung in die Tabelle abhängt, sei es der als eingetretenen angenommenen Rechtsnachfolge (CP. §. 687), ist das Amtsgericht, bei welchem das Concursverfahren anhängig war, wenn aber der Streitgegenstand nicht zur sachlichen Zuständigkeit

Gemeinschuldner die Forderung im Prüfungstermin bestritten, so fällt diese Wirkung jener Eintragung weg, wenn nicht seine Bestreitung noch während des Concursverfahrens, sei es durch nachträgliche Anerkennung der Forderung, sei es durch rechtskräftig gegen ihn ergangenes Feststellungsurtheil, beseitigt worden ist. Zum Behufe dieser Beseitigung kann der Gläubiger alsbald gegen ihn auf Feststellung klagen oder, wenn schon zur Zeit der Concurseröffnung ein Rechtsstreit über die Forderung anhängig war, denselben zum Zwecke der Feststellung gegen ihn aufnehmen.[42] Nach dem Vermerke der erfolgten Beseitigung der Bestreitung in der Tabelle macht wiederum die Eintragung der Forderung in dieselbe als einer festgestellten nach der Beendigung des Concursverfahrens einen vollstreckbaren Schuldtitel gegen ihn aus.[43]

---

der Amtsgerichte gehört, das übergeordnete Landgericht ausschließlich zuständig: Conc.O. §. 152 Abs. 3. Vgl. noch Pet. §§. 149—152 Bem. IV. 3.

[42] Conc.O. §. 132 Abs. 2 vbd. Prot. S. 98 ff. S. auch ob. §. 9. I. 1 und §. 7. II. 3. Wird der Rechtsstreit zugleich nach Conc.O. §. 134 Abs. 3 gegen den widersprechenden Concursverwalter oder gegen einen widersprechenden Concursgläubiger aufgenommen, so ist CP. §. 58 entsprechend anzuwenden. — Der Gemeinschuldner ist zur Aufnahme des anhängigen Rechtsstreites nicht berechtigt. S. Prot. S. 99 fg.

[43] Wie nach nachträglicher Beseitigung des bei der Prüfung von dem Concursverwalter oder von einem Concursgläubiger gegen die Forderung erhobenen Widerspruches die entsprechend berichtigte Tabelle gemäß Conc.O. §. 133 Abs. 2 einem rechtskräftigen Urtheil gegenüber allen Concursgläubigern ganz ebenso gleich gilt, wie wenn der Widerspruch von vornherein gar nicht erhoben worden wäre (s. Conc.O. §. 132 Abs. 1 und Mot. §. 135): so muß folgerecht auch nach nachträglicher Beseitigung der Bestreitung des Gemeinschuldners die entsprechend berichtigte Tabelle gemäß Conc.O. §. 152 Abs. 2 als vollstreckbarer Schuldtitel gegen diesen ganz ebenso gelten, wie wenn er die Forderung von vornherein gar nicht

Wird in dem Feststellungsprocesse mit dem Gemeinschuldner die Forderung umgekehrt rechtskräftig als nicht begründet erklärt, so kann sie trotz der Feststellung für das Concursverfahren nach der Beendigung desselben nicht gegen jenen geltend gemacht werden, weil die Wirkung dieser Feststellung sich darauf beschränkt, der Forderung während der Dauer des Concursverfahrens die Theilnahme an demselben und an den Vertheilungen der Masse zu gewähren.[44]

Aus dem gleichen Grunde kann sich aber der Gemeinschuldner nach der Beendigung des Concursverfahrens nicht auf das rechtskräftige Urtheil berufen, welches den von dem

---

bestritten hätte. Hiemit wird zugleich die Anforderung des praktischen Bedürfnisses befriedigt, daß sich der Gläubiger schon während des Concursverfahrens für die Zeit nach der Beendigung desselben einen vollstreckbaren Schuldtitel müsse verschaffen können. Der zu diesem Ende in den Motiven und den Protokollen angegebene Ausweg einer Klage auf Verurtheilung zur Zahlung nach Aufhebung des Concursverfahrens ist in der That nicht gangbar, weil wegen Conc.O. §. 11 eine solche Klage als verfrüht zurückgewiesen werden müßte. S. ob. §. 9 Anm. 7. Wenn Sarwey §. 179 Bem. 1 Nr. 6 bemerkt, die Zurücknahme des Widerspruches von Seite des Schuldners eigne sich nicht zur Aufnahme in die Tabelle, so scheint mir im Gegentheil, daß, da doch die Bestreitung von Seite des Gemeinschuldners in die Tabelle eingetragen werden muß, schon um deswillen auch die Beseitigung dieser Bestreitung einzutragen sei.

[44] Vgl. ob. II. Diese Wirkung muß aber der Gemeinschuldner, wie überhaupt die Verfügungen des Concursverwalters über die Concursmasse, auch nach der Beendigung des Concursverfahrens anerkennen und kann daher das an den betreffenden Gläubiger aus der Concursmasse Gezahlte trotz des günstigen Urtheils, welches er selbst gegen diesen erlangt hat, nicht von ihm zurückfordern. Vgl. Stiegl. §. 152 Bem. II. Abs. 1 a. E., Völd. §. 152 Bem. b g. E. A. M. Sarwey §. 152 Bem. 10 Abs. 2, Pet. §§. 149—152 Bem. IV. 4 a. E.

Concursverwalter oder von einem Concursgläubiger gegen die Forderung erhobenen Widerspruch für begründet erklärt hat.[45]

III. Die Concursmasse.

1. Bestand derselben.

§. 13.

a. Im Allgemeinen.

Gemäß dem Zwecke des Concursverfahrens, den zur Zeit der Eröffnung desselben vorhandenen Gläubigern des Gemeinschuldners aus seinem damals vorhandenen Activvermögen die einem jeden gerechter Weise gebürende Befriedigung zu verschaffen,[1] besteht die Concursmasse im Allgemeinen aus dem gesammten zur Zeit der Concurseröffnung vorhandenen Vermögen des Gemeinschuldners, soweit es einer Zwangsvollstreckung unterliegt,[2] d. h. aus den sämmtlichen in jenem Zeitpunkte vorhandenen körperlichen wie unkörperlichen activen Bestandtheilen dieses Vermögens, in welche die Zwangsvollstreckung zur Beitreibung einer Geldleistung statthaft wäre.[3]

---

[45] Dieses kann schon deswegen nicht wohl zweifelhaft sein, weil der Widerspruch die Richtigkeit der Forderung ganz unberührt lassen und sich bloß darauf stützen kann, daß dieselbe, weil erst nach der Concurseröffnung entstanden, oder auch nach Conc.O. §. 56 keine Concursforderung sei. Vgl. auch Völd. §. 152 Bem. b, Sarwey §. 152 Bem. 10 Abs. 3 u. 4, Pet. §§. 149—152 Bem. IV. 4, Stiegl. §. 152 Bem. II. Abs. 1. A. M. Dernburg II. §. 115 Anm. 22.

[1] S. ob. §. 4. II. u. III.

[2] Conc.O. §. 1 Abs. 1.

[3] Mot. §. 1 in Abs. 1 (S. 18 fg.), §. 2 in Abs. 2 (S. 25). — Fremde Vermögensstücke, die sich zur Zeit der Concurseröffnung nur thatsächlich bei denjenigen des Gemeinschuldners befinden, gehören nicht zu der eigentlichen Concursmasse. S. darüber unt. §. 23 Anm. 4.

I. Die Concursmasse umfaßt also nicht allein die (beweglichen und unbeweglichen) Sachen, welche zur Zeit der Eröffnung des Concursverfahrens im Eigenthum des Gemeinschuldners stehen, sondern auch die dinglichen Rechte, welche ihm zu dieser Zeit an fremden Sachen zustehen, die Forderungen, welche ihm gehören, u. s. w.[4] Insbesondere fällt in die Concursmasse auch ein dem Gemeinschuldner zustehender Nießbrauch, und zwar so, daß zur Befriedigung der Concursgläubiger nicht bloß die Erträgnisse verwendet werden können, sondern auch der Nießbrauch selbst verkauft werden kann.[5] Der dem Gemeinschuldner an dem Vermögen seiner Ehefrau oder seiner Kinder zustehende gesetzliche Nießbrauch gehört jedoch, wenn und so lange er nach dem Landesrechte während des Concursverfahrens fortdauert, zur Concursmasse nur mit der doppelten Einschränkung, daß erstens zur Befriedigung der Concursgläubiger bloß die Erträgnisse verwendet werden dürfen, welche der Nießbrauch während der Dauer des Concursverfahrens abwirft,[6] und daß zweitens aus diesen Erträgnissen der Gemeinschuldner überdies, nö-

---

[4] Vgl. CP. §§. 712, 722, 730, 732, 746, 747, 754, 755. Ueber die Frage, inwiefern Forderungen aus beiderseits noch nicht erfüllten gegenseitigen Verträgen zur Concursmasse gehören, s. ob. §. 6. — Besonders ist zu bemerken, daß auch die nach Conc.O. §§. 23—25, 33 begründeten Anfechtungsansprüche als Activen des Gemeinschuldners Bestandtheile der Concursmasse sind. S. unt. §. 17 Anm. 1. Vgl. Wilm. 2. Aufl. §. 1 Bem. 2. IV. a. E.

[5] Folgt aus Conc.O. §. 1 Abs. 2. Vgl. Sarwey §. 1 Bem. 4 Nr. 5, Pet. §. 1 Bem. I. 3 a. E.

[6] Conc.O. §. 1 Abs. 2: „Der Nießbrauch, welcher dem Gemeinschuldner während der Dauer des Verfahrens — — zusteht, gehört zur Concursmasse". Bbd. Mot. §. 1 im vorl. u. letzten Abs. (S. 22 ff.). Vgl. Völd. §. 1. I. Bem. e, Pet. §. 1 Bem. IV. 2 Abs. 2, Wilm. 2. Aufl. §. 1 Bem. 3 Abs. 2. A. M. Sarwey §. 1 Bem. 5, Stiegl. §. 1 Bem. VI. 5.

thigenfalls mittels Klage gegen den Concursverwalter, die Gewährung der Mittel verlangen kann, welche zu seinem eigenen angemessenen Unterhalte sowie zur Erfüllung einer ihm obliegenden gesetzlichen Verpflichtung zum Unterhalte seiner Ehefrau oder zum Unterhalte und zur Erziehung seiner (ehelichen) Kinder erforderlich sind.[7]

II. Als Bestandtheile des zur Zeit der Concurseröffnung bereits vorhandenen Vermögens gehören zu der Concursmasse auch damals schon begründete, aber noch nicht fällige oder bedingte Forderungen des Gemeinschuldners.[8] Insbesondere damals schon begründete Ansprüche auf wiederkehrende Hebungen, sei es von bestimmtem oder von wechselndem Betrage, als Pensionen, Renten, Unterhaltsgelder, Gewinnantheile (Dividenden), selbst in Ansehung derjenigen Hebungen, welche erst nach der Concurseröffnung fällig werden,[9] jedoch

[7] Conc.O. §. 1 Abs. 2 vbd. Mot. a. a. O., Prot. S. 4 fg. Diese Bezüge, auf welche der Gemeinschuldner einen gesetzlichen klagbaren Anspruch hat, sind wohl zu unterscheiden von der Unterstützung, die ihm nach Conc.O. §§. 118 Abs. 1, 120 Abs. 1 aus der Masse bewilligt werden kann, erscheinen aber gleich dieser als Masseanspruch nach Conc.O. §. 51 Nr. 3. S. unt. §. 14 Anm. 14.

[8] Vgl. CP. §. 743 Abs. 1, Conc.O. §§. 58—60. S. auch ob. §. 8. III. u. V. Dies wird aus dem ob. §. 8 Anm. 23 angegebenen Grunde selbst in den Gebieten des gemeinen Rechtes auch für die Ansprüche aus bedingten Vermächtnissen anerkannt werden müssen, wenn nur der Belastete die Erbschaft vor der Concurseröffnung erworben hat, obwohl solche Vermächtnisse nach gemeinem Rechte erst mit dem Eintritte der Bedingung anfallen. A. M. Sarwey §. 1 Bem. 4 Nr. 3, Stiegl. §. 1 Bem. V. 5 im vorl. Abs. Bedingte Ansprüche jeder Art schließt von der Concursmasse aus Völd. §. 1. I. Bem. g. B. 2 (S. 66 ff.).

[9] Vgl. Conc.O. §. 63, CP. §. 733. S. auch ob. §. 8. V. 4. Ausnahmen: CP. §. 749 vbd. Conc.O. §. 1 Abs. 1. S. noch Sarwey §. 1 Bem. 4 Nr. 4 Abs. 4 ff., Pet. §. 1 Bem. III. 2

mit Ausnahme solcher Bezüge, welche als Vergütung erst nach der Concurseröffnung zu leistender Dienste des Gemeinschuldners erscheinen.[10] Ferner gehört als Vermögensbestandtheil zur Concursmasse jede zur Zeit der Concurseröffnung bestehende Anwartschaft auf ein Vermögensstück, dessen Erwerb bereits so weit begründet ist, daß es dazu keiner Erwerbhandlung des Gemeinschuldners mehr bedarf, sollte er auch noch von dem vorerst ungewissen künftigen Eintritte oder Nichteintritte eines bestimmten Ereignisses abhängen. So z. B. die Anwartschaft auf den Erwerb des mit einer Befristung oder unter einer Bedingung übertragenen Eigenthums einer Sache, auf den Erwerb des Eigenthums durch Vollendung einer begonnenen Ersitzung u. dgl. m.[11]

III. Wenn sich der Gemeinschuldner zur Zeit der Concurseröffnung mit einem oder mehreren Anderen in einem Miteigenthum oder einer sonstigen, sei es durch ein Gesell-

---

[10] S. ob. §. 6. III. a. E. Hierher gehören auch der Gehalt und die sonstigen Dienstbezüge sowohl der öffentlichen Beamten als der Privatbediensteten für die Zeit nach der Concurseröffnung, da das Reichsrecht, wie das BeschlagnahmeG. vom 21. Juni 1869 §. 4 Nr. 1 u. 4 vbd. §. 1 beweist, auch diese Bezüge als „Vergütung für Arbeiten oder Dienste“ betrachtet. Ebenso Sarwey §. 1 Bem. 4 Nr. 4, Pet. §. 1 Bem. III. 2 Abs. 3. A. M. Hullm. §. 1 Bem. 8 wegen CP. §§. 733, 734, welche jedoch nicht entscheiden, weil die Zwangsvollstreckung nicht, wie das Concursverfahren, an das bereits erworbene Vermögen gebunden ist. Wenigstens in Betreff des Gehaltes der öffentlichen Beamten sind anderer Meinung Völd. §. 1. I. Bem. g. B. 5, Stiegl. §. 1 Bem. V. 5, weil der Beamte seinen Gehalt als eine mit seinem Stande verbundene Rente, nicht als Vergeltung seiner Dienste beziehe. S. dagegen Wilm. 2. Aufl. Bem. 2. IV. Abs. 3 u. 4 (S. 58 fg.).

[11] Daß eine solche Anwartschaft schon einen Vermögensbestandtheil bildet, erhellt daraus, daß sie auch auf die Erben übergeht. Vgl. auch Mot. §§. 8 u. 9 in Abs. 11 a. E. (S. 43 a. E.).

schaftsverhältniß herbeigeführten, sei es ohne ein solches bestehenden, Gemeinschaft, wie z. B. Erbschaftsgemeinschaft, ehelichen Gütergemeinschaft u. dgl., befindet, so gehört zur Concursmasse nur sein Antheil an dem gemeinsamen Vermögen. Die Ermittelung dieses Antheils durch Theilung oder sonstige Auseinandersetzung geschieht außerhalb des Concursverfahrens; jedoch wird dabei der Gemeinschuldner, wie sonst bei der Verwaltung der Concursmasse, von dem Concursverwalter vertreten.[12]

IV. Zur Concursmasse gehört endlich alles, was im Verlaufe und in Folge der Entwickelung, welcher sie während des Concursverfahrens unterliegt, zu den ursprünglichen Bestandtheilen hinzutritt oder an die Stelle derselben tritt.[13] Insbesondere alle Früchte und sonstigen Erträgnisse oder andere Vortheile[14] zur Concursmasse gehöriger Sachen, die Ansprüche auf Pacht- und Miethzinsen sowie auf Capitalzinsen für die Zeit nach der Concurseröffnung,[15] jede Leistung zur Erfüllung einer zur Masse gehörigen Forderung, jedes in Verwirklichung einer Anwartschaft auf seinen Erwerb (s. ob. II.) erworbene Vermögensstück, eine Schadenersatzforderung, welche durch Entwendung oder Beschädigung einer zur Concursmasse gehörigen Sache entsteht, endlich das durch

---

12 Conc.O. §. 14 vbd. Mot. §. 14 (S. 61). Ueber das Absonderungsrecht der übrigen Theilhaber an dem ermittelten Antheil s. Conc.O. §. 44. Vgl. unt. §. 19 Nr. 5.

13 Vgl. ob. §. 4. III. u. V. Nicht minder gehören zu der Concursmasse als passive Bestandtheile die Schulden, welche in Folge der Entwickelung der Concursmasse entstehen. S. darüber unt. §. 14.

14 Z. B. der in einem Grundstücke gefundene Schatz, soweit er dem Eigenthümer als solchem zufällt, der auf ein Lotterieloos oder Prämienloos treffende Gewinn.

15 S. RGer. 4. Mai 1880 (Entsch. I. S. 348). Vgl. ob. §. 8. III. u. Anm. 15.

den Verkauf einer solchen Sache erlöste Geld und überhaupt jeder Erwerb aus Rechtsgeschäften, welche von dem Concursverwalter oder von einem Anderen für die Concursmasse in berechtigter Vertretung derselben abgeschlossen werden.[16]

V. Dagegen sind von der Concursmasse ausgeschlossen:

1. Rechte des Gemeinschuldners, welche nicht als Vermögensbestandtheile angesehen werden können, wie z. B. die väterliche und eheherrliche Gewalt nach ihrer persönlichen Seite, Ansprüche auf persönliche Verpflegung, ärztliche Behandlung, Unterrichtsertheilung u. dgl.[17] Rechte, welche nur in bedingter Weise zum Vermögen gehören, gehören auch nur in gleich bedingter Weise zur Concursmasse.[18]

2. Vermögensstücke des Gemeinschuldners, welche weder selbst in Geld umgesetzt werden können, noch auch in Geld umsetzbare Nutzungen gewähren, wie z. B. ein rein persönliches, nicht einmal der Ausübung nach übertragbares Ge-

---

[16] Jeder Erwerb „ex causa massae", um im Anschlusse an den Sprachgebrauch der Römer zu reden. Vgl. mein Buch über das castrense peculium S. 83 ff. Hierher gehören z. B. auch für die Masse erstandene Grundstücke: Conc.O. §. 122 Nr. 2. S. noch Conc.O. §§. 7, 15, 48 Nr. 1, 107, 116, 117 Abs. 1, 118 Abs. 2, 120 Abs. 1, 121, 122, 125. Vgl. Sarwey §. 48 Bem. 4 und Vorbem. zu Buch I. Tit. 7. Auch ein unentgeltlicher Erwerb durch Geschenk oder Vermächtniß zu Gunsten der Masse (d. h. juristisch an den Gemeinschuldner mit der Bestimmung des Fallens in die Masse) ist wohl trotz Conc.O. §. 1 Abs. 1 für möglich zu halten.

[17] S. Mot. Vorbem. z. Buch I. Tit. 2 in Abs. 6 (S. 64). Vgl. ob. §. 5. I.

[18] Von dieser Art ist namentlich das Recht der Vervielfältigung eines von dem Gemeinschuldner oder seinem Erblasser herrührenden Schrift- oder Bildwerkes. Es erscheint als Vermögensbestandtheil, wenn der Gemeinschuldner es als solchen behandeln will (vgl. Urheberrechts G. v. 11. Juni 1870 §§. 1, 3, v. 9. Jan. 1876 §§. 1, 2 u. a.), und es gehört daher, wie mir scheint, zur Concursmasse, auch wenn sich jener erst während

brauchs- oder Wohnungsrecht.[19] Wenn unveräußerliche Vermögensstücke, wie Lehen, Stammgüter, Familienfideicommißgüter, in Geld umsetzbare Erträgnisse gewähren, so fließen wenigstens diese zur Concursmasse.[20]

3. diejenigen Vermögensstücke des Gemeinschuldners, welche durch besondere Rechtsvorschrift, d. h. in Ansehung des beweglichen Vermögens durch CP. §§. 715, 749,[21] in Ansehung des unbeweglichen durch das Landesrecht,[22] der Zwangsvollstreckung zur Beitreibung einer Geldleistung entzogen sind.[23] Jedoch fallen als Ausnahme von dieser Regel

des Concursverfahrens für die Vervielfältigung entscheidet. Dieses dürfte auch schon aus §. 5. a. Abs. 2 des UrheberrechtsG. v. 11. Juni 1870 zu folgern sein, da jedenfalls das Manuscript als solches zur Concursmasse gehört. Aehnlich Völd. §. 1. I. Bem. c. A. ad 2 (S. 51 ff.), Pet. §. 1 Bem. I. 2, Wengler §. 1 Note 3 (S. 56). A. M. Stiegl. §. 1 Bem. II. 2 Abs. 2. — Auch der Anspruch auf eine noch nicht zuerkannte Buße wird im Hinblicke auf StP. §. 444 hierherzurechnen sein.

[19] Vgl. ob. §. 5. I.

[20] Uebrigens sind in Ansehung der Lehen, Stammgüter und Familienfideicommisse die landesrechtlichen Vorschriften maßgebend: EG. §. 5 Nr. 1, Conc.O. §. 45.

[21] S. R.CP. §. 87. I., §. 89. VIII. Zu CP. §. 749 Nr. 1 vbd. BeschlagnahmeG. vom 21. Juni 1869 §. 4 Nr. 2, 3 und §. 749 Abs. 4 vgl. Hullm. §. 1 Bem. 4, Stiegl. §. 1 Bem. IV. C. 3, Wilm. 2. Aufl. §. 1 Bem. 2. II. c. Nr. 10 Abs. 3 (S. 55). A. M. Pet. §. 1 Bem. II. 2 a. E.

[22] Vgl. CP. §. 757 Abs. 1, 2.

[23] Conc.O. §. 1 Abs. 1. Vgl. ob. §. 4 Anm. 10. Wenn der Concursverwalter dergleichen Vermögensstücke trotzdem thatsächlich zur Concursmasse zöge, so könnte sich der Gemeinschuldner wegen Pflichtwidrigkeit bei dem Concursgerichte beschweren (s. Conc.O. §. 75). Im Fall eines Streites zwischen ihm und dem Verwalter über die Zugehörigkeit des Gegenstandes zur Concursmasse muß er aber auch gerichtliche Entscheidung entspr. CP. §§. 684, 685 (s. Conc.O. §. 65) verlangen oder nach CP. §. 231 gegen den Verwalter auf Feststellung klagen können. Vgl.

die durch CP. §. 715 Nr. 5, 8 und durch PostG. v. 28. Oktober 1871 §. 20 der Zwangsvollstreckung entzogenen Gegenstände gleichwohl in die Concursmasse.[24]

4. Endlich scheiden aus der Concursmasse diejenigen Vermögensstücke aus, welche der Concursverwalter kraft ausdrücklicher oder stillschweigender Erklärung nicht zu derselben ziehen will, wie z. B. wesentlich werthlose Sachen, Briefe, Stammbücher, Manuscripte, zweifelhafte Ansprüche u. dgl. m. Solche Vermögensstücke erscheinen gleich den unter Nr. 2 und 3 genannten als Bestandtheile des freien Vermögens des Gemeinschuldners.[25]

VI. Schon grundsätzlich gehört nicht zu der Concurs-

---

ob. §. 4. IV. a. E. und unt. §. 24. IV. S. auch Stiegl. §. 1 Bem. IV. E, Wilm. 2. Aufl. §. 1 Bem. 2. V. a. E.

[24] Conc.O. §. 1 Abs. 3 vbd. Prot. S. 7 fg., 148. Auch die im HGB. Art. 446 Abs. 1 festgesetzte Beschränkung ist hier nicht anwendbar, oder doch höchstens in dem Sinn anwendbar, daß der Concursverwalter ein segelfertiges Schiff an der Ausführung der anzutretenden Reise nicht verhindern kann.

[25] S. Conc.O. §. 8 Abs. 2 vbd. Mot. §§. 8 u. 9 a. E. (S. 46), Conc.O. §. 122 Nr. 2 („wenn Erbschaften oder Vermächtnisse für die Masse aufgegeben — — werden sollen"), Prot. S. 11. Vgl. Sarwey §. 1 Bem. 2, §. 8 Bem. 6 Nr. 2, Stiegl. §. 5 Bem. VI. Note i (S. 42), §. 6 Bem. V. 1 a. E., Wilm. 2. Aufl. §. 1 Bem. 2. II. e, §. 5 Bem. 2 Abs. 3 und ob. §. 7. II. 1. Solche Freigebungen stehen an sich im Ermessen des Concursverwalters; jedoch wird er, um sich nicht verantwortlich zu machen, die bindende Erklärung in der Regel bis zur Beendigung des Concursverfahrens verschieben und der Gläubigerversammlung im Schlußtermin die Entscheidung überlassen. S. Conc.O. §. 150 Abs. 1. Auch muß er unter Umständen die Genehmigung des Gläubigerausschusses, wenn ein solcher bestellt ist, oder der Gläubigerversammlung einholen. S. Conc.O. §. 121 Nr. 2 vbd. §. 8 Abs. 2; §. 122 Nr. 2. Vgl. aber Conc.O. §. 124. S. auch Stiegl. §. 150 Bem. IV. 2, Wilm. 2. Aufl. a. d. a. OO.

masse dasjenige Vermögen, welches der Gemeinschuldner erst nach der Concurseröffnung erwirbt.[26] Dieses, wie alles andere nicht zu der Concursmasse gehörige Vermögen des Gemeinschuldners, kann aber während der Dauer des Concursverfahrens von den Concursgläubigern überhaupt nicht angegriffen werden, sondern nur von den übrigen Gläubigern des Gemeinschuldners, namentlich von denjenigen, deren Forderungen erst nach der Concurseröffnung begründet worden sind.[27]

Insbesondere fallen demnach nicht in die Concursmasse Erbschaften, welche dem Gemeinschuldner erst nach der Concurseröffnung eröffnet werden, und Vermächtnisse, welche ihm erst nach derselben anfallen.[28] Wohl aber Vermächtnisse, welche ihm schon vor der Concurseröffnung angefallen sind, sollte er auch die Annahme noch nicht erklärt haben.[29] Ob

---

[26] S. Conc.O. §. 1 Abs. 1.

[27] Conc.O. §. 11 vbd. Mot. §. 1 in Abs. 8 u. 9 (S. 20 fg.), §. 11 im vorl. Abs. (S. 51 fg.). (Ausnahme: AnfechtungsG. v. 21. Juli 1879 §. 13 Abs. 5. S. unt. §. 16 Anm. 2.) Vgl. ob. §. 9. I. 1., §. 8. III. u. IV. Zu Gunsten dieser übrigen, namentlich der neuen Gläubiger kann über den neuen Erwerb sogar ein zweiter Concurs noch während der Dauer des ersten eröffnet werden. S. Mot. §. 1 in Abs. 9 a. E. (S. 21). Vgl. noch Pet. §. 1 Bem. III. 4.

[28] Vgl. Mot. §. 1 in Abs. 10 (S. 21).

[29] Dieses muß selbst für die Gebiete des gemeinen Rechtes gelten, obgleich vom römischen und gemeinen Rechte auch die Ablehnung eines angefallenen Vermächtnisses — und zwar namentlich auch den Gläubigern gegenüber (L. 6 §. 4 vgl. pr. — §. 3 D. quae in fraud. cred. 42, 8) — nicht als Verminderung sondern bloß als Nichtvermehrung des Vermögens aufgefaßt wird. Denn der Standpunkt des römischen Rechtes ist der, daß durch den Anfall (den Eintritt des dies cedens) das Vermächtniß ohne Weiteres dem Werthe nach erworben und somit zu einem Bestandtheil des Vermögens des Bedachten wird, falls nur dieser das Vermächtniß nicht zurückweist. Zu solcher

eine schon vor der Concurseröffnung eröffnete, aber noch nicht von ihm angetretene Erbschaft zu der Concursmasse gehöre, hängt davon ab, ob nach dem maßgebenden bürgerlichen Rechte die Erbschaft so, wie nach dem gemeinen Rechte von Seite eines der Gewalt des Erblassers unterworfenen Erben, nach dem preußischen und französischen Rechte von Seite eines jeden Erben, im Augenblicke ihrer Eröffnung ohne Weiteres auch erworben ist, falls sie nur nicht von dem Erben ausgeschlagen wird, oder ob sie so, wie nach dem gemeinen Rechte von Seite eines nicht der Gewalt des Erblassers unterworfenen Erben, erst durch eine besondere Erwerbhandlung, die Kundgebung des Willens der Annahme, erworben werden muß. Im ersten Fall fällt sie in die Concursmasse,[30] nicht aber im zweiten, und zwar selbst dann nicht, wenn der Gemeinschuldner freiwillig die Annahme erklärt. Vielmehr erscheint sie dann als ein neuer für die Concursgläubiger unangreifbarer Erwerb.[31]

Zurückweisung ist er aber nach der Concurseröffnung nicht mehr fähig: Conc.O. §. 5 vbd. §. 122 Nr. 2. S. auch L. 5 §. 8 D. de reb. eor. qui sub tut. 27, 9. A. M. Hullm. §. 1 Bem. 9. I. Abs. 3, Stiegl. §. 1 Bem. V. 6 a. E., Wilm. 2. Aufl. §. 1 Bem. 2. IV. Abs. 5 (S. 59). Wegen der bedingten Vermächtnisse s. ob. Anm. 8.

[30] S. Conc.O. §. 122 Nr. 2. Vgl. Mot. §. 1 in Abs. 9 (S. 21 fg.) und vorige Anm. A. M. Hullm. §. 1 Bem. 9. I., Böld. §. 1 Note 70 (S. 73), Stiegl. §. 1 Bem. V. 6.

[31] Vgl. Mot. a. a. O., Sarwey §. 1 Bem. 4 Nr. 3, Böld. §. 1. I. Bem. g. B. 6 (S. 71 ff.), Stiegl. §. 1 Bem. V. 6. A. M. Hullm. §. 1 Bem. 9. I., Wilm. 2. Aufl. §. 1 Bem. 2. IV. Abs. 5 u. 6 (S. 59), Pet. §. 1 Bem. III. 3, der letztere aus dem doppelten Grunde, weil nach dem neuesten römischen Rechte seit der Ausbildung der Grundsätze über die Transmission der Erbschaft der Erwerb der Erbschaft schon im Augenblicke der Delation erfolge, falls nur der Erbe, wenn auch erst später, seinen Willen des Erwerbes erkläre, und weil der Erbschaftserwerb immer auf den Zeitpunkt des Todes des Erb-

§. 14.

b. Masseansprüche.

I. Masseansprüche sind Ansprüche an die Concursmasse, welche daraus vor der Befriedigung der Concursgläubiger berichtigt werden müssen, so daß die entsprechenden Verbindlichkeiten als passive Bestandtheile der Masse gleich als eines von den Concursforderungen gesonderten Vermögens erscheinen.[1] Da aber die Concursmasse Vermögen des Gemeinschuldners ist, so sind auch diese Verbindlichkeiten rechtlich Verbindlichkeiten des Gemeinschuldners, und die Massegläubiger können sich daher, soweit sie aus der Concursmasse keine Befriedigung erlangt haben, nach der Beendigung des Concursverfahrens an den Gemeinschuldner halten.[2]

II. Masseansprüche können schon bei der Eröffnung des

---

lassers zurückbezogen werde. Allein der letzte, wenngleich sehr verbreitete, Satz ist nicht haltbar oder kann doch wenigstens nicht zu praktischen Folgerungen verwerthet werden. Vgl. Windscheid §. 531 a. E. Eben so wenig aber läßt sich der erste mit den Entscheidungen des römischen Rechtes vereinigen. S. namentlich §. 1 Inst. de hered. inst. 2, 14, L. 62 §. 1, L. 64 D. de adquir. vel omitt. her. 29, 2. Aus den Grundsätzen über die Transmission kann er schon deswegen nicht abgeleitet werden, weil diese durchaus nicht immer gerade den Erben des verstorbenen Delaten zu statten kommt.

[1] S. Conc.O. §. 50 vbd. §§. 121 Nr. 2, 159, 176. Vgl. Mot. Vorbem. z. Buch I. Tit. 7 (S. 239), GK. §. 52. S. auch ob. §. 4. V.

[2] S. Mot. Vorbem. z. Buch I. Tit. 7 (S. 240 a. A.), §§. 175—177 (S. 421), Prot. S. 11 a. E., 109. Vgl. unt. §. 25 Anm. 15. Während des Concursverfahrens können wegen der rechtlichen Sonderung des Concursvermögens von dem übrigen Vermögen des Gemeinschuldners die Massegläubiger ihre Ansprüche nicht gegen dieses verfolgen. Vgl. Sarwey §. 159 Bem. 6.

Concursverfahrens bestehen;[3] in der Regel aber entstehen sie erst während des Concursverfahrens und in Folge desselben. Sie zerfallen nach der Concursordnung in Massekosten und Masseschulden. Massekosten sind die durch das Concursverfahren verursachten Aufwendungen, welche den Betrag der Theilungsmasse vermindern. Masseschulden dagegen sind Verbindlichkeiten, welche vorweg aus der Masse berichtigt werden müssen, damit sich nicht der Betrag der Theilungsmasse auf Kosten Anderer in ungerechter Weise vermehre.[4]

[3] Hierher gehört der Anspruch an den Gemeinschuldner aus einem gegenseitigen, bei der Concurseröffnung beiderseits noch nicht vollständig erfüllten Vertrage, falls der Concursverwalter die Erfüllung verlangt. S. Conc.O. §. 52 Nr. 2 vbd. §. 15, §. 9 und Mot. §§. 8 u. 9 im vorl. Abs. (S. 45). Ferner gehören hierher die schon zur Zeit der Concurseröffnung erwachsenen Gebüren und Auslagen des Concursgerichtes (GK. §. 51 Nr. 5, §. 79), die zur Herbeiführung der Concurseröffnung aufgewendeten Kosten des Gläubigers, auf dessen Antrag dieselbe erfolgt ist, (s. unt. §. 35 Anm. 36) u. dgl. m. S. auch Conc.O. §. 1 Abs. 2.

[4] So ist nach den Motiven — Vorbem. z. Buch I. Tit. 7 (S. 239), §. 51 Nr. 2 g. E. (S. 243) und §. 53 in Abs. 5 (S. 248 fg.) — der Unterschied der Massekosten und der Masseschulden vom Gesetzgeber gedacht. Vgl. auch Conc.O. §§. 99, 100. Jedoch stellen sich die Begriffe von selbst etwas anders, je nachdem man das Schwergewicht vom Standpunkte der Masse aus mehr darauf legt, daß durch die Berichtigung eines Anspruches der Werth der Masse, oder umgekehrt vom Standpunkte des Massegläubigers aus mehr darauf, daß durch die Nichtberichtigung der Werth seines Vermögens vermindert wird. Es ist natürlich, gegenüber den Factoren des Concursverfahrens, dem Concursgerichte, den Mitgliedern eines Gläubigerausschusses und dem Concursverwalter, den Standpunkt der Masse, gegenüber Dritten denjenigen ihres eigenen Vermögens hervorzukehren. So erklärt sich, daß gewisse Aufwendungen, welche, wie z. B. den Betrag der Masse vermindernde Miethgelder, Arbeitslöhne, Proceßkosten u. dgl., vom Standpunkte der Masse als Massekosten erscheinen und gegenüber dem Concursverwalter, der sie vorschußweise aus eige-

A. Zu den Massekosten rechnet die Concursordnung zuvörderst diejenigen Kosten, welche im Interesse sämmtlicher Concursgläubiger aufgewendet werden müssen, um die gesetzmäßige Befriedigung derselben aus der in Geld umgesetzten Concursmasse herbeizuführen.[5] Dahin gehören:

---

nen Mitteln bestritten hat, bloß als Massekosten behandelt werden, — daß diese Aufwendungen, wenn sie noch an Dritte geschuldet sind, sich diesen gegenüber nach Conc.O. §. 52 Nr. 1, 2 zugleich als Masseschulden darstellen. S. Mot. §. 51 Nr. 2 a. E. (S. 243 a. E.), §. 50 a. E. (S. 242), Mot. z. Entw. des GK. §. 47 (S. 78). Vgl. Wilm. §. 51 Bem. 3 Abs. 2, Pet. §. 51 Bem. II. 2, §. 52 Bem. I. Die begriffliche Unterscheidung der Massekosten und der Masseschulden nach Maßgabe des angegebenen Merkmals ist demnach von praktischer Wichtigkeit (im Hinblicke auf Conc.O. §. 53) bloß dann, wenn es sich um Ansprüche des Concursverwalters oder der Mitglieder eines Gläubigerausschusses an die Masse handelt. Nach Fuchs S. 70 a. E., Sarwey §. 51 Bem. 3, §. 52 Bem. 1, Stiegl. §. 52 Bem. I. wäre jeder Anspruch eines Dritten aus einem der drei in Conc.O. §. 52 bezeichneten Rechtsgründe Masseschuld; dagegen fiele jeder Anspruch der Kasse des Concursgerichtes, der Mitglieder eines Gläubigerausschusses und des Concursverwalters unbedingt und unterschiedslos unter den Begriff der Massekosten, insbesondere auch der Anspruch des Verwalters auf Ersatz wegen vorschußweiser Bezahlung irgend einer Masseschuld (z. B. auch einer solchen aus Conc.O. §. 52 Nr. 3). Allein soweit diese Ansicht über das oben Gesagte hinausgeht, verträgt sie sich weder mit den Aeußerungen der Motive, noch mit dem Wortlaute des Gesetzes (da doch gewiß nicht die Berichtigung jeder Masseschuld, z. B. einer solchen aus Conc.O. §. 52 Nr. 3, als „Ausgabe für die Verwaltung, Verwerthung und Vertheilung der Masse" — Conc.O. §. 51 Nr. 2 — angesehen werden kann), noch endlich mit der Natur der Sache. S. unt. Anm. 20. — Noch anders unterscheidet Dernburg II. §. 117 Nr. 3. a u. b.

[5] S. Mot. §. 51 in Abs. 1 (S. 242). Nicht hierher gehören demnach diejenigen Kosten, welche durch das zur Beseitigung dieses Befriedigungsverfahrens vom Gemeinschuldner veranlaßte Zwangsvergleichsverfahren entstehen, sei es daß es zu einem Zwangsvergleiche kommt oder nicht. S. Conc.O. §. 51 Nr. 2

1. die gerichtlichen Kosten für das gemeinschaftliche Verfahren,[6] d. h. die in GK. §§. 51, 58 Abs. 1 festgesetzten Gebüren und die Auslagen[7] des Concursgerichtes, ferner die in GK. §. 57 festgesetzten Gebüren einer Beschwerdeinstanz nebst den entsprechenden Auslagen, soweit beides dem Concursverwalter zur Last fällt;[8]

2. die Ausgaben für die Verwaltung, Verwerthung und Vertheilung der Masse.[9] Namentlich die Gebüren und angemessenen Auslagen des Concursverwalters und der Mitglieder eines Gläubigerausschusses,[10] die gerichtlichen und außergerichtlichen Kosten der auf Betreiben des Concursverwalters erfolgten Zwangsverwaltung oder Zwangsversteigerung eines zur Concursmasse gehörigen Gegenstandes, soweit

---

(durch arg. a contrario) und Mot. §. 51 in Abs. 2 (S. 242). A. M. Völd. §. 51 Bem. a a. E., Dernburg II. §. 117 Nr. 3. a. E. dagegen Pet. §. 51 Bem. I. Anm. 1. (Ein innerer Grund für die Ausschließung dieser Kosten ist, da die Concursordnung auch den Zwangsvergleich als „ordnungsmäßigen Ausgang des Verfahrens" betrachtet — s. unt. §. 34 —, wenigstens für den Fall daß der Zwangsvergleich zu Stande kommt, allerdings schwer zu finden.) Eben so wenig gehören zu den Massekosten die besonderen Kosten, welche für die einzelnen Concursgläubiger durch ihre Theilnahme am Concursverfahren erwachsen. S. Conc.O. §. 56 Nr. 2 vgl. Mot. §. 51 in Abs. 2 (S. 242). Endlich auch nicht diejenigen besonderen Kosten, welche durch die Ausübung eines Absonderungsrechtes entstehen oder als Lasten des abgesonderten Vermögensstückes erscheinen, wie z. B. auf demselben lastende Abgaben, für dasselbe zu zahlende Miethzinsen oder Arbeitslöhne u. dgl. S. Mot. §. 50 in Abs. 2 u. 3 (S. 241 fg.).

6 Conc.O. §. 51 Nr. 1. Vgl. Mot. §. 51 Nr. 1 (S. 243).

7 GK. §§. 79, 80.

8 S. GK. §. 95 Abs. 1 und Mot. z. Entw. des GK. Vorbem. z. Abschnitt 6. II. (S. 101). Vgl. Pfafferoth, Das deutsche Gerichtskostenwesen §. 52 Anm. z. Abs. 1, §. 95 Anm. 3, Stiegl. §. 51 Bem. II.

9 Conc.O. §. 51 Nr. 2.

10 S. Conc.O. §§. 77, 83.

sie nicht aus dem Ertrage oder Erlöse des Gegenstandes gedeckt sind,[11] die gerichtlichen und außergerichtlichen Kosten der von dem Concursverwalter geführten Processe, soweit sie ihm zur Last fallen.[12] Ferner die eigentlichen Verwaltungskosten, als Arbeitslöhne, Miethzinsen, Versicherungsgelder u. dgl. Endlich die auf Grundstücken der Masse haftenden öffentlichen Abgaben und sonstigen Lasten, soweit sie auf die Zeit nach der Concurseröffnung treffen.[13]

Sodann aber zählt die Concursordnung zu den Massekosten auch noch die dem Gemeinschuldner und seiner Familie aus der Masse bewilligte Unterstützung als einen ebenfalls in Folge des Concursverfahrens entstehenden Aufwand.[14]

B. Als Masseschulden bezeichnet das Gesetzbuch:

---

[11] S. Conc.O. §§. 116, 117, GK. §. 55. Vgl. Mot. §. 50 a. E. (S. 242), Mot. z. Entw. des GK. Vorbem. z. Abschn. 6. II. (S. 101).

[12] S. Conc.O. §§. 8, 9, 134 vbd. §. 132 Abs. 1. Vgl. ob. §. 7. IV.

[13] S. Mot. §. 51 Nr. 2 (S. 243). Nach Völd. §. 51 Bem. b wären die Grundsteuern und ähnliche Lasten nicht Massekosten, sondern Masseschulden nach Conc.O. §. 52 Nr. 1. S. dagegen Pet. §. 51 Bem. II. 2 Anm. 2.

[14] Conc.O. §. 51 Nr. 3 vbd. §§. 118 Abs. 1, 120 Abs. 1. Vgl. Mot. §. 51 Nr. 3 (S. 244). Hierher gehört nach der Fassung, welche das Gesetz abweichend von dem Entwurfe erhalten hat, auch die dem Gemeinschuldner durch Conc.O. §. 1 Abs. 2 gesetzlich bewilligte Unterstützung, zumal da sie unter keinen der Gesichtspunkte in Conc.O. §. 52 paßt. A. M. Hullm. §. 52 Bem. 2, Sarwey §. 52 Bem. 5, Pet. §. 52 Bem. II. a. E., Stiegl. §. 1 Bem. VI. 1 a. E., §. 51 Bem. IV., §. 52 Bem. II., Dernburg II. §. 117 Anm. 24, Völd. §. 51 Bem. c. I. a. E., §. 52 Bem. e Anm. 26, welche den Anspruch aus Conc.O. §. 1 Abs. 2 für eine Masseschuld nach Conc.O. §. 52 Nr. 1 oder (Völd.) Nr. 3 halten. S. auch Wilm. 2. Aufl. §. 1 Bem. 3 im vorl. Abs. (S. 62). — Die Kosten der Beerdigung des Gemeinschuldners sind keine Massekosten: Mot. a. a. O. S. jedoch Völd. §. 51 Bem. c. II., Pet. §. 51 Bem. II. 3 a. E.

1. die Ansprüche, welche für Dritte aus Geschäften und Handlungen des Concursverwalters als gesetzlichen Vertreters der Concursmasse gegen diese entstehen, selbst wenn es sich dabei vom Standpunkte der Masse um Massekosten handelt.[15] Hierher gehören demnach an Dritte noch geschuldete Arbeitslöhne, Miethzinsen, Versicherungsgelder, noch nicht bezahlte Kosten einer von dem Concursverwalter betriebenen Zwangsversteigerung oder eines von ihm verlorenen Processes, noch unbezahlte Gebüren und Auslagen von ihm bestellter Anwälte u. dgl. m.[16] Ferner aber auch Forderungen aus Darlehen, welche der Verwalter für die Masse aufnimmt, Ansprüche aus Kaufverträgen, die er zur Verwerthung von Stücken der Masse abschließt, seien es Ansprüche auf Erfüllung oder auf Entschädigung wegen Entwehrung, u. dgl.[17]

2. die Ansprüche aus gegenseitigen, vom Gemeinschuldner vor der Concurseröffnung abgeschlossenen, zur Zeit derselben aber beiderseits noch nicht vollständig erfüllten Verträgen, falls der Concursverwalter die Erfüllung von Seite des anderen Theils verlangt;[18] ferner die Ansprüche aus denjenigen dauernden gegenseitigen Vertragsverhältnissen, wie namentlich Pacht-, Mieth- und Dienstverhältnissen, deren beiderseitige Erfüllung nach Rechtsvorschrift noch nach der

---

[15] Conc.O. §. 52 Nr. 1. Vgl. ob. Anm. 4. Daß hier trotz des allgemeineren Ausdruckes des Gesetzes nur an Ansprüche Dritter zu denken ist, und also z. B. nicht an Ansprüche, welche für den Concursverwalter selbst durch Auslagen für die Masse entstehen, ergibt sich aus der Vergleichung mit Conc.O. §. 51 Nr. 2 und §. 53. S. auch Völd. §. 52 Bem. b., Pet. §. 52 Bem. II. a. A.

[16] Vgl. ob. A. 2. S. auch Mot. §. 51 in Abs. 2 und Nr. 2 a. E. (S. 242, 243 a. E.).

[17] S. Mot. §. 52 Nr. 1 (S. 244 fg.). Vgl. Conc.O. §§. 118 Abs. 2, 120 Abs. 1, 121 Nr. 1, 2, 122 Nr. 1, 2.

[18] Conc.O. §. 52 Nr. 2 vbd. §. 15. Vgl. ob. §. 6. II., III. 2. a.

Concurseröffnung fortgesetzt werden muß, für die Zeit nach der Concurseröffnung.[19]

3. die Ansprüche aus rechtloser Bereicherung der Masse, d. h. die Ansprüche zur Verhütung einer ungerechten Werthvermehrung der Concursmasse als solcher auf Kosten eines fremden Vermögens. Aus rechtloser Bereicherung des Gemeinschuldners vor der Concurseröffnung entsteht nur eine Concursforderung.[20]

---

[19] Conc.O. §. 52 Nr. 2 vbd. §§. 17, 19, 20. Vgl. ob. §. 6. III. 2. b. u. 3. Hierher gehören auch Ansprüche aus solchen Gesellschafts- und Gemeinschaftsverhältnissen, welche durch den Concurs nicht aufgelöst werden. S. Mot. §. 52 Nr. 2 (S. 245 a. E.). Vgl. jedoch Sarwey §. 52 Bem. 4. — Der Anspruch des Pächters auf Rückgabe der dem Gemeinschuldner geleisteten Pachtcaution ist als schon vor der Concurseröffnung begründet Concursforderung. S. Sarwey §. 46 Bem. 2 Nr. 2. e. Der Anspruch des Verpächters auf Ersatz von Defecten am Pachtinventar ist Concursforderung, soweit die Defecte vor der Concurseröffnung entstanden sind (s. jedoch Conc.O. §. 41 Nr. 2), Masseanspruch, soweit sie nach derselben entstanden sind. S. Hullm. §. 52 Bem. 4 Abs. 2, Sarwey §. 52 Bem. 5.

[20] Conc.O. §. 52 Nr. 3 vbd. Mot. §. 52 Nr. 3 (S. 246). Gesetzliche Beispiele einer durch rechtlose Bereicherung der Masse begründeten Masseschuld s. Conc.O. §§. 6 Abs. 2, 31, 38. Hierher gehört namentlich die Pflicht zur Erstattung von Aufwendungen, die Jemand zum Vortheil der Masse oder sonst im gemeinsamen Interesse aller Concursgläubiger gemacht hat. S. Mot. a. a. O., §§. 96—101 in Abs. 9 a. E. (S. 331), §. 143 in Abs. 2 g. E. (S. 378 a. A.); vbd. Conc.O. §. 135, AnfechtungsG. v. 21. Juli 1879 §. 13 Abs. 1, GK. §. 82 Nr. 1 vbd. §. 87 Abs. 2 und Mot. z. Entw. des GK. §. 74 in Abs. 5 (S. 103 fg.). Insbesondere also auch die Pflicht der Erstattung einer zur Bezahlung einer Masseschuld gemachten Auslage. Als Ausnahme werden Auslagen des Concursverwalters oder der Mitglieder eines Gläubigerausschusses zur Bezahlung von Masseschulden, die vom Standpunkte der Masse als Massekosten erscheinen, auch jenen gegenüber nur als Massekosten behandelt. S. ob. Anm. 4. Dagegen muß eine Auslage des Concursverwalters, deren Nicht-

III. Die Massegläubiger stehen der Masse ganz ebenso gegenüber, wie die Gläubiger eines nicht in Concurs gerathenen Schuldners dem Vermögen desselben. Sie können daher ihre Befriedigung aus der Masse unabhängig vom Concursverfahren nach Maßgabe des bürgerlichen Rechtes verlangen. Auch kann jeder selbständig und ohne Rücksicht auf die anderen gegen den Concursverwalter klagen, Zwangsvollstreckung erwirken, Pfandrechte erlangen u. s. w. Endlich braucht ein Massegläubiger Dasjenige, was er zur Befriedigung oder Sicherung seines Anspruches erhalten hat, weder zurückzugewähren noch an andere Massegläubiger ganz oder theilweise zu erstatten, wenn sich nachträglich ergibt, daß die Masse zur Befriedigung aller Massegläubiger nicht ausreichend war.[21]

Sobald sich jedoch die Unzulänglichkeit der noch vorhandenen Masse zu vollständiger Befriedigung der sämmtlichen noch vorhandenen Massegläubiger herausgestellt hat, wird es auch hier zu einer Anforderung der Gerechtigkeit, diesen sämmtlichen Gläubigern aus dem Geldwerthe der noch vorhandenen Masse eine gemeinsame und gerechte Befriedigung nach angemessener gesetzlicher Ordnung zu verschaffen. Sie geschieht nach der Concursordnung in der Weise, daß die Masseschulden mit Vorzug vor den bloßen Massekosten, von diesen aber wieder zuerst die baaren Auslagen, sodann die übrigen Massekosten mit Ausnahme der dem Gemeinschuldner und seiner Familie bewilligten Unterstützung, zuletzt diese

berichtigung den Betrag der Theilungsmasse vermehren würde, der Natur der Sache wie dem Wortlaute des Gesetzes nach als Masseschuld behandelt werden, eben so gut, wie wenn sie von einem Dritten gemacht wäre.

[21] S. Mot. § 53 in Abs. 2 u. 6 (S. 247, 249 fg.).

Unterstützung berichtigt werden. Ansprüche gleichen Ranges sind nach Verhältniß der Beträge zu berichtigen.[22]

In welchem Zeitpunkte die gesetzliche Voraussetzung für den Eintritt dieser Rangordnung vorhanden sei, ist nach den Umständen (z. B. nach Erklärungen des Verwalters, nach dem Ausfall von Pfändungen u. dgl.) von dem Concursgerichte zu entscheiden.[23] Ein Massegläubiger, welcher nach dem festgestellten Zeitpunkte, sei es nach oder vor der Feststellung, eine der gesetzlichen Rangordnung widerstreitende Befriedigung erhalten hätte, könnte von den dadurch verkürzten Massegläubigern zur Herauszahlung des zuviel Empfangenen angehalten werden.[24]

Die Ausführung der Vertheilung nach Maßgabe der gesetzlichen Rangordnung liegt dem Concursverwalter ob.[25] Dabei werden die Vorschriften der Concursordnung über die Vertheilungen an die Concursgläubiger (§§. 137 ff.), soweit sie auf das Verhältniß passen, entsprechend anzuwenden sein.[26]

---

[22] Conc.O. §. 53 vbd. Mot. §. 53 in Abs. 5 u. 6 (S. 248 ff.).

[23] S. Mot. §. 53 in Abs. 4 u. 6 (S. 248, 249 fg.). Vgl. Wilm. §. 53 Bem. 2, Sarwey §. 53 Bem. 4, Pet. §. 53 Bem. 2 g. E. Gegen die Entscheidung ist sofortige Beschwerde statthaft: Conc.O. §. 66 Abs. 3.

[24] Mit einer condictio sine causa. S. Mot. §. 53 in Abs. 4 u. 6 a. E. (S. 248, 250). Vgl. Sarwey §. 53 Bem. 4 g. E. Nach Hullm. §. 53 Bem. 3 a. E., Völd. §. 53 Bem. a Anm. 1 stünde die Rückforderung des zuviel Gezahlten nur dem Concursverwalter zu.

[25] S. Conc.O. §§. 154, 176 Abs. 1.

[26] Vgl. Hullm. §. 53 Bem. 3, Wengler §. 53 Bem. 4, Stiegl. §. 53 Bem. III. a. E. A. M. Sarwey §. 53 Bem. 4 Abs. 2, Völd. §. 53 Bem. e, Pet. §. 53 Bem. 4.

c. Vermehrung der Concursmasse durch Anfechtung von Rechtshandlungen.*

§. 15.

aa. Allgemeine Voraussetzungen der Anfechtbarkeit.

Obwohl regelmäßig die Concursgläubiger auf Befriedigung im Concursverfahren nur nach Maßgabe des Vermögensstandes des Gemeinschuldners zur Zeit der Concurseröffnung Anspruch haben und Rechtshandlungen, wodurch dieser Vermögensstand vor der Concurseröffnung zum Nachtheil aller oder einzelner Concursgläubiger verändert worden ist, ihre Kraft behalten, so können ausnahmsweise unter gewissen Voraussetzungen die nachtheiligen Folgen solcher Rechtshandlungen mittels Anfechtung derselben wieder beseitigt werden, entweder weil Derjenige, gegen den dieses geschieht, sich den benachtheiligten Gläubigern gegenüber einer Unredlichkeit schuldig gemacht hat, oder weil er aus dem Vermögen des Gemeinschuldners unentgeltlich erworben hat und daher gerechterweise den Gläubigern, für welche es sich um die Verhütung einer Einbuße handelt, weichen muß.[1] Dieses

* V. Otto, Die Anfechtung von Rechtshandlungen, welche ein Schuldner, zu dessen Vermögen Konkurs nicht eröffnet ist, zum Nachtheile seiner Gläubiger vornimmt, nach gemeinem, sächsischem und deutschem Reichsrechte. Leipzig 1881; V. Hartmann, Gesetz, betr. die Anfechtung von Rechtshandlungen eines Schuldners außerhalb des Konkursverfahrens, vom 21. Juli 1879. Berlin 1880.

[1] S. Mot. Vorbem. z. Buch I. Tit. 3 in den vorletzten Absätzen (S. 110). Rechtlich erscheint also der Anfechtungsanspruch, wo der erste Gesichtspunkt zutrifft (Conc.O. §§. 23, 24, 33 Abs. 2), als Rückerstattungsanspruch aus unerlaubter Handlung wo der zweite zutrifft (Conc.O. §. 25),

Anfechtungsrecht hängt aber jedesmal zunächst von folgenden allgemeinen Voraussetzungen ab:

1. Der Anfechtung unterliegen immer nur solche Rechtshandlungen, in Folge deren (alle oder einzelne) Concursgläubiger als benachtheiligt erscheinen, d. h. (von der Anfechtung abgesehen) in dem Concursverfahren ihre Befriedigung in geringerem Maße erhalten als außerdem.[2] Jedes Anfechtungsrecht fällt daher weg, wenn das als Concursmasse greifbare Vermögen des Gemeinschuldners zur vollen Befriedigung sämmtlicher Concursgläubiger ausreicht.[3] Weil jedoch wegen der durch die Concurseröffnung festgestellten Zahlungsunfähigkeit des Gemeinschuldners die Unzulänglichkeit seines derzeit vorhandenen greifbaren Vermögens zur vollen Befriedigung seiner sämmtlichen Gläubiger ohne Weiteres anzunehmen ist, so ist zur Begründung des Anfechtungsanspruches nicht die Behauptung und der Nachweis dieser Unzulänglichkeit erforderlich, sondern der Anspruch könnte nur von Seite des Gegners durch den Nachweis der Zulänglichkeit vereitelt werden.[4] Ob unter der Voraussetzung der Unzulänglichkeit die Befriedigung aller oder einzelner Concursgläubiger in Folge der Rechtshandlung als gemindert erscheine, d. h. geringer sei, als wenn die letztere nicht

---

als Rückerstattungsanspruch aus ungerechtfertigter Bereicherung. S. Mandry S. 375 fg., Otto S. 18 ff. A. M. Dernburg II. §. 128. II.

[2] S. Mot. Vorbem. z. Buch I. Tit. 3 in Abs. 31—33 u. 39 (S. 108 fg., 110). Vgl. Otto S. 139 ff.

[3] S. Mot. a. a. O. in Abs. 33 (S. 109 Abs. 1).

[4] S. Mot. a. a. O. und §. 22 in Abs. 4 g. E. (S. 113). A. M. Otto S. 190 fg., welcher dem Gegner bloß den Beweis gestatten will, daß der Gemeinschuldner gar nicht zahlungsunfähig sei, und daß daher der Concurs gar nicht zu eröffnen gewesen wäre.

geschehen wäre, ist nach den Umständen zu beurtheilen. Insbesondere ist dazu in der Regel[5] nicht erforderlich, daß die Rechtshandlung schon für sich allein und unmittelbar eine Verringerung der Befriedigungsmittel, sei es (wie z. B. Verkauf einer Sache um zu geringen Preis oder Befriedigung einer Forderung) für alle späteren Concursgläubiger, sei es (wie Sicherung einer Forderung durch Gewährung eines Pfandrechtes) wenigstens für einen Theil derselben bewirkt hat, sondern es genügt, wenn sie eine solche Verringerung auch nur ganz mittelbar und im Zusammentreffen mit späteren Handlungen des künftigen Gemeinschuldners (wie z. B. Beseiteschaffung oder Verschleuderung des ganz angemessenen Erlöses einer verkauften Sache) oder auch mit zufälligen Ereignissen (wie z. B. Unglücksfällen, Werthverminderung von Vermögensstücken u. dgl.) herbeigeführt hat.[6] Doch ist eine Anfechtung immer nur statthaft, wenn in Folge der Rechtshandlung die Lage aller oder einzelner Concursgläubiger als verschlechtert, nicht, wenn sie bloß als nicht verbessert erscheint. Unanfechtbar ist daher die Ablehnung einer dem späteren Gemeinschuldner möglich gewesenen Vermögensvermehrung, z. B. einer ihm angebotenen Schenkung oder einer ihm eröffneten Erbschaft, wenn sie nicht den Umständen nach als eine Umgehung des Gesetzes zu betrachten ist.[7]

---

[5] Ausnahmen: Conc.O. §§. 23 Abs. 1, 24 Nr. 2.

[6] S. Mot. Vorbem. z. Buch I. Tit. 3 in Abs. 32 (S. 108 fg.), §. 22 in Abs. 8 (S. 114). Vgl. Sarwey §. 24 Bem. 4, Otto S. 106 fg., 142 fg.

[7] S. Conc.O. §. 30. Vbd. Mot. §. 22 im letzten Abs. (S. 116 fg.). Das gemeine Recht faßt unzweifelhaft die Ausschlagung einer Erbschaft oder eines Vermächtnisses nur als Unterlassung einer Vermögensvermehrung auf: L. 6 §§. 2, 4 D. quae in fraud. cred. 42, 8, L. 1 §. 6 D. si quid in fraud. patr. 38, 5, L. 28 pr. D. de V. S. 50, 16. Dieselbe

2. Von welcher Art die benachtheiligende Rechtshandlung gewesen sei, ob sie insbesondere gerichtlich oder außergerichtlich, innerhalb oder außerhalb eines Processes, durch Vermittelung eines öffentlichen Organs, wie z. B. Gerichtsvollziehers oder Notars, oder ohne solche vorgenommen worden sei, und ob sie ferner, sei es entgeltlich oder unentgeltlich, aus dem Vermögen des späteren Gemeinschuldners eine Sache, eine Forderung oder einen anderen activen Bestandtheil, oder durch Erzeugung einer Schuld oder dinglichen Belastung bloß den Werth derselben herausgebracht, oder endlich durch Begründung eines Pfandrechtes oder sonstigen Absonderungsrechtes den Werth eines Vermögensstückes einem Gläubiger in bestimmter Weise haftbar gemacht und so dem zur Befriedigung der übrigen Gläubiger verwendbaren Ver-

Auffassung ist aber nach der Natur der Sache auch vom Standpunkte jedes anderen Rechtes, insbesondere im Hinblicke auf Preuß. LR. I. 9 §§. 383, 401, 403—406, I. 12 §§. 277 ff., 366 ff. (vgl. Dernburg III. §. 143 g. E., §. 220 Abs. 3), auf c. civ. art. 775, 785, 786, 1043 vbd. 898 (vgl. Zachariä IV. S. 91, 441, 452) und auf Sächs. bürg. GB. §§. 2250, 2261, 2427 vom Standpunkte des preußischen, französischen und sächsischen Rechtes geboten. A. M. Mot. §. 22 g. E. (S. 116 fg.). Jedoch wird, und zwar wiederum vom Standpunkte eines jeden Rechtes, die Zurückweisung einer Erbschaft oder eines Vermächtnisses, nicht minder aber auch diejenige einer Schenkung, für anfechtbar gehalten werden müssen, wenn sie nur die Form einer Umgehung des Gesetzes ist, wie z. B. wenn der berufene Erbe die Erbschaft, die er außerdem angetreten haben würde, im Hinblicke auf seinen bevorstehenden Concurs zufolge einer Vereinbarung mit dem Substituten gegen eine von diesem zu zahlende Geldsumme ausschlägt, um die letztere bei Seite schaffen und so den Gläubigern den Werth der Erbschaft entziehen zu können. Vgl. Stiegl. §. 22 Bem. I. 3 a. E. Die weiter gehenden Vorschriften in Sächs. bürg. GB. §. 1511 und c. civ. art. 788 sind durch Conc.O. §. 30 und EG. §. 4 aufgehoben. S. auch Sarwey §. 24 Bem. 4 a. E., Otto S. 38.

mögen entzogen habe: das alles ist für das Anfechtungsrecht nicht von Belang.[8] Es genügt, daß die Rechtshandlung gültig war, einem Anderen aus dem Vermögen des späteren Gemeinschuldners etwas, sei es auch nur eine Forderung an dasselbe oder Befriedigung oder Sicherung einer solchen, verschaffte[9] und geeignet war, unmittelbar oder im Zusammentreffen mit späteren Ereignissen die Befriedigung aller oder einzelner Concursgläubiger in einem künftigen Concursverfahren zu verringern.[10] Nur muß sie immer als „Handlung", d. h. als eine positive Willensthätigkeit, erscheinen; eine ohne Zuthun des Willens zum Nachtheil von Concursgläubigern eingetretene Veränderung im Vermögensstande des späteren Gemeinschuldners, wie z. B. aus Nachlässigkeit erfolgter Verlust einer Forderung durch Verjährung oder einer Dienst-

---

[8] S. Conc.O. §§. 23 Nr. 1, 2, 24 Nr. 2, 25, 28, 30—32, 48 Nr. 3. Vbd. Mot. §. 22 in Abs. 8 (S. 114 fg.), §. 23. I. Abs. 3 (S. 119 fg.), II. Abs. 1, 20—23 (S. 122, 127 ff.), §. 24. I. Abs. 5 (S. 131 fg.).

[9] S. Conc.O. §§. 30, 32. Unanfechtbar ist also trotz Conc.O. §. 24 Nr. 1 namentlich die bloße Vernichtung von Sachen des Schuldners, wenn sie auch in der Absicht der Benachtheiligung der Gläubiger und unter Beihülfe eines mit dieser Absicht bekannten Dritten geschehen wäre. Vgl. Otto S. 26.

[10] Vgl. Otto S. 27. Im Einzelnen gehören also hierher vor Allem gegenseitige Verträge jeder Art, als Kauf und Verkauf, Miethverträge, Gesellschaftsverträge, Vergleiche u. s. w.; ferner Hingabe und Aufnahme von Darlehen, Zahlung oder sonstige Tilgung von Schulden, Verschenkung von Vermögensstücken oder Werthen, Verbürgung, Verpfändung von Vermögensstücken für eigene oder fremde Schulden, vorbehaltlose Antretung einer überschuldeten Erbschaft, processualische Handlungen, z. B. Zugeständnisse, u. dgl. m. Vgl. Mot. §. 22 in Abs. 8 (S. 114 fg.), Otto S. 28 fg. Auch die Annahme von Zahlung kann anfechtbar sein. S. Mot. §. 23. I. a. E. (S. 121 a. E.). Ueber die Eingehung von Wechselschulden s. Sarwey §. 22 Bem. 2, §. 23 Bem. 3 (S. 131), 7, 12, Otto S. 56 ff.

barkeit durch Nichtausübung, ist unanfechtbar.[11] Hingegen wird die Anfechtung dadurch nicht ausgeschlossen, daß auf Grund der anfechtbaren Rechtshandlung bereits ein vollstreckbares Urtheil oder ein sonstiger vollstreckbarer Schuldtitel, z. B. Vollstreckungsbefehl oder vollstreckbare Urkunde, erlangt ist.[12]

3. Eine Rechtshandlung muß, um der Anfechtung zu unterliegen, nicht gerade eine Handlung des späteren Gemeinschuldners selbst sein; sondern auch die Rechtshandlung eines Anderen kann, wenn sie eine Benachtheiligung von Concurs-

---

[11] S. Mot. §. 22 in Abs. 9 (S. 115 fg.), Prot. S. 21 a. E. Wenn die Motive hier auch absichtliches Geschehenlassen der Verjährung einer Forderung oder Dienstbarkeit zum Zwecke der Benachtheiligung der Gläubiger aus dem Gesichtspunkte der Unanfechtbarkeit bloßer Unterlassungen für unanfechtbar erklären, so ist dieses nicht zu billigen; denn die bewußte Absicht erscheint stets als eine positive Willensthätigkeit. Zudem erklären die Motive selber eine Unterlassung dann für anfechtbar, wenn das Gesetz sie einer bestimmten positiven Handlung gleichstelle, wie z. B. CP. §. 296 das Ausbleiben des Beklagten in einem zur mündlichen Verhandlung bestimmten Termin dem Zugeständnisse der vom Kläger mündlich vorgebrachten Thatsachen. Dieses Erforderniß ist aber, wenigstens nach dem gemeinen Rechte, zufolge der ausdrücklichen Aussprüche in L. 3 §. 1 D. quae in fraud. cred. 42, 8, L. 1 §§. 7, 8 vbd. pr., §. 3 D. si quid in fraud. patr. 38, 5, L. 28 pr. D. de V. S. 50, 16 auch in den oben genannten Fällen vorhanden. Es bedarf indessen nicht einmal solcher besonderer Aussprüche; denn das Recht stellt überall die arglistige Umgehung des Gesetzes der offenen Uebertretung gleich. Vgl. Dernburg II. §. 128 Anm. 3, Wilm. 2. Aufl. §. 22 Bem. 1 Abs. 4. S. auch Otto S. 38 ff., bes. S. 46 fg., welcher die Unterlassung von Handlungen, die zur Erhaltung von Vermögensbestandtheilen erforderlich gewesen wären, für anfechtbar hält.

[12] Conc.O. §. 28 vbd. CP. §§. 644, 702. Vgl. AnfechtungsG. v. 21. Juli 1879 §. 6, Mot. §. 28 (S. 143 fg.), §. 24. I. Abs. 5 (S. 131 fg.). S. auch Otto S. 86 ff.

gläubigern bewirkt, der Anfechtung ausgesetzt sein, sollte dabei auch nicht einmal eine Mitthätigkeit des Gemeinschuldners stattgefunden haben, wie z. B. die auf Betreiben eines Gläubigers geschehene Pfändung eines Vermögensstückes des Gemeinschuldners.[13] Ja es kommt sogar grundsätzlich nur auf das Verhältniß eines Dritten zu der durch die Anfechtung zu beseitigenden Benachtheiligung von Concursgläubigern an; denn jene richtet sich niemals gegen den Gemeinschuldner, sondern immer bloß gegen einen Dritten, und sie ist nur dann statthaft, wenn die Benachtheiligung in einem unredlichen oder unentgeltlichen Erwerbe dieses Dritten ihren Grund hat.[14]

§. 16.

bb. Die einzelnen Fälle der Anfechtbarkeit.

I. Anfechtbar sind zuvörderst diejenigen eine Benachtheiligung von Concursgläubigern bewirkenden Rechtshand-

---

[13] S. Conc.O. §§. 23 Nr. 1, 2, 28 vbd. Prot. S. 21 fg., Mot. §. 23. I. Abs. 3 (S. 119 fg.), RGer. 2. Juni 1880 (Entsch. II. S. 375 ff.). Wenn die Mot. §. 22 Abs. 8 a. E. (S. 115) und §. 23. I. Abs. 3 a. E. (S. 120 fg.), an dem Erfordernisse einer Rechtshandlung des Gemeinschuldners festhaltend, die Anfechtbarkeit einer auf Betreiben eines Gläubigers geschehenen Pfändung oder sonstigen Vollstreckungshandlung damit zu rechtfertigen suchen, daß solche Handlungen durch den Gerichtsvollzieher oder das Gericht in Stellvertretung des Schuldners erfolgten, so ist diese Ausführung gegenüber CP. §§. 716, 720 schwerlich zutreffend.

[14] S. Conc.O. §§. 30 – 33 vbd. Mot. §. 22 in Abs. 5 (S. 113 fg.). Wenn es hier heißt, daß sich die Anfechtung immer auch gegen den Gemeinschuldner selbst richte, so ist dieses ein rein theoretischer Satz ohne alle praktische Bedeutung, der überdies mit der Art, wie die Motive selbst — Vorbem. zu Buch I. Tit. 3 g. E. (S. 110) — die allgemeinen Principien des Anfechtungsrechtes formuliren, nicht im Einklange steht.

lungen, welche auch unter der Voraussetzung nicht erfolgter Concurseröffnung anfechtbar sein würden. Demnach ist

1. jede Rechtshandlung, welche der Gemeinschuldner in der Absicht der Benachtheiligung seiner Gläubiger vorgenommen hat, falls der andere Theil, d. h. der unmittelbare Theilnehmer an der Rechtshandlung, bei dieser Theilnahme[1] jene Absicht gekannt und sich somit gleichfalls der Unredlichkeit gegen die Gläubiger schuldig gemacht hat, anfechtbar, gleichviel zu welcher Zeit sie geschehen ist. Eine Rechtshandlung ist aber vom Gemeinschuldner in der Absicht der Benachtheiligung seiner Gläubiger vorgenommen, wenn er sie vorgenommen hat mit dem Bewußtsein, daß als unmittelbare oder mittelbare Folge derselben eine Verringerung der Befriedigung aller oder einzelner seiner (gegenwärtigen oder zukünftigen, bestimmt oder unbestimmt vorgestellten) Gläubiger eintreten werde, oder wenn er sie vorgenommen hat als Vorbereitungshandlung zur Ermöglichung einer späteren Handlung (z. B. Beiseiteschaffung von Vermögensstücken), von welcher er weiß, daß sie eine solche Verringerung der Befriedigung von Gläubigern zur Folge hat.[2] Ob durch die

---

[1] S. Conc.O. §. 23 Nr. 2: „zur Zeit der Handlung", §. 24 Nr. 2 a. E.: „zur Zeit des Vertragsabschlusses". Vgl. Völd. §. 24 Bem. c. III., Stiegl. §. 24 Bem. III. 3, Otto S. 113.

[2] Vgl. Mot. §. 24. I. Abs. 1 (S. 130). Otto S. 97 ff. nimmt die Benachtheiligungsabsicht an, so oft der Schuldner mit der Vorstellung handle, daß seine Handlung eine Verkürzung von Gläubigern nothwendiger, wahrscheinlicher oder auch nur möglicher Weise zur Folge haben werde. Damit wird aber, da sich kaum ein Geschäft denken läßt, das nicht möglicherweise unter besonderen Umständen einen Nachtheil für die Gläubiger herbeiführen könnte, die Anfechtbarkeit gewiß zu weit, und zwar gerade zu Ungunsten der Gewissenhaften und Ueberlegenden, ausgedehnt. Die Benachtheiligungsabsicht ist, wie mir scheint, nur dann, aber auch allemal dann vorhanden, wenn der Schuldner

Rechtshandlung selbst und unmittelbar der Gesammtwerth des Vermögens des Gemeinschuldners verringert worden ist, und ob dieser schon bei der Vornahme der Rechtshandlung zahlungsunfähig und dessen bewußt war: das alles kann zwar für den Beweis der Benachtheiligungsabsicht von Wichtigkeit sein, ist aber für die Anfechtbarkeit selbst unerheblich. Eben so wenig ist diese dadurch bedingt, daß die durch die Rechtshandlung herbeigeführte Benachtheiligung von Gläubigern gerade in der vom Schuldner bei der Vornahme der Rechtshandlung vorgestellten Weise erfolgt ist. Für die Anfechtbarkeit kommt es vielmehr, falls die Benachtheiligungsabsicht des Gemeinschuldners und die Kenntniß des anderen Theils von derselben feststeht, immer nur darauf an, daß in Folge der Rechtshandlung das als Concursmasse greifbare Vermögen des Gemeinschuldners allen oder einzelnen Concursgläubigern eine mindere Befriedigung gewährt als außerdem.[3]

Bei entgeltlichen, d. h. allen nicht auf Bereicherung des Vertragsgegners aus dem Vermögen des Gemeinschuldners

---

sich sagt, daß seine Rechtshandlung bezw. die spätere Handlung, zu deren Ermöglichung er jene vornimmt, eine Benachtheiligung aller oder einzelner seiner Gläubiger nach sich ziehen werde, falls nicht ganz außergewöhnliche, nicht zu erwartende Ereignisse dies verhindern sollten. Dagegen scheint sie mir nicht angenommen werden zu dürfen, wenn der Schuldner nur daran denkt, daß im Fall des Eintrittes ganz außergewöhnlicher Ereignisse, z. B. plötzlichen Ausbruches eines Krieges, aus der Handlung eine Benachtheiligung von Gläubigern hervorgehen könnte.

[3] Conc.O. §. 24 Nr. 1 vbd. §. 23 Nr. 2 a. E., Mot. §. 24. I. Abs. 1 (S. 130), §. 22 Abs. 8 (S. 114 fg.). Vgl. AnfechtungsG. v. 21. Juli 1879 §. 3 Nr. 1. Anfechtbar ist also z. B. der Kauf einer Sache von dem Gemeinschuldner um den angemessenen Preis, wenn der Käufer wußte, daß jener das Geld zur Verkürzung seiner Gläubiger auf die Seite zu bringen gedenke, sei es

abzielenden,[4] Verträgen, welche der Gemeinschuldner in dem letzten Jahr vor der Concurseröffnung[5] mit seinem damaligen oder nachherigen Ehegatten, mit seinen oder seines damaligen[6] Ehegatten Verwandten in aufsteigender oder absteigender Linie, mit seinen oder seines damaligen[6] Ehegatten vollbürtigen oder halbbürtigen Geschwistern oder mit dem damaligen[6] Ehegatten einer dieser Personen abgeschlossen hat, wird, gesetzt daß der Abschluß des Vertrages schon an und für sich und

---

daß dieses dann auch wirklich geschehen ist, oder daß die Concursgläubiger sonst, z. B. wegen inzwischen eingetretener Werthsteigerung solcher Sachen, in Folge des Kaufes als benachtheiligt erscheinen. Vgl. ob. §. 15 Nr. 1. Ferner gehören aber hierher vom Gemeinschuldner in dem anderen Theil bekannter Benachtheiligungsabsicht zu irgend einer Zeit gemachte Zahlungen oder sonstige Leistungen an einzelne Gläubiger, angenommene Leistungen von Schuldnern, in einem Rechtsstreite gemachte Anerkenntnisse oder Zugeständnisse u. dgl. m., kurz beiderseits unredliche Rechtshandlungen jeder Art. S. Mot. §. 24. I. Abs. 3 u. 5 (S. 131 fg.). Vgl. noch ob. §. 15 Nr. 1 a. E. und Anm. 7, Nr. 2. Scheingeschäfte sind nichtig und bedürfen daher keiner Anfechtung: Mot. §. 24. I. Abs. 2 (S. 131). — Strafbestimmungen: Conc.O. §§. 209 Nr. 1, 211.

[4] Die „entgeltlichen Verträge" sollen hier alle diejenigen Verträge bezeichnen, welche nicht unter den Begriff der unentgeltlichen Verfügungen fallen. S. Mot. §. 24. II. a. E. (S. 132 fg.). Vgl. Pet. §. 24 Bem. II. 2. Zu eng Völd. §. 24 Bem. e. II., Otto S. 198.

[5] Dieses Jahr beginnt mit dem Anfange des Monatstages, welcher durch seine Zahl dem Tage der Concurseröffnung entspricht, wenn aber dieser Tag in dem entsprechenden Monate des der Concurseröffnung vorgängigen Kalenderjahrs fehlt, mit dem Anfange des letzten Tages dieses Monates: entspr. CP. §. 200 Abs. 1; vbd. Conc.O. §. 65. Vgl. HGB. Art. 328 Nr. 2, WO. Art. 32 Nr. 2. Ebenso Völd. §. 24 Bem. d u. Anm. 18. A. M. in Ansehung der Behandlung des 29. Februar Stiegl. §. 24 Bem. V. 2, Otto S. 199. CP. §. 200 Abs. 2 und §. 201 Abs. 1 sind hier zu entsprechender Anwendung nicht geeignet.

[6] Vgl. Pet. §. 24 Bem. II. 3. a a. E., Stiegl. §. 24 Bem. V. 3 a. E., Otto S. 198, Hartmann Bem. 20 zu §. 3. A. M. Völd. §. 24 Bem. i. II.

als unmittelbare (also nicht erst durch das Hinzukommen späterer Ereignisse bedingte) Folge eine Benachtheiligung aller oder einzelner seiner Gläubiger, d. h. eine Verschlechterung ihrer Lage durch Verringerung oder auch nur größere Gefährdung der Mittel zu ihrer Befriedigung, bewirkt hat,[7] die Benachtheiligungsabsicht des Gemeinschuldners und die Kenntniß des anderen Theils von derselben vermöge einer Rechtsvermuthung angenommen; und solche Verträge können daher angefochten werden, falls nicht der andere Theil beweist, daß der Vertrag von Seite des Gemeinschuldners ohne die Absicht der Benachtheiligung von Gläubigern, oder doch von seiner eigenen Seite ohne Kenntniß einer solchen Absicht abgeschlossen worden sei.[8]

2. Erwerbungen aus unentgeltlichen, d. h. auf Bereicherung eines Anderen mittels eigener Vermögenseinbuße abzielenden, Verfügungen, welche der Gemeinschuldner in dem letzten Jahr vor der Concurseröffnung[9] gemacht hat, sind anfechtbar, ohne daß es auf Unredlichkeit des Gemeinschuldners oder des Empfängers oder darauf ankommt, daß der Gemeinschuldner schon zur Zeit der Verfügung zahlungs-

[7] Vgl. Mot. §. 23. I. Abs. 1 (S. 117 fg.), wo aber die Erklärung, daß der Vertrag den Werth des Vermögens des Gemeinschuldners verringert haben müsse, zu eng ist; denn auch die Sicherung von Forderungen naher Verwandter durch Pfandbestellung u. dgl. benachtheiligt (andere) Gläubiger des Gemeinschuldners. Ferner gehört hierher Verkauf einer Sache auf Credit an einen Verwandten von zweifelhafter Zahlungsfähigkeit, wenn auch um an sich ganz angemessenen Preis, Annahme einer zweifelhaften Forderung an Zahlungsstatt von einem nahen Verwandten u. dgl. m. S. auch unt. Anm. 17. Vgl. ob. §. 15 Nr. 1. S. noch Sarwey §. 23 Bem. 3, Otto S. 51 fg.

[8] Conc O. §. 24 Nr. 2 vbd. Mot. §. 24. II. (S. 132 fg.), Prot. S. 22. Vgl. AnfechtungsG. v. 21. Juli 1879 §. 3 Nr. 2.

[9] Ueber die Berechnung s. ob. Anm. 5.

unfähig war oder unmittelbar durch dieselbe zahlungsunfähig wurde. Nur die üblichen Gelegenheitsgeschenke sind von der Anfechtbarkeit ausgenommen.[10]

Unentgeltliche Zuwendungen, welche der Gemeinschuldner

---

[10] Conc.O. §. 25 Nr. 1 vbd. Mot. §. 25. I. Abs. 11 — 14 (S. 135). Vgl. AnfechtungsG. v. 21. Juli 1879 §. 3 Nr. 3. Die Mot. §. 25. I. Abs. 1, 7, 11—15 (S. 133, 134, 135 fg.), §§. 30—32. I. Abs. 3 a. E. u. 4 (S. 148) fassen „unentgeltliche Verfügung" als gleichbedeutend mit „Schenkung" auf, und dies ist als richtig zu betrachten, weil nach Conc.O. §. 30 zum Begriffe der unentgeltlichen Verfügung im Sinn des Gesetzes die Bereicherung eines Anderen auf Kosten des Vermögens des Gemeinschuldners erfordert wird, eine Leistung zur Erfüllung einer Bedingung aber, bei welcher diese Merkmale ebenfalls zutreffen würden, nicht unter den Begriff einer „Verfügung" gestellt werden kann. Vgl. auch Sarwey §. 25 Bem. 3. A. M. Otto S. 132 fg. Was unter den Begriff der Schenkung falle, bemißt sich nach dem bürgerlichen Rechte (namentlich in Rücksicht auf vergeltende, wechselseitige, mit Auflagen verbundene Schenkungen u. dgl.). Ein Geschäft, welches zum Theil als entgeltlicher Vertrag, zum Theil als Schenkung erscheint, wie z. B. Verkauf eines 15000 Mark werthen Hauses für 10000 Mark, um den Werth von 5000 Mark zu schenken, ist aus Conc.O. §. 25 Nr. 1 anfechtbar, soweit es eine Schenkung enthält. S. Mot. §. 25. I. Abs. 15 (S. 136). Entgeltliche Verträge des Gemeinschuldners mit einem Anderen, um einem Dritten auf Kosten des Gemeinschuldners eine unentgeltliche Bereicherung zu verschaffen, wie z. B. Lebens- und Rentenversicherungen zu Gunsten eines Dritten, enthalten diesem gegenüber eine Schenkung und können daher gegen ihn angefochten werden in der Weise, daß er die dadurch erlangten Rechte und sonstigen Vortheile an die Concursmasse abtreten muß. S. Hullm. §. 25 Bem. 1 a. E. Dagegen läßt sich die Ausschlagung einer Erbschaft oder eines Vermächtnisses zu Gunsten eines Anderen nicht als Schenkung ansehen, weil sie keine Vermögensverminderung enthält. Vgl. ob. §. 15 Nr. 1 a. E. u. Anm. 7. A. M. Mot. §. 25. I. im vorl. Abs. (S. 136). — Früher als im letzten Jahr vor der Concurseröffnung gemachte unentgeltliche Zuwendungen sind nur aus Conc.O. §. 24 Nr. 1 anfechtbar. — Der Vorschrift in Conc.O. §. 25 Nr. 1 sind verwandt die Bestimmungen in HGB. Art. 259 vbd. Art. 258. Vgl. Otto S. 206 ff.

während der Ehe[11] an seinen Ehegatten gemacht hat, unterliegen, vorausgesetzt daß sie nicht nach dem bürgerlichen Rechte ohnehin ungültig oder jederzeit widerruflich sind, der Anfechtung, wenn sie in den letzten zwei Jahren vor der Concurseröffnung geschehen sind.[12] Gleiches gilt von einer Sicherstellung oder Rückgewähr eines Heiratsgutes oder des gesetzlich in die Verwaltung des Gemeinschuldners gekommenen Vermögens seiner Ehefrau, wenn er sie in den letzten zwei Jahren vor der Concurseröffnung, sei es an die Ehefrau selbst, sei es an einen Rechtsnachfolger derselben (Cessionar der Illatenforderung),[13] bewirkt hat, es wäre denn, daß er kraft einer Rechtsvorschrift oder eines vor jenem Zeitraum abgeschlossenen Vertrages zu der Sicherstellung oder Rückgewähr verpflichtet war.[14]

II. Außerdem besteht in Ansehung gewisser Rechtshandlungen ein nur unter der Voraussetzung erfolgter Concurseröffnung begründetes Anfechtungsrecht. Weil nämlich nach eingetretener Zahlungsunfähigkeit des Schuldners sein zur Zeit vorhandenes Vermögen dem Werthe nach als ein seinen zur Zeit vorhandenen Gläubigern gehöriges Vermögen er-

---

[11] Auf Schenkungen vor der Ehe (s. Conc.O. §. 24 Nr. 2) kann im Hinblicke auf Mot. §. 25. II. Abs. 1 (S. 136 fg.) die Bestimmung nicht angewendet werden.

[12] Conc.O. §. 25 Nr. 2. Vgl. AnfechtungsG. v. 21. Juli 1879 §. 3 Nr. 4. Auch hier sind die gebräuchlichen Gelegenheitsgeschenke auszunehmen. Vgl. Stiegl. §. 25 Bem. IV. Abs. 2 u. Anm. e, Hartmann Bem. 28 zu §. 3. A. M. Völd. §. 25 Bem. III., Sarwey §. 25 Bem. 5 a. E., Otto S. 135. Ueber die Berechnung der Frist s. ob. Anm. 5. — S. noch Conc.O. §. 37.

[13] Anders Mot. §. 25. II. Abs. 3 (S. 137 fg.). S. aber Prot. S. 23. Vgl. Hullm. §. 25 Bem. 2, Völd. §. 25 Bem. b. III. 3, Stiegl. §. 25 Bem. V. 4, Otto S. 137 fg. A. M. mit den Motiven Sarwey §. 25 Bem. 3.

[14] Conc.O. §. 25 Nr. 2 vbd. Mot. §. 25. II. Abs. 2 (S. 137), Prot. S. 23. Vgl. AnfechtungsG. v. 21. Juli 1879 §. 3 Nr. 4.

scheint, woraus jeder derselben seine Befriedigung nach gerechter und gesetzlich bestimmter Ordnung erwarten darf, so handelt unredlich gegen diese Gläubiger ein Jeder, welcher ihnen oder, falls er selbst zu ihnen gehört, den übrigen in Kenntniß einer der Thatsachen, wodurch die Zahlungsunfähigkeit des Schuldners äußerlich erkennbar wird, d. h. entweder der erfolgten Zahlungseinstellung des Schuldners[15] oder der geschehenen Stellung des Antrages auf Concurseröffnung über sein Vermögen, etwas von dem Werthe desselben entzieht.[16] Anfechtbar ist daher jedes von einem Dritten in Kenntniß einer der genannten Thatsachen mit dem Gemeinschuldner eingegangene Rechtsgeschäft, dessen Eingehung schon an und für sich und unmittelbar (also nicht erst in Folge hinzutretender späterer Ereignisse) eine Benachtheiligung der nachherigen Concursgläubiger, d. h. eine Verschlechterung ihrer Lage durch Verminderung des Gesammtwerthes des Vermögens des Gemeinschuldners oder wenigstens durch die Herbeiführung der Gefahr einer solchen Verminderung, bewirkt hat.[17] Ferner jede Rechtshandlung, durch

[15] Ueber den Begriff der Zahlungseinstellung s. unt. §. 35. I Vgl. auch Conc.O. §. 185.

[16] Vgl. ob. §. 4. II. u. Anm. 6 Die Mot. Vorbem. z. Buch I. Tit. 3 in Abs. 22—24 (S. 102 ff.) und §. 23. I. Abs. 1—3 (S. 117 ff.) führen die hier in Rede stehenden Anfechtungsrechte auf die Verletzung des durch die Zahlungsunfähigkeit des Schuldners entstandenen „Concursanspruches" seiner Gläubiger zurück. S. dagegen ob. §. 4 Anm. 7, Mandry S. 381 Anm. 14, Otto S. 20. Gegen den Gesichtspunkt der Unredlichkeit erklärt sich Dernburg II. §. 128. II. — Ob der Schuldner ebenfalls unredlich handelte oder nicht (letzteres z. B. bei Unkenntniß des von einem seiner Gläubiger gestellten Antrages auf Concurseröffnung), kommt nicht in Betracht. Vgl. Otto S. 118, Wilm. 2. Aufl. §. 23 Bem. 4. A. M. Mandry S. 375, 381.

[17] Conc.O. §. 23 Nr. 1 Satz 1 vbd. Mot. §. 23. I. Abs. 1 (S.

welche sich ein Concursgläubiger[18] in Kenntniß einer der genannten Thatsachen zum Nachtheil der übrigen die ihm an sich gebürende Befriedigung oder Sicherung verschafft hat, gleichviel, ob sie in der Annahme der von dem Gemeinschuldner freiwillig angebotenen Befriedigung oder Sicherung, oder in einer auf Betreiben jenes Gläubigers geschehenen Handlung eines öffentlichen Organs, wie z. B. eines Gerichtes, eines Gerichtsvollziehers oder einer Hypothekenbehörde, insbesondere in einer Vollstreckungshandlung oder Vollziehung eines Arrestes bestand.[19] Aus dem Grunde der Kenntniß

117 fg.), Prot. S. 21. Hierher gehört z. B. Kauf einer Sache von dem Gemeinschuldner unter dem Werthe, Eingehung eines für ihn ungünstigen Darlehensvertrages oder Vergleiches mit ihm, Annahme seiner Bürgschaft oder einer Pfandbestellung von seiner Seite, Abschluß eines Spiel- oder Wettvertrages oder eines sonstigen gewagten Vertrages mit ihm u. dgl. m. S. auch ob. Anm. 7. Vgl. Sarwey §. 23 Bem. 3, Völd. §. 23 Bem. e, g, l. II. a. E., Otto S. 50 fg. Rechtsgeschäfte über Grundstücke sind nicht ausgenommen, selbst in denjenigen Rechtsgebieten nicht, in welchen das Gesetz den Glauben des Grundbuches für entscheidend erklärt: Mot. §. 23. I. Abs. 2 (S. 118 fg.). Nicht anfechtbar aus Conc.O. §. 23 Nr. 1 ist dagegen die, wenngleich in Kenntniß der Zahlungseinstellung oder des Eröffnungsantrages geschehene, Erfüllung der Verbindlichkeit eines Schuldners des Gemeinschuldners, weil dadurch der Stand seines Vermögens nicht verändert wird. S. Mot. §. 23. I. Abs. 4 (S. 121). S. jedoch Conc.O. §. 24 Nr. 1 und ob. Anm. 3. — Ueber die Anwendung von Conc.O. §. 23 Nr. 1 Satz 1 auf vom Gemeinschuldner eingegangene wechselrechtliche Verpflichtungen s. Sarwey §. 23 Bem. 3 Abs. 2. A. M. Völd. §. 23 Bem. e. II.

[18] D. h. ein Gläubiger, der unter der Voraussetzung bereits erfolgter Concurseröffnung als Concursgläubiger erscheinen würde. Daß die Forderung eines solchen Gläubigers durch ein Absonderungsrecht gesichert ist, kann im Hinblicke auf Conc.O. §§. 2, 57 keinen Unterschied machen. A. M. wegen Prot. S. 21: Völd. §. 23 Bem. k, Stiegl. §. 23 Bem. IV. 2, Otto S. 120, Wilm. 2. Aufl. §. 23 Bem. 5 Abs. 2.

[19] Conc.O. §. 23 Nr. 1 Satz 2 vbd. §. 28. Vgl. Conc.O. §§. 11, 12, Mot. §. 23. I. Abs. 3 (S. 119 ff.), Prot. S. 21 fg., Mot.

von der Zahlungseinstellung kann jedoch in dem einen wie in dem anderen Fall eine Rechtshandlung nicht mehr angefochten werden, wenn sie früher als sechs Monate vor der Concurseröffnung geschehen ist.[20]

Als Ausnahme von der Regel unterliegt eine Wechselzahlung, welche der Inhaber des Wechsels, wenngleich in Kenntniß der Zahlungseinstellung oder des Antrages auf die Concurseröffnung, von dem Gemeinschuldner angenommen hat, jenem gegenüber der Anfechtung nicht, wenn er nach den Grundsätzen des Wechselrechtes die Annahme nicht verweigern konnte, ohne seinen Wechselanspruch gegen andere

---

§. 23. II. Abs. 22 g. E. (S. 129 a. A.). S. aber auch Conc.O. §. 98. Vgl. Hullm. §. 23 Bem. 6, Sarwey §. 23 Bem. 4, 5, Otto S. 120 fg. Nach RGer. 7. Dez. 1880 (Entsch. III. S. 398) fiele die Erlangung eines Pfandrechtes durch Arrestpfändung unter Conc.O. §. 23 Nr. 2 (nicht Nr. 1 Satz 2). — Conc.O. §. 23 Nr. 1 Satz 2 kommt auch dann zur Anwendung, wenn sich ein Concursgläubiger vor der Concurseröffnung aber in Kenntniß der Zahlungseinstellung oder des Antrages auf Concurseröffnung auf dem Umwege eines mit einem Dritten vorgenommenen Geschäftes oder mittels Ausübung eines nach dem AnfechtungsG. v. 21. Juli 1879 begründeten Anfechtungsrechtes Befriedigung oder Sicherung verschafft hat: Conc.O. §§. 27 Abs. 2, 42, 49, AnfechtungsG. v. 21. Juli 1879 §. 13 Abs. 3. Vgl. Mot. z. Entw. dieses Gesetzes §. 12 in Abs. 8 (S. 30). S. unt. §. 17 Anm. 3 a. E.

[20] Conc.O. §. 26. Vgl. Mot. §. 26 (S. 138 fg.) Die Frist ist von der Concurseröffnung rückwärts und wegen Conc.O. §. 65 in entsprechender Anwendung von CP. §. 200 Abs. 1 zu berechnen, so daß eine Rechtshandlung als unanfechtbar erscheint, wenn sie vor demjenigen Tage des sechsten Monates vor dem Monate der Concurseröffnung, welcher durch seine Zahl dem Monatstage der Concurseröffnung entspricht, falls aber ein solcher Tag in jenem Monate fehlt, vor dem letzten Tage desselben stattgefunden hat. CP. §. 200 Abs. 2 und §. 201 sind hier nicht zu entsprechender Anwendung geeignet. Vgl. Völd. §. 26 Bem. b, Otto S. 122. A. M. Sarwey §. 26 Bem. 2 und nach anderer Richtung Pet. §. 26 Bem. 3.

Wechselverpflichtete zu verlieren.[21] In solchen Fällen kann aber der gezahlte Wechselbetrag von dem letzten Wechselregreßschuldner, d. h. demjenigen, der in Ermangelung der Zahlung des Gemeinschuldners für diesen Betrag schließlich hätte aufkommen müssen, oder, falls er beweist, daß er den Wechsel für Rechnung eines Dritten begeben (d. h. indossirt oder als Aussteller übergeben) hatte, von diesem Dritten zur Concursmasse zurückgefordert werden, wenn jenem oder bezw. diesem zu der Zeit, als er den Wechsel begab oder bezw. begeben ließ, die Zahlungseinstellung oder der Eröffnungsantrag bekannt war.[22]

III. Wenn durch eine nach der Zahlungseinstellung oder der Stellung des Antrages auf die Concurseröffnung oder in den letzten zehn Kalendertagen vor der einen oder der

---

[21] Conc.O. §. 27 Abs. 1. Dieses ist der Fall, wenn der wechselmäßige Anspruch gegen Andere durch Vorlegung eines Protestes Mangels Zahlung bedingt ist (WO. Art. 41, 43, 62, 98 Nr. 6, 7, 99) und ein solcher Protest noch nicht vorliegt. Dagegen bleibt es bei der Regel, wenn die Zahlung vom Gemeinschuldner nach bereits erhobenem Proteste erfolgt ist, wenn der Gemeinschuldner als Aussteller eines gezogenen oder als Indossant eines gezogenen oder eigenen Wechsels den Wechsel eingelöst hat, wenn dem Zahlungsempfänger, z. B. als Aussteller des gezogenen oder als Remittenten des eigenen Wechsels, wechselmäßige Ansprüche an Andere als den Gemeinschuldner gar nicht zustehen u. dgl.; denn in allen diesen Fällen konnte der Empfänger die Annahme der Zahlung ohne Verlust von Wechselansprüchen gegen Andere verweigern. S. Mot. §. 27 in Abs. 3, 7, 8, 10 (S. 139 fg., 141 ff.).

[22] Conc.O. §.27 Abs. 2. Grund: weil diese Personen es sind, welchen die vom Gemeinschuldner geleistete Wechselzahlung im Erfolge zu gute kommt, und welche sich also durch die Begebung des Wechsels diese Zahlung mittelbar verschaffen. Dagegen treten sie durch die Erstattung der gezahlten Wechselsumme an die Concursmasse wieder in ihre etwaige Wechselforderung oder sonstige Forderung an den Gemeinschuldner ein: Conc.O. §. 32. S. Mot. §. 27 in Abs. 4 (S. 140 fg.).

anderen[23] geschehene, sei es gerichtliche oder außergerichtliche, Rechtshandlung ein Concursgläubiger[24] zum Nachtheil der übrigen unmittelbar vom Gemeinschuldner[25] eine Sicherung oder Befriedigung erlangt hat, welche er nicht oder nicht in der Art oder nicht zu der Zeit zu beanspruchen hatte, so wird seine Unredlichkeit, sei es als Kenntniß einer Absicht des Gemeinschuldners, ihn vor den übrigen Gläubigern zu begünstigen und dadurch diese übrigen zu benachtheiligen (Conc.O. §. 24 Nr. 1), sei es als Wissen von der erfolgten Zahlungseinstellung oder Stellung des Eröffnungsantrages (Conc.O. §. 23 Nr. 1), vermöge einer Rechtsvermuthung angenommen, und die Rechtshandlung ist daher ohne Weiteres anfechtbar, falls er nicht beweist, daß ihm zur Zeit der Rechtshandlung weder eine solche Begünstigungsabsicht des Gemeinschuldners, noch die erfolgte Zahlungseinstellung, noch endlich die erfolgte Stellung des Eröffnungsantrages bekannt war.[26] Aus dem Grunde, daß die Rechtshandlung

[23] Wegen der Berechnung s. CP. §. 199 vbd. Conc.O. §. 65.

[24] S. ob. Anm. 18.

[25] Denn auf eine Sicherung oder Befriedigung, die sich ein Concursgläubiger durch Vermittelung einer Rechtshandlung mit einem Dritten verschafft, ist immer nur Conc.O. §. 23 Nr. 1 anwendbar. S. Conc.O. §§. 27, 42, 49.

[26] Conc.O. §. 23 Nr. 2 vbd. §. 28. Vgl. Mot. §. 23. II. Abs. 11—14 (S. 124 ff.), Prot. S. 21. S. auch Völd. §. 23 Bem. o, Otto S. 191 ff. Hierher gehört z. B. Erlangung der Zahlung einer nicht klagbaren oder noch nicht fälligen Forderung, einer Leistung an Zahlungsstatt, der Möglichkeit einer Befriedigung mittels Aufrechnung durch Kauf einer Sache des Gemeinschuldners auf Credit; ferner Erlangung eines Pfandrechtes oder Zurückbehaltungsrechtes (vgl. HGB. Art. 313—315) für die bereits bestehende Forderung durch Vertrag mit dem Gemeinschuldner oder durch ein gegen diesen erwirktes Urtheil, sei es durch letzteres für sich allein oder in Verbindung mit hinzukommender Zwangsvollstreckung u. dgl. m. S. Mot. §. 23. II. Abs. 3, 18, 21—23 (S. 122, 126 fg., 127 ff.),

nach der Zahlungseinstellung oder in den letzten zehn Tagen vor derselben geschehen sei, kann sie nicht mehr angefochten werden, wenn sie früher als sechs Monate vor der Concurseröffnung geschehen ist.[27]

IV. Wenn Dasjenige (Eigenthum einer Sache, Pfandrecht, Forderung u. dgl.), was Jemand durch eine unmittelbar mit oder gegenüber dem Gemeinschuldner erfolgte, aus einem der angegebenen Gründe anfechtbare Rechtshandlung erlangt hat, im Wege der besonderen Rechtsnachfolge an einen Anderen gelangt ist, so findet auch gegen diesen, sei er der erste oder ein fernerer Rechtsnachfolger,[28] die Anfechtung statt, wenn er sich bei seinem Erwerbe einer Unredlichkeit gegen die Gläubiger des Gemeinschuldners schuldig gemacht hat. Dieses wird aber von dem Gesetze angenommen:

a. wenn er zur Zeit seines Erwerbes wußte, daß der Gemeinschuldner jene Rechtshandlung in der Absicht der Benachtheiligung seiner Gläubiger vorgenommen hatte;[29]

---

§. 48. Dritter Fall. Abs. 7 (S. 237). Vgl. Hullm. §. 23 Bem. 10—15, Otto S. 194 ff. Wegen der Anwendung von Conc.O. §. 23 Nr. 2 auf den Wechselverkehr s. Sarwey §. 23 Bem. 12. — Strafbestimmung: Conc.O. §. 211.

[27] Conc.O. §. 26 vbd. Mot. §. 26 (S. 138 fg.). Wegen der Berechnung der Frist s. ob. Anm. 20. Vgl. Völd. §. 26 Bem. d a. E., Sarwey §. 26 Bem. 2 a. E., Pet. §. 26 Bem. 2 a. E., Otto S. 197. Durch die Fassung des §. 26 wird der Gedanke des Gesetzgebers nicht ganz genau zum Ausdrucke gebracht.

[28] S. Mot. §. 33 in Abs. 1 a. E., 14 (S. 150, 152 fg.).

[29] Conc.O. §. 33 Abs. 2 Nr. 1 vgl. §. 24 Nr. 1 (ob. I. 1), Anfechtungs G. v. 21. Juli 1879 §. 11 Abs. 2 Nr. 1. Ob auch sein erster Rechtsvorgänger, als er von dem Gemeinschuldner erwarb, die Benachtheiligungsabsicht des letzteren gekannt hatte, ob also das Anfechtungsrecht gegen jenen aus Conc.O. §. 24 oder vielmehr aus Conc.O. §. 23 oder §. 25 begründet war, ist ohne Erheblichkeit. S. Mot. §. 33 unter Nr. 1 (S. 152). Vgl. Otto S. 114 ff.

b. wenn er im Sinn von Conc.O. §. 24 Nr. 2 (s. ob. I. 1 a. E.) einer der nächsten Angehörigen des Gemeinschuldners ist und nicht beweist, daß er zur Zeit seines Erwerbes von den Umständen, welche nach Conc.O. §. 23, §. 24 oder §. 25 die Anfechtung gegen seinen ersten Rechtsvorgänger begründen, (also z. B. davon, daß Dasjenige, was er erwirbt, jenem von dem Gemeinschuldner geschenkt worden ist), keine Kenntniß hatte.[30]

V. Ein Anfechtungsrecht, welches aus irgend einem der angegebenen Gesichtspunkte gegen den Erblasser begründet war, kann in gleicher Weise auch gegen den oder die Erben ausgeübt werden.[31]

VI. Die reichsrechtlichen Vorschriften über die Anfechtung von Rechtshandlungen sind in jedem seit dem Inkrafttreten der Concursordnung eröffneten Concursverfahren ausschließlich maßgebend, und zwar selbst in Ansehung schon vorher geschehener Rechtshandlungen, wenn diese nicht nach dem früheren Rechte unanfechtbar oder in geringerem Umfange anfechtbar sind.[32]

---

[30] Conc.O. §. 33 Abs. 2 Nr. 2. Vgl. AnfechtungsG. v. 21. Juli 1879 §. 11 Abs. 2 Nr. 2. S. auch Mot. §. 33 unter Nr. 2 (S. 153) und Otto S. 116 fg.

[31] Conc.O. §. 33 Abs. 1 vbd. Mot. §. 33 a. E. (S. 153). Vgl. AnfechtungsG. v. 21. Juli 1879 §. 11 Abs. 1. Auch in den Gebieten des gemeinen Rechtes haftet also der Erbe, falls er nicht die Erbschaft mit der Rechtswohlthat des Inventars angetreten hat, nicht bloß auf den Betrag des Nachlasses, sondern (wie bei der condictio furtiva) in gleichem Umfange wie der Erblasser. Vgl. Mandry S. 375, 389 fg., Hartmann Bem. 2 zu §. 11. A. M. Stiegl. §. 33 Bem. II.

[32] EG. §§. 4, 9, AnfechtungsG. v. 21. Juli 1879 §. 14; vbd. EG. §. 3 und HGB. Art. 259. Vgl. Otto S. 245 ff.

§. 17.

cc. Art der Ausübung und Dauer der Anfechtungsrechte.

I. Das Anfechtungsrecht kann in Ansehung derjenigen Rechtshandlungen, welche eine für alle oder einzelne Concursgläubiger nachtheilige Einwirkung auf die Concursmasse gehabt haben, während der Dauer des Concursverfahrens bloß von dem Concursverwalter als dem gesetzlichen Vertreter der Concursmasse und folglich des Gemeinschuldners ausgeübt werden.[1] Die einzelnen Concursgläubiger können

[1] Conc.O. §. 29. Handelt es sich dabei um einen Werth von mehr als dreihundert Mark, so muß der Concursverwalter zur Erhebung des Anfechtungsprocesses die Genehmigung des Gläubigerausschusses, falls ein solcher bestellt ist, einholen: Conc.O. §. 121 Nr. 2. S. auch Conc.O. §§. 123, 124. — Daß auch bei der Ausübung von Anfechtungsrechten der Verwalter seiner allgemeinen Stellung gemäß zwar im Interesse der Concursgläubiger, aber gleichwohl nicht als Vertreter derselben, sondern vielmehr als Vertreter des Gemeinschuldners handelt, kann, wie mir scheint, schon deshalb nicht zweifelhaft sein, weil durch die Anfechtung immer nur Werthe zur Concursmasse zurückgebracht bezw. derselben erhalten werden sollen. S. Conc.O. §. 30. Vgl. Mot. §. 29 in Abs. 1 u. 7 (S. 144, 146), Mot. z. Entw. des AnfechtungsG. vom 21. Juli 1879 §. 12 in Abs. 2 (S. 28), Mandry S. 388 fg., Wilm. 2. Aufl. Vorbem. z. Buch I. Tit. 1 unter Nr. 2. III. und ob. §. 5 Anm. 10. A. M. besonders Dernburg II. §. 115 (S. 277), Otto S. 156, Schultze S. 66 ff., welcher letztere in der Ausübung der Anfechtungsrechte eine Ausübung des „Concursanspruches" erblickt. S. ob. §. 4 Anm. 7. Mir scheint aber sogar, daß auch der einzelne Gläubiger, welcher eine Rechtshandlung nach Maßgabe des AnfechtungsG. v. 21. Juli 1879 anficht, juristisch als Vertreter seines Schuldners zu betrachten sei, weil auch hiebei nur der Zweck verfolgt wird, zu Gunsten dieses Gläubigers Werthe zu dem Vermögen des Schuldners zurückzuführen (AnfechtungsG. §. 7). Jeder Anfechtungsanspruch erscheint demnach juristisch als ein

dem Verwalter nur als Nebenintervenienten beitreten.[2] Selbst die Verfolgung der von einzelnen Concursgläubigern schon vor der Concurseröffnung erhobenen Anfechtungsansprüche steht, weil die bestehenden Anfechtungsansprüche nach erfolgter Concurseröffnung als Bestandtheile der Concursmasse erscheinen, aus welcher während der Dauer des Concursverfahrens kein Concursgläubiger seine Befriedigung anders als durch Theilnahme an diesem Verfahren betreiben darf, während

---

Anspruch des Schuldners selbst, und zwar ist das Verhältniß näher dieses: Durch jede Rechtshandlung, welche aus einem der gesetzlichen Gründe anfechtbar werden kann, entsteht sofort im Interesse der Gläubiger ein gesetzlich bedingter Anfechtungsanspruch des Schuldners, der jedoch, weil er eben bloß im Interesse der Gläubiger besteht, die Eigenthümlichkeit hat, daß er niemals von dem Schuldner selbst, sondern immer nur durch einen Anderen als (gesetzlichen) Vertreter desselben geltend gemacht werden kann, sei es durch einen einzelnen benachtheiligten Gläubiger ausschließlich zu seiner Befriedigung, sei es durch den Concursverwalter zur Befriedigung aller benachtheiligten Gläubiger. Durch die Anerkennung dieses Satzes wird nicht nur der innere Einklang des Concursrechtes gewahrt, sondern auch eine große Zahl theoretischer wie praktischer Schwierigkeiten beseitigt. Insbesondere ist sie wichtig für die Anwendung von CP. §. 435 im Anfechtungsprocesse.

[2] CP. §§. 63 ff. Vgl. Prot. S. 26. Und zwar wird im Hinblick auf AnfechtungsG. v. 21. Juli 1879 §. 13 Abs. 4 auch CP. §. 66 anzuwenden sein. Gegen die Interventionsbefugniß Schultze S. 68 fg., Otto S. 154. — Die einzelnen Concursgläubiger können nicht einmal im Prüfungsverfahren erfolgreichen Widerspruch gegen eine angemeldete Concursforderung wegen Anfechtbarkeit derselben nach Conc.O. §§. 23—25 erheben. S. Prot. S. 92. A. M. Mandry S. 389. — Rechtshandlungen, welche sich auf das freie Vermögen des Gemeinschuldners beziehen, können (als — kaum gerechtfertigte — Ausnahme von Conc.O. §. 11) von den einzelnen Concursgläubigern auch während des Concursverfahrens zum Zwecke ihrer Befriedigung nach Maßgabe des AnfechtungsG. v. 21. Juli 1879 angefochten werden: AnfechtungsG. §. 13 Abs. 5 vbd. Mot. z. Entw. dieses Gesetzes §. 12 g. E. (S. 32 fg.).

der Dauer desselben bloß dem Concursverwalter zu.[3] Daher wird das Verfahren über den Anfechtungsanspruch, wenn es zur Zeit der Concurseröffnung noch rechtshängig ist, durch die letztere bis zu seiner Aufnahme durch den Concursverwalter unterbrochen. Wird diese Aufnahme verzögert, so kann sie der Proceßgegner seinerseits durch Ladung des Verwalters zur Aufnahme des Verfahrens und zugleich zur Verhandlung der Hauptsache herbeiführen. Erscheint der Verwalter nicht, so wird auf Antrag des Gegners durch Versäumnißurtheil ausgesprochen, daß das Verfahren aufgenommen sei.[4] Lehnt der Verwalter die Aufnahme

[3] Aus dem Erstrittenen sind aber dem betreffenden Gläubiger die Proceßkosten (als Masseschuld: Conc.O. §. 52 Nr. 3) vorweg zu erstatten: AnfechtungsG. v. 21. Juli 1879 §. 13 Abs. 1. Vgl. Otto S. 224. S. auch Conc.O. §. 135 und ob. §. 14 Anm. 20. Die juristische Möglichkeit für den Verwalter, den von einem einzelnen Concursgläubiger begonnenen Anfechtungsproceß für die Concursmasse fortzusetzen, ist darin begründet, daß auch der einzelne Gläubiger bei der Ausübung eines Anfechtungsrechtes als Vertreter des Schuldners handelt. S. ob. Anm. 1. Vgl. auch ob. §. 7 Anm. 25. — Selbst dann, wenn ein einzelner Concursgläubiger zur Zeit der Concurseröffnung durch Vergleich oder rechtskräftiges Urtheil bereits einen vollstreckbaren Schuldtitel gegen den Anfechtungsgegner erlangt hatte, kann die Zwangsvollstreckung auf Grund desselben nur auf Betreiben des Concursverwalters zu Gunsten der Concursmasse stattfinden. (Vollstreckbare Ausfertigung: entspr. CP. §§. 665, 666.) S. Mot. z. Entw. des AnfechtungsG. §. 12 in Abs. 7 a. E. (S. 30). Ausnahme, soweit der Gläubiger zur Zeit der Concurseröffnung aus den zurückzugewährenden Gegenständen schon Sicherung (z. B. durch Pfändung derselben ein Pfandrecht) oder Befriedigung erlangt hatte. Nur kann dann nach Conc.O. §. 23 Nr. 1 ein Anfechtungsrecht gegen ihn begründet sein. Vgl. AnfechtungsG. §. 13 Abs. 3 vbd. Mot. z. Entw. dieses Gesetzes §. 12 in Abs. 8 (S. 30) und ob. §. 16 Anm. 19. S. auch Otto S. 224 fg.

[4] AnfechtungsG. v. 21. Juli 1879 §. 13 Abs. 2 vbd. CP. §§. 217, 227. Vgl. ob. §. 7. II. 1 und Anm. 6. Der Concursver-

ab,[5] so verliert er dadurch nicht die Befugniß, das Anfechtungsrecht in einem selbständigen Processe nach den Vorschriften der Concursordnung auszuüben.[6]

II. Ein Anfechtungsrecht kann je nach den Umständen mittels Klage, Einrede, Replik geltend gemacht werden.[7] Die Anfechtungsklage erscheint jedesmal als eine persönliche Klage auf Rückerstattung, und zwar, wo das Anfechtungsrecht wegen Unredlichkeit des Gegners begründet ist, als Rückerstattungsklage aus unerlaubter Handlung, wo es wegen unentgeltlichen Erwerbes begründet ist, als Rückerstattungs-

---

walter kann den Anspruch nach den Vorschriften der Conc.O. §§. 30—32, 34 gemäß CP. §§. 240, 491 erweitern: AnfechtungsG. a. a. O. vbd. Mot. z. Entw. dieses Gesetzes §. 12 in Abs. 5 u. 6 (S. 29 fg.). Vgl. noch Hartmann §. 13 Nr. 4, 5, Otto S. 223 fg., E.(ccius) in Gruchot's Beiträgen zur Erläuterung des deutschen Rechts XXV. S. 158 ff. Lehnt der Verwalter die Aufnahme des Rechtsstreites ab, so kann dieser, aber bloß zur Entscheidung der Frage, wer die Proceßkosten zu tragen habe, von jeder der ursprünglichen Parteien aufgenommen werden: AnfechtungsG. a. a. O. Vgl. Hartmann Bem. 8 zu §. 13, Otto S. 224.

[5] Dazu muß er aber, wenn es sich um einen Werth von mehr als dreihundert Mark handelt, die Genehmigung des Gläubigerausschusses, falls ein solcher bestellt ist, einholen: Conc.O. §. 121 Nr. 2 vbd. Mot. z. Entw. des AnfechtungsG. §. 12 in Abs. 9 (S. 30). S. auch Conc.O. §§. 123, 124.

[6] AnfechtungsG. v. 21. Juli 1879 §. 13 Abs. 2 a. E. Vgl. Hartmann Bem. 7 zu §. 13. — Nach der Beendigung des Concursverfahrens können Anfechtungsrechte, deren Ausübung dem Concursverwalter zustand, von den einzelnen Gläubigern nach Maßgabe des Anfechtungsgesetzes vom 21. Juli 1879 verfolgt werden, soweit nicht gegenüber dem Verwalter dem Anspruche entgegenstehende Einreden, wie z. B. diejenige der Verjährung, erlangt sind: AnfechtungsG. §. 13 Abs. 4 vbd. Mot. z. Entw. dieses Gesetzes §. 12 in Abs. 10 (S. 31 fg.). Vgl. Hartmann Bem. 10 u. 11 zu §. 13, Otto S. 226 fg.

[7] Mot. §. 22 in Abs. 4 (S. 112 fg.). Ein Fall der Geltendmachung mittels Replik ist z. B. derjenige in Conc.O. §. 48 Nr. 3.

klage wegen ungerechtfertigter Bereicherung.[8] Der Concursverwalter kann aber auch zunächst auf bloße Feststellung der Anfechtbarkeit klagen, wenn er an der alsbaldigen Feststellung derselben ein rechtliches Interesse hat.[9]

III. Nach Ablauf eines Jahres seit der Concurseröffnung ist jedes Anfechtungsrecht, welches der Concursverwalter zu Gunsten der Concursmasse hätte ausüben können, durch Verjährung erloschen, so daß es auch nicht mehr mittels Einrede oder Replik und eben so wenig nach der Beendigung des Concursverfahrens von den einzelnen Gläubigern geltend gemacht werden kann.[10] Ferner erlischt die Befugniß des Concursverwalters zur Ausübung von Anfechtungsrechten durch

[8] Vgl. ob. §. 15 Anm. 1. Unhaltbar ist, da die anfechtbare Rechtshandlung nicht nichtig ist, die Aeußerung der Mot. a. a. O., daß der veräußerte Gegenstand auch mit der demselben entsprechenden Klage, also z. B. die veräußerte Sache mit der Eigenthumsklage, gefordert und die einredeweise Berufung auf die Rechtshandlung durch die Replik der Anfechtbarkeit entkräftet werden könne. Denn durch die anfechtbare Eigenthumsübertragung ist das Eigenthum wirklich übergegangen; folglich müßte die Eigenthumsklage wegen mangelnden Klagegrundes zurückgewiesen werden. Vgl. auch Sarwey §. 22 Bem. 4 a. E.

[9] CP. §. 231. Vgl. Mot. a. a. O., Sarwey §. 22 Bem. 4.

[10] Conc.O. §. 34 vbd. Mot. §. 34 (S. 153 fg.), AnfechtungsG. v. 21. Juli 1879 §. 13 Abs. 4 vbd. Mot. z. Entw. dieses Gesetzes §. 12 in Abs. 10 (S. 31 fg.). Die Frist endigt mit dem Ablaufe desjenigen Monatstages des auf die Concurseröffnung folgenden Kalenderjahrs, welcher durch seine Zahl dem Tage der Concurseröffnung entspricht, wenn aber dieser Tag in dem entsprechenden Monate fehlt, mit dem Ablaufe des letzten Tages dieses Monates. Ist der hienach berechnete letzte Tag ein Sonntag oder allgemeiner Feiertag, so endigt die Frist erst mit dem Ablaufe des nächstfolgenden Werktages. Entspr. CP. §. 200 vbd. Conc.O. §. 65. Vgl. HGB. Art. 328 Nr. 2, 329, WO. Art. 32 Nr. 2, 92. CP. §. 201 Abs. 1, §. 202 eignen sich hier zu entsprechender Anwendung schon deshalb nicht, weil die Frist keine processualische, sondern eine Verjährungsfrist ist. Vgl. R.CP. §. 35 Anm. 14. A. M.

Einstellung des Concursverfahrens[11] und durch Aufhebung desselben wegen rechtskräftiger Bestätigung eines Zwangsvergleiches, es wäre denn, daß eine Wiederaufnahme des Concursverfahrens erfolgt.[12] Im Fall der Beendigung des Concursverfahrens durch Schlußvertheilung dagegen kann der Concursverwalter Anfechtungsrechte, welche erst nach der Schlußvertheilung oder der auf Grund derselben geschehenen Aufhebung des Verfahrens ermittelt sind, zum Zwecke nachträglicher Vertheilung des Erstrittenen ausüben.[13]

§. 18.

dd. Wirkungen der Anfechtung.

I. Die Wirkung erfolgreicher Anfechtung einer Rechtshandlung ist, daß die für alle oder einzelne Concursgläubiger nachtheiligen Folgen derselben beseitigt werden, und zwar, da sich das Maß der Benachtheiligung von vornherein nicht genau übersehen läßt, in der Weise, daß zu Gunsten der benachtheiligten Concursgläubiger die gleiche Sachlage hergestellt wird, wie wenn die Rechtshandlung nicht stattgefunden hätte.[1] Weil dieses aber eben nur zu Gunsten der benach-

Pet. §. 34 Bem. 1. Gegen die entsprechende Anwendung von CP. §. 200: Sarwey §. 34 Bem. 2 vbd. §. 24 Bem. 8, Stiegl. §. 34 Bem. vbd. §. 24 Bem. V. 2, Otto S. 178 fg.

[11] S. Conc.O. §§. 188—192.

[12] S. Conc.O. §. 175 vbd. §§. 184—187.

[13] Conc.O. §. 153 Abs. 2; vgl. ob. Anm. 1. S. auch Stiegl. §. 29 Bem. 2. b, Otto S. 155.

[1] S. Mot. §§. 30 — 32 in Abs. 2 u. 3 (S. 146 fg.), §. 22 in Abs. 3 u. 4 (S. 111 ff.), Prot. S. 27 fg. Vgl. L. 10 §. 22 D. quae in fraud. cred. 42, 8: — generaliter sciendum est ex hac actione restitutionem fieri oportere in pristinum statum, sive res fuerunt sive obligationes, ut perinde omnia revocentur, ac si liberatio facta non esset; L. 38 §. 4 D. de

theiligten Concursgläubiger und zur Abwendung der Benachtheiligung für sie geschieht, so kann der Gegner die Herstellung der früheren Sachlage für sich jenen Concursgläubigern gegenüber niemals weiter verlangen, als sie möglich ist, ohne die Lage derselben immer noch zu einer schlechteren zu machen, als wenn die Rechtshandlung nicht vorgekommen wäre.[2] Auf

usur. 22, 1: In — — Pauliana, per quam quae in fraudem creditorum alienata sunt revocantur, — — praetor id agit, ut perinde sint omnia. atque si nihil alienatum esset. — Die Ansichten von Otto S. 165, 1) daß bei einem Gesammtbetrage der Concursforderungen von 5000 die Anfechtung eines Geschäftes, wodurch der Gemeinschuldner 10000 aus seinem Vermögen weggegeben, nur auf Rückgabe von 5000 gehe, weil die Anfechtung nicht weiter reichen könne, als zur Befriedigung aller Gläubiger erforderlich sei, und 2) daß der Anfechtungsgegner durch unmittelbare Befriedigung sämmtlicher Concursgläubiger der Anfechtung entgehen könne, sind nicht zu billigen, weil die Anfechtung auch zu Gunsten unbekannter Concursgläubiger geschieht. Jedoch wird sich der Concursverwalter gern im Vergleichswege mit dem Anfechtungsgegner verständigen, wenn dieser so viel zahlen will, als zur Befriedigung aller bekannten Concursgläubiger erforderlich ist.

[2] Bloß in diesem Sinn läßt sich der Ausdruck in Conc.O. §. 22 verstehen: „Rechtshandlungen — — können als den Concursgläubigern gegenüber unwirksam — — angefochten werden". Außerdem folgt aus demselben noch, daß die Anfechtung bloß im Interesse der Concursgläubiger vom Concursverwalter geschehen, und daß sich weder der Anfechtungsgegner noch der Gemeinschuldner selbständig auf die Anfechtbarkeit berufen kann, sollte diese auch auf Feststellungsklage des Concursverwalters schon rechtskräftig ausgesprochen sein. Nach den Mot. §. 22 in Abs. 3 (S. 111 fg.) hätte freilich jener Ausdruck die viel weitergehende Bedeutung, daß „das Rechtsgeschäft, selbst wenn dessen Anfechtbarkeit richterlich ausgesprochen werde, als an sich gültig bestehen bleibe und seine Wirkung unter den handelnden Theilen nach dem Inhalte des Geschäftes behalte. Habe z. B. der Gemeinschuldner eine Sache verkauft, so werde zwar trotz des Verkaufes die Sache dem Käufer

der anderen Seite unterliegt die Wiederherstellung der früheren Sachlage insoweit einer Beschränkung, als ihr die billige Rücksicht auf den redlichen Erwerber entgegensteht.[3] Demnach muß

1. Derjenige, gegen welchen ein Anfechtungsrecht nach Conc.O. §. 23 oder §. 24 wegen unredlichen Erwerbes aus dem Vermögen des Gemeinschuldners begründet ist, die durch diesen Erwerb zum Nachtheil aller oder einzelner Concursgläubiger im Vermögensstande des Gemeinschuldners eingetretene Veränderung unbedingt und vollständig wieder beseitigen ohne Rücksicht auf die Folgen, welche dadurch für sein eigenes Vermögen entstehen.[4] Er kann daher z. B. gegen den Gemeinschuldner erworbene Forderungen oder an Sachen

---

entwehrt, das Kaufgeschäft aber bleibe, allerdings jetzt mit Gewährspflicht, zwischen Verkäufer und Käufer bestehen." Allein diese Auslegung läßt sich nicht billigen. Denn da durch die Ausübung des Anfechtungsrechtes Dasjenige, was durch die angefochtene Rechtshandlung aus dem Vermögen des Gemeinschuldners herausgebracht ist, zu der Concursmasse, d. h. zu dem Vermögen des Gemeinschuldners, zurückgebracht wird, wogegen der Gegner aber auch Anspruch auf Rückerstattung der gemachten Gegenleistung hat und bezw. seine durch die angefochtene Rechtshandlung getilgte Forderung wieder bekommt, so erhellt, daß die Rechtshandlung durch die erfolgreiche Anfechtung auch dem Gemeinschuldner gegenüber ihre Wirkungen verliert. Am wenigsten kann wohl von einem Entwehrungsanspruche des Gegners an den Gemeinschuldner die Rede sein; denn eine Entwehrung liegt begrifflich gar nicht vor, weil jenem die gekaufte Sache nicht wegen eines Mangels im Rechte des Verkäufers, sondern bloß wegen seiner eigenen Unredlichkeit entzogen wird, und überdies nicht von einem Dritten, sondern, da sie in das Vermögen des Verkäufers zurückkehrt, vielmehr von diesem selbst. Vgl. ob. §. 17 Anm. 1.

[3] S. Mot. §§. 30—32. I. Abs. 4 (S. 148).

[4] Conc.O. §. 30 Abs. 1. Vgl. AnfechtungsG. v. 21. Juli 1879 §. 7 Abs. 1.

desselben erworbene Pfandrechte oder sonstige Rechte nicht mehr mit Wirksamkeit geltend machen und muß auf Verlangen des Concursverwalters die förmliche Aufhebung derselben durch Rückgabe des erhaltenen Wechsels, Bewilligung der Löschung im Grundbuche u. dgl. bewirken. Umgekehrt muß er durch die angefochtene Rechtshandlung (als z. B. Zahlung, Erlaß) aufgehobene Forderungen, Pfandrechte oder sonstige Rechte des Gemeinschuldners wieder als bestehend gelten lassen bezw. durch Bewilligung der Wiedereintragung im Grundbuche u. dgl. wiederherstellen. Vom Gemeinschuldner an ihn veräußerte Sachen, Forderungen oder sonstige Vermögensstücke muß er an die Concursmasse (z. B. durch Bewilligung der Umschreibung im Grundbuche) zurückübertragen, und zwar frei von Pfandrechten oder anderen Rechten, welche inzwischen Dritte daran erworben haben. Ist ihm die Rückgewähr durch seine Schuld, z. B. durch Weiterveräußerung an Andere, Verzehrung oder sonstige Vernichtung der Sache, nicht oder nicht vollständig möglich, so muß er an die Concursmasse Ersatz leisten nach Maßgabe der Grundsätze, nach welchen das bürgerliche Recht einen unredlichen Besitzer wegen Unmöglichkeit der Rückgewähr für haftbar erklärt. Auch der Umfang seiner Haftung für Früchte und Verschlechterungen, sowie seiner Ansprüche wegen Verwendungen bemißt sich in entsprechender Weise nach den Vorschriften des bürgerlichen Rechtes in Ansehung unredlicher Besitzer.[5]

---

[5] Vgl. Mot. §§. 30—32. I. Abs. 1—3 (S. 147 fg.). S. auch CP. §. 779. Wegen des gemeinen Rechtes s. Windscheid §. 463 Nr. 4. a, Stiegl. §. 30 Bem. III. Das bürgerliche Recht entscheidet auch darüber, ob, wenn dem Anfechtungsgegner ein Anspruch auf Herausgabe des Gegenstandes gegen einen dritten Besitzer zusteht, der Concursverwalter die Abtretung desselben, und ob er,

Auf Rückgewähr Dessen, was in Folge der angefochtenen Rechtshandlung seinem eigenen Vermögen abgeht, hat der Anfechtungsgegner den benachtheiligten Concursgläubigern gegenüber nur Anspruch, soweit sonst nach Leistung Desjenigen, was er zufolge der Anfechtung an die Concursmasse zu leisten hat, zur Befriedigung jener Gläubiger auf seine Kosten ein größerer Werth vorhanden sein würde, als wenn die Rechtshandlung nicht stattgefunden hätte.[6] Demnach tritt eine durch die Rechtshandlung (als z. B. Zahlungsempfang, Vollstreckungshandlung) getilgte Forderung des Anfechtungs-

---

wenn jener den Gegenstand verkauft hat, den erlangten Kaufpreis bezw. Abtretung der Kaufpreisforderung verlangen könne. S. Mot. a. a. O. Abs. 3. Wegen des gemeinen Rechtes: L. 14 D. quae in fraud. cred. 42, 8, L. 9 D. eod., Windscheid §. 463 Anm. 15, Otto S. 168 fg. Endlich ist nach dem bürgerlichen Rechte zu beurtheilen, wieweit bei einer von einem Stellvertreter, z. B. einem Vormunde für den Mündel, vorgenommenen Rechtshandlung wegen Unredlichkeit des Stellvertreters Ansprüche gegen den Vertretenen begründet seien. Wegen des gemeinen Rechtes s. L. 6 §. 12, L. 10 §. 5 D. eod. Die Ansicht von Stiegl. §. 23 Bem. V. 2 und Otto S. 109 ff., daß, wegen der heutigen Grundsätze über Stellvertretung bei Rechtsgeschäften, der Vertretene für die Unredlichkeit seines Stellvertreters in gleicher Weise wie für seine eigene haften müsse, ist wenigstens nach dem gemeinen Rechte unhaltbar, da ein Sklave oder Haussohn schon nach dem römischen Rechte eben so unmittelbar für den Gewalthaber erwarb, wie nach dem heutigen der Stellvertreter für den Vertretenen.

[6] S. ob. Anm. 2. Vgl. Mot. §§. 30—32. II. 2 (S. 149). Hieraus folgt, wofür auch die Fassung von Conc.O. §. 32 spricht, daß der anfechtende Concursverwalter erst dann zu einer Rückgewähr an den Anfechtungsgegner verbunden ist, wenn durch wirkliche Leistung von Seite des letzteren eine solche ungerechtfertigte Vermehrung der Masse besteht, und nur, soweit sie besteht. Dies ist namentlich dann von Wichtigkeit, wenn sich der Anfechtungsgegner selbst im Concurse befindet. A. M. Otto S. 180 und nach anderer Richtung Sarwey §. 31 Bem. 2.

gegners an den Gemeinschuldner durch Rückerstattung des Empfangenen an die Concursmasse, und zwar nach Rechtsvorschrift von selbst, wieder in Kraft, so daß er sie jetzt als Concursforderung geltend machen kann.[7] Dagegen kann er die Rückgewähr einer aus dem angefochtenen Geschäfte gemachten Gegenleistung (wie z. B. des in Folge des angefochtenen Kaufes von ihm bezahlten Kaufpreises) der Concursmasse gegenüber nur begehren, soweit sonst der Werth des als Concursmasse greifbaren Vermögens des Gemeinschuldners größer sein würde, als wenn jenes Geschäft unterblieben wäre;[8] und zwar, soweit sich das Geleistete noch unterscheidbar in der Masse vorfindet, oder soweit diese nach der Concurseröffnung um den Werth desselben bereichert

[7] Conc.O. §. 32 vbd. Mot. §§. 30—32 a. E. (S. 150). Vgl. AnfechtungsG. v. 21. Juli 1879 §. 8. (Verwandt: L. 1 §. 2, L. 8 §§. 7, 9, L. 9, 10 D. ad SC. Vell. 16, 1.)

[8] Wegen Rückerstattung des Restes der Gegenleistung kann er sich nur an das freie Vermögen des Gemeinschuldners halten. Nach den Mot. §§. 30—32. II. Nr. 2 (S. 149) vbd. Mot. §. 22 in Abs. 3 (S. 111 fg.) hat es freilich den Anschein, als ob der Anfechtungsgegner als Concursforderung immer einen Anspruch auf Rückerstattung der vollen Gegenleistung, ja sogar noch weiter auf Schadenersatz geltend machen könnte. Allein dann hätte es der Gemeinschuldner in der Hand, in unredlichem Einverständnisse mit einem Anderen seinen Gläubigern trotz des Anfechtungsrechtes Werthe zu entziehen, z. B. durch Verkauf einer Sache um sehr hohen Preis, den er bei Seite schaffen will, mit der Verabredung, denjenigen Theil desselben, welchen der Käufer aus der Concursmasse nicht zurückerlangen sollte, an diesen zu vergüten. Einen Anspruch auf einen über die Rückerstattung der Gegenleistung hinausgehenden Schadenersatz aber kann man dem Anfechtungsgegner überhaupt nicht zuschreiben, weil er den Schaden, den er durch die Anfechtung des Geschäftes erleidet, sich selbst durch sein unredliches Verhalten zugezogen hat. Vgl. auch Sarwey §. 31 Bem. 4 g. E., Stiegl. §. 31 Bem. III. A. M. Otto S. 181 fg.

worden ist, sei es weil erst jetzt die Gegenleistung an sie geschah, sei es weil das schon vorher Geleistete erst jetzt für sie verwerthet wurde, als Masseanspruch, darüber hinaus bloß als Concursforderung.[9]

Dagegen braucht

2. Derjenige, gegen welchen ein Anfechtungsrecht nur aus Conc.O. §. 25 wegen unentgeltlichen Erwerbes aus dem Vermögen des Gemeinschuldners begründet ist, wenn er bei dem Erwerbe in gutem Glauben war, d. h. nicht wußte, daß dadurch Gläubiger des Schenkers benachtheiligt seien, und wenn er bis zu der Ausübung des Anfechtungsrechtes in gutem Glauben geblieben ist, d. h. weder von der bei der Schenkung vorhandenen Absicht des Schenkers, seine Gläubiger zu benachtheiligen, noch auch von der thatsächlichen Benachtheiligung dieser Gläubiger durch die Schenkung Kenntniß erlangt hat,[10] das Empfangene nur soweit zurückzuge-

---

[9] Conc.O. §. 31. Vgl. Mot. §§. 30—32. II. Nr. 1 u. 2 (S. 149) vbd. Conc.O. §. 52 Nr. 3, Mot. §. 52 Nr. 3 (S. 246), Prot. S. 28. Nach den Mot. §§. 30—32. II. Nr. 1 würde, soweit sich das Geleistete noch unterscheidbar in der Masse vorfindet, ein Aussonderungsanspruch des Anfechtungsgegners nach Conc.O. §. 35 bestehen. S. dagegen Sarwey §. 31 Bem. 1, Stiegl. §. 31 Bem. II., Otto S. 179 fg. Wenn die schon vor der Concurseröffnung an den Gemeinschuldner gemachte Gegenleistung sich bei der Concurseröffnung nicht mehr unterscheidbar in der Masse vorfand, so kann der Anspruch auf Rückerstattung nicht als Masseanspruch geltend gemacht werden, sollte auch in Folge der Gegenleistung der Geldwerth der Concursmasse nachweisbar größer sein, als er unter der Voraussetzung des Unterbleibens des angefochtenen Geschäftes sein würde. S. Mot. §§. 30—32. II. Nr. 2 (S. 149). Vgl. ob. §. 14. II. B. 3. A. M. Mandry S. 387 fg., Dernburg II. §. 131 Anm. 8, Stiegl. §. 31 Bem. II., Otto S. 181.

[10] Vgl. ob. §. 16. I. 2 und Conc.O. §. 33 Abs. 2 Nr. 1. S. auch Hartmann Bem. 9 zu §. 7, Wilm. §. 30 Bem. 3 u. 4. Andere Begriffsbestimmungen des

währen, als er dadurch zur Zeit der Ausübung des Anfechtungsrechtes noch bereichert ist, d. h. das Empfangene selbst, soweit er es jetzt noch hat, soweit er es aber nicht mehr hat, seinen Werth, soweit um denselben sein Vermögen jetzt noch größer ist, als es ohne den Erwerb sein würde.[11] War er bei dem Erwerbe nicht in gutem Glauben, so haftet er für die Rückerstattung des Empfangenen in gleicher Weise wie Derjenige, gegen welchen ein Anfechtungsrecht wegen unredlichen Erwerbes nach Conc.O. §. 23 oder §. 24 begründet ist. War er erst nach dem Erwerbe aber vor der Ausübung des Anfechtungsrechtes in bösen Glauben gekommen, so haftet er in dieser Weise von der Zeit des Eintrittes des bösen Glaubens an für die Rückerstattung des Empfangenen, soweit er dadurch zu dieser Zeit noch bereichert war.[12]

---

bösen Glaubens: Sarwey §. 30 Bem. 4, Völd. §. 30 Bem. d, Stiegl. §. 30 Bem. IV. 1, Otto S. 184.

[11] Conc.O. §. 30 Abs. 2 vbd. Mot. §§. 30—32. I. Abs. 4 (S. 148). Vgl. AnfechtungsG. v. 21. Juli 1879 §. 7 Abs. 2. Er braucht also keinesfalls mehr zu erstatten als den Werth des Empfangenen. Ferner aber braucht er nicht zu erstatten, was er davon in gutem Glauben unentgeltlich weggegeben oder über das Maß seines früher gewohnten Aufwandes hinaus verbraucht hat u. dgl. Als Maßstab kann hier nach dem gemeinen Rechte theils die Erstattungspflicht des von dem anderen Ehegatten beschenkten Ehegatten, theils diejenige des redlichen Erbschaftsbesitzers gegenüber der Erbschaftsklage dienen. Uebrigens hat der Anfechtungsgegner zu beweisen, daß und wie weit die von dem Concursverwalter bewiesene ursprüngliche Bereicherung später aufgehoben worden ist. Vgl. Sarwey §. 30 Bem. 5, Stiegl. §. 30 Bem. IV. 3.

[12] Conc.O. §. 30 Abs. 1 vbd. Mot. a. a. O., Prot. S. 28. Vgl. Hullm. §. 30 Bem. 2, Sarwey §. 30 Bem. 4 u. 5, Wilm. §. 30 Bem. 4, Stiegl. §. 30 Bem. IV. 1 u. 2, Otto S. 184 fg. S. auch Windscheid §. 424 Nr. 1 und Anm. 3. Den bösen Glauben des Empfängers muß der anfechtende Concursverwalter beweisen mit Ausnahme der Fälle, in denen nach Conc.O. §. 24 Nr. 2 sogar bei entgeltlichen

II. Ein besonderer Rechtsnachfolger des ersten Erwerbers, gegen welchen wegen seiner nachgewiesenen oder rechtlich vermutheten Unredlichkeit ein Anfechtungsrecht nach Conc.O. §. 33 Abs. 2 Nr. 1 oder Nr. 2 begründet ist, steht, soweit das von jenem ersten Erwerber anfechtbar Erworbene an ihn gelangt ist, der Concursmasse wie ein unredlicher erster Erwerber gegenüber.[13] Wegen einer an seinen Rechtsvorgänger gemachten Gegenleistung kann er sich immer nur an diesen halten. Ob und unter welchen Voraussetzungen er anstatt des ersten Erwerbers den Anspruch desselben auf die Rückerstattung der von diesem an den Gemeinschuldner oder an die Concursmasse gemachten Gegenleistung geltend machen könne, bemißt sich nach dem bürgerlichen Rechte.[14]

d. Verminderung der Concursmasse durch die Ausübung von Absonderungsrechten.

§. 19.

aa. Die einzelnen Absonderungsrechte.

I. Der Werth der Concursmasse kann für die Concursgläubiger eine Minderung erleiden durch die Geltendmachung von Ansprüchen auf abgesonderte Befriedigung aus

Verträgen böser Glaube des Empfängers rechtlich vermuthet wird. S. Völd. §. 30 Bem. d Abs. 2, Dernburg II. §. 129 Anm. 3.

[13] Conc.O. §. 30 Abs. 1 vbd. Mot. §. 33 unter Nr. 2 in Abs. 4 (S. 153). Insoweit ist er also der Concursmasse neben dem ersten Erwerber solidarisch haftbar. Vgl. Stiegl. §. 33 Bem. III. 1 Anm. b (S. 184), Otto S. 178 vbd. S. 167.

[14] S. Mot. a. a. O. in Abs. 5 u. 6 (S. 153). Vgl. Sarwey §. 31 Bem. 5, Stiegl. §. 31 Bem. IV., Otto S. 182 unter d. A. M. Völd. §§. 31, 32 Bem. f. III., §. 33 Bem. g.

Vermögensstücken, die zur Concursmasse gehören, d. h. von Ansprüchen auf besondere, der Befriedigung der Concursgläubiger vorgehende Befriedigung gewisser Forderungen aus dem Werthe solcher Vermögensstücke.[1] Dergleichen Ansprüche können aber nur in folgenden Fällen geltend gemacht werden:[2]

1. Aus Grundstücken und anderen Vermögensstücken, welche das Landesrecht in Ansehung der Zwangsvollstreckung zum unbeweglichen Vermögen rechnet,[3] kann, soweit nach dem bürgerlichen Rechte, sei es Reichsrecht oder das einschlagende Landesrecht, ein dingliches oder sonstiges Recht auf vorzugsweise Befriedigung aus denselben, wie z. B. Hypothek, Grundschuld, gesetzliches oder vertragsmäßiges Vorzugsrecht u. dgl.,[4] besteht, die abgesonderte Befriedigung in der gleichen Weise und unter den nämlichen Voraussetzungen verlangt und betrieben werden, wie wenn kein Concurs eröffnet wäre.[5] Insbesondere bestimmt sich nach dem bürgerlichen Rechte der Umfang der betreffenden Immobiliarmasse in Rücksicht auf Zubehörungen, Früchte, Mieth- oder Pachtzinsen, ausstehende

---

[1] Vgl. ob. §. 4. V.

[2] Conc.O. §. 3 Abs. 1. Die nach dem früheren Rechte begründeten aber von der Concursordnung nicht anerkannten Absonderungsrechte haben also für den Concurs ihre Kraft verloren: Mot. §. 3 in Abs. 8 (S. 29). Auch die in HGB. Art. 122, 169 vorbehaltenen Vorschriften der Landesgesetze sind beseitigt: Mot. z. EG. §. 3 in Abs. 2 a. E. (S. 465). Vgl. ob. §. 2 Anm. 7.

[3] S. Conc.O. §. 39 vbd. CP. §. 757 Abs. 2. Vgl. Mot. §. 39 in Abs. 9 (S. 192 ff.), Sarwey §. 39 Bem. 2. Maßgebend ist das Recht des Ortes, wo sich der Gegenstand befindet: Mot. §. 39 in Abs. 5 a. E. (S. 191). Vgl. RechtshülfeG. v. 21. Juni 1869 §. 18. S. jedoch in Ansehung der Schiffe Sarwey §. 39 Bem. 2 Nr. 4 Abs. 2 (S. 272).

[4] S. Mot. §. 39 in Abs. 7 (S. 191 fg.). Vgl. Sarwey §. 39 Bem. 4.

[5] Conc.O. §. 39 Abs. 1 vbd. Mot. §. 39 in Abs. 4 a. E. u. 5 (S. 191). Vgl. CP. §. 757. S. auch Sarwey §. 39 Bem. 5 u. 6.

Versicherungsgelder u. dgl.; ferner der Umfang der daraus zu berichtigenden Ansprüche in Rücksicht auf Zinsen, Kosten u. dgl. sowie die Rangordnung derselben.[6]

2. Aus einem in Ansehung der Zwangsvollstreckung zum beweglichen Vermögen gehörigen Vermögensstücke, sei es eine körperliche Sache, eine Forderung oder ein sonstiges Vermögensstück, kann Derjenige, welcher daran für eine Forderung ein Faustpfandrecht hat, abgesonderte Befriedigung wegen dieser Forderung begehren.[7] Die Befriedigung geschieht nach Maßgabe des bürgerlichen Rechtes und in gleichem Umfange (in Rücksicht auf rückständige Zinsen, gemachte Verwendungen, Folgen des Verzuges, Kosten u. dgl.), wie wenn kein Concurs eröffnet wäre, jedoch so, daß sie zuerst wegen der Kosten, dann wegen der Zinsen, zuletzt wegen des Capitals als erfolgt gilt.[8] Nach dem bürgerlichen Rechte bemißt sich auch,

---

[6] Conc.O. §. 39 Abs. 2 vbd. Mot. §. 39 in Abs. 7 u. 8 (S. 191 fg.).

[7] Conc.O. §. 40. Vgl. CautionsG. v. 2. Juni 1869 §. 11 Abs. 2 vbd. §. 5 Abs. 2. Also nicht wegen anderer Forderungen, sollte auch nach dem bürgerlichen Rechte dem Gläubiger ein Recht der Zurückbehaltung des Pfandes wegen derselben zustehen: Mot. §. 40. II. Abs. 2 (S. 206). S. jedoch Conc.O. §. 41 Nr. 8 vbd. HGB. Art. 313 ff. Ein bloßes Pfandrecht an einem beweglichen Vermögensstücke ohne Besitz gibt, auch wo das bürgerliche Recht solche Pfandrechte anerkennt, im Concurse kein Absonderungsrecht noch sonstiges Vorzugsrecht. S. Mot. §. 40. I. Abs. 1 (S. 196 fg.).

[8] Conc.O. §. 40 vbd. Mot. §. 40. II. Abs. 3 u. 4 (S. 207 fg.). Unter Kosten sind hier alle nach der Pfandbestellung erwachsenen Kosten zu verstehen, für welche das Pfand nach dem bürgerlichen Rechte haftet. Vgl. z. B. CautionsG. v. 2. Juni 1869 §. 10. Enger Völd. §. 40 Bem. b. Für die Wirkung des Pfandrechtes ist maßgebend bei einem Faustpfandrechte an einer körperlichen Sache das Recht des Ortes, wo sich diese zur Zeit der Ausübung des Absonderungsrechtes befindet, bei einem Faustpfandrechte an einer Forderung das Recht des Ortes, wo der Drittschuld-

an was für Vermögensstücken ein Faustpfandrecht möglich ist, was zur gültigen Erlangung eines solchen Pfandrechtes gehört, und wie ein solches Pfandrecht verloren geht.[9] Jedoch wird durch ein hienach bestehendes Faustpfandrecht ein Absonderungsrecht immer nur dann begründet, wenn jenes für Dritte, insbesondere für die übrigen Gläubiger, äußerlich erkennbar ist.[10] Dazu gehört bei einer beweglichen körperlichen Sache, daß der Pfandgläubiger oder ein Dritter für ihn den Gewahrsam der Sache, d. h. die wirkliche thatsächliche Gewalt über dieselbe, erlangt und bis zur Concurseröffnung[11] behalten, d. h. nicht freiwillig wieder aufgegeben hat.[12] Bloß

ner zu dieser Zeit seinen Wohnsitz hat. Vgl. CP. §. 24. S. Windscheid §. 35 Nr. 2 und Anm. 3.

[9] EG. §. 16 vbd. Mot. z. EG. §. 16 (S. 478) und Mot. §. 40. I. Abs. 2 u. 11 (S. 197 fg., 204 fg.), Prot. S. 39, 138. Vgl. Sarwey §. 40 Bem. 5 Abs. 3, IV. Abs. 1 g. E., V., Bem. 3 z. EG. §. 14. S. auch HGB. Art. 309. Ob die Erfordernisse für den Erwerb eines Faustpfandrechtes vorhanden gewesen seien, ist, wenn es sich um ein Faustpfandrecht an einer körperlichen Sache handelt, nach dem Rechte des Ortes zu beurtheilen, wo sich die Sache zur Zeit der Pfandbestellung befand, wenn es sich aber um ein Faustpfandrecht an einer Forderung handelt, nach dem Rechte des Ortes, wo zu dieser Zeit der Drittschuldner seinen Wohnsitz hatte. Vgl. CP. §. 24. S. Sarwey §. 40 Bem. 5. I., Stiegl. §. 40 Bem. IX. — Vgl. noch R.CP. §. 103 Anm. 2, §. 98 Anm. 24, §. 79 Anm. 17.

[10] S. Mot. §. 40. I. Abs. 1 (S. 196) vbd. Mot. Vorbem. z. Buch I. Tit. 5 in Abs. 5 (S. 189).

[11] Vgl. Mot. §. 41. II. g. E., V. a. E. (S. 211, 215). S. auch Conc.O. §. 117 Abs. 1 und Sarwey §. 41 Bem. 1. IV.

[12] EG. §. 14 Abs. 1. Namentlich genügt also die Faustpfandbestellung durch sog. constitutum possessorium nicht. S. Mot. §. 40. I. Abs. 2 g. E. (S. 198). Vgl. CautionsG. v. 2. Juni 1869 §. 5 Abs. 2, §. 6. Der Begriff des „Behaltens" muß in der angegebenen Weise einschränkend ausgelegt werden; denn dadurch, daß ein Dritter oder auch der Gemeinschuldner selbst die Sache dem Faustpfandgläubiger entwendet und dieser sie zur Zeit der Concurseröffnung noch nicht

dann ist zur Begründung des Absonderungsrechtes die thatsächliche Uebergabe der verpfändeten Sache ausnahmsweise nicht erforderlich:

a. wenn nach dem Reichsrechte oder dem einschlagenden Landesrechte die Uebergabe von Connossementen oder ähnlichen Papieren (z. B. Ladescheinen, Lagerscheinen) über Waaren oder andere bewegliche Sachen der Uebergabe derselben, oder wenn die Eintragung der Verpfändung in das Schiffsregister oder die Uebergabe der mit einem beglaubigten Vermerke der Verpfändung versehenen Schiffsurkunden in Urschrift oder beglaubigter Abschrift der Uebergabe des verpfändeten Schiffes gleichsteht;[13]

b. wenn über eine Verbodmung (von Schiff, Fracht oder Ladung) ein den Vorschriften des Handelsgesetzbuches entsprechender Bodmereibrief ausgestellt ist.[14]

---

wieder erhalten hat, kann er doch sein Absonderungsrecht nicht verlieren. Der Gesetzgeber will in EG. §. 14 Abs. 1 wesentlich nur aussprechen, daß der Faustpfandgläubiger kein Absonderungsrecht haben soll, „wenn der Gewahrsam dem Schuldner verblieb oder ihm später anvertraut wurde“. S. Mot. §. 40. I. Abs. 2 a. E. (S. 198). Vgl. Sarwey §. 40 Bem. 5. IV., Stiegl. §. 40 Bem. III. 1 Abs. 2. — Auch auf die nach dem bürgerlichen Rechte mitverhafteten Zubehörungen und Früchte der Pfandsache erstreckt sich das Absonderungsrecht nur, soweit sie sich im Gewahrsam des Pfandgläubigers oder eines Dritten für ihn befinden, was namentlich in Ansehung der Zinsscheine verpfändeter Werthpapiere wichtig ist. S. Mot. §. 40. II. Abs. 1 (S. 206).

[13] EG. §. 14 Abs. 2 Nr. 1 vbd. Mot. z. EG. §. 14 (S. 476 fg.), Mot. §. 40. I. Abs. 9 u. 10 (S. 203 fg.). Vgl. HGB. Art. 649, 313 Abs. 1, 374 Abs. 1, DarlehenskassenG. v. 21. Juli 1870 §. 6. S. auch Sarwey Bem. 5 u. 7 z. EG. §. 14.

[14] EG. §. 14 Abs. 2 Nr. 2; vbd. HGB. Art. 680, 683 ff., 695, 697.

Ein Faustpfandrecht an einer Forderung oder an einem anderen unkörperlichen Vermögensstücke gewährt einen Absonderungsanspruch nur, wenn zum mindesten entweder

a. der Drittschuldner von der Verpfändung nach Maßgabe des bürgerlichen Rechtes gehörig benachrichtigt ist,[15] oder

b. der Pfandgläubiger oder ein Dritter für ihn den Gewahrsam der körperlichen Sache, welche den Gegenstand des Rechtes bildet, oder der über die Forderung oder das sonstige Vermögensrecht ausgestellten Urkunde erlangt und behalten hat, oder endlich

c. die Verpfändung in das Grund- oder Hypothekenbuch eingetragen ist.[16]

3. Ein dem Absonderungsrechte der Faustpfandgläubiger hinsichtlich der Behandlung im Concurse überall gleichstehendes Absonderungsrecht[17] besteht in folgenden Fällen:[18]

---

[15] S. Prot. S. 139.

[16] EG. §. 15 vbd. Mot. §. 40. I. Abs. 11 (S. 204 fg.), Prot. S. 139. Vgl. HGB. Art. 309 Abs. 2. Durch EG. §. 17 ist der Landesgesetzgebung vorbehalten, die Begründung von Faustpfandrechten zu Gunsten der Inhaber von Pfandbriefen und ähnlichen Schuldverschreibungen abweichend von den Vorschriften in EG. §§. 14 u. 15 zu regeln. Dieser Vorbehalt hat aber, da bereits die reichsgesetzliche Regelung dieses Gegenstandes in Angriff genommen ist, kaum eine praktische Bedeutung.

[17] Conc.O. §. 41. Die Gleichstellung beschränkt sich aber auf das concursrechtliche Gebiet. Ueber die rechtliche Natur der durch Conc.O. §. 41 gewährten Absonderungsrechte (ob Pfandrecht, Vorzugsrecht oder Zurückbehaltungsrecht) und über die Art und Weise ihrer Ausübung entscheidet das bürgerliche Recht. S. Mot. §. 41. A (S. 217 fg.). Vgl. Sarwey §. 41 Bem. 1. III.

[18] Sonstige nach dem bürgerlichen Rechte in Ansehung beweglicher Sachen begründete gesetzliche Pfandrechte, Vorzugsrechte oder Zurückbehaltungsrechte gewähren kein Absonderungsrecht im Concurse, können überhaupt

a. Die Reichskasse, die Staatskassen, die Gemeinden und andere staatliche Verbände (Amts-, Kreis- und Provincialverbände) haben wegen der auf bestimmten einzelnen Sachen lastenden Zölle, Verbrauchssteuern, Uebergangsabgaben und ähnlichen öffentlichen Abgaben Anspruch auf abgesonderte Befriedigung aus diesen Sachen, wenn dieselben in gesetzlicher Weise zurückgehalten oder in Beschlag genommen sind.[19]

b. Der Verpächter eines Grundstückes hat im Concurse seines Pächters[20] wegen des laufenden und des rückständigen Pachtzinses[21] sowie wegen seiner sonstigen Forderungen aus dem Pachtverhältnisse Anspruch auf abgesonderte Befriedigung aus den Früchten des Grundstückes und aus den eingebrachten Sachen, d. h. denjenigen körperlichen Sachen, welche der Pächter, wenn auch nur zu vorübergehendem Verbleiben, auf dem Grundstücke selbst in Gewahrsam hat,[22] soweit diese

im Concurse nicht geltend gemacht werden. S. Conc.O. §. 3 Abs. 1, Mot. §. 41 in Abs. 3, unter V. und hinter VII. (S. 208, 212 fg., 215 ff.).

[19] Conc.O. §. 41 Nr. 1 vbd. Mot. §. 41. I. (S. 208). Vgl. VereinszollG. v. 1. Juli 1869 §§. 14, 100, Zollvereinsvertrag v. 8. Juli 1867 Art. 5, Deutsche Reichsverfassung Art. 33—40. S. auch Sarwey §. 41 Bem. 2. — Für directe Steuern kann ein Absonderungsrecht nur nach Conc.O. §. 41 Nr. 9 durch Pfändung erworben werden. S. Mot. a. a. O. Vgl. aber Conc.O. §. 54 Nr. 2.

[20] Nicht auch im Concurse eines Afterpächters. Vgl. Mot. §. 41. II. Abs. 1 a. E. (S. 210), Sarwey §. 41 Bem. 12a (S. 314), Stiegl. §. 41 Bem. II. 4, Völd. §. 41 ad 2 Bem. a. II. B. a. E.

[21] Der von der Concurseröffnung an laufende Pachtzins ist aber zugleich Masseschuld: Conc.O. §. 52 Nr. 2 vbd. §. 17 Nr. 1. S. ob. §. 6. III. 2. b a. E.

[22] S. Mot. §. 41. II. Abs. 1 (S. 209 g. E.). Vgl. Sarwey §. 41 Bem. 12 u. 12a.

Früchte oder Sachen im Eigenthum des Gemeinschuldners stehen und sich zur Zeit der Concurseröffnung noch auf dem Grundstücke befinden.[23]

c. Der Pächter hat im Concurse seines Verpächters Anspruch auf abgesonderte Befriedigung aus dem zur Zeit der Concurseröffnung in seinem Gewahrsam befindlichen Pachtinventar, soweit es nach dem bürgerlichen Rechte Eigenthum des Verpächters ist, wegen der Forderungen für Erhaltung, Vermehrung oder Verbesserung desselben.[24]

d. Der Vermiether eines Grundstückes oder eines Raums auf einem Grundstücke hat im Concurse seines Miethers[25] wegen des laufenden[26] und des für das letzte Jahr vor der Concurseröffnung[27] rückständigen Mieth-

---

[23] Conc.O. §. 41 Nr. 2 vbd. Mot. §. 41. II. (S. 208 ff.). Dieses Absonderungsrecht besteht kraft der Concursordnung in dem bezeichneten Umfange auch in denjenigen Rechtsgebieten, wo das bürgerliche Recht dem Verpächter wegen seiner Ansprüche kein oder doch kein so weit gehendes Pfand- oder Zurückbehaltungsrecht zuschreibt. Vgl. Sarwey §. 41 Bem. 3 Abs. 2, Stiegl. §. 41 Vorbem. B. 3. Ueber das Verhältniß bezüglich der Früchte s. Sarwey §. 41 Bem. 7, Stiegl. §. 41 Vorbem. II. 2. Vgl. auch noch Sarwey §. 41 Bem. 13. An denjenigen Früchten und eingebrachten Sachen, welche nicht im Eigenthum des Gemeinschuldners sondern eines Dritten, z. B. eines Afterpächters, stehen, kann, da sie nicht zu der Concursmasse gehören, der Verpächter kein Absonderungsrecht haben. Ob und wieweit er sich aber dem Dritten gegenüber an solche Früchte und Sachen halten könne, bemißt sich nach dem bürgerlichen Rechte. S. Mot. a. a. O. und ob. Anm. 20. Vgl. Sarwey §. 41 Bem. 12 a (S. 314), Völd. §. 41 ad 2 Bem. e Abs. 2, 3.

[24] Conc.O. §. 41 Nr. 3 vbd. Mot. §. 41. III. (S. 211 fg.). Vgl. Völd. §. 41 ad 3, Stiegl. §. 41 Bem. III.

[25] Vgl. ob. Anm. 20.

[26] Vgl. ob. Anm. 21.

[27] Wegen der Berechnung s. ob. §. 16 Anm. 5.

zinses sowie wegen seiner sonstigen Forderungen aus dem Miethverhältnisse Anspruch auf abgesonderte Befriedigung aus den eingebrachten Sachen,[28] soweit sie im Eigenthum des Gemeinschuldners stehen und sich zur Zeit der Concurseröffnung noch auf dem Grundstücke befinden.[29]

e. Gastwirthe[30] haben wegen ihrer Forderungen für Wohnung und Bewirthung des Gastes in dem Concurse desselben Anspruch auf abgesonderte Befriedigung aus den von ihm eingebrachten und von ihnen bis zur Concurseröffnung zurückbehaltenen Sachen, soweit diese im Eigenthum des Gemeinschuldners stehen.[31]

f. Künstler, Werkmeister, Handwerker und Arbeiter können aus den von ihnen gefertigten oder ausgebesserten beweglichen Sachen, wenn sich diese zur Zeit der Concurseröffnung noch in ihrem Gewahrsam befinden, abgesonderte Befriedigung in Anspruch nehmen wegen ihrer Forderungen für die Arbeit und Auslagen, welche sie zur Fertigung oder Ausbesserung der Sachen aufgewendet haben.[32]

g. Derjenige, welchem aus einer zum Nutzen einer Sache

---

[28] Wegen des Begriffes s. ob. unter b.

[29] Conc.O. §. 41 Nr. 4 vbd. Mot. §. 41. II. (S. 208 ff.). Vgl. ob. Anm. 23. S. noch Stiegl. §. 41 Bem. IV., Sarwey §. 41 Bem. 13.

[30] Gegen den bestimmten Wortlaut des Gesetzes dehnen die Vorschrift auch auf bloße Schankwirthe aus: Sarwey §. 41 Bem. 14, Völd. §. 41 ad 5 Bem. a, Stiegl. §. 41 Bem. V. S. dagegen Pet. §. 41 Bem. II. 5. b.

[31] Conc.O. §. 41 Nr. 5 vbd. Mot. §. 41. IV. (S. 212). Vgl. Völd. §. 41 ad 5, Stiegl. §. 41 Bem. V. S. auch ob. Anm. 23.

[32] Conc.O. §. 41 Nr. 6 vbd. Mot. §. 41. V. 2 (S. 214). Vgl. Stiegl. §. 41 Bem. VII.

gemachten, sei es nothwendigen oder nützlichen, Verwendung nach Maßgabe des bürgerlichen Rechtes ein Ersatzanspruch gegen den Gemeinschuldner zusteht, hat wegen desselben, soweit sein Betrag den zur Zeit der Concurseröffnung in Folge der Verwendung noch vorhandenen Vortheil nicht übersteigt, Anspruch auf abgesonderte Befriedigung aus der Sache, wenn er sie bis zur Concurseröffnung zurückbehalten, d. h. in seinem Gewahrsam behalten, hat.[33]

h. Diejenigen, denen nach dem Handelsgesetzbuche wegen gewisser Forderungen an gewissen Gegenständen, seien es Sachen oder unkörperliche Vermögensstücke, ein Pfandrecht oder Zurückbehaltungsrecht zusteht, können aus diesen Gegenständen wegen jener Forderungen abgesonderte Befriedigung beanspruchen.[34]

---

[33] Conc.O. §. 41 Nr. 7 vbd. Mot. §. 41. V. 1 (S. 214). Vgl. Sarwey §. 41 Bem. 22 u. 23.

[34] Conc.O. §. 41 Nr. 8 vbd. Mot. §. 41. VI. (S. 215). Hierher gehören: das Zurückbehaltungsrecht eines Kaufmanns wegen seiner Forderungen gegen einen anderen Kaufmann aus beiderseitigen Handelsgeschäften an allen mit dem Willen des Schuldners auf Grund von Handelsgeschäften in seinen Besitz gekommenen Sachen desselben nach HGB. Art. 313—315; ferner das Pfandrecht des Commissionärs an dem Commissionsgute und das Absonderungsrecht desselben an den ausstehenden Commissionsforderungen: HGB. Art. 374, 375 vbd. 368 Abs. 2; endlich die Pfandrechte des Spediteurs und Frachtführers an dem Frachtgute: HGB. Art. 382, 409, 410, des Verfrachters im Seehandel gegenüber dem Empfänger, dem Befrachter und den Reisenden: HGB. Art. 624, 626; 629; 675, der Vergütungsberechtigten bei großer Haverei: HGB. Art. 727 vgl. 733, der Gläubiger wegen Bergungs- und Hülfskosten: HGB. Art. 753, StrandungsO. v. 17. Mai 1874 §§. 20, 21, der Schiffsgläubiger: HGB. Art. 757 ff., des Seeversicherungsnehmers an der Police und an der Forderung des Versicherten gegen den Versicherer: HGB. Art. 893.

i. Endlich gewährt das Pfandrecht, welches durch eine, sei es zum Zwecke zwangsweiser Vollstreckung, sei es Behufs bloßer Sicherung einer Forderung, vollzogene Pfändung entstanden ist, Anspruch auf abgesonderte Befriedigung wegen dieser Forderung aus den gepfändeten Gegenständen.[35]

4. Wenn der Gemeinschuldner vor der Concurseröffnung eine Erbschaft erworben hat, so kann jeder Erbschaftsgläubiger oder Vermächtnißnehmer aus den bei der Concurseröffnung in dem Vermögen des Gemeinschuldners vorhandenen einzelnen Vermögensstücken, welche nach Maßgabe des bürgerlichen Rechtes als Stücke jener Erbschaft zu betrachten sind, abgesonderte Befriedigung verlangen, wenn und soweit ihm bei gleicher Sachlage ein Absonderungsanspruch nach dem Landesrechte zusteht.[36]

---

[35] Conc.O. §. 41 Nr. 9; vbd. CP. §§. 709, 810. Vgl. R.CP. §. 79 Anm. 17 a. E. Auch durch eine im Verwaltungswege vollzogene Vollstreckungs- oder Sicherungspfändung wird das Absonderungsrecht begründet, wenn ihr das Landesrecht die gleiche Wirkung wie einer nach Maßgabe der Civilproceßordnung vollzogenen Pfändung beilegt: Mot. §. 41. VII. (S. 215).

[36] Conc.O. §. 43 vbd. Mot. §. 43 in Abs. 2—5 (S. 221 fg.). Auch der Verlust, insbesondere die Verjährung, des Absonderungsanspruches bemißt sich nach dem Landesrechte: Mot. a. a. O. in Abs. 4. Vgl. auch noch EG. z. CP. §. 15 Nr. 3 und Sarwey §. 43 Bem. 3 a. A. Ueber die Gestaltung in den verschiedenen Rechtsgebieten s. Sarwey §. 43 Bem. 4. — Ein selbständiger Concurs über den Nachlaß im Ganzen kann nur eröffnet werden, wenn der Nachlaß überschuldet und noch nicht oder mit der Rechtswohlthat des Inventars angetreten ist: Conc.O. §§. 203, 204 vbd. Mot. §. 43 in Abs. 7 (S. 222 fg.), Vorbem. z. Buch II. Tit. 8 in Abs. 2 (S. 440). S. unt. §. 56. Ausnahme im Königreiche Sachsen wegen bürg. Gesetzb. §. 2328. S. Sarwey §. 43 Bem. 3 a. E. — Die eigenen Gläubiger des Erben haben in dem Concurse desselben in Ansehung seiner nicht zu der Erbschaft gehö-

5. Wer sich mit dem Gemeinschuldner zur Zeit der Concurseröffnung in einem Miteigenthum oder einer sonstigen, sei es durch ein Gesellschaftsverhältniß herbeigeführten, sei es ohne ein solches bestehenden, Gemeinschaft befindet, kann aus dem bei der Theilung oder sonstigen Auseinandersetzung ermittelten Antheil des Gemeinschuldners abgesonderte Befriedigung aller auf das Gemeinschafts- oder Gesellschaftsverhältniß sich gründender Forderungen an jenen verlangen, und zwar nicht allein seiner eigenen Forderungen aus dem Verhältnisse, sondern auch derjenigen der übrigen Theilhaber der Gemeinschaft aus demselben, ja sogar der Forderungen der Gemeinschafts- oder Gesellschaftsgläubiger, soweit sie dem Gemeinschuldner zur Last fallen.[37]

6. Soweit Lehengüter, Stammgüter oder Familienfideicommisse oder die Einkünfte aus solchen Gütern nach Maßgabe des Landesrechtes überhaupt zur Concursmasse des derzeitigen Inhabers gehören, erhalten daraus die Lehen-, Stammguts- oder Familienfideicommiß-Gläubiger abgesonderte Befriedigung nach den Vorschriften des Landesrechtes.[38]

---

rigen Vermögensstücke kein Absonderungsrecht gegenüber den Erbschaftsgläubigern. S. Mot. a. a. O. in Abs. 8 (S. 223).

[37] Conc.O. §. 44 vbd. Mot. §. 44 in Abs. 3 u. 4 (S. 224 fg.), Prot. S. 45 fg. Vgl. Conc.O. §. 14 und ob. §. 13. III. Der ausgesprochene Gedanke ist, daß „nur der Nettoantheil des Cridars zur allgemeinen Concursmasse desselben genommen werden könne": Mot. a. a. O. in Abs. 4. Vgl. Mot. §. 37 in Abs. 38 (S. 183). Daher wird man denn, auch soweit es sich um die Forderungen der Theilhaber aus dem Verhältnisse handelt, das Recht des einzelnen Theilhabers, abgesonderte Befriedigung zu verlangen, nicht auf seine eigene Forderung beschränken dürfen. Vgl. noch Sarwey §. 44 Bem. 2 u. 6 und wegen der Anwendung auf die ehelichen Güterverhältnisse im Fall des Concurses des Manns Bem. 8.

[38] Conc.O. §. 45 vbd. EG. §. 5 Nr. 1. Vgl. Mot. §. 45 (S. 225). S. noch Sarwey §. 45.

II. Treffen mehrere Absonderungsrechte, insbesondere mehrere Faustpfandrechte oder Faustpfandrechte und Absonderungsrechte des §. 41 der Concursordnung (s. ob. Nr. 3) oder endlich mehrere der zuletzt genannten Absonderungsrechte, z. B. mehrere Pfändungspfandrechte oder das Absonderungsrecht des Verpächters oder Vermiethers und ein Pfändungspfandrecht, in Ansehung eines und desselben Gegenstandes zusammen, so entscheidet über die Rangordnung bei der abgesonderten Befriedigung das bürgerliche Recht.[39]

III. Damit sich nicht durch Benutzung abweichenden ausländischen Rechtes ein inländischer Concursgläubiger zum Nachtheil der übrigen für seine Forderung mittelbar eine abgesonderte Befriedigung verschaffen könne, auf welche er nach der Concursordnung keinen Anspruch hat, muß Derjenige, welcher nach der Concurseröffnung oder vorher mit Kenntniß der erfolgten Stellung des Antrages auf dieselbe oder der erfolgten Zahlungseinstellung dem im Auslande wohnenden Inhaber eines zur Concursmasse gehörigen Gegenstandes oder in der Absicht, daß dieser die Forderung erwerbe, einer Mittelsperson eine Concursforderung abgetreten hat, der Concursmasse den Betrag ersetzen, welcher ihr dadurch entgeht, daß der Inhaber des Gegenstandes an demselben nach dem Rechte des Auslandes ein den Bestimmungen der Concursordnung widerstreitendes Absonderungsrecht für die For-

---

[39] S. Mot. §. 41. B. (S. 218 ff.). Vgl. HGB. Art. 306, 307, 409, 624, 650, 697, 727, 753; 411, 771 ff., 779, 781; 651, CP. §. 709 Abs. 3. S. auch R.CP. §. 86. I., Sarwey §. 41 Bem. 1. II., Bem. 2 Abs. 2, Bem. 7, 10 a. E., 13 a, 16 a. E., 24 a. E., Stiegl. §. 41 Vorbem. D. Das Absonderungsrecht aus Conc.O. §. 41 Nr. 1 hat, soweit es sich auf das VereinszollG. v. 1. Juli 1869 gründet, nach §§. 14 u. 100 dieses Gesetzes den Vorrang vor allen anderen Absonderungsrechten. S. Mot. §. 41. B. g. E. (S. 220).

derung ausübt.[40] Dagegen kann er die letztere wieder als Concursforderung geltend machen.[41] Treffen bei der Abtretung durch eine Mittelsperson die gesetzlichen Voraussetzungen auch bei dieser zu, so haftet sie solidarisch in gleicher Weise wie der ursprüngliche Cedent.[42] Aus dem Grunde, daß die Abtretung der Forderung mit Kenntniß von der Zahlungseinstellung erfolgt sei, kann kein Ersatz mehr verlangt werden, wenn die Abtretung früher als sechs Monate vor der Concurseröffnung geschehen ist.[43]

IV. Die Vorschriften der Concursordnung über abgesonderte Befriedigung sind in jedem seit dem Inkrafttreten des Gesetzbuches eröffneten Concursverfahren anzuwenden, selbst wenn es sich dabei um solche Pfand- und Vorzugsrechte oder Forderungen handelt, die schon vor jenem Zeitpunkte erworben waren.[44] Für Forderungen, für welche schon

---

[40] Conc.O. §. 42 vbd. Mot. §. 42 (S. 220 fg.). Vgl. Conc.O. §§. 12, 23 Nr. 1, 30 Abs. 1. Es entspricht dem Wortlaute und, da es sich hier nur um einen besonderen Fall der Anfechtung handelt, auch dem Geiste des Gesetzes, sowie dem praktischen Bedürfnisse, daß der Concursmasse nicht der bloße Unterschied zwischen dem Werthe des Gegenstandes und dem Theilbetrage, der im Concursverfahren auf die Forderung entfallen wäre, sondern vielmehr der ganze Werth des Gegenstandes zu ersetzen ist. A. M., jedoch im Ergebnisse übereinstimmend, Wilm. §. 42 Bem. 3, Völd. §. 42 Bem. k, Pet. §. 42 Bem. 2.

[41] Entspr. Conc.O. §. 32. Vgl. Fuchs §. 12. III. a. E. (S. 68), Wilm., Völd., Pet. a. d. a. OO.

[42] S. Mot. §. 42 a. E. (S. 221).

[43] Conc.O. §. 42 a. E. Vgl. ob. §. 16. II. Abs. 1 a. E. — Die Vorschrift des §. 42 ist in einem seit dem Inkrafttreten der Concursordnung eröffneten Concursverfahren auch auf vorher vorgenommene Abtretungen von Forderungen anzuwenden, es wäre denn, daß nach dem bisherigen Rechte keine Schadenersatzpflicht oder nur eine geringere bestand: EG. §. 10.

[44] EG. §. 11.

vorher dem bisherigen Rechte gemäß durch vertragsmäßige, letztwillige oder richterliche Verfügung ein von der Concursordnung nicht mehr anerkanntes Pfand- oder Vorzugsrecht erworben war, kann jedoch mit gewissen Einschränkungen die Landesgesetzgebung ein Vorrecht im Concurse gewähren. Desgleichen für schon vorher entstandene Forderungen der Ehefrau, der Kinder und der Pflegebefohlenen des Gemeinschuldners, wenn diesen Personen nach dem bisherigen Rechte ein gesetzliches Pfand- oder Vorzugsrecht zugestanden hatte.[45]

§. 20.

bb. Gemeinsames in Ansehung der Absonderungsrechte.

I. Ein Anspruch auf abgesonderte Befriedigung ist gegen den Concursverwalter, aber außerhalb des Concursverfahrens und nöthigenfalls im gewöhnlichen Proceßwege geltend zu machen.[1] Auch die abgesonderte Befriedigung selbst geschieht außerhalb des Concursverfahrens nach Maßgabe der Vorschriften des bürgerlichen Rechtes oder des Proceßrechtes in derselben Weise, wie wenn kein Concurs eröffnet wäre.[2]

---

[45] Näheres EG. §§. 12, 13. Vgl. ob. §. 11. III. a. E.

[1] S. Conc.O. §§. 5 Abs. 2, 9 vbd. Mot. §. 3 in Abs. 11 (S. 29 fg.).

[2] Conc.O. §. 3 Abs. 2 vbd. Mot. §. 3 in Abs. 11 (S. 29 fg.), §§. 116, 117 in Abs. 1 (S. 346 fg.). Deshalb geht auch ein schon vor der Concurseröffnung auf Betreiben eines Absonderungsberechtigten begonnenes Zwangsvollstreckungsverfahren von der Concurseröffnung unberührt in der gewöhnlichen Weise weiter. S. ob. §. 7. VI. Ferner kann ein Absonderungsberechtigter Rechtshandlungen, welche seine abgesonderte Befriedigung beeinträchtigen, ungehindert durch das schwebende Concursverfahren nach Maßgabe des Anfechtungsgesetzes v. 21. Juli 1879 anfechten. S. Mot. z. Entw. dieses Gesetzes

Weil aber der Gegenstand, bezüglich dessen das Absonderungsrecht besteht, an sich zur Concursmasse gehört und der nach der Befriedigung der Absonderungsberechtigten verbleibende Ueberschuß des Werthes zu derselben zurückfließt, so unterliegen diese im Interesse der Concursgläubiger immerhin gewissen Verpflichtungen und Beschränkungen. Sie müssen, wenn sie sich im Besitze des Gegenstandes befinden, nicht bloß, wie jeder Besitzer einer zur Concursmasse gehörigen Sache, von diesem Besitze, sondern sie müssen auch von den Forderungen, für welche sie die abgesonderte Befriedigung aus dem Gegenstande in Anspruch nehmen, dem Concursverwalter innerhalb einer von dem Concursgerichte bestimmten Frist Anzeige machen, und zwar bei Vermeidung der Haftung für allen aus der Unterlassung oder Verzögerung entstehenden Schaden.[3] Ferner müssen sie ihm auf sein Verlangen, jedoch nur auf Kosten der Masse, den Gegenstand vorzeigen und die Abschätzung desselben gestatten.[4] Gehört der Gegenstand in Ansehung der Zwangsvollstreckung zum unbeweglichen Vermögen, so kann auch der Concursverwalter die Zwangsverwaltung und die Zwangsversteigerung bei der zuständigen Behörde betreiben.[5] Desgleichen kann er, wenn der Gegen-

§. 12 im vorl. Abs. (S. 33), Otto, Anfechtung von Rechtshandlungen S. 222.

[3] Conc.O. §§. 108, 109 vbd. Mot. §§. 108, 109 in Abs. 3 (S. 342). Vgl. unt. §. 36. II. Nr. 3 und Anm. 8.

[4] Conc.O. §. 110 vbd. Mot. §§. 113, 110 in Abs. 2 (S. 345). Im Fall der Verweigerung müßte der Verwalter (mit der actio ad exhibendum) auf die Vorzeigung klagen. Vgl. Sarwey §. 110.

[5] Conc.O. §. 116 vbd. §. 39, CP. §§. 755—757. Vgl. Mot. §§. 116, 117 in Abs. 2 (S. 347 fg.). S. auch ob. §. 7. VI. u. Anm. 24 a. E. — Die Betreibung der Zwangsversteigerung ist jedoch, ebenso wie diejenige der Verwerthung eines beweglichen Absonderungsgegenstandes nach Conc.O. §. 117, nur ein Recht,

stand zum beweglichen Vermögen gehört, die Verwerthung desselben nach Maßgabe der Vorschriften über die Zwangsvollstreckung betreiben.[6] Der Absonderungsberechtigte darf sich einer solchen Verwerthung nicht widersetzen, sondern kann seine Ansprüche nur in Ansehung des Erlöses geltend machen.[7] Ist der Absonderungsberechtigte befugt, sich ohne gerichtliches Verfahren aus dem Gegenstande zu befriedigen,[8] so kann

---

nicht eine Pflicht des Verwalters. S. Mot. §§. 116, 117 a. E. (S. 349), Prot. S. 85 fg. Auch kann dieser, wenn es gewiß ist, daß nach der Befriedigung der Absonderungsberechtigten aus dem Gegenstande für die Concursmasse nichts übrig bleibt, ganz darauf verzichten, denselben zu der Concursmasse zu ziehen. S. ob. §. 13. V. 4. und Sarwey §. 3 Bem. 2 Nr. 1, §. 116 Bem. 1 Abs. 1 a. E., Stiegl. §. 3 Bem. II. 3 a. E.

[6] Conc.O. §. 117 Abs. 1 Satz 1. Von diesen Vorschriften sind jedoch hier zu entsprechender Anwendung nur geeignet: CP. §§. 716 Abs. 1, 717 Abs. 2, 3, 718, 720—726, 728, 743, 750—754, 758 ff. Vgl. Mot. §§. 116, 117 im letzten Abs. (S. 349), Prot. S. 87, Sarwey §. 117 Bem. 3. Abweichend Hullm. §. 117 Bem. 4, Völd. §. 117 Bem. e, Stiegl. §. 117 Bem. II.

[7] Conc.O. §. 117 Abs. 1 Satz 2 vbd. Mot. §§. 116, 117 in Abs. 3 (S. 348). Und zwar geschieht bei einem Zusammentreffen mehrerer Absonderungsberechtigten die Befriedigung nach CP. §§. 728 Abs. 2, 3, 751 Abs. 2, 3, 758 ff. Vgl. Mot. a. a. O. im vorl. Abs. (S. 349). Dabei muß aber im Hinblicke auf Conc.O. §. 47 Abs. 2 und Mot. Vorbem. z. Buch I. Tit. 6 in Abs. 4, 7 (S. 226, 227), Mot. §. 46 (S. 229), §. 58 in Abs. 3 (S. 276), §§. 62, 63 Nr. 1 Abs. 1 a. E. (S. 290) die betagte Forderung eines Absonderungsberechtigten, welche nach Conc.O. §. 2 zugleich Concursforderung ist, als nach Conc.O. §. 58 fällig behandelt werden, — zugleich das einzige Mittel, um neben Conc.O. §. 57 die größten praktischen Schwierigkeiten zu vermeiden. Vgl. auch ob. §. 10. I. und unt. §. 21. II. Dagegen freilich Mot. §§. 116, 117 im vorl. Abs. (S. 349), Prot. S. 86.

[8] Vgl. z. B. HGB. Art. 311. Nicht hierher gehören die Fälle in HGB. Art. 310, 375, 382 vbd. 387, 409, 626, 629, 675, 727, in welchen der Pfandgläubiger zum Verkaufe des Pfandes einer vorgängigen gerichtlichen Bewilligung bedarf (A. M. für die Fälle des Art. 310: Völd.

ihm auf Antrag des Concursverwalters, jedoch nur nachdem er gehört ist, das Concursgericht eine Frist bestimmen, innerhalb welcher er den Gegenstand zu verwerthen hat, widrigenfalls wiederum der Concursverwalter die Verwerthung nach Maßgabe der Vorschriften über die Zwangsvollstreckung betreiben kann.[9] Uebrigens kann dieser natürlich in allen Fällen das Absonderungsrecht durch vollständige Befriedigung des Absonderungsberechtigten beseitigen.[10]

II. Wird ein bestehendes Absonderungsrecht nicht geltend gemacht, so wird der Gegenstand, in Ansehung dessen es besteht, als Stück der Concursmasse, wie die übrigen Stücke derselben, verwaltet und verwerthet. Durch diese Verwerthung wird, weil dadurch der Gegenstand aufgehört hat, Bestandtheil der Concursmasse zu sein, das Absonderungsrecht als solches jedenfalls aufgehoben. Ob sich der Absonderungsberechtigte dem dritten Erwerber gegenüber gleichwohl noch wegen seiner Forderung an den Gegenstand halten kann, wie z. B. bei Hypotheken an Grundstücken, und ob und wieweit ihm wegen des in die Concursmasse geflossenen Erlöses Ansprüche an dieselbe als Massegläubiger zustehen, bemißt sich nach dem bürgerlichen Rechte.[11]

---

§. 117 Bem. b), es wäre denn, daß ihm das Gericht schon vor der Concurseröffnung die Ermächtigung zum freihändigen Verkaufe ertheilt hätte. S. Mot. §§. 116, 117 in Abs. 4 (S. 348 fg.) u. Prot. S. 87.

[9] Conc.O. §. 117 Abs. 2 vbd. Mot. a. a. O.

[10] Dazu bedarf er aber, wenn es sich um einen Werth von mehr als dreihundert Mark handelt, der Genehmigung des Gläubigerausschusses, falls ein solcher bestellt ist: Conc.O. §. 121 Nr. 2. S. auch Conc.O. §§. 123, 124. Vgl. Sarwey §. 117 Bem. 2 g. E., Völd. §. 3 Bem. c a. E., Pet. §. 3 Bem. II. 3, Stiegl. §. 121 Bem. II. Nr. 6 u. Anm. c.

[11] S. Mot. §. 3 in Abs. 12 u. 13 (S. 30 fg.), §. 143 in Abs. 1 (S. 376). Vgl. Hullm. §. 3 Bem. 5. A. M., wonach im Fall der Ver-

III. Ist die Forderung, zu deren Gunsten das Absonderungsrecht besteht, eine Forderung an den Gemeinschuldner selbst, so kann sie der Absonderungsberechtigte zugleich als Concursforderung anmelden; er erhält aber aus der Concursmasse antheilige Befriedigung nur für denjenigen Betrag, für welchen er auf die abgesonderte Befriedigung verzichtet hat, oder mit welchem er bei derselben ausgefallen ist.[12]

§. 21.

c. Verminderung der Concursmasse durch Aufrechnung.

I. Wenn ein Concursgläubiger zur Zeit der Concurseröffnung zugleich Schuldner des Gemeinschuldners ist, so kann ihm, falls Dasjenige, was er schuldet, mit Demjenigen, was er zu fordern hat, gleichartig ist[1] und er sonach den Gegenstand seiner Forderung auf Kosten des Gemeinschuldners bereits in seinem Vermögen hat, gerechterweise nicht zugemuthet werden, seine hierin thatsächlich liegende Befriedigung durch Berichtigung seiner Schuld an die Concursmasse zu Gunsten der übrigen Concursgläubiger aufzugeben und sich wegen seiner Forderung mit antheiliger Befriedigung aus der Concursmasse zu begnügen; denn dieses wäre der Sache

werthung des Absonderungsgegenstandes der Absonderungsberechtigte, auch ohne vorher sein Absonderungsrecht geltend gemacht zu haben, jedesmal Anspruch auf vorzugsweise Befriedigung aus dem Erlöse hätte: Fuchs §. 12 (S. 62), Pet. §. 3 Bem. II. 3, Wengler §. 3. II. 5, Wilm. 2. Aufl. §. 3 Bem. 1. II.; weniger bestimmt: Sarwey §. 3 Bem. 2 Nr. 2, Völd. §. 3 Bem. c Abs. 3 u. 4, Stiegl. §. 3 Bem. II. 3.

[12] Conc.O. §. 57. Näheres ob. §. 10. V.

[1] Dies ist wesentlich nur dann der Fall, wenn beides in Geld oder in sonstigen vertretbaren Sachen der nämlichen Art und Güte besteht

nach die Zumuthung, jene übrigen Gläubiger theilweise aus seinem eigenen Vermögen zu befriedigen. Es muß ihm vielmehr gestattet sein, Dasjenige, was er dem Gemeinschuldner schuldet, auf seine Forderung aufzurechnen und sich so gewissermaßen aus der Forderung des Gemeinschuldners an ihn abgesonderte Befriedigung zu verschaffen.[2]

II. Die Voraussetzungen der Aufrechnungsbefugniß bemessen sich im Allgemeinen nach dem bürgerlichen Rechte.[3] Weil aber jeder Concursgläubiger der Concursmasse gegenüber seine Concursforderung ohne Rücksicht auf ihren ursprünglichen Gegenstand nach Maßgabe ihres Werthes im Zeitpunkte der Concurseröffnung als eine Geldforderung behandeln darf, so kann er nach erfolgter Concurseröffnung eine Geldschuld an den Gemeinschuldner auch auf eine ursprünglich nicht auf Geld gerichtete Concursforderung aufrechnen. Die letztere ist dabei eben so wie bei der Geltend-

---

[2] S. Mot. Vorbem. z. Buch I. Tit. 6 in Abs. 4 — 7 (S. 226 ff.), Mot. §. 46 (S. 229). Vgl. ob. §. 6. II. a. A. Das Aufrechnungsrecht ist jedoch kein wirkliches Absonderungsrecht. S. Sarwey §. 46 Bem. 4.

[3] Conc.O. §. 46 vbd. Mot. Vorbem. z. Buch I. Tit. 6 in Abs. 8 (S. 228). Vgl. ob. §. 20. I. Ist daher nach dem bürgerlichen Rechte gegen gewisse Forderungen, wie z. B. Forderungen aus einer Hinterlegung, eine Aufrechnung unstatthaft, so kann gegen solche Forderungen des Gemeinschuldners auch im Concurse nicht aufgerechnet werden: Mot. a. a. O. S. auch HGB. Art. 121, 169, GenossenschaftsG. v. 4. Juli 1868 §. 15, GewerbeO. (nach dem G. v. 17. Juli 1878) §. 118. Ferner schließt rechtsgültiger Verzicht auf die Aufrechnungsbefugniß die Aufrechnung auch im Concurse aus: Mot. a. a. O. im vorl. Abs. (S. 228). — Die Befugniß zur Aufrechnung mit den in Conc.O. §. 56 genannten Forderungen bemißt sich, da dieselben keine Concursforderungen sind (s. ob. §. 8 Anm. 1), ausschließlich nach dem bürgerlichen Rechte. S. Stiegl. Vorbem. B. 2. b zu Buch I. Tit. 6, Völd. §. 46 Bem. a. III. Abs. 3.

machung im Concursverfahren zu berechnen.[4] Ferner kann er, weil er der Concursmasse gegenüber eine zur Zeit der Concurseröffnung noch betagte Forderung als durch die Concurseröffnung fällig geworden behandeln darf, sich auch für eine solche Forderung durch Aufrechnung befriedigen. Die Berechnung der Forderung geschieht wiederum wie bei der Geltendmachung im Concursverfahren.[5]

Da aber die Aufrechnungsbefugniß des Concursgläubigers von der Concursordnung hauptsächlich aus dem Gesichtspunkte eines Deckungsrechtes betrachtet wird, welches von der Gerechtigkeit geboten erscheint, so oft er dem Gemeinschuldner etwas mit dem Gegenstande seiner Forderung Gleich-

---

[4] Conc.O. §. 47 Abs. 1, 4 vbd. Mot. §. 47 a. E. (S. 234), §§. 62, 63 unter Nr. 1 (S. 290). Vgl. ob. §. 10. I. — Da aber der Concursgläubiger nur befugt, nicht auch genöthigt ist, seine Concursforderung in Folge der Concurseröffnung als in eine Geldforderung verwandelt zu behandeln, so verliert er, falls er von dem Gemeinschuldner nicht Geld sondern andere vertretbare Sachen zu fordern hat und diesem gleichartige Sachen schuldet, durch die Concurseröffnung die nach Maßgabe des bürgerlichen Rechtes begründete Aufrechnungsbefugniß nicht, so lange seine Forderung noch nicht im Concursverfahren angemeldet und festgestellt ist. Vgl. unt. §. 25. III. Vgl. Sarwey §.47 Bem. 6, Stiegl. §.47 Bem. IV.

[5] Conc.O. §. 47 Abs. 1, 2 vbd. §§. 58, 62, 63. (Die Verweisung auf §. 63 ist nur aus Versehen in Abs. 4 anstatt in Abs. 2 des §. 47 erfolgt. S. Hullm. §. 47 Bem. 1.) Vgl. Mot. §. 47 in Abs. 7 u. 9 (S. 231 fg., 233). S. auch ob. §. 9. II. 1, §. 10. I. 1. — In den bisher genannten Fällen muß, wenn einmal die Concursforderung im Concurse angemeldet und festgestellt ist (s. Anm. 4), somit also die Umwandlung derselben in eine fällige Geldforderung der Concursmasse gegenüber unwiderruflich feststeht, auch dem Concursverwalter die Aufrechnungsbefugniß zukommen. In diesem Sinn ist der Satz, daß sich die Aufrechnungsbefugniß des Verwalters lediglich nach den außerhalb des Concursverfahrens geltenden Grundsätzen des bürgerlichen Rechtes bemesse (s. unt. VI.), zu beschränken oder vielmehr näher zu bestimmen.

artiges schuldet, so ist ihm nach erfolgter Concurseröffnung die Aufrechnung selbst in Fällen gestattet, in welchen nach Maßgabe des bürgerlichen Rechtes die Voraussetzungen derselben nicht vorhanden sind.[6] Er ist nämlich

1. auch wegen einer zur Zeit der Concurseröffnung noch bedingten Concursforderung für den Fall des Eintrittes der Bedingung zur Aufrechnung einer gleichartigen Schuld berechtigt. Zwar kann er während der Schwebe der Bedingung die Zahlung seiner Schuld an die Concursmasse nicht mit Berufung auf seine Aufrechnungsbefugniß verweigern; er kann aber, wenn er mit Vorbehalt der Aufrechnung gezahlt hat, nach dem Eintritte der Bedingung den gezahlten Betrag, soweit sich derselbe mit dem Betrage seiner Forderung deckt, zum Zwecke seiner Befriedigung als Masseschuld zurückfordern und zur Sicherung dieses Rückforderungsrechtes von dem Concursverwalter Sicherstellung des zurückzugewährenden Betrages durch Hinterlegung desselben verlangen.[7] Das Rückforderungsrecht fällt jedoch weg, wenn bei dem Ablaufe der Ausschlußfrist für die Schlußvertheilung dem Concursverwalter der Eintritt der Bedingung noch nicht nachgewiesen ist, es wäre denn, daß nach dem bürgerlichen Rechte der Gemeinschuldner wegen der bedingten Forderung zu einer Sicherheitsleistung verpflichtet war.[8] Hängt nur die Auf-

---

[6] S. Mot. Vorbem. z. Buch I. Tit. 6 in Abs. 4—7 (S. 226 ff.), §. 47 in Abs. 7—10 (S. 231 ff.).

[7] Conc.O. §. 47 Abs. 1, 3 vbd. §. 158, EP. §. 101. S. Mot. §. 47 in Abs. 8 u. 10 (S. 232, 233) und Mot. §. 158 (S. 389). Vgl. Hullm. §. 47 Bem. 4. Stiegl. §. 47 Bem. III. 1. S. noch ob. §. 8. V. 2 u. 3. Wie die bedingten, sind auch die illiquiden Forderungen zu behandeln: Mot. §. 47 im vorl. Abs. (S. 234), Prot. S. 58. Vgl. Stiegl. §. 47 Bem. V.

[8] Conc.O. §. 158 vbd. Mot. §. 158 (S. 389). Vgl. Conc.O. §§. 142 Abs. 2, 144. S. auch ob. §. 10. II. Abs. 1 und Sarwey §. 47 Bem. 4. a a. E.

lösung der Forderung von einer Bedingung ab, so wird sie in Ansehung der Aufrechnung, gleichwie bei der Geltendmachung im Concursverfahren, wie eine unbedingte Forderung behandelt. Ob der Concursverwalter die Bestellung einer Sicherheit für den Fall des Eintrittes der Bedingung verlangen könne, bemißt sich nach dem bürgerlichen Rechte.[9]

Sodann kann ein Concursgläubiger

2. seine zur Zeit der Concurseröffnung noch betagte oder bedingte Schuld an den Gemeinschuldner zur Aufrechnung auf seine Forderung benutzen, und zwar nicht bloß nach dem Eintritte der Verfallzeit oder der Bedingung, sondern auch schon vorher, jedoch stets nur zu dem vollen Betrage der Schuld und ohne Abrechnung von Zwischenzinsen.[10] Ist nur die Auflösung der Schuld von einer Bedingung abhängig, so kann sie der Concursgläubiger wie eine unbedingte Schuld aufrechnen, zugleich aber für den Fall des Eintrittes der Bedingung seine Forderung im Concursverfahren anmelden.[11]

Endlich kann wegen der vorwiegenden Eigenschaft der Aufrechnungsbefugniß der Concursgläubiger als eines Deckungsrechtes ein zur Aufrechnung befugter Concursgläubiger, welcher mehrere Concursforderungen oder mehrere aufrechnungsfähige Schulden an den Gemeinschuldner hat, wählen, auf welche Forderung oder mit welcher Schuld er aufrechnen will.[12]

III. Auf der anderen Seite ist während des Concursverfahrens die Aufrechnung in gewissen Fällen nicht statthaft,

---

[9] S. Conc.O. §. 59 vbd. §. 155 Nr. 4. Vgl. Mot. §. 47 in Abs. 8 (S. 232), §. 59 (S. 279). S. auch ob. §. 10. II. Abs. 2.

[10] Conc.O. §. 47 Abs. 1 vbd. Mot. §. 47 in Abs. 9 (S. 233). Vgl. Sarwey §. 47 Bem. 3. b, 4. b, Stiegl. §. 47 Bem. II. Nr. 2, III. 2.

[11] Vgl. Fuchs §. 16. VII. 3 (S. 83), Stiegl. §. 47. III. a. A. (S. 340).

[12] Vgl. Stiegl. §. 47. II.

obwohl nach Maßgabe des bürgerlichen Rechtes die Voraussetzungen derselben vorhanden wären.[13] Denn vor allen Dingen können während des Concursverfahrens wegen der rechtlichen Sonderung des Concursvermögens von dem freien Vermögen des Gemeinschuldners auf Concursforderungen nicht aufgerechnet werden Schulden, welche zu jenem freien Vermögen, auf Forderungen an das letztere nicht Schulden, welche zu der Concursmasse zu bezahlen sind.[14]

Ferner kann, da die Aufrechnungsbefugniß der Concursgläubiger im Concurse vornehmlich als ein den Absonderungsrechten nahe verwandtes Deckungsrecht erscheint, nach erfolgter Concurseröffnung zu Gunsten einer Concursforderung mit Wirksamkeit im Concurse eben so wenig ein vorher noch nicht begründetes Aufrechnungsrecht als ein neues Absonderungsrecht erlangt werden.[15] Deshalb ist unstatthaft nicht nur die Aufrechnung Desjenigen, was ein Concursgläubiger erst nach der Concurseröffnung, z. B. durch Kauf von Sachen aus der Masse, an die Masse schuldig geworden ist,[16] sondern

---

[13] Diese Beschränkungen können, weil sie in einer Rücksicht auf die übrigen Gläubiger wurzeln, durch vertragsmäßige Einräumung einer denselben widerstreitenden Compensationsbefugniß an einen einzelnen Gläubiger nicht beseitigt werden. S. Mot. Vorbem. z. Buch I. Tit. 6 im vorl. Abs. (S. 228).

[14] Conc.O. §. 48 Nr. 1 u. 2 vbd. §§. 2, 11. Vgl. Mot. §. 48. Erster Fall. Abs. 2 (S. 234 fg.), Zweiter Fall unter a (S. 235). Die Befugniß zur Aufrechnung von Schulden an das freie Vermögen auf Forderungen an dieses Vermögen, sowie von Schulden an die Masse auf Masseansprüche bemißt sich lediglich nach dem bürgerlichen Rechte. Vgl. Stiegl. Vorbem. B. 2. c, d. zu Buch I. Tit. 6.

[15] S. Conc.O. §. 12 vbd. Mot. Vorbem. z. Buch I. Tit. 6 in Abs. 7 a. E. (S. 228 a. A.), §. 48. Erster Fall. Abs. 3 (S. 235). Vgl. ob. §. 9. II. 2.

[16] Conc.O. §. 48 Nr. 1 vbd. Mot. §. 48. Erster Fall. Abs. 3 (S. 235).

auch die Aufrechnung einer schon vor der Concurseröffnung begründeten Schuld eines Concursgläubigers an die Masse, wenn er die Concursforderung erst nach der Concurseröffnung (z. B. durch Cession von Seite des früheren Concursgläubigers oder durch Beerbung dieses Gläubigers), sei es mit oder ohne Kenntniß von der Concurseröffnung, erworben hat.[17]

Endlich kommt, wenn für einen Concursgläubiger die Voraussetzungen einer Aufrechnungsbefugniß schon zur Zeit der Concurseröffnung bestanden haben, der Gesichtspunkt der Anfechtbarkeit in Betracht. Ist daher die Aufrechnungsbefugniß durch eine nach Conc.O. §. 23, §. 24, §. 25 oder §. 33 anfechtbare Rechtshandlung begründet worden, so kann, gleichviel ob durch dieselbe die Forderung oder die Schuld an den Gemeinschuldner entstanden ist, die Aufrechnung durch die Anfechtung der Rechtshandlung vereitelt werden. Insbesondere ist dieses der Fall, wenn ein Gläubiger des Gemeinschuldners nach der Zahlungseinstellung oder dem Antrage auf die Concurseröffnung oder in den letzten zehn Tagen vor diesem oder jener durch ein Rechtsgeschäft mit dem Gemeinschuldner sich zum Schuldner desselben gemacht und so die Möglichkeit der Aufrechnung verschafft hat, falls er nicht beweist, daß er zur Zeit des Rechtsgeschäftes weder von der Zahlungseinstellung noch von dem Eröffnungsantrage noch endlich von einer Absicht des Gemeinschuldners, ihn vor den übrigen Gläubigern zu begünstigen, Kenntniß gehabt habe.[18]

---

[17] Conc.O. §. 48 Nr. 2 vbd. Mot. §. 48. Zweiter Fall unter b (S. 235 fg.).

[18] Conc.O. §. 23 Nr. 2 vbd. Mot. §. 48. Dritter Fall. Abs. 7 (S. 237). Vgl. ob. §. 16. III. Dem Concursverwalter muß übrigens, falls das Geschäft an und für sich als vortheilhaft erscheint, im Hinblicke auf Conc.O. §. 48 auch gestattet sein, unter Aufrechthaltung des Geschäftes bloß

Aus dem Gesichtspunkte der Anfechtbarkeit ist aber die Aufrechnung ferner unstatthaft, wenn ein Schuldner des Gemeinschuldners in Kenntniß der erfolgten Zahlungseinstellung oder der geschehenen Stellung des Antrages auf die Concurseröffnung entweder durch ein mit dem Gemeinschuldner eingegangenes Rechtsgeschäft, z. B. ein ihm gegebenes Darlehen, oder durch Cession von Seite eines Gläubigers oder Befriedigung eines solchen eine Forderung an den Gemeinschuldner erworben hat, es wäre denn, daß der in Kenntniß der Zahlungseinstellung geschehene Erwerb der Forderung früher als sechs Monate vor der Concurseröffnung stattgefunden hat, oder daß der durch Cession oder Befriedigung eines Gläubigers geschehene Erwerb derselben zufolge einer ohne Kenntniß weder der Zahlungseinstellung noch des Eröffnungsantrages eingegangenen Verpflichtung zur Uebernahme der Forderung oder zur Befriedigung des Gläubigers erfolgt ist.[19]

Damit nicht abweichendes ausländisches Recht zur Umgehung der angegebenen Beschränkungen des Aufrechnungs-

der Aufrechnung entgegenzutreten. Vgl. Stiegl. §. 48 Bem. IV. Abs. 1 a. E.

[19] Conc.O. §. 48 Nr. 3 vbd. Mot. §. 48. Dritter Fall. Abs. 7 u. 8 (S. 237 fg.). Prot. S. 46 fg. Vgl. Conc.O. §. 23 Nr. 1 und ob. §. 16. II. S. aber auch Hullm. §. 48 Bem. 6. Statthaft ist die Aufrechnung auch im Fall des Erwerbes einer Forderung durch Erbschaft: Mot. a. a. O. in Abs. 8. — War nur dem Gläubiger des Gemeinschuldners, als er dem Schuldner desselben seine Forderung cedirte oder Befriedigung von ihm annahm, die Zahlungseinstellung oder der Eröffnungsantrag bekannt, so ist die Aufrechnung zulässig, allein die Cession oder Befriedigung kann nach Conc.O. §. 23 Nr. 1 jenem Gläubiger gegenüber angefochten werden in der Weise, daß er Dasjenige, was der Concursmasse in Folge der Aufrechnung entgeht, an dieselbe erstatten muß: entspr. Conc.O. §§. 27 Abs. 2, 42, 49. Vgl. ob. §. 16 Anm. 19, 22.

rechtes im Concurse benutzt werden könne, muß Derjenige, welcher nach der Concurseröffnung oder vorher mit Kenntniß der erfolgten Stellung des Antrages auf dieselbe oder der erfolgten Zahlungseinstellung einem im Auslande wohnenden Schuldner des Gemeinschuldners eine Concursforderung unmittelbar oder durch eine Mittelsperson abgetreten hat, der Concursmasse den Betrag ersetzen, welcher ihr dadurch entgeht, daß jener Schuldner nach dem Rechte des Auslandes eine nach der Concursordnung unstatthafte Aufrechnung mit der ihm abgetretenen Forderung vornimmt. Dagegen kann er die letztere wieder als Concursforderung geltend machen. Treffen bei der Abtretung durch eine Mittelsperson die gesetzlichen Voraussetzungen auch bei dieser zu, so haftet sie solidarisch in gleicher Weise wie der ursprüngliche Cedent. Aus dem Grunde, daß die Abtretung der Forderung mit Kenntniß von der Zahlungseinstellung erfolgt sei, kann kein Ersatz mehr verlangt werden, wenn die Abtretung früher als sechs Monate vor der Concurseröffnung geschehen ist.[20]

IV. Soweit ein Concursgläubiger zu einer Aufrechnung befugt ist, braucht er seine Forderung im Concursverfahren nicht geltend zu machen. Vielmehr genügt zur Bewirkung der Aufrechnung eine außerhalb des Concursverfahrens, sei es gerichtlich oder außergerichtlich, an den Concursverwalter geschehene Erklärung des Willens der Aufrechnung. Hat sich der Concursgläubiger hiemit begnügt, so kann seine Forderung, ebenso wie seine Aufrechnungsbefugniß, nur von dem Concursverwalter, nicht von den übrigen Concursgläubigern, bestritten werden, und die Entscheidung ist im Fall des Streites entweder bei Gelegenheit der von dem Verwalter

[20] Conc.O. §. 49 vbd. Mot. §. 49 (S. 238 fg.). Vgl. ob. §. 19. III.

wegen der aufgerechneten Schuld erhobenen Klage oder durch selbständige Feststellungsklage herbeizuführen.[21]

Der Concursgläubiger kann aber, selbst soweit er zu einer Aufrechnung befugt ist, seine Forderung auch im Concurse anmelden, und zwar nicht bloß bedingt für den Fall, daß ihm das, sei es wegen Bedingtheit seiner Schuld von einer Bedingung abhängige, sei es von dem Concursverwalter oder wegen Bestreitung seiner Schuld von ihm selbst bestrittene, Aufrechnungsrecht nicht zukommen sollte, sondern auch unbedingt. Auch liegt in solcher unbedingter und vorbehaltloser Anmeldung der Forderung und sogar in der Annahme von Abschlagszahlungen[22] noch kein Verzicht auf die Aufrechnung. Der Concursgläubiger kann vielmehr während der Dauer des Concursverfahrens die Aufrechnung zu jedem ihm beliebenden Zeitpunkte vornehmen, so lange seine Schuld besteht, und so lange ihn nicht der Concursverwalter durch Vorgehen von seiner Seite zu einer Erklärung genöthigt hat.[23]

V. Die eigenthümlichen concursrechtlichen Erweiterungen und Beschränkungen des Aufrechnungsrechtes der Concursgläubiger treten nur während der Dauer des Concursverfahrens ein. Nach der Beendigung desselben bemißt sich die Aufrechnungsbefugniß wiederum lediglich nach dem bürgerlichen Rechte. Jedoch behält natürlich eine während des Concursverfahrens nach Maßgabe des Concursrechtes bereits vorgenommene Aufrechnung ihre Wirkung, und ferner kommen

---

[21] Conc.O. §. 46 vbd. Mot. §. 46 (S. 229) und CP. §. 231. Vgl. ob. §. 20. I. S. auch Stiegl. §. 46 Bem. I.

[22] A. M. Hullm. §. 47 Bem. 5 Abs. 2.

[23] S. Mot. §. 47 in Abs. 9 (S. 233). Vgl. Sarwey §. 46 Bem. 4, Stiegl. §. 46 Bem. III.

für eine nach der Beendigung des Concursverfahrens vorzunehmende Aufrechnung die Einwirkungen in Betracht, welche eine nach den Vorschriften des Concursrechtes der Aufrechnung entzogene Concursforderung durch das Concursverfahren, insbesondere durch einen Zwangsvergleich, erlitten hat.[24]

VI. Die Befugniß, gegen einen Concursgläubiger zur Beseitigung seiner Concursforderung eine zur Concursmasse gehörige Forderung an ihn zur Aufrechnung zu bringen, bemißt sich lediglich nach dem bürgerlichen Rechte. Sie steht aber bloß dem Concursverwalter, nicht auch den übrigen Concursgläubigern zu, weil ihre Ausübung eine Verfügung über die aufgerechnete Forderung enthält, zu welcher nur der Concursverwalter berechtigt ist.[25]

VII. Die Vorschriften der Concursordnung über die Aufrechnung sind in jedem seit dem Inkrafttreten des Gesetzbuches eröffneten Concursverfahren anzuwenden, selbst wenn es sich um schon vorher entstandene Forderungen oder Schulden handelt. Nur die Vorschriften in Conc.O. §. 48 Nr. 3 und §. 49 kommen, weil sie mit dem Anfechtungsrechte zusammenhängen, auf vor jenem Zeitpunkte erworbene oder abgetretene Forderungen nicht zur Anwendung, wenn und soweit nach dem bisherigen Rechte eine Aufrechnung statthaft

---

[24] S. Mot. Vorbem. z. Buch I. Tit. 6 in Abs. 9 (S. 228) vbd. Conc.O. §. 178. Vgl. Sarwey §. 46 Bem. 2 Nr. 7, Stiegl. Vorbem. B. 3 zu Buch I. Tit. 6.

[25] S. Conc.O. §. 5. Vgl. Hullm. Vorbem. 2 zu Buch I. Tit. 6, Sarwey §. 47 Bem. 3. c, Stiegl. Vorbem. B. 2. a zu Buch I. Tit. 6. S. auch ob. Anm. 5. Beträgt die aufzurechnende (und dadurch zu veräußernde) Forderung der Masse mehr als dreihundert Mark, so muß der Verwalter die Genehmigung des Gläubigerausschusses, falls ein solcher bestellt ist, einholen: Conc.O. §. 121 Nr. 2. S. auch Conc.O. §§. 123, 124.

war bezw. eine Verpflichtung zum Schadenersatze nicht oder in geringerem Umfange bestand.[26]

§. 22.

f. Aussonderungsrechte.

I. Weil zu der Concursmasse rechtlich nur das eigene Vermögen des Gemeinschuldners gehört, so soll der Concursverwalter fremde (körperliche oder unkörperliche) Vermögensstücke, die sich zur Zeit der Concurseröffnung bei denjenigen des Gemeinschuldners befinden, wie z. B. ihm geliehene oder bei ihm hinterlegte Sachen, an ihn zur Einziehung indossirte Wechsel u. dgl., wenn ihre Eigenschaft als fremder Vermögensstücke feststeht, auch thatsächlich nicht zu der Concursmasse ziehen, sondern er soll sie aus derselben aussondern und an die zur Abforderung Berechtigten ausantworten.[1] Sind aber solche Vermögensstücke thatsächlich mit zu der Concursmasse gezogen worden, oder droht sonst die Gefahr, daß ein dem Gemeinschuldner nicht gehöriges Vermögensstück seinem Werthe nach thatsächlich als Bestandtheil der Masse behandelt werde, wie z. B. wenn der Concursverwalter einen an einer Sache des Gemeinschuldners bestehenden Nießbrauch oder eine an einem Grundstücke desselben bestehende Grunddienstbarkeit oder Reallast bestreitet, oder umgekehrt eine nicht bestehende aber vom Gemeinschuldner bisher ausgeübte Dienstbarkeit als diesem zustehend behandelt u. dgl.: so kann der

---

[26] EG. §. 10 vbd. Mot. z. EG. §. 10 (S. 472). Vgl. EG. §. 9.

[1] Dazu muß er jedoch, wenn es sich um einen Werthgegenstand von mehr als dreihundert Mark handelt, die Genehmigung des Gläubigerausschusses, falls ein solcher bestellt ist, einholen: Conc.O. §. 121 Nr. 2. S. auch Conc.O. §§. 123, 124.

Berechtigte seinerseits mit der geeigneten dinglichen oder persönlichen Klage[2] die Aussonderung des Vermögensstückes aus der Concursmasse herbeiführen.[3]

II. Dergleichen Aussonderungsansprüche sind zwar gegen den Concursverwalter, aber außerhalb des Concursverfahrens und im gewöhnlichen Proceßwege zu verfolgen.[4] Auch die Fragen, welche Vermögensstücke als nicht zum Vermögen des Gemeinschuldners gehörige zu betrachten seien, wer das Recht habe, die Aussonderung und Herausgabe zu verlangen, endlich mit welcher Klage der Aussonderungsanspruch geltend zu machen sei, sind nach den außerhalb des Concursverfahrens maßgebenden Rechtsvorschriften zu beantworten, d. h. nach denjenigen Vorschriften des bürgerlichen Rechtes, welche zur Anwendung kommen müßten, wenn der nämliche Anspruch gegen den nicht in Concurs gerathenen Gemeinschuldner zu erheben wäre.[5] Nach diesen Vorschriften bemißt sich auch,

---

[2] Z. B. rei vindicatio, Publiciana actio, hereditatis petitio, actio confessoria, actio commodati, depositi u. dgl.

[3] S. Mot. Vorbem. z. Buch I. Tit. 4 in Abs. 1 u. 2 (S. 154 fg.), Mot. §. 35 in Abs. 1 (S. 157 fg.). Vgl. Hullm. §. 35 Bem. 2, §§. 8, 9 Bem. 9, Wilm. 2. Aufl. §. 9 Bem. 1 Abs. 2. S. auch ob. §. 7 Anm. 9. Ein dingliches Recht, welches, wie z. B. eine Hypothek, nur die Sicherung einer Forderung bezweckt, begründet jedoch keinen Aussonderungsanspruch, sondern nur einen Absonderungsanspruch. S. ob. §. 19. I. — Ganz ähnliche Grundsätze müssen übrigens auch dann gelten, wenn erst im Laufe des Concursverfahrens fremde Vermögensstücke thatsächlich zu der Masse gekommen sind.

[4] S. Mot. Vorbem. z. Buch I. Tit. 4 in Abs. 5—7 (S. 156 fg.). Vgl. Conc.O. §. 9. S. auch ob. §. 7 Anm. 10, unt. §. 23 Anm. 4.

[5] Conc.O. §. 35 vbd. Mot. §. 35 in Abs. 1—4 (S. 157 fg.). Insbesondere ist als berechtigter Aussonderungsanspruch zu betrachten die Zurückforderung von Wechseln und anderen durch Indossament übertragbaren Urkunden, wenn sie dem Gemeinschuldner bloß zum Zwecke der Einziehung oder mit der Bestim-

ob und unter welchen Voraussetzungen vermöge eines Zurückbehaltungsrechtes die Herausgabe des Gegenstandes bis zur Befriedigung eines Gegenanspruches des Gemeinschuldners oder der Concursmasse verweigert werden kann.[6]

III. Besondere, von der Regel abweichende Vorschriften gibt jedoch die Concursordnung für folgende Fälle:

1. Wenn von dem Gemeinschuldner gekaufte oder von einem Einkaufscommissionär für ihn gekaufte oder als Selbstverkäufer ihm gelieferte[7] Waaren,[8] welche ihm vertragsmäßig von einem anderen Orte aus von Seite des Verkäufers oder Einkaufscommissionärs zugesendet werden sollen,[9] noch nicht

---

mung, nur zu seiner Sicherstellung dienen zu sollen, übertragen worden sind, sollte auch das Indossament den Zusatz „zur Einkassirung", „zur Sicherung" oder eine ähnliche beschränkende Beifügung nicht enthalten. S. Mot. §. 35 Nr. 2 (S. 159 fg.), Prot. S. 172. Vgl. Sarwey §. 35 Bem. 8 Nr. 2, Stiegl. §. 35 Bem. VI. S. auch noch Sarwey §. 35 Bem. 7 u. 8, Stiegl. §. 35 Bem. II—V. Die von dem außerhalb des Concurses geltenden Rechte abweichenden besonderen Vorschriften der Landesrechte über das Vindications- und Rückforderungsrecht im Concurse sind aufgehoben: EG. §. 4 obd. Mot. §. 35 in Abs. 5 ff. (S. 158 ff.), §. 36 in Abs. 2—6 (S. 162 ff.). Vgl. Sarwey §. 35 Bem. 6, Stiegl. §. 35 Bem. I.

[6] S. Mot. Vorbem. z. Buch I. Tit. 4 im letzten Abs. (S. 157).

[7] S. HGB. Art. 360, 376.

[8] D. h. eines Handelskaufes fähige bewegliche Sachen mit Einschluß der Werthpapiere. S. Mot. §. 36 in Abs. 14 a. A. (S. 165 a. E.). Vgl. ob. §. 6 Anm. 14. Daß auch wirklich ein Handelskauf vorliege, kommt für die Anwendung von Conc.O. §. 36 nicht in Betracht. S. Pet. §. 36 Bem. II. 1. Vgl. auch Völd. §. 36 Bem. c Abs. 3. A. M. Sarwey §. 36 Bem. 3, Stiegl. §. 36 Bem. II. 1.

[9] S. Mot. §. 36 in Abs. 14 (S. 165 fg.). Vgl. HGB. Art. 344, 345. Soll die Waare nach dem Inhalte des Vertrages an Ort und Stelle dem Käufer oder einem Vertreter desselben übergeben werden, so findet Conc.O. §. 36 keine Anwendung: Mot. a. a. O. Eben so wenig, wenn sie zufolge des Vertrages an einen Dritten, z. B. an einen

vollständig von ihm bezahlt sind, so kann sie der Verkäufer bezw. Einkaufscommissionär, selbst wenn sie nach den außerhalb des Concursverfahrens maßgebenden Rechtsvorschriften bereits im Eigenthum des Gemeinschuldners stehen, rechtlich als nicht in sein Eigenthum gelangte behandeln und demnach aus der Concursmasse aussondern, vorausgesetzt daß sie nicht schon vor der Concurseröffnung an dem Ablieferungsorte in den Gewahrsam des Gemeinschuldners oder einer anderen Person für ihn gekommen waren, und daß der Concursverwalter sich nicht nach Conc.O. §. 15 für die vollständige Bezahlung des Kaufpreises aus der Concursmasse entscheidet.[10]

Käufer des Käufers, gesendet werden soll. Vgl. Völd. §. 36 Bem. e a. E.

[10] Conc.O. §. 36. (Ausnahme von Conc.O. §. 21.) Vbd. Mot. §. 36 in Abs. 11, 15—17 (S. 165 fg., 166 fg.). Kommt es zur Aussonderung, so ist, weil in diesem Fall der Eigenthumserwerb des Gemeinschuldners rechtlich als ungeschehen gilt, auch Dritten gegenüber alles so zu behandeln, wie wenn die Waare niemals Eigenthum des Gemeinschuldners gewesen wäre. S. Mot. §. 36 in Abs. 20, 22, 23 (S. 168, 169 fg.), Prot. S. 33. Vgl. Sarwey §. 36 Bem. 6 u. 11, Pet. §. 36 Bem. III. 2 g. E., Stiegl. §. 36 Bem. III. u. IV. A. M. Hullm. §. 36 Bem. 7 (S. 165 ff.). Dem entsprechend kann als Aussonderungsklage jedenfalls die rei vindicatio oder Publiciana actio gebraucht werden; doch muß auch schon die actio venditi genügen. Vgl. L. 4 §. 4, L. 16 D. de in diem add. 18, 2, L. 4 pr. D. de lege comm. 18, 3, L. 6 D. de resc. vend. 18, 5, L. 11 §. 6 D. de act. emti vend. 19, 1, L. 23 pr. D. de aedil. ed. 21. 1 u. a. Vgl. Goldschmidt, Handbuch des Handelsrechts §. 82 bei Note 70—72, Fuchs §. 11 Nr. 1 (S. 58). A. M. Stiegl. §. 36 Bem. III. — Nach den Mot. §. 36 in Abs. 20 u. 21 (S. 168 fg.) würde durch die Ausübung des Aussonderungsrechtes nur das Eigenthum des Gemeinschuldners, nicht auch das Kaufgeschäft aufgehoben, und der Verkäufer oder Einkaufscommissionär könnte daher außerdem noch eine Entschädigungsforderung wegen Nichterfüllung des Vertrages als Concursforderung geltend machen. S. dagegen ob. §. 6. II., bes. Anm. 8.

2. Obwohl sich auch die Aussonderungsansprüche der Ehefrau des Gemeinschuldners im Allgemeinen nach den außerhalb des Concursverfahrens maßgebenden Rechtsvorschriften bestimmen, und jene daher insbesondere diejenigen Sachen mit der Eigenthumsklage aus der Concursmasse abfordern kann, die sie, wenn kein Concurs über das Vermögen ihres Ehemannes eröffnet wäre, nach dem maßgebenden ehelichen Güterrechte als ihr Eigenthum in Anspruch nehmen könnte,[11] so darf sie doch Vermögensstücke, welche nach jenen Rechtsvorschriften ihr gehören, welche sie aber erst während der Ehe erworben hat, nur dann als nicht zu der Concursmasse ihres Ehemanns gehörig in Anspruch nehmen, wenn sie beweist, daß dieselben nicht mit Mitteln des Gemeinschuldners erworben sind, d. h. daß der Erwerb nicht unmittelbar oder mittelbar aus einer ungültigen oder anfechtbaren Rechtshandlung des Gemeinschuldners oder aus einer rechtlosen Bereicherung aus seinem Vermögen herrührt.[12]

---

[11] S. Mot. §. 37 in Abs. 12 (S. 175 g. E.). Abweichende concursrechtliche Vorschriften zu Gunsten wie zu Ungunsten der Frau sind aufgehoben: EG. §. 4 vbd. Mot. §. 37 in Abs. 13—18 (S. 175 ff.). Vgl. Sarwey §. 37 Bem. 1 (S. 221 fg.), Völd. §. 37 Bem. II. u. III. — Wenn und soweit nach dem bürgerlichen Rechte die Gläubiger des Mannes sich auch an das Vermögen der Frau halten können, muß dieses außerhalb des Concurses des Mannes geschehen und kann unter Umständen zu der Eröffnung eines Concurses auch über das Vermögen der Frau führen. S. Mot. §. 37 in Abs. 38 (S. 183). Ueber Ehegatten, welche in allgemeiner Gütergemeinschaft leben, wird jedoch ein gemeinschaftliches Concursverfahren zu eröffnen sein. S. Völd. §. 37 Bem. II. C. (S. 402 ff.), Stiegl. §. 37 Bem. IV. 3. Vgl. auch Sarwey §. 37 Bem. 1. IV. Nr. 1 u. 2 (S. 230 ff.). A. M. Wilm. §. 37 Bem. 3. — Wegen des gesetzlichen Nießbrauches des Ehemanns s. Conc.O. §. 1 Abs. 2.

[12] Conc.O. §. 37 vbd. Mot. §. 37 in Abs. 26—30 (S. 179—181), Prot. S. 37 fg. Das

IV. Ist ein (körperliches oder unkörperliches) Vermögensstück, dessen Aussonderung aus der Concursmasse hätte verlangt werden können, vor der Concurseröffnung von dem Gemeinschuldner oder nach derselben von dem Concursverwalter, sei es mit oder ohne Kenntniß des Aussonderungsrechtes, gegen eine Gegenleistung veräußert worden, so kann,

---

Verhältniß wird sich demnach, wenn es sich um die Aussonderung einer Sache handelt, so gestalten: Befindet sich die Sache im Gewahrsam des Concursverwalters, so muß die Frau zu erfolgreicher Erhebung der rei vindicatio oder Publiciana actio anführen und beweisen entweder, daß sie die Sache schon vor der Ehe erworben hat, oder, falls der Erwerb während der Ehe erfolgt ist, daß sie weder unmittelbar zu diesem noch auch zu einem denselben vermittelnden früheren Erwerbe die Mittel von ihrem Mann erhalten hat, oder endlich, falls sie in solcher unmittelbarer oder mittelbarer Weise die Mittel zu dem Erwerbe von ihrem Mann erhalten hat, daß dieses nicht durch eine ungültige oder nach Conc.O. §. 23 Nr. 2 oder §. 25 anfechtbare Rechtshandlung noch auch in rechtloser Bereicherung aus seinem Vermögen geschehen ist. Befindet sich dagegen die Sache im Gewahrsam der Frau, so kann sie der Concursverwalter ohne Weiteres (nach dem gemeinen Rechte wegen der praesumptio Muciana am einfachsten mit der actio ad exhibendum: vgl. L. 22 §. 1 D. rer. amotar. 25, 2) zur Concursmasse abfordern, falls nicht die Frau einen jener Beweise führt. S. Mot. a. a. O. Abs. 30 a. E. (S. 181 g. E.). Behauptet der Concursverwalter Anfechtbarkeit nach Conc.O. §. 23 Nr. 1 oder §. 24 Nr. 1 oder 2, so muß er die nach diesen Gesetzesstellen ihm obliegenden Beweise führen. Vgl. noch Sarwey §. 37 Bem. 2 Nr. 1—3 (S. 245 ff.), Bem. 8 Nr. 1—3, Stiegl. §. 37 Bem. I—III. 1. Hat die Frau die ihr von dem Manne vorgeschossenen Mittel zu dem Erwerbe vor der Concurseröffnung zurückerstattet, so wird sie der Berufung auf Conc.O. §. 37 eine exceptio oder replicatio doli entgegensetzen können. Vgl. Sarwey §. 37 Bem. 8 Nr. 4, Stiegl. §. 37 Bem. III. 3. — Ist der Gegenstand nur zum Theil mit Mitteln des Ehemanns erworben, so fällt das Aussonderungsrecht für einen entsprechenden Bruchtheil desselben weg. S. Prot. S. 38. Vgl. Sarwey §. 37 Bem. 8 Nr. 5, Stiegl. §. 37 Bem. III. 2.

soweit diese noch aussteht, der Aussonderungsberechtigte die Aussonderung und Abtretung der Forderung auf dieselbe verlangen.[13] Soweit die Gegenleistung nach der Concurseröffnung zu der Concursmasse eingezogen worden ist, kann er die Herausgabe derselben als Massegläubiger fordern.[14] Soweit sie dagegen schon vor der Concurseröffnung an den Gemeinschuldner erfolgt ist, steht jenem ein Anspruch auf die Herausgabe nur als Concursforderung zu.[15]

---

[13] Conc.O. §. 38 Satz 1 vbd. Mot. §. 38 in Abs. 3—5 (S. 185 fg.). Das Verhältniß ist ganz ebenso wie dasjenige des Committenten im Concurse des Commissionärs nach HGB. Art. 368; der actio mandati directa des Committenten entspricht hier eine actio negotiorum gestorum directa. S. Mot. §. 38 in Abs. 3 a. E., 5 a. E. (S. 186). Vgl. Windscheid §. 431 Nr. 4. c, d. Die auszusondernde Forderung kann aber nach dem bestimmten Wortlaute des Gesetzes gegen den Schuldner erst nach erfolgter Abtretung, nicht ohne Weiteres kraft Gesetzes, geltend gemacht werden. Vgl. Völd. §. 38 Bem. e. S. auch Anschütz und v. Völderndorff, Commentar zum D. HGB. III. S. 352. A. M. Sarwey §. 38 Bem. 4. — Daß die Veräußerung des Aussonderungsgegenstandes durch den Gemeinschuldner in berechtigter Weise, z. B. vermöge ehemännlicher oder väterlicher Gewalt, geschehen ist, kann die Anwendung von Conc.O. §. 38 nicht ausschließen. A. M. Stiegl. §. 38 Bem. I. 1.

[14] Conc.O. §. 38 Satz 2 vbd. §. 52 Nr. 3. Vgl. Mot. §. 38 in Abs. 3 u. 4 (S. 185 fg.), §. 52 Nr. 3 (S. 246). Gleiches muß aus gleichem Grunde gelten, wenn der Concursverwalter eine andere Forderung, hinsichtlich deren ein Aussonderungsrecht besteht, z. B. einen an den Gemeinschuldner nur zur Einziehung indossirten Wechsel, zur Masse eingezogen hat. S. Mot. §. 38 im vorl. Abs. (S. 187). Vgl. Sarwey §. 38 Bem. 6, Stiegl. §. 38 Bem. I. 3 a. E.

[15] S. Mot. §. 38 in Abs. 4 a. E. (S. 186), §. 52 Nr. 3 (S. 246). Ueber die Abtretung oder Herausgabe der Gegenleistung hinausgehende Ansprüche auf Schadenersatz wegen der durch den Gemeinschuldner geschehenen Veräußerung können immer nur als Concursforderungen geltend gemacht werden. Vgl. Sarwey Bem. 5 a. E. — Neben den durch Conc.O. §. 38 gewährten Rechten behält der Aussonderungs-

V. Die Vorschriften der Concursordnung über die Aussonderung sind in jedem seit dem Inkrafttreten des Gesetzbuches eröffneten Concursverfahren anzuwenden, selbst wenn es sich um die Geltendmachung eines schon vor jenem Zeitpunkte erworbenen Eigenthums oder sonstigen Rechtes handelt.[16]

§. 23.

2. Verwaltung und Verwerthung der Concursmasse.

I. Die Verwaltung und Verwerthung der Concursmasse zum Behufe ihrer Verwandlung in die zur Befriedigung der Concursgläubiger verwendbare Theilungsmasse[1] ist die Aufgabe des Concursverwalters[2] als Theil seiner allgemeineren Aufgabe, die gesetzmäßige Befriedigung der Concursgläubiger aus der Concursmasse herbeizuführen.[3] Ihm steht anstatt des Gemeinschuldners das Verwaltungs- und Verfügungsrecht in Ansehung der Concursmasse zu,[4] und er er-

berechtigte auch diejenigen Rechte, welche ihm nach Maßgabe des bürgerlichen Rechtes gegenüber dem dermaligen Inhaber des Aussonderungsgegenstandes zustehen. S. Mot. §. 38 in Abs. 2 (S. 185). Welchen Einfluß die Ausübung der einen auf die anderen übe, bemißt sich ebenfalls nach dem bürgerlichen Rechte. Vgl. Stiegl. §. 38 Bem. V.

[16] S. Mot. z. EG. §§. 9—17 in Abs. 5 u. 8 (S. 471).

[1] Vgl. ob. §. 4. V.

[2] Conc.O. §. 107.

[3] Vgl. ob. §. 4. III., §. 5. II. und unt. §. 29. III.

[4] Conc.O. §. 5 Abs. 2 vbd. Abs. 1. Nach der Fassung dieses Paragraphen in Verbindung mit Conc.O. §. 1 Abs. 1 scheint dem Verwalter die Befugniß zu fehlen, sich mit fremden Vermögensstücken, die sich thatsächlich bei denjenigen des Gemeinschuldners befinden und daher einem Aussonderungsanspruche unterliegen, wenigstens wenn ihre Eigenschaft als fremder Vermögensstücke feststeht, überhaupt zu

scheint bei der Ausübung desselben, vergleichbar einem Vormunde, als gesetzlicher Vertreter des Gemeinschuldners, so daß seine Handlungen für diesen nach der Beendigung des Concursverfahrens bindend und maßgebend bleiben.[5]

Er hat daher die Masse nach allen Seiten und hinsichtlich aller sie berührender Ansprüche, insbesondere auch in Processen, zu vertreten,[6] und er kann alle dem Gemeinschuldner zur Zeit der Concurseröffnung zustehenden Rechte, welche einen Vermögenswerth haben, soweit sie nicht von der Con-

---

befassen. Allein eine solche Folgerung würde in der That dem Sinn des Gesetzes nicht entsprechen. Der Gemeinschuldner kann sich niemals widersetzen, wenn ihm der Verwalter solche Vermögensstücke wegnimmt, wäre es auch nur, um sie den Berechtigten zurückzuerstatten. Und ferner erscheint ein gegen den Verwalter geführter Aussonderungsproceß nicht wegen mangelnder Proceßlegitimation als ungültig, wenn durch das Urtheil die Nichtzugehörigkeit des Streitgegenstandes zu der Concursmasse festgestellt ist. Vgl. Conc.O. §§. 9, 121 Nr. 2 vbd. §§. 123, 124, Mot. §§. 8, 9 in Abs. 15 u. 16 (S. 45 fg.), Vorbem. z. Buch I. Tit. 4 in Abs. 6 (S. 156), Mot. §. 107 im letzten Abs. (S. 340), §§. 121—123 in Abs. 3 (S. 354). S. auch ob. §. 7 Anm. 10, Völd. §. 107 Bem. d. Man wird also zwischen Concursmasse im engeren (eigentlichen) und im weiteren Sinn unterscheiden müssen, in ähnlicher Weise, wie das römische Recht in §. 2 Inst. vi bon. rapt. 4, 2 und L. 2 §. 22 D. eod. 47, 8 zwischen res in bonis und ex bonis unterscheidet. Natürlich ist aber der Concursverwalter nicht verpflichtet, für die Rückerstattung der fremden Gegenstände an die Berechtigten zu sorgen. Vgl. ob. §. 13. V. 4. S. auch Völd. §. 107 Bem. c a. E., d, Sarwey §. 107 Bem. 2, Pet. §. 107, Dernburg II. §. 116 Nr. 4.

[5] S. Mot. §. 5 in Abs. 9 (S. 34 fg.). Vgl. ob. §. 5. II.

[6] S. z. B. Conc.O. §§. 8, 9, 15, 17, 18, 108, 132 Abs. 1, 134 Abs. 1. Vgl. ob. §. 7. II. Ueber die Frage, ob die Präsentation eines Wechsels zur Zahlung und die Protesterhebung bei dem Gemeinschuldner oder bei dem Concursverwalter zu geschehen habe, s. Hullm. §. 5 Bem. 9, Völd. §. 107 Bem. f. II., Pet. §. 5 Bem. II. 4, Stiegl. §. 5 Bem. VIII., Wilm. 2. Aufl. §. 5 Bem. 2 a. E., RGer. 17. April 1880 (Entsch. II. S. 23 ff.).

cursmasse ausgeschlossen sind,[7] anstatt des Gemeinschuldners ausüben.[8] Er kann aber ferner durch seine Geschäfte oder Handlungen, wie z. B. durch Kauf oder Verkauf, Tausch, Aufnahme von Darlehen, Verpfändung von Stücken der Masse u. dgl., auch neue Rechtsverhältnisse für die Masse begründen,[9] und er hat überhaupt die Macht zu allem, was unter die Begriffe der Verwaltung der Masse und der Verwerthung derselben, d. h. ihrer Umsetzung in Geld, zu bringen ist.[10] Unzweckmäßigkeit seines Verfahrens kann ihn innerhalb dieser Grenze nur den Concursgläubigern oder dem Gemeinschuldner gegenüber verantwortlich machen, schließt aber den Rechtsbestand seiner Handlungen nicht aus.[11]

II. Die Verwerthung der zu der Concursmasse gehörigen Vermögensstücke kann in ganz freier Weise und in jeder den Umständen nach geeigneten Art und Form geschehen. Insbesondere brauchen Verkäufe solcher Vermögensstücke nicht in den für die Verkäufe im Zwangsvollstreckungsverfahren vor-

---

[7] S. ob. §. 13. V.

[8] Namentlich Wechsel begeben, welche der Gemeinschuldner vor der Concurseröffnung erworben hatte, und sogar auf einem von jenem erworbenen Wechselaccepte, welches er durch Unterschrift als Aussteller zu einem vollständigen Wechsel zu ergänzen berechtigt war, diese Ergänzung anstatt seiner vornehmen. S. Mot. §. 5 in Abs. 9 (S. 34 a. E.). Vgl. Hullm. §. 5 Bem. 8, Völd. §. 5 Bem. h Abs. 4 (S. 114), Pet. §. 5 Bem. II. 4, Stiegl. §. 1 Bem. V. 4. Zweifelnd Sarwey §. 5 Bem. 4 a. E.

[9] S. Conc.O. §§. 15, 17—19, 52 Nr. 1, 2, 121, 122, 124 u. a. Vgl. ob. §. 13. IV., §. 14. II. B. 1.

[10] S. Mot. §. 5 in Abs. 9 (S. 34): „Er ist berechtigt, alles zu thun, was mit dem Zwecke vereinbar ist, die Masse und die in ihr enthaltenen Rechte zu verwerthen". Nicht unter die genannten Begriffe lassen sich Schenkungen bringen, und diese müßten daher wohl schlechthin als nichtig angesehen werden. Vgl. L. 17 D. de curat. fur. 27, 10.

[11] S. Conc.O. §. 124 vbd. Mot. §. 5 in Abs. 9 (S. 34 fg.), §. 52 Nr. 1 (S. 244 fg.), §§. 121—123 im letzten Abs. (S. 356).

geschriebenen Formen und nicht einmal im Wege der Versteigerung stattzufinden.[12] Bei Verkäufen beweglicher Gegenstände ist sogar, wenn nicht Ansprüche auf abgesonderte Befriedigung aus denselben geltend gemacht sind, die Anwendung jener Formen gar nicht statthaft.[13] Dagegen kann der Concursverwalter die Zwangsverwaltung und die Zwangsversteigerung von Gegenständen, die in Ansehung der Zwangsvollstreckung zum unbeweglichen Vermögen gehören, bei der zuständigen Behörde auch dann betreiben, wenn keine Absonderungsrechte daran bestehen oder bekannt sind.[14]

III. Für die Art der Verwaltung und Verwerthung der Masse ist im Allgemeinen nur das freie, sowohl von den Concursgläubigern, als von dem Gemeinschuldner, als endlich von dem Concursgerichte unabhängige Ermessen des Concursverwalters entscheidend.[15] Namentlich braucht er die bei der Concurseröffnung vorhandenen Gegenstände der Masse nicht immer unmittelbar in Geld umzusetzen, sondern er kann sie auch gegen andere vertauschen, um sodann diese zu verkaufen.[16]

---

[12] S. Mot. §. 107 in Abs. 2 u. 3 (S. 337). Vgl. Völd. §. 107 Bem. g. III.

[13] Dieses erhellt aus Conc.O. §. 117 verglichen mit §. 116.

[14] Conc.O. §. 116 vgl. §. 117. Vbd. Mot. §§. 116, 117 in Abs. 2 (S. 347 fg.), §. 107 in Abs. 3 u. 7 (S. 337, 340 a. E.), §§. 121—123 in Abs. 4 (S. 355). Vgl. noch CP. §§. 755—757. Die Anwendung dieser Veräußerungsform kann in denjenigen Gebieten, in welchen nicht alle Absonderungsrechte aus einem Grund- oder Hypothekenbuche ersichtlich sind, selbst wenn keine solche Rechte bekannt sind, von sehr erheblichem Interesse sein, um die etwa bestehenden zu erfahren und dem Erwerber volle Sicherheit für freien Erwerb zu verschaffen. Für diese Ansicht auch Sarwey §. 116 Bem. 4. A. M. Hullm. §. 116 Bem. 8, Pet. §§. 116, 117 Bem. 1, §§. 121 ff. Bem. III. 1.

[15] S. Mot. §. 107 in Abs. 2 (S. 337).

[16] S. Mot. §. 5 in Abs. 9 (S. 34 fg.). Vgl. Völd. §. 107 Bem. g. IV., Sarwey §. 107 Bem. 6.

Kurz, er kann und soll überall so verfahren, wie es bei verständiger und sorgsamer Erwägung den Interessen aller Betheiligten, der Concursgläubiger nicht nur, sondern auch des Gemeinschuldners, den Umständen nach am besten entspricht.[17] Und zwar muß er sich wegen der Hauptaufgabe des Concursverfahrens, die gesetzmäßige und möglichst vollständige Befriedigung der Concursgläubiger herbeizuführen, stets in erster Reihe durch die Rücksicht auf das Interesse der letzteren leiten lassen. Soweit es sich mit dieser Rücksicht verträgt, hat er aber daneben auch das Interesse des Gemeinschuldners zu wahren.[18]

IV. Auf gewisse Maßregeln, welche die Interessen der Betheiligten besonders leicht oder empfindlich verletzen können, gewährt die Concursordnung diesen selbst einen Einfluß. Zuvörderst wiederum den Concursgläubigern, und zwar theils in der weitergehenden Weise, daß der Concursverwalter der Zustimmung des Gläubigerausschusses, wenn aber ein solcher nicht bestellt ist, derjenigen der Gläubigerversammlung bedarf, theils nur in der beschränkteren Art, daß der Concursverwalter zwar, wenn ein Gläubigerausschuß bestellt ist, die Zustimmung desselben einzuholen hat, wenn aber keiner bestellt ist, selbständig nach eigenem Ermessen handeln darf.[19]

1. Das Letzte gilt in folgenden Fällen:[20]

---

[17] S. Conc.O. §. 74 vbd. §. 78. Vgl. unt. §. 29. V.

[18] S. Conc.O. §. 123, Mot. §. 5 in Abs. 9 (S. 34 fg.), §. 107 in Abs. 4 g. E., 6 u. 7 (S. 339 fg.), §§. 193, 194 in Abs. 7 (S. 444 g. E.). Vgl. ob. §. 4. III. g. E., §. 5. II.

[19] S. Mot. §§. 121—123 in Abs. 1 (S. 354).

[20] Conc.O. §. 121 vbd. Mot. §§. 121—123 in Abs. 2 u. 3 (S. 354 fg.).

a. wenn Gegenstände, deren Verkauf ohne offenbaren Nachtheil für die Masse ausgesetzt werden kann und nicht durch die Fortführung des Geschäftes des Gemeinschuldners veranlaßt wird, vor der Abhaltung des allgemeinen Prüfungstermins[21] oder vor der Erledigung eines vor dem Schlusse desselben eingereichten Zwangsvergleichsvorschlages verkauft werden sollen;[22]

b. wenn die Erfüllung eines Rechtsgeschäftes des Gemeinschuldners verlangt,[23] ein die Theilungsmasse betreffender Proceß anhängig gemacht, die Aufnahme eines solchen Processes abgelehnt,[24] ein die genannte Masse betreffender[25] Vergleich oder Schiedsvertrag geschlossen, ein Aussonderungs-, Absonderungs- oder Masseanspruch anerkannt, ein Pfandstück eingelöst oder eine Forderung in ungewöhnlicher Art, d. h. in anderer als der im Geschäftsverkehr üblichen Art der Weiterbegebung, veräußert, insbesondere verkauft, werden soll,[26]

---

[21] S. Conc.O. §§. 102, 126, 129.

[22] Vgl. Völd. §. 107 Bem. d — h.

[23] S. Conc.O. §. 15. Vgl. ob. §. 6. II. Zur Fortsetzung bezw. Kündigung bestehender Pacht-, Mieth- oder Dienstverträge (Conc.O. §§. 17, 19) bedarf es keiner Zustimmung des Ausschusses. Mot. a. a. O. in Abs. 1 a. E. (S. 354).

[24] S. Conc.O. §§. 8, 9 vbd. Mot. a. a. O. in Abs. 3 (S. 354). Vgl. ob. §. 7. II. 1 u. 2. Zur Erhebung einer Widerklage in einem anhängigen Processe bedarf der Verwalter keiner Zustimmung. S. Pet. §§. 121 ff. Bem. II. 3. b. A. M. Sarwey §. 121 Bem. 5. Ebenso wenig zur bloßen Fortsetzung eines schwebenden Processes oder zur Unterlassung eines Processes. Auch kann er nicht von dem Ausschusse zur Erhebung eines Processes genöthigt werden. S. Prot. S. 87 fg.

[25] S. Mot. a. a. O. in Abs. 3 (S. 354) und Sarwey §. 121 Bem. 7.

[26] S. Mot. a. a. O. in Abs. 3 (S. 354 fg.). Vgl. Völd. §. 107 Bem. p.

und wenn es sich in jedem einzelnen dieser Fälle um einen Werthgegenstand von mehr als dreihundert Mark handelt.[27]

2. Dagegen ist die Zustimmung des Gläubigerausschusses oder in Ermangelung eines solchen der Gläubigerversammlung erforderlich:[28]

a. wenn ein nach dem Landesrechte in Ansehung der Zwangsvollstreckung zum unbeweglichen Vermögen gehöriger Gegenstand[29] aus freier Hand, d. h. nicht im Wege öffentlicher Versteigerung, veräußert werden soll;[30] ferner wenn das Geschäft des Gemeinschuldners im

---

[27] Wegen der Art der Berechnung s. CP. §§. 3—9; vbd. Conc.O. §. 65. Vgl. Völd. §. 107 Bem. q, Sarwey §. 107 Bem. 11.

[28] Conc.O. §. 122 vbd. Mot. §§. 121 — 123 im Abs. 4 (S. 355 fg.).

[29] Vgl. Conc.O. §§. 39, 116, CP. §. 757 Abs. 2.

[30] Die Aeußerung der Motive a. a. O.: „aus freier Hand, also nicht in den Formen einer Zwangsversteigerung" darf nur auf den regelmäßigen Fall bezogen werden, daß an dem Grundstücke Absonderungsrechte bestehen oder doch bestehen können. In diesem Fall wird allerdings der Verwalter, wenn ihm die Zustimmung zu freihändigem Verkaufe versagt wird, verständiger Weise keinen anderen Weg einschlagen können als denjenigen der Zwangsversteigerung. Warum er aber diesen Weg auch dann sollte einschlagen müssen, wenn das Nichtvorhandensein von Absonderungsrechten feststeht, ist nicht abzusehen. Zudem bildet „Verkauf aus freier Hand" nach dem allgemeinen Sprachgebrauche den Gegensatz nicht zum Zwangsverkaufe, sondern bloß zur öffentlichen Versteigerung. S. auch Mot. §§. 121 — 123 in Abs. 3 (S. 355 a. A.): „sowohl einen freihändigen als einen meistbietenden Verkauf". Vgl. Pet. §§. 121 ff. Bem. III. 1. A. M. Sarwey §. 116 Bem. 1 Nr. 4, §. 122 Bem. 3. Unter „Veräußerung" ist übrigens hier nur das Weggeben des Eigenthums, nicht auch die Verpfändung und sonstige Belastung mit dinglichen Rechten zu verstehen; denn s. Conc.O. §. 122 Nr. 2. A. M. Völd. §§. 121, 122 Bem. s.

Ganzen,[31] oder wenn das Recht auf den Bezug wiederkehrender Einkünfte[32] veräußert werden soll;

b. wenn an sich in die Concursmasse fallende Erbschaften oder Vermächtnisse für dieselbe aufgegeben,[33] oder wenn Darlehen aufgenommen, fremde Verbindlichkeiten übernommen, zur Masse gehörige (bewegliche oder unbewegliche) Gegenstände verpfändet oder Grundstücke für die Masse erstanden werden sollen.[34]

Die Zustimmung des Gläubigerausschusses oder der Gläubigerversammlung kann auch für alle oder einzelne Gattungen der genannten Maßregeln allgemein ertheilt werden.[35] Ferner ist es dem Verwalter überlassen, sie in dringlichen Fällen

---

[31] Vgl. Völd. §§. 121, 122 Bem. t.

[32] Vorausgesetzt natürlich, daß die nach der Concurseröffnung verfallenden Bezüge zur Concursmasse gehören. S. Mot. a. a. O. in Abs. 4 (S. 355) und ob. §. 13. II.

[33] Vgl. Prot. S. 170 und ob. §. 13. VI. In dem Aufgeben für die Masse liegt nur die Erklärung, daß die Erbschaft oder das Vermächtniß nicht zu der Masse gezogen werden soll, so daß nun der Gemeinschuldner, wenn er dazu nach dem bürgerlichen Rechte noch in der Lage ist, darüber entscheiden kann, ob er jene bezw. dieses für sein freies Vermögen behalten oder ebenfalls aufgeben will. Vgl. Völd. §. 5 Bem. h. a. E., Sarwey §. 122 Bem. 5 a. E., Stiegl. §. 5 Bem. VII., §. 122 Bem. II. A. M. Hullm. §. 5 Bem. 10 a. E. Die Annahme der Erbschaft von Seite des Verwalters bedarf keiner Genehmigung und ist für den Gemeinschuldner bindend; jedoch muß jener, um nicht diesem und den Gläubigern verantwortlich zu werden, die Rechtswohlthat des Inventars wahren. S. Mot. a. a. O. in Abs. 4 (S. 355 a. E.).

[34] Dieses wird auf jeden Erwerb von Grundstücken zu beziehen sein. Vgl. Völd. §§. 121, 122 Bem. x.

[35] Mot. §§. 121—123 im letzten Abs. (S. 356). A. M. in Betreff des Gläubigerausschusses Völd. §§. 121, 122 Bem. c. II. a. E. S. dagegen Sarwey §. 122 Bem. 2. Jedoch kann in der Ertheilung einer solchen allgemeinen Vollmacht von Seite des Gläubigerausschusses eine Pflichtverletzung liegen.

nachträglich einzuholen.[36] Ueberhaupt wird durch die Nichteinholung oder die Verweigerung der Zustimmung die Gültigkeit der Rechtshandlung des Verwalters nicht beeinträchtigt, sondern der Verwalter macht sich nur, wenn er ohne die vorgeschriebene Zustimmung handelt, den Gläubigern für den etwa dadurch verursachten Schaden verantwortlich und setzt sich Ordnungsstrafen von Seite des Concursgerichtes aus.[37]

V. Ueber sämmtliche unter IV. genannte Maßregeln muß aber ferner auch der Gemeinschuldner gehört werden. Und zwar muß ihm, wenn ein Gläubigerausschuß bestellt ist, vor der Beschlußfassung desselben, wenn keiner bestellt ist, in den Fällen unter IV. 2 vor der Beschlußfassung der Gläubigerversammlung, in den Fällen unter IV. 1 vor der Vornahme der Rechtshandlung der Verwalter durch (mündliche oder schriftliche) Mittheilung von der beabsichtigten Maßregel Gelegenheit zur Aeußerung über dieselbe geben, jedoch nur, wenn er ohne Aufschub zu erlangen ist, d. h. wenn durch die Einholung jener Aeußerung keine die Interessen der Gläubiger schädigende Verzögerung entsteht.[38]

Auch kann, gleichviel ob er durch Mittheilung von Seite des Verwalters oder auf andere Weise Kenntniß von der beabsichtigten Rechtshandlung erlangt hat, auf seinen Antrag das Concursgericht, falls nicht die Rechtshandlung bereits von der Gläubigerversammlung genehmigt ist, die Vornahme

[36] S. Mot. a. a. O.

[37] Conc.O. §. 124 vbd. Mot. a. a. O. und Conc.O. §. 76. Vgl. Völd. §§. 121, 122 Bem. c. 1., §. 124 Bem. d, Sarwey §. 124, Stiegl. §. 124.

[38] Conc.O. §. 123 Abs. 1 vbd. Mot. §. 125 (S. 356 fg.). Vgl. Stiegl. §. 123 Bem. I. a. E., Völd. §. 123 Bem. d.

derselben vorläufig untersagen und zur Beschlußfassung über die Vornahme eine Gläubigerversammlung berufen.[39]

Die Gültigkeit der Rechtshandlung des Verwalters wird aber auch durch die Nichtbeobachtung dieser Vorschriften nicht beeinträchtigt.[40]

VI. Während es bei den unter IV. und V. erörterten Maßregeln immerhin zunächst auf den Willen des Concursverwalters ankommt, so daß ihn die Gläubiger wider seinen Willen zu einer derselben nicht nöthigen können, hat über gewisse andere Maßregeln allein die Gläubigerversammlung in bindender und für den Verwalter maßgebender Weise zu beschließen, so daß die Nichtausführung des Beschlusses für den Verwalter neben der Haftung für den erwachsenden Schaden ohne Weiteres Ordnungsstrafen zur Folge hätte.[41] Nämlich über die Fragen, ob und in welcher Höhe dem Gemeinschuldner und seiner Familie oder nach seinem Tode der letzteren eine Unterstützung bewilligt werden soll,[42] ob das

[39] Conc.O. §. 123 Abs. 2 vbd. Mot. a.a.O. Ausnahme: Conc.O. §. 164 Abs. 2. S. noch Conc.O. §. 91. Gegen den vorläufig untersagenden Beschluß steht dem Concursverwalter die sofortige Beschwerde zu. S. Conc.O. §. 66 Abs. 3. Dagegen hat im Fall der Verweigerung der Untersagung der Gemeinschuldner keine Beschwerde, weil das Gericht in diesem Fall einen förmlichen Beschluß gar nicht zu erlassen braucht. S. unt. §. 26 Anm. 16. A. M. Stiegl. §. 123 Bem. II.

[40] Conc.O. §. 124 vbd. Mot. §. 125 a.E. (S. 357), Prot. S. 90, 170 fg. Vgl. Völd. §. 124 Bem. d, Sarwey §. 123 Bem. 3, §. 124.

[41] S. Conc.O. §§. 74, 76.

[42] S. Mot. §§. 118–120, 124 in Abs. 1 (S. 350 fg.). Vgl. Conc.O. §§. 51 Nr. 3, 53. Auf die Gewährung bloß nothdürftigen Unterhaltes ist die Gläubigerversammlung dabei nicht beschränkt. Vgl. Völd. §. 120 Bem. c, Sarwey §. 120 Bem. 2. Unter „Familie" des Gemeinschuldners sind hier im Sinn des Gesetzes nur seine Ehefrau und seine noch unversorgten Kinder zu verstehen. S. Conc.O. §. 1 Abs. 2, CP. §. 749 Nr. 3. Aehnlich Sarwey

Geschäft des Gemeinschuldners geschlossen oder fortgeführt werden soll, endlich wieweit, wo und unter welchen Bedingungen die Gelder, Werthpapiere und Kostbarkeiten hinterlegt oder die Gelder (z. B. durch Ankauf von Staatspapieren, Pfandbriefen, Wechseln u. dgl.) bis zur Vertheilung oder sonstigen Verwendung angelegt werden sollen.[43]

In der Zwischenzeit von der Concurseröffnung bis zu der ersten Gläubigerversammlung[44] kann indessen der Concursverwalter mit Zustimmung des von dem Concursgerichte bestellten Gläubigerausschusses oder, wenn ein solcher nicht bestellt ist, mit Zustimmung des Gerichtes dem Gemeinschuldner und seiner Familie oder nach seinem Tode der letzteren vorläufig nothdürftigen Unterhalt aus der Concursmasse gewähren.[45] Ferner hat in dieser Zwischenzeit über

---

§. 118 Bem. 4, Stiegl. §. 118 Bem. II. a. E. A. M. Völd. §. 118 Bem. e, Pet. §§. 118—120 Bem. 1.

[43] Conc.O. §. 120 Abs. 1 vbd. Mot. §§. 118—120, 124 in Abs. 1, 2 u. 4 (S. 350 ff.), Prot. S. 88. S. aber auch Conc.O. §. 91. Die Hinterlegung muß nicht gerade bei Gericht oder einer sonstigen öffentlichen Stelle, sondern sie kann auch bei einer Bank oder einem Privatmann geschehen. S. Prot. a. a. O. — Die Gläubigerversammlung kann ihre Beschlüsse über diese Fragen auch wieder ändern. Ferner kann sie die Entscheidung darüber auch dem Gläubigerausschusse oder dem Concursverwalter übertragen. S. Mot. a. a. O. in Abs. 4, Völd. §. 120 Bem. a, Sarwey §. 120 Bem. 1.

[44] Diese Beschränkung ergibt sich theils aus der Stellung von Conc.O. §. 118 vor §. 119, theils daraus, daß in §. 118 nur von dem durch das Gericht bestellten Gläubigerausschusse die Rede ist (vgl. Conc.O. §. 79). S. auch Sarwey §. 118 Bem. 1, §. 120 Bem. 1, Stiegl. §. 118 Bem. I. A. M. Völd. §. 118 Bem. a, c, i. I., §. 120 Bem. a.

[45] Conc.O. §. 118 Abs. 1 vbd. Mot. §§. 118—120, 124 in Abs. 1 (S. 350). Vgl. ob. Anm. 42. Gegen Verweigerung der Zustimmung des Gerichtes ist, weil sie nicht durch förmliche Entscheidung ausgesprochen werden muß, keine Beschwerde möglich. Vgl.

die Schließung oder die Fortführung des Geschäftes des Gemeinschuldners und über die Hinterlegung der Gelder, Werthpapiere und Kostbarkeiten der von dem Gerichte bestellte Gläubigerausschuß vorläufig zu beschließen. Ist kein solcher Ausschuß bestellt, so hat vorläufig der Concursverwalter nach seinem Ermessen das Geschäft zu schließen oder fortzuführen, die Gelder, Werthpapiere und Kostbarkeiten aber nach Anordnung des Concursgerichtes zu hinterlegen.[46] Jede dieser vorläufigen Maßregeln dauert so lange fort, bis die erste oder eine spätere Gläubigerversammlung darüber Beschluß gefaßt hat.[47]

Für die nicht hinterlegten Gelder muß der Concursverwalter eine besondere Kasse führen.[48]

VII. Sind zufolge des Beschlusses der Gläubigerversammlung oder vor der ersten Gläubigerversammlung zufolge des Beschlusses des Gläubigerausschusses bezw. nach Anordnung des Gerichtes Gelder, Werthpapiere oder Kostbarkeiten hinterlegt worden, so sind, falls ein Gläubigerausschuß besteht, Rückerstattungen solcher Gelder, Werthpapiere oder Kostbarkeiten von Seite der Hinterlegungsstelle gegen Quittung des Concursverwalters sowie Zahlungen von Seite der Hinterlegungsstelle auf Anweisung des Verwalters nur dann gültig, wenn die Quittung oder Anweisung von einem Mitgliede des Gläubigerausschusses mit unterzeichnet ist. Doch kann die Gläubigerversammlung ein Anderes beschließen.[49]

---

unt. §. 26 Anm. 16. A. M. Pet. §§. 118—120 Bem. 1, Stiegl. §. 118 Bem. II.

[46] Conc.O. §. 118 Abs. 2 vbd. Mot. §§. 118—120, 124 in Abs. 2 u. 4 (S. 351, 352 fg.).

[47] Conc.O. §. 118 Abs. 1 u. 2. Vgl. Sarwey §. 118 Bem. 8.

[48] S. Conc.O. §. 80. Vgl. Völd. §. 80 Bem. e u. g, Stiegl. §. 80 Bem. I. Abs. 2.

[49] Conc.O. §. 125 vbd. Mot.

§. 24.

3. Stellung des Gemeinschuldners zu der Concursmasse.

I. Durch die Concurseröffnung hört zwar die Concursmasse rechtlich nicht auf, Vermögen des Gemeinschuldners zu sein, und die Concursgläubiger erwerben an ihr nicht einmal ein Pfandrecht.[1] Allein damit ihre Bestimmung, zu gesetzmäßiger und möglichst vollkommener Befriedigung der Concursgläubiger zu dienen, nicht mehr durch den Gemeinschuldner beeinträchtigt werden könne, verliert dieser mit der Concurseröffnung, obwohl dadurch seine allgemeine Handlungsfähigkeit nicht beschränkt wird, von Rechtswegen die Verwaltungs- und Verfügungsbefugniß in Ansehung der Masse,[2] so daß er durch Rechtshandlungen, welche er nach der Concurseröffnung, sei es mit oder ohne Kenntniß von derselben, vornimmt, keine dem Interesse aller oder auch nur einzelner Concursgläubiger widerstreitende rechtliche Einwirkung mehr auf die Masse zu üben vermag.[3] Rechtshandlungen, welche sich nicht unmittelbar

---

§§. 118—120, 124 im letzten Abs. (S. 353). Vom Verwalter auf die Hinterlegungsstelle gezogene Wechsel fallen nicht unter die Vorschrift. S. Sarwey §. 125 Bem. 1 Nr. 5, Pet. §. 125 a. E. Auch bezieht sie sich nur auf den Verkehr des Verwalters mit der Hinterlegungsstelle, nicht auch auf seinen Verkehr mit anderen Personen, so daß z. B. Quittungen über Zahlungen der Schuldner des Gemeinschuldners, Anweisungen auf die Kasse seines fortgeführten Geschäftes u. dgl. keiner Mitunterschrift eines Ausschußmitgliedes bedürfen. S. Prot. S. 88.

[1] Conc.O. §. 5 Abs. 1: „sein zur Concursmasse gehöriges Vermögen"; vbd. Mot. Vorbem. z. Buch I. Tit. 1 in Abs. 4—6 (S. 15 fg.), Prot. S. 9. Vgl. ob. §. 4. IV.

[2] Conc.O. §. 5 Abs. 1 vbd. Mot. §. 5 in Abs. 7—9 (S. 33 fg.), Vorbem. z. Buch I. Tit. 1 in Abs. 8 (S. 16). Vgl. ob. §. 4. III. u. IV., §. 5. II. u. III.

[3] S. Mot. §. 6 in Abs. 4—6

auf die Masse beziehen, wie namentlich persönliche Verbindlichkeiten, welche der Gemeinschuldner durch Aufnahme von Darlehen, Ausstellung oder Annahme von Wechseln u. dgl., eingeht, berühren demnach die Masse gar nicht, sondern bloß das freie Vermögen des Gemeinschuldners.[4] Rechtshandlungen dagegen, welche sich unmittelbar auf die Masse beziehen, wie z. B. Zahlungen aus derselben, Veräußerung oder Verpfän-

(S. 36 fg.). Bei Rechtshandlungen, welche der Gemeinschuldner am Tage der Concurseröffnung (s. Conc.O. §. 100) vorgenommen hat, wird bis zum Beweise des Gegentheils angenommen, daß sie nach der Eröffnung vorgenommen seien: Conc.O. §. 6 Abs. 3 vbd. Mot. §. 6 im letzten Abs. (S. 39). Vgl. EG. z. CP. §. 16 Nr. 1 Abs. 2. — Die Befugniß zu Veräußerungen kann mit gleicher Wirkung dem Schuldner schon vor der Concurseröffnung durch Erlassung eines allgemeinen Veräußerungsverbotes an ihn entzogen werden, falls das bürgerliche Recht, wie z. B. das gemeine, an Uebertretung eines richterlichen Veräußerungsverbotes Nichtigkeit knüpft. S. Conc.O. §. 98 vbd. Mot. §§. 96—101 in Abs. 7 a. A. (S. 330). Vgl. Mandry S. 171 Nr. 2, Stiegl. §. 98 Bem. I. 3. b. A. M. Sarwey §. 98 Bem. 4, wonach das Veräußerungsverbot den Schuldner nur zur Unterlassung von Veräußerungen verpflichtete, ihm aber nicht die Fähigkeit zu gültiger Veräußerung nähme. Dafür allerdings Prot. S. 77.

[4] Vgl. Conc.O. §. 2. Vbd. Mot. §. 2 in Abs. 2 a. E. (S. 26 a. A.), §. 6 in Abs. 1 u. 5 (S. 35, 36 fg.). Demnach steht denn auch auf die Geltung oder Nichtgeltung solcher Rechtshandlungen, wie z. B. des Verzichtes auf eine dem Gemeinschuldner während des Concursverfahrens eröffnete Erbschaft, dem Concursverwalter kein Einfluß zu. Der zu allgemeine Ausdruck in Conc.O. §. 6 Abs. 1 muß im Sinn des Gesetzes einschränkend verstanden werden. S. Mot. a. d. a. OO. vbd. Mot. §. 1 in Abs. 8 (S. 20), Prot. S. 10. Vgl. Sarwey §. 6 Bem. 1. Solche Rechtshandlungen können jedoch von den einzelnen Concursgläubigern, ebenso wie von den neuen Gläubigern, und zwar schon während des Concursverfahrens nach Maßgabe des Anfechtungsgesetzes v. 21. Juli 1879 angefochten werden: AnfechtungsG. §. 13 Abs. 5 vbd. Mot. z. Entw. dieses Gesetzes §. 12 in Abs. 11 (S. 32 fg.).

dung zur Masse gehöriger Sachen, Bestellung von Dienstbarkeiten an solchen Sachen, Befreiung derselben von Dienstbarkeiten[5] u. dgl., sind „den Concursgläubigern gegenüber nichtig".[6] D. h. der Concursverwalter kann im Interesse der Concursgläubiger bei der Verwaltung und Verwerthung der Masse die Handlung als rechtlich nicht bestehend behandeln;[7] sie erscheint, und zwar einem Jeden gegenüber, als von Anfang an nichtig, falls jener, sei es mit oder ohne Kenntniß von ihr, einen ihrer Geltung widerstreitenden Zustand herstellt, als z. B. das bezahlte Geld oder die veräußerte Sache zurückfordert und zurückerlangt,[8] das vom Gemeinschuldner

---

[5] Ob die Rechtshandlung an und für sich vortheilhaft oder nachtheilig ist, macht keinen Unterschied. S. Mot. §. 6 in Abs. 6 (S. 37). Vgl. auch Sarwey §. 6 Bem. 2, Stiegl. §. 6 Bem. I.—III.

[6] Conc.O. §. 6 Abs. 1. Dieses gilt übrigens nach der allgemeinen Fassung der Stelle auch von Rechtshandlungen des Gemeinschuldners, die sich auf die Schuldenmasse beziehen, wie z. B. Anerkenntniß einer Concursforderung, Verzicht auf Einreden gegenüber einer solchen u. dgl. S. Prot. S. 10, Stiegl. §. 6 Bem. I. a. E., II. a. E., Wilm. 2. Aufl. §. 6 Bem. 1 Abs. 6 (S. 81 fg.). Solche Rechtshandlungen unterscheiden sich jedoch von den auf die Concursmasse sich beziehenden dadurch, daß bei jenen die Nichtigkeit auch von den einzelnen Concursgläubigern geltend gemacht werden kann, weil jeder Concursgläubiger selbständig gegen eine angemeldete Concursforderung Widerspruch erheben darf. S. Conc.O. §. 132 Abs. 1 Vgl. Stiegl. §. 6 Bem. VI. u. VIII. 1, Wilm. 2. Aufl. §. 6 Bem. 1 a. E. (S. 84 fg.).

[7] S. Conc.O. §. 5 Abs. 2 und Mot. §. 6 in Abs. 4 (S. 36 a. A.): „Die Nichtigkeit — — wird stets durch den Concursverwalter geltend gemacht, denn er vertritt die alle Mal durch die nichtige Handlung betroffene Masse."

[8] Die bloße Zurückforderung wird im Hinblick auf die Aeußerungen in Mot. §. 6 in Abs. 5 (S. 36) und Prot. S. 10 („Die Nichtigkeit trete ein nur — — für die Dauer des Concurses") noch nicht genügen. Folglich wird denn auch, wenn der Concursverwalter bis zur Beendigung des Concursverfahrens (z. B. durch Zwangsvergleich) nur erst einen Theil des

mit einer Dienstbarkeit belastete Grundstück als unbelastetes veräußert u. dgl.[9] Hat er aber bis zu der Aufhebung oder Einstellung des Concursverfahrens nicht auf solche Weise im Sinn der Nichtigkeit entschieden, so erweist sich die Rechtshandlung umgekehrt, und zwar wiederum einem Jeden gegenüber, als von Anfang an rechtsbeständig;[10] denn zur Entscheidung im Sinn der Nichtigkeit ist kein Anderer als der zur Wahrung der Interessen sämmtlicher Concursgläubiger berufene Concursverwalter befugt, also namentlich weder der Gemeinschuldner, noch der Dritte, mit welchem er die Rechtshandlung vorgenommen hat, noch endlich ein einzelner Concursgläubiger.[11]

---

gezahlten Geldes oder sonst veräußerten Gegenstandes zurückerlangt hat, für den übrigen Theil die Rechtshandlung als gültig zu betrachten sein.

[9] Denn im Streite einer Rechtshandlung des Verwalters mit derjenigen des Gemeinschuldners muß nach Conc.O. §. 5 die erste unbedingt vorgehen.

[10] Eine Ausnahme ergibt sich bei solchen zur Concursmasse gehörigen Vermögensstücken, die erst nach der Aufhebung des Concursverfahrens ermittelt werden. S. Conc.O. §. 153 Abs. 2. Vgl. Sarwey §. 6 Bem. 4, Stiegl. §. 6 Bem. VIII. 2.

[11] S. Mot. §. 6 in Abs. 4, 5, 6 a. E. (S. 36 fg.). Es liegt also auch hier zuvörderst ein Schwebezustand vor, der sich, je nachdem der Verwalter im Sinn der Nichtigkeit entscheidet oder nicht, nach rückwärts als gleich anfängliche Nichtigkeit oder Gültigkeit erweist. Vgl. ob. §. 9 Anm. 23. Ist aber die Entscheidung im Sinn der Nichtigkeit erfolgt, so erscheint die Rechtshandlung namentlich auch dem Gemeinschuldner gegenüber als nichtig, so daß sie selbst nach der Aufhebung des Concursverfahrens ihm gegenüber nicht mehr als gültig behandelt werden kann. Denn eine Rechtshandlung, welche nach der einen Seite nichtig, d. h. rechtlich nicht vorhanden, nach der anderen gültig wäre, also z. B. dem Einen gegenüber Eigenthum auf einen Dritten übertragen hätte, dem Anderen gegenüber nicht, ist logisch wie praktisch unmöglich. Nur das ist möglich, und darin allein besteht das Wesen der sog. relativen Nichtigkeit, daß es von der Entscheidung einer bestimmten Person abhängt, ob die Rechtshand-

In gleicher Weise können Rechtshandlungen, welche ein Bevollmächtigter des Gemeinschuldners nach der Concurseröffnung vorgenommen hat, wenn sie sich unmittelbar auf die Concursmasse beziehen, vom Concursverwalter als nichtig behandelt werden; denn ein Bevollmächtigter kann nicht mehr Macht haben als der Vollmachtgeber selbst.[12]

II. Will der Concursverwalter eine Rechtshandlung des Gemeinschuldners oder seines Bevollmächtigten als nichtig behandeln, so kann er Dasjenige, was dadurch der Concurs-

lung einem Jeden gegenüber gilt oder nicht gilt. S. Unger, System des österreich. allg. Privatrechts II. S. 145, 149 ff. Vgl. Mandry S. 97 Anm. 13. A. M. Wilm. 2. Aufl. §. 6 Bem. 1 Abs. 3. Eine andere, nach Maßgabe des bürgerlichen Rechtes zu beantwortende Frage ist, ob nicht der Gemeinschuldner wegen des Abschlusses des Geschäftes, welches sich nachher als nichtig erwiesen hat, der anderen Vertragspartei für Schadenersatz hafte, und ob nicht ein dritter Erwerber trotz der Nichtigkeit wegen seines guten Glaubens geschützt werde. (Schultze S. 26 ff. hält die relative Nichtigkeit des §. 6 der Conc.O. für eine bloße Anfechtbarkeit, die sich von der nach Conc.O. §§. 22 ff. bestehenden nicht ihrem juristischen Wesen, sondern nur ihren thatsächlichen Voraussetzungen nach unterscheide.) — Die einzelnen Concursgläubiger können, da ihnen die Concursordnung dieses Recht nicht gibt und sie abgesehen von solcher ausdrücklicher Bestimmung zur Vertretung der Masse nicht befugt sind, die Nichtigkeit nicht geltend machen, weder während des Concursverfahrens noch nach der Beendigung desselben. S. ob. Anm. 7. Vgl. Conc.O. §. 22 vbd. §. 29, Stiegl. §. 6 Bem. VI. u. VIII. 2, Wilm. 2. Aufl. §. 6 Bem. 1 a. E. (S. 84 fg.). A. M. Sarwey §. 6 Bem. 4.

[12] Vgl. L. 2 §. 6 D. de donat. 39. 5, L. 8 C. de oblig. 4, 10, cap. 68, 72 in VI. de reg. iur. 5, 12. Dafür spricht auch, daß nach CP. §. 218 vbd. §. 223 anhängige Processe, welche die Concursmasse betreffen, durch die Concurseröffnung selbst dann unterbrochen werden, wenn der Gemeinschuldner durch einen Proceßbevollmächtigten vertreten war, und zwar trotz CP. §§. 82, 223. Ebenso Sarwey §. 6 Bem. 3, Völd. §. 6 Bem. b, Pet. §. 6 Bem. I. 3, Stiegl. §. 6 Bem. IV., Wilm. 2. Aufl. §. 6 Bem. 2. Unbestimmt Mot. §. 6 in Abs. 8 (S. 37 fg.).

masse thatsächlich entzogen ist, von dem ersten Empfänger nach Maßgabe der Vorschriften des bürgerlichen Rechtes über die Rückgewähr des aus einem nichtigen Geschäfte Empfangenen, und also, so lange jener das Empfangene selbst noch hat, ohne Rücksicht auf seinen guten oder bösen Glauben zurückfordern.[13] Dagegen ist ihm seine Gegenleistung aus der Masse zurückzugewähren, soweit letztere dadurch bereichert ist.[14]

Ist der Gegenstand bereits an einen Dritten weiterveräußert, so richten sich die Ansprüche der Concursmasse an

[13] S. Mot. §. 6 in Abs. 9 (S. 38). Es sind also z. B. HGB. Art. 306, 307 hier nicht anwendbar. Vgl. Sarwey §. 6 Bem. 5, Stiegl. §. 6 Bem. VII. A. M. Dernburg II. §. 114 Nr. 1 Abs. 2 a. E. und Anm. 18. S. dagegen Wilm. 2. Aufl. §. 6 Bem. 1 Abs. 7 (S. 82 fg.). Die Zurückforderung geschieht mittels der nach dem bürgerlichen Rechte unter der Voraussetzung der Nichtigkeit der Rechtshandlung begründeten Klagen, als z. B. rei vindicatio, Publiciana, unter Umständen condictio sine causa u. dgl. Nach dem gemeinen Rechte wird vielfach schon die actio ad exhibendum ausreichen. Vgl. ob. §. 22 Anm. 12. Auch der Umfang der Haftung des Empfängers für Früchte, Verschlechterungen, Unmöglichkeit der Rückgabe u. dgl. in Rücksicht auf seinen guten oder bösen Glauben bemißt sich nach dem bürgerlichen Rechte. Vgl. Stiegl. §. 6 Bem. VII., Wilm. 2. Aufl. §. 6 Bem. 3.

[14] Conc.O. §. 6 Abs. 2 vbd. Mot. §. 6 in Abs. 9 a. E. (S. 38), §. 52 Nr. 3 (S. 246). Vgl. Conc.O. §§. 31, 38, 52 Nr. 3 und ob. §. 14. II. B. 3. Soweit die Gegenleistung nicht in die Masse gekommen ist, kann sich der andere Theil nur an das freie Vermögen des Gemeinschuldners halten. — Nach Pet. §. 6 Bem. II. 2 läge in Conc.O. §. 6 Abs. 2 auch der Satz, daß die Masse, wenn ihr Anspruch auf Rückgewähr des ihr durch die Rechtshandlung Entzogenen nicht vollständig habe verwirklicht werden können, die Gegenleistung soweit behalten dürfe, als dies zur Deckung jenes Verlustes erforderlich sei. Auch hierüber kann jedoch nur das bürgerliche Recht und die Art, wie es den Begriff der Bereicherung auffaßt, entscheiden.

diesen Dritten und seine Ansprüche an die Masse (auf Rückerstattung der Gegenleistung des ersten Empfängers oder Ersatz seiner eigenen Gegenleistung an diesen u. dgl.) nach den Vorschriften des bürgerlichen Rechtes.[15]

III. Weil der Gemeinschuldner mit der Concurseröffnung die Verwaltungs- und Verfügungsbefugniß in Ansehung der Concursmasse verliert, so sind auch Leistungen, welche auf Ansprüche derselben nach der Concurseröffnung an ihn gemacht werden, „den Concursgläubigern gegenüber nichtig".[16] Der Concursverwalter muß eine solche Leistung nur insoweit gelten lassen, als das Geleistete in die Concursmasse gekommen ist.[17] Soweit dieses nicht der Fall ist, kann er die Leistung als nicht geschehen behandeln, es wäre denn, daß dem Leistenden zur Zeit der Leistung die Concurseröffnung unbekannt war.[18] Hat dieser die Leistung vor der öffentlichen Bekanntmachung der Concurseröffnung[19] gemacht, so wird seine Nichtkenntniß, hat er sie nach jener öffentlichen Bekannt-

---

[15] S. Mot. §. 6 in Abs. 10 (S. 38 a. E.). Vgl. namentlich WO. §. 74, HGB. Art. 306, 307. S. noch Stiegl. §. 6 Bem. VII. a. E., Wilm. 2. Aufl. §. 6 Bem. 4. A. M. Völd. §. 6 Bem. g, Pet. §. 6 Bem. II. 2, wonach auch der dritte Erwerber immer Anspruch auf Rückgewähr der in die Masse gekommenen Gegenleistung hätte.

[16] S. Mot. §. 7 in Abs. 1 (S. 39). Gleiches gilt, wenn die Leistung an einen Bevollmächtigten des Gemeinschuldners geschehen ist. Vgl. Stiegl. §. 7 Bem. III. a. E.

[17] Weil insoweit wiederholter Forderung des Verwalters eine exceptio doli entgegenstünde. Vgl. noch Völd. §. 7 Bem. f.

[18] Conc.O. §. 7 Abs. 1 vbd. Mot. §. 7 in Abs. 3 (S. 39 fg.). Geschieht die Leistung durch einen Bevollmächtigten, so kommt es auf die Kenntniß oder Nichtkenntniß des letzteren an, falls nicht der Leistungspflichtige den Auftrag zu der Leistung in Kenntniß der Concurseröffnung ertheilt hat. Vgl. Stiegl. §. 7 Bem. III. a. E., Wilm. 2. Aufl. §. 7 Bem. 2 Abs. 2.

[19] S. Conc.O. §. 103 vbd. §. 68 Abs. 1.

machung gemacht, so wird umgekehrt seine Kenntniß der Concurseröffnung bis zum Beweise des Gegentheils angenommen.[20] Soweit er an die Concursmasse nochmals leisten muß, kann er das an den Gemeinschuldner Geleistete aus dem freien Vermögen desselben zurückfordern.[21]

IV. Durch die Concurseröffnung sondert sich für die Dauer des Concursverfahrens die Concursmasse rechtlich von dem freien Vermögen des Gemeinschuldners, und jede dieser Vermögensmassen unterliegt einer selbständigen Entwickelung. Diejenige der Concursmasse wird gemäß der Aufgabe des Concursverfahrens von dem Interesse der Concursgläubiger beherrscht und ist daher von dem Willen des Gemeinschuldners unabhängig; für diejenige des freien Vermögens dagegen ist lediglich das persönliche Interesse des letzteren und demzufolge sein eigenes Gutdünken maßgebend.[22]

Diese rechtliche Sonderung der Interessen, welche gleichermaßen vom Rechte geschützt sind, bringt es mit sich, daß während des Concursverfahrens zwischen der Concursmasse und dem freien Vermögen des Gemeinschuldners auch rechtswirksame und sogar klagbare Beziehungen, Ansprüche und Verpflichtungen, bestehen können.[23] So z. B. Ansprüche aus

---

[20] Conc.O. §. 17 Abs. 2, 3 vbd. Mot. §. 7 in Abs. 4 (S. 40 fg.). Vgl. EG. z. CP. §. 16 Nr. 1 Abs. 2.

[21] Mit der condictio causa data causa non secuta, da er in der Erwartung geleistet hat, daß der Gemeinschuldner das Geleistete in die Concursmasse bringen werde. Vgl. L. 14 pr., 58 pr. D. de solut. 46, 3, Windscheid §. 427 bei Anm. 5. A. M. Völd. §. 7 Bem. d, Stiegl. §. 7 Note d.

[22] Vgl. ob. §. 4. IV.

[23] Das römische Recht nahm schon zwischen dem gewöhnlichen peculium eines Sklaven oder Hauskindes und dem übrigen Vermögen des Gewalthabers, obwohl hier nur eine thatsächliche, nicht durch das Recht sondern bloß durch die Sitte geschützte Sonderung der Inter-

Dienstverträgen, Kaufverträgen oder anderen Rechtsgeschäften, welche der Concursverwalter mit dem Gemeinschuldner abschließt, Ansprüche des letzteren an die Masse auf eine ihm aus derselben bewilligte Unterstützung, u. dgl.[24] Selbst Ansprüche der Masse aus unerlaubten Handlungen des Gemeinschuldners, wie z. B. aus rechtswidriger Beschädigung einer zu der Masse gehörigen Sache, sind nicht ausgeschlossen.[25]

Von einer eigentlichen Rechtsübertragung kann freilich zwischen der Concursmasse und dem freien Vermögen, da beide Vermögensmassen rechtlich gleichermaßen dem Gemeinschuldner gehören, nicht die Rede sein. An die Stelle tritt aber in ganz entsprechender Weise die rechtliche und daher auch Dritten gegenüber wirksame Ausscheidung aus der einen Vermögensmasse zu Gunsten der anderen.[26]

essen bestand, wenigstens die Möglichkeit natürlicher Verbindlichkeiten an, die namentlich den Gläubigern des Gewaltuntergebenen gegenüber von Bedeutung waren. Vgl. Mandry, Das gemeine Familiengüterrecht I. S. 157 ff. Als aber bei dem castrense peculium diese Sonderung der Interessen durch kaiserliche Verordnungen einen Rechtsschutz erhalten hatte, wurden, obwohl auch dieses peculium Anfangs noch als Vermögen des Gewalthabers galt, selbst klagbare Forderungen und Verbindlichkeiten anerkannt, — ein dem hier zur Frage stehenden ganz analoges Verhältniß. Vgl. ob. §. 4 Anm. 18.

[24] S. Conc.O. §. 1 Abs. 2, §§. 51 Nr. 3, 53, §. 52 Nr. 1, 3. Vgl. Mot. §. 51 Nr. 3 (S. 244), §§. 118—120, 124 in Abs. 1 a. E. (S. 351), Prot. S. 5 a. E.

[25] Vgl. L. 52 §. 5, 6 D. de furt. 47, 2; L. 4 §. 3, 4, L. 9 §. 1, L. 27 §. 1 D. de peculio 15, 1, L. 9 §. 1 D. de pecul. leg. 33, 8.

[26] Sehr einfach macht sich dieses bei einem Kauf- oder Tauschvertrage, überhaupt einem auf Ueberlassung einer Sache gerichteten Geschäfte. Ganz ähnlich gestaltet sich aber das Verhältniß auch, wenn z. B. der Concursverwalter dem Gemeinschuldner an einem zur Masse gehörigen Grundstücke eine Hypothek oder eine Dienstbarkeit bestellt. Es entsteht dadurch ein rechtlicher Zustand, demjenigen entsprechend, wenn (in einem Gebiete des gemeinen Rechtes) der mit der

§. 25.

IV. Einwirkung der Beendigung des Concursverfahrens auf die vermögensrechtlichen Verhältnisse des Gemeinschuldners.

I. Mit der rechtlichen Beendigung des Concursverfahrens durch förmliche Aufhebung oder Einstellung desselben[1] endigt, mit Vorbehalt einzelner Nachwirkungen dieses Verfahrens,[2] von selbst[3] auch die eigenthümliche Art der rechtlichen Einwirkung desselben auf die vermögensrechtlichen Verhältnisse des Gemeinschuldners.[4] Die besonderen Vorschriften des Concursrechtes verlieren ihre Anwendbarkeit,

---

Rechtswohlthat des Inventars antretende Erbe an einem Erbschaftsgrundstücke eine Hypothek oder Dienstbarkeit hat. Man kann zwar nicht sagen, daß der Gemeinschuldner durch das mit seinem eigenen gesetzlichen Vertreter und in Ansehung seiner eigenen Sache geschlossene Geschäft die Hypothek oder Dienstbarkeit eigentlich erworben habe. Allein es hat sich doch ein rechtlich geschütztes Verhältniß gebildet, wonach der Gemeinschuldner der Masse wie Dritten gegenüber eine solche Hypothek oder Dienstbarkeit als zu seinem freien Vermögen gehörig behandeln, und der Concursverwalter nur noch unbeschadet dieser Befugniß über das Grundstück verfügen kann. Veräußert er dasselbe an einen Dritten, so verwandelt sich nunmehr von selbst, ebenso wie wenn im obigen Fall die Erbschaftssache verkauft wird, jenes Verhältniß in wirkliche Hypothek oder Dienstbarkeit. Wo das Grundbuchsystem besteht, sind alle diese Vorgänge durch entsprechende Einträge zu vermitteln. — Aehnlich, aber nicht ausreichend Stiegl. Vorbem. z. Buch I. Tit. 7 Note b.

[1] S. Conc.O. §§. 105 (vbd. §. 101 und CP. §. 535), 151, 175, 191.

[2] S. Conc.O. §§. 153, 156. Vgl. unt. §. 42. VI. a. E., §. 43, §. 48. IV. a. E., §. 51 Anm. 30. S. auch Conc.O. §§. 184 ff.

[3] S. Mot. §. 151 a. E. (S. 382).

[4] Ueber den Zeitpunkt des Eintrittes dieser Wirkung s. unt. §. 42. VI. g. E., §. 48. IV., §. 51. III.

und es sind von jetzt an überall wieder nur die gewöhnlichen Regeln des bürgerlichen Rechtes maßgebend.[5] Dagegen dauern die Veränderungen fort, welche jene vermögensrechtlichen Verhältnisse während der Dauer des Concursverfahrens zufolge des Concursrechtes erlitten haben.[6]

II. Demnach werden zuvörderst alle durch die Concurseröffnung für den Gemeinschuldner entstandenen rechtlichen Beschränkungen wieder beseitigt. Er erhält auch in Ansehung des bisherigen Concursvermögens, mit Ausnahme bloß derjenigen Vermögensstücke oder Werthe, welche zu Nachtragsvertheilungen an die Concursgläubiger zu verwenden sind,[7] die eigene freie Verwaltungs- und Verfügungsbefugniß zurück.[8] Damit hört zugleich die rechtliche Sonderung dieses Vermögens von dem freien Vermögen wieder auf, und es müssen daher folgeweise auch die Ansprüche und sonstigen rechtlichen Beziehungen, die zur Zeit der Beendigung des Concursverfahrens zwischen den beiden Vermögensmassen bestanden, er-

[5] S. Mot. Vorbem. z. Buch I. Tit. 6 in Abs. 9 (S. 228): „Wird das Concursverfahren aufgehoben, so tritt wieder das Civilrecht in Kraft." — Auch die durch die Concurseröffnung bewirkten Beschränkungen der politischen und Ehrenrechte des Gemeinschuldners hören, soweit sie auf Reichsgesetzen beruhen, mit der Beendigung des Concursverfahrens von selbst wieder auf. Soweit sie auf Landesrecht beruhen, ist dieses maßgebend. Vgl. ob. §. 5 Anm. 1 und Mot. Schlußbemerkungen zu Buch II. Tit. 7 (S. 438 fg.).

[6] S. Mot. a. a. O.: „Die Einwirkung freilich, welche ein etwaiger Zwangsvergleich auf eine nach den letzteren Vorschriften (d. h. nach den beschränkenden concursrechtlichen Vorschriften in Conc.O. §§. 48, 49) der Compensation entzogen gewesene Forderung inzwischen geübt hat, wird dadurch (daß nämlich diese Beschränkungen jetzt wegfallen und das Civilrecht wieder in Kraft tritt) nicht berührt."

[7] S. Conc.O. §. 153. Vgl. unt. §. 43. I.

[8] Conc.O. §§. 177, 192 Abs. 1 vbd. Mot. §§. 175—177 a. E. (S. 421), §§. 191, 192 a. E. (S. 438), Prot. S. 183.

löschen.[9] Ferner ist die durch die Concurseröffnung bewirkte Unterbrechung der das Concursvermögen betreffenden Processe, falls nicht die Aufnahme derselben bereits nach den Vorschriften der Concursordnung erfolgt ist, beendigt.[10]

Das Concursvermögen kehrt aber in die freie Verfügung des Gemeinschuldners nur in dem Stande zurück, in welchem es sich bei der Beendigung des Concursverfahrens befindet. Insbesondere behalten alle von dem Concursverwalter als gesetzlichem Vertreter des Gemeinschuldners kraft seines Verwaltungs- und Verfügungsrechtes getroffenen Verfügungen und eingegangenen Rechtsgeschäfte auch nach der Beendigung des Concursverfahrens ihre Kraft und Wirkung.[11] Umgekehrt erscheinen Rechtshandlungen, welche während dieses Verfahrens der Gemeinschuldner in Ansehung der Concursmasse vorgenommen hat, auch nach der Beendigung desselben als nichtig, wenn der Concursverwalter durch Herstellung eines ihrer Geltung widerstreitenden Zustandes ihre Nichtigkeit entschieden hat.[12] Ein nach Maßgabe des Concursrechtes, sei es durch Uebereinkunft des Concursverwalters und des anderen Theils, sei es durch Kündigung von Seite des Verwalters oder des anderen Theils, aufgehobenes Rechtsverhältniß aus einem gegenseitigen Vertrage ist und bleibt auch nach der Beendi-

[9] Vgl. ob. §. 24. IV.

[10] CP. §. 218. Vgl. ob. §. 7. V.

[11] S. Mot. §. 5 in Abs. 9 (S. 34 fg.). Vgl. ob. §. 23. I. Dieses gilt auch von noch fortbestehenden Rechtsverhältnissen aus gegenseitigen Verträgen, insbesondere Pacht-, Mieth- oder Dienstverträgen, welche der Verwalter abgeschlossen hat. Vgl. Völd. §§. 176, 177 Bem. b. II. Eine Ausnahme macht die Anerkennung vom Gemeinschuldner bestrittener Concursforderungen. Vgl. ob. §. 12. III. S. auch Sarwey §. 152 Bem. 6 a. E.

[12] Vgl. ob. §. 24. I., bes. Anm. 11. — Wegen der vom Concursverwalter mit Erfolg angefochtenen Rechtshandlungen s. ob. §. 18 Anm. 2.

gung des Concursverfahrens dem Gemeinschuldner gegenüber aufgehoben.[13] Ferner muß dieser vom Verwalter anerkannte oder gegen denselben rechtskräftig erstrittene Aussonderungs- und Absonderungsansprüche gelten lassen.[14] Nicht minder von dem Verwalter begründete, anerkannte oder gegen ihn erstrittene Masseansprüche, so daß die aus der Masse nicht befriedigten Massegläubiger sich nunmehr an den Gemeinschuldner halten können.[15]

Bei der Beendigung des Concursverfahrens schwebende die Concursmasse betreffende Processe gehen, soweit die streitigen Ansprüche dem Gemeinschuldner frei gegeben werden,[16]

---

[13] Vgl. ob. §. 6. II. a. E., III. 2 u. 3.

[14] S. Conc.O. §. 9, Prot. S. 11. Vgl. Stiegl. §. 152 Bem. II. Abs. 1. S. auch ob. §. 7 Anm. 7.

[15] S. Conc.O. §. 9. Vgl. Mot. Vorbem. z. Buch I. Tit. 7 (S. 240 a. A.), Mot. §§. 175—177 (S. 421), Prot. S. 11, 109. Daß die aus der Masse nicht befriedigten Massegläubiger ein Nachforderungsrecht gegen den Gemeinschuldner haben, folgt schon aus der Erwägung, daß doch dieser von seinem bisherigen gesetzlichen Vertreter, dem Concursverwalter, ebenso wie der Mündel von dem Vormunde, das von jenem verwaltete Vermögen in allen seinen vorhandenen Bestandtheilen, den passiven wie den activen, übernehmen muß. Dazu kommt aber, daß er sich sonst, wenigstens in den meisten Fällen, auf Kosten jener Gläubiger in ungerechtfertigter Weise bereichern würde, weil er dadurch, daß die zu ihrer Befriedigung erforderlichen Beträge zur Befriedigung von Concursgläubigern verwendet worden sind, in Höhe dieser Beträge von Schulden befreit worden ist. Gleicher Ansicht Wilm. Vorbem. z. Buch I. Tit. 7 a. E., Hullm. Vorbem. 2 z. Buch I. Tit. 7, Sarwey §. 159 Bem. 6 u. 9, Pet. §. 159 Bem. 2 a. E., Wengler §. 50 Bem. 3, Stiegl. §. 50 Bem. III. a. E., §. 152 Bem. I. 1 a. E., Dernburg II. §. 117 Anm. 21. A. M. Schultze S. 46 fg., der die Masseansprüche zwar als persönliche, aber durch den Umfang der Concursmasse begrenzte Schulden des Gemeinschuldners auffaßt. Aehnlich Völd. Vorbem. z. Buch I. Tit. 7 (S. 512 fg.); s. aber §. 50 Bem. IV., §. 159 Bem. f. I.

[16] S. ob. §. 13. V. 4 und unt. §. 42. VI. a. E., §. 43 Anm. 4.

in der Lage, in welcher sie sich befinden, ohne Unterbrechung auf den Gemeinschuldner über und können von ihm und gegen ihn einfach fortgeführt werden.[17]

Endlich muß der Gemeinschuldner auch die Veränderungen anerkennen, welche seine vor der Concurseröffnung bestehenden Schulden, also die Concursforderungen, in Folge des Concursverfahrens erlitten haben.[18]

III. Wie für den Gemeinschuldner, so fallen auch für die Concursgläubiger alle durch das Concursverfahren bewirkten Beschränkungen wieder weg. Jeder Concursgläubiger kann jetzt wieder, in gleicher Weise wie jeder andere Gläubiger des bisherigen Gemeinschuldners, für sich allein und ohne Rücksicht auf die übrigen seine Forderung, soweit sie nicht durch Befriedigung im Concursverfahren, Zwangsvergleich oder einen sonstigen Tilgungsgrund erloschen ist, unbeschränkt und in jeder nach dem bürgerlichen Rechte und dem Proceßrechte statthaften Weise gegen den Schuldner geltend machen, und zwar gleichviel, ob er sie im Concursverfahren geltend gemacht hatte oder nicht.[19] Allein er kann

[17] Da der Gemeinschuldner jetzt die Proceßfähigkeit für solche Processe wieder erlangt hat (s. ob. §. 7. II.), so steht der Fall demjenigen gleich, wenn die bisher durch ihren Vormund vertretene Proceßpartei vormundsfrei wird. Vgl. CP. §. 219 und R.CP §. 29 Anm. 3. — Bei der Beendigung des Concursverfahrens noch anhängige Feststellungs- oder Widerspruchsprocesse über streitig gebliebene Concursforderungen sind dagegen vom Concursverwalter zu Ende zu führen. Vgl. unt. §. 42. VI. a. E., §. 49 Anm. 7, §. 51 Anm. 30, Stiegl. §. 151 Bem. III.

[18] Näheres darüber sogleich unter III.

[19] Conc.O. §§. 152 Abs. 1, 178, 192 Abs. 2. Vbd. Mot. §. 152 a. A. u. Nr. 1 a. E. (S. 382, 383), §. 56 a. E. (S. 271). Die bisherige Vorschrift mancher Landesrechte, wonach der Schuldner einem Nachforderungsrechte von Seite der nichtbefriedigten Concursgläubiger immer oder doch unter Umständen nur mit Belassung

sie nur nach Maßgabe ihrer Beschaffenheit zur Zeit der Beendigung des Concursverfahrens geltend machen und ist also ebenfalls an die zufolge dieses Verfahrens und des Concursrechtes eingetretenen Veränderungen gebunden.[20] Er kann allerdings den Eintritt solcher Veränderungen verhüten dadurch, daß er die Geltendmachung seiner Forderung gegen die Concursmasse unterläßt oder diese Geltendmachung nicht zu für ihn bindenden Wirkungen gelangen läßt.[21] Hat er

---

des Nothbedarfes für sich und die Seinigen unterworfen war, ist aufgehoben. S. Mot. §. 152 Nr. 1 (S. 382 fg.), Prot. S. 108. — Auch die Anfechtungsrechte, deren Ausübung während des Concursverfahrens nur dem Concursverwalter zustand, können, soweit sie nach dem Anfechtungsgesetze vom 21. Juli 1879 begründet sind, nach der Beendigung des Concursverfahrens wieder von den einzelnen Gläubigern ausgeübt werden: AnfechtungsG. §. 13 Abs. 4. S. ob. §. 17 Anm. 6.

[20] Dieser Satz entspricht der Natur der Sache, da eine einmal eingetretene Rechtswirkung für alle Folgezeit als eingetreten anerkannt werden muß. Er wird aber auch von dem praktischen Bedürfnisse gefordert, weil sonst eine ganze Menge kaum lösbarer Schwierigkeiten entstehen müßten (vgl. Hullm. §. 152 Bem. 3, Sarwey §. 152 Bem. 6). Endlich liegt er, wie sogleich gezeigt werden soll, im Geiste der Concursordnung. S. bes. unt. Anm. 23. Die Motive lassen ihn freilich nicht unbedingt gelten. Sie bemerken zu §§. 62, 63 im vorl. Abs. (S. 292) in Rücksicht auf capitalisirte wiederkehrende Hebungen (Conc.O. §. 63): „Dem Gemeinschuldner gegenüber bleibt das ursprüngliche Verhältniß bestehen; er mag sich nach Aufhebung des Verfahrens mit dem Gläubiger ausgleichen, — soweit er sich nicht an die im Verfahren erfolgte Feststellung in Gemäßheit der §§. 129 Abs. 2, 152, 179, 192 selbst gebunden hat." Ferner äußern sie zu §. 58 in Abs. 2 (S. 276), daß die nach diesem Paragraphen eintretende Fälligkeit betagter Forderungen „auf den Gemeinschuldner eigentlich nicht bezogen werden dürfe, vielmehr nur auf die Concursgläubiger und die Grenzen des Concursverfahrens".

[21] S. Mot. §. 10 in Abs. 7 (S. 48), §. 152 Nr. 1 a. E. (S. 383). Nur die Einwirkung des Zwangsvergleiches kann durch die Nicht-

jedoch seine Forderung einmal gegen die Concursmasse geltend gemacht und sind in Folge dessen für ihn bindende Wirkungen entstanden, so dauern diese auch nach der Beendigung des Concursverfahrens fort.

Solche Wirkungen sind aber vor Allem dann entstanden, wenn er seine Concursforderung so, wie dies allein statthaft ist, nämlich als eine ihrem Geldwerthe zur Zeit der Concurseröffnung entsprechende fällige Geldforderung, im Concursverfahren angemeldet hat und dieselbe demgemäß für dieses Verfahren festgestellt ist. Denn diese Feststellung wirkt für ihn und gegen ihn gleich einem rechtskräftigen Urtheil und enthält daher der Concursmasse, d. h. dem Gemeinschuldner, gegenüber die endgültige und beide Theile für die Zukunft bindende Umwandlung in eine Geldforderung der genannten Art.[22] Hat der Gemeinschuldner die Forderung bei der Prüfung nicht bestritten, oder ist seine Bestreitung noch während des Concursverfahrens beseitigt worden, so bildet nach der Beendigung desselben die Eintragung jener Feststellung in die Tabelle in Verbindung mit dem Mangel des Vermerkes einer Bestreitung von seiner Seite oder mit dem Vermerke der Beseitigung der vermerkten Bestreitung sogar ohne Weiteres einen vollstreckbaren Schuldtitel gegen ihn.[23]

---

geltendmachung der Forderung gegen die Concursmasse nicht verhütet werden: Conc.O. §. 178.

[22] Conc.O. §§. 133 Abs. 2, 135 vbd. Mot. §§. 132, 133 in Abs. 4 a. E. (S. 364), §. 10 in Abs. 5 a. E. (S. 48). Vgl. ob. §. 12. II., bes. Anm. 11.

[23] Conc.O. §§. 152 Abs. 2, 179, 192 Abs. 2. Vgl. ob. §. 12. III. Daraus folgt von selbst, daß die Forderung nur noch in der Art, wie sie festgestellt ist, und nicht mehr nach Maßgabe ihres ursprünglichen Inhaltes und Gegenstandes gegen ihn geltend gemacht werden kann. Vgl. Sarwey §. 152 Bem. 10, Pet. §§. 149—152 Bem. IV. 3, Stiegl. §. 152 Bem. II. 1. A. M. Hullm.

Bindende Wirkungen sind aber ferner für einen Concursgläubiger auch dann entstanden, wenn er sich für seine nach dem gewöhnlichen bürgerlichen Rechte nicht aufrechnungsfähige Forderung durch concursmäßige Geltendmachung derselben gegen die Concursmasse als einer dem Geldwerthe zur Zeit der Concurseröffnung entsprechenden fälligen Geldforderung und durch die so ermöglichte Aufrechnung einer Geldschuld an die Masse gänzliche oder theilweise Befriedigung verschafft hat.[24] Er kann diesen nach dem Concursrechte eingetretenen Erfolg nicht mehr rückgängig machen und muß daher, ebenso wie der Gemeinschuldner, die geschehene Umwandlung der Forderung in eine Geldforderung als die nothwendige Vor-

---

§. 132 Bem. 3, §. 152 Bem. 3, Schultze S. 79 ff. Wenn dieses aber für den Fall, daß der Gemeinschuldner die Forderung bei der Prüfung nicht bestritten hat, nicht füglich zweifelhaft sein kann, so ist nicht abzusehen, warum es anders sein soll, wenn er sie grundlos bestritten hat und die Beseitigung dieser Bestreitung erst nachher, sei es auch erst nach der Beendigung des Concursverfahrens, gelingt. Die Feststellung der Forderung für das Concursverfahren, welche während der Dauer desselben in Ansehung des Concursvermögens gleich einem rechtskräftigen Urtheil gegen ihn wirkt, soll, so ist der Gedanke des Gesetzes, nach der Beendigung des Concurses in Ansehung seines gesammten Vermögens in dieser Weise gegen ihn wirken, wenn er die Forderung bei der Prüfung nicht bestritten hat, oder wenn, wie man doch folgerecht hinzufügen muß, diese Bestreitung sich nachher als grundlos herausgestellt hat. S. ob. Anm. 20. Vgl. auch ob. §. 12 Anm. 43. Ist es beiden Theilen, wie z. B. bei einer Forderung auf terminliche Leistungen (s. Hullm. §. 152 Bem. 3 und ob. Anm. 20) erwünscht, an die Stelle der nach Conc.O. §. 63 eintretenden einmaligen Leistung wiederum terminliche Leistungen zu setzen, so kann dieses nur durch Uebereinkunft geschehen. A. M. die Motive (s. ob. Anm. 20), ferner Sarwey §. 152 Bem. 6, Pet. §§. 149—152 Bem. IV. 4, Stiegl. §. 152 Bem. I. 4.

[24] Vgl. Conc.O. §. 47 und ob. §. 21. II.

bedingung jenes Erfolges auch nach der Beendigung des Concursverfahrens anerkennen, so daß er die Forderung ihrem ursprünglichen Inhalte und Gegenstande nach nicht mehr geltend machen kann, und zwar weder soweit sie durch die Aufrechnung befriedigt, noch auch soweit sie nicht befriedigt ist.[25]

[25] Vgl. ob. §. 21. V.

Zweiter Theil.

Das Concursverfahren.

§. 26.

I. Vorbemerkungen.

Das Concursverfahren richtet sich zunächst nach den Vorschriften der Concursordnung. Wo diese aber nicht ausreichen, kommen ergänzend die Vorschriften der Civilproceßordnung zur Anwendung, soweit sie, und in der Art, wie sie auf das Concursverfahren passen.[1] Sie passen zuvörderst überall nicht, wo es sich bloß um die Verwaltung der Concursmasse handelt, weil die Civilproceßordnung über Vermögensverwaltung keine Bestimmungen enthält. Ferner geschieht auch die Verwerthung der Concursmasse in der Regel nicht nach den Vorschriften der Civilproceßordnung über die Verwerthung gepfändeter Sachen im Zwangsvollstreckungsverfahren, weil

---

[1] Conc.O. §. 65 vbd. Mot. §§. 65—69 (S. 297) und §. 65 (S. 297 fg.). Auf Processe, welche aus Anlaß des Concursverfahrens entstehen, aber außerhalb desselben zu erledigen sind (vgl. z. B. Conc.O. §. 134), sind natürlich die Bestimmungen der Civilproceßordnung nicht bloß entsprechend sondern unmittelbar anzuwenden. — Ueber die Geltung der Vorschriften des Gerichtsverfassungsgesetzes auch in Ansehung des Concursverfahrens s. ob. §. 2. I.

die Concursordnung darüber selbständige Vorschriften gibt.[2] Endlich beschränkt dieses Gesetzbuch die entsprechende Anwendung der Bestimmungen der Civilproceßordnung auf das Concursverfahren durch folgende allgemeine Regeln:

1. Die öffentlichen Bekanntmachungen[3] geschehen im Concursverfahren durch wenigstens einmalige Einrückung in dasjenige Blatt, welches zur Veröffentlichung amtlicher Bekanntmachungen des Concursgerichtes bestimmt ist, und gelten als bewirkt mit dem Ablaufe des zweiten Kalendertages nach dem Tage der Ausgabe des die erste Einrückung enthaltenden Stückes, sei es Hauptblattes oder Beiblattes, an dem Orte, wo das Blatt erscheint.[4] Die Einrückung kann nach Ermessen auszugsweise geschehen.[5] Auch kann das Concursgericht weitere Bekanntmachungen durch Einrückung in andere geeignete Blätter, Anheftung an die Gerichtstafel, Anschlag in der Börse u. dgl. anordnen.[6]

2. Die öffentliche Bekanntmachung gilt immer als Zu-

---

[2] S. Conc.O. §§. 107 ff. Vbd. Mot. §. 65 a. E. (S. 298). Vgl. aber Conc.O. §§. 116, 117.

[3] Oeffentliche Bekanntmachungen: 1) des Concursgerichtes: Conc.O. §§. 73 Abs. 1, 85 Abs. 2, 90, 98 Abs. 1, 103 Abs. 1, 105, 151 Abs. 2, 166, 175 Abs. 2, 184 Abs. 2, 189 Abs. 1, 191 Abs. 1; 2) des Concursverwalters: Conc.O. §. 139. — Die öffentlichen Bekanntmachungen des Concursgerichtes werden durch den Gerichtsschreiber besorgt: entspr. CP. §. 187 Abs. 1.

[4] Conc.O. §. 68 Abs. 1. Entscheidend ist nach dem Wortlaute des Gesetzes der Tag der thatsächlichen Ausgabe des betreffenden Stückes, auch wenn diesem ein anderer Tag aufgedruckt ist. Vgl. Pet. §§. 68, 69 Bem. 1. A. M. Völd. §§. 68, 69 Bem. e. III., Stiegl. §. 68 Bem. II.

[5] Conc.O. §. 68 Abs. 1 vbd. Prot. S. 60 fg. S. aber CP. §. 188.

[6] Conc.O. §. 68 Abs. 2 vbd. Mot. §§. 68, 69 in Abs. 1 a. E. (S. 300). Die auszugsweise Einrückung in den Deutschen Reichsanzeiger ist vorgeschrieben in Conc.O. §§. 103 Abs. 2, 105, 151 Abs. 3, 175 Abs. 3, 184 Abs. 2, 191 Abs. 2.

stellung an alle Betheiligte, selbst wenn neben ihr noch eine besondere Zustellung an bestimmte Betheiligte vorgeschrieben ist.[7]

3. Eine solche neben der öffentlichen Bekanntmachung vorgeschriebene besondere Zustellung kann durch Aufgabe zur Post geschehen. Ferner bedarf die zu übergebende Abschrift des zuzustellenden Schriftstückes keiner Beglaubigung.[8]

4. Der Concursverwalter kann die Mittheilungen, welche ihm obliegen, ohne besondere Form und durch unmittelbare mündliche oder schriftliche Erklärung bewirken.[9]

5. Die Entscheidungen im Concursverfahren können, weil es sich bei der Mitwirkung des Concursgerichtes an diesem

---

[7] Conc.O. §. 68 Abs. 3 vbd. Mot. §§. 68, 69 in Abs. 1 (S. 300). Vgl. Conc.O. §§. 103 Abs. 3, 166.

[8] Conc.O. §. 69 Abs. 1 vbd. Mot. §§. 68, 69 in Abs. 2 (S. 300 fg.) und CP. §§. 161, 175. Vgl. CP. §. 156. Eine Beglaubigung der mitzuübergebenden Abschrift der Zustellungsurkunde ist jedoch erforderlich: CP. §. 173; vgl. Prot. S. 61. Da es übrigens in solchen Fällen für die Gültigkeit der Verhandlungen nach Conc.O. §. 68 Abs. 3 immer nur auf die gehörige öffentliche Bekanntmachung ankommt, so kann die besondere Zustellung in unschädlicher Weise durch eine andere eben so sichere Art der Uebermittelung, namentlich Einschreibe-Postsendung, ersetzt werden. Vgl. Stiegl. §. 69 Bem. I. a. E. — Besondere Zustellungen, neben welchen keine öffentliche Bekanntmachung stattfindet, wie z. B. in den Fällen von Conc.O. §§. 76 Abs. 2, 97 Abs. 2, 3, 111 Abs. 2, 115, 194 Abs. 2, 199 Abs. 2, 205 Abs. 2, müssen in der gewöhnlichen Weise durch einen Gerichtsvollzieher, durch die Post oder durch Aufgabe zur Post nach Maßgabe der Vorschriften der Civilproceßordnung geschehen. S. CP. §§. 152 ff., R.CP. §. 31. Doch können die Betheiligten zum voraus oder nachträglich auf die Beobachtung dieser umständlichen und kostspieligen Formen verzichten und sich z. B. mit bloßer Einschreibesendung durch die Post begnügen: entspr. CP. §. 267. Vgl. Stiegl. §. 69 Bem. II. a. E.

[9] Conc.O. §. 69 Abs. 2; vgl. CP. §. 463 Abs. 2. Hierher gehören die Fälle in Conc.O. §§. 123 Abs. 1, 147 Abs. 2. Nicht aber die Fälle in Conc.O. §. 115 und §. 139.

Verfahren überall nur um eine leitende, ordnende, beaufsichtigende Thätigkeit, vergleichbar derjenigen einer Obervormundschaftsbehörde, nirgends aber um eigentliche Urtheile, d. h. rein verstandesmäßige Schlüsse aus den bestehenden Rechtssätzen, handelt, ohne vorgängige mündliche Verhandlung ergehen.[10] Dieses gilt auch da, wo das Gesetz die vorherige Anhörung Betheiligter fordert, und die letztere kann daher auch schriftlich erfolgen.[11] Ausnahmen treten nur in den Fällen ein, in welchen die Concursordnung eine mündliche Verhandlung, insbesondere durch Anordnung der Abhaltung eines Termins, ausdrücklich vorschreibt.[12] Aus dem gleichen Grunde kann im Concursverfahren kein Versäumnißverfahren und kein Versäumnißurtheil vorkommen.[13]

---

[10] Conc.O. §. 66 Abs. 1 verb. Mot. §. 66 in Abs. 1 (S. 298), §. 64 in Abs. 2 (S. 293 ff.). Von einer mündlichen Verhandlung im Sinn der Civilproceßordnung, d. h. von einer eigentlichen Proceßverhandlung (CP. §. 119), kann übrigens im Concursverfahren überhaupt gar nicht die Rede sein, sondern nur von einer mündlichen Verhandlung in dem weiteren Sinn einer mündlichen Erörterung vor und mit dem Concursgerichte. S. Mot. §. 66 a. a. O.

[11] S. Conc.O. §§. 76 Abs. 2, 97 Abs. 2, 3, 111 Abs. 2, 117 Abs. 2, 189 Abs. 2, 194 Abs. 2, 195 Abs. 2, 199 Abs. 2, 205 Abs. 2. Doch wird in diesen Fällen die Abhaltung eines Verhandlungstermins in der Regel zweckmäßig sein. Vgl. Hullm. §. 66 Bem. 1, Sarwey §. 66 Bem. 2, Pet. §. 66 Bem. 1 a. E., Stiegl. §. 66 Bem. I. a. E. A. M. Völd. §. 66 Bem. b a. E., der in diesen Fällen eine mündliche Verhandlung für nothwendig hält.

[12] S. Conc.O. §§. 85 Abs. 1, 87, 88, 102 vbd. 129, 130, 150, 166, 170 Abs. 2. Da aber auch in diesen Fällen die Verhandlung keine „Verhandlung vor einem erkennenden Gerichte" ist, so fällt die Oeffentlichkeit weg. S. Prot. S. 68 fg. Vgl. GV. §. 170.

[13] S. Mot. §. 66 in Abs. 1 (S. 298). — Weil die Entscheidungen im Concursverfahren keine Urtheile im Sinn der Civilproceßordnung sind, so brauchen sie auch keinen Thatbestand und keine Entscheidungsgründe zu

6. Die Entscheidungen brauchen, selbst wenn sie auf Grund einer mündlichen Verhandlung ergehen, nicht verkündet zu werden,[14] müssen aber, auch wenn sie verkündet worden sind, den Betheiligten von Amtswegen zugestellt werden, und diese Zustellung ist die juristisch allein maßgebende Bekanntmachung an die Betheiligten.[15]

7. Gegen die Entscheidungen ist, soweit sie nicht unanfechtbar sind,[16] die sofortige Beschwerde an das übergeordnete

---

enthalten. Doch ist bei Entscheidungen, gegen welche die sofortige Beschwerde statthaft ist, die Beifügung von Entscheidungsgründen angemessen. Vgl. Stiegl. §. 66 Bem. II. a. E.

[14] Weil die mündliche Verhandlung keine solche im Sinn der Civilproceßordnung und daher CP. §. 294 Abs. 1 nicht anwendbar ist. Vgl. Hullm. §. 66 Bem. 2, Stiegl. §. 66 Bem. II. A. M. Völd. §. 66 Bem. c. Die Verkündung ist nur vorgeschrieben bei dem Beschlusse, der einen Zwangsvergleich bestätigt oder verwirft: Conc.O. §. 171, und bei den in Conc.O. §§. 169 Abs. 2, 170 Abs. 2 erwähnten Terminsbestimmungen.

[15] Conc.O. §. 66 Abs. 2 vbd. Prot. S. 59 fg. Die Zustellung ist vom Gerichtsschreiber zu besorgen: CP. §§. 156 Abs. 2, 173 Abs. 4. Vgl. R.CP. §. 31. II. Wer die Betheiligten sind, ist in jedem einzelnen Fall zu bestimmen: Prot. S. 60. Vgl. Stiegl. §. 66. II. Im Zweifel ist im Hinblick auf Conc.O. §. 68 Abs. 3 (s. ob. Nr. 2) die Entscheidung öffentlich bekannt zu machen (vgl. Prot. S. 60), und wo es sich um eine Zustellung an die Gesammtheit der Gläubiger handelt (s. z. B. Conc.O. §§. 72, 76 Abs. 1 Satz 2, 91), steht eine andere geeignete Zustellungsform überhaupt nicht zu Gebote. Vgl. Hullm. §. 66 Bem. 2 a. E., Wengler §. 66 Bem. II. 2 a. E., Pet. §. 66 Bem. 2 a. E. A. M. Sarwey §. 66 Bem. 3, Stiegl. §. 66 Bem. II., bes. Note e. — Ausnahmsweise genügt die bloße Verkündung bei dem in Anm. 14 bezeichneten Beschlusse: Conc.O. §. 171 vbd. §. 174 Abs. 2. Ferner in den Fällen von Conc.O. §§. 85 Abs. 2, 169 Abs. 2, 170 Abs. 2. Vgl. Mot. §§. 170—174 in Abs. 2 (S. 417), Wilm. §. 66 Bem. 3 g. E., 169 Bem. 7.

[16] Ausdrücklich für unanfechtbar erklärte Entscheidungen: Conc.O. §§. 87, 88, 151 Abs. 1, 175 Abs. 1. S. auch Conc.O. §. 174 Abs. 3. Unanfechtbar ist aber ferner naturgemäß eine Entscheidung, welche einen Antrag

Landgericht statthaft.[17] Sie steht, wo nicht das Gesetz besondere Vorschriften gibt,[18] allemal einem Jeden zu, welcher sich, gleichsam als Partei oder Gegenpartei, durch die Entscheidung beschwert fühlen kann.[19] So z. B. bei der Verwerfung von Einwendungen gegen das Vertheilungsverzeichniß (Conc.O. §. 146) nur Demjenigen, welcher sie erhoben hatte, bei Anordnung einer Berichtigung des Verzeichnisses aber dem Concursverwalter und jedem Concursgläubiger, dem die Berichtigung zum Nachtheil gereicht.[20] Ferner bei Zurück-

---

ablehnt, wenn das Concursgericht, weil es sich um eine in sein freies Ermessen gestellte Maßregel handelt, zum Behufe der Ablehnung eine förmliche Entscheidung gar nicht hätte zu erlassen brauchen, sondern sich einfach unthätig hätte verhalten können, wie z. B. in den Fällen von Conc.O. §§. 118 Abs. 1, 123 Abs. 2; denn daß das Gericht überflüssigerweise eine nicht erforderliche Entscheidung erlassen hat, kann rechtlich keinen Unterschied machen. Vgl. ob. §. 23 Anm. 39, 45.

[17] Conc.O. §. 66 Abs. 3 vbd. CP. §. 540. Vgl. Mot. §. 66 in Abs. 2 (S. 298 fg.), §. 64 in Abs. 2 a. E. (S. 294 fg.). Vgl. auch CP. §. 701. Wegen der Gerichtsgebüren für die Beschwerdeinstanz s. GK. §. 57; wegen der Rechtsanwaltsgebüren s. RAGeb. §. 58 Nr. 1 vbd. §. 59. — Die gewöhnliche Beschwerde kann nur vorkommen gegen Entscheidungen, welche nicht nach Maßgabe der Concursordnung, sondern bloß nach Maßgabe der Civilproceßordnung ergehen und nach dieser mit Beschwerde anfechtbar sind, wie z. B. gegen Straf- oder Zwangsmaßregeln wider Zeugen oder Sachverständige nach CP. §§. 345, 355, 374 vbd. Conc.O. §. 67. S. Mot. §. 66 a. a. O. Auch zu den in GB. §§. 160, 183 erwähnten Beschwerden, sowie zu Beschwerden wegen Justizverweigerung oder Justizverzögerung kann das Concursverfahren Veranlassung geben. Vgl. R.CP. §. 74 Anm. 1 a. E., Stiegl. §. 66 Bem. III. 2.

[18] S. Conc.O. §§. 101, 174 Abs. 1.

[19] Entspr. CP. §. 530. Vgl. Mot. §§. 96—101 a. E. (S. 334 fg.). S. auch Stiegl. §. 66 Bem. II. Abs. 1 a. E.

[20] Vgl. unt. §. 41 Anm. 6, Stiegl. §. 66 Bem. II. vbd. §. 146 Bem. I. 2 g. E., Sarwey §. 146 Bem. 8.

weisung des Antrages auf Untersagung der Ausführung eines von der Gläubigerversammlung gefaßten Beschlusses (Conc.O. §. 91) nur dem Concursverwalter oder Gläubiger, welcher den Antrag gestellt hatte,[21] im entgegengesetzten Fall dagegen jedem Gläubiger, welcher für den Beschluß gestimmt hatte.[22] U. dgl. m. Im Interesse verletzter Concursgläubiger oder des Gemeinschuldners kann aber auch der Concursverwalter, da er zur Wahrung der Interessen sämmtlicher Concursgläubiger sowie des Gemeinschuldners berufen ist, als Vertreter der Concursmasse die sofortige Beschwerde erheben, es wäre denn, daß er selbst als der gegenüberstehend Betheiligte erscheint.[23] Die zweiwöchige Nothfrist für die Einlegung der sofortigen Beschwerde läuft von der Zustellung der anzufechtenden Entscheidung an.[24] Die Vollziehung der letzteren

[21] Ein anderer überstimmter Gläubiger kann die sofortige Beschwerde nur als Nebenintervenient einlegen: entspr. CP. §. 63 Abs. 2.

[22] S. unt. §. 31 Anm. 31. A. M. Hullm. §. 66 Bem. 4, Wengler §. 66 Bem. II. 3 Abs. 2, wonach wegen Verletzung eines gemeinschaftlichen Interesse der Concursgläubiger die Beschwerde nur von dem zur Wahrung dieses Interesse berufenen Organ, d. h. von der Gläubigerversammlung oder unter Umständen von dem Gläubigerausschusse, erhoben werden könnte. Der Gläubigerversammlung als solcher wird aber überhaupt keine Legitimation zur Beschwerdeerhebung zugeschrieben werden können, da sie keine Körperschaft ist und daher nicht als Gesammtheit handelnd auftreten kann. Vgl. Völd. §. 85 Bem. a a. E., Stiegl. §. 66 Bem. II. Abs. 1.

[23] Letzteres z. B. bei Verwerfung von Einwendungen gegen das von dem Verwalter aufgestellte Vertheilungsverzeichniß, bei Versagung der Ernennung des von der Gläubigerversammlung gewählten Verwalters, bei Untersagung der Ausführung eines Beschlusses der Gläubigerversammlung auf Antrag des Verwalters u. dgl. Vgl. Stiegl. §. 66 Bem. II. Abs. 1 a. E., bes. Note e.

[24] CP. §. 540 Abs. 2 vbd. Mot. §. 66 in Abs. 2 (S. 298). Wegen der Berechnung s. CP. §. 200. Demnach geht, wenn die Zustellung durch öffentliche Bekanntmachung (Conc.O. §. 68

wird durch die Einlegung der Beschwerde nicht gehemmt; jedoch kann sowohl das Concursgericht als das Beschwerdegericht die Aussetzung der Vollziehung anordnen.[25] Dagegen ist das Concursgericht zu einer Abänderung der angefochtenen Entscheidung nicht befugt.[26] Die Entscheidung des Beschwerdegerichtes kann ohne vorgängige mündliche Verhandlung ergehen.[27] Wird eine solche angeordnet, so müssen sich die Parteien bei derselben durch je einen bei dem Beschwerdegerichte zugelassenen Rechtsanwalt vertreten lassen.[28] Gegen die Entscheidung des Beschwerdegerichtes ist eine weitere sofortige Beschwerde statthaft, so oft sie einen neuen Beschwerdegrund enthält, d. h. entweder, wie bei Abänderung der angefochtenen Entscheidung, zwar über die nämliche Frage wie diese aber in anderem Sinn, oder, wie bei Verwerfung der

---

Abs. 3) geschieht und folglich nach Conc.O. §. 68 Abs. 1 mit dem Ablaufe, d. h. im letzten Augenblicke, des zweiten Tages nach der Ausgabe des die erste Einrückung enthaltenden Blattes als bewirkt gilt, die Nothfrist an dem diesem Tage (und nicht, wie Stiegl. §. 68 Bem. II. Abs. 1 a. E. annimmt, erst dem folgenden) entsprechenden Tage der zweiten Woche zu Ende. Wo neben der öffentlichen Zustellung auch noch eine besondere an bestimmte Betheiligte stattfindet, beginnt für diese die Nothfrist mit der öffentlichen oder mit der besonderen Zustellung, je nachdem jene oder diese zuerst bewirkt ist. S. Hullm. §. 68 Bem. 4, Pet. §§. 68, 69 Bem. 1 a. E. Ausnahmsweiser Beginn der Nothfrist: mit der Niederlegung der Entscheidung auf der Gerichtsschreiberei: Conc.O. §. 146 Abs. 2, mit der Verkündung der Entscheidung: Conc.O. §. 174 Abs. 2. — Wiedereinsetzung in den vorigen Stand gegen die Versäumung der Nothfrist: CP. §§. 211 ff.

[25] CP. §. 535 vbd. Mot. §. 66 in Abs. 2 (S. 299).

[26] CP. §. 540 Abs. 3 vbd. Prot. S. 70 a. A.

[27] CP. §. 536 Abs. 1, Conc.O. §. 66 Abs. 1.

[28] CP. §. 74 Abs. 1. Vgl. Wilm. §. 66 Bem. 5. A. M. Wengler §. 66 Bem. II. 3. Wegen der Gebüren s. ob. Anm. 17.

Beschwerde wegen Unzulässigkeit, über eine ganz andere Frage entscheidet.[29]

II. Die Factoren des Concursverfahrens.

§. 27.

Uebersicht.

Im Concursverfahren sind als zusammenwirkende Factoren thätig das Concursgericht, der Concursverwalter, der Gläubigerausschuß, die Gläubigerversammlung, die einzelnen Concursgläubiger und der Gemeinschuldner.

Das Concursgericht hat, vergleichbar einer Obervormundschaftsbehörde, das Concursverfahren nicht nur zu eröffnen und zu schließen, sondern auch während seiner Dauer zu leiten und zu beaufsichtigen.

Die Aufgabe des Concursverwalters ist es, als gesetzlicher Vertreter des Gemeinschuldners, ähnlich einem Vormunde desselben, kraft selbständiger Amtspflicht die Auseinandersetzung des Gemeinschuldners mit den Concursgläubigern unmittelbar auszuführen.

Der Gläubigerausschuß soll, wenn ein solcher bestellt wird, als vertretendes Organ der Concursgläubiger den

---

[29] CP. §. 531 Abs. 2. (Einen „selbständigen" Beschwerdegrund enthält nach Conc.O. §. 66 Abs. 3 jede nicht ausdrücklich für unanfechtbar erklärte Entscheidung im Concursverfahren ohne Rücksicht des Inhaltes.) Ausnahmsweise Unstatthaftigkeit der weiteren Beschwerde: Conc.O. §. 174 Abs. 3. Vgl. über die weitere Beschwerde im Allgemeinen Zeitschrift für Deutschen Civilproceß II. S. 284 ff. und RGer. 11. Nov. 1879 (Entsch. I. S. 224 fg.), 5. Jan. 1880 (Entsch. I. S. 230), 20. März 1880 (Entsch. I. S. 233 ff.), 24. Sept. 1880 (Entsch. II. S. 385 fg.), 22. Okt. 1880 (Entsch. II. S. 413 ff.).

Concursverwalter bei seiner Geschäftsführung unterstützen und überwachen, überhaupt fortlaufend für die Wahrung der Interessen der Gläubiger sorgen.

Die Gläubigerversammlung ist das Organ für den gesetzmäßigen Ausdruck des gemeinsamen Interesse und des Gesammtwillens der Concursgläubiger bei Fragen der Zweckmäßigkeit und des freien Ermessens.

Jeder einzelne Concursgläubiger kann dagegen für sich allein und selbständig vorgehen, wo es sich um die Geltendmachung oder Wahrung seines Anrechtes auf gesetzmäßige Befriedigung aus der Concursmasse handelt.

Der Gemeinschuldner endlich ist gehalten, die Erreichung der Aufgabe des Concursverfahrens durch Auskunftsertheilung zu fördern. Er darf sich aber auch zur Wahrung seiner Interessen bis zu einem gewissen Grade selbstthätig, insbesondere durch den Vorschlag eines Zwangsvergleiches, in das Verfahren einmischen.

§. 28.

1. Das Concursgericht.

I. Für das Concursverfahren kommt die sachliche Zuständigkeit ausschließlich den Amtsgerichten zu, die örtliche Zuständigkeit aber ausschließlich demjenigen Amtsgerichte, bei welchem der Gemeinschuldner seinen allgemeinen Gerichtsstand hat.[1]

---

[1] Conc.O. §. 64 Abs. 1 vbd. CP. §§. 13—19 (s. R.CP. §§. 12 u. 13). Oertliche Zuständigkeit für das Concursverfahren über einen Nachlaß: Conc.O. §. 202. Concursverfahren über das inländische Vermögen eines Schuldners ohne allgemeinen Gerichtsstand im Deutschen Reiche: Conc.O. §. 208. S. auch Conc.O. §. 207. Bestimmung des zuständigen Amtsgerichtes durch ein höheres Gericht: CP. §. 36 vbd. Mot. §. 64 im letzten Abs. (S.

Sind mehrere Gerichte zuständig,[2] so schließt dasjenige, bei welchem die Eröffnung des Verfahrens zuerst beantragt worden ist, die übrigen aus.[3]

II. Das Concursgericht hat zuvörderst über die Eröffnung und über die Aufhebung oder Einstellung des Concursverfahrens zu beschließen, weil die wichtigen mit diesen Vorgängen verbundenen Wirkungen nur an den Spruch einer unabhängigen richterlichen Behörde angeknüpft werden können.[4] Sodann aber hat es auch das Concursverfahren selbst zu leiten und zu beaufsichtigen. Zwar hat es sich weder mit der Verwaltung der Concursmasse, noch mit der Entscheidung der Streitigkeiten über Richtigkeit und Rangordnung angemeldeter Concursforderungen, noch endlich mit der Ausführung der Vertheilungen zu befassen; allein es hat wenigstens durch Ernennung des Concursverwalters und fortlaufende Aufsicht über seine Amtsführung für geeignete und pflichtmäßige Verwaltung der Masse Sorge zu tragen.[5] Ferner hat es für die gehörige Prüfung der angemeldeten Concursforderungen und für die gehörige urkundliche Feststellung der nicht streitigen zu sorgen.[6] Auch beruft es und leitet es die Gläubigerversammlungen,[7] verhütet die Verletzung gefährdeter

296). Vgl. R.CP. §. 15. Unzulässigkeit einer Vereinbarung über die Zuständigkeit: CP. §. 40 Abs. 2 vbd. Mot. a. a. O., Prot. S. 59. — Ausschließung und Ablehnung des Richters: CP. §§. 41 ff.

[2] Wie z. B. wenn der Gemeinschuldner mehrere Wohnsitze oder im Fall von Conc.O. §. 208 mehrere Niederlassungen in verschiedenen Amtsgerichtsbezirken hat.

[3] Conc.O. §. 64 Abs. 2. Vgl. Völd. §. 64 Bem. c.

[4] S. Conc.O. §§. 97—100; 151 Abs. 1, 175 Abs. 1, 189 Abs. 2, 190. S. auch Conc.O. §. 184 Abs. 2.

[5] S. Conc.O. §§. 70, 72, 75, 76.

[6] Conc.O. §§. 127—133.

[7] Conc.O. §§. 85 Abs. 1, 86 Abs. 1.

Interessen theils auf Anrufen,[8] theils schon von Amtswegen,[9] entscheidet Streitigkeiten, welche sich auf die Art und Weise des Verfahrens beziehen,[10] und hat überhaupt überall einzugreifen, wo das Eingreifen eines über den Betheiligten stehenden obrigkeitlichen Organs erforderlich ist.[11]

Insbesondere ist es befugt, zur Aufklärung aller das Concursverfahren betreffenden Verhältnisse auf Antrag oder auch von Amtswegen die erforderlichen Ermittelungen, namentlich die Vernehmung von Zeugen und Sachverständigen, anzuordnen.[12]

III. Ueber alle Verhandlungen vor dem Concursgerichte ist von dem Gerichtsschreiber ein gehöriges Protokoll aufzunehmen,[13] welches jedoch bei den Verhandlungen im Prüfungstermin größtentheils durch die Tabelle ersetzt wird.[14]

---

[8] S. Conc.O. §§. 91, 111 Abs. 2, 123 Abs. 2, 148, 173, 183 Abs. 2.

[9] S. Conc.O. §§. 79 Abs. 1, 98, 99, 118 Abs. 2, 149 Abs. 2, 153, 156, 172, 190.

[10] S. Conc.O. §§. 87, 88, 146 Abs. 2.

[11] S. Conc.O. §§. 93, 111 Abs. 1.

[12] Conc.O. §. 67 vbd. Mot. §. 67 (S. 299 fg.). Vgl. Conc.O. §. 97 Abs. 2. S. auch CP. §§. 130, 132—135, 337, 338 ff., 367 ff. Die Gebüren der Zeugen und Sachverständigen bemessen sich nach der Gebürenordnung für Zeugen und Sachverständige. S. diese Geb.O. §. 1. Auch die Vorlegung von Handelsbüchern kann unter Beobachtung der Vorschriften in HGB. Art. 38, 79 Abs. 1, CP. §. 399 angeordnet werden. Wegen der Handelsbücher und anderen Geschäftsbücher des Gemeinschuldners s. HGB. Art. 40, Conc.O. §. 112 Abs. 2.

[13] Entspr. CP. §§. 145—151. Vgl. Mot. §. 65 (S. 297), §§. 85—91 in Abs. 2 (S. 314 a. A.), §§. 132, 133 in Abs. 3 (S. 363).

[14] S. Conc.O. §§. 128 Abs. 2, 133 Abs. 1. Vbd. Mot. §§. 132, 133 a. a. O. — Ueber die Befugniß zur Einsicht der Concursacten s. CP. §. 271.

§. 29.

2. Der Concursverwalter.

I. Der Concursverwalter wird stets von dem Concursgerichte ernannt.[1] Und zwar hat dieses nicht nur bei der Eröffnung des Concursverfahrens, sondern auch, so oft im Laufe desselben durch Tod, Entlassung oder sonstigen Wegfall des bisherigen Verwalters das Bedürfniß der Ernennung eines Verwalters entsteht, diese Ernennung zunächst nach eigenem Ermessen und ohne vorherige Anhörung der Gläubigerversammlung vorzunehmen.[2] In der nächsten auf eine solche Ernennung folgenden Gläubigerversammlung kann aber durch Beschluß derselben anstatt des Ernannten eine andere Person gewählt werden, deren Ernennung dann endgültig maßgebend ist. Kommt es in dieser nächsten Gläubigerversammlung nicht zu der Wahl eines anderen Verwalters, oder verweigert das Gericht die Ernennung des Gewählten, so bleibt die frühere Ernennung endgültig in Kraft.[3]

---

[1] Conc.O. §. 70 Abs. 1, 72 vbd. Mot. §§. 70—78 in Abs. 6 (S. 302 fg.).

[2] Conc.O. §§. 70 Abs. 1, 102 vbd. Mot. a. a. O.

[3] Conc.O. §. 72 vbd. §. 102 Abs. 1. Die Angabe der Gründe der Verweigerung kann nach Ermessen unterbleiben. Vgl. Mot. a. a. O., Prot. S. 62. S. auch Völd. Bem. c, Stiegl. §. 72 Bem. I. a. E. Gegen die Verweigerung der Ernennung steht jedem Gläubiger, der für die Wahl gestimmt hatte, die sofortige Beschwerde zu. Vgl. Mot. a. a. O. Dagegen findet gegen die Ernennung des Gewählten eine Beschwerde nur insofern statt, als ein überstimmter Gläubiger nach Conc.O. §. 91 den Antrag auf Untersagung der Ausführung des in der Wahl liegenden Beschlusses der Gläubigerversammlung stellen und im Fall der Zurückweisung hiegegen Beschwerde einlegen kann. S. ob. §. 26 Nr. 7. Vgl. Sarwey §. 72 Bem. 3, Völd. §. 72 Bem. c, Stiegl. §. 72 Bem. II.

Bei der Auswahl des Verwalters ist das Gericht wie die Gläubigerversammlung nicht auf bestimmte Klassen von Personen beschränkt. Auch sind rechtlich weder die nahen Verwandten des Gemeinschuldners noch die betheiligten Concursgläubiger ausgeschlossen.[4] Nur der Gemeinschuldner kann nicht zum Verwalter ernannt werden, weil nach ausdrücklicher gesetzlicher Vorschrift die Verwaltungs- und Verfügungsbefugniß in Ansehung der Concursmasse nicht durch ihn ausgeübt werden kann.[5]

II. Der Ernannte wird, ähnlich dem von der Obrigkeit ernannten Vormunde, Verwalter unmittelbar durch die Ernennung,[6] und sobald ihm dieselbe durch das Concursgericht mitgetheilt ist, beginnen seine Befugnisse und seine Pflichten.[7] Er kann das Amt beliebig ablehnen, muß aber die Ablehnung ohne Verzug erklären bei Vermeidung der Haftung für den durch die Verzögerung erwachsenen Schaden.[8]

---

[4] S. Mot. §§. 70—78 in Abs. 7 u. 8 (S. 303 ff.). Unfähig sind jedoch, da die Stellung des Concursverwalters gleich derjenigen eines Vormundes eine amtliche ist (s. Conc.O. §. 73 Abs. 2), Diejenigen, welche zur Zuchthausstrafe verurtheilt, oder denen die bürgerlichen Ehrenrechte aberkannt sind: StGB. §§. 31, 34 Nr. 3 u. 6. Vgl. Sarwey §. 70 Bem. 2, Völd. §. 70 Bem. b. I., Stiegl. §. 70 Bem. II.

[5] S. Conc.O. §. 5 und Mot. §§. 70—78 in Abs. 8 (S. 304 a. E.). A. M. Völd. §. 5 Bem. f, §. 70 Bem. a. II.

[6] Dieses liegt im Begriffe der Ernennung.

[7] S. Mot. §§. 70—78 in Abs. 10 a. E. u. 11 (S. 305 g. E.). Die Mittheilung braucht nicht durch förmliche Zustellung zu geschehen. Zwar muß nach Conc.O. §. 66 Abs. 2 der Ernennungsbeschluß auch zugestellt werden; allein diese Zustellung liegt nach Conc.O. §. 68 Abs. 3 für alle Betheiligte in der durch §. 73 Abs. 1 ohnehin vorgeschriebenen öffentlichen Bekanntmachung. S. ob. §. 26 Nr. 2. Vgl. auch Pet. §§. 70—73 Bem. II. 1. — Eine Beeidigung oder sonstige besondere Verpflichtung des Verwalters findet nicht statt. S. Mot. §§. 70—78 in Abs. 10 (S. 305).

[8] S. Mot. §§. 70—78 in Abs. 13 (S. 306) vbd. Conc.O. §. 74. — Vgl. RAO. §. 30.

Zur Nachricht für alle Betheiligte und zur Erleichterung der Legitimation des Verwalters ist sein Name öffentlich bekannt zu machen,[9] ihm selbst aber eine urkundliche Bescheinigung seiner Ernennung zu ertheilen, die er zur Verhütung von Mißbrauch bei der Beendigung seines Amtes an das Gericht zurückzugeben hat.[10]

III. Kraft seiner Ernennung durch das Concursgericht hat der Concursverwalter eine amtliche Stellung und bestimmte gesetzliche, von dem Concursgerichte wie von den Betheiligten unabhängige Befugnisse und Pflichten.[11] Abgesehen von einzelnen besonders wichtigen oder für die Interessen der Betheiligten gefährdenden Maßregeln, welche ausnahmsweise der Entscheidung oder Genehmigung der Gläubigerversammlung, des Gläubigerausschusses oder des Gerichtes unterliegen[12] oder durch das Gericht untersagt werden können,[13] ist es seine selbständige Aufgabe, die gesetzmäßige Befriedigung der Concursgläubiger aus der Concursmasse nach eigenem bestem Ermessen und mit gebürender Rücksicht auf alle be-

---

[9] Conc.O. §. 73 Abs. 1 vbd. §§. 66 Abs. 2, 68 Abs. 3. Vgl. Mot. §§. 70—78 in Abs. 11 (S. 305 a. E.).

[10] Conc.O. §. 73 Abs. 2 vbd. Mot. a. a. O. Vgl. Völd. §. 73 Bem. e u. f. Preußisches Formular f. Vierhaus Nr. 137 (S. 99). Die Wirkungen der von dem gewesenen Verwalter nach der Beendigung seines Amtes aber vor der Rückgabe der Bestellungsurkunde vorgenommenen Rechtshandlungen bemessen sich nach dem bürgerlichen Rechte. Vgl. Pet. §§. 70—73 Bem. II. 1 a. E., Stiegl. §. 73. A. M. Völd. §. 73 Bem. d, welcher HGB. Art. 25 u. 46 und Conc.O. §. 7 Abs. 2, 3 entsprechend anwenden will.

[11] S. Conc.O. §. 73 Abs. 2 vbd. Mot. §§. 70—78 in Abs. 6, 9 u. 15 (S. 302 fg., 305, 307), §. 5 im vorl. Abs. (S. 34).

[12] S. Conc.O. §§. 111, 118, 120—122, 149 Abs. 2, 150, 153, 156, 157, 163, 169, 170.

[13] S. Conc.O. §§. 91, 123 Abs. 2, 148.

theiligten Interessen herbeizuführen.[14] Er hat daher nicht bloß die Verwaltung und Verwerthung der Masse zu bewirken,[15] sondern auch die Richtigkeit und Rangordnung der geltend gemachten Concursforderungen zu prüfen und nach Befund zu bestreiten,[16] endlich die gehörige Vertheilung der Masse an die Concursgläubiger vorzunehmen.[17] Er muß dabei überall die Sorgfalt anwenden, welche ein ordentlicher Mann als Concursverwalter in gleicher Lage bethätigen würde.[18] Dagegen hat er seinerseits gegen die Concursmasse und als Theil der Massekosten Anspruch auf Erstattung angemessener Auslagen und auf eine Vergütung für seine Thätigkeit, beides nach Maßgabe der vom Concursgerichte nach freiem Ermessen gemachten Festsetzung.[19]

IV. Zufolge seiner amtlichen Stellung steht der Verwalter in Ansehung seiner Geschäftsführung unter der Aufsicht des Concursgerichtes, die sich aber bloß auf die Pflichtmäßigkeit, nicht auch auf die Zweckmäßigkeit seiner Handlungen oder Unterlassungen erstreckt.[20] Wegen Pflichtwidrigkeit kann das

---

[14] S. Mot. a. d. a. DO. (ob. Anm. 11). Vgl. ob. §. 4. III., §. 5. II., §. 23. III.

[15] S. ob. §. 23.

[16] S. Conc.O. §. 132 Abs. 1, Mot. Vorbem. z. Buch I. Tit. 1 im vorl. Abs. (S. 17). Vgl. ob. §. 12. I. und unt. §. 38. IV.

[17] S. Conc.O. §§. 138, 149 Abs. 2, 153, 154. Vgl. unt. §. 39. III., §. 44. I.

[18] Conc.O. §. 74 vbd. Mot. §§. 70—78 in Abs. 13 (S. 306). Vgl. Völd. §. 74, Pet. §§. 74—76 Bem. 1 a. E.

[19] Conc.O. §. 77 vbd. Mot. §§. 70—78 in Abs. 15 u. 16 (S. 307). Vgl. Conc.O. §. 51 Nr. 2 und ob. §. 14 Anm. 4 u. 20. S. auch Völd. §. 77 Bem. a – d. Gegen den Festsetzungsbeschluß steht dem Verwalter, jedem Concursgläubiger und dem Gemeinschuldner sofortige Beschwerde zu: Conc.O. §. 66 Abs. 3; vgl. CP. §. 99 Abs. 3.

[20] Conc.O. §. 75 vbd. Mot. §§. 70—78 in Abs. 14 (S. 306 fg.). Eine weitergehende Bedeutung schreibt der Aufsicht des Concursgerichtes zu Völd. §. 76 Bem. a. I. 2.

Gericht, jedoch nur nach vorgängiger (mündlicher oder schriftlicher) Anhörung des Verwalters, Ordnungsstrafen bis zur Höhe von zweihundert Mark für die einzelne pflichtwidrige Handlung oder Unterlassung gegen ihn verhängen.[21]

V. Der Verwalter erscheint bei seiner Geschäftsführung rechtlich überall als gesetzlicher Vertreter des Gemeinschuldners.[22] Allein da ihm diese gesetzliche Vertretung im Interesse der Concursgläubiger übertragen ist, um diesen eine Gewähr für die gesetzmäßige und möglichst vollständige Befriedigung aus der Concursmasse zu geben, so steht er doch auch zu ihnen, und zwar zu jedem einzelnen von ihnen, in einem Verpflichtungsverhältnisse.[23] Daher kann nicht bloß der Gemeinschuldner, sondern auch jeder einzelne Concursgläubiger Einwendungen gegen seine Schlußrechnung erheben, und er haftet jedem Concursgläubiger wie dem Gemeinschuldner für den durch seine Schuld verursachten Schaden.[24] Zur Siche-

---

[21] Conc.O. §. 76 Abs. 1 Satz 1, Abs. 2 vbd. Mot. a. a. O. Vgl. Völd. §. 76 Bem. b, Pet. §§. 74—76 Bem. 2. A. M., wonach wegen derselben Handlung wiederholte Ordnungsstrafen je bis zu 200 Mark statthaft wären, Dernburg II. §. 115 Anm. 8. — Gegen die Entscheidung, welche die Strafe verhängt, steht dem Verwalter die sofortige Beschwerde mit aufschiebender Wirkung zu: entspr. CP. §. 535 Abs. 1. Vgl. Pet. §§. 74—76 Bem. 2 a. E. Bleiben die verhängten Strafen wirkungslos, so kann die Entlassung des Verwalters erfolgen. S. unt. VI.

[22] S. ob. §. 5. II., §. 23. I.

[23] Dieses wird als ein Verhältniß auftragloser Geschäftsführung zu betrachten sein, und der Fall ist also ähnlich, wie wenn Jemand im Auftrage des Einen die Ueberbringung einer Sache an einen Anderen übernimmt. S. L. 5 §. 4 (6 §. 2) D. de negot. gest. 3, 5. Anders Sarwey §. 70 Bem. 1 a. E.

[24] Conc.O. §. 78 vbd. Mot. §§. 70—78 im letzten Abs. (S. 308), §. 5 in Abs. 9 (S. 34 fg.), §. 52 Nr. 1 (S. 244 fg.). Sowohl der geschädigte Concursgläubiger als der Gemeinschuldner kann gegen den Verwalter mit der actio negotiorum gestorum directa auftreten. Vgl.

rung solcher möglicher Ansprüche kann ihm das Concursgericht entweder gleich bei der Ernennung oder auch jederzeit nachher nach freiem Ermessen die Leistung einer Sicherheit auferlegen, deren Art und Höhe ebenfalls von dem freien Ermessen des Gerichtes abhängt.[25]

Ferner muß er sich aber bei seiner Geschäftsführung auch eine Ueberwachung von Seite der Concursgläubiger gefallen lassen. Die Gläubigerversammlung kann ihm zu fortlaufender Ueberwachung einen Gläubigerausschuß zur Seite setzen.[26] Auch ist er gehalten, nach Maßgabe der Beschlüsse der Gläubigerversammlung ihr selbst oder dem Gläubigerausschusse in der von ihr festgesetzten Art und zu den von ihr festge-

L. 5 §. 4 D. cit.; L. 3 §. 5 D. eod. 3, 5, L. 4 §. 3, L. 13 in f. D. de tut. 27, 3 u. a. S. Wlassak, Zur Geschichte der negotiorum gestio S. 85 ff.

[25] Conc.O. §. 70 Abs. 2 vbd. Mot. §§. 70—78 in Abs. 9 (S. 305). CP. §. 101 ist hier trotz Conc.O. §. 65 nicht unbedingt anwendbar; denn da das Concursgericht eine Sicherheit von dem Verwalter überhaupt gar nicht zu fordern braucht, so kann es sich auch mit einer anderen als der in CP. §. 101 vorgeschriebenen Art der Sicherheitsleistung begnügen. Vgl. Völd. §. 70 Bem. c, Pet. §§. 70—73 Bem. II. 4. Die Auferlegung der Sicherheit ist mit sofortiger Beschwerde anfechtbar: Conc.O. §. 66 Abs. 3; nicht aber die Nichtauferlegung. S. ob. §. 26 Anm. 16. A. M. Hullm. §. 70 Bem. 7. — Bei der Auferlegung einer Sicherheit handelt das Gericht als Vertreter aller Derjenigen, zu denen der Verwalter in einem Verpflichtungsverhältnisse steht, d. h. des Gemeinschuldners und der Concursgläubiger. S. Mot. a. a. O. Demnach entstehen durch die Leistung der Sicherheit für jenen wie für diese privatrechtliche Ansprüche, welche das Gericht nicht mehr durch nachträgliche Erlassung der Sicherheit beseitigen kann, gleichwie auch die nach freiem Ermessen zu bestimmenden Sicherheitsleistungen der Civilproceßordnung (s. CP. §§. 801, 805, 807) vom Gerichte nicht mehr nach Belieben aufgehoben werden können. A. M. Hullm. §§. 70—72 Bem. 7 a. E., Pet. §§. 70—73 Bem. II. 4 a. E.

[26] Vgl. unt. §. 30.

setzten Zeiträumen über die Verwaltung und Verwerthung der Masse Bericht zu erstatten und Rechnung zu legen.[27]

VI. Das Amt des Concursverwalters endigt, abgesehen von der naturgemäßen Beendigung durch vollständige Erledigung seiner Aufgaben,[28] durch den Tod, durch eintretende Unfähigkeit[29] und durch Entlassung des Verwalters. Die letztere kann, so lange über seine Ernennung die Gläubigerversammlung noch nicht gehört ist,[30] das Concursgericht von Amtswegen beschließen. Nachher kann sie bloß auf Antrag der Gläubigerversammlung oder des Gläubigerausschusses geschehen, und zwar gleichviel, ob es sich um eine Entlassung wegen Pflichtwidrigkeit, wegen Untauglichkeit oder auf den eigenen Wunsch des Verwalters handelt. In jedem Fall muß, wenn es nicht wegen thatsächlicher Hindernisse unmöglich ist, der Verwalter vor seiner Entlassung (mündlich oder schriftlich) gehört werden.[31] In dringlichen

---

[27] Conc.O. §. 120 Abs. 2 vbd. Mot. §§. 118—120, 124 in Abs. 4 (S. 352). Die Nichtbefolgung würde Ordnungsstrafen nach sich ziehen: Conc.O. §. 76. Vgl. noch Völd. §. 120 Bem. f.

[28] Die mit der Beendigung des Concursverfahrens nicht nothwendig verbunden ist. S. Conc.O. §. 153 vbd. Mot. §. 153 (S. 386) und unt. §. 42. VI. a. E., §. 49 Anm. 7, §. 51 Anm. 30.

[29] Hierher gehört Verurtheilung des Verwalters zu Zuchthausstrafe und Aberkennung der bürgerlichen Ehrenrechte. S. ob. Anm. 4. Nach der Aeußerung eines Regierungsvertreters in Prot. S. 161 auch eintretende Geisteskrankheit; allein diese kann, ebenso wie körperliche Erkrankung, nur Anlaß zur Entlassung geben. S. Pet. §§. 74—76 Bem. 3.

[30] In diesem Sinn sind im Hinblick auf Conc.O. §. 72 und die Mot. §§. 70—78 in Abs. 14 (S. 307 a. A.) die Worte in Conc.O. §. 76: „vor der auf seine Ernennung folgenden Gläubigerversammlung" einschränkend auszulegen. Vgl. Völd. §. 76 Bem. d.

[31] Conc.O. §. 76 Abs. 1 Satz 2, Abs. 2; vbd. Mot. a. a. O., Prot. S. 161. Gegen den Beschluß der Entlassung steht dem Verwalter, gegen die Zurückweisung des Antrages auf Entlassung dem Gläu-

Fällen kann das Concursgericht vorläufige Maßregeln treffen.[32]

Das Amt eines ohne vorgängige Anhörung der Gläubigerversammlung ernannten Verwalters erlischt von selbst, wenn eine in der nächstfolgenden Gläubigerversammlung gewählte andere Person vom Gerichte zum Verwalter ernannt wird.[33]

VII. Bei der Beendigung des Concursverfahrens sowie bei jedem Abgange eines Verwalters während desselben muß der abgehende Verwalter in einer Gläubigerversammlung eine schriftliche Schlußrechnung legen.[34] Die Rechnung muß spätestens am dritten Kalendertage vor dem für die Versammlung bestimmten Termin[35] mit den Belegen und, wenn ein Gläubigerausschuß bestellt ist, mit den Bemerkungen desselben auf der Gerichtsschreiberei zur Einsicht der Betheiligten, d. h. der zur Erhebung von Einwendungen gegen die Rechnung

---

bigerausschusse, der ihn gestellt hatte, oder, wenn er von der Gläubigerversammlung gestellt war, jedem Gläubiger, der dafür gestimmt hatte, die sofortige Beschwerde zu: Conc.O. §. 66 Abs. 3 vbd. Mot. a. a. O. Vgl. Völd. §. 76 Bem. e, Pet. §§. 74--76 Bem. 3 a. E., Stiegl. §. 76 a. E.

[32] Entspr. CP. §. 819. Vgl. Prot. S. 161.

[33] Folgt aus Conc.O. §. 72. Vgl. Stiegl. §. 70 Bem. II. a. E.

[34] Conc.O. §. 78 Satz 1 vbd. §. 150 Abs. 1 und Mot. §§. 70—78 im letzten Abs. (S. 308). Die Rechnung über eine Nachtragsvertheilung wird bloß von dem Concursgerichte geprüft: Conc.O. §. 153. — Im Fall des Todes des Verwalters kann sein Erbe, bei eingetretener Geisteskrankheit sein Vormund die Rechnungslegung übernehmen. Ist aber von Seite des bisherigen Verwalters, z. B. wegen Weigerung der Erben oder des Vormundes, keine Rechnungslegung zu erlangen, so bleibt nichts übrig, als daß der neue Verwalter zur Gewinnung einer Grundlage für seine Verwaltung die Rechnung aus den Papieren seines Vorgängers zusammenstellt. S. Völd. §. 78 Bem. a, Pet. §. 78 Abs. 2, Stiegl. §. 78.

[35] Wegen der Berechnung s. CP. §§. 199, 200 Abs. 2.

Berechtigten, niedergelegt werden. Dieses Recht steht aber jedesmal dem Gemeinschuldner, jedem einzelnen noch nicht vollständig befriedigten Concursgläubiger, endlich dem nachfolgenden Concursverwalter zu, der gerade zur Erhebung solcher Einwendungen nach Entlassung des rechnungstellenden neu ernannt werden kann.[36] Soweit in dem Termin Einwendungen nicht erhoben worden sind, gilt die Rechnung dem Rechnungssteller gegenüber als anerkannt und dieser somit als entlastet.[37]

VIII. In der Regel darf bloß Ein Concursverwalter ernannt werden. Nur dann, wenn die Concursmasse verschiedene besondere, abgeschlossene Geschäftszweige (wie z. B. eine Fabrik und ein landwirthschaftliches Gut) in sich begreift, ist ausnahmsweise für einen solchen die Ernennung eines besonderen Verwalters statthaft. Jeder Verwalter führt in Fällen dieser Art seine Verwaltung unabhängig von dem anderen, ist aber auch bloß für seine Verwaltung verantwortlich.[38]

---

36 Vgl. Conc.O. §§. 76, 70 Abs. 1, Hullm. §. 150 Bem. 3, Sarwey §. 150 Bem. 2, Stiegl. §. 150 Bem. II.

37 Conc.O. §. 78 vbd. Mot. §§. 70—78 im letzten Abs. (S. 308). Vgl. Völd. §. 78 Bem. b—l. — Die Erledigung der sich ergebenden Streitigkeiten muß, soweit nicht die gütliche Beilegung gelingt, im gewöhnlichen Proceßwege geschehen. S. Mot. a. a. O. Was in einem solchen Processe, sei es von dem nachfolgenden Verwalter, sei es von einem einzelnen Concursgläubiger (der hier, wie bei der Erhebung von Widerspruch gegen angemeldete Forderungen im Prüfungstermin, zwar aus Rücksicht auf sein Interesse, aber gleich dem Verwalter als Vertreter der Concursmasse handelt — s. ob. §. 12 Anm. 8), erstritten wird, gehört zur Masse. Vgl. Hullm. §. 150 Bem. 3 Abs. 2, Stiegl. §. 150 Bem. II. Nicht aber Das, was der Gemeinschuldner erstreitet, der hier, wie sonst, die Masse nicht vertreten kann. (Vgl. ob. §. 12. III.) A. M. Hullm. a. a. O., Stiegl. a. a. O.

38 Conc.O. §. 71 vbd. Mot. §§. 70—78 in Abs. 12 (S. 305 fg.). Zur

§. 30.

3. Der Gläubigerausschuß.

I. Zur fortlaufenden Wahrnehmung der Interessen der Concursgläubiger im Concursverfahren kann durch Beschluß der Gläubigerversammlung ein Gläubigerausschuß bestellt werden, wozu das Concursgericht gleich bei der ersten Berufung der Gläubigerversammlung Gelegenheit und Anregung geben muß.[1] Beschließt sie die Bestellung, so steht ihr auch in Ansehung der Anzahl und der Auswahl der Mitglieder die freie Entscheidung zu. Insbesondere ist sie bei der Auswahl nich tauf Concursgläubiger oder Vertreter derselben

---

Verhütung von Verwirrungen muß aber immer ein Verwalter als Hauptverwalter aufgestellt werden. Vgl. Völd. §. 71 Bem. a. II., Stiegl. §. 71. Es wird überhaupt in den meisten Fällen rathsamer sein, nur Einen Verwalter zu ernennen. Diesem bleibt es dann, ebenso wie wenn bei außergewöhnlichem Umfange der Geschäfte eine Theilung nach bestimmten Zweigen unausführbar ist, unbenommen, sich der Unterstützung von Gehülfen zu bedienen, die von ihm abhängen, und für welche er nach Maßgabe des bürgerlichen Rechtes haftet. S. Mot. a. a. O. Solche Gehülfen genügen auch in der Regel für die Fälle augenblicklicher Verhinderung des Verwalters. Wäre dieser jedoch in Ansehung eines wichtigeren Amtsgeschäftes, wie z. B. des Erscheinens in einer Gläubigerversammlung, der Prüfung seiner eigenen Forderung, wenn er selbst Concursgläubiger ist, u. dgl. verhindert, so müßte von dem Concursgerichte für seine Vertretung gesorgt werden. Vgl. Stiegl. §. 70 Note c, §. 71 a. E., §. 129 Note b. A. M. Völd. §. 129 Note 6 (S. 322), Sarwey §. 132 Bem. 3 a. E., Pet. §§. 129—133 Bem. I. 3.

[1] Conc.O. §. 79 Abs. 2 vbd. §. 102 Abs. 1. Von der Concursordnung wird die Bestellung eines Gläubigerausschusses als Regel vorausgesetzt und begünstigt. S. Mot. §§. 79—84 in Abs. 6 (S. 310 fg.). — Im Fall der Bestellung mehrerer Concursverwalter können auch mehrere Ausschüsse bestellt werden. Vgl. Völd. §. 79 Bem. f. II., Wengler §. 79 Bem. 3, Pet. §§. 79—84 Bem. II. 2 a. E.

beschränkt.[2] Auf der anderen Seite kann der eingesetzte Ausschuß sowie die Bestellung zum Mitgliede desselben jederzeit durch einen Beschluß der Gläubigerversammlung frei wieder aufgehoben werden.[3]

Ueberhaupt hat der Gläubigerausschuß keine amtliche Stellung, sondern sein Verhältniß zu der Gläubigerversammlung ist ein rein privates Auftragsverhältniß, und diese ist daher auch befugt, ihm Geschäftsanweisungen zu ertheilen.[4] Andererseits ist Niemand verpflichtet, die Wahl zum Ausschußmitgliede anzunehmen.[5]

---

[2] Conc.O. §. 79 Abs. 2 vbd. Mot. a. a. O. Für diese Wahlen genügt ausnahmsweise relative Stimmenmehrheit: Conc.O. §. 86 Abs. 2. Auch Ersatzmänner können bestellt werden. Vgl. Hullm. §. 79 Bem. 3, Völd. §. 79 Bem. g a. E., Sarwey §. 79 Bem. 4, Stiegl. §. 79 Bem. I. a. E. Die Zahl der Mitglieder muß jedoch immer eine Mehrzahl, und zwar wegen Conc.O. §. 82 mindestens eine Zahl von Dreien sein. Vgl. Sarwey a. a. O.

[3] Conc.O. §§. 79 Abs. 2, 84; vbd. Mot. a. a. O. Einer gerichtlichen Bestätigung sind diese, wie überhaupt alle den Gläubigerausschuß betreffenden Beschlüsse nicht unterworfen: Mot. a. a. O. S. aber Conc.O. §. 91.

[4] S. Mot. §§. 79—84 in Abs. 5 u. 10 a. E. (S. 310, 313). Juristisch stehen übrigens, weil die Gläubigerversammlung keine Körperschaft ist, die Mitglieder des Ausschusses in einem Auftragsverhältnisse nicht sowohl zu jener als vielmehr zu allen einzelnen Concursgläubigern. Denn da überhaupt ein gehörig zu Stande gekommener Mehrheitsbeschluß der Gläubigerversammlung auch die überstimmten, nicht mitstimmenden und nicht erschienenen Concursgläubiger bindet (Conc.O. §. 89 und unt. §. 31. V.), so liegt in dem Mehrheitsbeschlusse, wodurch der Ausschuß bestellt oder demselben eine Geschäftsanweisung gegeben wird, ein von der Mehrheit der stimmenden Gläubiger nicht bloß in ihrem eigenen Namen, sondern auch im Namen und in (gesetzlicher) Vertretung der übrigen Concursgläubiger ertheilter Auftrag. Vgl. unt. §. 45 Anm. 6. Zu dem Gemeinschuldner stehen die Mitglieder des Gläubigerausschusses in dem Verhältnisse auftragloser Geschäftsführung. Vgl. Stiegl. §. 81.

[5] S. Mot. §§. 79—84 in Abs. 6

Die Mitglieder müssen bei ihrer Geschäftsführung die Sorgfalt anwenden, welche ein ordentlicher Mann in gleicher Stellung bethätigt.[6] Dagegen haben sie der Concursmasse gegenüber und als Theil der Massekosten Anspruch auf Erstattung angemessener Auslagen und auf eine Vergütung für ihre Thätigkeit, beides nach Maßgabe einer Vereinbarung mit der Gläubigerversammlung oder, wenn eine solche nicht zu erzielen ist, der vom Concursgerichte nach freiem Ermessen gemachten Festsetzung.[7]

II. Weil es oft gerade in der ersten Zeit nach der Concurseröffnung besonders wichtig ist, den Gläubigern durch eine geordnete Vertretung einen Einfluß auf die Art der Geschäftsbehandlung zu gewähren, so ist das Concursgericht nach Ermessen befugt, schon vor der ersten Gläubigerversammlung seinerseits einen Gläubigerausschuß vorläufig zu bestellen, dessen Mitglieder jedoch nur aus der Zahl der Concursgläubiger oder der Vertreter von solchen genommen werden dürfen.[8] Diese Bestellung sowie die Ernennung zum

---

(S. 310). Die Befugniß zum Rücktritte bemißt sich nach den Grundsätzen des Auftragsverhältnisses. Vgl. Hullm. §. 84 Bem. 1, Stiegl. §. 84.

[6] Conc.O. §. 81. Vgl. ob. §. 29. III. Für einen von mehreren Mitgliedern verschuldeten Schaden haften diese solidarisch. Vgl. HGB. Art. 241, L. 15 in f. D. de tut. 27. 3. S. auch Pet. §§. 79—84 Bem. III. 1 Abs. 2, Stiegl. §. 81 und (theilweise abweichend) Völd. §. 81.

[7] Conc.O. §. 83 vbd. Mot. §§. 79—84 in Abs. 6 a. E. (S. 311). Vgl. Conc.O. §. 51 Nr. 2 und ob. §. 14 Anm. 4 u. 20. Gegen die Vereinbarung kann nach Conc.O. §. 91 das Concursgericht angerufen werden. S. Prot. S. 67, 70. Gegen die Festsetzung durch das letztere steht dem betreffenden Ausschußmitgliede, dem Concursverwalter, jedem Concursgläubiger und dem Gemeinschuldner die sofortige Beschwerde zu: Conc.O. §. 66 Abs. 3; vgl. CP. §. 99 Abs. 3.

[8] Conc.O. §. 79 Abs. 1 vbd. Mot. §§. 79—84 im vorl. Abs. (S. 312), Prot. S. 63. Das

Mitgliede des vorläufigen Ausschusses kann dann aber vom Concursgerichte nach Ermessen auch wieder zurückgenommen werden.[9] Geschieht dieses nicht, so bleibt beides bis zu der ersten Gläubigerversammlung in Kraft.[10] Beschließt diese die Beibehaltung des gerichtlich bestellten Ausschusses oder einzelner seiner Mitglieder, so liegt darin nunmehr eine Bestellung durch die Versammlung.[11] Die Mitglieder des gerichtlich bestellten Ausschusses haben die gleichen Pflichten und Rechte wie diejenigen des von der Gläubigerversammlung bestellten.[12]

III. Der Gläubigerausschuß steht als vertretendes Organ der Concursgläubiger neben dem Concursverwalter.[13] Er hat zunächst die allgemeine Aufgabe, denselben bei seiner Geschäftsführung zu unterstützen und zu überwachen.[14] Zu diesem Behufe ist jedes einzelne Ausschußmitglied berechtigt, sich jederzeit von dem Gange der Geschäfte zu unterrichten, insbesondere die Bücher und sonstigen Schriften des Verwalters einzusehen. Ferner kann jedes Mitglied jederzeit

---

Concursgericht wird Glaubhaftmachung der Eigenschaft als Concursgläubiger oder als Vertreter eines solchen nach CP. §. 266 zu fordern haben. Aehnlich Völd. §. 79 Bem. c. I., d.

[9] Conc.O. §. 84. Ein Recht der Beschwerde hiegegen besteht nicht. Vgl. Mot. a. a. O., Stiegl. §. 84.

[10] S. Conc.O. §. 79 Abs. 1 vgl. Abs. 2 und §. 102 Abs. 1. S. Sarwey §. 79 Bem. 2, Stiegl. §. 79 Bem. II. A. M. Hullm. §. 79 Bem. 4, wonach, wenn die erste Gläubigerversammlung die Beschlußfassung über die Bestellung eines Ausschusses unterließe, der vom Gerichte bestellte bis zur Beschlußfassung einer anderen Gläubigerversammlung fortbestünde.

[11] S. Mot. §§. 79—84 im vorl. Abs. a. E. (S. 312 a. E.).

[12] Conc.O. §§ 81, 83. Sie stehen zu den Concursgläubigern wie zu dem Gemeinschuldner in dem Verhältnisse auftragloser Geschäftsführung. Vgl. ob. §. 29 Anm. 24.

[13] S. Mot. §§. 79—84 in Abs. 7 (S. 311).

[14] Conc.O. §. 80 Abs. 1 Satz 1.

den Bestand der Verwaltungskasse untersuchen, und der Ausschuß ist verpflichtet, eine solche Untersuchung wenigstens Einmal in jedem Monate vornehmen zu lassen.[15] Ferner bedürfen, wenn nicht die Gläubigerversammlung ein Anderes beschließt, Quittungen des Verwalters über den Empfang von Geldern, Werthpapieren oder Kostbarkeiten von der Hinterlegungsstelle und Anweisungen des Verwalters auf diese Stelle der Mitunterzeichnung durch ein Ausschußmitglied.[16] Der Ausschuß in seiner Gesammtheit hat das Recht, jederzeit nach Ermessen von dem Verwalter Berichterstattung über die Lage der Sache und über die Geschäftsführung zu verlangen.[17] Durch Beschluß der Gläubigerversammlung kann dem Verwalter auch die Pflicht auferlegt werden, dem Ausschusse in bestimmten Zeiträumen ohne jedesmalige besondere Aufforderung über die Verwaltung und Verwerthung der Masse Bericht zu erstatten und Rechnung zu legen.[18] Jedenfalls aber muß die Schlußrechnung vor der Vorlegung in der Gläubigerversammlung dem Ausschusse zur Vorprüfung vorgelegt werden.[19] Endlich kann dieser vermöge seiner Ueberwachungsbefugniß bei dem Concursgerichte auf die Entlassung des Verwalters antragen.[20]

---

[15] Conc.O. §. 80 Abs. 1 Satz 2, Abs. 2 Satz 2. Daß es sich hiebei um Befugnisse der einzelnen Mitglieder handelt, die nicht durch einen vorgängigen Beschluß des Ausschusses bedingt sind, zeigt die Verschiedenheit der Fassung von Conc.O. §. 80 Abs. 1 und Abs. 2. Vgl. auch Dernburg II. §. 115 Anm. 32. A. M. Völd. §. 80 Bem. b, Stiegl. §. 80 Bem. I. Abs. 2.

[16] Conc.O. §. 125. Vgl. ob. §. 23. VII.

[17] Conc.O. §. 80 Abs. 2 Satz 1. Einschränkend: Völd. §. 80 Bem. f.

[18] Conc.O. §. 120 Abs. 2 vbd. Mot. §§. 118—120, 124 in Abs. 4 (S. 352). Vgl. Völd. §. 120 Bem. f.

[19] Conc.O. §. 78. Vgl. Völd. §. 78 Bem. e.

[20] Conc.O. §. 76 Abs. 1.

Neben dieser Ueberwachungspflicht kommt aber dem Ausschusse im Interesse der Concursgläubiger noch ein mannigfacher wichtiger Einfluß auf die Verwaltung und Verwerthung der Concursmasse sowie auf den Gang des Concursverfahrens zu. Zu gewissen Maßregeln, welche die Interessen der Betheiligten besonders nahe berühren, muß der Concursverwalter seine Genehmigung einholen.[21] Ferner ist ihm in dem Vertheilungsverfahren und bei der Behandlung von Vergleichsvorschlägen eine sehr einflußreiche Mitwirkung eingeräumt.[22] Endlich muß auf seinen Antrag jederzeit eine Gläubigerversammlung berufen werden.[23]

IV. Die Feststellung seiner Geschäftsordnung ist dem Gläubigerausschusse selbst überlassen. Jedoch ist zur Gültigkeit seiner Beschlüsse stets erforderlich, daß an der Beschlußfassung mehr als die Hälfte der Mitglieder Theil genommen und der Beschluß mehr als die Hälfte der abgegebenen Stimmen erhalten hat. Kommt ein solcher Beschluß nicht zu Stande, so ist, wenn ein Beschluß nothwendig gefaßt werden muß, die Frage der Gläubigerversammlung zur Entscheidung vorzulegen.[24]

---

[21] S. Conc.O. §§. 118, 121, 122.

[22] S. Conc.O. §§. 138, 147 Abs. 1; 163, 164 Abs. 1, 167, 170 Abs. 2.

[23] Conc.O. §. 85 Abs. 1.

[24] Conc.O. §. 82 vbd. Mot §§. 79—84 im letzten Abs. (S. 312fg.), Prot. S. 63. Vgl. Völd. §. 82 Bem. a—d. Die Berufung der Gläubigerversammlung kann von dem Gläubigerausschusse selbst oder von dem Verwalter herbeigeführt werden: Conc.O. §. 85 Abs. 1.

§. 31.

4. Die Gläubigerversammlung.

I. Weil anzunehmen ist, daß die Concursgläubiger als die bei dem Concursverfahren nächst Betheiligten am besten selbst zu beurtheilen wissen, was ihren Interessen frommt, gewährt ihnen die Concursordnung eine weitgehende Einwirkung auf dasselbe.[1] Sie haben nicht nur einen in der Regel maßgebenden Einfluß auf die Ernennung und die Entlassung des Concursverwalters,[2] sondern sie können diesem auch zu fortlaufender Unterstützung und Ueberwachung einen Gläubigerausschuß als ihr unmittelbares und an ihre Anweisungen gebundenes Vertretungsorgan zur Seite stellen, dessen Genehmigung dann für alle wichtigeren Maßregeln erforderlich ist.[3] Ist kein Gläubigerausschuß bestellt, so bedarf es für einen Theil dieser Maßregeln der unmittelbaren Genehmigung von Seite der Gläubiger,[4] und gewisse ganz besonders wichtige Fragen sind stets der unmittelbaren Entscheidung der Gläubiger vorbehalten.[5] Endlich kann gegen gewisse von dem Concursverwalter, sei es selbständig, sei es mit Genehmigung des Gläubigerausschusses beabsichtigte Maßregeln der Gemeinschuldner die unmittelbare Entscheidung der Gläubiger anrufen.[6]

---

[1] Vgl. Mot. §§. 79 — 84 in Abs. 2--4 (S. 309 fg.).

[2] S. Conc.O. §§. 72, 76. Vgl. Mot. §§. 70—78 in Abs. 6 u. 14 (S. 302 fg., 306 fg.). S. ob. §. 29. I. u. VI.

[3] S. ob. §. 30.

[4] S. Conc.O. §. 122. S. ob. §. 23. IV. 2.

[5] S. Conc.O. §§. 120, 125, 150 Abs. 1, 169. S. ob. §. 23. VI., unt. §. 42. I., §. 47. I.

[6] S. Conc.O. §. 123 Abs. 2. Vgl. ob. §. 23. V.

Als maßgebender Willensausdruck der Concursgläubiger in ihrer Gesammtheit können aber immer nur die gehörig gefaßten Beschlüsse einer gehörig berufenen und geleiteten Gläubigerversammlung gelten.[7]

II. Die Berufung der Gläubigerversammlung kann bloß durch das Concursgericht geschehen.[8] Dieses kann die Versammlung jederzeit nach Ermessen berufen.[9] Es muß sie

[7] S. Mot. §§. 85 — 91 in Abs. 1 u. 2 (S. 313 fg.). Daß die in der Gläubigerversammlung gefaßten Mehrheitsbeschlüsse die Minderheit binden, leiten die Motive Vorbem. z. Buch I. Tit. 1 a. E. (S. 18) aus dem Gemeinschaftsverhältnisse ab, welches zwischen den Concursgläubigern bestehe. Daraus würde aber, wenigstens nach gemeinem Rechte, gerade die Unverbindlichkeit von Mehrheitsbeschlüssen folgen, denn „in re pari potior est causa prohibentis“. S. L. 28 D. comm. div. 10, 3, L. 27 §. 1 D. de servit. praed. urb. 8, 2. S. auch ob. §. 5 Anm. 17. Zur Erklärung der bindenden Wirkung der Mehrheitsbeschlüsse genügt vollkommen, daß, wo bei einem Widerstreite gleichwerthig nebeneinanderstehender Interessen nothwendig gehandelt werden muß, naturgemäß das vorwiegende Interesse und der demselben entsprechende Wille den Ausschlag gibt, zumal dann, wenn es sich, wie in allen Fällen maßgebender Mehrheitsbeschlüsse der Gläubigerversammlung, nur um Fragen der Zweckmäßigkeit handelt. — Gläubigerversammlungen dienen übrigens auch zur Ausübung der von Mehrheitsbeschlüssen unabhängigen Befugnisse, welche den einzelnen Concursgläubigern im Prüfungsverfahren, hinsichtlich des Maßes der Stimmrechte und bei der Rechnungslegung zustehen. S. Conc.O. §§. 130, 132 Abs. 1; 87, 88; 78. Vgl. Mot. §§. 85—91 in Abs. 1 a. E. (S. 313 a. E.).

[8] Conc.O. §. 85 Abs. 1 Satz 1, Abs. 2; vbd. Mot. §§. 85—91 in Abs. 2 (S. 313 fg.). Das Gericht bestimmt auch den Ort und innerhalb der gesetzlichen Schranken (s. Conc.O. §§. 78, 102, 126, 150, 166) die Zeit der Versammlung: entspr. CP. §§. 193, 196. Vgl. Völd. §. 85 Bem. b. I. u. III.

[9] Conc.O. §. 85 Abs. 1 Satz 1 vbd. Mot. §§. 85—91 in Abs. 3 (S. 314). Gegen den Beschluß kann der Concursverwalter sowie jeder Concursgläubiger sofortige Beschwerde einlegen: Conc.O. §. 66 Abs. 3. Vgl. Völd. §. 85 Bem. b. I. a. E.

berufen in einer Reihe gesetzlich bestimmter Fälle,[10] ferner, wenn die Berufung entweder von dem Concursverwalter oder von dem Gläubigerausschusse oder endlich von mindestens fünf Concursgläubigern, deren Forderungen nach der Schätzung des Gerichtes den fünften Theil der Schuldenmasse erreichen, beantragt wird.[11]

Die Berufung muß, um jeden Betheiligten zur Theilnahme an der Versammlung und zur Vorbereitung auf dieselbe in den Stand zu setzen, mittels öffentlicher Bekanntmachung und mit Angabe des Gegenstandes der Beschlußfassung geschehen.[12] Nur dann bedarf es keiner öffentlichen Bekanntmachung, wenn in einer Gläubigerversammlung eine Vertagung der Verhandlung ohne Veränderung oder Erweiterung der Verhandlungsgegenstände angeordnet und dabei sogleich der neue Termin verkündet wird.[13]

III. Zur Theilnahme an der Gläubigerversammlung und an den Verhandlungen in derselben sind jedesmal berechtigt: alle Concursgläubiger, welche eine Forderung angemeldet

---

[10] S. Conc.O. §§. 78; 102 vbd. 126, 129 ff.; 150; 166. In diesen Fällen ist sofortige Beschwerde nur in Betreff der festgesetzten Terminszeit statthaft. Vgl. Völd. §. 85 Bem. b. I.

[11] Conc.O. §.85 Abs.1 Satz 2. Gegen die Abweisung des Antrages ist sofortige Beschwerde statthaft: Conc.O. §. 66 Abs. 3. Unanfechtbar ist jedoch die erwähnte richterliche Schätzung: entspr. Conc.O. §§. 87, 88. Vgl. Völd. §.85 Bem. d a. E., Stiegl. §. 85 Bem. II.

[12] Conc.O. §§.85 Abs. 2 Satz 1, 90; vbd. Mot. §§. 85—91 in Abs. 2 (S. 313 fg.). Vgl. Völd. §. 90 Bem. a—c. Fälle, in welchen außerdem noch besondere Zustellung erforderlich ist, s. Conc.O. §§. 103 Abs. 3, 166.

[13] Conc.O. §.85 Abs.2 Satz 2 vbd. Prot. S. 68. Vgl. CP. §. 195 und Conc.O. §§. 169 Abs.2, 170 Abs.2. S. noch Völd. §. 90 Bem. b ad B, Pet. §§. 85—91 Bem. I. 2 g. E. — Eine Vertagung des Termins kann auf Antrag oder von Amtswegen erfolgen: entspr. CP. §§. 205 Abs. 2, 206.

haben und noch nicht vollständig befriedigt sind, die Mitglieder des Gläubigerausschusses, auch wenn sie nicht Concursgläubiger sind, der Concursverwalter und der Gemeinschuldner, im Fall eines Interesse an dem Verhandlungsgegenstande aber ferner auch die Aussonderungsberechtigten, die Absonderungsberechtigten und die Massegläubiger.[14] Die Concursgläubiger sowie die Aussonderungsberechtigten, Absonderungsberechtigten und Massegläubiger können in Person oder durch einen proceßfähigen Bevollmächtigten erscheinen.[15] Desgleichen der Gemeinschuldner, wenn nicht sein persönliches Erscheinen vom Concursgerichte angeordnet wird.[16] Dagegen können der Concursverwalter und die Mitglieder des Gläubigerausschusses der Natur der Sache nach immer nur persönlich erscheinen.[17]

Jeder persönlich erscheinende Betheiligte kann einen Beistand mitbringen.[18]

IV. Ein Stimmrecht in der Gläubigerversammlung kommt jedoch bloß den Concursgläubigern zu, ohne Unterschied, ob ihre Forderungen bevorrechtigt sind oder nicht.[19] Und zwar

---

[14] Vgl. Mot. §§. 85—91 in Abs. 2 (S. 313 fg.), Prot. S. 68 a. E. Für die Theilnahmeberechtigung auch der Aussonderungsberechtigten, Absonderungsberechtigten und Massegläubiger spricht neben inneren Gründen, daß die Mot. §§. 85—91 in Abs. 5 (S. 314) ihnen nur das Stimmrecht versagen. S. auch Völd. §§. 87 u. 88 Bem. a. A. M. Pet. §§. 85—91 Bem. III. 1.

[15] Entspr. CP. §. 75 vbd. §. 74 Abs. 1. S. auch CP. §§. 76, 77, 79 Abs. 2, 81, 143. Vgl. Mot. §. 65 (S. 297), §§. 85—91 in Abs. 6 (S. 316 a. A.), §§. 165—167 in Abs. 2 (S. 412).

[16] S. Conc.O. §§. 92, 93 Abs. 1. Vgl. Mot. §§. 92, 93 in Abs. 1 (S. 317), §§. 165—167 in Abs. 2 a. E. (S. 412).

[17] S. ob. §. 29 Anm. 38. Vgl. auch Mot. §§. 129—131 in Abs. 4 (S. 362).

[18] Entspr. CP. §. 86. Vgl. Prot. S. 92 a. A. S. auch CP. §. 143.

[19] S. Conc.O. §§. 87, 88 vbd. Mot. §§. 85—91 in Abs. 5 (S.

kommt es ihnen unbedingt nur zu, soweit ihre Forderungen bereits für das Concursverfahren festgestellt sind und ihre Theilnahme an der Befriedigung aus der Concursmasse oder der Betrag, für welchen sie an derselben Theil nehmen, nicht mehr von einem noch ungewissen Umstande abhängt, wie jenes bei den noch bedingten, dieses bei den Forderungen, für welche zugleich abgesonderte Befriedigung beansprucht wird, der Fall ist.[20] Soweit einer Concursforderung die genannten Eigenschaften fehlen, sind folgende Fälle zu unterscheiden:

1. Wird im Prüfungstermin gegen eine Forderung ganz oder für einen Theil des geltend gemachten Betrages Widerspruch erhoben, so hat das Concursgericht zunächst auf eine Einigung der Parteien, d. h. des anmeldenden Gläubigers und des widersprechenden Concursverwalters oder Gläubigers,[21] über die Frage hinzuwirken, ob und zu welchem Betrage für die Forderung bezw. für den streitig gebliebenen Theil derselben ein bleibendes, d. h. für alle Gläubigerversammlungen bis zu rechtskräftiger Feststellung oder Zurückweisung der Forderung fortdauerndes, Stimmrecht zu gewähren sei. Kommt es nicht zu einer Einigung, so hat das Gericht über die Frage noch in dem Termin nach freiem

---

314). Prot. S. 68. Vgl. Sarwey §. 87 Bem. 1 Abs. 2, Völd. §§. 87, 88 Bem. b. II., Pet. §§. 85—91 Bem. III. 1 Abs. 1 a. E., Stiegl. §. 87 Bem. I. A. M. Hullm. §. 87 Bem. 2, wonach einem bevorrechtigten Gläubiger das Stimmrecht auf Antrag versagt werden könnte, wenn ihm offenbar alles Interesse an der Frage mangele. — Bei der Abstimmung über einen Zwangsvergleich sind nur die nicht bevorrechtigten Concursgläubiger stimmberechtigt: Conc.O. §. 160.

[20] Conc.O. §. 87 Abs. 1 Satz 1 vbd. §§. 88, 132 Abs. 1, 135, und Mot. §§. 85—91 in Abs. 5 (S. 314), Prot. S. 70.

[21] Der Widerspruch des Gemeinschuldners ist ohne Einfluß. Vgl. Mot. §§. 85—91 in Abs. 5 (S. 315). Vgl. ob. §. 12. III.

Ermessen und in unanfechtbarer Weise zu entscheiden, kann aber diese Entscheidung auf den (in oder außerhalb einer Gläubigerversammlung gestellten) Antrag einer der erwähnten Parteien jederzeit nach Ermessen durch eine neue unanfechtbare Entscheidung abändern.[22]

2. Eine noch nicht geprüfte Forderung gewährt ein Stimmrecht für den vollen angemeldeten Betrag in jeder Gläubigerversammlung, in welcher nicht von Seite eines Concursgläubigers oder des Concursverwalters Widerspruch dagegen erhoben wird. Ist in einer Gläubigerversammlung ein solcher Widerspruch erhoben, so hat das Concursgericht nach Ermessen und in unanfechtbarer Weise darüber zu entscheiden, ob und zu welchem Betrage die Forderung zum Stimmen in dieser Versammlung berechtigen soll.[23]

3. Gleiches gilt in Ansehung derjenigen (festgestellten, streitig gebliebenen oder noch gar nicht geprüften) Forderungen, deren Entstehung von einer noch schwebenden Bedingung ab-

---

[22] Conc.O. §. 87 Abs. 1 Satz 2—4, Abs. 3; vbd. Mot. a. a. O., Prot. S. 70 a. A. Vgl. Sarwey §. 87 Bem. 7. Die Entscheidung muß, obwohl sie sofort in Wirksamkeit tritt, den Parteien nachträglich von Amtswegen zugestellt werden: Conc.O. §. 66 Abs. 2. Vgl. Hullm. §. 87 Bem. 8, Stiegl. §. 87 Bem. IV. Daß der anmeldende Concursgläubiger schon vor der Concurseröffnung einen vollstreckbaren Schuldtitel gegen den Gemeinschuldner erlangt hatte, macht keinen Unterschied. S. Mot. a. a. O. (S. 314) und ob. §. 12. II.

[23] Conc.O. §. 87 Abs. 2, 3 vbd. Mot. a. a. O. (S. 315 fg.). Vgl. Völd. §§. 87 u. 88 Bem. h u. i, Stiegl. §. 87 Bem. III. u. IV. Auch hier muß die Entscheidung den Betheiligten nachträglich von Amtswegen zugestellt werden: Conc.O. §. 66 Abs. 2. Vgl. Hullm. §. 87 Bem. 8, Stiegl. §. 87 Bem. IV. — Wie die noch nicht geprüfte müßte auch die geprüfte Forderung behandelt werden, wenn die Feststellung des Stimmrechtes im Prüfungstermin versäumt worden wäre. Vgl. Völd. §§. 87 u. 88 Bem. d.

hängt, oder welche, weil für sie zugleich abgesonderte Befriedigung in Anspruch genommen wird, nur wegen des dabei möglichen Ausfalls im Concursverfahren angemeldet sind. Bei den ersten ist der Betrag, zu welchem das Stimmrecht zu gewähren ist, nach dem Grade der Wahrscheinlichkeit des Eintrittes der Bedingung, bei den letzten ist er nach der Höhe des muthmaßlichen Ausfalls zu bemessen.[24]

V. Die Gläubigerversammlung findet jedesmal unter der Leitung des Concursgerichtes statt.[25]

Die Beschlüsse werden mit absoluter Mehrheit gefaßt; nur für die Wahl der Mitglieder des Gläubigerausschusses genügt ausnahmsweise die relative Mehrheit.[26] Die eine wie die andere Mehrheit wird immer bloß mit Rücksicht auf die in der Versammlung abgegebenen Stimmen der darin (persönlich oder durch legitimirte Vertreter[27]) erschienenen stimmberechtigten Concursgläubiger berechnet,[28] bemißt sich aber

[24] Conc.O. §. 88 vbd. Mot. a. a. O. (S. 315 a. E.), §. 57 im letzten Abs. (S. 275), §. 60. I. im letzten Abs. (S. 282 a. A.). Vgl. ob. §. 10. II. u. V.

[25] Conc.O. §. 86 Abs. 1. Daraus folgt namentlich die entsprechende Anwendbarkeit von GV. §§. 177 ff., CP. §§. 127, 130, 132—135, 464, ferner die Nothwendigkeit der Protokollirung durch den Gerichtsschreiber: entspr. CP. §§. 145 ff. Vgl. ob. §. 28. III. Die Verhandlungen sind aber nicht öffentlich. S. Prot. S. 68 fg. Vgl. ob. §. 26 Anm. 12. S. noch Völd. §. 86 Bem. a.

[26] Conc.O. §. 86 Abs. 2. Bei Meinungsverschiedenheiten über Summen (s. z. B. Conc.O. §§. 83, 120 Abs. 1) ist GV. §. 198 Abs. 2 entsprechend anzuwenden. Vgl. Völd. §. 86 Bem. b. S. auch Völd. §. 86 Bem. d u. e. — Besondere Bestimmung über die zur Annahme eines Zwangsvergleiches erforderliche Mehrheit: Conc.O. §. 169 Abs. 1.

[27] Vgl. CP. §. 84, Mot. §§. 85—91 in Abs. 6 (S. 316 a. A.) und Völd. §. 89 Bem. a.

[28] Conc.O. §. 86 Abs. 2: „Mehrheit der Stimmen" und §. 89; vgl. §. 82. Vbd. Mot. §§. 85—91 in Abs. 6 (S. 316),

zunächst nicht nach der Zahl der stimmenden Gläubiger, sondern nach den Forderungsbeträgen, zu welchen diese Gläubiger stimmberechtigt sind. Erst bei Gleichheit der Summen entscheidet die Zahl der stimmenden Gläubiger.[29]

Die nicht erschienenen oder nicht mitstimmenden Gläubiger sind gleich den überstimmten an die Beschlüsse gebunden.[30] Zum Schutze abwesender oder überstimmter Gläubiger kann und muß jedoch das Concursgericht die Ausführung eines Beschlusses untersagen, wenn darauf noch in der nämlichen Gläubigerversammlung von dem Concursverwalter oder von einem überstimmten Gläubiger angetragen wird und der Beschluß nach dem Ermessen des Gerichtes dem gemeinsamen Interesse der Concursgläubiger zuwiderläuft.[31]

---

§. 169 in Abs. 7 (S. 415). S. noch Völd. §. 86 Bem. c, Stiegl. §. 86 Bem. II.

[29] Conc.O. §. 86 Abs. 3. Vgl. Völd. §. 86 Bem. b u. e—g. Ueber den Fall eingetretener Rechtsnachfolge s. unt. §. 32. III.

[30] Conc.O. §. 89.

[31] Conc.O. §. 91 vbd. Mot. §§. 85—91 im letzten Abs. (S. 317). Gegen die Untersagung steht jedem Concursgläubiger, welcher für den Beschluß gestimmt hatte, sowie dem Concursverwalter, wenn nicht der Antrag auf die Untersagung von ihm selbst gestellt ist, die sofortige Beschwerde zu; gegen die Zurückweisung des Antrages auf die Untersagung steht sie nur dem Antragsteller zu. Vgl. ob. §. 26 Nr. 7. S. auch Völd. §. 91 Bem. d, Pet. §§. 85—91 Bem. IV. Abs. 1 a. E., Stiegl. §. 91 a. E. Auf die Wahl der Mitglieder des Gläubigerausschusses ist im Hinblicke auf Conc.O. §. 86 Abs. 2 Satz 2 und auf Mot. §§. 79—84 in Abs. 6 (S. 310 a. E.) Conc.O. §. 91 nicht anwendbar. S. Wilm. §. 91 a. E., Pet. §§. 85—91 Bem. IV. a. E. — Strafbestimmung zur Verhütung des sog. Stimmenkaufes: Conc.O. §. 213.

§. 32.

5. Die einzelnen Concursgläubiger.

I. Jeder einzelne Concursgläubiger hat ein selbständiges Anrecht auf seine gesetzmäßige Befriedigung aus der Concursmasse und kann überall für sich allein und unabhängig von den anderen vorgehen, wo es sich nur um die Geltendmachung dieses Anrechtes oder um die Wahrung desselben gegen Gefährdung handelt. Er kann daher nicht allein selbständig die Eröffnung des Concursverfahrens beantragen,[1] sondern auch, so lange er nicht durch vollständige Befriedigung aus der Zahl der Concursgläubiger ausgeschieden ist, die Fortsetzung des Concursverfahrens bis zur Erreichung des normalen Ziels durch vollständige Vertheilung der Masse oder bestätigten Zwangsvergleich verlangen und daher die Einstellung des Verfahrens durch seinen Widerspruch verhindern.[2] Ferner ist jeder Concursgläubiger selbständig berechtigt, seine Forderung im Concursverfahren geltend zu machen und, soweit sie begründet ist, seine Zulassung zur Theilnahme an demselben und seine Befriedigung nach Maßgabe der gesetzlichen Rangordnung zu verlangen.[3] Eben so selbständig kann jeder gegen die angemeldete Forderung jedes anderen und gegen das dafür in Anspruch genommene Vorrecht Widerspruch erheben.[4] Endlich ist jeder selbständig zu Einwendungen gegen das einer Vertheilung zu Grunde liegende Verzeichniß

---

[1] Conc.O. §. 95 Abs. 2.

[2] Conc.O. §§. 188, 189. Vgl. Mot. §§. 188, 189 in Abs. 4 a. E. (S. 436 a. E.).

[3] Conc.O. §§. 127, 129, 132, 134; 87, 88; 140 ff., 178, 179.

[4] Conc.O. §. 132 Abs. 1 vbd. §. 129 Abs. 1.

und gegen die Schlußrechnung eines abgehenden Concursverwalters befugt.[5]

II. Bei Fragen der Zweckmäßigkeit und des freien Ermessens muß zwar das Interesse des einzelnen Concursgläubigers dem widerstreitenden gemeinsamen Interesse der Concursgläubiger weichen, und er ist daher an die Beschlüsse der Gläubigerversammlung und insbesondere an den durch gesetzmäßigen Mehrheitsbeschluß zu Stande gekommenen Zwangsvergleich gebunden.[6] Allein zum Schutze gegen die Gefahr ungebürlicher Beeinträchtigung darf jeder einzelne wenigstens auf gerichtliche Entscheidung über das Stimmrecht antragen, welches einer von ihm bestrittenen, einer noch nicht geprüften, einer bedingten oder einer Ausfallsforderung in der Gläubigerversammlung zukommen soll.[7] Ferner kann jeder in der Gläubigerversammlung überstimmte Gläubiger durch seinen Antrag die gerichtliche Untersagung der Ausführung des Beschlusses herbeiführen, wenn dieser dem gemeinsamen Interesse der Concursgläubiger zuwiderläuft.[8] Endlich muß der von der gesetzlichen Mehrheit angenommene Zwangsvergleich auf den Antrag jedes einzelnen betheiligten Gläubigers verworfen werden, wenn er entweder in unlauterer Weise zu Stande gebracht ist, oder dem gemeinsamen Interesse der betheiligten Gläubiger widerspricht.[9]

Fünf Concursgläubiger, deren Forderungen nach der Schätzung des Concursgerichtes mindestens den fünften Theil

---

[5] Conc.O §. 146; §. 78.

[6] Conc.O. §§. 86 Abs. 2, 89; 169, 178.

[7] Conc.O. §§. 87, 88. Vgl. ob. §. 31. IV.

[8] Conc.O. §. 91. Vgl. ob. §. 31. V. a. E.

[9] Conc.O. §. 173. S. auch Conc.O. §§. 174, 182, 183 Abs. 2, 184 Abs. 1.

der Schuldenmasse erreichen, können jederzeit die Berufung einer Gläubigerversammlung herbeiführen.[10]

III. Gehen im Laufe des Concursverfahrens Concursforderungen mittels allgemeiner oder besonderer Rechtsnachfolge auf andere Personen über, so treten diese nunmehr als Concursgläubiger an die Stelle ihrer Rechtsvorgänger. Dieses gilt auch in Ansehung des Stimmrechtes in der Gläubigerversammlung; jedoch kommt, wo die Zahl der stimmenden Gläubiger von Bedeutung ist, jetzt nur die Zahl der Rechtsnachfolger in Betracht.[11]

§. 33.

6. Der Gemeinschuldner.

I. Der Gemeinschuldner ist zwar nicht zu persönlichen Dienstleistungen bei der Verwaltung, Verwerthung und Vertheilung der Concursmasse gehalten,[1] wohl aber hat er die Pflicht, durch Auskunftsertheilung dazu mitzuwirken, daß das Concursverfahren seinen Zweck gesetzmäßiger Befriedigung der Concursgläubiger aus der Concursmasse möglichst vollständig erreiche, daß also einerseits alles, was zu der Masse gehört, ermittelt und herbeigeschafft, andererseits aber die Masse nur zur Befriedigung berechtigter Ansprüche verwendet werde. Und zwar muß er dem Concursverwalter und dem

---

[10] Conc.O. §. 85 Abs. 1. Vgl. ob. §. 31. II.

[11] Folgt aus der Fassung von Conc.O. §. 86 Abs. 2 Satz 2 („die Zahl der Gläubiger") und von Conc.O. §. 169 Nr. 1 („die Mehrzahl der in dem Termine anwesenden stimmberechtigten Gläubiger"). Vgl. Mot. §§. 85—91 im vorl. Abs. (S. 317), §. 169 Nr. 3 (S. 414 fg.).

[1] S. ob. §. 5. I.

Gläubigerausschusse, so oft es von jenem oder von diesem verlangt wird, der Gläubigerversammlung jedoch (zur Verhütung leidenschaftlicher Ausbrüche) nur auf Anordnung des Concursgerichtes über alle das Concursverfahren betreffenden Verhältnisse wahrheitsgetreue Auskunft geben.[2] Insbesondere ist er verpflichtet, bei der Aufzeichnung der Concursmasse behülflich zu sein[3] und das Inventar auf Verlangen des Concursverwalters oder eines Concursgläubigers durch einen Offenbarungseid zu bekräftigen.[4] Ferner hat er sich im Prüfungstermin über die angemeldeten Forderungen zu erklären.[5]

Damit er sich der Erfüllung seiner Pflichten nicht willkürlich entziehen könne, darf er sich von seinem Wohnorte dauernd oder vorübergehend nur mit Erlaubniß des Concursgerichtes entfernen.[6] Wenn er sich ohne Erlaubniß entfernt oder sonst seine gesetzlichen Pflichten nicht erfüllt, so kann das Concursgericht von Amtswegen seine zwangsweise Vorführung und nach Befund sogar Haft anordnen, die letztere jedoch nur nach seiner Anhörung. Beides, die Haft jedoch wiederum nur nach Anhörung des Gemeinschuldners, kann auch zur Sicherung der Concursmasse angeordnet werden, wenn die Gefahr besteht, daß er seine persönliche Freiheit zur Beiseiteschaffung von Vermögensstücken, Einziehung von

---

[2] Conc.O. §. 92 vbd. Mot. §§. 92, 93 in Abs. 1 (S. 317 fg.). Vgl. Völd. §. 92 Bem. b—e. Nach Conc.O. §. 67 vbd. CP. §. 132 und Conc.O. §. 93 Abs. 2 kann auch das Concursgericht von dem Gemeinschuldner jederzeit von Amtswegen Auskunft fordern.

[3] Conc.O. §. 113 Abs. 1. Vgl. auch Conc.O. §. 96.

[4] Conc.O. §. 115.

[5] Conc.O. §. 129 Abs. 2.

[6] Conc.O. §. 93 Abs. 1 vbd. Mot. §§. 92, 93 in Abs. 2 (S. 318). Vgl. Völd. §. 93 Bem. a, Pet. §§. 92, 93 Bem. 2.

Ausständen oder sonstiger Schädigung der Masse mißbrauchen werde.[7]

---

[7] Conc.O. §. 93 Abs. 2 vbd. Mot. §§. 92, 93 im letzten Abs. (S. 318), Prot. S. 70. Gegen die Anordnung der zwangsweisen Vorführung oder der Haft steht dem Gemeinschuldner nach Conc.O. §. 66 Abs. 2 die sofortige Beschwerde zu, jedoch ohne aufschiebende Wirkung, weil die Gründe, aus denen CP. §. 535 Abs. 1 der Beschwerde gegen die entsprechenden Anordnungen in den Fällen von CP. §§. 345, 355, 579 ausnahmsweise aufschiebende Wirkung gibt, hier nicht zutreffen. Vgl. auch Völd. §. 93 Bem. c. IV. a. E., Pet. §§. 92, 93 Bem. 3 Abs. 2. Die Ablehnung eines Antrages auf eine solche Anordnung ist unanfechtbar. S. ob. §. 26 Anm. 16. Ebenso Pet. §§. 92, 93 Bem. 3 Abs. 2. A. M. Völd. a. a. O. Die zwangsweise Vorführung geschieht durch einen Gerichtsvollzieher: GVollz. Geb. §. 9 Abs. 1. Die Haft kann nach den Mot. a. a. O. entweder als Sicherungsmittel oder als Zwangsmittel oder endlich zur Strafe verhängt werden (vgl. CP. §§. 345 Abs. 1, 2, 355 Abs. 1, 2, 798). Wo es sich bloß um eine Sicherungsmaßregel handelt, können statt der Haft nach dem Ermessen des Concursgerichtes (zumal da dieses ja die Anordnung jedes Sicherungsmittels unterlassen könnte) auch mildere Maßregeln, z. B. Verhängung von Stadt- oder Hausarrest, angeordnet werden: entspr. CP. §. 812. S. Mot. a. a. O., wo §. 757 (= CP. §. 812) ausdrücklich als anwendbar genannt ist. Vgl. auch Völd. §. 93 Note 3, Stiegl. §. 93 Note a. Wird die Haft als Zwangs- oder Sicherungsmittel angewendet, so richtet sich ihre Statthaftigkeit, ihre Ausführung, Vollstreckung und Dauer nach CP. §§. 785 – 791, 793, 794; wird sie zur Strafe verhängt, so ist StGB. §. 18 maßgebend. Vgl. R.CP. §. 97 Anm. 1 und die Commentare zur Civilproceßordnung von Petersen §§. 773—775 Bem. IV. 1 Abs. 2, Struckmann und Koch 3. Aufl. §§. 785—794 Abs. 3. Die Haftkosten müssen, wenn es sich um eine Haftstrafe handelt, aus der Staatskasse bezahlt werden, die sich wegen Erstattung derselben nur an das freie Vermögen des Gemeinschuldners halten kann. S. GK. §. 79 Nr. 8 vbd. §. 86 Abs. 1, StP. §. 497 Abs. 1 und Conc.O. §. 2. Handelt es sich dagegen um eine Zwangshaft oder Sicherungshaft, so sind sie nach Conc.O. §. 51 Nr. 1 vbd. Mot. a. a. O. als Massekosten aus der Concursmasse zu bestreiten, die jedoch ebenfalls Ersatz aus dem freien Vermögen des Gemeinschuldners wird verlangen kön-

II. Der Gemeinschuldner ist aber auf der anderen Seite auch berechtigt, sich in das Concursverfahren einzumischen, soweit diese Befugniß durch eine billige Rücksicht auf seine Interessen als geboten erscheint. Nicht nur muß er, wenn es thunlich ist, vor der Concurseröffnung gehört werden und kann gegen den Eröffnungsbeschluß sofortige Beschwerde einlegen,[8] sondern er hat auch das Recht, in jeder Gläubigerversammlung zu erscheinen und sich über die Gegenstände der Beschlußfassung zu äußern.[9] Von denjenigen Maßregeln, zu denen es, weil sie die Interessen der Betheiligten ganz besonders nahe berühren, falls ein Gläubigerausschuß bestellt ist, der Genehmigung desselben bedarf, muß der Concursverwalter dem Gemeinschuldner zum voraus Mittheilung machen, und dieser kann dann, falls nicht die Maßregel bereits von der Gläubigerversammlung genehmigt ist, bei dem Concursgerichte auf vorläufige Untersagung derselben und Berufung einer Gläubigerversammlung zur Beschlußfassung darüber antragen.[10] Angemeldete Concursforderungen kann er im Prüfungstermin bestreiten, auch wenn gegen dieselben weder der Concursverwalter noch ein Concursgläubiger Widerspruch erhoben hat; er nöthigt dadurch die Gläubiger, wenn sie

---

nen. Vgl. ob. §. 24. IV. Jedoch müssen auch in diesen Fällen die Haftkosten nöthigenfalls zunächst von der Staatskasse verlegt werden: entspr. CP. §. 107 Nr. 1 vbd. GK. §. 79 Nr. 8 (vgl. Struckmann und Koch, Civilproceßordnung §. 107 Bem. 3, §. 792 Bem. 1 a. E.). S. auch Mot. a. a. O., wo CP. §. 792 (= Entw. §. 737), offenbar mit voller Absicht, von den als entsprechend anwendbar genannten Vorschriften ausgeschlossen ist. Vgl. auch Pet. §§. 92, 93 Bem. 3 a. E. A. M. Völd. §. 93 Bem. c. III.

[8] Conc.O. §§. 97 Abs. 2, 3, 101.

[9] S. Conc.O. §§. 78, 92, 129 Abs. 2, 132 Abs. 2, 169 Abs. 2. Vgl. ob. §. 31. III.

[10] Conc.O. §. 123. Vgl. ob. §. 23. V.

sich nach der Beendigung des Concursverfahrens an ihn halten wollen, die gerichtliche Feststellung gegen ihn zu betreiben.[11] Ferner kann er den Concursgläubigern einen Zwangsvergleich vorschlagen und, sobald dieses geschehen ist, die Aussetzung einer Abschlagsvertheilung beantragen.[12] Endlich ist er zu Einwendungen gegen die Schlußrechnung eines abgehenden Concursverwalters berechtigt.[13]

III. Der Tod des Gemeinschuldners während des Concursverfahrens hat auf den Fortgang desselben keinen Einfluß, selbst dann nicht, wenn sein Erbe die Erbschaft ohne die Rechtswohlthat des Inventars antritt.[14] Nur treten jetzt an seine Stelle seine Erben, und diese oder die sonstigen Personen (Nachlaßcuratoren, Testamentsvollstrecker), welche nach dem bürgerlichen Rechte seinen Nachlaß vertreten, haben nach Maßgabe der Vorschriften desselben über ihre Vertretungsbefugniß jetzt die Rechte auszuüben, welche dem Gemeinschuldner im Concursverfahren zustehen.[15] Die Pflicht zur Auskunftsertheilung und die damit zusammenhängende Pflicht, sich ohne Erlaubniß des Concursgerichtes nicht von ihrem

---

[11] Conc.O. §. 132 Abs. 2. Vgl. ob. §. 12. III.

[12] Conc.O. §§. 160, 148. S. auch Conc.O. §§. 167, 169 Abs. 2, 174 Abs. 1.

[13] Conc.O. §. 78.

[14] S. Mot. Schlußbemerkung zu Buch I. Tit. 1 (S. 61 fg.). Der ohne Vorbehalt antretende Erbe tritt jetzt als Gemeinschuldner an die Stelle seines Erblassers und kann nach der Beendigung des Concursverfahrens von den darin nicht befriedigten Concursgläubigern nach Conc.O. §. 152 Abs. 1, 2 in Anspruch genommen werden. A. M. Sarwey §. 202 Bem. 1, wonach sich die Concursgläubiger unbehindert durch Conc.O. §. 11 schon während des Concurses an das Vermögen des Erben halten könnten.

[15] S. Mot. a. a. O., §§. 202—206 im vorl. Abs. (S. 455 a. E.), Prot. S. 15 vbd. §. 19 des Entwurfes der Gemeinschuldordnung. Vgl. Sarwey §. 202 Bem. 1, Stiegl. Schlußbemerkung B zu Buch I. Tit. 1 (S. 83).

Wohnorte zu entfernen, liegt jeder der genannten Personen einzeln und selbständig ob.[16] Endlich kann ein Zwangsvergleich immer nur auf den Vorschlag der sämmtlichen Erben oder Nachlaßvertreter geschlossen werden.[17]

III. Der Gang des Concursverfahrens.

§. 34.

Einleitung.

Das Concursverfahren kann immer nur auf Antrag und bei Vorhandensein der gesetzlichen Voraussetzungen eröffnet werden.[1] An jeden Antrag auf Concurseröffnung schließt sich daher zunächst ein Vorverfahren[2] an, dessen Aufgabe es ist, das Dasein jener Voraussetzungen zu ermitteln, und welches jedesmal mit einem gerichtlichen Beschlusse endigt, der entweder die Concurseröffnung ausspricht oder den Eröffnungsantrag abweist.[3] Wird das Concursverfahren eröffnet, so muß das Concursgericht zugleich eine Anzahl von Maßregeln

---

[16] S. Mot. §§. 195—197 in Abs. 3 a. E. (S. 445 a. E.) vgl. Mot. §§. 193, 194 in Abs. 6 (S. 443), Prot. S. 117. Demnach ist auch Conc.O. §. 93 Abs. 2 anwendbar. S. Prot. a. a. O. Ferner kann von jeder einzelnen der genannten Personen nach Conc.O. §. 115 der Offenbarungseid verlangt werden. Vgl. unt. §. 52. III. S. auch unt. §. 56. II., Pet. §§. 202—206 Bem. 1 Abs. 1 a. E. vbd. §§. 193, 194 Bem. 4, Stiegl. a. a. O. und §. 205 Bem. II. a. E.

[17] Conc.O. §. 206 vbd. Mot. §§. 202—206 a. E. (S. 456). Vgl. Sarwey §. 206 Bem. 2.

[1] Conc.O. §§. 95 Abs. 1; 94, 193 Abs. 1, 195 Abs. 1, 203, 208 Abs. 1, 2, 4.

[2] Dieser Ausdruck findet sich in den Mot. §§. 96 — 101 in Abs. 8 (S. 331).

[3] S. Conc.O. §§. 99—101.

treffen, um die Concursmasse zu sichern und das eigentliche Concursverfahren in Gang zu bringen.[4] In diesen Maßregeln und dem Vorverfahren zusammen besteht das Eröffnungsverfahren.[5]

Das eröffnete Concursverfahren kann auf zwei verschiedenen Wegen in ordentlicher Weise erledigt werden:[6] entweder auf dem Wege der Vertheilung der in Geld umgesetzten Concursmasse an die Concursgläubiger bis zu voller Befriedigung derselben oder bis zur Erschöpfung der Masse, oder aber auf dem Wege des Zwangsvergleiches. Der erste Weg führt jedesmal sicher und unabhängig von dem Willen der Betheiligten zum Ziel; er wird daher immer zunächst eingeschlagen. Der zweite dagegen ist bloß dann gangbar, wenn es dem Gemeinschuldner gelingt, sich mit einer überwiegenden Mehrheit der Concursgläubiger zu einigen, und er wird überhaupt nur betreten auf Anregung des Gemeinschuldners durch einen Vergleichsvorschlag.[7] Das Verfahren zum Zwecke der einen oder der anderen Art der Erledigung ist natürlich ein wesentlich verschiedenes und muß daher auch in der Darstellung gesondert werden, obwohl das Verfahren über einen Vergleichsvorschlag neben dem Verfahren zur Befriedigung der Concursgläubiger durch Vertheilung gleichzeitig herlaufen kann.

Unter Umständen kann aber das Concursverfahren auch in außerordentlicher Weise durch Einstellung sein Ende erreichen.[8]

---

[4] S. Conc.O. §§. 102—106.

[5] S. Ueberschrift von Conc.O. Buch II. Tit. 2.

[6] S. Mot. Vorbem. z. Buch II. Tit. 6 in Abs. 3 (S. 391), §. 160. II. Abs. 2 (S. 404), §§. 191, 192 (S. 437 fg.), Prot. S. 113.

[7] S. Conc.O. §. 160.

[8] S. Conc.O. §§. 188 ff. Vgl. Mot. §§. 191, 192 (S. 437 a. E.).

1. Eröffnungsverfahren.

§. 35.

a. Voraussetzungen der Concurseröffnung und Vorverfahren.

I. Ein Concursverfahren kann nur wegen Zahlungsunfähigkeit des Gemeinschuldners eröffnet werden, d. h. wegen der für ihn eingetretenen und äußerlich zu Tage getretenen Unmöglichkeit der Erfüllung seiner Geldverbindlichkeiten.[1] Ob diese Voraussetzung vorhanden sei, hat das Gericht in freier Weise nach den Umständen zu beurtheilen, wie z. B. in Rücksicht auf die eigene gerichtliche oder außergerichtliche Erklärung des Schuldners, Schließung seines Geschäftes, heimliche Entfernung ohne Sorge für Vertretung, fruchtlos gegen ihn stattgefundene Zwangsvollstreckung u. dgl.[2] Insbesondere soll zur Concurseröffnung Zahlungseinstellung von Seite des Gemeinschuldners genügen,[3] d. h. Nichtzahlung fälliger Geld-

[1] Conc.O. §. 94 Abs. 1 obd. Mot. §. 94 in Abs. 2—7 (S. 319—323), Prot. S. 71 fg. Vgl. ob. §. 4. I. u. II. Ob die Zahlungsunfähigkeit in Ueberschuldung (Vermögensunzulänglichkeit), d. h. Minderbetrag der Activen als der Passiven, ihren Grund habe, kommt rechtlich nicht in Betracht. Umgekehrt ist bloße Ueberschuldung ohne Zahlungsunfähigkeit zur Concurseröffnung nicht genügend. S. Mot. §. 94 in Abs. 2 u. 6 (S. 319 fg., 322 g. E.). Als Ausnahme von der Regel ist die Eröffnung des Concurses über einen Nachlaß durch Ueberschuldung bedingt: Conc.O. §. 203, und die Eröffnung des Concurses über eine Actiengesellschaft oder eine eingetragene Genossenschaft sowohl wegen Ueberschuldung als wegen Zahlungsunfähigkeit statthaft: Conc.O. §§. 193 Abs. 1, 195 Abs. 1. — Die landesrechtlichen Vorschriften über die landesherrliche oder gerichtliche Bewilligung einer allgemeinen Zahlungsstundung sind aufgehoben: EG. §. 4 Abs. 1. Vgl. EG. z. CP. §. 14 Nr. 4.

[2] S. Mot. §. 94 in Abs. 8 u. 11 (S. 323, 324).

[3] Conc.O. §. 94 Abs. 2.

schulden wegen voraussichtlich andauernden Mangels an Zahlungsmitteln.[4]

[4] Auf diese Merkmale führen sich die Aeußerungen der Mot. §. 94 in Abs. 8 ff. (S. 323 fg.), Vorbem. z. Buch I. Tit. 3 in Abs. 28 (S. 106 g. E., 107 a. E.) und der Prot. S. 71 ff., 22 a. A. über den Begriff der Zahlungseinstellung zurück. In dem zweiten Merkmal liegt von selbst das Erforderniß, welches die Motive (§. 94 in Abs. 9 u. 10) als „Allgemeinheit der Zahlungseinstellung" bezeichnen. Ferner ergibt sich daraus der Ausschluß der bloßen Zahlungsstockung, d. h. der Unterlassung fälliger Zahlungen wegen voraussichtlich bald vorübergehenden Mangels an Mitteln (s. Prot. S. 72 a. A.), und der Ausschluß der Unterlassung oder Verweigerung von Zahlungen aus Nachlässigkeit, Böswilligkeit oder auf Grund von Einreden oder Gegenforderungen u. dgl. (s. Mot. §. 94 in Abs. 11, Prot. S. 73). Endlich erhellt, daß sich die Zahlungseinstellung nach Umständen schon in der Unterlassung einer einzigen Zahlung kundgeben kann, und daß sie umgekehrt durch einzelne spätere Zahlungen nicht immer als beseitigt erscheint (s. Mot. §. 94 in Abs. 10). (Viel zu weit sind im Sinn der Concursordnung die Begriffsbestimmungen der Zahlungseinstellung bei v. Liszt, Reichsstrafrecht §. 70. I. 2. a als „Nichterfüllung einer fälligen Verpflichtung auf Grund wirklicher, vermeintlicher oder fingirter Zahlungsunfähigkeit" und bei Sarwey §. 94 Bem. 2, §. 209 Bem. 2. S. dagegen auch Prot. S. 74.) Zwischen Kaufleuten und Nichtkaufleuten ist kein grundsätzlicher Unterschied. Nur kommt bei der thatsächlichen Würdigung in Betracht, daß auf die pünktliche Zahlung von Schulden aus kaufmännischem oder verwandtem Geschäftsverkehr unbedingt gerechnet wird, und daß daher schon jede Unterlassung pünktlicher Berichtigung einer solchen Schuld die Vermuthung der Zahlungsunfähigkeit erweckt, während durch bloße Unterlassung pünktlicher Zahlung von Privatschulden jene Vermuthung noch nicht begründet wird. S. Mot. §. 94 im letzten Abs. (S. 324 fg.), Prot. S. 71, 73. — Eine die Concurseröffnung rechtfertigende Zahlungseinstellung ist auch dann anzunehmen, wenn ein Schuldner die Erfüllung von Geldverbindlichkeiten wegen Mangels an Mitteln verweigert, obwohl er die nöthigen Mittel hat, aber nur in solchen Vermögensstücken, die zwar im Fall der Concurseröffnung zu der Concursmasse gehören, allein außerhalb des Concurses der Zwangsvollstreckung nicht unterliegen (s. Conc.O. §. 1 Abs. 3), wie z. B. ein Pächter, welcher nichts als das zum landwirthschaftlichen Be-

II. Die Eröffnung eines Concursverfahrens kann aber ferner immer bloß auf Antrag stattfinden.[5] Zur Stellung desselben ist sowohl der Gemeinschuldner als jeder Concursgläubiger berechtigt, auch wenn seine Forderung noch bedingt oder betagt ist, oder wenn ihr ein Vorrecht oder Absonderungsrecht zur Seite steht.[6] Der Antrag kann bei dem Concursgerichte[7] schriftlich eingereicht oder mündlich vor dem Gerichtsschreiber zu Protokoll erklärt werden.[8] Er kann aber, so lange die Concurseröffnung noch nicht erfolgt ist, von dem Antragsteller in entsprechender Form jederzeit wieder zurückgenommen werden, wodurch alles in die Lage kommt, wie wenn ein Antrag auf die Concurseröffnung gar nicht gestellt worden wäre.[9]

---

triebe unentbehrliche Inventar besitzt. Für die Gläubiger, welche unter solcher Voraussetzung ihre Befriedigung nicht durch Zwangsvollstreckung erlangen können, steht dieser Fall demjenigen wirklicher Zahlungsunfähigkeit gleich. S. Prot. S. 72 fg. Vgl. Hullm. §. 94 Bem. 2, Sarwey §. 94 Bem. 2 g. E. (S. 483), Völd. §. 94 Note 13, Pet. §. 94 Bem. I. 3, Stiegl. §. 94 Note c.

[5] Conc.O. §. 95 Abs. 1. Vgl. ob. §. 4. II. a. E. Verpflichtung des Antragstellers zu einem Gebürenvorschusse: GK. §. 82 Abs. 1 Nr. 1, Abs. 2; vgl. §§. 87 Abs. 2, 90. Rückgriffsrecht wegen dieses Vorschusses an die Concursmasse: s. unt. Anm. 36.

[6] Conc.O. §. 95 Abs. 2 vbd. §§. 2, 54, 57—63. Vgl. Mot. in Abs. 2 — 4 (S. 326 fg.), Prot. S. 73 a. E. — Die Rechtswohlthat der Güterabtretung ist aufgehoben: EG. §. 4 Abs. 1. Besondere Bestimmungen über die Antragsberechtigung: Conc.O. §§. 194, 195 Abs. 2, 199, 205.

[7] S. ob. §. 28. I.

[8] Entspr. CP. §. 457. Vbd. Mot. §§. 96 — 101 in Abs. 3 (S. 328). Es besteht kein Anwaltszwang: CP. §. 74 vbd. §. 75. Wegen der Rechtsanwaltsgebüren s. RAGeb. §. 54 vbd. §. 59.

[9] S. Mot. §§. 96 — 101 in Abs. 5 (S. 329). Vgl. CP. §§. 462, 463 und §. 243 Abs. 3. S. auch Sarwey §. 95 Bem. 5. A. M. Völd. §§. 96 u. 97 Bem. f, der entspr. CP. §. 243 Abs. 1 die Zurücknahme des von einem Gläubiger gestellten Antrages nur so lange für statthaft hält, als über denselben der Schuldner noch nicht

III. Stellt ein Gläubiger den Antrag auf die Concurseröffnung, so muß er nicht allein die Zahlungsunfähigkeit des Schuldners, sondern zum Nachweise seiner Berechtigung zur Stellung des Antrages auch seine Forderung glaubhaft machen.[10] Widrigenfalls ist sein Antrag ohne Weiteres als „unzulässig" abzuweisen.[11] Erscheint der Antrag als zulässig, so muß nunmehr der Schuldner über denselben (mündlich oder schriftlich) gehört werden. Räumt er seine Zahlungseinstellung oder Zahlungsunfähigkeit ein, so ist das Concursverfahren ohne weitere Ermittelungen zu eröffnen. Räumt er beides nicht ein, oder gibt er die geforderte Erklärung nicht ab,[12] so hat das Gericht, wenn es durch Dasjenige, was ihm vorliegt, noch nicht die Ueberzeugung von dem Vorhandensein oder dem Nichtvorhandensein der Zahlungsunfähigkeit erlangt hat, vorerst noch die erforderlichen weiteren Ermittelungen anzuordnen.[13] Die Anhörung des Schuldners kann unter-

gehört ist. Wegen der Gerichtsgebüren s. GK. (nach dem G. v. 29. Juni 1881 Art. 1 Nr. 14) §. 53 Abs. 2 vbd. Abs. 3.

[10] Bei einer Glaubhaftmachung wird immer nur eine Beweisaufnahme berücksichtigt, welche sofort erfolgen kann, unter dieser Voraussetzung aber kann Derjenige, dem die Glaubhaftmachung obliegt, sich aller Beweismittel mit Ausnahme der Eideszuschiebung bedienen; auch kann er zur eidlichen Versicherung der Wahrheit seiner Behauptung zugelassen werden: CP. §. 266. S. auch Mot. §§. 96—101 in Abs. 3 (S. 328 fg.).

[11] Conc.O. §. 97 Abs. 1 vbd. Mot. §§. 96—101 in Abs. 3 u. 9 (S. 328 fg., 331), Prot. S. 74 ff. Kostenfolge: entspr. CP. §. 87 Abs. 1. Vgl. Mot. a. a. O. in Abs. 9. Der abweisende Beschluß ist bloß dem Antragsteller von Amtswegen zuzustellen, weil dieser zunächst noch allein als Betheiligter erscheint und auch allein gegen denselben sofortige Beschwerde einlegen kann. S. Conc.O. §. 101. Vgl. Hullm. §§. 96, 97 Bem. 7, Stiegl. §. 97 Abs. 1 a. E. — Wegen der Gerichtsgebüren s. GK. (nach dem G. v. 29. Juni 1881 Art. 1 Nr. 14) §. 53 Abs. 2 vbd. Abs. 3.

[12] S. aber Conc.O. §. 98 Abs. 1 Satz 1.

[13] Conc.O. §. 97 Abs. 2 vbd.

bleiben, wenn es dazu einer öffentlichen Zustellung oder einer Zustellung im Auslande bedürfte; jedoch ist dann, soweit thunlich, ein Vertreter oder Angehöriger des Schuldners zu hören.[14]

Beantragt dagegen der Gemeinschuldner selbst die Eröffnung des Concursverfahrens, so ist, weil seine Zahlungsunfähigkeit schon durch die Darlegung der thatsächlichen Verhältnisse, aus welchen sie sich ergibt, als durch ein außergerichtliches Geständniß zur Genüge glaubhaft gemacht wird, die Zulässigkeit des Antrages nicht durch eine weitere besondere Glaubhaftmachung der Zahlungsunfähigkeit bedingt.[15] Da jedoch auch hier die Concurseröffnung nur stattfinden kann, wenn das Gericht die Ueberzeugung von dem Vorhandensein der Zahlungsunfähigkeit hat,[16] so muß der Schuldner zur Begründung seines Antrages die zur Bewirkung jener Ueberzeugung erforderlichen Aufschlüsse über seine Vermögenslage geben. Und zwar ordentlicher Weise so, daß er

---

Mot. §§. 96—101 in Abs. 3 g. E. (S. 329), Prot. S. 75. Vgl. Sarwey §. 97 Bem. 6, Völd. §§. 96 u. 97 Bem. i. II. u. k, Pet. §§. 95—97 Bem. 3 Abs. 3. A. M., wonach die Einräumung seiner Zahlungsunfähigkeit von Seite des Schuldners für das Gericht nicht unbedingt bindend wäre, Wilm. §. 97 Bem. 4, Hullm. §§. 96, 97 Bem. 4 Abs. 2, Wengler §. 97 Bem. 3, Stiegl. §. 97 Abs. 2. — Zum Behufe der Ermittelung kann das Gericht dem Schuldner auch die Einreichung eines Verzeichnisses seiner Gläubiger und Schuldner sowie einer Vermögensübersicht (vgl. Conc.O. §. 96) aufgeben und ihn dazu nöthigenfalls nach Conc.O. §. 98 durch Haft anhalten. Vgl. Prot. S. 75 ff., Hullm. a. a. O. Abs. 3, Sarwey §. 97 Bem. 6, Stiegl. a. a. O.

[14] Conc.O. §. 97 Abs. 3. Vgl. CP. §§. 186, 182. S. auch CP. §§. 740, 743 Abs. 2, 761 Abs. 2. Vgl. noch Völd. §§. 96 u. 97 Bem. m—p.

[15] Ausnahmen: Conc.O. §§. 194 Abs. 2, 195 Abs. 2, 199 Abs. 2, 205 Abs. 2.

[16] Conc.O. §. 94. Vbd. Prot. S. 74 ff.

seinem Antrage eine Uebersicht seines Vermögensstandes mit Bezeichnung bestehender Aussonderungs- oder Absonderungsrechte und ein Verzeichniß seiner Gläubiger nach Namen und Wohnort mit Angabe des Betrages und des Grundes ihrer Forderungen sowie seiner Schuldner mit Angabe des Betrages ihrer Schulden, bei zweifelhaften Schulden des wahrscheinlichen Werthes derselben, beifügt. War die Einreichung der Vermögensübersicht und des Verzeichnisses gleichzeitig mit dem Antrage nicht thunlich, so muß beides, da es im Fall der Concurseröffnung zugleich als erste Grundlage für das Verfahren dienen soll, ohne Verzug nachgeliefert werden.[17] Jedoch braucht das Gericht mit der Entscheidung über den Antrag nicht bis zu dieser Nachlieferung zu warten; sondern es muß die Concurseröffnung beschließen, sobald es durch die von dem Schuldner in seinem Antrage oder nachträglich gegebenen Aufschlüsse die Ueberzeugung von seiner Zahlungsunfähigkeit erlangt hat. Jedenfalls aber darf es keine weiteren Ermittelungen über die Richtigkeit oder Vollständigkeit der Angaben des Schuldners anordnen, wie z. B. Vorlegung der Geschäftsbücher, Zeugenvernehmung u. dgl.; sondern es muß spätestens, sobald die Vermögensübersicht und das Verzeichniß vorliegt und die nach Ermessen dem Schuldner zur Erläuterung oder Ergänzung seiner Angaben etwa gesteckte Frist verstrichen ist, entweder den Concurs eröffnen oder den Antrag abweisen, je nachdem es aus Demjenigen, was der Schuldner freiwillig beigebracht hat,[18] den Umständen nach

[17] Conc.O. §. 96 vbd. Mot. §§. 96—101 in Abs. 4 (S. 329).

[18] Die freiwillige Vorlegung der Geschäftsbücher, Mitbringung von Auskunftspersonen oder Sachverständigen u. dgl. ist gewiß nicht ausgeschlossen. Vgl. Völd. §§. 96 u. 97 Bem. c a, E.

die Ueberzeugung von der Zahlungsunfähigkeit gewonnen hat oder nicht gewonnen hat.[19]

IV. Schon während des Vorverfahrens kann, sobald nur ein zulässiger Antrag auf die Concurseröffnung vorliegt,[20] das Concursgericht, sei es zur Erzwingung der erforderten Erklärung des Schuldners über den Eröffnungsantrag,[21] sei es zur Sicherung der Erfüllung der ihm im Concursverfahren obliegenden Pflichten oder zur Verhütung drohender Schädigung der Masse, von Amtswegen die zwangsweise Vorführung, nach Befund sogar die Haft des Schuldners anordnen.[22] Ferner kann es unter der gleichen Voraussetzung zur Sicherung der Masse auch alle sonstigen geeigneten einstweiligen Anordnungen treffen, wie z. B. Siegelung, Hinterlegung von Geldern oder Werthpapieren, Verbot von Zahlungen an den Schuldner, Eintragung von Sperrvermerken in die Grund- oder Hypothekenbücher, Anordnung einer Se-

---

[19] Vgl. Prot. S. 74 ff. S. Stiegl. §. 96, Sarwey §. 96 Bem. 1, Völd. §§. 96 u. 97 Bem. a u. c — e, Pet. §§. 95 —97 Bem. 2. A. M., wonach das Gericht unter Umständen noch weitere Ermittelungen anordnen dürfte, Hullm. §§. 96, 97 Bem. 2 a. E., Wilm. §. 96 Bem. 2.

[20] Entspr. CP. §. 800 Abs. 2 vbd. Conc.O. §. 97 Abs. 1. Vgl. Stiegl. §. 98 Bem. I. Abs. 1, Sarwey §. 98 Bem. 1 a. E., Pet. §. 98 Bem. 1 a. E. A. M. Völd. §. 98 Bem. a. I. Abs. 2.

[21] S. Conc.O. §. 97 Abs. 2. Vgl. Stiegl. §. 98 Bem. I. Nr. 1.

[22] Conc.O. §. 98 Abs. 1 Satz 1 vbd. Mot. §§. 96—101 in Abs. 5 (S. 329 fg.). Auch die Haft kann, abweichend von Conc.O. §. 93 Abs. 2, ohne vorgängige Anhörung des Schuldners angeordnet werden, entsprechend den Vorschriften über den persönlichen Arrest. S. CP. §§. 800 Abs. 2, 801 Abs. 1, 804 Abs. 1, 3, 812. Vgl. Mot. §§. 96—101 in Abs. 7 (S. 331). Das Gericht kann übrigens nach Ermessen auch mildere Beschränkungen der persönlichen Freiheit eintreten lassen: entspr. CP. §. 812. Vgl. ob. §. 33 Anm. 7. Als Strafe kann die Haft im Vorverfahren nicht verhängt werden. Vgl. Völd. §. 98 Bem. b, Sarwey §. 98 Bem. 2.

questration u. dgl.[23] Insbesondere kann es ein allgemeines Veräußerungsverbot an den Schuldner erlassen. Die Wirkungen desselben bestimmen sich nach dem bürgerlichen Rechte. Wird es aber öffentlich bekannt gemacht, so hat es außerdem die Wirkung, daß Pfand- und Hypothekenrechte, welche im Wege der Zwangsvollstreckung oder des Arrestes nach der Bekanntmachung erworben oder eingetragen worden sind, für den Fall, daß die Concurseröffnung erfolgt, den Concursgläubigern gegenüber ohne Kraft sind.[24]

Die angeordneten Sicherungsmaßregeln können jederzeit auf Antrag oder von Amtswegen wieder aufgehoben werden, wenn sie wegen Wegfalls des Veranlassungsgrundes oder wegen sonstiger Veränderung der Umstände nicht mehr als nothwendig erscheinen.[25] Sie müssen von Amtswegen auf-

[23] Conc.O. §. 98 Abs. 1 Satz 2 vbd. Mot. §§. 96—101 in Abs. 6 u. 8 (S. 329 fg., 331) und CP. §. 817. Schließung des Geschäftsbetriebes des Schuldners ginge jedoch über den Begriff einer „einstweiligen Anordnung“ hinaus. Vgl. Völd. §. 98 Bem. c Abs. 2, Sarwey §. 98 Bem. 3, Pet. §. 98 Bem. 2, Stiegl. §. 98 Note a. Ebensowenig kann ein Verbot fernerer Zwangsvollstreckungen erlassen werden, weil darin für den Fall der Abweisung des Eröffnungsantrages eine ungerechtfertigte Schädigung der andringenden Gläubiger läge. S. Mot. §§. 96—101 in Abs. 7 (S. 330). — Gegen alle diese Maßregeln steht, ebenso wie gegen die Anordnung der zwangsweisen Vorführung oder der Haft, dem Schuldner die sofortige Beschwerde zu. S. Conc.O. §. 66 Abs. 3. Die Ablehnung eines auf solche Maßregeln gerichteten Antrages ist dagegen unanfechtbar. S. ob. §. 26 Anm. 16.

[24] Conc.O. §. 98 Abs. 1 Satz 3 u. 4 vbd. Mot. §§. 96—101 in Abs. 7 (S. 330 fg.). Vgl. Conc.O. §. 12. Auf vertragsmäßig eingeräumte Pfand- oder Hypothekenrechte bezieht sich dieses nicht. Sie unterliegen vielmehr, wenn sie nicht, wie nach gemeinem Rechte, in Folge des Veräußerungsverbotes als nichtig erscheinen, nur den Vorschriften über die Anfechtung. S. Mot. a. a. O. und Prot. S. 77. Vgl. ob. §. 9. II. 2 a. E., §. 24 Anm. 3.

[25] Entspr. CP. §. 807 Abs. 1. Auch Sicherheitsleistung von

gehoben werden, wenn der Antrag auf die Concurseröffnung abgewiesen wird, und zwar zugleich mit dieser Abweisung.[26] Desgleichen sind sie aufzuheben, wenn der Eröffnungsantrag vor erfolgter Entscheidung über denselben zurückgenommen wird.[27]

V. Auf den Eröffnungsantrag muß immer ein förmlicher Beschluß des Concursgerichtes ergehen, entweder im Sinn der Eröffnung des Concursverfahrens oder im Sinn der Abweisung des Antrages.[28] Ein abweisender Beschluß muß, abgesehen von dem Fall der Unzulässigkeit des Antrages (s. ob. III.), erfolgen, wenn das Gericht nicht die Ueberzeugung von der Zahlungsunfähigkeit des Schuldners erlangt hat.[29] Außerdem kann aber ein solcher Beschluß erfolgen, wenn nach dem Ermessen des Gerichtes die Concursmasse keinen Ueber-

---

Seite des Schuldners kann demnach die Aufhebung herbeiführen; jedoch kann dieser die Aufhebung nicht durch Sicherheitsleistung erzwingen. S. Mot. §§. 96—101 in Abs. 8 (S. 331). Vgl. Völd. §. 98 Bem. g, Pet. §. 98 Bem. 3 Abs. 3, Stiegl. §. 98 Bem. II. Nach den Mot. a. a. O. könnte „die Aufhebung der Maßregeln nur zugleich mit der Abweisung des Antrages auf Concurseröffnung erfolgen". Ebenso Sarwey §. 98 Bem. 6, der bloß die zum Zwecke der Befolgung richterlicher Auflagen verhängte Haft ausnimmt.

[26] Conc.O. §. 98 Abs. 2 vbd. Mot. a. a. O. (s. vorige Anm.), Prot. S. 162. Wird jedoch gegen den abweisenden Beschluß sofortige Beschwerde eingelegt, so kann das Concursgericht oder das Beschwerdegericht die Aussetzung der Vollziehung desselben und somit auch der Aufhebung anordnen: entspr. CP. §. 535 Abs. 2, 3. Vgl. unt. Anm. 37, Völd. §. 98 Bem. g, §. 101 Bem. a, Sarwey §. 98 Bem. 6, Pet. §. 98 Bem. 3 Abs. 4, Stiegl. §. 98 Bem. II. a. E.

[27] Vgl. Völd. §. 98 Note 16, Sarwey a. a. O., Pet. a. a. O. — Die durch die angeordneten Sicherungsmaßregeln verursachten Kosten gehören zu den Kosten des Eröffnungsverfahrens. S. Mot. §§. 96—101 in Abs. 9 (S. 331).

[28] S. Conc.O. §§. 98 Abs. 2, 99, 100, 101.

[29] Folgt aus Conc.O. §. 94 Abs. 1. S. auch Mot. §§. 96—101 in Abs. 9 (S. 331), Prot. S. 77.

schuß über die Kosten des Verfahrens ergeben würde.[30] Jedoch ist dabei mit großer Vorsicht zu verfahren und namentlich wohl zu beachten, daß zu den Activen der Concursmasse auch die nach Conc.O. §§. 23—25, 33 begründeten Anfechtungsrechte und mithin die Werthe gehören, welche durch die Ausübung derselben zu der Masse zurückgebracht werden können,[31] und daß gerade zur Ermöglichung solcher Anfechtungen die Concurseröffnung auch bei Geringfügigkeit der übrigen Masse für die Concursgläubiger von sehr erheblichem Interesse sein kann.[32]

In jedem Fall der Abweisung fallen die Kosten des Verfahrens dem abgewiesenen Antragsteller zur Last.[33] Wird dagegen der Concurs eröffnet, so gehören die gerichtlichen Kosten des Eröffnungsverfahrens, soweit sie nicht bereits von dem Antragsteller bezahlt sind,[34] als Theil der allgemeinen gerichtlichen Concurskosten zu den Massekosten,[35] die Erstattung der (gerichtlichen oder außergerichtlichen) Kosten aber,

[30] Conc.O. §. 99. Vgl. Conc.O. §§. 184 Abs. 1, 190. S. auch CP. §. 708 Abs. 2. — Ein abweisender Beschluß ist jedesmal dem Antragsteller (vgl. Conc.O. §. 101), wenn aber der Schuldner über den Antrag gehört worden ist (Conc.O. §. 97 Abs. 2), auch diesem von Amtswegen zuzustellen. Vgl. Hullm. §§. 96, 97 Bem. 7. Wegen der Gerichtsgebüren s. GK. (nach dem G. v. 29. Juni 1881 Art. 1 Nr. 14) §. 53 Abs. 1 vbd. Abs. 3.

[31] S. ob. §. 13 Anm. 4, §. 17 Anm. 1.

[32] S. Mot. §§. 96—101 in Abs. 10 a. E. (S. 332). Vgl. Völd. §§. 99 Bem. III. u. IV., Sarwey §. 99 Bem. 3, Stiegl. §. 99. Jedenfalls wird aus Rücksicht auf die Geringfügigkeit der Masse die Concurseröffnung nicht zu verweigern sein, wenn der Gläubiger, der sie beantragt hat, sich zu einem angemessenen Kostenvorschusse erbietet. Vgl. Völd. §. 99 Bem. V., Stiegl. §. 99 a. E.

[33] Entspr. CP. §. 87 Abs. 1. Vgl. Mot. §§. 96—101 in Abs. 9 (S. 331).

[34] S. GK. §. 82 Nr. 1 vbd. §. 87 Abs. 2. Vgl. ob. Anm. 5.

[35] Conc.O. §. 51 Nr. 1 vbd. Mot. §§. 96—101 in Abs. 9 a. E. (S. 331). S. auch ob. Anm. 27.

welche der Antragsteller in angemessener Weise aufgewendet hat, kann dieser aus der Masse zur Verhütung einer rechtlosen Bereicherung derselben als Berichtigung einer Masseschuld verlangen.[36]

Gegen den abweisenden Beschluß steht bloß dem abgewiesenen Antragsteller, sei er ein Concursgläubiger oder der Gemeinschuldner, die sofortige Beschwerde zu. Gegen den Eröffnungsbeschluß steht sie bloß dem Gemeinschuldner zu, und auch ihm natürlich nur dann, wenn er nicht selbst die Concurseröffnung beantragt hat.[37]

§. 36.

b. Concurseröffnung und begleitende Maßregeln.

I. Die Concurseröffnung liegt in der Erlassung des Eröffnungsbeschlusses, d. h. in der Unterschreibung der An-

[36] Conc.O. §. 52 Nr. 3 vbd. Mot. a. a. O.: „Für den Fall der Eröffnung sind alle diese Kosten den Massekosten zuzurechnen, da sie alsdann rückwirkend den Charakter einer Aufwendung im gemeinschaftlichen Interesse annehmen", Mot. z. Entw. des GK. §. 74 in Abs. 5 (S. 103 fg.). Vgl. Conc.O. §. 135, AnfechtungsG. v. 21. Juli 1879 §. 13 Abs. 1 und ob. §. 14 Anm. 20. — Zu den Kosten, deren Erstattung begehrt werden kann, sind entspr. CP. §. 87 Abs. 2 immer auch die Gebüren und Auslagen eines Rechtsanwaltes zu rechnen.

[37] Conc.O. §. 101 vbd. Mot. §§. 96—101 im letzten Abs. (S. 334 fg.). Die Beschwerdefrist läuft von der öffentlichen Bekanntmachung bezw. von der besonderen Zustellung des Beschlusses an. S. ob. §. 26 Anm. 24. Ist die Beschwerde eingelegt, so kann sowohl das Concursgericht als das Beschwerdegericht die Aussetzung der Vollziehung des Beschlusses anordnen: CP. §. 535 Abs. 2, 3. Vgl. Mot. a. a. O. S. auch ob. Anm. 26. Die öffentliche Bekanntmachung des Eröffnungsbeschlusses darf jedoch nicht ausgesetzt werden. S. Conc.O. §. 105. Vgl. Sarwey §. 101 Bem. 1, §. 105 Bem. 2 a. E. — Wegen der Gerichtsgebüren für die Beschwerdeinstanz s. GK. §. 57; wegen der Rechtsanwaltsgebüren s. RAGeb. §. 58 Nr. 1 vbd. §. 59 Abs. 1 u. 2.

ordnung, daß das Concursverfahren eröffnet werde, durch den Richter.[1] Wegen der mit ihr verbundenen wichtigen Wirkungen muß die Stunde, zu welcher sie erfolgt ist, in dem Eröffnungsbeschlusse angegeben werden.[2] Ist dieses versäumt worden, so gilt die Mittagstunde des Tages, an welchem der Beschluß erlassen ist, als der Zeitpunkt der Concurseröffnung.[3]

[1] S. Conc.O. §. 100 Abs. 2. Vgl. CP. §§. 634 Abs. 1, 639 Abs. 1 und Goldenring in der Zeitschrift für Deutschen Civilproceß I. S. 482. S. auch Sarwey §. 100 Bem. 1 u. 2, Stiegl. §. 100 Bem. I. Die Aeußerung der Mot. §§. 96—101 in Abs. 11 (S. 332), daß die Eröffnung mit der „Verkündung des Urtheils" zusammenfalle, paßt zu dem System der Concursordnung nicht und ist bloß aus Versehen aus den Motiven zum Entwurfe der Gemeinschuldordnung herübergenommen. S. z. B. Hullm. §§. 96, 97 Bem. 7, Völd. §. 100 Bem. b, Sarwey §. 100 Bem. 2. Uebrigens sind die Ansichten über diese wichtige Frage leider sehr verschieden. Fuchs §. 23. IV. 2, Wilm. §. 100 Bem. 2, Wengler §. 100 Bem. 2 erblicken im Anschlusse an jene Aeußerung der Motive die bindende Erlassung des Beschlusses erst in der Verkündung. Nach Hullm. §. 100 Bem. 1 ist, wenn Verkündung stattgefunden hat, diese maßgebend; anderenfalls liegt die Erlassung des Beschlusses erst darin, daß der Richter den abgefaßten und unterschriebenen Beschluß zum Zwecke der Zustellung aushändigt. Nach Pet. §. 100 Bem. 1 besteht die Erlassung des Beschlusses darin, daß entweder der Richter denselben niederschreibt oder den Gerichtsschreiber damit beauftragt. Völd. §. 100 Bem. b endlich sieht zwar, übereinstimmend mit der hier vertretenen Meinung, die Erlassung des Beschlusses in der „Formulirung und Ausfertigung" desselben, hält ihn aber (Note 10), ehe er den Betheiligten durch Zustellung oder öffentliche Bekanntmachung zur Kenntniß gebracht sei, nicht für rechtsverbindlich. S. dagegen Sarwey §. 100 Bem. 2, Pet. a. a. O., Stiegl. a. a. O. — Thatbestand und Entscheidungsgründe brauchen dem Beschlusse nicht beigefügt zu werden; doch ist die Beifügung angemessen. S. Sarwey §. 100 Bem. 1 und ob. §. 26 Anm. 13. Vgl. auch Preußisches Formular bei Vierhaus Nr. 134 (S. 97).

[2] Conc.O. §. 100 Abs. 1. Vgl. Mot. §§. 96—101 in Abs. 11 (S. 332) und CP. §. 383 Abs. 1 u. 2. S. auch K.CP. §. 52. IV.

[3] Conc.O. §. 100 Abs. 2. Vgl. Conc.O. §. 184 Abs. 2. Rechts-

II. Gleichzeitig mit der Concurseröffnung muß das Concursgericht mittels einer gemeinsamen Anordnung diejenigen Maßregeln treffen, welche ohne Aufschub erforderlich sind, um die Concursmasse zu sichern und das Concursverfahren in Gang zu setzen. Nämlich:[4]

1. die Ernennung des Concursverwalters, womit sich nach Ermessen alsbald auch die vorläufige Bestellung eines Gläubigerausschusses verbinden kann;[5]
2. die Berufung der Gläubigerversammlung zu dem sog. Wahltermin, d. h. einem nicht über einen Monat hinaus anzusetzenden Termin,[6] der vornehmlich zur Beschlußfassung über die Wahl eines anderen Verwalters und über die Bestellung eines Gläubigerausschusses bestimmt ist, in welchem aber auch der Verwalter über die Lage der Sache Bericht zu erstatten und die Gläubigerversammlung über eine dem Gemeinschuldner zu bewilligende Unterstützung, über die Fortführung oder

vermuthung in Ansehung der am Tage der Eröffnung vorgenommenen Rechtshandlungen des Gemeinschuldners: Conc.O. §. 6 Abs. 3. — Der Tag des Eintrittes der Zahlungseinstellung wird bei der Concurseröffnung nicht festgestellt, sondern, wenn in einem Processe Streit über die Zeit der Zahlungseinstellung entsteht, so hat darüber das Proceßgericht zu entscheiden. S. Mot. §§. 96—101 in Abs. 12 (S. 332 ff.).

[4] Conc.O. §. 102 Abs. 1 vbd. Mot. §§. 102—104 (S. 335). Preußisches Formular s. Bierhaus Nr. 134 (S. 97).

[5] Vgl. Conc.O. §§. 70 Abs. 1, 79 Abs. 1.

[6] Maßgebend ist für die Berechnung nach dem Wortlaute von Conc.O. §. 102 der Tag der Concurseröffnung, so daß, wenn diese am 1. Mai erfolgt ist, der Termin spätestens auf den 1. Juni angesetzt werden darf. S. Völd. §. 102 Bem. c. Von dem Ablaufe des zweiten Tages nach der Ausgabe des die erste Einrückung enthaltenden Amtsblattes rechnet Sarwey §. 102 Bem. 3.

Schließung seines Geschäftes, über die Hinterlegung von Geldern u. dgl. und über die künftige Art der Berichterstattung und der Rechnungslegung des Verwalters zu beschließen hat;[7]

3. die Erlassung des offenen Arrestes, d. h. des an alle Personen, welche eine zur Concursmasse gehörige Sache in Besitz haben oder etwas zur Concursmasse schuldig sind, gerichteten Gebotes, nichts an den Gemeinschuldner zu verabfolgen oder zu leisten, dagegen dem Concursverwalter von dem Besitze der Sache und, wenn sie aus derselben abgesonderte Befriedigung in Anspruch nehmen, auch davon sowie von den Forderungen, für welche sie die abgesonderte Befriedigung beanspruchen, innerhalb einer von dem Concursgerichte zu bestimmenden Frist Anzeige zu machen;[8]

4. die Festsetzung der Anmeldefrist und des allgemeinen Prüfungstermins.[9]

Der Prüfungstermin kann nach Ermessen des Gerichtes mit dem Wahltermin verbunden werden, wenn die Concurs-

[7] Vgl. Conc.O. §§. 72, 79 Abs. 2, 119, 120.

[8] Conc.O. §. 108. Der erste Theil des Gebotes erzeugt keine selbständigen Rechtsfolgen, sondern soll nur rechtsirrthümliche Zahlungen oder sonstige Leistungen an den Gemeinschuldner thatsächlich nach Möglichkeit verhüten. S. Conc.O. §. 7 und Mot. §§. 108, 109 in Abs. 1 (S. 341). Wohl aber begründet der zweite Theil die Verpflichtung zu der gebotenen Anzeige bei Vermeidung der Haftung für allen aus nicht entschuldigter Unterlassung oder Verzögerung derselben entstehenden Schaden: Conc.O. §. 109 vbd. Mot. §§. 108, 109 in Abs. 3 u. 4 (S. 342 fg.), Prot. S. 79 a. E. Vgl. Völd. §§. 108 u. 109 Bem. f, g u. n, Sarwey §. 108 Bem. 3, §. 109, Stiegl. §. 108 Nr. 2, §. 109. — Strafe betrüglichen Verschweigens: Conc. O. §. 212 Nr. 1.

[9] Vgl. Conc.O. §§. 126, 129.

masse von geringerem Betrage oder der Kreis der Concursgläubiger von geringerem, insbesondere geringerem räumlichem, Umfange ist.[10]

III. Sofort nach der Erlassung des Eröffnungsbeschlusses hat der Gerichtsschreiber des Concursgerichtes die Formel des Eröffnungsbeschlusses, den offenen Arrest und die Termine durch Einrückung in das Amtsblatt des Gerichtes öffentlich bekannt zu machen.[11] Die Bekanntmachung ist auszugsweise auch in den Deutschen Reichsanzeiger einzurücken; jedoch bemißt sich der Zeitpunkt, an welchem die Bekanntmachung als bewirkt gilt, nur nach jener Einrückung in das Amtsblatt des Gerichtes.[12] Den ihrem Wohnorte nach bekannten Gläubigern und Schuldnern des Gemeinschuldners sowie diesem selbst ist der Inhalt der Bekanntmachung noch besonders zuzustellen.[13]

---

[10] Conc.O. §. 102 Abs. 2 vbd. Mot. §§. 102—104 (S. 335). Vgl. Völd. §. 102 Bem. b. In Rücksicht auf Conc.O. §. 126 ist dann der Termin gerade nach Monatsfrist festzusetzen. S. Mot. a. a. O.

[11] Conc.O. §. 103 Abs. 1 vbd. §. 68 Abs. 1. Preußisches Formular s. Vierhaus Nr. 134 vbd. Bem. 3. b (S. 97). — Wird unter Aufhebung des den Eröffnungsantrag abweisenden Beschlusses die Concurseröffnung vom Beschwerdegerichte beschlossen, so ist die Bekanntmachung des Eröffnungsbeschlusses und des offenen Arrestes von dem Gerichtsschreiber dieses Gerichtes zu besorgen, wenn es nicht — in zweckmäßiger Weise — dem Concursgerichte die erforderlichen Anordnungen übertragen hat: entspr. CP. §. 538. Vgl. Pet. §§. 103—106 Bem. 1. A. M. Sarwey §. 103 Bem. 6.

[12] Conc.O. §. 103 Abs. 2 vbd. Prot. S. 78. S. auch Conc.O. §. 68 Abs. 2.

[13] Conc.O. §. 103 Abs. 3. Das Erforderniß besonderer Zustellung an den Gemeinschuldner folgt aus entsprechender Anwendung von CP. §. 294 Abs. 3 vbd. Conc.O. §. 101. Vgl. Sarwey §. 103 Bem. 8. S. übrigens noch Conc.O. §. 68 Abs. 3, §. 69 Abs. 1 und ob. §. 26 Anm. 8. Vgl. auch Conc.O. §. 184 Abs. 2.

Ferner hat der Gerichtsschreiber beglaubigte Abschriften der Formel des Eröffnungsbeschlusses nebst Bezeichnung des Concursverwalters den Behörden für die Führung des Handels- oder Genossenschaftsregisters oder ähnlicher Register und der Dienstbehörde des Gemeinschuldners mitzutheilen.[14]

Wird der Eröffnungsbeschluß in der Beschwerdeinstanz aufgehoben, so ist alsbald nach eingetretener Rechtskraft des aufhebenden Beschlusses die Aufhebung des Concursverfahrens in gleicher Weise wie die Eröffnung, insbesondere auch durch Einrückung in den Deutschen Reichsanzeiger, öffentlich bekannt zu machen und durch Mittheilung beglaubigter Abschriften der Formel des Beschlusses zur Kenntniß der oben genannten Behörden zu bringen.[15] Diese Bekanntmachungen und Mittheilungen hat der Gerichtsschreiber des Beschwerdegerichtes zu besorgen, wenn dieses nicht die erforderlichen Anordnungen dem Concursgerichte übertragen hat.[16]

Ob die Eröffnung oder Aufhebung des Concurses auch in das Grund- oder Hypothekenbuch einzutragen, und wie eine solche Eintragung herbeizuführen ist, bemißt sich nach dem Landesrechte.[17]

---

[14] Conc.O. §. 104. Vbd. HGB. Art. 12, GenossenschaftsG. vom 4. Juli 1868 §. 4. Vgl. auch GenossenschaftsG. §. 37. Preußisches Formular s. Vierhaus Nr. 135 (S. 98). Vgl. auch Conc.O. §. 184 Abs. 2. Wegen der Post- und Telegraphenanstalten s. Conc.O. §. 111.

[15] Conc.O. §. 105 vbd. Prot. S. 79. Vgl. Conc.O. §§. 151 Abs. 2, 3, 175 Abs. 2, 3, 191 Abs. 2. S. auch Conc.O. §. 68 Abs. 2. — Dem Gemeinschuldner und dem Gläubiger, welcher die Concurseröffnung beantragt hatte, ist der aufhebende Beschluß schon vor dem Eintreten der Rechtskraft besonders zuzustellen: entspr. CP. §. 294 Abs. 3 vbd. Conc.O. §. 66 Abs. 2.

[16] Entspr. CP. §. 538. Vgl. Sarwey §. 105 Bem. 2, Pet. §§. 103—106 Bem. 2.

[17] Conc.O. §. 106 vbd. Mot. §. 106 (S. 335 fg.).

2. Erledigung des Concursverfahrens durch Vertheilung der Concursmasse.

§. 37.

a. Herstellung der Theilungsmasse.

I. Zur Sicherung der Concursmasse und zur Ermöglichung der Herstellung der Theilungsmasse[1] hat nach der Eröffnung des Concursverfahrens der ernannte Concursverwalter unverzüglich das gesammte zur Concursmasse gehörige Vermögen in Besitz und Verwaltung zu nehmen.[2] Auf Gegenstände, welche nicht zu der Concursmasse gehören, weil sie nicht im Eigenthum des Gemeinschuldners stehen oder nicht der Zwangsvollstreckung unterliegen, ist die Besitznahme nicht mit zu erstrecken. Da jedoch im Zweifel jedes zur Zeit der Concurseröffnung thatsächlich in der Hand des Gemeinschuldners befindliche Vermögensstück als Stück der Concursmasse zu betrachten ist, so darf und muß der Verwalter, um sich nicht gegen die Concursgläubiger verantwortlich zu machen, jedes solche Vermögensstück, wenn seine Nichtzugehörigkeit zu der Masse nicht völlig unzweifelhaft ist, mit in Besitz nehmen und kann es dem Betheiligten, sei dieser der Gemeinschuld-

[1] Vgl. ob. §. 4. V., §. 23. I.

[2] Conc.O. §. 107. Vgl. ob. §. 13. Ein Widerstand von Seite des Gemeinschuldners könnte auf Grund einer vollstreckbaren Ausfertigung des Eröffnungsbeschlusses durch Zuziehung eines Gerichtsvollziehers beseitigt werden: entspr. CP. §§. 702 Nr. 3, 662, 769—771, 777; vbd. Mot. §. 107 im letzten Abs. (S. 340 g. E.). „Besitz" ist hier im Sinn der thatsächlichen Verfügungsgewalt gemeint. Vgl. Conc.O. §. 5 Abs. 2. Besitz im eigentlichen Sinn erlangt der Verwalter nicht, sondern bloße Innehabung in fremdem Namen, vergleichbar derjenigen eines Vormundes.

ner oder ein Dritter, überlassen, die Herausgabe, nöthigenfalls im Rechtswege, gegen ihn zu betreiben.[3]

II. Die Ermittelung der zu der Concursmasse gehörigen Vermögensstücke und des Werthes, der ihnen für die Theilungsmasse zukommt, wird wesentlich gefördert durch die aus dem offenen Arreste entspringende Verpflichtung Derjenigen, welche zur Masse gehörige Sachen besitzen, zur Anzeige von diesem Besitze[4] und durch die Verpflichtung derjenigen Besitzer solcher Sachen, welche Absonderungsansprüche erheben, zur Anzeige derselben und zur Vorzeigung und Gestattung der Abschätzung der Sachen.[5] Im Interesse vollständiger Ermittelung der Masse, und um dem Concursverwalter überhaupt zuverlässige Einsicht in den Stand der Angelegenheiten des Gemeinschuldners zu verschaffen, kann aber das Concursgericht ferner nach Ermessen anordnen, daß auf bestimmte oder unbestimmte Zeit alle bei den Post- und Telegraphenanstalten für den Gemeinschuldner eingehenden Sendungen, Briefe oder Depeschen, oder wenigstens gewisse äußerlich unterscheidbare Arten derselben dem Concursverwalter einzuhändigen seien. Durch die Mittheilung dieser Anordnung werden jene Anstalten verpflichtet, derselben nachzukommen; der Verwalter aber erhält durch die Anordnung das Recht, die Sendungen, Briefe und Depeschen zu öffnen. Auf Verlangen des Gemeinschuldners müssen sie ihm jedoch zur Einsicht vorgelegt und, wenn ihr Inhalt die Concurs-

[3] S. Mot. §. 107 im letzten Abs. (S. 340 g. E.) vbd. Mot. Vorbem. z. Buch I. Tit. 4 in Abs. 1 u. 6 (S. 154, 156). S. auch Conc.O. §. 121 Nr. 2. Vgl. ob. §. 13 Anm. 23, §. 23 Anm. 4. — Gegenstände, hinsichtlich welcher nur ein Absonderungsrecht besteht, gehören zur Concursmasse. S. Prot. S. 79.

[4] Conc.O. §§. 108, 109. S. ob. §. 36. II. Nr. 3.

[5] Conc.O. §§. 108, 110. S. ob. §. 20. I, §. 36. II. Nr. 3.

masse nicht betrifft, herausgegeben werden.[6] Auch kann das Gericht auf Antrag des Gemeinschuldners, jedoch nur nach (mündlicher oder schriftlicher) Anhörung des Verwalters, die Anordnung jederzeit wieder aufheben oder beschränken.[7]

III. Als Sicherungsmaßregel sind sofort nach der Concurseröffnung, wenn es nicht schon vorher geschehen ist, die

---

[6] Conc.O. §. 111 Abs. 1 vbd. Mot. §. 111 (S. 343) und Prot. S. 80. Vgl. PostG. v. 28. Okt. 1871 §. 5. Preußisches Formular s. Vierhaus Nr. 136 (S. 98). Die Befugniß des Concursgerichtes, die Anordnung von vornherein zu beschränken, folgt von selbst aus der Befugniß, dieselbe ganz zu unterlassen. Regel ist jedoch, daß die Anordnung allgemein und für die ganze Dauer des Concurses erlassen wird. Vgl. Völd. §. 111 Bem. k, Stiegl. §. 111 Bem. II. Dem Concursverwalter u. dem Gemeinschuldner ist die Anordnung von Amtswegen zuzustellen: entspr. CP. §. 294 Abs. 3; vbd. Conc.O. §66 Abs. 2 (S. Vierhaus a. a. O. Anm. 3). Dem Gemeinschuldner steht gegen dieselbe die sofortige Beschwerde zu; dagegen ist die Unterlassung der Anordnung unanfechtbar. S. ob. §. 26 Anm. 16. Vgl. Pet. §. 111 Bem. 3. A. M. Völd. §. 111 Note 11, der gegen beides, Sarwey §. 111 Bem. 2, der gegen keines von beiden, Stiegl. §. 111 Bem. II., der nur gegen die Zurückweisung des Antrages des Verwalters auf Erlassung der Anordnung die Beschwerde für zulässig hält. — Zusendungen durch die Eisenbahn, Frachtfuhrleute, Dampfschiff u. dgl. fallen nicht unter Conc.O. §. 111, sondern, weil in Ansehung solcher Sendungen keine gesetzliche Pflicht der Geheimhaltung besteht, unter Conc.O. §. 108 und sind daher (wegen Conc.O. §. 5) ohne Weiteres an den Verwalter auszuliefern. Vgl. Sarwey §. 111 Bem. 2 a. E., Pet. §. 111 Bem. 2 a. E.

[7] Conc.O. §. 111 Abs. 2. Die aufhebende oder beschränkende Entscheidung ist von Amtswegen dem Gemeinschuldner und dem Verwalter zuzustellen: entspr. CP. §. 294 Abs. 3; vbd. Conc.O. §. 66 Abs. 2. Dem Verwalter steht gegen dieselbe die sofortige Beschwerde zu. Dagegen ist die Ablehnung des Antrages unanfechtbar. S. ob. §. 26 Anm. 16. A. M. Sarwey §. 111 Bem. 2, Pet. §. 111 Bem. 3 Abs. 2, Stiegl. §. 111 Bem. IV. — Von Amtswegen kann die einmal getroffene Anordnung nicht aufgehoben oder beschränkt werden. Vgl. Sarwey §. 111 Bem. 5, Stiegl. a. a. O.

Geschäftsbücher des Gemeinschuldners durch Vermerk des Gerichtsschreibers gegen nachträgliche Eintragungen zu schließen, wobei zugleich der äußere Zustand der Bücher festgestellt werden soll.[8]

Ferner kann zur Sicherung der zur Concursmasse gehörigen Sachen der Concursverwalter nach Ermessen die Räume oder Behältnisse, worin sich dergleichen Sachen befinden, durch eine nach dem Landesrechte für amtliche Siegelungen zuständige Person unter gehöriger Beurkundung siegeln lassen.[9]

Jedenfalls aber hat er ohne Verzug, und zwar, wenn eine Siegelung stattgefunden hatte, gleichen Schrittes mit der Entsiegelung, alle einzelnen zur Concursmasse gehörigen Gegenstände, seien es bewegliche oder unbewegliche, körperliche oder unkörperliche Vermögensstücke, mit Inbegriff der im Besitze Dritter, insbesondere Absonderungsberechtigter, befindlichen, unter Angabe ihres Werthes aufzuzeichnen. Der Werth ist, wenn es der Verwalter für erforderlich hält, durch von ihm ausgewählte Sachverständige zu ermitteln. Bei der Aufzeichnung ist eine nach dem Landesrechte dafür zuständige obrigkeitliche oder Urkundsperson zuzuziehen, welche über den Vorgang ein Protokoll aufzunehmen hat. Auch der Gemeinschuldner ist zuzuziehen, wenn dadurch kein ungebürlicher Aufschub entsteht.[10] Weil jedoch eine solche Aufzeichnung oder

---

[8] Conc.O. §. 112 Abs. 2 vbd. Mot. §. 112 im letzten Abs. (S. 344). Prot. S. 83, 84.

[9] Conc.O. §. 112 Abs. 1 vbd. §. 114. Vgl. Mot. §. 112 in Abs. 1 u. 2 (S. 343 fg.), Prot. S. 83, 84. S. auch Völd. §. 112 Bem. a—d, Stiegl. §. 112 Bem. I. u. II.

[10] Conc.O. §. 113 Abs. 1 vbd. Mot. §§. 113, 110 in Abs. 1 (S. 344 fg.), Prot. S. 84. Urkundspersonen sind namentlich die Notare. Vgl. noch Völd. §. 113 Bem. a—g, Stiegl. §. 113 Bem. I.

wenigstens eine öffentlich beurkundete Aufzeichnung unter Umständen als entbehrlich erscheint, wie z. B. wenn bereits eine von dem Gemeinschuldner gemachte glaubwürdige Aufzeichnung vorliegt, so kann das Concursgericht auf Antrag des Verwalters, wenn aber ein Gläubigerausschuß bestellt ist, nur auf übereinstimmenden Antrag des Verwalters und des Ausschusses gestatten, daß die Aufzeichnung oder die Werthangabe ganz oder theilweise unterbleibe, oder daß sie ohne Zuziehung einer obrigkeitlichen oder Urkundsperson vorgenommen werde.[11]

IV. Auf Grund der genannten Aufzeichnung sowie der Bücher, Papiere und mündlichen Aufschlüsse des Gemeinschuldners hat, um die Vermögenslage desselben gegenüber den Concursgläubigern und das wahrscheinliche Ergebniß des Concursverfahrens zu klarer Anschauung zu bringen, der Concursverwalter so bald als möglich ein Inventar und eine Bilanz anzufertigen, d. h. ein genaues geordnetes Verzeichniß der sämmtlichen Activen und Passiven des Gemeinschuldners mit Angabe der Werthe oder Beträge und einen das Verhältniß der Activen und Passiven durch Nebeneinandersetzung übersichtlich darstellenden Abschluß. Dabei sollen unter den Activen die Vermögensstücke, hinsichtlich deren Aussonderungs- oder Absonderungsansprüche geltend gemacht oder zu erwarten sind, unter den Passiven die mit einem Absonderungsrechte oder Vorrechte ausgestatteten Forderungen sowie die bestehenden Masseschulden und die zu erwartenden Massekosten herausgehoben, ferner die Verfallzeiten der einzelnen Forderungen und Schulden des Gemeinschuldners, bei solidarischen Ver-

---

[11] Conc.O. §. 113 Abs. 2 vbd. Mot. §§. 113, 110 in Abs. 3 (S. 345), Prot. S. 84. Die Ablehnung des Antrages ist unanfechtbar. S. ob. §. 26 Anm. 16. A. M. Stiegl. §. 113 Bem. II. a. E.

pflichtungen desselben, besonders aus Wechseln, die Mitverpflichteten sowie die etwaigen Regreßansprüche des Gemeinschuldners angegeben werden.[12] Damit jeder Gläubiger sich von der Sachlage genau unterrichten könne, muß der Verwalter eine von ihm unterzeichnete Abschrift des Inventars und der Bilanz und, falls eine Siegelung und Entsiegelung stattgefunden hat, die Protokolle darüber auf der Gerichtsschreiberei zur Einsicht der Betheiligten niederlegen.[13]

Nach der Anfertigung des Inventars kann in jedem Zeitpunkte des Concursverfahrens[14] sowohl der Verwalter als jeder einzelne Concursgläubiger, welcher eine Forderung angemeldet hat,[15] von dem Gemeinschuldner den Offenbarungseid verlangen und ihn zur Leistung desselben in eine Sitzung des Amtsgerichtes, bei welchem das Concursverfahren anhängig ist, als Vollstreckungsgerichtes laden.[16]

---

[12] Conc.O. §. 114 Satz 1 vbd. Mot. §. 114 in Abs. 1 (S. 345 fg.). Vgl. HGB. Art. 29, 31. S. auch Sarwey §. 114 Bem. 1, Stiegl. §. 114 Bem. I. Beispiele für Inventar und Bilanz s. Völd. §. 114 Bem. a. II. (II. S. 234 ff.).

[13] Conc.O. §. 114 Satz 2 vbd. Mot. §. 114 Abs. 2 (S. 346).

[14] Vgl. Völd. §. 115 Bem. a, Sarwey §. 115 Bem. 2 a. E.

[15] Daß die Forderung bereits geprüft und festgestellt ist, wird nicht erfordert. Vgl. Völd. §. 115 Bem. c. I., Pet. §§. 112—115 Bem. 5, Stiegl. §. 115 Note b. A. M. Sarwey §. 115 Bem. 3.

[16] Conc.O. §. 115 vbd. Mot. §. 115 (S. 346) und CP. §§. 780 ff. Wegen der Eidesnorm s. CP. §. 711. Wegen Ausbleibens des Gemeinschuldners in dem zur Leistung des Eides bestimmten Termin oder grundloser Verweigerung des Eides kann Haft beantragt werden: CP. §. 782. S. aber CP. §§. 792, 794. Auch ist, solange der Eid verweigert wird, ein Zwangsvergleich unzulässig: Conc.O. §. 162 Nr. 1. Bestreitet der Gemeinschuldner die Verpflichtung zur Leistung des Eides, z. B. weil Derjenige, der ihn verlangt, nicht Concursgläubiger sei, so hat das Vollstreckungsgericht durch Urtheil über den Widerspruch zu entscheiden: CP. §. 781 Abs. 2. Hat der Gemeinschuldner den Offenbarungseid einmal geleistet,

V. In der ersten Gläubigerversammlung,[17] und zwar naturgemäß als Anfang der Verhandlungen, hat der Concursverwalter über die Entstehung der Zahlungsunfähigkeit des Gemeinschuldners, über die Lage der Sache und über die bisher ergriffenen Maßregeln mündlichen Bericht zu erstatten. Der Gemeinschuldner ist auf Anordnung des Concursgerichtes zur Ertheilung weiterer Auskunft verpflichtet, und jeder Concursgläubiger kann durch Fragen auf allseitige Klarstellung der Sache hinwirken.[18]

Auf Grund der so gewonnenen Einsicht in die Sachlage beschließt die Gläubigerversammlung über die Beibehaltung des bisherigen oder die Wahl eines anderen Verwalters[19] sowie über die Bestellung eines Gläubigerausschusses, und nimmt im Fall der Bestellung die Wahl der Mitglieder vor.[20]

---

oder ist gegen ihn wegen Verweigerung desselben bereits eine Haft von sechs Monaten vollstreckt, so ist er für die Zukunft von der Leistung des Eides frei, weil die Voraussetzungen der von CP. §§. 784, 795 gemachten Ausnahmen im Concursverfahren nicht zutreffen können. S. Mot. a. a. O. Vgl. noch Sarwey §. 115 Bem. 3 u. 5. Gerichtsgebüren werden für die Abhaltung des zu der Eidesabnahme bestimmten Termins sowie für das Verfahren und die Entscheidung über Anträge auf Erzwingung der Eidesleistung nicht erhoben: GK. §. 56. — Ehegatten, Kinder, Dienstboten, Gehülfen und andere zum Hausstande des Gemeinschuldners gehörige Personen sind nach der Concursordnung zur Leistung des Offenbarungseides nicht verpflichtet. S. aber EG. z. CP. §. 16 Nr. 3. Vgl. Stiegl. §. 115 Note d.

[17] Vgl. ob. §. 36. II. Nr. 2.

[18] Conc.O. §. 119 vbd. §. 92. Vgl. Mot. §§. 118—120, 124 in Abs. 3 u. 4 (S. 351 fg.). Der Verwalter muß zur Vorbereitung der Beschlußfassung über die Bestellung eines Gläubigerausschusses in seinem Berichte auch darlegen, welche von den in Conc.O. §§. 121, 122 genannten Maßregeln in Aussicht stehen. Vgl. noch Völd. §. 119 Bem. a—d, Sarwey §. 119, Stiegl. §. 119.

[19] S. Conc.O. §. 102 Abs. 1 vbd. §. 72.

[20] S. Conc.O. §. 102 Abs. 1 vbd. §. 79 Abs. 2, §. 86 Abs. 2.

Sodann beschließt sie endgültig über eine dem Gemeinschuldner und seiner Familie zu bewilligende Unterstützung, über die Schließung oder Fortführung seines Geschäftes und über die Art der Hinterlegung oder Anlegung von Geldern, Werthpapieren und Kostbarkeiten.[21] Desgleichen über die Art und Weise, wie, und über die Zeiträume, in welchen der Verwalter ihr selbst oder dem Gläubigerausschusse über seine Geschäftsführung Bericht erstatten und Rechnung legen soll.[22]

VI. Alsbald nach der Eröffnung des Concursverfahrens hat der Concursverwalter auch mit der Verwerthung der Concursmasse zu beginnen.[23] Jedoch sind am Anfange des Concursverfahrens bis zur Abhaltung des allgemeinen Prüfungstermins und, wenn vor dem Schlusse des letzteren ein Vorschlag zu einem Zwangsvergleiche eingereicht worden ist, bis zur Erledigung dieses Vorschlages alle Schritte und Maßnahmen mit besonderer Rücksicht darauf zu bemessen, daß die für alle Theile gleich wünschenswerthe Erledigung des Concursverfahrens durch einen angemessenen Zwangsvergleich möglichst gefördert werde.[24] Im Uebrigen geschieht die Verwaltung und Verwerthung der Masse nach Maßgabe der früher dargestellten Grundsätze.[25]

---

[21] Conc.O. §. 120 Abs. 1. Vgl. ob. §. 23. VI.

[22] Conc.O. §. 120 Abs. 2. Vgl. ob. §. 29. V. Die Gläubigerversammlung kann alle in Conc.O. §. 120 erwähnten Beschlüsse auch dem Gläubigerausschusse übertragen. S. Mot. §§. 118—120, 124 in Abs. 4 (S. 352). Vgl. auch Conc.O. §. 80 Abs. 2.

[23] Conc.O. §. 107.

[24] S. Conc.O. §. 121 Nr. 1 vbd. Mot. §. 107 in Abs. 6 (S. 339 fg.), §§. 121—123 in Abs. 2 (S. 354).

[25] S. ob. §. 23.

§. 38.

b. Ermittelung der Schuldenmasse.

I. Auch die Ermittelung und Feststellung der Schuldenmasse wird von dem Concursgerichte sogleich bei der Concurseröffnung eingeleitet durch Festsetzung einer Frist für die Anmeldung der Concursforderungen und durch Bestimmung des allgemeinen Prüfungstermins.[1] Die Anmeldefrist ist mit Rücksicht auf die Entfernung der Wohnorte der bekannten Gläubiger sowie auf den Umfang und die Bedeutung des Concurses auf mindestens drei Wochen, höchstens drei Monate zu bemessen.[2] Der Prüfungstermin soll nach den nämlichen Rücksichten mit Freilassung mindestens einer Woche, höchstens zweier Monate nach dem Ablaufe der Anmeldefrist angesetzt werden.[3]

Die Versäumung der Anmeldefrist zieht aber nicht den

---

[1] Conc.O. §. 102 Abs. 1. S. ob. §. 36. II. Nr. 4.

[2] Conc.O. §. 126 Satz 1 vbd. Mot. §§. 126, 130 (S. 358), Prot. S. 171 fg. Die Frist läuft von dem Tage, mit welchem nach Conc.O. §. 68 Abs. 1 die öffentliche Bekanntmachung der Anmeldefrist (Conc.O. §. 103 Abs. 1) als bewirkt gilt. A. M. Völd. §. 126 Bem. c. Sie wird aber in der Bekanntmachung zweckmäßig nicht nach Wochen oder Monaten sondern durch Angabe des Tages des Ablaufes bezeichnet. — Eine Anmeldung vor der Concurseröffnung ist ohne Wirkung. Eine nach der Concurseröffnung aber vor dem Beginn des Laufes der Anmeldefrist erfolgte dagegen ist eben so gut als die während der Frist erfolgte zu berücksichtigen. Vgl. Völd. §. 126 Bem. c Abs. 3 u. 4, Sarwey §. 127 Abs. 3, Stiegl. §. 126 a. E.

[3] Conc.O. §. 126 Satz 2 vbd. Mot. a. a. O., Prot. a. a. O. Aus dem „soll" in Conc.O. §. 126 Satz 2 folgt, daß durch die Nichtbeobachtung der Vorschrift keine Nichtigkeit entstünde. Vgl. Hullm. §. 126, Sarwey §. 126 Bem. 3 a. E.

Ausschluß der nicht rechtzeitig angemeldeten Forderungen von der Theilnahme am Concursverfahren nach sich, sondern sie bringt bloß den Nachtheil, daß die verspätet anmeldenden Concursgläubiger an den Stand des Concursverfahrens zur Zeit ihres Beitrittes gebunden sind, und daß sie, wenn durch die verspätete Anmeldung ein nachträgliches besonderes Prüfungsverfahren nothwendig wird, die Kosten desselben zu tragen haben.[4]

II. Die Anmeldung einer Concursforderung kann bei dem Concursgerichte schriftlich eingereicht oder mündlich vor dem Gerichtsschreiber zu Protokoll erklärt werden.[5] Sie muß bei Vermeidung der Nichtberücksichtigung mindestens die Angabe des Betrages und des Grundes der Forderung enthalten; wird für die Forderung ein Vorrecht in Anspruch genommen, so muß auch dieses angegeben werden.[6] Die Urkunden, auf welche zum Beweise Bezug genommen wird, sind in Urschrift oder in Abschrift beizufügen.[7]

---

[4] S. Conc.O. §. 130 vbd. Mot. §§. 126, 130 a. E. (S. 359). Vgl. unt. Anm. 15.

[5] Conc.O. §. 127 Satz 2. Vgl. CP. §. 457. Anwaltszwang besteht dabei nicht: CP. §. 74 vbd. §§. 75, 76. Für die bloße Anmeldung wird jedoch CP. §. 643 entsprechend anzuwenden und die Beibringung der Vollmacht also erst im Prüfungstermin erforderlich sein. Vgl. Völd. §. 127 Note 12. Wegen der Rechtsanwaltsgebüren s. RAGeb. §. 57 vbd. §. 59 Abs. 2. — Auch eine telegraphische Anmeldung, sowie eine Anmeldung in fremder Sprache ist für zulässig zu halten. Vgl. Völd. §. 127 Bem. e, Stiegl. §. 127 Note a. — Unterbrechung der Verjährung durch die Anmeldung: Conc.O. §. 13.

[6] Conc.O. §. 127 Satz 1. Vgl. ob. §. 12. I. und Anm. 4.

[7] Conc.O. §. 127 Satz 3 vbd. CP. §. 122 Abs. 1, 2. Vgl. ob. §. 12 Anm. 4. — Entspr. CP. §§. 160, 161 wird ein Gläubiger, bei welchem die Voraussetzungen von CP. §. 160 zutreffen, zur Bestellung eines im Gerichtsbezirke wohnhaften Zustellungsbevollmächtigten für besondere Zustellungen, neben

III. Die Anmeldungen sind in der Gerichtsschreiberei zur Einsicht der Betheiligten, d. h. des Concursverwalters, der Concursgläubiger und des Gemeinschuldners, niederzulegen.[8] Ferner hat der Gerichtsschreiber jede einzelne angemeldete Forderung sofort nach ihrer Anmeldung in der Rangordnung des für sie in Anspruch genommenen Vorrechtes in eine Tabelle einzutragen, welche alles zur Vorbereitung auf die Prüfung der Forderung Nothwendige übersichtlich enthalten soll, und welche ferner zu späterer Eintragung der Ergebnisse des Prüfungs- und Feststellungsverfahrens bestimmt ist.[9] Die Tabelle ist innerhalb des ersten Dritttheils der

---

denen keine öffentliche Bekanntmachung stattfindet (denn s. Conc.O. §. 69 Abs. 1), verpflichtet und, wenn dieselbe unterlassen wird, die Zustellung durch Aufgabe zur Post statthaft sein. Vgl. Hullm. §. 127 Bem. 2, Pet. §§. 126—128 Bem. II. 2 a. E.

[8] Conc.O. §. 128 Abs. 1 vbd. §§. 129 Abs. 2, 132. Vgl. Sarwey §. 128 Bem. 1, Stiegl. §. 128 Bem. II., die indessen als „Betheiligte" im Sinn des Gesetzes nur den Verwalter und die Concursgläubiger ansehen, wogegen Völd. §. 128 Bem. a zu den Betheiligten sogar auch die Anfechtungsbeklagten und die Absonderungsberechtigten rechnet.

[9] S. Mot. §. 128 in Abs. 1 (S. 360), wonach die Tabelle in Rücksicht auf ihre verschiedenartigen Zwecke in zwei Hauptabtheilungen, der ersten für die bevorrechtigten, der zweiten für die nicht bevorrechtigten Forderungen, spaltenweise folgende Rubriken enthalten soll:

1. Laufende Nummer,
2. Namen, Stand und Wohnort des Gläubigers,
3. Bezeichnung des Bevollmächtigten und Hinweis auf seine Vollmacht,
4. Tag der Anmeldung,
5. Angemeldeter Betrag,
6. Bezeichnung des Rechtsgrundes der Forderung und Angabe der Beweisurkunden,
7. Beanspruchtes Vorrecht,
8. Ergebniß der Prüfungsverhandlung,
9. Bemerkungen.

Das in Preußen maßgebende Formular s. Bierhaus Nr. 138 (S. 100 ff.). Es verzeichnet das beanspruchte Vorrecht sehr zweckmäßig in der ersten Spalte, und zwar so, daß für jedes der fünf gesetzlichen Vorrechte eine römische Ziffer gesetzt wird, bei jeder

Zwischenzeit zwischen dem Ablaufe der Anmeldefrist und dem allgemeinen Prüfungstermin in der Gerichtsschreiberei zur Einsicht der Betheiligten niederzulegen und dem Concursverwalter abschriftlich mitzutheilen.[10]

IV. In dem allgemeinen Prüfungstermin müssen, nöthigenfalls mit Hülfe von Vertagungen der Verhandlung,[11] jeden-

Vorrechtsnummer aber die laufende Nummer in Spalte 2 mit 1 beginnt. Ferner fügt es vor der Rubrik „Bemerkungen" noch eine zehnte Spalte für die Rubrik „Berichtigung" bei (vgl. Conc.O. §. 132 Abs. 1 a. E., §. 134 Abs. 7). Unter der Rubrik „Ergebniß der Prüfungsverhandlung" ist nach diesem Formular auch das für eine streitig gebliebene Forderung gewährte bleibende Stimmrecht (Conc.O. §. 87 Abs. 1) zu vermerken. (Nach den Mot. §§. 132, 133 in Abs. 2 a. E. soll es unter „Bemerkungen" vermerkt werden.) In die Spalte für Bemerkungen soll unter Anderem auch die Höhe des Ausfalls Absonderungsberechtigter bei der abgesonderten Befriedigung (s. Conc.O. §§. 141, 155 Nr. 3) und die Bestreitung der Forderung durch den Gemeinschuldner (s. Conc.O. §§. 132 Abs. 2, 152 Abs. 2. 179) eingetragen werden. S. Vierhaus a. a. O. Bem. 2. d u. e, Mot. §§. 129—131 in Abs. 4 (S. 362), §§. 132, 133 in Abs. 2 a. E. (S. 363). Doch würde für die „Erklärung des Gemeinschuldners" wohl besser eine besondere Spalte bestimmt. Vgl. ob. §. 12. III. — Ohne Angabe des Betrages oder des Grundes angemeldete Forderungen sind in die Tabelle gar nicht einzutragen. Vgl. Völd. §. 127 Bem. b Abs. 1 a. E., Pet. §§. 126—128 Bem. II. 2 Abs. 1 a. E. A. M. Stiegl. §. 128 Bem. I. 2.

[10] Conc.O. §. 128 Abs. 2 vbd. Prot. S. 171 fg. Die Frist für den Gerichtsschreiber beträgt demnach mindestens drei und höchstens zwanzig Tage. S. Conc.O. §. 126. Nichteinhaltung der Frist würde dem Verwalter und jedem Concursgläubiger das Recht geben, die Vertagung des Prüfungstermins auf Kosten des säumigen Gerichtsschreibers zu verlangen: entspr. Conc.O. §. 130 Abs. 1 vbd. CPO. §. 97. Vgl. Mot. §. 128 in Abs. 2 (S. 360). Völd. §. 128 Bem. h gibt dieses Recht auch dem Gemeinschuldner. — Der Verwalter ist übrigens befugt, auf Kosten der Masse auch von einzelnen Anmeldungen Abschrift zu nehmen oder zu fordern. S. Mot. a. a. O., Prot. S. 91.

[11] S. Conc.O. §. 85 Abs. 2.

falls alle innerhalb der Anmeldefrist angemeldeten Forderungen geprüft werden.[12] Auch die nach dem Ablaufe dieser Frist vor oder in dem Prüfungstermin angemeldeten Forderungen sind in demselben zu prüfen, wenn weder der Concursverwalter noch ein Concursgläubiger Widerspruch dagegen erhebt; anderenfalls ist auf Kosten des verspätet anmeldenden Gläubigers ein besonderer Prüfungstermin zu bestimmen.[13] Gleiches gilt, wenn ein Concursgläubiger, welcher seine Forderung innerhalb der Anmeldefrist angemeldet hat, nach Ablauf derselben ein Vorzugsrecht beansprucht oder seine Anmeldung durch Angabe eines höheren Betrages oder eines anderen Grundes seiner Forderung ändert.[14] Zur Prüfung erst nach dem allgemeinen Prüfungstermin angemeldeter Forderungen muß immer ein besonderer Prüfungstermin auf Kosten der Nachzügler anberaumt werden.[15]

---

12 Folgt aus Conc.O. §. 130 Abs. 1. Vgl. Hullm. §. 129 Bem. 3, Völd. §. 129 Bem. VII., Stiegl. §. 129 Bem. II. g. E.

13 Conc.O. §. 130 Abs. 1 vgl. Abs. 3; vbd. Mot. §§. 129—131 in Abs. 2 (S. 361). Vgl. Völd. §. 130 Bem. a, Stiegl. §. 130 Bem. I. 1. Der besondere Prüfungstermin ist auch in diesem Fall nicht eine bloße Vertagung des allgemeinen Prüfungstermins (s. Conc.O. §. 85 Abs. 2), sondern eine besondere, durch öffentliche Bekanntmachung zu berufende Gläubigerversammlung. Vgl. Stiegl. §. 130 Bem. II. A. M. Völd. §. 130 Bem. e. S. noch unt. Anm. 15.

14 Conc.O. §. 130 Abs. 2 vgl. §. 127. Vbd. Mot. §. 127 in Abs. 2 (S. 359), §§. 129—131 in Abs. 2 (S. 361). Vgl. Sarwey §. 130 Bem. 2. A. M. Hullm. §. 130 Bem. 6.

15 Conc.O. §. 130 Abs. 3. Hierher gehören auch Aenderungen bereits geprüfter aber streitig gebliebener Forderungen nach Grund, Betrag oder Vorrecht, weil wegen Conc.O. §. 134 Abs. 4 solche Aenderungen nur so möglich sind, daß die frühere Anmeldung zurückgezogen und eine neue gemacht wird. S. Mot. §. 134 in Abs. 6 a. E. (S. 366 g. E.). Vgl. aber ob. §. 12 Anm. 11. — Alle nachträglichen Anmeldungen, mögen sie vor oder nach dem allgemeinen Prüfungs-

Durch das Ausbleiben eines Concursgläubigers im Prüfungstermin wird die Prüfung der von ihm angemeldeten

---

termin geschehen, sind in Ansehung der Offenlegung in der Gerichtsschreiberei, der Eintragung in die Tabelle u. s. w. wie die rechtzeitigen zu behandeln. S. Mot. §§. 126, 130 g. E. (S. 358 a. E.). Die Zeitpunkte für die besonderen Prüfungstermine kann aber das Gericht nach Ermessen festsetzen, ungebunden durch die Vorschrift in Conc.O. §. 126. Darum kann das Gericht auch vorerst noch andere nachträgliche Anmeldungen abwarten, um sodann einen gemeinsamen besonderen Prüfungstermin zu bestimmen. S. Mot. §§. 126, 130 a. E. (S. 359). Jeder besondere Prüfungstermin muß als Berufung einer Gläubigerversammlung öffentlich bekannt gemacht werden; besondere Zustellung ist nicht erforderlich: Conc.O. §. 85 Abs. 2 vbd. §. 68 (Conc.O. §. 103 ist hier nicht anwendbar). Ebenso Bierhaus Anm. zu dem Preußischen Formular Nr. 140 (S. 105). Ferner Sarwey §. 130 Bem. 3 a. E., Stiegl. §. 130 Bem. II. A. M. Hullm. §. 130 Bem. 4, wonach die öffentliche Bekanntmachung der besonderen Prüfungstermine nicht unbedingt nothwendig wäre, und Wengler §. 130 Bem. 3, Pet. §§. 129—133 Bem. I. 4 a. E., wonach die Bekanntmachung derselben in gleicher Weise wie diejenige des allgemeinen Prüfungstermins (also wohl nach Conc.O. §. 103) geschehen müßte. Ebenso Völd. §. 130 Bem. g. I. für den Fall in Conc.O. §. 130 Abs. 3. — Die Kosten des besonderen Termins, welche dem Säumigen zur Last fallen (mehreren Säumigen, deren Forderungen gemeinsam geprüft werden, gemäß CP. §. 95), bestehen zuvörderst in den Gebüren (GK. §. 54) und den Auslagen des Concursgerichtes einschließlich der Kosten der öffentlichen Bekanntmachung. Diese Gebüren und Auslagen können sofort nach der Abhaltung des Prüfungstermins bezw. der Zurücknahme der Anmeldung vor der Prüfung (GK. §. 54) erhoben werden: GK. §. 95 Abs. 2. Bei der Anmeldung einer Concursforderung erst nach dem Ablaufe der Anmeldefrist müssen sie vorgeschossen werden: GK. §. 82 Abs. 1 Nr. 2, Abs. 2, §. 84 Abs. 1. Ferner aber bestehen jene Kosten in den Kosten der Theilnahme des Concursverwalters an dem besonderen Prüfungstermin sowie in den Kosten der Theilnahme derjenigen anderen Concursgläubiger, welche bereits in dem allgemeinen Prüfungstermin erschienen waren: entspr. CP. §. 90. Vgl. Mot. §§. 126, 130 a. E. (S. 359), Völd. §. 130 Bem. d, Stiegl. §. 130 Bem. II. A. M.

Forderung nicht gehindert.[16] Eben so wenig durch das Nichterscheinen anderer Concursgläubiger.[17] Dagegen müßte bei Ausbleiben des Concursverwalters ein anderer Termin anberaumt werden.[18] Der Gemeinschuldner soll in dem Termin erscheinen, und die öffentliche Bekanntmachung desselben gilt daher auch für ihn als Ladung. Er kann sogar zwangsweise zum Erscheinen angehalten werden.[19] Jedoch wird durch sein Nichterscheinen die Prüfung nicht ausgeschlossen, sondern er verliert bloß die Möglichkeit, durch Bestreitung der Forderung im Prüfungstermin der Folge zu entgehen, daß die

---

Sarwey §. 130 Bem. 4, Hullm. §. 130 Bem. 2 in Ansehung der zuletzt genannten Kosten, weil die Theilnahme der anderen Gläubiger eine freiwillige sei. Weiterer Nachtheil verspäteter Anmeldung: Conc.O. §§. 137, 140. — Eine nachträgliche Anmeldung, welche so spät erfolgt, daß die Abhaltung eines Prüfungstermins vor dem Ablaufe der Ausschlußfrist für die Schlußvertheilung (s. Conc. §. 149 vbd. §. 140) nicht mehr möglich ist, kann nicht mehr berücksichtigt werden. Vgl. Völd. §. 130 Bem. g. II., Stiegl. §. 130 Bem. I. 2 a. E.

[16] Conc.O. §. 131 vbd. Mot. §§. 129—131 in Abs. 2 (S. 361).

[17] S. Mot. §§. 129—131 in Abs. 4 (S. 362). Diese Gläubiger, ebenso wie der anmeldende, können nicht bloß mit jeder proceßfähigen Person als Beistand erscheinen, sondern sich auch durch jede proceßfähige Person vertreten lassen: entspr. CP. §§. 75, 86. Wegen der Rechtsanwaltsgebüren s. RAGeb. §. 56 Nr. 1 vbd. §. 59 Abs. 2.

[18] S. Mot. §§. 129—131 in Abs. 4 (S. 362). Bei Verschuldung der Versäumniß wäre der Verwalter für Schäden und Kosten haftbar: Mot. a. a. O. Bei Verhinderung des Verwalters läßt sich die Verlegung des Termins nur dann vermeiden, wenn von dem Concursgerichte rechtzeitig für seine Vertretung gesorgt werden kann. Vgl. ob. §. 29 Anm. 38, Stiegl. §. 129 Bem. I. 1 a. E. und Note b. Der Verwalter kann sich aber in dem Termin des Beistandes eines Rechtsanwaltes bedienen: entspr. CP. §. 86; vgl. Prot. S. 92. Wegen der Rechtsanwaltsgebüren s. RAGeb. §. 89.

[19] S. Conc.O. §. 129 Abs. 2, §§. 92, 93 Abs. 2. Vgl. Mot. §§. 129—131 in Abs. 4 (S. 362).

Feststellung derselben für das Concursverfahren nach der Beendigung des letzteren als vollstreckbarer Schuldtitel gegen ihn wirkt.[20]

V. Die Prüfung selbst geschieht so, daß — zweckmäßiger Weise nach Vorausschickung einer kurzen Uebersicht der Concursmasse sowie der angemeldeten oder sonst bekannten Concursforderungen und im Anschlusse an die Reihenfolge der Tabelle — unter Leitung des Concursgerichtes die angemeldeten Forderungen einzeln ihrem Bestande, Betrage und Vorrechte nach mündlich erörtert werden. Das Gericht kann und soll, wenn dabei von Seite des Concursverwalters oder eines der erschienenen Concursgläubiger Widerspruch gegen die Forderung erhoben wird, die gütliche Beilegung versuchen. Auch kann es alle zur Aufklärung geeigneten Ermittelungen, wie z. B. aus den Geschäftsbüchern des Gemeinschuldners, aus zugänglichen Proceßacten u. dgl., anordnen, jedoch nur solche, welche sofort und ohne Vertagung des Termins möglich sind.[21]

Bei der Prüfung einer noch bedingten Forderung ist, wenn der Gläubiger eine nach dem bürgerlichen Rechte begründete

---

[20] S. Conc.O. §§. 152 Abs. 2, 179, 192 Abs. 2; vbd. Mot. a. a. O. Vgl. ob. §. 12. III. Der Gemeinschuldner kann sich in dem Prüfungstermin ebenfalls eines Beistandes bedienen und, wenn nicht sein persönliches Erscheinen angeordnet wird, sich in demselben auch durch eine andere Person, insbesondere einen Rechtsanwalt, vertreten lassen. S. Mot. §. 152 in Abs. 9 (S. 385). Wegen der Rechtsanwaltsgebüren s. RAGeb. §. 56 Nr. 1 vbd. §. 59 Abs. 1.

[21] Conc.O. §. 129 Abs. 1 vbd. §. 67 und Mot. §§. 129—131 in Abs. 3 (S. 361). Vgl. Völd. §. 129 Bem. II., Sarwey §. 129 Bem. 1. I., Stiegl. §. 130 Bem. II. A. M. Hullm. §. 129 Bem. 1, Pet. §§. 129—133 Bem. I. 1 a. E., wonach das Gericht zum Zwecke angeordneter Ermittelungen auch den Termin vertagen könnte.

Verpflichtung des Gemeinschuldners zu einer Sicherheitsleistung geltend macht, die Erörterung auch darauf zu erstrecken.[22] Ferner kann bei der Prüfung einer Forderung, deren Auflösung von einer noch schwebenden Bedingung abhängt, der Concursverwalter die nach dem bürgerlichen Rechte begründete Verpflichtung des Gläubigers zu einer Sicherheitsleistung wegen der Rückzahlung im Fall des Eintrittes der Bedingung geltend machen und zur Erörterung bringen.[23] Endlich ist bei der Prüfung einer streitig gebliebenen Forderung über das für dieselbe zu gewährende bleibende Stimmrecht zu verhandeln und in Ermangelung einer Einigung der Parteien vom Gerichte zu entscheiden.[24]

VI. Soweit gegen eine Forderung bei der Prüfung weder von Seite des Concursverwalters noch von Seite eines Concursgläubigers Widerspruch erhoben ist,[25] oder soweit es ge-

---

[22] Wegen Conc.O. §. 142 Abs. 2 (s. ob. §. 10. II. Abs. 1 a. E.). Vgl. Stiegl. §. 129 Bem. II., §. 132 Bem. I., §. 133 Bem. I. 1.

[23] Wegen Conc.O. §. 155 Nr. 4. Die Mot. §. 59 a. E. (S. 279) stellen diese Art des Verfahrens als die durch die Vorschrift in Conc.O. §. 155 Nr. 4 praktisch gebotene hin. Doch ist sie nicht die einzig mögliche. S. Stiegl. §. 133 Bem. I. 1.

[24] S. Conc.O. §. 87 Abs. 1 vbd. Mot. §§. 85—91 in Abs. 5 (S. 315), §§. 132, 133 in Abs. 2 a. E. (S. 363). Vgl. ob. §. 31. IV. 1.

[25] Der Widerspruch wird nur beachtet, wenn er bei der Prüfung mündlich erhoben wird, kann aber wirksam erhoben werden, so lange nicht das Ergebniß der Prüfung in die Tabelle eingetragen ist; denn s. Conc.O. §. 133 Abs. 2. Vgl. Stiegl. §. 129. II., §. 133 Bem. I. 2. Der Grund des Widerspruches braucht nicht angegeben zu werden; auch ist der Widersprecher in dem Feststellungsprocesse nicht auf den im Prüfungstermin angegebenen beschränkt. Jedoch kann das Gericht kraft seines Fragerechtes auf Angabe des Grundes Behufs etwaiger Beseitigung des Widerspruches hinwirken. Vgl. Mot. §§. 132, 133 in Abs. 3 (S. 363). S. auch Hullm. §. 132 Bem. 2, Stiegl. §. 132 Bem. I.

lingt, einen solchen Widerspruch zu beseitigen, ist die Forderung für das Concursverfahren festgestellt und nimmt zu dem festgestellten Betrage an dem Concursverfahren und an den Vertheilungen der Masse Theil.[26] Soweit dagegen die Forderung wegen nicht gelungener Beseitigung eines solchen Widerspruches streitig geblieben ist, kann ihre Feststellung für das Concursverfahren nur entweder durch die nachträgliche Zurücknahme des Widerspruches oder durch die außerhalb des Concursverfahrens zu erwirkende Entscheidung des zuständigen Gerichtes oder der sonstigen zuständigen Behörde herbeigeführt werden.[27] Denn die Aufgabe des Concursgerichtes ist damit beendigt, daß es das Ergebniß der Prüfung in die Tabelle einträgt, was für eine jede geprüfte Forderung alsbald nach dem Abschlusse ihrer Prüfung und vor dem Uebergange zu der Prüfung einer anderen Forderung geschehen muß.[28] Ergibt sich in Ansehung einer streitig gebliebenen Forderung nachträglich, sei es durch die freiwillige Zurücknahme eines erhobenen Widerspruches, sei es durch rechtskräftige Entscheidung eines Feststellungs- oder Widerspruchsprocesses, Veranlassung zu einer Berichtigung der Tabelle, so ist dieselbe von Demjenigen, in dessen Interesse sie liegt, bei dem Concursgerichte zu beantragen, welches dem

[26] Conc.O. §§. 132 Abs. 1, 133 Abs. 2. Vgl. ob. §. 12. II.

[27] Conc.O. §§. 134, 135. Vgl. ob. §. 12. II.

[28] Conc.O. §. 133 Abs. 1 Satz 1. Vgl. Hullm. §. 133 Bem. 3, Stiegl. §. 133 Bem. I. 2. Die Eintragung muß unter Mitwirkung und Mitvollziehung des Amtsrichters selbst geschehen. Ihr Inhalt ergibt sich von selbst aus den Fragen, welche bei der Prüfung erörtert worden sind. Nur ist bei jedem streitig gebliebenen Punkte auch zu vermerken, von wem der Widerspruch erhoben ist. S. Mot. §§. 132, 133 in Abs. 2 (S. 363) und ob. Anm. 9. Vgl. Stiegl. §. 133 Bem. I. 1. Ueber die Wirkung der Eintragung s. Conc.O. §. 133 Abs. 2 und ob. §. 12. II., §. 25. III.

Antrage je nach den Umständen entweder sofort oder erst nach Anhörung der Betheiligten stattgeben kann.[29]

Um dem Gläubiger die Veräußerung einer festgestellten Forderung zu erleichtern, hat der Gerichtsschreiber auf dem Wechsel oder der sonstigen Schuldurkunde über die Forderung die erfolgte Feststellung mit Beidrückung des Gerichtssiegels zu vermerken.[30]

VII. Auch der Gemeinschuldner soll sich bei der Prüfung jeder Forderung über dieselbe erklären.[31] Seine Erklärung dient aber, soweit bloß das Concursverfahren in Betracht kommt, nur zur Auskunft und Aufklärung und kann die Feststellung der Forderung für dieses Verfahren weder bewirken noch verhüten.[32] Hat er jedoch die Forderung bei der Prüfung[33] nicht bestritten, oder wird seine Bestreitung noch während des Concursverfahrens beseitigt, so findet aus der Eintragung der Forderung als einer für dieses Verfahren festgestellten und von ihm nicht bestrittenen in die Tabelle nach der Beendigung desselben die Zwangsvollstreckung gegen ihn statt.[34]

---

[29] Conc.O. §. 134 Abs. 7 vbd. Mot. §. 134 im letzten Abs. (S. 367 a. E.). Die Kosten, welche dem Antragsteller zur Herbeiführung der Berichtigung erwachsen, sind, da die letztere im gemeinsamen Interesse aller Concursgläubiger erfolgt, Masseschulden nach Conc.O. §. 52 Nr. 3. S. ob. §. 14 Anm. 20. Gegen Verweigerung der Berichtigung steht dem Antragsteller, gegen die Vornahme der Berichtigung Denjenigen, zu deren Ungunsten sie gereicht, die sofortige Beschwerde zu: Conc.O. §. 66 Abs. 3. Vgl. Sarwey §. 134 Bem. 10 a. E.

[30] Conc.O. §. 133 Abs. 1 Satz 2 vbd. Mot. §§. 132, 133 in Abs. 3 a. E. (S. 363 a. E.).

[31] Conc.O. §. 129 Abs. 2.

[32] S. Conc.O. §. 132 Abs. 1 vbd. Mot. §§. 129—131 in Abs. 4 (S. 362).

[33] D. h. vor der Eintragung des Ergebnisses der Prüfung in die Tabelle; denn s. Conc.O. §. 152 Abs. 2. Vgl. Stiegl. §. 132 Bem. II.

[34] Conc.O. §§. 152 Abs. 2, 179,

VIII. Ueber die Verhandlungen im Prüfungstermin ist ein Protokoll aufzunehmen, welches jedoch, weil die Tabelle als ein Theil desselben anzusehen ist,[35] außer den wesentlichen Förmlichkeiten[36] in der Regel nur die allgemeine Angabe des Ganges der Verhandlung unter Bezeichnung der geprüften Forderungen nach den Nummern der Tabelle zu enthalten braucht.[37] Jedoch ist durch das Protokoll auch jede wesentliche Aenderung der Anmeldung eines Gläubigers[38] und die etwaige Rückgabe von Urkunden festzustellen. Die letztere muß in Ansehung streitig gebliebener Forderungen immer, in Ansehung festgestellter nur auf Verlangen geschehen, kann jedoch auch in Ansehung der letzteren von Amtswegen geschehen.[39]

c. Vertheilungsverfahren.

§. 39.

aa. Allgemeines.

I. Die Concursordnung unterscheidet Abschlagsvertheilungen, d. h. das Concursverfahren nicht abschließende

192 Abs. 2. Vgl. ob. §. 12. III. Deshalb muß auch seine bestreitende Erklärung in der Tabelle vermerkt werden. S. Mot. §§. 129—131 in Abs. 4 (S. 362), §§. 132, 133 in Abs. 2 a. E. (S. 363). Vgl. ob. Anm. 9 und §. 12 Anm. 43 a. E.

[35] Daraus folgt (entspr. CP. §§. 148, 149), daß die in die Tabelle eingetragenen Vermerke über das Prüfungsergebniß vorzulesen und von dem Amtsrichter und Gerichtsschreiber zu unterzeichnen sind. S. das Preußische Formular bei Vierhaus Nr. 138 (S. 100 ff.) und Sarwey §. 133 Bem. 1 a. E., Stiegl. §. 133 Bem. I. 3.

[36] Entspr. CP. §. 145 Nr. 1—4.

[37] Entspr. CP. §. 146 Abs. 1.

[38] Entspr. CP. §§. 146 Nr. 2, 470.

[39] S. Mot. §§. 132, 133 in Abs. 3 (S. 363). Vgl. aber auch CP. §. 408 und Stiegl. §. 129. III. a. E.

Vertheilungen, die Schlußvertheilung, d. h. die das eigentliche Concursverfahren abschließende Vertheilung, und Nachtragsvertheilungen, d. h. Vertheilungen nach der Schlußvertheilung als Ergänzung derselben.

II. Vor der vollständigen Abhaltung des allgemeinen Prüfungstermins darf keine Vertheilung stattfinden. Dagegen soll nach derselben eine Abschlagsvertheilung stattfinden, sobald und so oft in der Concursmasse so viel für die Befriedigung der Concursgläubiger verfügbares baares Geld vorhanden ist, daß die Vornahme einer besonderen Vertheilung ein verständiges Interesse für sie hat.[1] Die Schlußvertheilung erfolgt, sobald die Verwerthung der Masse beendigt ist.[2] Nachtragsvertheilungen endlich werden erforderlich, wenn sich für die Concursgläubiger verfügbare Beträge erst nach der Schlußvertheilung ergeben.[3]

Bei jeder Vertheilung kann aber zur Befriedigung der Concursgläubiger nur derjenige Bestand verwendet werden, der nach Berichtigung oder Sicherstellung der bekannten Masse-, Aussonderungs- oder Absonderungsansprüche übrig bleibt.[4] Auch sind solche Ansprüche unabhängig von den Vertheilungen zu berichtigen. Dagegen können die bevorrechtigten Concursgläubiger ihre Befriedigung gleich den nicht bevorrechtigten nur bei Gelegenheit der Vertheilungen verlangen. Indessen ist dem Concursverwalter aus Billigkeitsrücksichten gestattet, auf festgestellte bevorrechtigte Forderungen mit Ermächtigung des Concursgerichtes Zahlungen auch unabhängig von den Vertheilungen zu leisten.[5]

---

[1] Conc.O. §. 137 vbd. Mot. §§. 137 — 142 in Abs. 1 (S. 372 fg.).

[2] Conc.O. §. 149 Abs. 1.

[3] Conc.O. §. 153.

[4] S. Mot. §§. 137 — 142 in Abs. 2 (S. 373). S. jedoch Conc.O. §. 159.

[5] Conc.O. §. 157 vbd. Mot. a. a. O.

III. Die Vornahme jeder Vertheilung und die Höhe des zu vertheilenden Betrages hängt mit Ausnahme der Nachtragsvertheilungen immer zunächst von dem Ermessen des Concursverwalters ab.[6] Jedoch muß dieser, wenn ein Gläubigerausschuß bestellt ist, jedesmal, und zwar schon vor der Einleitung des Vertheilungsverfahrens, die Genehmigung desselben einholen.[7] Zur Vornahme der Schlußvertheilung bedarf es außerdem auch der vorgängigen Genehmigung des Concursgerichtes.[8] Die Nachtragsvertheilungen endlich werden jedesmal von dem Concursgerichte angeordnet.[9]

§. 40.

bb. Vorbereitung der Vertheilungen.

I. Jede Vertheilung mit Ausnahme der Nachtragsvertheilungen, welche als bloße Ergänzungen der Schlußvertheilung keiner besonderen Vorbereitung bedürfen,[1] hat der

---

[6] Conc.O. §. 138 vbd. Mot. §§.137–142 in Abs. 3 (S. 373 fg.). Wegen pflichtwidriger Verzögerung einer Vertheilung könnte aber das Concursgericht nach Conc.O. §§. 75, 76 Ordnungsstrafen gegen den Verwalter verhängen. S. Mot. a. a. O.

[7] Conc.O. §. 138 vbd. Mot. a. a. O., Prot. S. 100. Bei Verweigerung der Genehmigung muß die Vertheilung unterbleiben, und man wird dem Verwalter auch nicht die Berufung auf die Entscheidung durch die Gläubigerversammlung gestatten können, da der letzteren von der Concursordnung auf die Vornahme der Vertheilungen kein Einfluß gegeben ist. A. M. Völd. §§. 137, 138 Bem. b a. E., Stiegl. §. 138 a. E., §. 149 Bem. II.

[8] Conc.O. §. 149 Abs. 2 vbd. Mot. §§. 149, 150 in Abs. 3 (S. 380).

[9] Conc.O. §. 153 Abs. 1 vbd. Mot. §. 153 a. E. (S. 386). — Wegen der Rechtsanwaltsgebühren für die von dem Gemeinschuldner oder von einem Concursgläubiger aufgetragene Thätigkeit im Vertheilungsverfahren s. RAGeb. §. 56 Nr. 3 vbd. §. 59.

[1] S. Conc.O. §. 153 Abs. 1: „auf Grund des Schlußverzeichnisses". Vgl. Mot. a. a. O.

Concursverwalter dadurch vorzubereiten, daß er ein Verzeichniß der Concursforderungen, welche nach seiner Ansicht bei der Vertheilung zu berücksichtigen sind, zur Einsicht der Betheiligten auf der Gerichtsschreiberei niederlegt, und daß er ferner in Verbindung mit der Bekanntmachung der bevorstehenden Vertheilung die Summe dieser Forderungen (bei Abschlagsvertheilungen nach Maßgabe ihres theilnahmeberechtigten ursprünglichen Betrages,[2] bei der Schlußvertheilung zweckmäßiger nach Maßgabe ihres Restbetrages) mit besonderer Angabe des Betrages der bevorrechtigten Forderungen, sowie den zur Vertheilung verfügbaren Massebestand mit besonderer Hervorhebung des zu Nachzahlungen an Gläubiger, die bei früheren Vertheilungen nicht berücksichtigt worden waren, erforderlichen Betrages[3] öffentlich bekannt macht.[4]

II. Bei jeder Vertheilung dürfen aber nur die bereits geprüften Concursforderungen berücksichtigt werden,[5] und auch

---

[2] S. Mot. §. 143 in Abs. 2 a. E. (S. 378).

[3] S. unt. III. a. E.

[4] Conc.O. §. 139 vbd. §. 68 Abs. 1 u. 2 und Mot. §§. 137—142 in Abs. 4 (S. 374). Das Verzeichniß ist im Anschlusse an die Tabelle und auf Grund derselben (s. Mot. a. a. O. und §. 134 im letzten Abs.) sowie auf Grund der dem Verwalter gemäß Conc.O. §§. 140—142 bereits erbrachten Nachweise aufzustellen, aber natürlich nicht gerade für jede Vertheilung neu anzufertigen. Andere Ansprüche als die nach dem Stande zur Zeit der Aufstellung zu berücksichtigenden Concursforderungen, insbesondere Masseansprüche, sind nicht in dasselbe aufzunehmen. Die Niederlegung des Verzeichnisses muß spätestens gleichzeitig mit der öffentlichen Bekanntmachung geschehen. Näheres s. bei Sarwey §. 139 Bem. 2, 4 u. 5, Stiegl. §. 139 Bem. I. u. II. Ein Formular für das Verzeichniß gibt Sarwey S. 772 fg. Formulare für die öffentliche Bekanntmachung s. bei Hullm. §. 139 Bem. 6, Sarwey S. 774 fg. Zum Theil abweichende Ansichten bei Völd. §. 139 Bem. d—f.

[5] S. Mot. §§. 137—142 im vorl. Abs. (S. 375). Dieses gilt auch in Ansehung der in Conc.O. §. 134 Abs. 6 bezeichneten Forderungen. Vgl. Sarwey §. 140

diese nur mit denjenigen Beträgen, zu welchen sie bereits festgestellt sind, oder für welche, soweit jene Forderungen durch Widerspruch des Concursverwalters oder eines Concursgläubigers streitig geblieben sind, entweder die Feststellung bereits gegen den oder die Widersprecher, sei es durch Erhebung der Feststellungsklage, sei es durch Aufnahme des über die Forderung anhängigen Rechtsstreites, betrieben ist oder aber ein mit der Vollstreckungsclausel versehener vollstreckbarer Schuldtitel, ein Vollstreckungsbefehl oder ein, wenn auch noch nicht vollstreckbares, Endurtheil vorliegt.[6] Ueberdies wird eine Concursforderung, für welche zugleich abgesonderte Befriedigung in Anspruch genommen ist, bei einer Vertheilung nur mit demjenigen Betrage berücksichtigt, für welchen der Gläubiger dem Concursverwalter vorher den Nachweis des Verzichtes auf die abgesonderte Befriedigung oder des Ausfalls bei derselben geführt hat.[7] Zur Berücksichtigung bei einer Abschlagsvertheilung genügt es indessen schon, daß dem Verwalter die, sei es durch den Absonderungsberechtigten selbst, sei es durch einen anderen Betheiligten, erfolgte Betreibung der Veräußerung des dem Absonderungsrechte unterworfenen Gegenstandes nachgewiesen und der Betrag des muthmaßlichen Ausfalls des Absonderungsberechtigten glaubhaft ge-

---

Bem. 1, Hullm. §. 140 Bem. 3, Pet. §§. 139—145 Bem. II. 2, Stiegl. Vorbem. C zu Buch II. Tit. 5. A. M. (durch arg. a contrario aus Conc.O. §. 140) Völd. §. 140 Bem. a.

[6] Conc.O. §. 140 vbd. §. 134 Abs. 1—3, 5, 6 und Mot. a. a. O. Soweit es sich dabei um streitig gebliebene Forderungen handelt, welche zur Zeit in einem Feststellungs- oder Widerspruchsprocesse befangen sind, werden jedoch die auf sie treffenden Antheile bei dem Vollzuge der Vertheilung zurückbehalten: Conc.O. §. 155 Nr. 1.

[7] Conc.O. §. 141 Abs. 1 vbd. §. 57. Vgl. ob. §. 10. V. a. E.

macht ist.[8] Jedoch wird dann der auf die Forderung treffende Antheil bei dem Vollzuge der Abschlagsvertheilung zurückbehalten, und wenn nicht dem Verwalter bis zum Ablaufe der Ausschlußfrist für die Schlußvertheilung der Nachweis des Verzichtes auf die abgesonderte Befriedigung oder des Betrages des Ausfalls bei derselben geführt ist, so wird dieser Antheil für die Schlußvertheilung frei.[9]

III. Concursforderungen, für welche die Bedingungen der Berücksichtigung zur Zeit der Aufstellung des Verzeichnisses noch nicht vorhanden oder, wo es eines dem Concursverwalter geführten Nachweises bedarf,[10] noch nicht nachgewiesen waren, werden gleichwohl bei der Vertheilung berücksichtigt, wenn jene Bedingungen noch innerhalb einer Ausschlußfrist von zwei Wochen seit der öffentlichen Be-

---

[8] Conc.O. §. 141 Abs. 2; vgl. §§. 116, 117. Eine Betreibung der Veräußerung muß auch schon darin erblickt werden, daß nach Conc.O. §. 117 Abs. 2 auf Antrag des Verwalters das Concursgericht dem Gläubiger eine Frist für die Verwerthung des Gegenstandes bestimmt hat. Vgl. Sarwey §. 141 Bem. b, Stiegl. §. 141 Bem. III. A. M. Völd. §. 141 Bem. e. Auch bedarf es in diesem Fall, wie überhaupt wenn der Verwalter selbst nach Conc.O. §§. 116, 117 die Veräußerung betrieben hat, natürlich nicht erst noch eines besonderen Nachweises der Betreibung. Bei der Glaubhaftmachung des Ausfalls wird der Verwalter zur Vermeidung möglicher Schädigung des Absonderungsberechtigten im Zweifel eher den höheren Betrag des muthmaßlichen Ausfalls anzunehmen haben. Vgl. Völd. §. 141 Bem. f a. E., Sarwey §. 141 Bem. 7 a. E., Stiegl. §. 141 Bem. III. a. E.

[9] Conc.O. §. 155 Nr. 3, 144. Vgl. unt. §. 44. II. 2. b.

[10] Eines besonderen Nachweises bedarf es natürlich nicht, wenn die Feststellung der streitig gebliebenen Forderung gegen den Verwalter selbst betrieben, der Verzicht auf die abgesonderte Befriedigung gegen den Verwalter selbst erklärt ist u. dgl. Vgl. Mot. §§. 137—142 im vorl. Abs a. E. (S. 376 a. A.).

kanntmachung der bevorstehenden Vertheilung[11] erfüllt bezw. dem Verwalter nachgewiesen werden.[12] Dagegen sind diejenigen Concursgläubiger, welche bei dem Ablaufe der Ausschlußfrist die gedachten Bedingungen noch nicht erfüllt bezw. dem Verwalter nachgewiesen haben, von der Berücksichtigung bei dieser Vertheilung endgültig ausgeschlossen.[13] War die letzte jedoch eine bloße Abschlagsvertheilung, so können sie, sobald sie dieselben erfüllt haben, die Zuweisung Desjenigen, was unter der Voraussetzung gleich anfänglicher Erfüllung derselben bei den bisherigen Vertheilungen auf sie gefallen wäre,[14] nachträglich, und zwar vor neuen Zuweisungen an die Concursgläubiger, aus der verfügbaren Restmasse verlangen,[15] soweit diese reicht und nicht wegen des bereits erfolgten Ablaufes der Ausschlußfrist für eine bevorstehende neue Vertheilung zu dieser zu verwenden ist.[16]

---

[11] Wegen der Berechnung s. CP. §. 200 vbd. Conc.O. §. 68 Abs. 1 Satz 2. Vgl. ob. §. 26 Anm. 24.

[12] Conc.O. §§. 140, 141 vbd. Mot. §§. 137—142 in Abs. 5 u. 7 (S. 374, 375).

[13] Conc.O. §§. 140 a. E., 141 Abs. 1 a. E., 142 Abs. 2. Vbd. Mot. a. a. O., §. 143 in Abs. 1 (S. 376), §. 145 (S. 378 fg.).

[14] Also die bevorrechtigten Gläubiger die Zuweisung des vollen Betrages ihrer Forderungen, die nicht bevorrechtigten die Zuweisung der bei den bisherigen Vertheilungen festgesetzten Procentsätze. S. Conc.O. §. 143 vbd. Mot. §. 143 im vorl. Abs. a. E. (S. 378).

[15] Die Nachzahlung geschieht nicht von Amtswegen. Wird sie verlangt, so braucht für sie nicht unbedingt eine neue Vertheilung abgewartet zu werden. S. Mot. §. 143 im vorl. Abs. (S. 378). Der Verwalter wird aber zur Vermeidung möglicher Haftung und sonstiger Mißlichkeiten in der Regel gut thun, bis zu der nächsten Vertheilung zu warten oder, wenn es die Sachlage gestattet, eine Vertheilung zu veranstalten. Vgl. Sarwey §. 143 Bem. 2, Stiegl. §. 143 Bem. II. A. M. Völd. §. 143 Bem. e a. E.

[16] Conc.O. §. 143. Zu der Restmasse gehören auch die nach Conc.O. §. 155 bei früheren Vertheilungen zurückbehaltenen, in-

IV. Eine Forderung, deren Entstehung von dem Eintritte einer Bedingung abhängt, wird, falls die unter II. und III. angegebenen Erfordernisse der Berücksichtigung bei ihr zutreffen, bei der Schlußvertheilung gleichwohl nur dann berücksichtigt, wenn dem Concursverwalter vor dem Ablaufe der Ausschlußfrist der Eintritt der Bedingung nachgewiesen ist, oder wenn und soweit nach dem bürgerlichen Rechte der Gemeinschuldner zu einer Sicherheitsleistung wegen der Forderung verpflichtet war.[17] Bei einer Abschlagsvertheilung dagegen wird eine solche Forderung, selbst wenn die Bedingung noch schwebt und der Gemeinschuldner nicht zu einer Sicherheitsleistung verpflichtet war, in gleicher Weise und mit dem nämlichen Betrage berücksichtigt, wie wenn sie eine unbedingte wäre.[18] Jedoch wird dann der auf sie treffende Antheil bei dem Vollzuge der Abschlagsvertheilung zurückbehalten, und wenn nun nicht bis zum Ablaufe der Ausschlußfrist für die Schlußvertheilung dem Verwalter der Eintritt der Bedingung

---

zwischen wieder frei gewordenen Beträge. S. Conc.O. §§. 144, 153 Abs. 1 und Mot. §. 143 im letzten Abs. (S. 378). Reicht bei gleichzeitigem Andringen mehrerer nachträglich zu berücksichtigender Gläubiger die verfügbare Restmasse zu voller Nachzahlung an alle nicht aus, so muß unter ihnen eine Vertheilung nach Maßgabe der gesetzlichen Rangordnung (Conc.O. §. 54) eintreten. S. Mot. §. 143 im vorl. Abs. (S. 378). Vgl. Sarwey §. 143 Bem. 2, Pet. §§. 139—145 Bem. III. 1 Anm. 2 gegen Hullm. §. 143 Bem. 4 Abs. 2. Die bei den früheren Vertheilungen berücksichtigten Gläubiger sind hinsichtlich der ihnen bei denselben zugewiesenen Beträge gegen jede Rückforderung von Seite der bei diesen Vertheilungen ausgeschlossenen Concursgläubiger, Aussonderungsberechtigten, Absonderungsberechtigten und Massegläubiger unbedingt gesichert. S. Conc.O. §. 143: „aus der Restmasse", §. 159 und Mot. §§. 137—142 in Abs. 5 (S. 374), §. 143 in Abs. 1 (S. 376).

[17] Conc.O. §. 142 Abs. 2.

[18] Conc.O. §. 142 Abs. 1.

nachgewiesen ist, so wird, soweit nicht der Gemeinschuldner zu einer Sicherheitsleistung verpflichtet war, dieser Antheil für die Schlußvertheilung frei.[19] Dem entsprechend fließt ein zur Sicherstellung der Aufrechnung einer bedingten Forderung für den Fall des Eintrittes der Bedingung hinterlegter Betrag, soweit nicht der Gemeinschuldner zu einer Sicherheitsleistung verpflichtet war, zu der Concursmasse zurück, wenn bei dem Ablaufe der Ausschlußfrist für die Schlußvertheilung dem Verwalter der Eintritt der Bedingung nicht nachgewiesen ist.[20]

Eine Forderung, deren Auflösung von einer noch schwebenden Bedingung abhängt, wird, wenn die unter II. und III. genannten Erfordernisse vorhanden sind, bei jeder Vertheilung gleich einer der bedingten Auflösung nicht unterworfenen berücksichtigt. Ist jedoch der Gläubiger nach dem bürgerlichen Rechte zu einer Sicherheitsleistung wegen Rückzahlung für den Fall des Eintrittes der Bedingung verpflichtet, so werden, so lange er die Sicherheit nicht geleistet und die Bedingung sich nicht entschieden hat, die auf die Forderung treffenden Antheile zurückbehalten.[21]

V. Innerhalb dreier Tage nach dem Ablaufe der Ausschlußfrist hat der Concursverwalter die Abänderungen des Verzeichnisses vorzunehmen, welche sich nach Maßgabe der angegebenen Regeln als erforderlich herausstellen. Das abgeänderte Verzeichniß ist wiederum zur Einsicht der Betheiligten in der Gerichtsschreiberei niederzulegen.[22]

---

[19] Conc.O. §§. 155 Nr. 2, 144 vbd. §. 60. Vgl. ob. §. 10. II. S. auch Stiegl. §. 142 Bem. II.

[20] Conc.O. §. 158 vbd. §. 47 Abs. 3. Vgl. Mot. §. 158 (S. 389). Vgl. ob. §. 21. II. 1.

[21] Conc.O. §§. 59, 155 Nr. 4. Vgl. ob. §. 10. II. Abs. 2. S. auch Stiegl. §. 142 Bem. I.

[22] Conc.O. §. 145 vbd. §. 139 und Mot. §. 145 (S. 378 fg.). An dem nach Maßgabe der öffent-

§. 41.

cc. Weiteres Verfahren bei den Abschlagsvertheilungen.

I. Bei einer Abschlagsvertheilung müssen Einwendungen, welche ein Concursgläubiger[1] gegen das nach dem Ablaufe der Ausschlußfrist endgültig festgestellte Verzeichniß, sei es wegen ungebürlicher Nichtberücksichtigung seiner eigenen Forderung, sei es wegen ungebürlicher Berücksichtigung derjenigen eines anderen Concursgläubigers, vorbringen will, innerhalb einer Woche seit dem Ablaufe der Ausschlußfrist bei dem Concursgerichte erhoben werden bei Vermeidung der Nichtbeachtung.[2] Das Gericht entscheidet über die rechtzeitig er-

lichen Bekanntmachung (Conc.O. §. 139) zur Vertheilung bestimmten Massebestande darf nichts mehr geändert werden. S. Mot. §§. 146—148 in Abs. 2 a. E. (S. 380). Wegen der Berechnung der Frist s. CP. §. 199. — Nach Ablauf der drei Tage darf wegen Conc.O. §. 146 der Verwalter bei Vermeidung von Ordnungsstrafen keine Aenderungen des Verzeichnisses mehr vornehmen, und der Gerichtsschreiber müßte den Versuch solcher Aenderungen ablehnen. Vgl. Hullm. §. 145 Bem. 1, Sarwey §. 145 a. E., Pet. §§. 139—145 Bem. III. 3, Stiegl. §. 145 Nr. 2. A. M. Völd. §. 145 Bem. a, Wengler §. 145 Bem. 2.

[1] Einwendungen können von jedem Concursgläubiger erhoben werden, der ein Interesse an der betreffenden Aenderung des Verzeichnisses hat. (Zu eng wohl Stiegl. §. 146 Bem. I. 2.) Gegner des Einwenders ist außer dem Verwalter jeder Concursgläubiger, welchem die beantragte Aenderung zum Nachtheil gereicht. S. Stiegl. a. a. O. Die Massegläubiger sind zu Einwendungen nicht berechtigt, weil sie bei dem Verzeichnisse kein Interesse haben. Eben so wenig der Gemeinschuldner, da er auch die Feststellung einer Forderung für das Concursverfahren durch seinen Widerspruch nicht verhindern kann. Vgl. Sarwey §. 146 Bem. 2 a. E.

[2] Conc.O. §. 146 Abs. 1 vbd. Mot. §§. 146—148 in Abs. 1 u. 2 (S. 379). Vgl. CP. §§. 208, 209. Wegen der Berechnung der Frist s. CP. §. 200. Geht z. B. die Aus-

hobenen Einwendungen.[3] Die Entscheidung ist jedesmal den Betheiligten von Amtswegen zuzustellen.[4] Dieses geschieht aber, wenn sie eine Berichtigung des Verzeichnisses anordnet, abweichend von der gewöhnlichen Art der Zustellung so, daß sie auf der Gerichtsschreiberei niedergelegt und diese Niederlegung öffentlich bekannt gemacht wird.[5] Die Frist für die Einlegung der sofortigen Beschwerde läuft in diesem Fall von dem Tage der Niederlegung an.[6]

---

schlußfrist Sonnabend den 9. April 1881 zu Ende, so endigt, wie übrigens auch schon der Wortlaut von Conc.O. §. 146 Abs. 1 („eine Woche nach dem Ende der Ausschlußfrist") ergibt, die Einwandsfrist Sonnabend den 16. April 1881 (und nicht, wie nach der Ansicht von Stiegl. §. 146 Bem. I. 3, wegen der beiden Osterfeiertage erst Dienstag den 19. April). — Die Einwendungen können schriftlich eingereicht oder mündlich vor dem Gerichtsschreiber zu Protokoll erklärt werden: entspr. CP. §. 457.

[3] Conc.O. §. 146 Abs. 2 Satz 1. Vbd. Conc.O. §. 66 Abs. 1.

[4] Conc.O. §. 66 Abs. 2. Die Betheiligten sind der Einwender und seine Gegner. S. ob. Anm. 1. Vgl. Stiegl. §. 146 Bem. II. A. M. Sarwey §. 146 Bem. 7. Bei einer großen Zahl Betheiligter geschieht die Zustellung am besten durch öffentliche Bekanntmachung. S. Conc.O. §. 68 Abs. 3. Vgl. ob. §. 26 Anm. 15.

[5] Dieses ergibt sich als Sinn des Gesetzes aus einer Verbindung von Conc.O. §§. 66 Abs. 2, 68 Abs. 1 u. 3 mit §. 146 Abs. 2 Satz 2 u. 3. Sarwey §. 146 Bem. 7 u. 8, Stiegl. §. 146 Bem. II. halten neben der Niederlegung der berichtigenden Entscheidung eine besondere Zustellung derselben an die Betheiligten für erforderlich.

[6] Conc.O. §. 146 Abs. 2 Satz 3. Die Beschwerde steht gegen eine abweisende Entscheidung nur dem Gläubiger zu, der die abgewiesene Einwendung erhoben hatte. Gegen eine berichtigende Entscheidung dagegen steht sie dem Verwalter und jedem Concursgläubiger zu, dem die Berichtigung zum Nachtheil gereicht. S. ob. Anm. 1 und §. 26 Nr. 7. — Auch der Beschluß des Beschwerdegerichtes, welcher in Abänderung einer Entscheidung des Concursgerichtes eine Berichtigung des Verzeichnisses anordnet, ist nach Conc.O. §. 146 Abs. 2 vbd. §§. 66 Abs. 2, 68 Abs. 1 u. 3 den Betheiligten durch Niederlegung auf der Gerichtsschreiberei des Concursgerichtes und öffent-

Wenn innerhalb der Einwandsfrist keine Einwendungen erhoben sind, oder wenn über die erhobenen rechtskräftig entschieden ist, so steht der Kreis der bei dieser Vertheilung theilnahmeberechtigten Concursgläubiger und der dabei zu berücksichtigende Betrag jeder Concursforderung endgültig und unanfechtbar fest.[7]

II. Nachdem die Einwandsfrist abgelaufen und über die innerhalb derselben erhobenen Einwendungen vom Concursgerichte entschieden ist,[8] hat der Concursverwalter den bei der Vertheilung zu zahlenden Procentsatz festzusetzen. Ist ein Gläubigerausschuß bestellt, so wird der Procentsatz von diesem auf Antrag des Verwalters festgesetzt.[9]

Bei dieser Festsetzung darf über den in der öffentlichen Bekanntmachung (s. §. 40. I.) als für die Vertheilung verfügbar bezeichneten Betrag nicht hinausgegangen und ein inzwischen eingetretener Zuwachs an verfügbarem Massebestande nicht berücksichtigt werden.[10] Wohl aber kann durch inzwischen aufgetauchte unvorhergesehene Ausgaben eine Verminderung jenes Betrages herbeigeführt sein, als z. B. durch Verwal-

---

liche Bekanntmachung der Niederlegung zuzustellen, und die Frist für die weitere sofortige Beschwerde läuft ebenfalls von der Niederlegung an.

[7] S. Mot. §§. 146—148 in Abs. 2 (S. 379). Vgl. Sarwey §. 146 Bem. 9.

[8] S. Mot. a. a. O. Die Erledigung der gegen eine Entscheidung des Concursgerichtes eingelegten Beschwerde muß nur dann abgewartet werden, wenn dieses entweder von dem Concursgerichte oder von dem Beschwerdegerichte angeordnet ist: CP. §. 535. Vgl. Prot. S. 106, Sarwey §. 146 Bem. 9, Stiegl. §. 146 Bem. III. A. M. Hullm. §. 147 Bem. 2, wonach auch selbst die Entscheidung des Concursgerichtes über die erhobenen Einwendungen nicht unbedingt abgewartet werden müßte.

[9] Conc.O. §. 147 Abs. 1.

[10] S. Mot. §§. 137—142 in Abs. 4 (S. 374), §§. 146—148 in Abs. 2 a. E. (S. 380).

tungsausgaben, Nachzahlungen an Gläubiger, die bei früheren Vertheilungen nicht berücksichtigt worden waren, Befriedigung von Masseansprüchen, die erst nach der öffentlichen Bekanntmachung zur Kenntniß des Verwalters gelangt sind, u. dgl.[11] Ferner müssen die bei der Vertheilung betheiligten bevorrechtigten Concursgläubiger nach Maßgabe ihres Ranges zum voraus befriedigt werden. Erst von dem Reste wird für die übrigen Concursgläubiger der auf sie treffende Procentsatz nach dem Verhältnisse der Beträge ihrer Forderungen berechnet. Diese Berechnung braucht aber nicht mit ängstlicher Rücksicht darauf zu geschehen, daß der ganze für die Vertheilung verfügbare Betrag völlig erschöpfend vertheilt werde, sondern es genügt eine annähernd erschöpfende Festsetzung des Procentsatzes möglichst in runder Zahl, so daß sich der antheilige Betrag jedes einzelnen Gläubigers leicht und rasch berechnen läßt.[12]

Massegläubiger, deren Ansprüche bei der Festsetzung des Procentsatzes[13] dem Concursverwalter noch nicht bekannt

---

[11] Vgl. Conc.O. §§. 143. 159. S. auch ob. §. 40. III. a. E. und unt. Anm. 14. Ferner Völd. §.145 Note 1, Sarwey §. 147 Bem. 1, Stiegl. §. 147 Bem. I.

[12] S. Mot. §§. 146—148 in Abs. 2 (S. 379 fg.). Beispiele s. bei Völd. §. 147 Bem. b, Stiegl. §. 147 Bem. I. Ein Recht zu Einwendungen gegen die Festsetzung des Procentsatzes entspr. Conc.O. §. 146 steht den Concursgläubigern überhaupt nicht zu. Sondern unrichtige Festsetzung begründet nur eine Haftung des Verwalters oder der Mitglieder des Gläubigerausschusses für den dadurch verursachten Schaden und unter Umständen ein Einschreiten gegen den Verwalter mit Ordnungsstrafen nach Conc.O. §§. 75, 76. S. Sarwey §. 147 Bem. 1 g. E., Stiegl. §. 147 Bem. I. a. E. A. M. Völd. §. 147 Bem. b (S. 399 fg.).

[13] Zur wirklichen „Festsetzung" des Procentsatzes gehört die feste, für den Verwalter bindende Bestimmung desselben, welche, wenn die Bestimmung durch den Gläubigerausschuß geschieht, schon in dem Beschlusse desselben, wenn

waren, sind von der Befriedigung aus dem zur Auszahlung des festgesetzten Procentsatzes erforderlichen Massebestande ausgeschlossen, und die bei der Vertheilung berücksichtigten Concursgläubiger sind daher gegen jede Rückforderung von Seite solcher Massegläubiger gesichert. Diese haben jetzt nur noch auf Befriedigung aus der Restmasse Anspruch.[14]

Als Beginn des Vollzuges der Abschlagsvertheilung[15] hat der Concursverwalter jedem bei der Vertheilung berücksichtigten Concursgläubiger den festgesetzten Procentsatz besonders mitzutheilen.[16]

---

sie aber durch den Verwalter geschieht, erst in der Mittheilung des Procentsatzes an mindestens einen der betheiligten Concursgläubiger liegt. Vgl. Völd. §. 159 Bem. b. A. M., wonach (schwerlich vereinbar mit dem Wortlaute des Gesetzes und mit den Aeußerungen der Mot. §§. 146—148 in Abs. 2 u. 3) jedesmal erst diese Mittheilung entscheidend wäre, Sarwey §. 159 Bem. 2, Stiegl. §. 159 Bem. III. 1.

[14] Conc.O. §. 159 vbd. Mot. §. 143 in Abs. 1 (S. 376), §. 159 (S. 389), §§. 146—148 in Abs. 2 (S. 379 fg.). Ueber den Begriff der Restmasse s. ob. §. 40 Anm. 16. — Dafür, daß zur Berichtigung der vor der Festsetzung des Procentsatzes zu seiner Kenntniß gelangten Masseansprüche die erforderlichen Beträge von der Vertheilung ausgeschlossen bleiben, ist nicht nur der Verwalter den Massegläubigern persönlich verantwortlich, sondern diese können sich nöthigenfalls auch durch Erwirkung eines Arrestes sichern: entspr. CP. §. 797 vbd. Mot. §. 159 (S. 389). Endlich steht ihnen gegen diejenigen Concursgläubiger, zu deren Gunsten sie durch eine ohne die gebotene Rücksicht auf ihre Ansprüche vollzogene Vertheilung in ungerechter Weise verkürzt sind, ein Rückforderungsrecht (condictio sine causa) zu, weil ihnen gebürende Werthe in ungerechtfertigter Weise an jene gelangt sind. Vgl. Hullm. §. 159 Bem. 3, Sarwey §. 159 Bem. 5, Stiegl. §. 159 Bem. II.

[15] S. GK. §. 51 Nr. 3 und unt. §. 44. I.

[16] Conc.O. §. 147 Abs. 2 vbd. §. 69 Abs. 2 und Mot. §§. 146—148 a. E. (S. 380). Eine öffentliche Bekanntmachung ist weder nothwendig noch gerechtfertigt. Vgl. Sarwey §. 147 Bem. 2. Hullm. §. 147 Bem. 4 a. E. hält die öffentliche Bekanntmachung

III. Wenn der Gemeinschuldner in gehöriger und zulässiger Weise[17] einen Zwangsvergleich vorgeschlagen hat, so kann auf seinen Antrag das Concursgericht nach freiem Ermessen die Aussetzung einer bekannt gemachten Abschlagsvertheilung anordnen, jedoch nur vor dem Ablaufe der Ausschlußfrist.[18] Die Aussetzung wird beendigt durch Verwerfung des Vergleichsvorschlages.[19]

§. 42.

dd. Eigenthümlichkeiten der Schlußvertheilung.

I. Die Schlußvertheilung erfolgt alsbald nach der Beendigung der Verwerthung der Masse, soweit diese den Um-

---

neben der besonderen Mittheilung für statthaft und in größeren Concursen für räthlich.

[17] S. Conc.O. §§. 161, 162. Vgl. Prot. S. 107 a. A.

[18] Conc.O. §. 148. Die Anordnung der Aussetzung ist, weil dabei außer dem Gemeinschuldner und dem Verwalter alle bei der Vertheilung zu berücksichtigenden Concursgläubiger als Betheiligte erscheinen, öffentlich bekannt zu machen: Conc.O. §. 66 Abs. 2 vbd. §. 68 Abs. 3. A. M. Stiegl. §. 148. Auch steht gegen dieselbe jedem dieser Betheiligten mit Ausnahme des Gemeinschuldners die sofortige Beschwerde zu. Vgl. Sarwey §. 148 Bem. 1. A. M. Stiegl. a. a. O. Die Ablehnung der Aussetzung dagegen ist unanfechtbar. S. ob. §. 26 Anm. 16. A. M. Sarwey a. a. O., Stiegl. a. a. O. — Der Verwalter und der Gläubigerausschuß sind zur Aussetzung einer bekannt gemachten Abschlagsvertheilung nicht befugt. Vgl. Sarwey §. 148 Bem. 2, Pet. §§. 146—148 Bem. 3 a. E. A. M. Völd. §. 148 Bem. a.

[19] S. Conc.O. §§. 169, 172, 173. Vgl. Sarwey §. 148 Bem. 2. Die Wirkungen der Aussetzung sind entspr. CP. §. 226 zu bestimmen, so daß nach der Beendigung derselben die Ausschlußfrist von Neuem beginnt. Auch muß die Aufnahme des ausgesetzten Vertheilungsverfahrens entspr. CP. §. 227 vbd. Conc.O. §§. 68 Abs. 3, 139 durch eine neue öffentliche Bekanntmachung geschehen.

ständen nach verwerthbar ist.[1] Weil sie unmittelbar zur Aufhebung des Concursverfahrens führt und den thatsächlichen Ausschluß aller bis dahin nicht nach der Vorschrift des Gesetzes geltend gemachten Ansprüche und Forderungen von der Concursmasse nach sich zieht, sowie die Unmöglichkeit, vorgekommene Irrthümer und Unregelmäßigkeiten innerhalb des Verfahrens wieder auszugleichen, so ist zu erhöhter Sicherung der Betheiligten das Verfahren bei ihr in mehrfacher Hinsicht anders als bei den Abschlagsvertheilungen gestaltet.[2]

Zuvörderst bedarf es zu ihrer Vornahme, selbst wenn ein Gläubigerausschuß bestellt und die Genehmigung desselben erfolgt ist, der vorgängigen Genehmigung des Concursgerichtes.[3] Sodann aber ist sie nicht bloß, wie die Abschlags-

[1] Conc.O. §. 149 Abs. 1 vbd. §. 150 Abs. 1 und Mot. §§. 149, 150 in Abs. 1 (S. 380). Dadurch, daß noch nicht alle Feststellungs- oder Widerspruchsprocesse über streitig gebliebene Concursforderungen beendigt sind, wird die Schlußvertheilung nicht gehindert. S. Mot. a. a. O.; vgl. Conc.O. §§. 140, 155 Nr. 1, 156. Eben so wenig aber auch dadurch, daß noch einzelne die Theilungsmasse betreffende Processe schweben. S. unt. Anm. 17, §. 43 Anm. 4. Vgl. Völd. §. 149 Bem. a, Sarwey §. 149 Bem. 1. A. M. Stiegl. §. 149 Bem. I. — Zur Schlußvertheilung muß es übrigens auch kommen in dem immerhin möglichen Fall, daß vor beendigter Verwerthung der Masse, etwa in Folge eines auf ein Lotterieloos gefallenen Gewinnes, in derselben die Mittel zu vollständiger Befriedigung sämmtlicher angemeldeter Concursforderungen vorhanden wären. Werden die Gläubiger nicht aus der Masse sondern außerhalb des Concursverfahrens befriedigt, so müßte die Einstellung des Verfahrens nach Conc.O. §§. 188, 189 beantragt werden. Nur die Möglichkeit einer Einstellung des Verfahrens scheinen in beiderlei Fällen anzunehmen: Wilm. Vorbem. 1 zu Buch II. Tit. 7, Völd. Vorbem. zu Buch II. Tit. 7 in Abs. 3, Pet. Vorbem. z. Buch II. Tit. 7.

[2] Vgl. Mot. §§. 149, 150 in Abs. 2 (S. 380).

[3] Conc.O. §. 149 Abs. 2 vbd. §. 138 und Mot. §§. 149, 150

vertheilungen, durch die Niederlegung eines Verzeichnisses der bei ihr zu berücksichtigenden Concursforderungen, des sog. Schlußverzeichnisses, welches namentlich auch die Restbeträge derselben anzugeben hat,[4] auf der Gerichtsschreiberei und durch die öffentliche Bekanntmachung der Summe dieser Forderungen und des zu der Vertheilung verfügbaren Massebestandes vorzubereiten,[5] sondern auch durch eine Gläubigerversammlung, welche das Concursgericht alsbald nach der Genehmigung der Vornahme der Schlußvertheilung, gleichzeitig mit oder unmittelbar nach der öffentlichen Bekanntmachung der letzteren durch den Verwalter,[6] auf den Schlußtermin zu berufen hat. Dieser Termin ist zur Abnahme der Schlußrechnung,[7] zur Erhebung von Einwendungen gegen

in Abs. 3 (S. 380). Vgl. ob. §. 39. III. Ueber die Rücksichten, von denen die Entscheidung abhängt, s. Stiegl. §. 149 Bem. II. Die Entscheidung des Gerichtes über Ertheilung oder Verweigerung der Genehmigung ist von Amtswegen dem Verwalter als dem alleinigen Betheiligten zuzustellen. S. Conc.O. §. 66 Abs. 2. Gegen die Verweigerung steht ihm die sofortige Beschwerde zu. Die Ertheilung der Genehmigung dagegen ist unanfechtbar; denn den einzelnen Concursgläubigern kommt, ebenso wie (abgesehen von der einzigen Ausnahme in Conc.O. §. 148) dem Gemeinschuldner, auf die Vornahme der Vertheilung kein bestimmender Einfluß zu. Vgl. Stiegl. §. 149 Bem. II. a. E. Anders Prot. S. 107, Völd. §. 151 Bem. d, Sarwey §. 149 Bem. 4, Pet. §§. 149—152 Bem. I. 2.

[4] S. Mot. §§. 149, 150 in Abs. 3 (S. 381 a. A.). Vgl. ob. §. 40. I.

[5] Conc.O. §. 139. Auch ist das Verzeichniß innerhalb dreier Tage nach dem Ablaufe der Ausschlußfrist nach Maßgabe der nunmehr zufolge Conc.O. §§. 140—144 erforderlichen Aenderungen zu berichtigen: Conc.O. §. 145. Vgl. ob. §. 40.

[6] Jedenfalls nicht vor derselben, weil sonst unter Umständen die in Conc.O. §§. 140, 145 bestimmten Fristen nicht gewahrt sein würden. Vgl. Hullm. §. 150 Bem. 1, Stiegl. §. 149 Bem. III. 2.

[7] S. Conc.O. §. 78. Vgl. ob. §. 29. VII. und Sarwey §. 150 Bem. 2, Stiegl. §. 150 Bem. II.

das Schlußverzeichniß[8] und zur Beschlußfassung der Gläubiger über die nicht verwerthbaren Vermögensstücke[9] bestimmt. Weil vor dem Termin jedenfalls die zweiwöchige Ausschlußfrist und die dreitägige Frist für die Berichtigung des Schlußverzeichnisses abgelaufen sein müssen, so ist er nicht unter drei Wochen, zur Vermeidung ungebürlicher Verzögerung aber nicht über einen Monat hinaus anzuberaumen.[10]

Werden in dem Termin Einwendungen gegen das Schlußverzeichniß erhoben, so entscheidet darüber, soweit nicht im Schlußtermin die Beseitigung gelingt, das Concursgericht noch in dem Termin oder nach demselben[11] nach Maßgabe der oben §. 41. I. dargestellten Grundsätze.[12]

---

[8] Diese werden also hier nur beachtet, wenn sie im Schlußtermin mündlich vorgebracht werden. Vgl. Völd. §. 150 Bem. b. S. im Uebrigen ob. §. 41. I. und Anm. 1.

[9] Hierher gehören Vermögensstücke, für welche kein oder kein annehmbarer Preis zu erlangen war, uneinbringliche oder nur mit unverhältnißmäßigen Kosten einbringliche Ausstände des Gemeinschuldners u. dgl. Vgl. Völd. §. 150 Bem. d, Stiegl. §. 149 Bem. II.

[10] Conc.O. §. 150 Abs. 1 vbd. §. 85 Abs. 2. Vgl. Mot. §§. 149, 150 in Abs. 3 (S. 380 fg.), Prot. S. 183. Maßgebend ist für die Berechnung im Hinblick auf Conc.O. §§. 140, 145 naturgemäß der Tag, an welchem nach Conc.O. §. 68 Abs. 1 die öffentliche Bekanntmachung der Schlußvertheilung durch den Concursverwalter als bewirkt gilt. A. M. Völd. §. 150 Bem. f, Sarwey §. 150 Bem. 6. — Das in Preußen maßgebende Formular für die Anberaumung des Schlußtermins s. Vierhaus Nr. 141 (S. 105).

[11] Erfolgt die Entscheidung in dem Termin, so kann sie entspr. CP. §. 294 Abs. 1 verkündet und dadurch die Zustellung — nicht aber die Niederlegung auf der Gerichtsschreiberei nach Conc.O. §. 146 Abs. 2 — entbehrlich gemacht werden. Vgl. Sarwey §. 150 Bem. 7. A. M. Völd. §. 150 Bem. b.

[12] Conc.O. §. 150 Abs. 2. Der Vollzug der Schlußvertheilung ist in Rücksicht darauf, daß vorgekommene Verstöße innerhalb des Verfahrens nicht mehr geheilt werden können, jedenfalls

Die Beschlußfassung über nicht verwerthbare Vermögensstücke, insbesondere über künftig verfallende Hebungen aus einem unverwerthbaren Rechte auf wiederkehrende Hebungen, kann namentlich in der Weise erfolgen, daß sie einzelnen Gläubigern mit ihrer Zustimmung anstatt eines bestimmten Geldbetrages überwiesen werden. Auch kann ein nochmaliger Verwerthungsversuch oder, sei es für den Fall des Mißlingens dieses Versuches, sei es unbedingt, die Freigebung des Gegenstandes an den Gemeinschuldner beschlossen werden. Ist kein Beschluß gefaßt, oder ist die Verwerthung bis zur Aufhebung des Concursverfahrens nicht gelungen, so fällt durch die letztere der Gegenstand von selbst in die freie Verfügung des Gemeinschuldners zurück.[13]

II. Das zur Vorbereitung der Schlußvertheilung vorgeschriebene Verfahren ist, theils wegen seiner Wichtigkeit auch für die Vorbereitung der Rechnungslegung, theils im Hinblicke auf die Möglichkeit von Nachtragsvertheilungen, auch dann erforderlich, wenn durch Nachzahlungen an Gläubiger, welche bei früheren Vertheilungen nicht berücksichtigt worden waren, die Restmasse gänzlich erschöpft ist. Am angemessensten

---

entweder vom Concursgerichte oder von dem Beschwerdegerichte bis zu rechtskräftiger Erledigung aller erhobenen Einwendungen auszusetzen: CP. §. 535 Abs. 2 u. 3. Vgl. Hullm. §. 149 Bem. 6, Sarwey §. 151 Bem. 1 Nr. 1, Stiegl. §. 151 Bem. I. 1. S. auch Prot. S. 183.

[13] S. Mot. §§. 149, 150 in Abs. 4 (S. 381), Prot. S. 183. Vgl. Conc.O. §. 122 Nr. 1. S. aber auch Conc.O. §. 91. Vgl. noch Sarwey §. 150 Bem. 4, Stiegl. §. 150 Bem. IV. 1 u. 2. Eine Nachtragsvertheilung kann nach der Fassung von Conc.O. §. 153 hinsichtlich solcher Gegenstände nicht vorbehalten werden. Vgl. Hullm. §. 153 Bem. 2, Sarwey §. 149 Bem. 1, §. 150 Bem. 4, §. 153 Bem. 9, Stiegl. §. 150 Bem. IV. 1. a. A. M. Völd. §. 150 Bem. d. II.

ist es, in einem solchen Fall die Nachzahlungen selbst nur in den Formen einer Schlußvertheilung vorzunehmen.[14]

III. Massegläubiger, deren Ansprüche nicht vor der Beendigung des Schlußtermins zur Kenntniß des Concursverwalters gelangt sind, sind von der Befriedigung aus dem Massebestande, welcher den Gegenstand der Schlußvertheilung bildet, ausgeschlossen und haben jetzt nur noch auf Befriedigung aus derjenigen Masse Anspruch, welche sich nachträglich als möglicher Gegenstand von Nachtragsvertheilungen ergeben kann.[15]

IV. Den Gegenstand der Schlußvertheilung bildet aber nicht, wie bei den Abschlagsvertheilungen, bloß der in der öffentlichen Bekanntmachung derselben als verfügbar bezeichnete Massebestand, sondern auch alles Dasjenige, was inzwischen bis zum Beginn des Vollzuges der Schlußvertheilung an vertheilbarer Masse hinzugekommen ist, sei es durch Freiwerden zurückbehaltener Antheile oder Zurückfließen aus der Masse gezahlter Beträge, sei es durch nachträgliche Verwerthung bisher nicht verwerthbarer Vermögensstücke, Ermittelung bisher unbekannter Bestandtheile der Masse, Beendigung die Masse betreffender Processe zu Gunsten derselben, Ersatzleistungen von Seite des Verwalters in Folge von Einwendungen gegen die Schlußrechnung u. dgl.[16]

V. Nachdem die in dem Schlußtermin gegen das Schluß-

---

[14] S. Mot. §§. 149, 150 im letzten Abs. (S. 381).

[15] Conc.O. §. 159. Vgl. Sarwey §. 159 Bem. 8, Stiegl. §. 159 Bem. III. 2. S. auch ob. §. 41. II. z. E.

[16] Vgl. Conc.O. §. 153, wonach sich die Nachtragsvertheilungen auf die nach dem Vollzuge der Schlußvertheilung verfügbar gewordene Masse beschränken. S. auch Hullm. §. 149 Bem. 8, Sarwey §. 159 Bem. 8, Stiegl. §. 149 Bem. III., §. 151 Bem. I. 1, §. 159 Bem. III. 2.

verzeichniß erhobenen Einwendungen und die darin über die nicht verwerthbaren Vermögensstücke gefaßten Beschlüsse erledigt sind,[17] hat der Concursverwalter die vorhandene Restmasse nach Deckung der zu berücksichtigenden Masseansprüche auf die theilnahmeberechtigten Concursgläubiger nach Maßgabe der gesetzlichen Vorschriften[18] erschöpfend auszuschlagen und jedem Gläubiger den auf ihn fallenden Betrag besonders mitzutheilen.[19] In dieser Mittheilung liegt im Sinn des Gesetzes der Beginn des Vollzuges der Schlußvertheilung.[20]

VI. Alsbald nach vollendetem Vollzuge der Schlußvertheilung[21] erfolgt, jedoch erst nachdem sich das Concursgericht durch Prüfung der Sachlage von dem Dasein der gehörigen Voraussetzungen überzeugt hat,[22] durch unanfechtbaren Be-

---

[17] Die Erledigung eines durch Einwendungen gegen die Schlußrechnung des Verwalters veranlaßten Processes gegen denselben braucht nicht abgewartet zu werden, so wenig als die Erledigung eines anderen die Theilungsmasse betreffenden Processes, weil was dadurch etwa für die Masse erlangt wird, nach Conc.O. §. 153 Abs. 2 Gegenstand einer Nachtragsvertheilung werden kann. S. unt. §. 43 Anm. 4. Vgl. Hullm. §. 149 Bem. 3, §. 150 Bem. 3, Sarwey §. 153 Bem. 3, Stiegl. §. 150 Bem. II. a. E., §. 151 Bem. I. 1, §. 153 Bem. III. A. M. Stiegl. §. 151 Bem. I. 1 g. E. und Note b, welcher schon in der bloßen Berechnung und Umlegung der Schlußdividende den Beginn des Vollzuges der Schlußvertheilung erblickt. Allein eine rechtliche Erheblichkeit kann doch, wie mir scheint, dieser Berechnung erst dann zugeschrieben werden, wenn sie durch Mittheilung an mindestens einen der betheiligten Concursgläubiger nach außen hin wirksam und für den Verwalter unabänderlich geworden ist.

[18] Conc.O. §§. 143, 54.

[19] Entspr. Conc.O. §. 147 Abs. 2 und nach der Natur der Sache. Vgl. Hullm. §. 149 Bem. 5, Sarwey §. 154 Bem. 2.

[20] Entspr. GK. §. 51 Nr. 3.

[21] Conc.O. §. 151 Abs. 1 vbd. §. 153 Abs. 2, GK. §. 51 Nr. 1. S. auch Mot. §. 151 Abs. 1 (S. 381). Vgl. noch unt. §. 44. I.

[22] S. Prot. S. 107. Vgl. Sarwey §. 151 Bem. 1, Stiegl. §. 151 Bem. I. 2.

schluß desselben die Aufhebung des Concursverfahrens.[23] Der Beschluß ist mit Angabe des Grundes der Aufhebung in gleicher Weise wie der Eröffnungsbeschluß durch Einrückung in das Amtsblatt des Gerichtes und in den Deutschen Reichsanzeiger öffentlich bekannt zu machen.[24] Außerdem ist er in beglaubigter Abschrift den Behörden für die Führung des Handels- oder Genossenschaftsregisters oder ähnlicher Register und der Dienstbehörde des Gemeinschuldners mitzutheilen[25] und nach Maßgabe des Landesrechtes in das Grund- oder Hypothekenbuch einzutragen.[26] Seine rechtliche Wirksamkeit beginnt nach allgemeinen Grundsätzen mit dem Zeitpunkte, in welchem seine öffentliche Bekanntmachung als bewirkt gilt,[27] und in diesem Zeitpunkte treten daher für alle Betheiligte die Wirkungen der Aufhebung des Concursverfahrens ein.[28]

---

[23] Conc.O. §. 151 Abs. 1 vbd. Mot. §. 151 in Abs. 1 (S. 381), Prot. S. 107. Preußisches Formular s. Vierhaus Nr. 142 (S. 105). Wegen der in diesem Fall zu erhebenden Concursgebür s. GK. §. 51 Nr. 1 vbd. §. 52.

[24] Conc.O. §. 151 Abs. 2, 3 vbd. Mot. §. 151 in Abs. 2 (S. 381), Prot. S. 107 fg. Vgl. ob. §. 36. III. und §. 26 Anm. 3. War die Concurseröffnung nach Conc.O. §. 68 Abs. 2 noch in anderen Blättern bekannt gemacht worden, so empfiehlt es sich, darin auch die Aufhebung bekannt zu machen. S. Mot. a. a. O. Besondere Zustellung an die Gläubiger ist nicht erforderlich, da Conc.O. §. 151 Abs. 3 nur auf §. 103 Abs. 2, nicht auch auf Abs. 3 verweist.

[25] Conc.O. §. 151 Abs. 2 vbd. §. 104. Preußisches Formular s. Vierhaus Nr. 143 (S. 106). S. jedoch Stiegl. §. 151 Bem. II. a. E. Auch eine Mittheilung an die Post- und Telegraphenanstalten ist wegen Conc.O. §. 111 unter Umständen erforderlich.

[26] Conc.O. §. 151 Abs. 2 vbd. §. 106. — Vgl. Conc.O. §. 105 und ob. §. 36. III. im vorl. Abs.

[27] S. Conc.O. §. 68 Abs. 1.

[28] S. Mot. §§. 175—177 a. E. (S. 421). Vgl. Hullm. §. 151 Bem. 8, Sarwey §. 151 Bem. 2, §. 152 Bem. 2, Stiegl. §. 151 Bem. III. a. E. A. M. Völd. §. 151 Bem. f. II., wonach die Wirkung der Aufhebung für den Gemeinschuldner schon mit der an ihn geschehenen Eröffnung des Beschlusses, für die Gläubiger dagegen erst mit der Be-

Insbesondere können daher die Concursgläubiger ihre Forderungen, soweit sie noch bestehen, jetzt wieder in freier Weise gegen den Gemeinschuldner geltend machen.[29] Die Eintragung einer Forderung als einer für das Concursverfahren festgestellten und von ihm nicht bestrittenen in die Tabelle dient dabei als vollstreckbarer Schuldtitel.[30] Ferner erlischt die Thätigkeit der Gläubigerversammlung und des Gläubigerausschusses.[31] Dagegen übt für das Concursgericht und den Concursverwalter das Concursverfahren insofern noch Nachwirkungen, als jenes die Hinterlegung der bei dem Vollzuge der Schlußvertheilung zurückzubehaltenden oder nicht erhobenen Beträge anzuordnen, ferner etwaige Nachtragsvertheilungen anzuordnen und zu überwachen,[32] dieser die Hinterlegung der genannten Beträge zu bewirken, die schwebenden, sei es die Theilungsmasse, sei es die Schuldenmasse betreffenden Processe zu erledigen, endlich die erst nach der Schlußvertheilung sich ergebende Concursmasse zu verwalten, zu verwerthen und nachträglich zu vertheilen hat.[33]

§. 43.

ee. Nachtragsvertheilungen.

I. Eine Nachtragsvertheilung wird erforderlich, wenn sich nach dem Beginn des Vollzuges der Schlußverthei-

---

kanntmachung eintreten würde. Ueber die Art dieser Wirkung s. ob. §. 25.

[29] Conc.O. §. 152 Abs. 1. Vgl. ob. §. 25. III.

[30] Conc.O. §. 152 Abs. 2. Vgl. ob. §. 12. III., §. 25. III.

[31] S. Conc.O. §. 153 Abs. 1 vbd. Mot. §. 153 a. E. (S. 386).

[32] S. Conc.O. §§. 156, 153.

[33] S. Conc.O. §§. 156, 78, 153 und ob. Anm. 1 u. 17, unt. §. 43 Anm. 4. Vgl. Stiegl. §. 151 Bem. III.

lung,[1] sei es vor oder nach der Aufhebung des Concursverfahrens, eine vertheilbare Masse ergibt, sei es dadurch, daß Beträge, welche bei Abschlagsvertheilungen oder bei der Schlußvertheilung von der Masse zurückbehalten worden sind, frei und vertheilbar werden,[2] oder dadurch, daß aus der Masse

---

[1] In diesem Sinn ist der Ausdruck „nach dem Vollzuge der Schlußvertheilung" in Conc.O. §. 153 Abs. 1 und der, wie mir scheint, gleichbedeutende Ausdruck „nach der Schlußvertheilung" in Conc.O. §. 153 Abs. 2 einschränkend zu verstehen, weil nach dem Beginn des Vollzuges der Schlußvertheilung, d. h. nach der Mittheilung des bei derselben auf jede Concursforderung treffenden Betrages an die Gläubiger (s. ob. §. 42. V. a. E.), dieser Betrag ohne die größte Verwirrung des Verfahrens nicht mehr geändert werden kann. A. M. Stiegl. §. 153 Bem. III., welcher zwar auch die Worte „Vollzug der Schlußvertheilung" in Conc.O. §. 153 Abs. 1 von dem Beginn des Vollzuges derselben, den Ausdruck „Schlußvertheilung" in Conc.O. §. 153 Abs. 2 dagegen von dem Beginn der Schlußvertheilung, d. h. nach seiner Auffassung von der Zustellung der gerichtlichen Genehmigung der Schlußvertheilung (Conc.O. §. 149 Abs. 2) an den Verwalter, versteht. Mir scheint indessen in Rücksicht auf den Sprachgebrauch des Gesetzbuches in Conc.O. §§. 138, 149 Abs. 2 einerseits und §. 139 („vor der Vornahme einer Vertheilung") andererseits, daß im Sinn des Gesetzes der „Beginn einer Vertheilung" von dem „Beginn des Vollzuges einer Vertheilung" nicht verschieden sei.

[2] Conc.O. §. 153 Abs. 1. S. unt. §. 44. II. Wegen Conc.O. §. 144 gehören aber hierher nur die Fälle, wenn nach der Schlußvertheilung

1. eine streitig gebliebene Forderung in dem Feststellungs- oder Widerspruchsprocesse für unbegründet erklärt wird: Conc.O. §§. 140, 155 Nr. 1;
2. bei einer bedingten Forderung, wegen welcher der Gemeinschuldner zu einer Sicherheitsleistung verpflichtet war, der Nichteintritt der Bedingung sich entscheidet: Conc.O. §§. 142 Abs. 2, 155 Nr. 2;
3. die Bedingung der Auflösung einer Concursforderung eintritt, vorausgesetzt daß der Gläubiger die Sicherheit, zu deren Leistung er verpflichtet war, nicht geleistet hatte: Conc.O. §§. 59, 155 Nr. 4.

gezahlte Beträge zurückfließen,[3] oder endlich dadurch, daß zur Concursmasse gehörige Vermögensstücke jetzt erst ermittelt werden.[4]

Die Verwaltung und nöthigenfalls die Verwerthung einer solchen nachträglich sich ergebenden Masse sowie der Vollzug der Nachtragsvertheilungen ist Aufgabe des Concursverwalters

---

[3] Conc.O. §. 153 Abs. 1. Hierher gehört namentlich der Fall, wenn nach der Schlußvertheilung die Bedingung der Auflösung einer Concursforderung eintritt, auf welche, weil entweder der Gläubiger nicht zu einer Sicherheitsleistung verpflichtet war, oder weil er diese Verpflichtung erfüllt hatte, die Antheile ausbezahlt worden sind. S. Mot. §. 153 (S. 386). Aber auch die Fälle, wenn nach der Schlußvertheilung eine streitig gebliebene Forderung der in Conc.O. §. 136 Abs. 6 erwähnten Art, auf welche vor dem Nachweise der Verfolgung des Widerspruches nach Conc.O. §§. 140, 155 Nr. 1 Beträge ausbezahlt worden sind, für unbegründet erklärt wird, eine irrthümlich geleistete Zahlung zurückerstattet wird, u. dgl. m.

[4] Conc.O. §. 153 Abs. 2. Unter „Ermittelung" ist im Sinn des Gesetzes nicht bloß die neue Entdeckung, sondern, wie Conc.O. §. 67 zeigt, namentlich auch die Beseitigung von Ungewißheit und Zweifel zu verstehen. Deshalb gehört hierher auch der Fall, wenn ein die Theilungsmasse betreffender Proceß, insbesondere ein durch die Schlußrechnung veranlaßter, erst nach der Schlußvertheilung zu Gunsten der Masse entschieden wird. S. ob. §. 42 Anm. 17. Vgl. Völd. §. 153 Bem. g. A. M. in Ansehung der nicht durch die Schlußrechnung veranlaßten Processe Sarwey §. 149 Bem. 1, §. 151 Bem. 1 Nr. 3, §. 153 Anm. 3 u. 9, Stiegl. §. 149 Bem. I., §. 153 Bem. III. (Stieglitz sucht jedoch das nämliche, auch von ihm aus praktischen Rücksichten als nothwendig anerkannte Ziel auf einem anderen Wege — s. ob. Anm. 1 — zu erreichen.) Ferner sind aus dem gleichen Grunde hierher zu rechnen die Ueberschüsse aus Gegenständen, an denen Absonderungsrechte bestehen, wenn das Verfahren Behufs der abgesonderten Befriedigung erst nach der Schlußvertheilung beendigt wird, u. dgl. m. Dagegen können Massebestandtheile, welche schon vor dem Beginn des Vollzuges der Schlußvertheilung ermittelt waren, niemals Gegenstände einer Nachtragsvertheilung sein. S. ob. §. 42 Anm. 13.

als Nachwirkung seines Amtes.[5] Dagegen hängt die Vornahme einer solchen Vertheilung und die Höhe des zu vertheilenden Betrages jedesmal von der Anordnung des Concursgerichtes ab.[6] Auch hat dieses die von dem Verwalter über die Verwaltung und Vertheilung abzulegende Rechnung zu prüfen.[7]

Die Nachtragsvertheilungen werden aber von der Concursordnung als bloße Ergänzungen der Schlußvertheilung behandelt. Sie geschehen daher auf Grund des Schlußverzeichnisses, so daß die von der Schlußvertheilung ausgeschlossenen Concursforderungen auch von den Nachtragsvertheilungen ausgeschlossen sind.[8]

II. Das Verfahren bei jeder Nachtragsvertheilung ist folgendes:

Nach der Anordnung der Vertheilung durch das Concursgericht macht der Concursverwalter den Betrag öffentlich bekannt, welcher nach der Berichtigung der erst seit der

---

[5] Conc.O. §§. 153 Abs. 1, 154. Vbd. Mot. §. 153 (S. 386). Ist die Aufhebung des Concursverfahrens noch nicht erfolgt, so müssen auch Conc.O. §§. 121—123 zur Anwendung kommen. Wäre der frühere Verwalter durch seinen Tod oder aus einem sonstigen Grunde weggefallen (s. ob. §. 29. VI.), so müßte das Concursgericht nach Conc.O. §. 70 Abs. 1 einen neuen ernennen. Auch kann für diese nachträgliche Thätigkeit dem früheren wie dem neuen Verwalter eine besondere Vergütung bewilligt werden: Conc.O. §. 77. S. Mot. a. a. O.

[6] Conc.O. §. 153 Abs. 1 vbd. Mot. §. 153 a. E. (S. 386). Vgl. Sarwey §. 153 Bem. 5. Die Anordnung kann auf Anregung des Verwalters, eines jeden betheiligten Gläubigers, des Gemeinschuldners oder auch von Amtswegen erfolgen, hängt aber ganz vom Ermessen des Gerichtes ab und ist daher, ebenso wie die Ablehnung, wohl als unanfechtbar zu betrachten. Vgl. ob. §. 42 Anm. 3. A. M. Stiegl. §. 153 Bem. I. g. E.

[7] Conc.O. §. 153 Abs. 1 Satz 2 vbd. Mot. a. a. O.

[8] Conc.O. §. 153 Abs. 1 vbd. Mot. a. a. O.

Beendigung des Schlußtermins entstandenen oder ihm bekannt gewordenen Masseansprüche für die Vertheilung verfügbar ist.[9] Massegläubiger, deren Ansprüche nicht bis zu dieser Bekanntmachung[10] zu seiner Kenntniß gelangt sind, sind von der Befriedigung aus dem Massebestande, welcher den Gegenstand der angekündigten Nachtragsvertheilung bildet, ausgeschlossen.[11]

Sodann theilt als Beginn des Vollzuges der Nachtragsvertheilung der Verwalter jedem dabei betheiligten Concursgläubiger den auf ihn fallenden Betrag besonders mit.[12]

§. 44.

ff. Vollzug der Vertheilungen.

I. Der Vollzug jeder Vertheilung, d. h. die wirkliche Zuweisung und Auszahlung des auf jede theilnahmeberechtigte Forderung entfallenden Betrages, geschieht als Verwaltungshandlung durch den Concursverwalter.[1] Er beginnt im Sinne des Gesetzes jedesmal damit, daß der Verwalter jedem betheiligten Concursgläubiger jenen Betrag, sei es unmittelbar, sei es durch Angabe des festgesetzten Procentsatzes, besonders

---

[9] Conc.O. §. 139 vbd. §. 159. Die Summe der theilnahmeberechtigten Forderungen braucht, weil das Schlußverzeichniß maßgebend bleibt, nicht bekannt gemacht zu werden. S. Mot. a. a. O. A. M. Wilm. §. 153 Bem. 2. Aus dem gleichen Grunde fällt die Ausschlußfrist sowie die Nothwendigkeit nochmaliger Niederlegung des Schlußverzeichnisses in der Gerichtsschreiberei (Conc.O. §§. 139—142, 145, 146) weg.

[10] D. h. bis zum Ablaufe des zweiten Tages seit der Ausgabe des die Bekanntmachung enthaltenden Amtsblattes: Conc.O. §. 68 Abs. 1. Vgl. ob. §. 26 Nr. 1.

[11] Conc.O. §. 159 vbd. Prot. S. 108 fg., 111.

[12] Entspr. Conc.O. §. 147 Abs. 2. Vgl. ob. §. 42. V. a. E.

[1] Conc.O. §. 154 vbd. Mot. §§. 154—156 in Abs. 1 (S. 386 a. E.).

mittheilt und ihn dadurch zur Erhebung desselben in Stand setzt.[2] Er ist im Sinn des Gesetzes vollendet, wenn jeder dieser Gläubiger entweder den genannten Betrag erhalten oder bloß wegen Verzuges hinsichtlich der Annahme oder aus anderen nur in seiner Person liegenden Gründen, wie z. B. Abwesenheit u. dgl., nicht erhalten hat. Dabei ist zu beachten, daß zwar jeder Gläubiger Zahlung in baarem Gelde verlangen kann, daß aber der Verwalter nicht gehalten ist, den Gläubigern das Geld zu bringen oder zu schicken, sondern daß diese es bei ihm zu erheben haben.[3] Da nun in jener Mittheilung des Betrages zugleich eine Aufforderung zur Erhebung desselben zu erblicken ist, so muß, wenn nicht der Verwalter für die Erhebung einen Termin oder eine Frist gesetzt hat, Verzug jedes Gläubigers angenommen werden, wenn er innerhalb eines angemessenen Zeitraums den Betrag nicht erhoben hat.[4] Zur Verhütung von Ungewißheit wird es sich aber für den Verwalter immer empfehlen, einen Termin oder eine Frist zu bestimmen. Der Vollzug der Vertheilung ist dann im Sinn des Gesetzes vollendet, sobald der Termin oder die Frist verstrichen ist.[5] Uebrigens

[2] S. Conc.O. §. 147 Abs. 2 vbd. GK. §. 51 Nr. 3. Vgl. Mot. z. Entw. des GK. §. 45 a. E. (S. 77) und Mot. §§. 146—148 a. E. (S. 380). Vgl. ob. §. 41. III., §. 42. V. a. E., §. 43. II. a. E.

[3] S. Conc.O. §. 156 vbd. Mot. §§. 146—148 a. E. (S. 380), §§. 154—156 a. E. (S. 388).

[4] Vgl. L. 1 §. 3, L. 4 §. 2 D. de peric. et comm. 18, 6. S. auch Sarwey §. 156 Bem. 2.

[5] Vorausgesetzt daß die Zeitbestimmung weit genug war, um den Gläubigern die Erhebung der Beträge innerhalb derselben zu ermöglichen. Vgl. Hullm. §. 149 Bem. 5 u. 7, Stiegl. §. 151 Bem. II. a. E. und Note b, §. 156 Bem. II. 2. A. M. Sarwey §. 153 Bem. 1, §. 154 Bem. 2, §. 156 Bem. 2 u. 4, welcher den vollständigen Vollzug der Vertheilung bei den Abschlagsvertheilungen schon in der Festsetzung und Mittheilung des Procent-

ist es dem Verwalter natürlich unbenommen, mit der Mittheilung des Betrages sofort auch die Zusendung desselben oder einer Anweisung auf die Hinterlegungsstelle zu verbinden. Jedoch brauchen die Gläubiger solche Anweisungen nicht anzunehmen.[6]

II. Von der sofortigen Auszahlung sind ausgenommen die Antheile auf Forderungen, welche zwar bei der Vertheilung zu berücksichtigen sind, deren wirkliches Anrecht auf jene Antheile aber zur Zeit noch ungewiß ist, so daß die Berücksichtigung vorerst nur eine bedingungsweise sein kann. Solche Antheile werden vorläufig zurückbehalten. Sobald sich die Ungewißheit zu Gunsten des Gläubigers entschieden hat, werden sie nachträglich ausbezahlt, sobald sie sich zu seinen Ungunsten entschieden hat, werden sie für eine spätere Vertheilung, nöthigenfalls für eine Nachtragsvertheilung, frei.[7]

Hierher gehören

1. bei allen Vertheilungen (auch bei den Nachtragsvertheilungen):

a. bei der Prüfung streitig gebliebene Concursforderungen, über welche zur Zeit ein Feststellungs- oder ein Widerspruchsproceß schwebt, vorausgesetzt im Fall des Widerspruchsprocesses, daß dem Concursverwalter vor der Auszahlung des auf die Forderung treffenden Antheils die Verfolgung des Widerspruches nachgewiesen ist. Die

---

satzes, bei der Schlußvertheilung in der Umlage der Restmasse auf die theilnahmeberechtigten Forderungen erblickt.

[6] Vgl. Mot. §§. 154—156 in Abs. 2 (S. 386 fg.) und Sarwey §. 154 Bem. 2, Pet. §§. 154—156 Bem. 1 a. E. A. M., wonach die Gläubiger solche Anweisungen nicht zurückweisen dürften, Stiegl. §. 154 Bem. I.

[7] S. Conc. O. §. 155 vbd. §§. 144, 153. Vgl. Mot. §§. 154—156 Nr. 1—4 (S. 387 fg.).

Zurückbehaltung dauert bis zu rechtskräftiger Erledigung des Processes.[8]

b. Forderungen, deren Auflösung von einer zur Zeit noch schwebenden Bedingung abhängt, falls der Gläubiger die Sicherheit wegen Rückzahlung nicht leistet, ohne deren Bestellung er, auch wenn der Concurs nicht eröffnet wäre, nach dem bürgerlichen Rechte die Zahlung von dem Gemeinschuldner nicht hätte fordern können. Die Zurückbehaltung dauert so lange, bis die Sicherheit nachträglich geleistet wird, oder, wenn dieses nicht geschieht, bis sich die Bedingung entschieden hat.[9]

c. Forderungen, deren Entstehung von einer zur Zeit noch schwebenden Bedingung abhängt, soweit nach dem bürgerlichen Rechte der Gemeinschuldner zu einer Sicherheitsleistung verpflichtet war. Die Zurückbehaltung dauert bis zu erfolgter Entscheidung der Bedingung.[10]

2. Dagegen gehören nur bei den Abschlagsvertheilungen hierher, weil solche Forderungen bei der Schlußvertheilung und folglich bei den Nachtragsvertheilungen nicht berücksichtigt werden:

a. Forderungen, deren Entstehung von einer zur Zeit noch schwebenden Bedingung abhängt, soweit nach dem bürgerlichen Rechte der Gemeinschuldner nicht zu einer Sicherheitsleistung verpflichtet war. Die Zurückbehaltung dauert bis zur Entscheidung der Bedingung,

---

[8] Conc.O. §. 155 Nr. 1 vbd. §§. 134, 140. Vgl. Mot. a. a. O. Nr. 1 und ob. §. 40. II. u. III.

[9] Conc.O. §. 155 Nr. 4 vbd. §. 59. Vgl. Mot. a. a. O. Nr. 4, §. 59 (S. 279). Vgl. ob. §. 40. IV. Abs. 2.

[10] Conc.O. §. 155 Nr. 2 vbd. §§. 60, 142, 144. Vgl. Mot. §§. 154—156 Nr. 2 und ob. §. 40. IV.

längstens aber, wenn diese bis dahin nicht erfolgt ist, bis zum Ablaufe der Ausschlußfrist für die Schlußvertheilung, weil dann die zurückbehaltenen Antheile für die letztere frei werden.[11]

b. Forderungen, für welche zugleich abgesonderte Befriedigung in Anspruch genommen wird, dem Verwalter aber zunächst nur der Nachweis der Betreibung der Veräußerung des Absonderungsgegenstandes verbunden mit der Glaubhaftmachung des Betrages des muthmaßlichen Ausfalls geliefert ist. Die Zurückbehaltung dauert bis zu geschehener Führung des Nachweises des Verzichtes auf die abgesonderte Befriedigung oder des Betrages des Ausfalls bei derselben, längstens aber wiederum bis zum Ablaufe der Ausschlußfrist für die Schlußvertheilung, weil, wenn nicht der eine oder der andere Nachweis bis dahin geführt ist, die zurückbehaltenen Antheile für die Schlußvertheilung frei werden.[12]

III. Die bei einer Abschlagsvertheilung zurückbehaltenen Antheile werden vorläufig, und zwar, wenn nicht vorher der Grund der Zurückbehaltung aufhört, bis zum Vollzuge der Schlußvertheilung, wie sonstige Massegelder behandelt. Sie werden oder bleiben also bei der nämlichen Stelle, bei welcher diese Gelder zu hinterlegen sind, hinterlegt, und zwar auf Rechnung der Masse, so daß dieser namentlich die von der Hinterlegungsstelle etwa vergüteten Zinsen zufließen. Gleiches gilt

---

[11] Conc.O. §. 155 Nr. 2 vbd. §§. 142 Abs. 1, 144. Vgl. ob. §. 40. IV.

[12] Conc.O. §. 155 Nr. 3 vbd. §§. 141 Abs. 2, 144. Vgl. Mot. §§. 154—156 Nr. 3 und ob. §. 40. II. u. III.

von den Antheilen, welche bei einer Abschlagsvertheilung von den Gläubigern nicht erhoben werden.[13]

Diejenigen Beträge dagegen, welche, sei es aus Abschlagsvertheilungen, sei es aus der Schlußvertheilung, bei dem Vollzuge der Schlußvertheilung zurückzubehalten oder bis zur Vollendung desselben nicht erhoben sind, hat der Concursverwalter alsbald nach der Vollendung[14] nach Anordnung des Concursgerichtes bei der von diesem bezeichneten Stelle, sei es die landesgesetzlich zu Hinterlegungen bestimmte oder eine andere, für Rechnung und auf Kosten der Betheiligten zu hinterlegen, so daß die von der Hinterlegungsstelle etwa vergüteten Zinsen eines jeden Betrages das künftige Schicksal des letzteren theilen.[15] Die zurückbehaltenen Beträge müssen so lange hinterlegt bleiben, bis entweder das Hinderniß ihrer

---

[13] Folgt (durch arg. a contrario) aus Conc.O. §. 156 vbd. §. 120 Abs. 1. Vgl. Hullm. §. 155 Bem. 5, Sarwey §. 156 Bem. 4, Pet. §§. 154 — 156 Bem. 3, Stiegl. §. 156 Bem. I. 2.

[14] Daß in Conc.O. §. 156 unter „Vollzug der Schlußvertheilung" im Sinn des Gesetzes die Vollendung des Vollzuges zu verstehen ist, erhellt aus den Worten: „oder welche bis zu diesem Zeitpunkte nicht erhoben werden". A. M. Stiegl. §. 156 Bem. II. 1 u. 2, welcher in Ansehung der zurückzubehaltenden Beträge den Beginn des Vollzuges der Schlußvertheilung, in Ansehung der nicht erhobenen Beträge dagegen den ganzen Zeitraum vom Beginn bis zur Beendigung des Vollzuges derselben in Betracht zieht.

[15] Conc.O. §. 156 vbd. Mot. §§. 154 — 156 im letzten Abs. (S. 388). — Die Hinterlegung steht in Ansehung der nicht rechtzeitig erhobenen Beträge der Zahlung gleich. Vgl. Windscheid §. 347. In Ansehung der zurückzubehaltenden Beträge wirkt sie gleich einer Zahlung wenigstens für den Fall, daß später das Hinderniß der Auszahlung wegfällt. S. Stiegl. §. 156 Bem. I. 2. — Die Anordnung des Concursgerichtes ist, weil sie ganz von dem Ermessen desselben abhängt, wohl als unanfechtbar zu betrachten. Vgl. ob. §. 43 Anm. 6. A. M. Völd. §. 156 a. E., Sarwey §. 156 Bem. 3, Stiegl. §. 156 Bem. I. 1.

Auszahlung weggefallen ist, oder bis sie umgekehrt für eine Nachtragsvertheilung frei geworden sind. Dagegen können die wegen nicht rechtzeitiger Erhebung hinterlegten von den Bezugsberechtigten jederzeit bei der Hinterlegungsstelle erhoben werden. Wie lange dieses Recht fortdauert, bemißt sich nach dem bürgerlichen Rechte, insbesondere nach den Vorschriften über die Verjährung.[16]

Die nämlichen Grundsätze gelten in Ansehung der Behandlung zurückzubehaltender oder nicht rechtzeitig erhobener Beträge bei den Nachtragsvertheilungen, weil diese als bloße Ergänzungen der Schlußvertheilung erscheinen.[17]

3. Erledigung des Concursverfahrens durch Zwangsvergleich.

§. 45.

a. Einleitung.

I. Die Erledigung des Concursverfahrens durch Vertheilung der in Geld umgesetzten Concursmasse an die Concursgläubiger erfordert immer einen erheblichen Zeit- und Kostenaufwand. Der letztere verringert das Maß der Befriedigung der Gläubiger, der erste verzögert die volle Wiederaufnahme der Erwerbsthätigkeit des Gemeinschuldners. Zudem ist eine fremde, durch die stets maßgebende Rücksicht auf möglichst baldige Versilberung in der freien Bewegung beengte

---

[16] Vgl. Sarwey §. 156 Bem. 5, Pet. §§. 154—156 Bem. 3 a. E., Stiegl. §. 156 Bem. II. 2 a. E. A. M. Hullm. §. 156 Bem. 4.

[17] S. ob. §. 43. I. a. E. Vgl. Stiegl. §. 156 Bem. III.

Verwaltung des Vermögens, wie diejenige des Concursverwalters, immer viel ungünstiger als die eigene, und durch die gänzliche Auflösung der bisherigen vermögensrechtlichen Verhältnisse des Gemeinschuldners, wie sie die unvermeidliche Folge dieser Art der Erledigung des Concursverfahrens ist, werden zugleich seine Geschäftsverbindungen zerrüttet. Es liegt daher in der Regel im wohlverstandenen Interesse nicht allein des Gemeinschuldners sondern auch seiner Gläubiger, ja es liegt wegen der rascheren Beseitigung der durch ein Concursverfahren jedesmal selbst für weitere Kreise bewirkten Verkehrsstockung sogar im öffentlichen Interesse, den Concurs auf einem anderen Wege zu erledigen, welcher, mit minderem Kosten- und Zeitaufwande verbunden, zugleich die völlige Auflösung der Vermögens- und Geschäftsverhältnisse des Gemeinschuldners vermeidet und ihn aus diesem doppelten Grunde in den Stand setzt, seinen Gläubigern eine vollere Befriedigung zu gewähren als diejenige, welche ihnen der Weg der Vertheilung in Aussicht stellt, zumal da nicht selten Verwandte oder Freunde des Gemeinschuldners, um ihm die genannten Vortheile zu verschaffen, sich den Gläubigern gegenüber zu Opfern für ihn bereit finden lassen.[1]

Einen solchen Weg eröffnet das Gesetz in der Zulassung eines Zwangsvergleiches, d. h. einer für die Minderheit der Concursgläubiger bindenden Einigung des Gemeinschuldners mit der Mehrheit derselben über die Bedingungen, unter welchen ohne vorgängige erschöpfende Vertheilung der Masse die Aufhebung des Concursverfahrens erfolgen soll. Und zwar erblickt es auch in dieser Art der Erledigung des Concursverfahrens einen ordentlichen, ja sogar im Allgemeinen

[1] Vgl. Mot. Vorbem. z. Buch II. Tit. 6 in Abs. 2 (S. 390 fg.).

den wünschenswertheren und für alle Betheiligte vortheilhafteren Ausgang desselben.[2]

Daß hiebei der Beschluß der Mehrheit der Concursgläubiger für die Minderheit bindend ist, rechtfertigt sich durch die Erwägung, daß es sich auch hier, ähnlich wie z. B. bei der Frage der Fortführung oder Schließung des Geschäftes des Gemeinschuldners, überwiegend um eine bloße Frage der Zweckmäßigkeit und des praktischen Nutzens handelt, bei welcher naturgemäß der Wille der Mehrheit als im Zweifel anzunehmender Ausdruck des gemeinsamen Interesse Aller entscheiden muß und der durch dieses allgemeine Interesse gebotene Schritt nicht durch den auf Unverstand, Eigensinn, Rachsucht oder unlauteren Nebenabsichten beruhenden Widerspruch Einzelner gehindert werden darf.[3] Aber freilich handelt es sich hier um eine Zweckmäßigkeitsmaßregel, welche unvermeidlich zugleich in die Rechte der Einzelnen eingreift, und die daher, soll sie nicht zu ungerechter Härte führen, an ganz besondere schützende Voraussetzungen gebunden werden muß. Außerdem bedarf es noch der Vorsorge nach der Richtung, daß nicht die Aussicht auf einen Zwangsvergleich einem Schuldner als lockender Anreiz zur Zahlungseinstellung erscheine, und daß nicht die Wohlthat, welche für den Schuldner in dieser Art der Erledigung des Concurs-

---

[2] S. Mot. Vorbem. z. Buch II. Tit. 6 in Abs. 3 u. 4 (S. 391), §. 160. II. Abs. 2 (S. 404), Prot. S. 113. Vgl. ob. §. 34. Unstatthaft ist ein Zwangsvergleich nur im Concurse einer eingetragenen Genossenschaft: Conc.O. §. 196 Abs. 2. S. aber auch EG. §. 6.

[3] S. ob. §. 31 Anm. 7 und Mot. Vorbem. z. Buch II. Tit. 6 in Abs. 5 (S. 391 ff.). Die Motive finden die juristische Rechtfertigung auch hier in dem Gemeinschaftsverhältnisse, welches zwischen den Concursgläubigern bestehe. Vgl. ob. §. 5 Anm. 17, §. 31 Anm. 7.

verfahrens liegt, auch einem solchen Schuldner zu Theil werde, der sich durch sein Verhalten vor oder nach der Concurseröffnung derselben unwürdig gemacht hat.[4]

Aus diesen verschiedenen Rücksichten erfordert die Concursordnung hier nicht allein eine größere als die für sonstige Beschlüsse der Gläubigerversammlung nothwendige Mehrheit, sondern sie gestattet auch einen Zwangsvergleich nur dann, wenn er allen Concursgläubigern gleiche Rechte gewährt, beschränkt ferner die Zulässigkeit des Zwangsvergleiches wegen des Betragens des Gemeinschuldners, unterwirft den Vorschlag zu einem solchen Vergleiche einer Vorprüfung von Seite des Concursverwalters; insbesondere aber, falls ein Gläubigerausschuß bestellt ist, von Seite dieses Organs der Gläubiger und macht endlich und hauptsächlich die Gültigkeit jedes Zwangsvergleiches von der Prüfung und Bestätigung des Concursgerichtes abhängig.[5] Außerdem kann selbst der bestätigte Zwangsvergleich von jedem einzelnen Gläubiger für seine Forderung wegen Betruges angefochten werden, und die nachträgliche Verurtheilung des Gemeinschuldners wegen betrüglichen Bankeruttes hebt die Wirksamkeit des vergleichsmäßigen Erlasses sogar in der Weise wieder auf, daß nunmehr auf den Antrag eines Gläubigers das Concursverfahren wiederaufgenommen wird.[6]

---

[4] S. Mot. Vorbem. z. Buch II. Tit. 6 in Abs. 15 (S. 398 ff.).

[5] S. Conc.O. §§. 169; 168; 162, 172; 163, 164; 170 ff. vbd. 163. Vgl. Mot. Vorbem. z. Buch II. Tit. 6 in Abs. 15—17, 21—23 (S. 398—400, 401 ff.).

[6] S. Conc.O. §§. 182, 183, 184 ff. — Der Zwangsvergleich ist im Sinn der Concursordnung und zur Erklärung seiner Wirkungen (s. Conc.O. §§. 168, 178) juristisch aufzufassen als ein von dem Gemeinschuldner mit den sämmtlichen nicht bevorrechtigten Concursgläubigern, auch den nicht am Concursverfahren Theil nehmen-

II. Der Zwangsvergleich enthält auf Seite der Gläubiger allemal einen dem Gemeinschuldner gewährten Erlaß,

---

den, abgeschlossener Vertrag. S. Conc.O. §. 160: „— — kann auf den Vorschlag des Gemeinschuldners zwischen diesem und den nicht bevorrechtigten Concursgläubigern ein Zwangsvergleich geschlossen werden". Vgl. Mot. §§. 181—187 Nr. 1 („Gesammtheitsvertrag") und Nr. 2 („Bei Abschluß und bei Bestätigung des Vergleichs standen als die eine Partei dem Gemeinschuldner alle Gläubiger zusammen gegenüber"). Die Eigenthümlichkeit des Falls besteht nur darin, daß die Mehrheit der genannten Gläubiger den Vertrag nicht bloß in eigenem Namen, sondern auch im Namen und in Vertretung der überstimmten und gar nicht mitstimmenden abschließt, und daß diese die Vertretung (welche demnach als eine gesetzliche zu bezeichnen ist) anerkennen müssen. Daß aber so der unter den gesetzlichen Voraussetzungen ausgesprochene Wille der Mehrheit als Wille Aller gilt, erklärt sich aus dem im Texte Gesagten und kann um so minder eine besondere Schwierigkeit machen, als bei jedem gesetzmäßigen Mehrheitsbeschlusse der Gläubigerversammlung und bei jedem verfassungsmäßigen Mehrheitsbeschlusse eines Vereins die gleiche Erscheinung wiederkehrt. Vgl. ob. §. 30 Anm. 4. Auch das Erforderniß gerichtlicher Bestätigung des Zwangsvergleiches ist juristisch nicht eigenthümlicher als das Erforderniß gerichtlicher Bestätigung eines Alimentenvergleiches (L. 8 D. de transact. 2, 15, L. 8 C. eod. 2, 4) oder obrigkeitlicher Bestätigung eines Vereinsbeschlusses u. dgl. — Diese mit der allgemeinen Ansicht übereinstimmende Auffassung ist lebhaft angefochten worden von Schultze S. 114 ff., der, davon ausgehend, daß der Gesichtspunkt des Vertrages die bindende Kraft des Zwangsvergleiches für die Minderheit der Gläubiger nicht zu erklären vermöge, die Beseitigung der Schwierigkeit in der Auffassung des Zwangsvergleiches als eines richterlichen Urtheils erblickt. Allein ein richterliches Urtheil, welches nach bloßen Rücksichten der Zweckmäßigkeit über die Rechte der Betheiligten erkennen und diesen wider ihren Willen wohlerworbene Rechte nehmen dürfte, dabei zudem noch darauf beschränkt, sich unabweichlich nur den Beschluß der Gläubigermehrheit als Inhalt anzueignen, — ein solches Urtheil wäre doch wohl schwerlich weniger anomal als die Anomalie, deren Beseitigung versucht wird. Vgl. auch Mot. §§. 163, 164 in Abs. 2 (S. 410). Dazu

d. h. ein theilweises Aufgeben ihrer Ansprüche,[7] welches gewöhnlich in unmittelbarem Nachlasse eines Bruchtheils der Concursforderungen besteht, aber auch in bloßer Stundung der Erfüllung, oder endlich in Nachlaß und Stundung zugleich bestehen kann.[8]

Weil aber einerseits nicht anzunehmen ist, daß die bevorrechtigten Concursgläubiger, denen die Erledigung des Con-

---

kommt noch, daß bei dieser Erklärung selbst die ursprüngliche Schwierigkeit nicht gehoben sondern bloß verschoben ist. Denn soll die Bestätigung des Zwangsvergleiches als richterliches Urtheil zwischen dem Gemeinschuldner auf der einen und den sämmtlichen Concursgläubigern (auch den nicht mitstimmenden und unbekannten) auf der anderen Seite (s. Schultze S. 126) für diese sämmtlichen Gläubiger Wirkungen erzeugen, so muß doch auch wieder eine gesetzliche Vertretung der Minderheit durch die Mehrheit angenommen werden. Endlich und namentlich bleibt, wie mir scheint, mit Schultze's Auffassung unerklärt, wie durch den Zwangsvergleich auch für die überstimmten und nicht mitstimmenden Gläubiger Pfandrechte, Ansprüche gegen die Vergleichsbürgen u. dgl. begründet werden könnten.

[7] S. Conc.O. §§. 182 Abs. 1, 183 Abs. 1 vbd. Mot. §§. 181—187 Nr. 2 u. 3 (S. 427 fg.), §. 160. II. Abs. 3 (S. 405).

[8] Vgl. Mot. §§. 161, 168 in Abs. 2 (S. 406 a. E.). Wenn hier als möglicher Inhalt eines Zwangsvergleiches auch das Abkommen genannt wird, daß die Befriedigung der Gläubiger durch eine außergerichtliche Liquidation der Masse, mit oder ohne Zuziehung von Vertretern der Gläubiger, bewirkt werden solle, so scheint mir vom Standpunkte der Concursordnung ein solcher Inhalt in der That nicht zulässig zu sein, weil er im Hinblicke auf die unbekannten Gläubiger, die dabei thatsächlich leer ausgingen, doch wohl der Vorschrift in Conc.O. §. 168 Abs. 1 widerstreiten würde. Ein Abkommen dieses Inhaltes kann vielmehr nur dann zur Beendigung des Concursverfahrens, und zwar mittels Einstellung, führen, wenn sich der Gemeinschuldner nach dem Ablaufe der Anmeldefrist mit allen Concursgläubigern, welche Forderungen angemeldet haben, vor dem Ablaufe derselben mit allen bekannten Concursgläubigern über eine solche Art der Behandlung zu einigen vermag. S. Conc.O. §. 188.

cursverfahrens durch Vertheilung der Masse volle Befriedigung verspricht, zur Vermeidung dieser Art der Erledigung sich zu einem Erlasse verstehen würden, und weil es auf der anderen Seite ungerecht wäre, ihnen zu Gunsten einer für sie ganz nutzlosen und gleichgültigen Maßregel einen solchen Erlaß zufolge eines Mehrheitsbeschlusses aufzudringen, so ist in ihrem Interesse wie in demjenigen der nicht bevorrechtigten Concursgläubiger die Theilnahme an dem Abschlusse eines Zwangsvergleiches und die Wirkung desselben von der Concursordnung auf die letzteren beschränkt.[9]

§. 46.

b. Vergleichsvorschlag und Vorprüfung desselben.

I. Der Vorschlag zu einem Zwangsvergleiche kann nur von dem Gemeinschuldner ausgehen.[1] Er kann, so lange nicht die Vornahme der Schlußvertheilung von dem Concursgerichte genehmigt ist, in jeder Lage des Concursverfahrens, auch schon vor dem allgemeinen Prüfungstermin und sogar

[9] S. Conc.O. §§. 160, 168, 178. Vgl. Mot. §. 160. II. Abs. 3 (S. 405 fg.). Daß die Massegläubiger, die Aussonderungsberechtigten und die Absonderungsberechtigten, soweit sie ihr Absonderungsrecht geltend machen, an dem Abschlusse und der Wirkung des Zwangsvergleiches nicht Theil nehmen, folgt schon daraus, daß sie am Concursverfahren nicht Theil nehmen, sondern ihre Befriedigung unabhängig von demselben erhalten. Vgl. Mot. a. a. O.

[1] Conc.O. §. 160. Besondere Vorschriften: Conc.O. §§. 200, 206. Der Gemeinschuldner erscheint auch dann als die den Gläubigern gegenüberstehende Partei, wenn für ihn ein Dritter eintritt, der die Befriedigung der Gläubiger auf sich nehmen will. S. Mot. Vorbem. z. Buch II. Tit. 6 in Abs. 8 (S. 393 fg.). Nimmt jedoch neben ihm ein Dritter als Bürge an dem Zwangsvergleiche Theil, so erstreckt sich die Wirkung desselben auch auf diesen. S. Conc.O. §. 179.

gleichzeitig mit dem Antrage auf die Concurseröffnung gemacht werden.[2] Die Zurücknahme eines Vergleichsvorschlages ist nach allgemeinen Grundsätzen so lange möglich, als er nicht von den Gläubigern angenommen ist.[3]

II. Der Vergleichsvorschlag ist bei dem Concursgerichte entweder schriftlich einzureichen oder mündlich vor dem Gerichtsschreiber zu Protokoll zu erklären[4] und muß, um nicht als unbeachtlich von Amtswegen zurückgewiesen zu werden, bestimmt angeben, in welcher Höhe, zu welcher Zeit und auf welche Weise gegen Bewilligung sofortiger Aufhebung des Concursverfahrens die Befriedigung der nicht bevorrechtigten Concursgläubiger erfolgen, sowie, ob und in welcher Art ihnen eine Sicherstellung gewährt werden soll.[5]

III. Ein Zwangsvergleich ist unzulässig, und ein Ver-

---

[2] Conc.O. §. 160 vbd. §§. 167, 121 Nr. 1. Vgl. Mot. §§. 165—167 in Abs. 1 S. 411). (Anscheinend anders Mot. §. 160 in Abs. 1 u. 2.) Ist der Vergleichsvorschlag vor dem Schlusse des allgemeinen Prüfungstermins gemacht, so soll die Verwerthung der Masse in der Regel bis zu seiner Erledigung ausgesetzt werden. S. Conc.O. §. 121 Nr. 1. Ist er vor dem Ablaufe der Ausschlußfrist für eine Abschlagsvertheilung gemacht, so kann das Concursgericht auf Antrag des Gemeinschuldners die Aussetzung der Vertheilung anordnen: Conc.O. §. 148. Vgl. ob. §. 41. III.

[3] S. Conc.O. §. 163. Vgl. Völd. §. 163 Bem. a. II. A, Sarwey §. 163 Bem. 6, Stiegl. §. 163 Note a. Stirbt der Gemeinschuldner vor der Annahme des Vergleichsvorschlages, so wird dieser hinfällig, wenn er nicht von den sämmtlichen Erben aufgenommen wird: entspr. Conc.O. §. 206. Vgl. Völd. §. 163 Bem. a. II. B.

[4] S. Conc.O. §. 165 vbd. CP. §§. 457, 462, 463 und Conc.O. §. 127. Vgl. Mot. §§. 165—167 in Abs. 1 (S. 411).

[5] Conc.O. §. 161 vbd. §. 160. Vgl. Mot. §§. 161, 168 in Abs. 4 u. 5 (S. 407 fg.). S. auch Völd. §. 161 Bem. c u. d, Stiegl. §. 161 Bem. I. 2, II. u. III. Statthaftigkeit sofortiger Beschwerde gegen die Zurückweisung: Conc.O. §. 66 Abs. 3.

gleichsvorschlag ist daher ebenfalls ohne Weiteres von Amtswegen zurückzuweisen:[6]

1. wenn und solange der Gemeinschuldner flüchtig ist[7] oder die Ableistung des Offenbarungseides verweigert;
2. solange ein wegen betrüglichen Bankeruttes[8] gegen ihn eröffnetes Hauptverfahren oder wiederaufgenommenes Verfahren anhängig ist;[9]
3. wenn er wegen betrüglichen Bankeruttes rechtskräftig verurtheilt ist.[10]

IV. Wenn in dem Concursverfahren bereits ein Vergleichsvorschlag von den Gläubigern abgelehnt oder ein Zwangsvergleich von dem Gerichte verworfen[11] oder endlich ein Vergleichsvorschlag von dem Gemeinschuldner nach der öffentlichen Bekanntmachung des Vergleichstermins[12] zurückgenom-

---

[6] Conc.O. §. 162 vbd. Mot. §. 162 (S. 408 fg.). Statthaftigkeit sofortiger Beschwerde: Conc.O. §. 66 Abs. 3. Ueber den Fall, wenn nach der Annahme des Vergleiches ein Grund der Unzulässigkeit eintritt, s. Conc.O. §§. 172 Nr. 2, 183. — In den Fällen von Conc.O. §§. 200 und 206 muß ein Zwangsvergleich für unzulässig gehalten werden, wenn auch nur in der Person Eines Gesellschafters oder Erben ein Unzulässigkeitsgrund besteht. S. Völd. §. 162 Bem. a, Pet. §. 162 Bem. 1. Vgl. unt. §. 55 Anm. 12, §. 56 Anm. 13.

[7] Vgl. Völd. §. 162 Bem. c.

[8] S. Conc.O. §. 209.

[9] S. StP. §§. 201, 209, 270; 402, 410 Abs. 2.

[10] S. Conc.O. §. 209. Jedoch wird dieses bloß von einer mit dem gegenwärtigen Concurse zusammenhängenden Verurtheilung gelten können. S. Völd. §. 162 Bem. h, Pet. §. 162 Bem. 3. A. M. Dernburg II. §. 126 Nr. 3. b.

[11] S. Conc.O. §§. 172, 173 vbd. Mot. §§. 163, 164 in Abs. 2 (S. 410 fg.). Die „Zurückweisung" eines Vergleichsvorschlages in Rücksicht auf Conc.O. §. 161 oder §. 162 gehört nicht hierher. S. Völd. §. 161 Bem. b, Pet. §. 161 Abs. 1 g. E.

[12] S. Conc.O. §. 166 vbd. §. 68 Abs. 1 Satz 2.

men worden ist, so kann das Concursgericht nach Ermessen einen nochmaligen Vergleichsvorschlag zurückweisen, falls der Verwalter und, wenn ein Gläubigerausschuß bestellt ist, auch dieser auf Grund einer Vorprüfung die Zurückweisung beantragt.[13]

V. Jeder Vergleichsvorschlag, welcher nicht aus einem der unter II.—IV. angegebenen Gründe zurückgewiesen wird, unterliegt, wenn ein Gläubigerausschuß bestellt ist, einer Vorprüfung desselben in Betreff seiner Annehmbarkeit. Der Ausschuß hat darüber eine schriftliche gutachtliche Erklärung abzugeben.[14] Fällt diese nicht im Sinn der Annehmbarkeit aus, so wird zwar das Verfahren über den Vergleichsvorschlag fortgesetzt, aber ein Widerspruch des Gemeinschuldners gegen die Verwerthung der Masse darf nicht mehr berücksichtigt werden.[15]

§. 47.

c. Beschlußfassung über den Vergleichsvorschlag.

I. Ueber die Annahme eines von dem Concursgerichte nicht zurückgewiesenen Vergleichsvorschlages muß in einer

[13] Conc.O. §. 163 vbd. Mot. §§. 163, 164 in Abs. 2 (S. 410 fg.). Gegen die Zurückweisung steht dem Gemeinschuldner die sofortige Beschwerde zu: Conc.O. §. 66 Abs. 3. Die Ablehnung derselben ist unanfechtbar. S. ob. §. 26 Anm. 16. A. M. Stiegl. §. 163 Bem. II. a. E. — Die nach Conc.O. §§. 163, 164 erforderliche Vorprüfung des Vergleichsvorschlages durch den Verwalter und den Gläubigerausschuß kann auch schon vor der Einreichung des Vorschlages bei Gericht auf Veranlassung des Gemeinschuldners stattfinden. S. Mot. §§. 165—167 in Abs. 1 (S. 411 fg.).

[14] Conc.O. §. 164 Abs. 1 vbd. §. 165. Vgl. Mot. §§. 163, 164 in Abs. 3 (S. 411). S. auch Völd. §. 165 Bem. c.

[15] Conc.O. §. 164 Abs. 2. (Ausnahme von Conc.O. §. 123 Abs. 2

dazu berufenen Gläubigerversammlung verhandelt und von den betheiligten Gläubigern Beschluß gefaßt werden.[1] Diese Verhandlung und Beschlußfassung darf jedoch erst nach der Abhaltung des allgemeinen Prüfungstermins stattfinden, weil sich erst dann der Vergleichsvorschlag genügend beurtheilen und der Kreis der stimmberechtigten Gläubiger ausreichend übersehen läßt, und sie darf nicht mehr stattfinden, wenn bereits die Vornahme der Schlußvertheilung vom Concursgerichte genehmigt und damit die Erledigung des Concursverfahrens durch Vertheilung der Masse endgültig entschieden ist.[2]

II. Der für die Beschlußfassung bestimmte Termin (Vergleichstermin) muß öffentlich bekannt gemacht und soll nicht über einen Monat hinaus anberaumt werden.[3] Auf

---

vbd. §. 121 Nr. 1.) Auch die vom Gemeinschuldner nach Conc.O. §. 148 beantragte Aussetzung einer bekannt gemachten Abschlagsvertheilung wird das Gericht in diesem Fall nicht bewilligen.

[1] Nur die in diesem Termin mündlich abgegebenen Erklärungen der Gläubiger oder ihrer Stellvertreter kommen rechtlich in Betracht; vorhergehende oder nachträgliche Erklärungen sind bedeutungslos. S. Mot. §§. 165—167 in Abs. 2 (S. 412). Wegen der Rechtsanwaltsgebüren s. RAGeb. §. 56 Nr. 2 vbd. §. 59 Abs. 2. Die allgemeine Vollmacht zur Vertretung in dem Concurse ermächtigt auch zur Vertretung im Vergleichstermin und zur Annahme des Vergleiches: entspr. CP. §. 77. S. jedoch CP. §. 79. Vgl. Völd. §. 169 Bem. c. I., Sarwey §. 169 Bem. 3 Nr. 5.

[2] Conc.O. §. 160 vbd. Mot. §. 160. I. (S. 403 fg.). Wird vor der Genehmigung der vom Concursverwalter beabsichtigten Schlußvertheilung ein Vergleichsvorschlag gemacht, so ist bis zur Erledigung desselben die Genehmigung auszusetzen. Vgl. Pet. §. 160 Bem. 1 a. E. A. M. Völd. §. 160 Bem. c.

[3] Conc.O. §. 166 Satz 1 u. 2 vbd. §. 68 Abs. 1. Vgl. Mot. §§. 165—167 in Abs. 3 (S. 412). Wegen der Berechnung s. ob. §. 42 Anm. 10. Das in Preußen maßgebende Formular s. Vierhaus Nr. 145 (S. 107). Die öffentliche Bekanntmachung gilt auch als

Antrag des Gemeinschuldners, wenn aber ein Gläubigerausschuß bestellt ist, nur auf übereinstimmenden Antrag des Ausschusses und des Gemeinschuldners kann das Concursgericht den Vergleichstermin auch mit dem allgemeinen Prüfungstermin verbinden in der Weise, daß sich an die Erledigung der Aufgaben des letzteren die Verhandlung über den Vergleichsvorschlag unmittelbar anschließt.[4]

Neben der öffentlichen Bekanntmachung ist jeder Concursgläubiger, welcher eine nicht bevorrechtigte Forderung angemeldet hat, unter Mittheilung des Vergleichsvorschlages und des Ergebnisses der gutachtlichen Erklärung des Gläubigerausschusses noch besonders zu laden.[5] Außerdem ist, spätestens gleichzeitig mit der öffentlichen Bekanntmachung, der Vorschlag und die genannte Erklärung in der Gerichtsschreiberei zur Einsicht der Betheiligten niederzulegen.[6]

Ladung für den Gemeinschuldner und für den Concursverwalter. S. Prot. S. 184.

[4] Conc.O. §. 167 vbd. §. 160. Vgl. auch Conc.O. §. 102 Abs. 2. In den Mot. a. a. O. wird anstatt eines Antrages des Gemeinschuldners ein Antrag des Verwalters gefordert, und Völd. §§. 166, 167 Bem. i nimmt daher im Gesetzestexte einen Druckfehler an. Allein da der Wortlaut des Gesetzes mit demjenigen des letzten Entwurfes übereinstimmt, so muß vielmehr ein Versehen der Motive angenommen werden. Vgl. Pet. §§. 165—167 Bem. 4, Stiegl. §. 167 Note a. — Die Verbindung der Termine ist unanfechtbar, weil das Gesetz dem Concursverwalter und den einzelnen Concursgläubigern auf die Festsetzung des Termins keinen bestimmenden Einfluß einräumt. Desgleichen aber auch die Unterlassung der beantragten Verbindung. S. ob. §. 26 Anm. 16. A. M. Stiegl. §. 167.

[5] Conc.O. §. 166 Satz 3 vbd. §. 69 Abs. 1. S. jedoch Conc.O. §. 68 Abs. 3. Preußisches Formular s. Vierhaus Nr. 144 (S. 106).

[6] Conc.O. §. 165. Durch diese Vorschrift sind, da nach Conc.O. §. 114 in der Gerichtsschreiberei auch Inventar und Bilanz aufliegen, die Gläubiger zur Vorbereitung auf den Termin ausreichend in den Stand gesetzt. S. Mot. §§. 165—167 in Abs. 4 (S. 412 fg.).

III. In dem Vergleichstermin sind zuvörderst, soweit noch erforderlich, die Stimmrechte festzustellen.[7] Sodann ist die Verhandlung über den Vergleichsvorschlag zu eröffnen. Der Gemeinschuldner oder sein Bevollmächtigter[8] hat ihn nöthigenfalls noch klar zu stellen und zu begründen, der Concursverwalter und der Gläubigerausschuß haben sich gutachtlich darüber zu äußern.[9] Auch die erschienenen Gläubiger können sich äußern. Diese Erörterung kann zu Abänderungen des Vorschlages führen, welche den Gläubigern günstigere Bedingungen bieten.[10]

Der Richter hat dafür zu sorgen, daß der Vorschlag in einer Fassung zur Abstimmung kommt, welche die Entscheidung über seine Annahme mit Ja oder Nein ermöglicht, und er darf ihn nur dann zur Abstimmung bringen, wenn er den gesetzlichen Bestimmungen entspricht.[11] Gesetzwidrig ist aber insbesondere ein Zwangsvergleich des Inhaltes, daß die Aufhebung des Concursverfahrens von vorgängiger Erfüllung

---

[7] S. Conc.O. §§. 87 Abs. 2, 88; vbd. Mot. §§. 165—167 in Abs. 5 (S. 413).

[8] Das persönliche Erscheinen des Gemeinschuldners ist keine unerläßliche Vorbedingung der Verhandlung und Beschlußfassung. Es ist jedoch für die Regel schon durch seine Pflicht zur Auskunftsertheilung (Conc.O. §. 92) geboten. S. Mot. §§. 165—167 in Abs. 2 (S. 412). Wegen der Rechtsanwaltsgebüren s. RAGeb. §. 56 Nr. 2 vbd. §. 59 Abs. 1.

[9] S. Mot. §§. 165—167 im letzten Abs. (S. 413).

[10] Einen zu Ungunsten der Gläubiger abgeänderten Vergleichsvorschlag dürfte der Richter selbst mit Zustimmung sämmtlicher erschienener Gläubiger nicht zur Abstimmung bringen, weil sich hier „die Anwendung eines Contumacialprincipes gegen die ausbleibenden Gläubiger nicht würde rechtfertigen lassen". S. Mot. §§. 161, 168 in Abs. 4 (S. 407 a. E.). Vgl. noch Mot. §§. 163, 164 a. E. (S. 411), §§. 165—167 a. E. (S. 413 a. E.). S. auch Völd. §. 166 Note 12.

[11] S. Mot. §§. 165—167 im letzten Abs. (S. 413). Vgl. CP. §. 464.

des Zwangsvergleiches, d. h. Befriedigung der Concursgläubiger nach Maßgabe desselben,[12] abhängen soll.[13] Ferner ein solcher, welcher nicht die sämmtlichen nicht bevorrechtigten Concursgläubiger, die stimmenden wie die nicht stimmenden, die bekannten wie die unbekannten, in jeder Hinsicht, in Ansehung der Sicherheit nicht minder als der Procentsätze und der sonstigen Bedingungen, vollkommen gleichstellt, es wäre

[12] S. Conc.O. §. 161 vbd. Mot. §§. 161, 168 in Abs. 4 (S. 408 a. A.): „Der Accordantrag muß — — insbesondere auch angeben, ob und in welcher Weise für die Erfüllung des Vergleichs Sicherheit geboten wird." Daß die Leistung der gebotenen Sicherheit von der Concursordnung nicht zur „Erfüllung des Vergleiches" gerechnet wird, erhellt auch aus Mot. Vorbem. z. Buch II. Tit. 6 in Abs. 11 Nr. 1 a. E. (S. 396), §§. 175—177 g. E. (S. 421), §§. 181—187 Nr. 1 (S. 426).

[13] S. Conc.O. §§. 175 Abs. 1, 181. Vbd. Mot. Vorbem. z. Buch II. Tit. 6 a. a. O., §§. 175—177 a. a. O. Eben so wenig kann von der Nichterfüllung des Zwangsvergleiches die Wiederauflösung desselben in dem Sinn abhängig gemacht werden, daß wegen Nichterfüllung ohne Weiteres die Wiederaufnahme des Concursverfahrens erfolgen solle: Conc.O. §. 184 Abs. 1 (durch arg. a contrario). Die Bemerkung in den Mot. §§. 181—187 Nr. 1 (S. 426), daß sich die Gläubiger „vertragsmäßig die cassatorische Clausel vorbehalten könnten", hat nur den — allerdings möglichen — Vorbehalt im Auge, bei Nichterfüllung des Zwangsvergleiches die Forderungen wieder zu ihrem vollen ursprünglichen Betrage geltend zu machen. Wohl aber ist ein Zwangsvergleich statthaft, der die Aufhebung des Concursverfahrens von vorgängiger Leistung der den Gläubigern gebotenen Sicherheit abhängig macht, und die Aufhebung soll sogar auch ohnedies erst nach der Vornahme der in dem Vergleiche bedungenen Sicherungsmaßregeln stattfinden. S. Mot. §§. 175—177 (S. 421). Wesentlich übereinstimmend Stiegl. §. 161 Bem. II., §. 175 Bem. I., §. 181. A. M. nach verschiedenen Richtungen, zum Theil wegen nicht genügender Beachtung des in der vorigen Anm. nachgewiesenen Sprachgebrauches, einerseits Sarwey §. 175 Bem. 1 Nr. 3 vbd. §. 177 Bem. 1, andererseits Hullm. §. 175 Bem. 2 a. E., Völd. §. 181 Bem. a. I. 1, Pet. §§. 175—177 Bem. 3 a. E., §. 181.

denn, daß es sich nur um eine Zurücksetzung bestimmter bekannter Gläubiger handelt, mit welcher sich diese entweder in dem Termin selbst oder in einer in demselben vorgelegten Urkunde ausdrücklich einverstanden erklärt haben.[14] Die Festsetzung einer besonderen Bevorzugung von Gläubigern gegenüber allen anderen, also auch den unbekannten, ist demnach unbedingt unstatthaft.[15] Auch ist jedes neben dem Vergleiche von dem Gemeinschuldner oder von anderen Personen mit einzelnen Gläubigern getroffene Abkommen, wodurch diese bevorzugt werden sollen, nichtig und unter Umständen sogar strafbar.[16]

Der Richter hat ferner auf geeignete Maßregeln zur Be-

---

[14] Conc.O. §. 168 Satz 1 u. 2 vbd. Mot. §§. 161, 168 in Abs. 3 (S. 407). Doch ist auch eine nachträgliche Zustimmung nicht unbedingt ausgeschlossen. S. Conc.O. §. 172 Nr. 1 a. E. und unt. §. 48 Anm. 3. Eine Verletzung der Gleichheit wäre es insbesondere auch, wenn für einen Theil der Forderungen der eine, für einen anderen Theil ein anderer Bürge oder ein anderes Pfand haften soll. Vgl. Hullm. §. 168, Sarwey §. 168 Bem. 1, Stiegl. §. 168 Note a. In Betreff der Schwierigkeiten, die hienach insbesondere bei der Pfand- oder Hypothekenbestellung entstehen können, s. Mot. §§. 161, 168 im letzten Abs. (S. 408).

[15] Anders anscheinend die Mot. a. a. O. S. aber Stiegl. §. 168 Bem. I.

[16] Conc.O. §. 168 Satz 3 vbd. Mot. a. a. O. Vgl. Conc.O. §§. 211, 213. S. auch Conc.O. §§. 173 Abs. 1, 182. Nach der Fassung des Gesetzes („Abkommen — —, durch welches diese bevorzugt werden sollen") ebenso wie nach den Motiven ist die Anwendbarkeit der Vorschrift dadurch bedingt, daß mindestens auf Seite des Gemeinschuldners oder der anderen dem begünstigten Gläubiger als Vertragspartei gegenüberstehenden Person, wenn auch nicht gerade die Absicht der Umgehung des Gesetzes, so doch mindestens die Absicht und also das Bewußtsein der Bevorzugung des Gläubigers gegenüber den allgemeinen Vergleichsbedingungen vorhanden war. A. M. Mandry S. 305.

friedigung oder Sicherstellung der Massegläubiger und der bevorrechtigten Concursgläubiger hinzuwirken.[17]

IV. Ein Stimmrecht kommt im Vergleichstermin bloß den nicht bevorrechtigten Concursgläubigern zu; diesen aber nach Maßgabe der Grundsätze, welche überhaupt in Ansehung des Stimmrechtes in den Gläubigerversammlungen gelten.[18]

Die Abstimmung selbst geschieht mit Ja oder Nein. Enthält der Vergleichsvorschlag mehrere selbständige Punkte, so kann sie zunächst über jeden besonders erfolgen.[19] Werden dabei einzelne Punkte abgelehnt, so kann dieses dem Gemeinschuldner zu entsprechenden Aenderungen des Vergleichsvorschlages Veranlassung geben.[20] Jedenfalls aber ist schließlich der Vorschlag in der ihm von dem Gemeinschuldner gegebenen endgültigen Gestalt im Ganzen zur Abstimmung zu bringen.[21]

---

[17] S. Conc.O. §. 176. Vgl. Sarwey §. 169 Bem. 1.

[18] Conc.O. §§. 160, 169 Nr. 1, 2; vbd. Mot. §. 160. II. Abs. 3 (S. 405 fg.), §. 169 in Abs. 1 (S. 414). Vgl. Conc.O. §§. 87, 88 und ob. §. 31. IV. Daraus folgt, daß für alle bis zum Vergleichstermin angemeldete Forderungen ein Stimmrecht gewährt werden kann. S. Conc.O. §. 87 Abs. 2. Vgl. Mot. §. 169 im vorl. Abs. a. E. (S. 416). S. auch ob. III. a. A.

[19] Bei diesen vorläufigen Abstimmungen muß, weil sie eine bloß vorbereitende Bedeutung haben, nach Conc.O. §. 86 Abs. 2 die einfache absolute Mehrheit genügen.

[20] S. ob. III. Abs. 1 a. E.

[21] Das in den Mot. §§. 165—167 im letzten Abs. (S. 413) angegebene Verfahren, wonach über die angenommenen Punkte sofort im Ganzen abzustimmen und es dann dem Gemeinschuldner sowie den für ihn eingetretenen Dritten zu überlassen wäre, in den Wegfall der abgelehnten Punkte zu willigen oder nicht zu willigen, scheint mir weder zweckmäßig noch mit dem System des Gesetzbuches, wonach der Vorschlag zu einem Zwangsvergleiche immer nur von dem Gemeinschuldner und nicht von den Gläubigern ausgehen kann (Conc.O. §. 160), vereinbar zu sein.

Zur Annahme des Vergleiches ist bei dieser entscheidenden Abstimmung erforderlich, daß

1. mehr als die Hälfte der Kopfzahl der in dem Termine (persönlich oder durch Stellvertreter) erschienenen stimmberechtigten und wirklich stimmenden[22] Gläubiger dem Vergleiche ausdrücklich zustimmt,[23] und daß
2. die Summe der Beträge, zu welchen diese zustimmenden Gläubiger stimmberechtigt sind, wenigstens drei Viertheile der Gesammtsumme aller Beträge ausmacht, zu welchen zur Zeit der Abstimmung[24] für nicht bevorrechtigte, sei es übrigens erschienene oder nicht erschienene, stimmende oder nicht stimmende, Concursgläubiger Stimmrechte bestehen.[25]

---

[22] S. Mot. §. 169 im vorl. Abs. (S. 415 fg.), §§. 85—91 in Abs. 6 (S. 316). Vgl. ob. §. 31. V. Ebenso Hullm. §. 169 Bem. 4 a. E., Sarwey §. 169 Bem. 3 Nr. 3, Pet. §. 169 Bem. 1 a. E., Stiegl. §. 169 Bem. II. 1. A. M. Völd. §. 169 Bem. e.

[23] Conc.O. §. 169 Nr. 1 vbd. Prot. S. 111 fg. Ueber den Fall eingetretener Rechtsnachfolge s. ob. §. 32. III.

[24] Vgl. Sarwey §. 169 Bem. 4.

[25] Conc.O. §. 169 Nr. 2 vbd. Mot. §. 169 im vorl. Abs. a. E. (S. 416). Die Stimmrechte, welche nach Conc.O. §§. 87 Abs. 2, 88 immer nur für eine einzelne Gläubigerversammlung gewährt werden, können also hinsichtlich der nicht erschienenen Gläubiger nicht in Rechnung kommen. Vgl. Mot. §§. 165—167 im vorl. Abs. (S. 413), Völd. §. 169 Bem. f, Sarwey §. 169 Bem. 3 Nr. 2. — Auch dann, wenn sämmtliche Gläubiger, welche Forderungen angemeldet haben, dem Vergleiche zustimmen sollten, müßten die Vorschriften über den Zwangsvergleich, insbesondere diejenigen über die gerichtliche Bestätigung desselben zur Anwendung kommen. Die Einstellung des Concursverfahrens könnte der Gemeinschuldner mit Berufung auf jene einmüthige Zustimmung nach Conc.O. §. 188 Abs. 1 nur dann verlangen, wenn sich sämmtliche Gläubiger auch damit ausdrücklich einverstanden erklärt hätten. S. Prot. S. 111. Vgl. Hullm. §. 160 Bem. 8, Stiegl. §. 160 Note c. A. M. Sarwey §. 160 Bem. 5.

Ist nur eine der Mehrheiten erreicht worden, so kann der Gemeinschuldner bis zum Schlusse des Termins[26] die einmalige Wiederholung der Abstimmung in einem neuen Termin verlangen, welchen das Gericht sofort zu bestimmen und noch in dem Termin zu verkünden hat.[27] In dem neuen Termin wird die Verhandlung über den Vergleichsvorschlag in voller Freiheit wiederholt; die Betheiligten sind an ihre früheren Erklärungen und an die frühere Art ihrer Abstimmung nicht gebunden.[28]

V. In dem Protokoll über den Vergleichstermin muß außer dem allgemeinen Gange der Verhandlung und den Entscheidungen des Gerichtes nebst ihrer Verkündung jede etwa erfolgte Abänderung des Vergleichsvorschlages, ferner die Abstimmung über denselben und das Ergebniß der Abstimmung nebst seiner Verkündung angegeben werden, und zwar in der Weise, daß ersichtlich wird, welche stimmberechtigten Gläubiger ihre Stimmen abgegeben, und welche von ihnen für oder gegen die Annahme des Vorschlages gestimmt haben.[29]

---

[26] Vgl. Völd. §. 169 Bem. h.

[27] Conc.O. §. 169 Abs. 2 vbd. Mot. §. 169 im letzten Abs. (S. 416). Oeffentliche Bekanntmachung des neuen Termins ist nicht erforderlich. Vgl. Conc.O. §. 170 Abs. 2 vbd. Mot. §§. 170—174 in Abs. 2 (S. 417). S. auch Wilm. §. 169 Bem. 7, Sarwey §. 169 Bem. 5, Stiegl. §. 169 Bem. III.

[28] S. Mot. a. a. O. Vgl. Stiegl. §. 169 Bem. III.

[29] Entspr. CP. §. 146 vbd. Mot. §§. 165—167 a. E. (S. 413 fg.). S. auch CP. §§. 145, 148, 149. Vgl. noch Sarwey §. 169 Bem. 1.

§. 48.

d. Verfahren nach der Annahme des Zwangsvergleiches.

I. Der angenommene Zwangsvergleich bedarf zu seinem Rechtsbestande der Bestätigung des Concursgerichtes.[1] Sie muß von Amtswegen erfolgen, wenn nicht einer der gesetzlichen Verwerfungsgründe vorliegt.[2] Diese sind aber theils solche, welche schon von Amtswegen, theils solche, welche nur auf Antrag zu berücksichtigen sind.

1. Schon von Amtswegen ist der Zwangsvergleich zu verwerfen:

a. wenn das Verfahren vor oder bei dem Abschlusse des Vergleiches oder dieser selbst an einem wesentlichen Mangel leidet und das Fehlende nicht ergänzt werden kann;[3]

---

[1] Conc.O. §. 170 Abs. 1 vbd. Mot. Vorbem. z. Buch II. Tit. 6 in Abs. 15 (S. 399), §§. 170—174 in Abs. 1 (S. 416).

[2] S. Prot. S. 112, Mot. §§. 170—174 in Abs. 3 a. A. (S. 418).

[3] Conc.O. §. 172 Nr. 1 vbd. Mot. §§. 170—174 in Abs. 3 (S. 418). Ein wesentlicher Mangel des Verfahrens wäre z. B. Nichtbeobachtung der Vorschriften in Conc.O. §§. 160, 161, 162, 164, 165, 166 Satz 2 u. 3 (nicht aber der Vorschriften in Conc.O. §§. 163, 166 Satz 1); ferner Theilnahme nicht stimmberechtigter, z. B. bevorrechtigter, Gläubiger oder nicht legitimirter Stellvertreter von Gläubigern an der Abstimmung, falsche Berechnung der stimmberechtigten Beträge, falls jene Theilnahme oder diese Berechnung für das Ergebniß von Erheblichkeit war, u. dgl. Ein wesentlicher Mangel des Vergleiches selbst läge namentlich in einem Verstoße gegen Conc.O. §. 168 durch ungleiche Behandlung der Gläubiger. In diesem Fall kann aber das Fehlende ergänzt werden durch nachträgliche ausdrückliche Einwilligung sämmtlicher zurückgesetzter Gläubiger. Ferner kann die fehlende Legitimation eines Stellvertreters ergänzt werden durch nachträgliche Beibringung der Vollmacht oder der Genehmi-

b. wenn ein Fall der Unzulässigkeit eines Zwangsvergleiches nachträglich eingetreten ist.[4]

2. Nur auf Antrag eines betheiligten Concursgläubigers ist der Vergleich zu verwerfen:

a. wenn er (von dem Gemeinschuldner oder von einer anderen Person) durch Begünstigung eines Gläubigers, sei es in dem Vergleiche selbst, sei es neben demselben, oder sonst in unlauterer Weise zu Stande gebracht ist;[5]

b. wenn er aus einem von dem Antragsteller angeführten Grunde, z. B. wegen nicht genügender Sicherung der Erfüllung, nach dem Ermessen des Gerichtes dem gemeinsamen Interesse der nicht bevorrechtigten Concursgläubiger widerspricht.[6]

Zur Stellung eines solchen Antrages ist jeder Gläubiger berechtigt, auf welchen sich die Wirkung des Zwangsvergleiches erstreckt, d. h. jeder nicht bevorrechtigte Concursgläubiger, gleichviel, ob er für oder gegen den Vergleich gestimmt, und

---

gung. S. noch ob. §. 47. III. Vgl. Sarwey §. 172 Bem. 2, Stiegl. §. 172 Nr. 1.

[4] Conc.O. §. 172 Nr. 2 vbd. §. 162.

[5] Conc.O. §. 173 Nr. 1 vbd. Mot. §§. 170—174 in Abs. 4 Nr. 1 (S. 418), wonach namentlich der sog. Stimmenkauf (s. Conc.O. §. 213) und das Auskaufen von Gläubigern hierher gehört. Wenn zu der in dem Vergleiche selbst festgesetzten Begünstigung eines Gläubigers sämmtliche zufolge dessen zurückgesetzte Gläubiger ausdrücklich zustimmen und deshalb der Vergleich nicht nach Conc.O. §. 172 Abs. 1 von Amtswegen zu verwerfen ist, kann immer noch die Verwerfung nach Conc.O. §. 173 Nr. 1 beantragt werden. Vgl. noch Völd. §§. 172, 173 Bem. k, Sarwey §. 173 Bem. 2, Stiegl. §. 173 Bem. II. 1.

[6] Conc.O. §. 173 Nr. 2 vbd. Mot. §§. 170—174 in Abs. 4 Nr. 2, Abs. 5 u. 6 (S. 418 ff.), Prot. S. 112 (zu §. 172). Vgl. Conc.O. §. 91. S. auch Völd. §§. 172, 173 Bem. 1, Sarwey §. 173 Bem. 3, Pet. §§. 170—174 Bem. II. 3. a.

ob er an der Beschlußfassung über den Vergleich oder überhaupt an dem Concursverfahren Theil genommen hat oder nicht, vorausgesetzt nur, daß er entweder zur Zeit jener Beschlußfassung stimmberechtigt war oder seine Forderung glaubhaft macht.[7] Der Antrag ist bis zur Verkündung des Beschlusses über die Bestätigung oder Verwerfung des Zwangsvergleiches und selbst noch nachher mittels sofortiger Beschwerde gegen den bestätigenden Beschluß in der Beschwerdeinstanz zulässig.[8] Er kann durch schriftliche Einreichung vorbereitend angekündigt,[9] darf aber nur dann berücksichtigt werden, wenn er bei der Verhandlung über die Bestätigung des Vergleiches, sei es von dem nämlichen, sei es von einem anderen antragsberechtigten Gläubiger, mündlich gestellt wird.[10] Ferner ist er ohne Weiteres als „unzulässig" abzuweisen, wenn nicht die Thatsachen, worauf er gegründet wird, glaubhaft gemacht werden.[11] Die Verwerfung des Vergleiches selbst endlich darf nur dann erfolgen, wenn der Richter, nöthigenfalls auf Grund von Amtswegen angeordneter Ermittelungen, die Ueberzeugung von der Wahrheit dieser Thatsachen erlangt hat.[12]

II. Vor der Entscheidung über die Bestätigung oder Verwerfung des Zwangsvergleiches muß das Gericht jedesmal

---

[7] Conc.O. §. 173 Abs. 1 vbd. Mot. §§. 170—174 in Abs. 2 g. E. (S. 417 fg.), Prot. S. 131 a. E. Vgl. Conc.O. §. 178.

[8] Entspr. CP. §. 533. Vgl. Sarwey §. 174 Bem. 6 a. E., Stiegl. §. 173 Bem. I., §. 174.

[9] Entspr. CP. §. 120 Abs. 2. Vgl. Sarwey §. 170 Bem. 2.

[10] S. Conc.O. §. 170 Abs. 2. Mot. §§. 170—174 in Abs. 2 (S. 417), Prot. S. 185 fg. Vgl. Sarwey a. a. O., Stiegl. §. 170 Bem. I. A. M. Völd. §. 170 Bem. II.

[11] Conc.O. §. 173 Abs. 2 vbd. Mot. §§. 170—174 in Abs. 7 (S. 420), Prot. S. 112. Vgl. Conc.O. §. 97 Abs. 1 und ob. §. 35. III.

[12] S. Conc.O. §. 67, Mot. §§. 170—174 im vorl. Abs. (S. 420), Prot. S. 112 fg.

den Gläubigern, dem Concursverwalter und dem Gläubigerausschusse Gelegenheit zu mündlicher Aeußerung darüber geben. Dieses soll in der Regel noch in dem Vergleichstermin selbst geschehen, kann jedoch nach Ermessen des Gerichtes, z. B. wenn die Art des Zustandekommens des Vergleiches Bedenken oder Widerspruch erregt, auch in einem besonderen Termin geschehen, der dann aber in dem Vergleichstermin verkündet werden muß.[13] Auch der Beschluß, durch welchen die Entscheidung erfolgt, muß verkündet werden.[14]

Die sofortige Beschwerde gegen diesen Beschluß, mag er den Vergleich bestätigen oder verwerfen, steht dem Gemeinschuldner und jedem nicht bevorrechtigten Concursgläubiger zu, welcher entweder zur Zeit der Beschlußfassung über den Vergleich stimmberechtigt war oder seine Forderung glaub-

---

[13] Conc.O. §. 170 Abs. 2. Oeffentliche Bekanntmachung des neuen Termins ist nicht erforderlich. S. Mot. §§. 170—174 in Abs. 2 (S. 417). Vgl. noch Sarwey §. 170 Bem. 2 a. E., Stiegl. §. 170 Bem. I.

[14] Conc.O. §. 171. Preußisches Formular für den bestätigenden Beschluß s. Vierhaus Nr. 146 (S. 107). Die Verkündung soll sich in der Regel unmittelbar an die Verhandlung anschließen, kann aber auch in einem sofort anzuberaumenden anderen Termin geschehen: entspr. CP. §. 281. Oeffentliche Bekanntmachung oder sonstige Zustellung des Beschlusses an Betheiligte ist nicht erforderlich. S. Conc.O. §. 174 Abs. 2 und Mot. §§. 170—174 im letzten Abs. (S. 420). Vgl. Vierhaus a. a. O. Anm. 2, Wilm. §. 171 Bem. 3, Völd. §. 171 Bem. II., Sarwey §. 171 Bem. 1, Pet. §§. 170—174 Bem. I. 3 a. E., Stiegl. §. 171. A. M., wonach neben der Verkündung die besondere Zustellung an den Antragsteller und an den Gemeinschuldner und die öffentliche Bekanntmachung für alle übrigen Gläubiger erforderlich wäre, Hullm. §. 171 Bem. 2, Wengler §. 171 Bem. 2. — Die Beigabe von Entscheidungsgründen ist angemessen, aber nicht nothwendig. S. ob. §. 26 Anm. 13 und Sarwey §. 171 Bem. 2. A. M. Wilm. §. 171 Bem. 3, Hullm. §. 171 Bem. 3, Völd. §. 171 Bem. III. Wengler §. 171 Bem. 2.

haft macht.[15] Die Beschwerdefrist läuft von der Verkündung des Beschlusses an.[16] In der Beschwerdeinstanz soll die gesammte Sachlage nochmals erschöpfend erörtert werden.[17] Dagegen ist die Entscheidung des Beschwerdegerichtes nicht weiter anfechtbar.[18]

III. Mit rechtskräftiger Bestätigung des Zwangsvergleiches ist das Concursverfahren der Sache nach beendigt. Jedoch kann die wirkliche Aufhebung desselben erst nach vorgängiger Erledigung gewisser mit der Beendigung des Verfahrens zusammenhängender Geschäfte erfolgen.[19] Hierher gehört:

---

[15] Conc.O. §. 174 Abs. 1; vgl. §. 173 Abs. 1 und ob. I. 2. Natürlich kann aber Jeder die Beschwerde nur dann gebrauchen, wenn für ihn ein Beschwerdegrund besteht. S. Mot. §§. 170—174 im letzten Abs. (S. 420). Der Gemeinschuldner kann daher im Allgemeinen keine Beschwerde erheben gegen die Bestätigung des Vergleiches, ein Gläubiger keine Beschwerde gegen die von ihm selbst beantragte Verwerfung desselben u. dgl. Wohl aber kann wegen Bestätigung des Vergleiches ein Beschwerdegrund für einen Gläubiger bestehen, der für den Vergleich gestimmt hatte. Vgl. Mot. §§. 170 — 174 in Abs. 2 a. E. (S. 418 a. A.). S. auch Völd. §. 174 Bem. b, Stiegl. §. 174.

[16] Conc.O. §. 174 Abs. 2 (Ausnahme von CP. §. 540 Abs. 2). CP. §. 535 ist hier wegen Conc.O. §§. 175 Abs. 1, 178, 179 nicht anwendbar.

[17] S. Mot. §§. 170—174 im letzten Abs. a. E. (S. 420 a. E.). Daher hat auch das Beschwerdegericht die Vorschriften in Conc.O. §§. 172, 173 zu beobachten. Ferner wird es im Sinn des Gesetzes handeln, wenn es in der Regel auch seiner Entscheidung eine mündliche Anhörung der Betheiligten nach Conc.O. §. 170 Abs. 2 vorausgehen läßt. S. CP. §. 536 Abs. 1 vbd. §. 132. Vgl. Stiegl. §. 174. — Wegen der Gerichtsgebüren der Beschwerdeinstanz s. GK. §. 57 Abs. 2. Wegen der Rechtsanwaltsgebüren s. RAGeb. §. 58 Nr. 1 vbd. §. 59 Abs. 1 u. 2.

[18] Conc.O. §. 174 Abs. 3 vbd. Mot. a. a. O. (Ausnahme von CP. §. 531 Abs. 2.)

[19] S. Mot. §§. 175—177 (S. 421). Die Vorschrift in Conc.O. §. 175 Abs. 1 ist daher so wenig streng wörtlich zu nehmen als diejenige in Conc.O. §. 151 Abs. 1. Vgl. ob. §. 42. VI.

1. die Abnahme der Schlußrechnung des Concursverwalters, wofür, wenn die Rechnungslegung nicht (ausnahmsweise) schon im Vergleichstermin stattgefunden hat, eine besondere Gläubigerversammlung berufen werden muß;[20]

2. die gesetzlich vorgeschriebene Befriedigung oder Sicherstellung der Massegläubiger und der bevorrechtigten Concursgläubiger. Und zwar sind die Masseansprüche, soweit sie der Concursverwalter anerkennt, die bevorrechtigten Concursforderungen, soweit sie für das Concursverfahren festgestellt sind, aus der Masse zu berichtigen. Dagegen sind die vom Verwalter bestrittenen Masseansprüche, ebenso aber naturgemäß auch die noch bedingten oder betagten,[21] aus der Masse sicher zu stellen. Desgleichen die nicht festgestellten bevorrechtigten Concursforderungen, soweit sie dem Verwalter glaubhaft gemacht sind.[22] Endlich muß

3. wenn in dem Zwangsvergleiche eine Sicherung der nicht bevorrechtigten Concursgläubiger festgesetzt ist, die Aus-

---

[20] Conc.O. §. 78 vbd. Mot. a. a. O. und §§. 70—78 im letzten Abs. (S. 308).

[21] Vgl. Völd. §§. 176, 177 Bem. b. I., Pet. §§. 175—177 Bem. 2 Abs. 1.

[22] Conc.O. §. 176. Vbd. EP. §. 101. Die Massegläubiger und die bevorrechtigten Concursgläubiger können auf die Erfüllung dieser Pflichten gegen den Verwalter klagen. Auch hat dieser nach der Aufhebung des Concursverfahrens als Nachwirkung seines Amtes die wegen bloß sichergestellter Masseansprüche oder bevorrechtigter Concursforderungen erhobenen Processe durchzuführen. S. Hullm. §. 176 Bem. 4, Stiegl. §. 176 Bem. I. u. II. Nr. 4. Vgl. ob. §. 42. VI. a. E. Die Pflicht des Verwalters zur Berücksichtigung von Masseansprüchen und bevorrechtigten Concursforderungen beschränkt sich aber naturgemäß auf diejenigen, welche bis zur öffentlichen Bekanntmachung der Aufhebung des Concursverfahrens zu seiner Kenntniß gelangt sind. Erst später hervortretende Massegläubiger oder bevorrechtigte Concursgläubiger müssen sich an den Gemeinschuldner halten. Vgl. Sarwey §. 176 Bem. 2, Stiegl. §. 176 Bem. I. u. II. Nr. 1.

führung der betreffenden Sicherungsmaßregeln der Aufhebung des Concursverfahrens vorausgehen, es wäre denn durch den Vergleich selbst ein Anderes bestimmt.[23]

IV. Sobald alle diese Voraussetzungen bestehen und das Concursgericht sich von dem Dasein derselben durch Prüfung der Sachlage überzeugt hat,[24] wird durch unanfechtbaren Beschluß das Concursverfahren aufgehoben.[25] Dieser Beschluß ist in gleicher Weise wie derjenige, durch welchen das Concursverfahren wegen vollzogener Schlußvertheilung aufgehoben wird, mit Angabe des Grundes der Aufhebung durch Einrückung in das Amtsblatt des Gerichtes und in den Deutschen Reichsanzeiger öffentlich bekannt zu machen, den betheiligten Behörden mitzutheilen und in das Grund- oder Hypothekenbuch einzutragen.[26] Auch seine rechtliche Wirkung ist die gleiche wie diejenige des genannten Beschlusses und tritt, wie diese, mit dem Zeitpunkte ein, in welchem seine öffentliche Bekanntmachung als bewirkt gilt.[27] Insbesondere erhält also mit diesem Zeitpunkte der Gemeinschuldner die freie Verfügung über die Concursmasse zurück, es wäre denn, daß ihm durch den Zwangsvergleich Verfügungsbeschränkungen

---

[23] S. Mot. §§. 175—177 (S. 421). Vgl. ob. §. 47 Anm. 13. Wer die Ausführung dieser Maßregeln zu besorgen habe, ist in dem Vergleiche zu bestimmen. Zweckmäßig werden sie dem Concursverwalter übertragen. — Dagegen ist ein Aufschub der Aufhebung des Concursverfahrens bis nach geschehener Erfüllung des Zwangsvergleiches nicht statthaft. S. ob. §. 47. III. Abs. 2.

[24] S. Prot. S. 107 und ob. §. 42. VI.

[25] Conc.O. §. 175 Abs. 1. Preußisches Formular s. Vierhaus Nr. 147 (S. 108). Wegen der in diesem Fall zu erhebenden Concursgebür s. GK. §. 51 Nr. 2 vbd. §. 52, §. 95 Abs. 1.

[26] Conc.O. §. 175 Abs. 2, 3. Vgl. ob. §. 42. VI. Preußisches Formular für die Mittheilung s. Vierhaus Nr. 148 (S. 108).

[27] Mot. §§. 175—177 a. E. (S. 421) vbd. Conc.O. §. 68 Abs. 1. A. M. auch hier Völd. §. 175 Bem. b. II.

auferlegt sind.[28] Ferner erlischt, jedoch mit Vorbehalt des Wiederauflebens im Fall einer Wiederaufnahme des Concursverfahrens,[29] die Thätigkeit der Gläubigerversammlung und des Gläubigerausschusses. Für das Concursgericht und den Concursverwalter dagegen übt auch hier das beendigte Concursverfahren noch gewisse Nachwirkungen insofern, als dieser noch für die Befriedigung der Masseansprüche und der bevorrechtigten Concursforderungen zu sorgen bezw. die Processe über dieselben durchzuführen und jenes die Erfüllung dieser Pflichten zu überwachen hat.[30]

§. 49.

e. Wirkungen des Zwangsvergleiches für die Concursgläubiger.

I. Die Wirkungen des rechtskräftig bestätigten Zwangsvergleiches in Ansehung sowohl der Rechte als der Beschränkungen, welche er für die Concursgläubiger begründet, erstrecken sich immer auf alle nicht bevorrechtigten Concursgläubiger, auch auf diejenigen, welche gegen den Vergleich gestimmt oder an der Beschlußfassung über denselben oder sogar an dem Concursverfahren nicht Theil genommen haben.[1]

---

[28] Conc.O. §. 177 vbd. Mot. a. a. O. Die Wirkung dieser vergleichsmäßigen Beschränkungen bemißt sich nach dem bürgerlichen Rechte. Vgl. Sarwey §. 177 Bem. 1, Stiegl. §. 177.

[29] S. unt. §. 50. III. Abs. 3.

[30] S. ob. Anm. 22. Vgl. ob. §. 42. VI. a. E.

[1] Conc.O. §. 178 Satz 1 vbd. Mot. §§. 178 — 180 in Abs. 1 (S. 421 fg.). Vgl. ob. §. 45. II., §. 47. III. Vgl. Stiegl. §. 178 Bem. II., welcher aus den Grundsätzen der Gleichheit und Allgemeinheit, worauf der Zwangsvergleich beruht, auch die Folge zieht, daß ein Gläubiger, der seine Forderung nicht angemeldet habe, dieselbe später nur in der nämlichen Weise wie im Concursverfahren geltend machen könne, also insbesondere die Vorschriften in Conc.O. §§. 58, 62,

Die Art dieser Wirkungen bestimmt sich durch den Inhalt des Vergleiches. Hat dieser, wie zumeist, dem Gemeinschuldner den Nachlaß eines Bruchtheils der Forderungen gewährt, so können jene Gläubiger den erlassenen Theil ihrer Forderungen nicht mehr gegen ihn oder seine Erben geltend machen, auch nicht im Fall eines neuen über sein Vermögen eröffneten Concurses.[2] Jedoch werden die Rechte der Gläubiger gegen Mitschuldner und Bürgen des Gemeinschuldners durch den Zwangsvergleich nicht berührt; selbst nicht die Rechte derjenigen Gläubiger, welche für denselben gestimmt haben.[3]

II. Ueberhaupt äußert der Zwangsvergleich auf die von ihm betroffenen Forderungen bloß diejenigen Einwirkungen, die sich aus seinem Inhalte ergeben. Insbesondere liegt in ihm weder eine Novation noch auch nur eine Anerkennung dieser Forderungen.[4] Daraus folgt, daß jede derselben gegen

---

63 beobachten müsse. — Die in Conc.O. §. 56 aufgezählten Forderungen werden, weil sie keine Concursforderungen sind, von dem Zwangsvergleiche nicht betroffen. S. ob. §. 8. IV. a. E.

[2] S. Mot. §§. 178—180 in Abs. 2 (S. 422), §§. 181—187 im letzten Abs. (S. 430). Jeder Nachforderung gegenüber könnte sich der Gemeinschuldner oder sein Erbe mittels einer (der exceptio pacti de non petendo verwandten) Einrede auf den Vergleich berufen. (Ausnahmen: Conc.O. §§. 182, 183.) Jedoch bleibt für ihn wenigstens die sittliche Pflicht der Nachzahlung, so daß diese rechtlich nicht unter den Begriff und die Grundsätze der Schenkung gestellt werden kann. Vgl. Hullm. §. 178 Bem. 1 a. E., Völd. §. 178 Bem. c Abs. 2, Sarwey §. 178 Bem. 1 a. E., Stiegl. §. 178 Note a.

[3] Conc.O. §. 178 Satz 2 vbd. Mot. §§. 178—180 in Abs. 3 u. 4 (S. 422 fg.). Dagegen wird der Regreßanspruch der Mitschuldner und Bürgen an den Gemeinschuldner von dem Zwangsvergleiche mit betroffen. S. Mot. a. a. O. in Abs. 4 a. E. Vgl. noch Stiegl. §. 178 Bem. III.

[4] S. Mot. §§. 178—180 in Abs. 6 (S. 423 fg.). Deshalb hat

den Gemeinschuldner zwar bloß noch in der durch den Zwangsvergleich begründeten Beschränkung, aber sonst nur in der gleichen Weise geltend gemacht werden kann, wie sie nach der Aufhebung des Concursverfahrens auf Grund vollzogener Schlußvertheilung gegen ihn geltend gemacht werden könnte.[5] Ist die Forderung für das Concursverfahren festgestellt worden, so bildet die Eintragung dieser Feststellung in die Tabelle, vorausgesetzt daß letztere keinen Vermerk der Bestreitung von Seite des Gemeinschuldners oder daß sie den Vermerk der Beseitigung einer solchen Bestreitung enthält, nach der Beendigung des Concursverfahrens gegen ihn einen vollstreckbaren Schuldtitel.[6] Weil jedoch die Forderung bloß noch nach Maßgabe des Zwangsvergleiches gegen ihn geltend gemacht werden kann, so kann jetzt die Zwangsvollstreckung nicht mehr auf Grund

---

er auch keinen unmittelbaren Einfluß auf die Verjährung derselben. Vgl. Pet. §§. 178—180 Bem. I. 1 a. E.

[5] S. ob. §. 25. III.

[6] S. Conc.O. §. 152 Abs. 2. Vgl. ob. §. 12. III., §. 25. III. Nach der Natur der Sache muß aber zufolge des Abschlusses des Zwangsvergleiches in Ansehung aller für den Concurs damals bereits festgestellter Forderungen die Bestreitung des Gemeinschuldners als zurückgenommen und beseitigt angesehen werden. Denn durch den Zwangsvergleich verspricht dieser seinen Gläubigern anstatt Dessen, was sie bei der Vertheilung der Masse erhalten hätten, Befriedigung nach Maßgabe des Vergleiches. S. Mot. Vorbem. z. Buch II. Tit. 6 in Abs. 2 (S. 390), §§. 178—180 in Abs. 4 (S. 422 fg.). Die Gläubiger, deren Forderungen bei dem Abschlusse des Zwangsvergleiches bereits festgestellt sind, müssen daher Eintragung der Beseitigung der Bestreitung in die Tabelle verlangen können und erhalten dadurch den vollstreckbaren Schuldtitel. (Auf einem anderen Wege will Sarwey §. 179 Bem. 1 Nr. 6 helfen.) Auf die erst nach dem Abschlusse des Vergleiches festgestellten Forderungen läßt sich dies nicht anwenden, weil nach demselben die Concursgläubiger an der Bestreitung angemeldeter Forderungen kein wesentliches Interesse mehr haben. S. Mot. §§. 178—180 in Abs. 8 a. E. (S. 425).

jener Eintragung in die Tabelle allein, sondern nur auf Grund derselben in Verbindung mit dem rechtskräftig bestätigten Zwangsvergleiche stattfinden.[7] Beides zusammen bildet aber ferner einen vollstreckbaren Schuldtitel auch gegen Diejenigen, welche in dem Vergleiche für die Erfüllung desselben neben dem Gemeinschuldner und ohne Vorbehalt der Einrede der Vorausklage Verpflichtungen übernommen haben.[8]

---

[7] Conc.O. §. 179 vbd. Mot. §§. 178 — 180 in Abs. 6 (S. 423 fg.). Der Gerichtsschreiber des Concursgerichtes hat daher dem Gläubiger eine Ausfertigung sowohl der Eintragung in die Tabelle als des rechtskräftig bestätigten Zwangsvergleiches zu ertheilen und beides mit der Vollstreckungsclausel zu versehen. S. Vierhaus Anm. 2. b. zu Nr. 139 (S. 104). Vgl. Wilm. §. 179 Bem. 2, Sarwey §. 179 Bem. 1 Nr. 1 u. 4. Im Uebrigen gelten die ob. §. 12 Anm. 41 angegebenen Regeln. — Daß die Feststellung der Forderung für das Concursverfahren durch rechtskräftige Entscheidung des wegen derselben erhobenen Feststellungs- oder Widerspruchsprocesses erst nach dem Abschlusse oder der Bestätigung des Zwangsvergleiches oder sogar erst nach der Aufhebung des Concursverfahrens erfolgt ist, kann hier, wie bei der Nachforderung nach der Aufhebung des Concurses wegen Schlußvertheilung, keinen Unterschied machen. (A. M. Wilm. §. 179 Bem. 1.) Deshalb wird der Concursverwalter auch hier für verpflichtet zu erachten sein, die schwebenden Feststellungsprocesse über Forderungen, welche der Gemeinschuldner nicht bestreitet, noch zu erledigen. Vgl. ob. §. 42. VI. a. E. S. auch Sarwey §. 179 Bem. 1 Nr. 5 a. E. (Prüfungstermine werden nach der, wenn auch noch nicht rechtskräftigen, Bestätigung des Zwangsvergleiches nicht mehr abgehalten werden können. S. Conc.O. §§. 173 Abs. 1, 174 Abs. 1: „Concursgläubiger, welcher stimmberechtigt war oder seine Forderung glaubhaft macht." A. M. Stiegl. §. 179 Bem. I. 1.)

[8] Conc.O. §. 179 vbd. Mot. §§. 178 — 180 in Abs. 8 (S. 424 fg.). Die Aeußerung der Motive, daß sich dieses auf diejenigen Forderungen beschränke, für welche der Vollstreckungstitel gegen den Gemeinschuldner vor dem Vergleichsabschlusse erlangt sei, ist unvereinbar mit dem Gesetze und beruht auf einem bloßen Versehen. Vgl. auch Völd. §§. 179, 180 Bem. b, bes. Note 5. Wie die Motive: Hullm. §. 179

III. Wo nach dem Landesrechte, wie z. B. nach dem französischen Rechte,[9] ein Urtheil das Anrecht auf eine Hypothek an dem unbeweglichen Vermögen des Schuldners begründet, ist durch die Feststellung einer Forderung für das Concursverfahren[10] ein solches Anrecht nur begründet, wenn und soweit die Leistungen aus dem Zwangsvergleiche bereits fällig sind, oder wenn, soweit sie noch nicht fällig sind, ein Arrestgrund vorhanden ist.[11]

§. 50.

f. Anfechtbarkeit und Entkräftung des Zwangsvergleiches. Wiederaufnahme des Concursverfahrens.

I. Wegen Nichterfüllung des Zwangsvergleiches kann nicht auf Aufhebung desselben geklagt werden.[1] Dagegen kann,

---

Bem. 3, Sarwey §. 179 Bem. 1 Nr. 5 a. E., Bem. 2, Wengler §. 179 Bem. 2, Pet. §§. 178—180 Bem. II. 2, Stiegl. §. 179 Bem. II. 1. b. — Aus der Fassung des Gesetzes ergibt sich, daß dem Vergleichsbürgen ohne Rücksicht auf die Vorschriften des bürgerlichen Rechtes die Einrede der Vorausklage immer nur kraft ausdrücklichen Vorbehaltes zusteht. Vgl. HGB. Art. 281. Einschränkend: Stiegl. §. 179 Bem. II. 2. Auf Diejenigen, welche sich mit Vorbehalt der Einrede verbürgt haben, ist Conc.O. §. 179 nicht anwendbar. A. M. Völd. §§. 179, 180 Bem. d. II.

[9] S. c. civ. art. 2123 und Zachariä §. 265.

[10] Also nach Conc.O. §. 133 Abs. 2; denn die Concursordnung versteht unter „Feststellung einer Concursforderung" immer nur die Feststellung für den Concurs. Vgl. Stiegl. §. 180. A. M., wonach im Sinn von Conc.O. §. 179 vbd. §. 152 Abs. 2 ein Vollstreckungstitel vorliegen müßte, Hullm. §. 180 Bem. 2, Pet. §§. 178 — 180 Bem. III. Nr. 1.

[11] Conc.O. §. 180 vbd. Mot. §§. 178 — 180 im letzten Abs. (S. 425 fg.). Vgl. Conc.O. §. 133 Abs. 2, CP. §. 797. S. noch Pet. §§. 178—180 Bem. III.

[1] Conc.O. §. 181. Dieses ist namentlich für die Gebiete des französischen Rechtes wichtig. Vgl.

wenn der Vergleich, sei es von dem Gemeinschuldner, sei es von einer anderen Person, durch Betrug, d. h. durch absichtliche Erregung oder Benutzung eines Irrthums,[2] zu Stande gebracht ist, jeder Gläubiger, auch ein nicht betrogener, den durch den Vergleich bewirkten Erlaß seiner Forderung, bestehe er in unmittelbarem Nachlasse oder in Stundung, anfechten, während er die ihm durch den Vergleich gewährten Rechte, insbesondere auch gegen Bürgen, behält.[3] Die Anfechtung ist jedoch nur zulässig, wenn der Gläubiger ohne Verschulden außer Stande war, den Anfechtungsgrund in dem Bestätigungsverfahren, sei es auch nur noch in der Beschwerdeinstanz, geltend zu machen.[4]

II. Die rechtskräftige Verurtheilung des Gemeinschuldners wegen betrüglichen Bankeruttes hebt für alle Gläubiger den durch den Zwangsvergleich bewirkten Erlaß ihrer Forderungen unbedingt auf, während ihnen die durch den Vergleich gewährten Rechte bleiben.[5] Schon vor der rechtskräftigen Ver-

---

Mot. §§. 181—187 Nr. 1 (S. 426 fg.). Selbst ein in dem Vergleiche gemachter Vorbehalt, daß im Fall der Nichterfüllung jener zusammenfallen und das Concursverfahren fortgesetzt werden solle, wäre unzulässig und unwirksam. S. ob. §. 47 Anm. 13. A. M. Völd. §. 181 Bem. a. I. 1.

[2] S. Prot. S. 114 fg.

[3] Conc.O. §. 182 Abs. 1 vbd. Mot. §§. 181—187 Nr. 2 (S. 427). Die Anfechtung geschieht am einfachsten durch die Replik des Betruges gegen die einredeweise Berufung auf den Vergleich; sie kann aber auch durch Feststellungsklage nach CP. §. 231 geschehen. Vgl. noch Völd. §§. 181, 182 Bem. b—f. (Eine verwandte Bestimmung des römischen Rechtes s. L. 41 C. de transact. 2, 4.)

[4] Conc.O. §. 182 Abs. 2. Vgl. CP. §§. 545, 869. S. noch Völd. §§. 181, 182 Bem. g u. h. — Tritt in Folge der Anfechtung wegen Betruges eine neue Zahlungsunfähigkeit des Gemeinschuldners ein, so kann es nur zur Eröffnung eines neuen Concurses, nicht zu einer Wiederaufnahme des früheren kommen. Vgl. Sarwey §. 182 Bem. 3 a. E.

[5] Conc.O. §. 183 Abs. 1 vbd.

urtheilung kann im Hinblicke auf die Möglichkeit der Wiederaufnahme des Concursverfahrens das frühere Concursgericht auf Antrag eines der durch den Vergleich betroffenen Gläubiger Sicherheitsmaßregeln gegen den Gemeinschuldner anordnen.[6]

III. Nach erfolgter rechtskräftiger Verurtheilung wird nämlich auf Antrag eines der früheren Concursgläubiger[7] das Concursverfahren ohne Rücksicht auf Zahlungsunfähigkeit des Gemeinschuldners wieder aufgenommen, es wäre denn, daß nach dem Ermessen des Concursgerichtes keine den Kosten des Verfahrens entsprechende Concursmasse vorhanden ist.[8] Die

---

§. 186 Abs. 2. Vgl. Conc.O. §§. 162 Nr. 3, 172 Nr. 2 und ob. §. 46 Anm. 10. Die Art der Wirkung ist trotz der Verschiedenheit der Fassung in Conc.O. §. 182 Abs. 1 und §. 183 Abs. 1 und trotz der Aeußerungen der Mot. §§. 181—187 Nr. 3 (S. 427 fg.), welche auf eine verschiedene Art der Wirkung zu deuten scheinen, rechtlich in der That keine andere als diejenige des Betruges. Der Unterschied der beiden Fälle liegt bloß darin, daß die Verurtheilung wegen betrüglichen Bankeruttes ohne die in Conc.O. §. 182 Abs. 2 bestimmte Beschränkung wirkt, und daß sie, nicht aber der bloße Betrug, die Wiederaufnahme des früheren Concursverfahrens nach sich ziehen kann. S. die vorige Anm.

[6] Conc.O. §. 183 Abs. 2; vgl. §. 98. S. auch Sarwey §. 183 Bem. 2. Gegen die Anordnung steht dem Gemeinschuldner die sofortige Beschwerde zu: Conc.O. §. 66 Abs. 3. Die Ablehnung derselben ist unanfechtbar. S. ob. §. 26 Anm. 16. Für die Zulässigkeit der Sicherheitsmaßregeln kommt es nur auf die Einleitung der Voruntersuchung wegen betrüglichen Bankeruttes, nicht auf die Eröffnung des Hauptverfahrens an. S. Völd. §. 183 Bem. II., Pet. §§. 183—187 Bem. I., Stiegl. §. 183 Bem. II. A. M. Hullm. §. 183 Bem. 4, Sarwey §. 183 Bem. 3. — Wegen der Gerichtsgebüren s. GK. §. 58 Abs. 2, 3 vbd. §§. 82 Abs. 1 Nr. 3, Abs. 2, 95 Abs. 2. Wegen der Rechtsanwaltsgebüren s. RAGeb. §. 58 Nr. 2.

[7] Conc.O. §. 184 Abs. 1 vbd. §. 186 Abs. 2 Satz 1. Vgl. Sarwey §. 184 Bem. 1 Nr. 1, Stiegl. §. 184 Bem. I. Nr. 1. A. M. Völd. §§. 184, 185 Bem. c.

[8] Conc.O. §. 184 Abs. 1 vbd.

Wiederaufnahme geschieht entsprechend der Concurseröffnung durch Beschluß des früheren Concursgerichtes. Auch gelten in Ansehung des Zeitpunktes der Wiederaufnahme und der Bekanntmachung derselben gleiche Regeln wie bei der Concurseröffnung.[9] Ferner knüpft sich an die Wiederaufnahme die nämliche Einwirkung auf die Verfügungsfähigkeit des Gemeihschuldners wie an die Concurseröffnung.[10] Dagegen können die von ihm in der Zeit von der Aufhebung des Concursverfahrens bis zu der Wiederaufnahme desselben vorgenommenen Rechtshandlungen, weil er in dieser Zwischenzeit volle Verfügungsfähigkeit gehabt hat, nur nach den gleichen Grundsätzen angefochten werden, wie die vor der Concurseröffnung vorgenommenen. Dem Zeitpunkte der Concurseröffnung entspricht dabei derjenige der Wiederaufnahme, dem Antrage auf jene der Antrag auf diese. An die Stelle der Zahlungseinstellung tritt, wenn nicht in jener Zwischenzeit eine neue Zahlungseinstellung erfolgt ist, der Tag des ersten die Verurtheilung des Gemeinschuldners aussprechenden

---

Mot. §§. 181—187 Nr. 3 Abs. 2 (S. 428). Vgl. Conc.O. §§. 99, 190.

[9] Conc.O. §. 184 Abs. 2. S. ob. §. 36. I. u. III. Gegen den Wiederaufnahmebeschluß steht dem Gemeinschuldner, gegen den abweisenden Beschluß dem antragstellenden Concursgläubiger die sofortige Beschwerde zu: entspr. Conc.O. §. 101. Vgl. Sarwey §. 184 Bem. 2. Wäre vor der Wiederaufnahme ein neues Concursverfahren über das Vermögen des Gemeinschuldners, sei es von demselben, sei es von einem anderen Gerichte, eröffnet worden, so müßte sich dieses von selbst in das wiederaufgenommene Verfahren als eine bloße Fortsetzung des früheren auflösen. S. Conc.O. §. 64 Abs. 2. Vgl. Sarwey §. 184 Bem. 1 Nr. 4, Stiegl. §. 184 Note b. — Wegen der Gerichtsgebüren im Fall der Wiederaufnahme s. GK. §. 58 Abs. 1 vbd. §. 95 Abs. 1. Wegen der Rechtsanwaltsgebüren s. RAGeb. §. 60.

[10] S. Conc.O. §. 5. Vgl. Mot. §§. 181—187 Nr. 3 Abs. 4 (S. 428).

Urtheils. Gleiches gilt hinsichtlich der in dem genannten Zeitraum entstandenen Aufrechnungsbefugnisse.[11]

Das wiederaufgenommene Concursverfahren erstreckt sich nicht bloß auf das zu der früheren Concursmasse gehörige, sondern auf das ganze zur Zeit der Wiederaufnahme vorhandene Vermögen des Gemeinschuldners.[12] Auch können daran nicht allein die früheren Concursgläubiger, sondern auch die neuen Gläubiger des Gemeinschuldners Theil nehmen,[13] und zwar, da der ihm durch den Zwangsvergleich bewilligte Erlaß weggefallen ist, jene wie diese mit dem ursprünglichen Betrage ihrer Forderungen, soweit dieselben nicht durch einen von dem Zwangsvergleiche unabhängigen Aufhebungsgrund getilgt sind.[14] Weil jedoch die den früheren Concursgläubigern durch den Zwangsvergleich gewährten Rechte fortdauern, so haben nur diese, nicht auch die neuen Gläubiger, Anspruch auf Befriedigung aus einer für die Erfüllung des Zwangsvergleiches bestellten Sicherheit.[15]

---

[11] Conc.O. §. 185 vbd. §§. 22—34, 48 Nr. 3, 49. S. auch Conc.O. §. 42. Vgl. Mot. §§. 181—187 Nr. 3 Abs. 5 (S. 428 fg.).

[12] Ergibt sich aus Conc.O. §. 186 Abs. 2 Satz 1 vbd. Mot. §§. 181—187 Nr. 3 Abs. 6 (S. 429). Vgl. Hullm. §. 184 Bem. 3, Sarwey §. 184 Bem. 1 Nr. 3, Stiegl. §. 184 Bem. I. Nr. 4.

[13] Conc.O. §. 186 vbd. Mot. a. a. O.

[14] Conc.O. §. 186 Abs. 1 vbd. §. 183 Abs. 1. Vgl. Mot. §§. 181—187 Nr. 3 im vorl. Abs. (S. 429 fg.). S. noch Sarwey §. 186 Bem. 2, Völd. §. 186 Bem. II. An dem wiederaufgenommenen Concursverfahren nehmen auch die noch nicht befriedigten bevorrechtigten früheren Concursgläubiger Theil. Auch können noch nicht befriedigte frühere Massegläubiger vorweg Befriedigung aus der Masse verlangen. S. Stiegl. §. 186 Bem. I. a. E.

[15] Conc.O. §. 186 Abs. 2 Satz 2 vbd. Mot. §§. 181—187 Nr. 3 Abs. 6 (S. 429). In Ansehung dieser Sicherheit haben also die früheren Concursgläubiger den neuen gegenüber die Stellung von Absonderungsberechtigten. S. Mot. a. a. O.

Im Uebrigen wird das wiederaufgenommene Concursverfahren als eine bloße Erneuerung und Fortsetzung des früheren behandelt. Daher treten der frühere Concursverwalter und der frühere Gläubigerausschuß ohne Weiteres wieder in Thätigkeit,[16] und das Verfahren wird nur so weit wiederholt, als es wegen der Erweiterung auf neues Vermögen und neue Concursgläubiger nothwendig ist.[17] Aus dieser Rücksicht muß zwar mit dem Wiederaufnahmebeschlusse von Neuem der offene Arrest erlassen, eine neue Anmeldefrist und ein neuer allgemeiner Prüfungstermin bestimmt werden; dagegen bedarf es weder der Anlegung einer neuen Tabelle, noch einer neuen Anmeldung der in dem früheren Concursverfahren bereits angemeldeten Concursforderungen.[18] Eine neue Prüfung der in diesem Verfahren bereits geprüften Forderungen ist nur insofern erforderlich, als eine inzwischen eingetretene Tilgung in Frage kommt.[19] Wird aber gegen eine in dem früheren Verfahren festgestellte Forderung von dem Verwalter oder von einem Concursgläubiger mit Berufung auf eine solche Tilgung Widerspruch erhoben, so muß, da die Eintragung einer Forderung als festgestellt in die Tabelle einem rechtskräftigen Urtheil gleich gilt, der Widersprecher seinerseits den Widerspruch verfolgen.[20]

---

[16] Conc.O. §. 187 Abs. 1. Vgl. Hullm. §. 187 Bem. 1 a. E., Sarwey §. 187 Bem. 1 Nr. 1, Stiegl. §. 187 Nr. 1. A. M. Völd. §. 187 Bem. a.

[17] Conc.O. §. 187 Abs. 1 vbd. Mot. §§. 181—187 Nr. 3 Abs. 2 a. E.

[18] Vgl. Hullm. §. 187 Bem. 1, Sarwey §. 187 Bem. 1 Nr. 3 u. 4, Stiegl. §. 187 Nr. 2—4. A. M., wonach sowohl die neue Anmeldung als eine neue Tabelle erforderlich wäre, Wilm. §. 187 Bem. 2, Völd. §. 187 Bem. d.

[19] Conc.O. §. 187 Abs. 2. Vgl. Sarwey §. 187 Bem. 2, Stiegl. §. 187 Nr. 5. A. M. Völd. §. 187 Bem. b.

[20] Nach Conc.O. §. 134 Abs. 6 vbd. §§. 133 Abs. 2, 135. Vgl.

Die Beendigung eines wiederaufgenommenen Concursverfahrens durch Zwangsvergleich ist unzulässig.[21]

§. 51.

4. Einstellung des Concursverfahrens.

Während die Concursordnung von Aufhebung des Concursverfahrens spricht, wenn dieses geschlossen wird, weil es durch rechtskräftige Wiederaufhebung des Eröffnungsbeschlusses für unstatthaft erklärt ist, oder weil es durch Schlußvertheilung oder Zwangsvergleich zufolge der Erfüllung seiner Aufgabe sein naturgemäßes Ende erreicht hat,[1] versteht sie unter Einstellung den vorzeitigen außerordentlichen Abbruch eines statthaften Concursverfahrens, sei es auf Grund einer Vereinigung der Betheiligten, sei es wegen Zwecklosigkeit der Fortsetzung.[2]

I. Auf Grund einer Vereinigung der Betheiligten kann die Einstellung in jeder Lage des Concursverfahrens bis zum Vollzuge der Schlußvertheilung oder bis zu rechtskräftiger Bestätigung eines Zwangsvergleiches erfolgen, aber immer nur auf den Antrag des Gemeinschuldners und nur nach Maßgabe folgender Regeln:

1. Wird der Antrag auf die Einstellung nach dem Ablaufe der Anmeldefrist[3] gestellt, so muß er zugelassen werden, wenn der Gemeinschuldner die ausdrückliche schriftliche[4] und

---

Hullm. §. 187 Bem. 1, Pet. §§. 183—187 Bem. II. 4.

[21] S. Conc.O. §. 162 Nr. 3.

[1] S. Conc.O. §§. 105, 151, 175.

[2] S. Conc.O. Buch II. Tit. 7 vbd. Mot. §§. 191, 192 (S. 437 fg.).

[3] S. Conc.O. §§. 102 Abs. 1, 126.

[4] S. Conc.O. §. 189 Abs. 1. Im Uebrigen ist eine besondere

vorbehaltlose Zustimmung aller (bevorrechtigten oder nicht bevorrechtigten) Concursgläubiger beibringt, welche zur Zeit der Stellung des Antrages Forderungen angemeldet haben.[5] Die Zustimmung derjenigen Gläubiger, deren Forderungen bereits für das Concursverfahren festgestellt sind, ist unbedingt erforderlich. Bei Mangel der Zustimmung bloß solcher Gläubiger, deren Forderungen zwar angemeldet aber nicht festgestellt sind, hängt es von dem Ermessen des Concursgerichtes ab, trotzdem den Antrag zuzulassen und das weitere Verfahren einzuleiten.[6]

Wird der Antrag vor dem Ablaufe der Anmeldefrist gestellt, so muß er zugelassen werden, wenn außer den Concursgläubigern, deren Zustimmung der Gemeinschuldner beibringt, keine anderen bekannt sind. Fehlt es an dieser Voraussetzung, so hängt die Zulassung des Antrages und

---

Form oder Beglaubigung nicht erforderlich. S. Mot. §§. 188, 189 in Abs. 5 (S. 437). Jedoch steht dem Gerichte das Recht zu, die Echtheit der Erklärung zu prüfen. A. M. Völd. §. 188 Bem. e. II.

[5] Conc.O. §. 188 Abs. 1 Satz 1. Die Zustimmung dieser Gläubiger genügt, weil zufolge der allgemeinen Grundsätze der Concursordnung nach dem Ablaufe der Anmeldefrist bei den verschiedenen Schritten des Concursverfahrens auf diejenigen Gläubiger, welche noch keine Forderungen angemeldet haben, überhaupt keine Rücksicht genommen wird. Vgl. Mot. §§. 188, 189 in Abs. 4 (S. 436). — Der Grund der Zustimmung, als z. B. außergerichtlicher Vergleich oder erhaltene Befriedigung, braucht nicht angegeben zu werden. Vgl. noch Stiegl. §. 188 Bem. III.

[6] S. Conc.O. §. 188 Abs. 1 und unt. Nr. 4. Gegen die Abweisung des Antrages als unzulässig steht dem Gemeinschuldner die sofortige Beschwerde zu: Conc.O. §. 66 Abs. 3. Die Zulassung erfordert keine besondere gerichtliche Entscheidung. — Wo die Zulassung in dem Ermessen des Gerichtes steht, kann sie natürlich auch von der Sicherstellung derjenigen Gläubiger, deren Zustimmung nicht beigebracht ist, abhängig gemacht werden. S. Conc.O. §. 188 Abs. 1.

die Einleitung des weiteren Verfahrens wiederum von dem Ermessen des Gerichtes ab.[7]

2. Im Fall der Zulassung[8] ist der Antrag öffentlich bekannt zu machen[9] und (spätestens gleichzeitig mit dieser Bekanntmachung) mit den Zustimmungserklärungen auf der Gerichtsschreiberei zur Einsicht der Concursgläubiger und der übrigen Betheiligten niederzulegen.[10] Jeder Concursgläubiger, selbst wenn er zuvor eine Zustimmungserklärung abgegeben hat,[11] kann gegen den Antrag Widerspruch erheben, wofür eine gesetzliche Frist von einer Woche seit der öffentlichen

---

[7] S. Conc.O. §. 188 Abs. 2 und unt. Nr. 4 Abs. 2. Wer als bekannter Concursgläubiger anzusehen sei, ist vom Concursgerichte in Rücksicht auf das von dem Gemeinschuldner eingereichte Gläubigerverzeichniß (Conc.O. §. 96), seine Bücher, die erfolgten Anmeldungen u. dgl. nach Ermessen zu beurtheilen. S. Mot. §§. 188, 189 in Abs. 4 (S. 436 a. E.). Vgl. noch Hullm. §. 188 Bem. 3 g. E., Sarwey §. 188 Bem. 6 a. E.

[8] Daß entsprechend Conc.O. §§. 97 Abs. 1, 173 Abs. 2 ein die gesetzlichen Voraussetzungen nicht erfüllender Einstellungsantrag ohne Einleitung des weiteren Verfahrens als unzulässig abzuweisen ist, folgt aus der Verpflichtung des Gerichtes, das Dasein der gesetzlichen Voraussetzungen von Amtswegen zu prüfen (s. Mot. §§. 188, 189 im letzten Abs.), und aus der Erwägung, daß ein nutzloser Aufwand von Arbeit und Kosten nicht als Wille des Gesetzgebers angesehen werden kann. Vgl. Völd. §. 189 Bem. a. A. M. Stiegl. §. 189 Note b. Der Fortgang des Concursverfahrens wird durch die Zulassung des Antrages und die Einleitung des weiteren Verfahrens nicht gehemmt. Vgl. Mot. §§. 188, 189 in Abs. 2 (S. 436 a. A.) und Völd. §. 191 Bem. a. I.

[9] S. Conc.O. §. 68 Abs. 1 u. 2. Ein Formular bei Sarwey S. 770 Nr. 11.

[10] Conc.O. §. 189 Abs. 1 Satz 1. Zur Einsicht berechtigte Betheiligte sind außer den Concursgläubigern der Gemeinschuldner, der Concursverwalter und der Gläubigerausschuß. S. Conc.O. §. 189 Abs. 2 und Mot. §§. 188, 189 im letzten Abs. (S. 437).

[11] Vgl. Sarwey §. 189 Bem. 2 u. 3 a. E., Stiegl. §. 189 Bem. I. (S. 674). A. M. Völd. §. 189 Bem. f. S. jedoch unt. Anm. 18 a. E.

Bekanntmachung frei bleiben muß, ohne die Berücksichtigung eines später erhobenen Widerspruches auszuschließen.[12] Jedoch darf, wenn bei der Entscheidung über den Antrag bereits die Anmeldefrist abgelaufen ist,[13] nur der Widerspruch derjenigen Gläubiger berücksichtigt werden, welche bis zum Ablaufe derselben oder, wenn sie früher als jene Wochenfrist abgelaufen war, bis zum Ablaufe der letzteren Forderungen angemeldet haben.[14]

3. Nach dem Ablaufe der Widerspruchsfrist entscheidet das Concursgericht über die Einstellung durch Beschluß nach (mündlicher oder schriftlicher) Anhörung des Gemeinschuldners und des Concursverwalters, im Fall erhobenen Widerspruches auch des widersprechenden Gläubigers.[15] Nach Ermessen können noch andere Gläubiger gehört werden, und der Gläubigerausschuß, falls ein solcher bestellt ist, soll gehört werden. Das Gericht hat aber das Dasein der gesetzlichen Voraussetzungen der Einstellung auch schon von Amtswegen zu prüfen, kann zur Aufklärung aller einschlagenden Verhältnisse die erforderlichen Ermittelungen anordnen und die gütliche Beilegung des erhobenen Widerspruches versuchen.[16]

4. Ist zur Zeit der Beschlußfassung bereits die Anmelde-

[12] Conc.O. §. 189 Abs. 1 Satz 2 vbd. Mot. a. a. O. Wegen der Berechnung der Frist s. CP. §. 200 vbd. Conc.O. §. 68 Abs. 1 Satz 2. Vgl. ob. §. 26 Anm. 24.

[13] Ob der Einstellungsantrag vor oder nach dem Ablaufe der Anmeldefrist gestellt war, ist unerheblich. Vgl. Wilm. §. 188 Bem. 2, Völd. §. 188 Bem. d, Stiegl. §. 188 Bem. II. 2, §. 189 Bem. I. g. E.

[14] Conc.O. §. 189 Abs. 1 Satz 3 vbd. Mot. a. a. O.

[15] Conc.O. §. 189 Abs. 2 vbd. Mot. a. a. O.

[16] S. Mot. a. a. O. vbd. Conc.O. §. 67. Auch kann vor der Entscheidung der Concursverwalter oder ein Concursgläubiger dem Gemeinschuldner den Offenbarungseid abnehmen lassen: Conc.O. §. 115. Vgl. noch Völd. §. 189 Bem. g—i.

frist abgelaufen, so muß die Einstellung beschlossen werden, wenn die Zustimmung sämmtlicher Concursgläubiger beigebracht ist, welche bis zu der Stellung des Einstellungsantrages Forderungen angemeldet hatten, und wenn von denjenigen Concursgläubigern, deren Anmeldungen erst nachher bis zum Ablaufe der Anmeldefrist bezw. der oben erwähnten Wochenfrist erfolgt sind, keiner Widerspruch erhoben hat.[17] Dagegen muß bei mangelnder Zustimmung oder bei Widerspruch auch nur Eines der genannten Concursgläubiger der Einstellungsantrag abgewiesen werden, falls die Forderung dieses Gläubigers für das Concursverfahren festgestellt ist.[18] Ist sie noch nicht festgestellt, so hat das Gericht in Rücksicht auf den Grad ihrer Glaubhaftigkeit nach freiem Ermessen zu entscheiden, ob der Mangel der Zustimmung bezw. der Widerspruch des Gläubigers unberücksichtigt zu lassen sei oder durch Sicherstellung des vollen Betrages seiner Forderung aufgewogen werden könne.[19]

---

[17] Conc.O. §§. 188 Abs. 1, 189 Abs. 1. Vgl. Sarwey §. 189 Bem. 4 Nr. 3.

[18] Folgt aus Conc.O. §. 188 Abs. 1. Die Zustimmung eines solchen Gläubigers kann auch nicht durch Sicherstellung seiner Forderung ersetzt werden. Die Bemerkung in Mot. §§. 188, 189 in Abs. 4 a. E. (S. 436 a. E.) bezieht sich nur auf Conc.O. §. 188 Abs. 2. Vgl. Völd. §. 188 Bem. f, Sarwey §. 188 Bem. 5, Pet. §§. 188, 189 Bem. 1 Note 1. A. M. anscheinend Wilm. §. 189 Bem. 1, Hullm. §. 188 Bem. 6, Stiegl. §. 188 Bem. III. 1. Nur die vollständige Befriedigung eines solchen Gläubigers macht, weil er dadurch aufhört, Gläubiger zu sein, den Mangel seiner Zustimmung oder seinen Widerspruch bedeutungslos. — Hat ein früher zustimmender Gläubiger Widerspruch erhoben, so hat das Gericht in Rücksicht auf die Umstände und die Gründe des Widerspruches zu beurtheilen, ob die Zurücknahme der früheren Zustimmung (z. B. weil durch Betrug erschlichen oder auf Irrthum beruhend) statthaft sei. Vgl. Sarwey §. 189 Bem. 2 g. E., Bem. 4 Nr. 3, Völd. §. 189 Bem. f.

[19] Conc.O. §. 188 Abs. 1 Satz 2 vbd. Mot. §§. 188, 189 in Abs. 4

Ist zur Zeit der Beschlußfassung über die Einstellung die Anmeldefrist noch nicht abgelaufen, so muß der Einstellungsantrag abgewiesen werden, wenn nicht die Zustimmung sämmtlicher zur Zeit der Stellung des Antrages bekannter Gläubiger beigebracht ist, oder wenn vor der Beschlußfassung ein Gläubiger Widerspruch erhoben hat, es wäre denn, daß die Forderungen der nicht zustimmenden oder widersprechenden Gläubiger sichergestellt werden.[20] Ob aber unter der Voraussetzung solcher Sicherstellung oder der Zustimmung sämmtlicher bekannter Gläubiger die Einstellung zu beschließen sei, hängt von dem Ermessen des Gerichtes und von der Erwägung ab, ob sie nicht mit einer Gefährdung des gemeinsamen Interesse der Gläubiger verbunden sein würde.[21]

5. Der Beschluß des Gerichtes ist dem Gemeinschuldner und jedem widersprechenden Gläubiger zuzustellen. Die sofortige Beschwerde gegen denselben steht, falls er den Ein-

(S. 436). Vgl. Conc.O. §§. 87, 88. S. auch Hullm. §. 188 Bem. 3 im vorl. Abs., Stiegl. §. 188 Bem. II. 2. a.

[20] Folgt aus Conc.O. §. 188 Abs. 2 vbd. §. 189 Abs. 1 und Mot. §§. 188, 189 in Abs. 4 (S. 436). Auch ergibt sich aus dem Zusammenhange des Gesetzes, daß die Beibringung der positiven Zustimmung nur in Ansehung der schon zur Zeit des Einstellungsantrages bekannten Gläubiger erforderlich ist, und daß in Ansehung der später erst bekannt gewordenen die Unterlassung des Widerspruches anstatt der positiven Zustimmung genügt.

[21] Conc.O. §. 188 Abs. 2. Vgl. Sarwey §. 189 Bem. 4 Nr. 3. A. M., wonach durch das „kann“ in Conc.O. §. 188 Abs. 2 dem Ermessen des Gerichtes nur die Frage, welche Gläubiger bekannt seien, nicht aber bei Zustimmung aller dieser bekannten Gläubiger auch die Einstellung des Concursverfahrens überlassen wäre: Hullm. §. 188 Bem. 4, Völd. §. 188 Bem. h. I. Ferner nimmt Völd. a. a. O. II. an, daß im Fall von Conc.O. §. 188 Abs. 2 die mangelnde Zustimmung eines Gläubigers nicht durch Sicherstellung ersetzt werden könne.

stellungsantrag abweist, bloß dem Gemeinschuldner zu; falls er die Einstellung ausspricht, steht sie jedem Concursgläubiger zu, welcher Widerspruch erhoben hatte.[22]

II. Wegen Zwecklosigkeit der Fortsetzung kann und soll das Concursverfahren von Amtswegen eingestellt werden, sobald sich im Laufe desselben ergibt, daß keine den Kosten des Verfahrens entsprechende Concursmasse vorhanden ist, und daß daher die Fortsetzung für die Concursgläubiger kein verständiges Interesse haben könnte.[23] Der Einstellungsbeschluß ist dem Concursverwalter zuzustellen, welchem dagegen die sofortige Beschwerde zusteht.[24]

---

[22] S. Conc.O. §. 66 Abs. 2, 3 und ob. §. 26 Nr. 7. Vbd. Mot. §§. 188, 189 im letzten Abs. a. E. (S. 437). Ein anderer Gläubiger könnte die Beschwerde nur als Nebenintervenient einlegen. S. ob. §. 26 Anm. 21. Natürlich wird aber ein solcher mittels Nebenintervention nachgeholter Widerspruch nur dann berücksichtigt, wenn das Widerspruchsrecht nicht durch Versäumung der Anmeldung der Forderung innerhalb der Anmeldefrist bezw. der in Conc.O. §. 189 Abs. 1 bestimmten einwöchigen Frist verloren gegangen ist. Vgl. Stiegl. §. 189 Bem. I. g. E. u. II., Völd. §. 191 Bem. a. III. A. M. Sarwey §. 189 Bem. 5. Dem Concursverwalter steht kein Beschwerderecht zu. Vgl. Wilm. §. 189 Bem. 2, Stiegl. §. 189 Bem. II. a. E. A. M. Völd. a. a. O.

[23] Conc.O. §. 190; vgl. §§. 99, 184 Abs. 1. Vbd. Mot. §. 190 (S. 437), wonach es auf eine solche Geringfügigkeit der Concursmasse ankommen soll, daß für die nicht bevorrechtigten Concursgläubiger nichts übrig bleibt. Jedoch darf aus diesem Grunde das Verfahren doch erst nach der Befriedigung der bevorrechtigten Gläubiger (s. Conc.O. §. 157) eingestellt werden. Vgl. Sarwey §. 190, Völd. §. 190 Bem. c, Pet. §. 190, Stiegl. §. 190. Gleicher Meinung der Sache nach auch Hullm. §. 190.

[24] Vgl. Stiegl. §. 190 a. E. A. M., wonach jeder nicht bevorrechtigte Concursgläubiger, nicht aber der Verwalter, die Beschwerde einlegen könnte, Völd. §. 190 Bem. a. II. Die Ablehnung der Einstellung ist unanfechtbar. S. ob. §. 26 Anm. 16.

III. Der Einstellungsbeschluß ist, nachdem er rechtskräftig geworden, und nachdem von Seite des Concursverwalters die Schlußrechnung gelegt sowie die Berichtigung oder Sicherstellung vorhandener Masseansprüche erfolgt ist,[25] mit Angabe des Grundes der Einstellung in gleicher Weise wie der Beschluß, durch welchen das Concursverfahren wegen vollzogener Schlußvertheilung oder wegen rechtskräftiger Bestätigung eines Zwangsvergleiches aufgehoben wird, durch Einrückung in das Amtsblatt des Gerichtes und in den Deutschen Reichsanzeiger bekannt zu machen,[26] den betheiligten Behörden mitzutheilen und in das Grund- oder Hypothekenbuch einzutragen.[27] Auch seine rechtliche Wirkung ist die gleiche wie diejenige der genannten Beschlüsse und tritt, wie diese, mit dem Zeitpunkte ein, in welchem seine öffentliche Bekanntmachung als bewirkt gilt.[28] Mit diesem Zeitpunkte erhält also der Gemeinschuldner von selbst die freie Verfügung über die Concursmasse zurück, und die Concursgläubiger können ihre Forderungen wieder in freier Weise gegen ihn geltend machen.[29] Die Eintragung einer Forderung als einer für das Concursverfahren festgestellten und von ihm nicht bestrittenen in die Tabelle erscheint gegen ihn als vollstreckbarer Schuldtitel.[30]

---

[25] S. Mot. §§. 191, 192 (S. 437 fg.). Vgl. Sarwey §. 191 Bem. 1, Stiegl. §. 191. S. auch ob. §. 48. III.

[26] Formulare bei Sarwey S. 770 Nr. 12 u. 13.

[27] Conc.O. §. 191 vbd. Mot. a. a. O. Vgl. ob. §. 42. VI., §. 48. IV. Wegen der bei Einstellung des Concursverfahrens je nach der Lage desselben zur Zeit der Einstellung zu erhebenden Concursgebür s. GK. §. 51 Nr. 3—5 vbd. §. 52, §. 95 Abs. 1.

[28] S. Conc.O. §. 68 Abs. 1. A. M. auch hier Völd. §. 191 Bem. c.

[29] Conc.O. §. 192 vbd. Mot. a. a. O. Vgl. ob. §. 25. III.

[30] Conc.O. §. 192 Abs. 2. Vgl. ob. §. 12. III., §. 25. III. Mit Rücksicht darauf wird der Con-

IV. Eigenthümlichkeiten einzelner Fälle.

§. 52.

1. Concursverfahren über das Vermögen einer Actiengesellschaft.

I. Ueber das Vermögen einer Actiengesellschaft[1] ist das Concursverfahren nicht allein wegen Zahlungsunfähigkeit, insbesondere Zahlungseinstellung, der Gesellschaft, sondern auch wegen Ueberschuldung derselben, d. h. wegen Unzulänglichkeit ihres Vermögens zur Deckung ihrer Schulden, zu eröffnen,[2] und zwar nicht bloß während des Bestehens der Gesellschaft, sondern auch nach ihrer Auflösung, solange die Vertheilung des Vermögens noch nicht vollzogen ist.[3]

II. Der Antrag auf die Concurseröffnung kann nicht allein von jedem Concursgläubiger, sondern auch von jedem Mitgliede des Vorstandes und von jedem Liquidator gestellt

---

cursverwalter auch hier für verpflichtet gehalten werden müssen, die schwebenden Feststellungsprocesse über Forderungen, welche der Gemeinschuldner nicht bestreitet, noch zu erledigen. Vgl. ob. §. 42. VI. a. E., §. 49 Anm. 7.

[1] S. HGB. Art. 207.

[2] Conc.O. §. 193 Abs. 1 vbd. HGB. Art. 240 Abs. 2 und Mot. §§. 193, 194 in Abs. 1 (S. 441 fg.). Die Ueberschuldung ergibt sich leicht aus den alljährlich zu veröffentlichenden Bilanzen. S. HGB. Art. 239 Abs. 1, 239 a, 249 Nr. 3.

[3] Conc.O. §. 193 Abs. 2 vbd. Mot. §§. 193, 194 in Abs. 2 u. 3 (S. 442). Vgl. HGB. Art. 242, 244, 245, 144. Auch nach dem Vollzuge der Vertheilung ist die Concurseröffnung möglich, wenn jene anfechtbar ist. Vgl. ob. §. 35. V. und Völd. §§. 193, 194 Bem. e. I. Ueber den Fall der Vereinigung einer Actiengesellschaft mit einer anderen (HGB. Art. 247) s. Völd. a. a. O. II. — Durch die Concurseröffnung wird die Actiengesellschaft jedenfalls aufgelöst: HGB. Art. 242 Nr. 3.

werden.[4] Wird er aber nicht von den sämmtlichen Vorstandsmitgliedern oder den sämmtlichen Liquidatoren gestellt, so darf er, ebenso wie wenn er von einem Concursgläubiger gestellt wird, nur zugelassen werden, wenn die Zahlungsunfähigkeit oder die Ueberschuldung glaubhaft gemacht wird.[5] Ferner muß dann im Fall der Zulassung das Concursgericht auch die übrigen Mitglieder oder Liquidatoren (mündlich oder schriftlich) hören, gleichwie es bei Zulassung des von einem Concursgläubiger gestellten Antrages alle Vorstandsmitglieder oder Liquidatoren zu hören hat.[6] Räumen diese nicht sämmtlich die Zahlungsunfähigkeit oder Ueberschuldung ein, so hat das Concursgericht zur Erlangung der Ueberzeugung von dem Vorhandensein oder Nichtvorhandensein derselben nöthigenfalls noch weitere Ermittelungen anzuordnen.[7]

III. Bei der Ausübung der Rechte, welche dem Gemeinschuldner im Concursverfahren zustehen, wird die Gesellschaft durch den Vorstand oder die Liquidatoren in gleicher Art

---

[4] Conc.O. §. 194 Abs. 1 vbd. §. 95 Abs. 2, Mot. §§. 193, 194 in Abs. 4 (S. 442 fg.). Vgl. HGB. Art. 227, 244. Sobald sich die Ueberschuldung der Gesellschaft ergibt, ist jedes Vorstandsmitglied bei Strafe zur Beantragung der Concurseröffnung verpflichtet. S. HGB. Art. 240 Abs. 2, 249a vbd. Conc.O. §. 95 Abs. 1. — Als Concursgericht ist hier das Amtsgericht, in dessen Bezirke die Gesellschaft ihren Sitz hat, ausschließlich zuständig: Conc.O. §. 64 vbd. CP. §. 19, HGB. Art. 209 Nr. 1, 213 Abs. 2, 244 vbd. 144 Abs. 2.

[5] Conc.O. §. 194 Abs. 2 Satz 1 vbd. §. 97 Abs. 1, Mot. a. a. O., Prot. S. 118. Vgl. ob. §. 35. III.

[6] Conc.O. §. 194 Abs. 2 Satz 2 vbd. §. 97 Abs. 2 und Mot. a. a. O. Die Anhörung eines Vorstandsmitgliedes oder Liquidators kann unterbleiben, wenn es dazu einer öffentlichen Zustellung oder einer Zustellung im Auslande bedürfte; doch ist dann, soweit thunlich, ein Vertreter oder Angehöriger desselben zu hören: Conc.O. §. 194 Abs. 2 Satz 2 vbd. §. 97 Abs. 3.

[7] Conc.O. §. 97 Abs. 2. Vgl. ob. §. 35. III.

wie vor der Concurseröffnung vertreten.[8] Die Pflicht zur Auskunftsertheilung und die damit zusammenhängende Pflicht, sich ohne Erlaubniß des Concursgerichtes nicht von seinem Wohnorte zu entfernen, liegt jedem Vorstandsmitgliede oder Liquidator einzeln und selbständig ob.[9]

IV. Ein Zwangsvergleich ist in dem Concurse einer Actiengesellschaft nach Maßgabe der allgemeinen Grundsätze statthaft.[10] Nur wird natürlich durch die Flucht einzelner oder aller Vorstandsmitglieder oder Liquidatoren sowie durch Verfolgung oder Verurtheilung derselben wegen betrüglichen Bankerutteს keine Unzulässigkeit bezw. Wiederaufhebung des Zwangsvergleiches herbeigeführt.[11]

V. Die Grundsätze über die Behandlung des Concurses einer Actiengesellschaft finden auf Vereine und registrirte Gesellschaften, welche auf Grund der bayerischen Gesetze vom 29. April 1869, betreffend die privatrechtliche Stellung der Vereine sowie der Erwerbs- und Wirthschaftsgesellschaften,

[8] S. Mot. §§. 193, 194 in Abs. 6 (S. 443) vbd. Conc.O. §. 196 Abs. 1. Vgl. HGB. Art. 227, 229; 244 vbd. 136, 139.

[9] S. Mot. a. a. O., §§. 195—197 in Abs. 3 a. E. (S. 445 a. E.), Prot. S. 117. Demnach ist auch Conc.O. §. 93 Abs. 2 anwendbar. S. Prot. a. a. O. Ferner kann von jedem einzelnen Vorstandsmitgliede oder Liquidator nach Conc.O. §. 115 der Offenbarungseid verlangt werden. S. HGB. Art. 249 Nr. 3. Vgl. noch Völd. §§. 193, 194 Bem. g, Pet. §§. 193, 194 Bem. 4, Stiegl. §. 194 Bem. III. S. auch ob. §. 33. III.

[10] S. Mot. §§. 193, 194 im letzten Abs. (S. 443 ff.).

[11] S. Conc.O. §§. 162, 183, wo überall nur von dem Gemeinschuldner selbst die Rede ist. Vgl. Völd. §§. 193, 194 Bem. b Abs. 3, Stiegl. §. 194 Bem. IV. Dagegen muß im Hinblicke auf HGB. Art. 232, CP. §. 435 die Verweigerung des Offenbarungseides von Seite der Vorstandsmitglieder oder Liquidatoren allerdings die Unzulässigkeit des Zwangsvergleiches nach sich ziehen. S. Stiegl. a. a. O. A. M. Völd. a. a. O.

bestehen, entsprechende Anwendung, jedoch mit der Ausnahme, daß kein Zwangsvergleich statthaft ist.[12]

§. 53.

2. Concursverfahren über das Vermögen einer eingetragenen Genossenschaft.

I. Ueber das Vermögen einer eingetragenen Genossenschaft[1] findet während des Bestehens derselben das Concursverfahren bloß wegen Zahlungsunfähigkeit, insbesondere Zahlungseinstellung, statt. Nach der Auflösung der Genossenschaft[2] findet es auch wegen Ueberschuldung statt, wenn nicht innerhalb acht Tagen nach der von den Liquidatoren deshalb berufenen Generalversammlung der zur Deckung der Schulden mangelnde Betrag von den Genossenschaftern baar eingezahlt worden ist.[3] Jedoch ist nach der Auflösung der Genossenschaft die Concurseröffnung nur statthaft, solange die Vertheilung des Vermögens noch nicht vollzogen ist.[4]

Der Antrag auf die Concurseröffnung kann, wie bei der Actiengesellschaft, nicht bloß von jedem Concursgläubiger,

[12] EG. §. 6. Vgl. Mot. z. EG. §. 6 (S. 469 fg.).

[1] Vgl. GenossenschaftsG. v. 4. Juli 1868 §. 1.

[2] S. GenossenschaftsG. §§. 34, 35.

[3] Conc.O. §. 195 Abs. 1 vbd. Mot. §§. 195—197 in Abs. 2 (S. 445). Vgl. GenossenschaftsG. §. 51 Abs. 1 (aufgehoben durch EG. §. 3 Nr. 1). Durch die Concurseröffnung wird die Genossenschaft jedenfalls aufgelöst: GenossenschaftsG. §. 34 Nr. 3.

[4] Conc.O. §. 195 Abs. 2 vbd. §. 193 Abs. 2. Vgl. ob. §. 52 Anm. 3. Der Concurs über das Genossenschaftsvermögen zieht denjenigen über das Privatvermögen der einzelnen Genossenschafter nicht nothwendig nach sich; auch werden diese in dem Eröffnungsbeschlusse nicht genannt. S. Mot. §§. 195—197 im vorl. Abs. (S. 446), Prot. S. 118 fg. Vgl. GenossenschaftsG. §. 51 Abs. 4, 5 (aufgehoben durch EG. §. 3 Nr. 1).

sondern auch von jedem Vorstandsmitgliede und von jedem Liquidator gestellt werden.[5] Ist er aber nicht von den sämmtlichen Vorstandsmitgliedern oder Liquidatoren gestellt, so darf er hier wie dort nur bei Glaubhaftmachung der Zahlungsunfähigkeit bezw. der Ueberschuldung zugelassen werden, und die Concurseröffnung selbst darf nur nach Anhörung sämmtlicher Mitglieder oder Liquidatoren erfolgen.[6]

Bei der Ausübung der Rechte des Gemeinschuldners im Concursverfahren wird die Genossenschaft, ebenso wie die Actiengesellschaft, durch den Vorstand oder die Liquidatoren in gleicher Art wie vor der Concurseröffnung vertreten.[7] Die Pflicht zur Auskunftsertheilung nebst den damit zusammenhängenden Pflichten liegt auch hier jedem Vorstandsmitgliede oder Liquidator einzeln und selbständig ob.[8]

Ein Zwangsvergleich ist nicht statthaft, weil er wegen der Eigenthümlichkeit des Verhältnisses weder den Concurs-

[5] Conc.O. §. 195 Abs. 2 vbd. §. 194 Abs. 1. Vgl. GenossenschaftsG. §§. 17, 40. Im Fall nicht rechtzeitig gedeckter Ueberschuldung einer aufgelösten Genossenschaft sind die Liquidatoren bei Vermeidung von Ordnungsstrafen zur Beantragung der Concurseröffnung verpflichtet: GenossenschaftsG. §. 48 vbd. §. 66. — Concursgericht ist auch hier das Amtsgericht, in dessen Bezirke die Genossenschaft ihren Sitz hat: Conc.O. §. 64 vbd. CP. §. 19, GenossenschaftsG. §§. 3 Nr. 1, 49 Abs. 2. Die Zuständigkeitsbestimmung im §. 48 dieses Gesetzes ist aufgehoben: EG. §. 3 Nr. 1.

[6] Conc.O. §. 195 Abs. 2 vbd. §. 194. Vgl. ob. §. 52. II. — Die Concurseröffnung ist von Amtswegen in das Genossenschaftsregister einzutragen: GenossenschaftsG. §. 37 vbd. Conc.O. §. 104.

[7] Conc.O. §. 196 Abs. 1 vbd. Mot. §§. 195—197 in Abs. 3 (S. 445) und GenossenschaftsG. §§. 19; 42 Abs. 2, 45. Vgl. GenossenschaftsG. §. 51 Abs. 3 (aufgehoben durch EG. §. 3 Nr. 1).

[8] S. Mot. a. a. O. Vgl. ob. §. 52. III.

gläubigern noch den Genossenschaftern einen erheblichen Vortheil gewähren könnte.[9]

II. Nach der Beendigung des Concursverfahrens können sich die Concursgläubiger, jedoch nur soweit ihre Forderungen zur Feststellung für das Concursverfahren gelangt sind,[10] wegen des darin erlittenen Ausfalls mit Einschluß der Zinsen und Kosten[11] an die einzelnen ihnen solidarisch haftenden Genossenschafter[12] halten.[13] Diese können Einwendungen gegen

[9] Conc.O. §. 196 Abs. 2 vbd. Mot. §§. 195—197 in Abs. 4 (S. 446). Vgl. GenossenschaftsG. §. 51 Abs. 3 a. E. (aufgehoben durch EG. §. 3 Nr. 1).

[10] Folgt (durch arg. a contrario) aus Conc.O. §. 197 und aus GenossenschaftsG. §. 12 Abs. 1 Satz 2. Vbd. Mot. z. EG. §. 3 Nr. 1 g. E. (S. 465). Vgl. GenossenschaftsG. §. 51 Abs. 5 Satz 2 (aufgehoben durch EG. §. 3 Nr. 1). Festgestellt sind auch diejenigen bei der Prüfung streitig gebliebenen Forderungen, zu deren Gunsten, wenngleich erst nach der Beendigung des Concursverfahrens, ein vor dem Ablaufe der Ausschlußfrist für die Schlußvertheilung bezw. vor rechtskräftiger Einstellung des Concursverfahrens anhängiger Feststellungs- oder Widerspruchsproceß entschieden worden ist. Vgl. ob. §. 42. VI. a. E., §. 51 Anm. 30. Ferner aber ist im Sinn von Conc.O. §. 197 als festgestellt anzusehen eine Forderung der in Conc.O. §. 134 Abs. 6 genannten Art, wenn der Widerspruch bis zur Beendigung des Concursverfahrens von dem Widersprecher nicht verfolgt ist. Vgl. Sarwey §. 197 Bem. 1 Nr. 2. c., Stiegl. §. 197 Note a.

[11] Auch dieses gilt bloß von denjenigen Zinsen und Kosten, welche nach Conc.O. §. 55 Nr. 1 u. 3 im Concursverfahren geltend gemacht werden konnten und für dasselbe festgestellt worden sind. Auf die in Conc.O. §. 56 Nr. 1, 2 genannten Zinsen und Kosten erstreckt sich also die Haftung der Genossenschafter nicht. S. Stiegl. §. 197 Note b.

[12] S. GenossenschaftsG. §§. 12, 39, 63. Die in §. 63 zu Gunsten der ausgeschiedenen oder ausgeschlossenen Genossenschafter bestimmte Verjährung wird auch in Ansehung der schon zur Zeit der Concurseröffnung ausgeschiedenen oder ausgeschlossenen durch Anmeldung der Forderung in dem Concurse der Genossenschaft unterbrochen: EG. §. 3 Abs. 4. Vgl. GenossenschaftsG. §. 64 Abs. 1 u. 2.

[13] Conc.O. §. 197 Satz 1. Vgl.

solche Forderungen nur insoweit erheben, als die letzteren von dem Vorstande oder von den Liquidatoren bei der Prüfung ausdrücklich bestritten worden sind und diese Bestreitung nicht nachträglich beseitigt worden ist.[14]

§. 54.

3. Concursverfahren über das Vermögen einer sonstigen juristischen Person.

Das Concursverfahren über das Vermögen einer juristischen Person, welche nicht zu den in §. 52 und §. 53 behandelten Arten solcher Personen gehört, bemißt sich nach den allgemeinen Grundsätzen,[1] jedoch mit folgenden aus der Natur der Sache fließenden Eigenthümlichkeiten:

1. Zur Stellung des Antrages auf die Concurseröffnung ist ohne Rücksicht auf die sonstige Art der Vertretung der

---

GenossenschaftsG. §. 51 Abs. 5 Satz 2 (aufgehoben durch EG. §. 3 Nr. 1).

[14] Conc.O. §. 197 Satz 2. Vgl. GenossenschaftsG. §. 51 Abs. 3 u. 6 (aufgehoben durch EG. §. 3 Nr. 1). S. auch Conc.O. §. 152 Abs. 2 und ob. §. 12. III., §. 25. III. — Einen unmittelbar vollstreckbaren Schuldtitel gegen die einzelnen Genossenschafter kann die Eintragung einer Forderung als einer festgestellten und von dem Vorstande oder den Liquidatoren nicht bestrittenen in die Tabelle nicht gewähren, weil die Genossenschafter in dem Concurseröffnungsbeschlusse nicht genannt werden (s. CP. §. 671 Abs. 1), und weil sie jedenfalls ihre Haftung als Genossenschafter bestreiten können. Vgl. Hullm. §§. 195—197 Bem. 6, Sarwey §. 197 Bem. 2, Stiegl. §. 197 Nr. 4. — Wegen des an den Genossenschaftsconcurs sich anschließenden Umlageverfahrens s. GenossenschaftsG. §§. 52—61.

[1] Vgl. Mot. Vorbem. z. Buch II. Tit. 8 in Abs. 2 a. E. (S. 441), Sarwey §. 193 Bem. 2, Stiegl. §. 193 Note a. — Ein solches Concursverfahren ist erwähnt in HülfskassenG. v. 7. April 1876 §. 29 Abs. 3.

juristischen Person jedes einzelne Vorstandsmitglied berechtigt.[2] Ist aber der Antrag nicht von den sämmtlichen Vorstandsmitgliedern gestellt, so darf er nur bei Glaubhaftmachung der Zahlungsunfähigkeit zugelassen, und der Concurs darf nur nach Anhörung sämmtlicher Mitglieder eröffnet werden.[3]

2. Bei der Ausübung der Rechte des Gemeinschuldners im Concursverfahren wird die juristische Person durch den Vorstand in gleicher Art wie vor der Concurseröffnung vertreten.[4] Die Pflicht zur Auskunftsertheilung nebst den damit zusammenhängenden Pflichten liegt jedem Vorstandsmitgliede einzeln und selbständig ob.[5]

3. Die Flucht einzelner oder aller Vorstandsmitglieder sowie die Verfolgung oder Verurtheilung derselben wegen betrüglichen Bankeruttes ist kein Grund der Unzulässigkeit oder Wiederaufhebung eines Zwangsvergleiches.[6]

---

[2] Entspr. Conc.O. §§. 194 Abs. 1, 195 Abs. 2 vbd. Mot. §§. 193, 194 in Abs. 4 (S. 442 fg.), wo dieser Satz mit dem bei allen juristischen Personen zutreffenden Grunde gerechtfertigt wird, daß der Concursantrag keine die Geschäftsführung betreffende Handlung, sondern Erfüllung einer persönlichen Pflicht gegen die Gläubiger sei.

[3] Entspr. Conc.O. §§. 194 Abs. 2, 195 Abs. 2 vbd. Mot. a. a. O.

[4] Entspr. Conc.O. §. 196 Abs. 1 vbd. Mot. §§. 193, 194 in Abs. 6 (S. 443), §§. 195—197 in Abs. 3 (S. 445). Vgl. Sarwey §. 193 Bem. 2 a. E., Stiegl. §. 194 Note d.

[5] S. Mot. a. d. a. OO., wo dieser Satz als selbstverständlich in allen Fällen „eines Concurses über Nichtindividuen" bezeichnet wird. Vgl. Stiegl. a. a. O. S. auch ob. §. 52 Anm. 9.

[6] S. ob. §. 52. IV. Vgl. Stiegl. §. 194 Note f.

§. 55.

4. Concursverfahren über das Vermögen einer offenen Handelsgesellschaft, einer Commanditgesellschaft und einer Commanditgesellschaft auf Actien.

I. Wie über das Vermögen einer Actiengesellschaft und einer Genossenschaft, so findet auch über dasjenige einer offenen Handelsgesellschaft,[1] einer Commanditgesellschaft[2] und einer Commanditgesellschaft auf Actien[3] ein selbständiges Concursverfahren statt, an welchem bloß die Gesellschaftsgläubiger Theil nehmen, und welches den Concurs über das Privatvermögen der Gesellschafter, selbst der persönlich haftenden, nicht nothwendig nach sich zieht.[4] Die Eröffnung dieses Concursverfahrens ist nur wegen Zahlungsunfähigkeit der Gesellschaft statthaft,[5] kann aber auch noch nach der Auflösung derselben erfolgen, solange die Vertheilung des Vermögens noch nicht vollzogen ist.[6]

Der Antrag auf die Concurseröffnung kann nicht allein von jedem Concursgläubiger, sondern auch von jedem persönlich haftenden Gesellschafter und von jedem Liquidator

---

[1] S. HGB. Art. 85.

[2] S. HGB. Art. 150.

[3] S. HGB. Art. 173.

[4] Conc.O. §. 198 Abs. 1 vbd. Mot. §§. 198—201 in Abs. 1, 6—10 (S. 447, 448—451). Vgl. HGB. Art. 119—122, 169. Der Begriff des Gesellschaftsvermögens bestimmt sich nach dem bürgerlichen Rechte. Vgl. HGB. Art. 91, 143, v. Hahn, Commentar z. HGB. (3. Aufl.) Art. 122 §§. 18, 19, Sarwey §. 198 Bem. 1.

[5] Conc.O. §. 198 Abs. 1 vbd. Mot. §§. 198 — 201 in Abs. 1 a. E. (S. 447).

[6] Conc.O. §. 198 Abs. 2 vbd. Mot. §§. 198 — 201 in Abs. 2 (S. 447). Vgl. HGB. Art. 123 —126, 170, 199, 200; 144, 172. S. auch ob. §. 52 Anm. 3. — Durch die Concurseröffnung wird die Gesellschaft jedenfalls aufgelöst: HGB. Art. 123 Nr. 1, 170, 200.

gestellt werden.[7] Wird er aber nicht von den sämmtlichen persönlich haftenden Gesellschaftern oder den sämmtlichen Liquidatoren gestellt, so darf er, wie bei der Actiengesellschaft und Genossenschaft, nur bei Glaubhaftmachung der Zahlungsunfähigkeit zugelassen, und der Concurs darf nur nach Anhörung sämmtlicher persönlich haftender Gesellschafter oder Liquidatoren eröffnet werden.[8]

Die Ausübung der Rechte des Gemeinschuldners im Concursverfahren steht sämmtlichen persönlich haftenden Gesellschaftern ohne Rücksicht auf ihre Vertretungsbefugniß vor der Concurseröffnung[9] und, wenn diese erst nach der Auflösung der Gesellschaft erfolgt ist, auch den Liquidatoren, diesen nach Maßgabe ihrer Vertretungsbefugniß vor der Concurseröffnung, zu.[10] Die Pflicht zur Auskunftsertheilung nebst den

[7] Conc.O. §. 199 Abs. 1. Also nicht von einem bloßen Commanditisten, noch auch von der Generalversammlung oder dem Aufsichtsrathe der Commanditgesellschaft auf Actien. S. Mot. §§. 198—201 in Abs. 4 (S. 447 fg.), Prot. S. 120 ff. — Als Concursgericht ist auch hier das Amtsgericht, in dessen Bezirke die Gesellschaft ihren Sitz hat, ausschließlich zuständig: Conc.O. §. 64 vbd. CP. §. 19, HGB. Art. 86 Nr. 2, 111 Abs. 2, 144 Abs. 2; 151 Nr. 3, 164 Abs. 2, 176 Nr. 3, 172 vbd. 144 Abs. 2. Vgl. Mot. §§. 198 — 201 in Abs. 3 (S. 447).

[8] Conc.O. §. 199 Abs. 2. Vgl. Conc.O. §§. 194 Abs. 2, 195 Abs. 2 und ob. §. 52. II., §. 53. I. Abs. 2.

[9] Und zwar muß, weil jeder den Gesellschaftsgläubigern solidarisch haftet, jeder auch solidarisch zur Ausübung dieser Rechte (s. ob. §. 33. II.) befugt sein: entspr. HGB. Art. 144 Abs. 1 vbd. 117, Conc.O. §. 200 Abs. 1 (durch arg. a contrario). Vgl. Mot. §§. 198 — 201 in Abs. 4 (S. 447). Die ursprüngliche, durch den Gesellschaftsvertrag begründete Vertretungsbefugniß (HGB. Art. 86 Nr. 4, 87) ist in Folge der Auflösung der Gesellschaft durch die Concurseröffnung erloschen. Vgl. Stiegl. §. 199 Bem. II., Lastig, Handb. des Handelsr. (herausg. v. Endemann) I. §. 92. V. a. E., VI. g. E.

[10] Entspr. Conc.O. §. 196 Abs. 1, HGB. Art. 133, 137. Vgl. HGB. Art. 136, 139, 172, 205.

damit zusammenhängenden Pflichten liegt jedem persönlich haftenden Gesellschafter bezw. jedem Liquidator einzeln und selbständig ob.[11]

Ein Zwangsvergleich ist, soweit er nicht ein Anderes festsetzt, zugleich für den Umfang der solidarischen Haftung der persönlich haftenden Gesellschafter mit ihrem sonstigen Vermögen maßgebend und kann daher nur auf den gemeinsamen Vorschlag aller dieser Gesellschafter geschlossen werden, selbst dann, wenn die Gesellschaft zur Zeit der Concurseröffnung bereits in Liquidation begriffen war.[12]

II. Wird während des über das Gesellschaftsvermögen schwebenden Concursverfahrens auch über das Privatvermögen eines persönlich haftenden Gesellschafters das Concursverfahren eröffnet, so steht es jedem Gesellschaftsgläubiger frei, seine Forderung in beiden Concursen oder bloß in dem einen oder dem anderen derselben geltend zu machen.[13] Er kann aber in dem Privatconcurse antheilige Befriedigung immer nur für denjenigen Betrag verlangen, für welchen er auf die Theilnahme an der Befriedigung in dem Gesellschaftsconcurse verzichtet, oder mit welchem er bei der letzteren ausgefallen

---

[11] S. Mot. §§. 195—197 in Abs. 3 a. E. (S. 445 a. E.). Vgl. ob. §. 54 Anm. 5.

[12] Conc.O. §. 200 vbd. Mot. §§. 198—201 in Abs. 5 (S. 448). Zustimmung der Commanditisten oder der Liquidatoren ist nicht erforderlich. Mot. a. a. O. — Weil ein gemeinsamer Vorschlag aller Gesellschafter erfordert wird, so ist ein Zwangsvergleich unzulässig, wenn auch nur in der Person Eines derselben ein Unzulässigkeitsgrund besteht. Völd. §. 162 Bem. a. II., §. 200 Bem. b., Stiegl. §. 200 Bem. II. a. E.

[13] Daß der Gesellschaftsgläubiger mit Verzicht auf die Theilnahme am Gesellschaftsconcurse seine Forderung bloß in dem Privatconcurse geltend machen kann, ist — in theilweiser Abänderung von HGB. Art. 122 — durch die Verweisung auf Conc.O. §. 57 in Conc.O. §. 201 Abs. 2 ausgesprochen. S. Prot. S. 191 ff. Vgl. Hullm. §. 201 Bem. 3 Abs. 2, Sarwey §. 201 Bem. 2.

ist.[14] Zwar kann er, solange dieser Ausfall noch nicht feststeht, seine Forderung in dem Privatconcurse zu ihrem vollen Betrage anmelden; auch werden dann bei den Vertheilungen, und zwar bei der Schlußvertheilung und den Nachtragsvertheilungen nicht minder als bei den Abschlagsvertheilungen, zu seiner Sicherung die Antheile auf den vollen Betrag der Forderung ausgeworfen und zurückbehalten.[15] Allein eine Auszahlung an ihn findet erst statt, wenn entweder durch die Beendigung des Gesellschaftsconcurses oder durch bestimmten (gänzlichen oder theilweisen) Verzicht auf die Befriedigung in demselben der Betrag, mit welchem die Forderung in dem Privatconcurse zu Theil geht, festgestellt ist.[16] Solange dieses nicht der Fall ist, entscheidet über das Stimmrecht des Gläubigers in jeder Gläubigerversammlung auf den Widerspruch eines Concursgläubigers oder des Concursverwalters das Concursgericht in Rücksicht auf den muthmaßlichen Betrag des Ausfalls im Gesellschaftsconcurse.[17]

---

[14] Auch dieses folgt aus der Verweisung auf Conc.O. §. 57 in Conc.O. §. 201 Abs. 2. Vgl. HGB. Art. 122, 169. S. Sarwey §. 201 Bem. 2 Nr. 4.

[15] Vorausgesetzt wird jedoch, daß auch in dem Privatconcurse den Vorschriften in Conc.O. §. 140 genügt ist. Denn die beiden Concurse sind unabhängig von einander, und die Feststellung der Forderung in dem einen gilt nicht auch als Feststellung in dem anderen. Vgl. Sarwey §. 201 Bem. 2 Nr. 2.

[16] Conc.O. §. 201 Abs. 1 vbd. Abs. 2 und §. 57. Vgl. Mot. §§. 198 — 201 im letzten Abs. (S. 451 fg.), Prot. S. 191 ff. S. noch Hullm. §. 201 Bem. 3 Abs. 3, Sarwey §. 201 Bem. 2 Nr. 4 u. 5.

[17] Conc.O. §. 201 Abs. 2 vbd. §. 88. S. ob. §. 31. IV. 3. — Den Privatgläubigern eines persönlich haftenden Gesellschafters steht in dem Concurse desselben gegenüber den Gesellschaftsgläubigern kein Anspruch auf abgesonderte Befriedigung aus dem Privatvermögen zu. Landesgesetzliche Vorschriften, welche kraft der Vorbehalte in HGB. Art. 122, 169 ein solches Absonde-

§. 56.

5. Concursverfahren über einen Nachlaß.

I. Ueber einen Nachlaß oder einen rechtlich selbständigen Bruchtheil eines solchen[1] kann ein Concursverfahren nur eröffnet werden, solange er noch als eine rechtlich selbständige Vermögensmasse behandelt wird.[2] Dieses ist aber der Fall, wenn er noch nicht von einem Erben erworben oder doch der Erwerb unbekannt oder ungewiß[3] ist, oder wenn er mit der Rechtswohlthat des Inventars erworben ist.[4] Durch

rungsrecht gewährten, sind durch Conc.O. §. 3 vbd. EG. §. 4 aufgehoben und für die Zukunft ausgeschlossen. Vgl. Mot. §§. 198—201 in Abs. 11 (S. 451), Mot. z. EG. §. 3 in Abs. 2 g. E. (S. 465 a. A.), Prot. S. 122 ff., 190 ff.

[1] Unter welchen Voraussetzungen ein Erbtheil gegenüber den übrigen als eine rechtlich selbständige Vermögensmasse erscheint, bemißt sich nach dem bürgerlichen Rechte. S. Mot. §§. 202—206 in Abs. 1 a. E. (S. 452). Vgl. auch Sarwey §. 202 Bem. 4.

[2] Als Gemeinschuldner gilt dabei im Rechtssinn (z. B. für die Anwendung von Conc.O. §. 56 Nr. 4) der Erblasser. S. Mot. §§. 202—206 in Abs. 1 (S. 452). Vgl. L. 33 §. 2, L. 34 D. de acq. rer. dom. 41, 1.

[3] Gemeinrechtliche Fälle dieser Art ergeben sich z. B. bei dem Tode eines Mannes mit Hinterlassung eines noch lebenden aber verschollenen Haussohns oder mit Hinterlassung einer schwangeren Ehefrau (L. 3, 4 D. si pars hered. 5, 4).

[4] S. Mot. Vorbem. z. Buch II. Tit. 8 in Abs. 2 (S. 440), §§. 202—206 in Abs. 1 (S. 452). Ist die Erbschaft von einem bekannten Erben ohne die Rechtswohlthat des Inventars erworben, so kann es nicht zu einem selbständigen Concurse über den Nachlaß kommen, selbst dann nicht, wenn die Erbschaftsgläubiger von ihrem Absonderungsrechte nach Conc.O. §. 43 Gebrauch machen. S. Mot. §. 43 in Abs. 7 (S. 222 fg.), Vorbem. z. Buch II. Tit. 8 a. a. O. Vgl. ob. §. 19 Anm. 36.

eine dem berufenen Erben zustehende, noch nicht abgelaufene Ueberlegungsfrist wird die Concurseröffnung nicht gehindert.[5]

Als Concursgericht ist dasjenige Amtsgericht ausschließlich zuständig, bei welchem der Erblasser zur Zeit seines Todes seinen allgemeinen Gerichtsstand gehabt hat.[6]

II. Die Concurseröffnung ist immer durch Ueberschuldung des Nachlasses, d. h. Unzulänglichkeit desselben zur Deckung der Erbschaftsschulden, bedingt.[7]

Der Eröffnungsantrag kann von jedem Nachlaßgläubiger,[8] ferner von jedem Erben[9] und von jeder anderen nach dem bürgerlichen Rechte zur Vertretung des Nachlasses befugten Person (Nachlaßcurator, Testamentsvollstrecker) gestellt werden.[10] Wird er aber nicht von den sämmtlichen Erben oder Nachlaßvertretern gestellt, so darf er nur zugelassen werden, wenn die Ueberschuldung des Nachlasses glaubhaft gemacht

---

[5] Conc.O. §. 204 vbd. Mot. §§. 202 — 206 in Abs. 5 (S. 454 fg.).

[6] Conc.O. §. 202 vbd. Mot. §§. 202—206 in Abs. 1 (S. 452). Vgl. CP. §. 28 und ob. Anm. 2.

[7] Conc.O. §. 203 vbd. Mot. §§. 202 — 206 in Abs. 3 (S. 452 fg.). Die bloße Unzulänglichkeit zur Deckung auch der Vermächtnisse genügt nicht. S. Conc.O. §. 56 Nr. 4. Die von Seite des Erblassers bei seinen Lebzeiten erfolgte Zahlungseinstellung kann zwar für sich allein nicht zu der Concurseröffnung über den Nachlaß führen, hat aber in Ansehung der Anfechtbarkeit von Rechtshandlungen des Erblassers wie des Erben ihre volle Bedeutung. S. Conc.O. §. 23 und Mot. §§. 202—206 in Abs. 4 (S. 453 fg.).

[8] S. jedoch Conc.O. §. 97 Abs. 1. Einem Vermächtnißnehmer steht das Antragsrecht nicht zu. S. Conc.O. §. 56 Nr. 4.

[9] Darunter ist bloß der bereits (mit der Rechtswohlthat des Inventars) Erbe Gewordene, nicht auch der nur erst zur Erbschaft Berufene zu verstehen. S. Mot. §§. 202—206 im vorl. Abs. (S. 455 fg.). Vgl. Hullm. §§. 202 — 206 Bem. 4 Nr. 1, Stiegl. §. 205 Bem. I. Nr. 2. A. M. Sarwey §. 205 Bem. 1.

[10] Conc.O. §. 205 Abs. 1 vbd. Mot. a. a. O.

wird. Auch darf dann die Concurseröffnung nur nach Anhörung sämmtlicher Erben oder Nachlaßvertreter erfolgen.[11]

Bei der Ausübung der Rechte, welche dem Gemeinschuldner im Concursverfahren zustehen, wird der Nachlaß durch die Erben oder sonstigen Nachlaßvertreter nach Maßgabe der Vorschriften des bürgerlichen Rechtes über ihre Vertretungsbefugniß vertreten. Die Pflicht zur Auskunftsertheilung nebst den damit zusammenhängenden Pflichten liegt jedem Erben oder Nachlaßvertreter einzeln und selbständig ob.[12]

Ein Zwangsvergleich kann nur auf den gemeinsamen Vorschlag der sämmtlichen Erben oder sonstigen Nachlaßvertreter geschlossen werden.[13]

§. 57.

6. Concursverfahren über das inländische Vermögen eines im Auslande wohnhaften Schuldners.

Die Concursordnung geht zwar von dem Grundsatze der Gleichberechtigung des inländischen und des ausländischen Concursrechtes aus und schreibt daher dem im Auslande, d. h. außerhalb des Deutschen Reiches, nach Maßgabe des dortigen Rechtes, sei es gegen einen Ausländer oder gegen

[11] Conc.O. §.205 Abs.2. Vgl. ob. §. 52. II.

[12] S. Mot. Schlußbemerkung z. Buch I. Tit. 1 (S. 61 fg.) vbd. Mot. §§. 202—206 im vorl. Abs. (S. 455 fg.). Vgl. ob. §. 33. III.

[13] Conc.O. §. 206 vbd. Mot. §§. 202 — 206 im letzten Abs. (S. 456). Weil ein gemeinsamer Vorschlag aller Erben oder Nachlaßvertreter erfordert wird, so ist der Zwangsvergleich unzulässig, wenn auch nur in der Person Eines derselben ein Unzulässigkeitsgrund besteht. S. Völd. §.162 Bem. a. II., §§. 202—206 Bem. h Abs. 2. Vgl. ob. §. 55 Anm. 12. Einschränkend Stiegl. §. 206.

einen Angehörigen des Deutschen Reiches, eröffneten Concursverfahren im Allgemeinen volle Wirkung nach Maßgabe des ausländischen Rechtes auch in Ansehung der inländischen Gläubiger und des im Inlande befindlichen Vermögens des Gemeinschuldners zu.[1] Allein weil dieser Grundsatz noch keineswegs von allen auswärtigen Staaten anerkannt ist, so führt sie ihn doch nur mit folgenden Beschränkungen durch:

1. Hat der Schuldner, über dessen Vermögen im Auslande der Concurs eröffnet ist, im Deutschen Reiche einen allgemeinen Gerichtsstand, so ist, sei er Ausländer oder Inländer, bei dem Vorhandensein der gesetzlichen Voraussetzungen gleichwohl auch im Inlande der Concurs über sein Vermögen zu eröffnen, und zwar grundsätzlich über sein gesammtes, sowohl im Auslande als im Inlande befindliches Vermögen.[2] Jedes Concursverfahren ist dann unabhängig von dem anderen, wiewohl natürlich jedes das andere in der Wirkung thatsächlich beschränkt.[3]

2. Ein selbständiges Concursverfahren ist im Inlande gegen einen Schuldner, sei er Ausländer oder Inländer, bei dem Dasein der gesetzlichen Voraussetzungen[4] auch dann zu

---

[1] S. Mot. §§. 207, 208 in Abs. 1—3 (S. 456 ff.), Prot. S. 197. A. M. Dernburg II. §. 113. II.

[2] Folgt aus Conc.O. §. 64 Abs. 1 und aus Conc.O. §. 208. Die Vorschrift in Conc.O. §. 64 Abs. 2 bezieht sich nur auf den Fall gleichmäßiger Zuständigkeit mehrerer inländischer Gerichte. Vgl. Sarwey §. 207 Bem. 1 Abs. 3, Bem. 3, Stiegl. §. 207 Bem. I.

[3] Vgl. Sarwey §. 207 Bem. 3, Stiegl. a. a. O., Pet. §§. 207, 208 Bem. 3 a. E.

[4] S. Conc.O. §§. 94, 193 Abs. 1, 195 Abs. 1, 203. Vgl. Mot. §§. 207, 208 im letzten Abs. g. E. (S. 459). A. M. Stiegl. §. 208 Bem. I., welcher die besonderen Bestimmungen in Conc.O. §§. 193—206 in einem nach Conc.O. §. 208 eröffneten Concursverfahren für unanwendbar hält.

eröffnen, wenn er im Deutschen Reiche, obwohl in demselben ohne allgemeinen Gerichtsstand, zum Betriebe einer Fabrik, einer Handlung oder eines anderen Gewerbes eine Niederlassung, d. h. zum selbständigen Abschlusse von Geschäften befugte Betriebsstelle, hat[5] oder ein mit Wohn- und Wirthschaftsgebäuden versehenes Gut als Eigenthümer, Nutznießer oder Pächter bewirthschaftet,[6] und zwar wiederum ohne Rücksicht darauf, ob bereits im Auslande ein Concursverfahren gegen ihn schwebt oder nicht.[7] Als Concursgericht ist dafür das Amtsgericht, in dessen Bezirke sich die Niederlassung oder das Gut befindet, ausschließlich zuständig.[8] An diesem Concursverfahren können zwar sämmtliche Concursgläubiger, die ausländischen wie die inländischen, Theil nehmen; es beschränkt sich aber auf das im Deutschen Reiche befindliche Vermögen des Gemeinschuldners.[9] Im Uebrigen verläuft es nach den Vorschriften der Concursordnung[10] und ist unabhängig von einem gegen den nämlichen Schuldner im Auslande eröffneten Concursverfahren.[11] Nur genügt der Nachweis der bereits im Auslande stattgefundenen Concurseröffnung zur Eröffnung des inländischen Verfahrens anstatt des Nachweises der Zahlungsunfähigkeit.[12]

3. Hat ein Schuldner, über dessen Vermögen im Aus-

---

[5] Vgl. Mot. §§. 207, 208 im letzten Abs. (S. 458), Völd. §. 208 Bem. d, Stiegl. §. 208 Bem. II. 1. a.

[6] Vgl. Völd. §. 208 Bem. e, Stiegl. §. 208 Bem. II. 2.

[7] Conc.O. §. 208 Abs. 1, 2 vbd. Abs. 4. Vgl. CP. §. 22.

[8] Conc.O. §. 208 Abs. 3. S. auch CP. §. 36.

[9] Conc.O. §. 208 Abs. 1 vbd. Mot. §§. 207, 208 im letzten Abs. (S. 458 fg.). Vgl. CP. §. 24.

[10] S. Mot. a. a. O. Einschränkend Stiegl. §. 208 Bem. I. (s. ob. Anm. 4).

[11] Vgl. Sarwey §. 207 Bem. 3, Pet. §§. 207, 208 Bem. 3 Abs. 2.

[12] Conc.O. §. 208 Abs. 4 vbd. Mot. §§. 207, 208 im letzten Abs. a. E. (S. 459). Vgl. Conc.O. §§. 94, 96, 97.

lande ein Concursverfahren eröffnet ist, im Deutschen Reiche weder einen allgemeinen Gerichtsstand noch eine Niederlassung oder Gutswirthschaft, so ist, wenn sich Vermögensstücke von ihm im Deutschen Reiche befinden, gleichviel ob er selbst Inländer oder Ausländer ist, wenigstens die Zwangsvollstreckung in dieses inländische Vermögen zu Gunsten der einzelnen (ausländischen wie inländischen) Gläubiger statthaft in gleicher Weise, wie wenn kein Concurs eröffnet wäre.[13] Von dieser Regel können jedoch einzelnen ausländischen Staaten gegenüber mit Zustimmung des Bundesrathes durch Anordnung des Reichskanzlers Ausnahmen gemacht werden.[14]

---

[13] Conc.O. §. 207 Abs. 1 vbd. Mot. §§. 207, 208 in Abs. 4 (S. 458), Prot. S. 198. Vgl. CP. §. 24. Die Gläubiger können sich daher auch durch Erwirkung eines Arrestes gegen die — an sich zulässige (s. Mot. §§. 207, 208 in Abs. 3. A. M. Dernburg II. §. 113 Anm. 14) — Einziehung der inländischen Vermögensstücke zu der ausländischen Concursmasse sichern. S. CP. §§. 796, 797. Vgl. noch Stiegl. §. 207 Bem. II. 1 u. 2.

[14] Conc.O. §. 207 Abs. 2 vbd. Mot. §§. 207, 208 in Abs. 4 a. E. (S. 458), Prot. S. 197 ff. Vgl. Sarwey §. 207 Bem. 5. A. M., wonach durch Conc.O. §. 207 Abs. 2 dem Reichskanzler mit Zustimmung des Bundesrathes auch die Ermächtigung gegeben wäre, in Ausübung eines Vergeltungsrechtes einzelne Staaten ungünstiger zu stellen, als es durch Conc.O. §. 207 Abs. 1 geschieht, Völd. §. 207 Bem. e, Stiegl. §. 207 Bem. II. 3. — Die bestehenden oder zukünftigen Staatsverträge mit ausländischen Staaten werden durch die Vorschrift in Conc.O. §. 207 Abs. 2 natürlich nicht berührt. Vgl. Mot. §. 4 a. E. (S. 32).

Anhang.

---

§. 58.

Strafbestimmungen.

I. Das Reichs-Strafgesetzbuch hatte, weil zur Zeit seiner Abfassung wegen der großen Verschiedenheit des im Deutschen Reiche geltenden Concursrechtes erschöpfende gemeinsame Strafbestimmungen für die mit dem Concurse in Beziehung stehenden strafbaren Handlungen noch nicht möglich waren, sich darauf beschränkt, in den §§. 281—283 gewisse mit der Zahlungseinstellung eines Kaufmanns zusammenhängende Handlungen mit Strafe zu bedrohen. Im Uebrigen war die Aufstellung von Strafbestimmungen der Landesgesetzgebung überlassen, deren einschlagende Vorschriften „bis zum Erlasse eines Reichsgesetzes über den Concurs" in Kraft bleiben sollten.[1] Mit dem Erlasse der Reichs-Concursordnung war dieser Zeitpunkt gekommen und somit das Bedürfniß eingetreten, den Gegenstand für das ganze Reichsgebiet umfassend und einheitlich zu regeln. Die Concursordnung stellt daher unter Aufhebung der §§. 281—283 des Strafgesetzbuches und der mit dem Concurse in Beziehung stehenden Strafvor-

---

[1] EG. z. StGB. §. 2 Abs. 3.

schriften der Landesgesetze[2] in einem als „Drittes Buch" bezeichneten Anhange folgende Strafbestimmungen auf:[3]

1. Ein Schuldner, welcher seine Zahlungen eingestellt hat,[4] oder über dessen Vermögen das Concursverfahren eröffnet worden ist, wird wegen betrüglichen Bankeruttes bestraft, wenn er, sei es vor oder nach der Zahlungseinstellung oder Concurseröffnung, im Hinblicke auf dieselbe und in der Absicht, seine Gläubiger zu benachtheiligen,[5]

a. Vermögensstücke verheimlicht oder bei Seite geschafft hat,

b. ganz oder theilweise erdichtete Schulden oder Rechtsgeschäfte anerkannt oder seinerseits behauptet hat,

c. als Kaufmann Handelsbücher, deren Führung ihm gesetzlich oblag,[6] oder auch nur ein einziges solches Buch zu führen unterlassen hat, oder

d. als Kaufmann seine Handelsbücher, gleichviel ob ihm die Führung derselben gesetzlich oblag oder nicht, ver-

---

[2] EG. §. 3 Nr. 3, §. 4 Abs. 2. Vgl. Mot. z. Buch III. in Abs. 3 (S. 460) und z. EG. §. 4 im letzten Abs. (S. 468).

[3] Dieselben sollen, weil sie an sich der Aufgabe dieses Lehrbuches fremd sind, hier nur in Kürze angegeben werden. Ausführliche Erläuterungen finden sich namentlich bei Fuchs, v. Völderndorff, v. Sarwey, Wengler und Petersen. S. auch v. Liszt, Das Deutsche Reichsstrafrecht §. 70.

[4] Die Zahlungseinstellung ist in Conc.O. §§. 209—212, 214, ebenso wie überall sonst in der Concursordnung, im Sinne von Conc.O. §. 94 Abs. 2 zu verstehen. S. ob. §. 35. I. Nichtzahlung fälliger Geldschulden wegen bloß vermeintlicher oder fingirter Zahlungsunfähigkeit genügt also nicht (A. M. Sarwey §. 209 Bem. 2, Völd. §. 209 Bem. b. I. a. E., Liszt §. 70. I. 2. a), sondern begründet höchstens einen strafbaren Versuch. S. Pet. Vorbem. 3. a a. E. zu Buch III.

[5] Vgl. Conc.O. §§. 24 Nr. 1, 33 Nr. 1 und ob. §. 16. I. 1.

[6] S. HGB. Art. 28, 29 vbd. Art. 10. S. auch HGB. Art. 5, 185, 239 und GenossenschaftsG. v. 4. Juli 1868 §§. 11 Abs. 3, 26.

nichtet oder verheimlicht oder in der Weise geführt oder verändert hat, daß sie einem sachverständigen Dritten keine Uebersicht des Vermögenszustandes gewähren.

Die Strafe ist Zuchthaus (von 1—15 Jahren[7]), bei Vorhandensein mildernder Umstände Gefängniß nicht unter drei Monaten.[8]

2. Ein Schuldner, welcher seine Zahlungen eingestellt hat, oder über dessen Vermögen das Concursverfahren eröffnet worden ist, wird wegen einfachen Bankeruttes bestraft, wenn er, sei es vor oder nach der Zahlungseinstellung oder Concurseröffnung,

a. durch Aufwand, d. h. vermeidbare Ausgaben jeder Art, durch Spiel oder durch Differenzhandel mit Waaren oder Börsenpapieren nach seinen Vermögensverhältnissen übermäßige Summen verbraucht hat oder schuldig geworden ist,

b. als Kaufmann Handelsbücher, deren Führung ihm gesetzlich oblag, zu führen unterlassen oder solche Bücher verheimlicht, vernichtet oder so unordentlich geführt hat, daß sie einem sachverständigen Dritten keine Uebersicht des Vermögenszustandes gewähren, oder

c. als Kaufmann gegen die Bestimmung des Handelsgesetzbuches[9] unterlassen hat, die Bilanz seines Vermögens in der vorgeschriebenen Zeit zu ziehen.

Die Strafe ist Gefängniß bis zu zwei Jahren.[10]

---

[7] S. StGB. §. 14 Abs. 2 u. 3.

[8] Conc.O. §. 209 vbd. Mot. z. Buch III. in Abs. 4 (S. 460 fg.). Ueber den Versuch s. Pet. Vorbem. 3. a zu Buch III., Völd. Einleitung z. Buch III. §. 5. — Vgl. noch Beilage B. zum Militärstrafgesetzbuch §. 41 (BGB. 1867 S. 297).

[9] S. HGB. Art. 29.

[10] Conc.O. §. 210 vbd. Mot. z. Buch III. in Abs. 4 (S. 460). Von einem strafbaren Versuche des einfachen Bankeruttes kann we-

3. Ein Schuldner, welcher seine Zahlungen eingestellt hat, oder über dessen Vermögen das Concursverfahren eröffnet worden ist, wird mit Gefängniß bis zu zwei Jahren bestraft, wenn er, obwohl seine Zahlungsunfähigkeit kennend, einem seiner Gläubiger in der Absicht, ihn vor den übrigen zu begünstigen, sei es vor oder nach der Zahlungseinstellung, jedoch vor der Concurseröffnung eine Sicherung oder Befriedigung gewährt hat, welche dieser nicht oder nicht in der Art oder nicht zu der Zeit zu beanspruchen hatte.[11]

---

gen StGB. §. 43 Abs. 2 nicht die Rede sein. — Liegt sowohl der Thatbestand des betrüglichen als des einfachen Bankeruttes vor, z. B. Beiseiteschaffung von Vermögensstücken in der Absicht der Benachtheiligung der Gläubiger und außerdem übermäßiger Aufwand, so kann nur Eine Strafe, diejenige wegen betrüglichen Bankeruttes, erkannt werden. Denn der Bankerutt, d. h. die durch die (in der Zahlungseinstellung oder Concurseröffnung zu Tage getretene) Zahlungsunfähigkeit bewirkte Schädigung der Gläubiger, ist stets eine einfache Thatsache, deren schuldhafte Herbeiführung oder Steigerung, wenn auch durch verschiedene einzelne Handlungen bewirkt, nur als eine einfache Strafthat, also nur entweder als betrüglicher oder als einfacher Bankerutt, betrachtet werden kann. S. Liszt §. 70. I. 3. A. M. Völd. Einleitung z. Buch III. §. 4. B, Pet. Vorbem. 3. b zu Buch III.

[11] Conc.O. §. 211 vbd. Mot. z. Buch III. in Abs. 5 (S. 461). Daß die Sicherung oder Befriedigung vor der Concurseröffnung geschehen sein muß, ergibt sich aus der Vergleichung mit Conc.O. §. 23 Nr. 2, worauf die Motive ausdrücklich verweisen. Ebenso aus dem Grunde der Vorschrift, welche den Schutz der Concursgläubiger gegen Schädigung durch Begünstigung einzelner bezweckt. Denn Befriedigung eines Concursgläubigers nach der Concurseröffnung ist, wenn sie aus dem freien Vermögen des Gemeinschuldners geschieht, für die übrigen nützlich. Geschähe sie aber aus der Concursmasse, so würde sie wegen Conc.O. §. 6 Abs. 1 schon unter Conc.O. §. 209 Nr. 1 fallen. Ferner ist aus der Vergleichung mit Conc.O. §. 23 Nr. 2 und aus dem Grunde der Vorschrift zu schließen, daß der begünstigte Gläubiger ein solcher sein muß, der unter der Voraussetzung bereits erfolgter Concurs-

4. Wenn eine Actiengesellschaft oder sonstige Handelsgesellschaft oder eine eingetragene Genossenschaft ihre Zahlungen eingestellt hat, oder wenn über das Vermögen derselben das Concursverfahren eröffnet worden ist, so unterliegen den unter Nr. 1—3 angegebenen Strafen auch die Mitglieder des Vorstandes und die Liquidatoren, wenn sie die strafbaren Handlungen in ihrer Eigenschaft als Vorstandsmitglieder oder Liquidatoren begangen haben.[12]

5. Mit Zuchthaus bis zu zehn Jahren oder bei Vorhandensein mildernder Umstände mit Gefängniß oder Geldstrafe bis zu sechstausend Mark wird bestraft:

a. wer in der Absicht, einem Schuldner, welcher seine Zahlungen eingestellt hat, oder über dessen Vermögen das Concursverfahren eröffnet worden ist, einen Vortheil zu verschaffen, in Kenntniß der erfolgten Zahlungseinstellung oder Concurseröffnung Vermögensstücke desselben verheimlicht oder bei Seite geschafft hat,

eröffnung als Concursgläubiger erscheinen würde. Vgl. ob. §. 16 Anm. 18. — Der Gläubiger, welcher in Kenntniß der Zahlungsunfähigkeit und der Begünstigungsabsicht des Schuldners die ihm nicht gebürende Sicherung oder Befriedigung annimmt, wird nach StGB. §§. 47—49 als Theilnehmer zu bestrafen sein. Dafür: RGer. 27. Jan. und 21. März 1881 (Rechtspr. des RGer. in Strafsachen II. S. 762 ff., III. S. 153 ff.). Dagegen: RGer. 12. Nov. 1880 (ebend. II. S. 493 ff.), vornehmlich wegen Mot. z. Buch III. in Abs. 7 (S. 461 g. E.).

[12] Conc.O. §. 214 vbd. Mot. z. Buch III. im vorl. Abs. (S. 461 fg.). Die Mitglieder einer offenen Handelsgesellschaft und die persönlich haftenden Gesellschafter bei einer Commanditgesellschaft fallen als „Schuldner" schon unmittelbar unter Conc.O. §§. 209—211. — Die Bestimmung in Conc.O. §. 214 trifft auch die Vorstandsmitglieder und Liquidatoren der Vereine und registrirten Gesellschaften, welche auf Grund der bayerischen Gesetze vom 29. April 1869, betreffend die privatrechtliche Stellung der Vereine sowie der Erwerbs- und Wirthschaftsgesellschaften, bestehen: EG. §. 6. Vgl. Mot. z. EG. §. 6 (S. 469 fg.).

b. wer in der Absicht, entweder einem solchen Schuldner einen Vortheil oder aber sich selbst oder einem Dritten einen Vermögensvortheil zu verschaffen, in dem von der Concursordnung geregelten Verfahren (Vorverfahren oder Concursverfahren) erdichtete Forderungen in eigenem Namen oder durch vorgeschobene Personen geltend gemacht hat.[13]

6. Ein Gläubiger, welcher sich von dem Gemeinschuldner oder von anderen Personen besondere Vermögensvortheile dafür hat gewähren oder versprechen lassen, daß er bei den Abstimmungen der Concursgläubiger in den Gläubigerversammlungen in einem bestimmten Sinn stimme, wird, ohne Rücksicht darauf, ob er wirklich in diesem Sinn gestimmt hat,[14] mit Geldstrafe bis zu dreitausend Mark oder mit Gefängniß bis zu einem Jahr bestraft.[15]

II. Neben diesen Strafbestimmungen der Concursordnung bleiben in Kraft:

1. die Vorschrift in Art. 249a des Handelsgesetzbuches, wonach die Mitglieder des Vorstandes einer Actiengesellschaft mit Gefängniß bis zu drei Monaten bestraft werden, wenn sie nicht gemäß der Vorschrift des Art. 240 Abs. 2 vbd. Conc.O. §§. 95, 194 Abs. 1 alsbald, nachdem sich die Ueberschuldung der Gesellschaft ergeben hat, den Antrag auf die Concurseröffnung gestellt haben, es würde denn von ihnen nachgewiesen, daß die Stellung des Antrages ohne ihr Verschulden unterblieben ist;[16]

---

[13] Conc.O. §. 212. Vbd. StGB. §. 59.

[14] Vgl. Fuchs §. 44. III., Pet. §. 213, Liszt §. 70. IV. A. M. Völd. §. 213 Bem. I. u. V.

[15] Conc.O. §. 213 vbd. Mot. z. Buch III. in Abs. 7 (S. 461 g. E.).

[16] Vgl. ob. §. 52 Anm. 4. — Als weitere hierher gehörige Vor-

2. die landesgesetzlichen Vorschriften, welche die Nichtbefolgung der Vorschriften über die Anzeige des zwischen dem Gemeinschuldner und seinem Ehegatten bestehenden Güterrechtes mit Strafe bedrohen.[17]

---

schriften lassen sich allenfalls auch noch die in HGB. Art. 249 und im GenossenschaftsG. v. 4. Juli 1868 §§. 66—68 enthaltenen betrachten.

[17] EG. §. 5 Nr. 2. Vgl. Mot. z. EG. §. 5 Nr. 2 (S. 469).

I. Sachregister.

Die Zahlen verweisen auf die Seiten, diejenigen mit vorgesetztem A. auf die Anmerkungen.

Abschlagsvertheilungen: wann sie stattfinden sollen 315, wie dabei behandelt werden: absonderungsberechtigte Concursgläubiger 318, 344, bedingte Concursgläubiger 321, 343. Bei A. ausgeschlossene Concursgläubiger können Nachzahlung verlangen 320. Verfahren bei A. 323 ff. Aussetzung einer A. wegen eines Vergleichsvorschlages 328. Zurückbehaltung von Antheilen bei A. 342 ff.

Absonderungsberechtigte Concursgläubiger: Behandlung im Concurse 94, 187, 318, 344.

Absonderungsrechte: Bedeutung 27, können nach der Concurseröffnung von Concursgläubigern nicht mehr erworben werden 82. Die einzelnen A. 169 ff. Gemeinsame Regeln 183 ff.

Abweisung des Antrages auf Concurseröffnung, insbesondere wegen Geringfügigkeit der Masse 287.

Actiengesellschaft: Concurs einer A. 389 ff.

Activmasse 25 A. 20.

Alimentenansprüche als Concursforderungen 76.

Anfechtung von Rechtshandlungen im Concurse: Allgemeine Voraussetzungen 136 ff.; die einzelnen Fälle der Anfechtbarkeit 142 ff., 181, 193 ff., 378. A. gegen die Rechtsnachfo ger des ersten Erwerbers 154. Art und Weise der A. 156 ff. Erlöschen der Anfechtungsrechte 160. Wirkungen der A. 161 ff.

Anmeldefrist 292, 303.

Anmeldung der Concursforderungen 101. Juristische Natur der A. 102 A. 4. Form der A. 304. Geschäftliche Behandlung der Anmeldungen 305 ff. Nachträgliche Anmeldungen 307 A. 15.

Anordnungen zur Sicherung der Masse: im Vorverfahren 285, bei Aussicht auf eine Wiederaufnahme des Concursverfahrens 377.

Arrest: kann während des Concursverfahrens nicht zu Gunsteu von Concursgläubigern in die Concnrsmasse vollzogen werden 81.
Offener Arrest 292.

Aufhebung des Concursverfahrens: durch Wiederaufhebung des Eröffnungsbeschlusses in der Beschwerdeinstanz 294, wegen vollzogener Schlußvertheilung 334 ff., wegen rechtskräftiger Bestätigung eines Zwangsvergleiches 368 ff.
Wirkungen der A. 226 ff.

Aufnahme der durch die Concurseröffnung unterbrochenen Processe 55 ff.

Aufrechnung im Concurse 187 ff. Concursrechtliche Erweiterungen der Aufrechnungsbefugniß 188 ff., concursrechtliche Beschränkungen derselben 191 ff.

Ausfallsforderungen s. Absonderungsberechtigte Concursgläubiger.

Ausländer: Inländisches Concursverfahren über das Vermögen eines A. 403 ff.

Ausländische Concursgläubiger 77.

Ausschlußfrist 319 ff.

Aussonderungsprocesse führt der Concursverwalter mit bindender Wirkung für den Gemeinschuldner 59 A. 10, 205 A. 4.

Aussonderungsrechte: Bedeutung 27, 198, können nach der Concurseröffnung von Concursgläubigern Behufs ihrer

Deckung nicht mehr erworben werden 52 A. 38, 82 A. 20. Geltendmachung der A. 199. Besondere concursrechtliche Fälle 200 ff.

Bankerutt: betrüglicher 408, einfacher 409.
Beamte: inwiefern der Gehalt derselben zur Concursmasse gehört 120 A. 10.
Bedingte Concursforderungen: Behandlung im Concurse 89 ff., 321, 343.
Beendigung des Concursverfahrens: Einwirkung derselben auf das Vermögen des Gemeinschuldners 226 ff., auf die politischen und Ehrenrechte desselben 227 A. 5, auf die Concursforderungen 230 ff.
Befriedigung, abgesonderte s. Absonderungsrechte.
Bekanntmachungen, öffentliche: Form und Wirkung 236.
Beschlüsse der Gläubigerversammlung 268, im Vergleichstermin 361 ff.
Beschwerde, sofortige: gegen die Entscheidungen im Concursverfahren 239 ff., insbesondere: gegen den Beschluß über den Antrag auf Concurseröffnung 289, gegen die Entscheidung über Einwendungen gegen das Vertheilungsverzeichniß 324, gegen die Bestätigung oder Verwerfung eines Zwangsvergleiches 367, gegen den Beschluß über den Antrag auf Einstellung des Concursverfahrens 386.
Bevorrechtigte Concursforderungen 95 ff.
Bilanz des Concursvermögens 299.

Civilproceßordnung ist entsprechend auf das Concursverfahren anzuwenden 235 ff.
Commanditgesellschaft: Concurs einer solchen 397 ff.
Commanditgesellschaft auf Actien: Concurs einer solchen 397 ff.
Concursanspruch 18 A. 7.
Concurseröffnung: Voraussetzungen 279 ff., Zeitpunkt 290. Begleitende Maßregeln 291 ff., Bekanntmachung 293.
Einwirkung der C. auf die politischen und Ehrenrechte des Gemeinschuldners 29 A. 1; auf das Vermögen desselben 29 ff., insbesondere auf Rechtsverhältnisse aus gegenseitigen Verträgen 34 ff., auf Pacht- und Miethverhältnisse 44 ff., auf Dienstverhältnisse 48 ff., auf anhängige Processe 53 ff., auf ein anhängiges Zwangsvollstreckungsverfahren 64, auf die Concursforderungen 32, 78 ff.
Concursforderungen: Begriff 66 ff. Behandlung betagter C. 82, 87 ff., insbesondere bezüglich der Aufrechnung im Concurse 189; Behandlung bedingter C. 82, 89 ff., insbesondere bezüglich der Aufrechnung im Concurse 190, bei den Vertheilungen 321, 343; Behandlung von C., für welche zugleich ein Absonderungsrecht besteht 94, 187, 318, 344.
Art und Umfang der Geltendmachung der C. 86 ff., insbesondere in Rücksicht auf Nebenforderungen 91. Rangordnung der C. 95 ff. Feststellung der C. 101 ff.
Concursgericht 244 ff., kann von Amtswegen die Vernehmung von Zeugen und Sachverständigen anordnen 246, führt die Aufsicht über den Concursverwalter 250, kann die Ausführung eines Beschlusses der Gläubigerversammlung untersagen 269.
Concursgläubiger: Begriff 19, 66 ff. Einfluß der C. auf die Verwaltung und Verwerthung der Concursmasse 209 ff., Stimmrecht der C. in der Gläubigerversammlung 265 ff.
Befugnisse der einzelnen C. im Concursverfahren 270 ff. Stellung der Rechtsnachfolger von C. 272.
Nachforderungsrecht der C. 114, 230, 336, 388.
Ausländische C. 77.
Bevorrechtigte C. 95 ff.; können unabhängig von den Vertheilungen befriedigt werden 315; Behandlung im Fall eines Zwangsvergleiches 369.
Concursmasse: Begriff 19; ist rechtlich Vermögen des Gemeinschuldners 22. Bestandtheile 117 ff. Masseansprüche 127 ff.
Verwaltung und Verwerthung der C. 205 ff., 302. Einfluß der Concursgläubiger auf dieselbe 209, Einfluß des Gemeinschuldners auf dieselbe 213.
Rechtliche Beziehungen zwischen der C. und dem freien Vermögen des Gemeinschuldners 224 ff.

Concursordnung: wird ergänzt: durch das Gerichtsverfassungsgesetz 5, durch die Civilproceßordnung 235 ff. Verhältniß der C.: zu dem Landesrechte 7, zu den übrigen Reichsgesetzen 8, zum ausländischen Rechte 9.
Concursrecht: Begriff 28.
Concursverfahren: Begriff und Zweck 17, 19; ob es zur streitigen oder freiwilligen Gerichtsbarkeit zu rechnen 6 A. 1. C. im Gerichtsstande der Niederlassung 404.
S. noch Aufhebung, Beendigung, Einstellung, Wiederaufnahme des C. und Concurseröffnung.
Concursvermögen: Begriff 24.
Concursverwalter: Art der Bestellung 247 ff., allgemeine Befugnisse und Pflichten 249, steht unter der Aufsicht des Concursgerichtes 250, Verpflichtungsverhältniß zu dem Gemeinschuldner und den Concursgläubigern 251, Beendigung seines Amtes 253, Schlußrechnung 254, 330, 369. Mehrheit von Concursverwaltern 255.
Stellung des C. zu dem Concursvermögen 30 ff., Befugnisse in Ansehung der Concursmasse 205 ff.
Correalschulden s. Solidarische Verpflichtungen.

Dienstverhältnisse: Einwirkung der Concurseröffnung auf dieselben 48 ff.

Einstellung des Concursverfahrens 381 ff., insbesondere wegen Geringfügigkeit der Concursmasse 387. Wirkungen der E. 388, 226 ff.
Entlassung des Concursverwalters 253.
Entscheidungen im Concursverfahren 237 ff., können mit sofortiger Beschwerde angefochten werden 239 ff.
Erbschaften: inwiefern sie in die Concursmasse fallen 125.
Eröffnung des Concursverfahrens s. Concurseröffnung.

Faustpfandrecht gewährt ein Absonderungsrecht 171 ff.
Feststellung der Concursforderungen: für das Concursverfahren 104 ff., 312, gegen den Gemeinschuldner 79, 115.
Feststellungsprocesse in Rücksicht auf den Concurs 106 ff.
Fixgeschäfte: Einwirkung der Concurseröffnung auf dieselben 42.
Freies Vermögen des Gemeinschuldners s. Vermögen.
Freigebige Zuwendungen s. Zuwendungen.

Gehalt der Beamten: inwieweit er zur Concursmasse gehört 120 A. 10.
Geldstrafen können im Concurse nicht geltend gemacht werden 72.
Gemeinschuldner: Begriff 19, Stellung zu dem Concursvermögen 22, 30, 32, 217 ff., hat für Processe, welche das Concursvermögen betreffen, keine Proceßfähigkeit 54; Stellung zu den angemeldeten Concursforderungen 113 ff., 313.
Pflichten des G. im Concursverfahren 272 ff., Rechte desselben im Concursverfahren 275, Maßregeln, worüber er gehört werden muß 213.
Einfluß des Todes des G. auf das Concursverfahren 276.
Genossenschaft, eingetragene: Concurs einer G. 392 ff., Einfluß des Genossenschaftsconcurses auf die Genossenschafter 394.
Gerichtsverfassungsgesetz ergänzt die Concursordnung 5.
Gesellschafter, persönlich haftende: Rechte der Gesellschaftsgläubiger im Concurse derselben 399.
Gläubigerausschuß: Bestellung und Verpflichtungsverhältniß 256 ff., Befugnisse 259 ff., Geschäftsordnung 261. Maßregeln, zu denen es seiner Genehmigung bedarf 209 ff., 216.
Gläubigerversammlung 262 ff. Berufung 262, Berechtigung zur Theilnahme 264, Stimmrecht in der G. 265 ff., Beschlußfassung 268.
Maßregeln, wozu es der Genehmigung der G. bedarf 211 ff., worüber sie zu entscheiden hat 214 ff.

Haft des Gemeinschuldners kann angeordnet werden: im Concursverfahren 273, im Vorverfahren 285.
Handelsgesellschaft: Concurs einer offenen H., einer Commanditgesellschaft und einer Commanditgesellschaft auf Actien 397 ff.
Hinterlegung bei der Schlußvertheilung zurückbehaltener oder nicht erhobener Antheile 345.

Inventar des Concursvermögens 299.
Juristische Person: Concurs einer solchen 395.

Kosten: wem die K. der das Concursvermögen betreffenden Processe zur Last fallen 62 ff.
Den Concursgläubigern vor der Concurseröffnung erwachsene K. können als Nebenforderungen geltend gemacht werden 91, nachher erwachsene können im Concurse nicht geltend gemacht werden 71.
K. der Feststellungs- und Widerspruchsprocesse 112.

Masseansprüche 26, 127 ff.
Massegläubiger: Begriff 26, Stellung zu der Concursmasse 134, Behandlung bei Abschlagsvertheilungen 326, bei der Schlußvertheilung 333, bei Nachtragsvertheilungen 340, im Fall eines Zwangsvergleiches 369, im Fall der Einstellung des Concursverfahrens 388; können sich nach der Beendigung des Concursverfahrens an den Gemeinschuldner halten 127, 229.
Massekosten: Begriff 128, was dazu gehört 129 ff.
Masseschulden: Begriff 128, was dazu gehört 131 ff.
Miethverhältnisse: Einwirkung der Concurseröffnung auf dieselben 44 ff.
Miteigenthum des Gemeinschuldners: inwiefern es zur Concursmasse gehört 120. Absonderungsrecht der übrigen Theilhaber 180.
Mittheilungen des Concursverwalters: wie sie geschehen 237.
Motive der Concursordnung: Bedeutung 3 A. 4.

Nachforderungsrecht: der Concursgläubiger 114, 230, 336, 388, der Massegläubiger 127, 229.
Nachlaß: Concursverfahren über einen N. 401 ff.
Nachtragsvertheilungen 336 ff., Zurückbehaltung von Antheilen bei N. 342.

Offenbarungseid des Gemeinschuldners 300.
Offene Handelsgesellschaft: Concurs einer solchen 397 ff.
Offener Arrest 292.

Pachtverhältnisse: Einwirkung der Concurseröffnung auf dieselben 44 ff.
Person, juristische: Concurs einer solchen 395.
Pfändungspfandrecht gewährt ein Absonderungsrecht 179.
Processe, das Concursvermögen betreffende, werden durch die Concurseröffnung unterbrochen 54.
S. noch Unterbrechung.
Prüfung der Concursforderungen: wie sie geschieht 310 ff.
Prüfungstermin, allgemeiner 292, 303, Verhandlungen in demselben 306 ff.
Besondere Prüfungstermine 307, 308 A. 15.

Rangordnung der Concursforderungen 95 ff.
Rechtshandlungen des Gemeinschuldners: Anfechtbarkeit solcher R. 136 ff., Nichtigkeit der nach der Concurseröffnung vorgenommenen 218 ff.
Rechtsnachfolge in Concursforderungen 272.
Rückgriffsansprüche der Bürgen und Mitschuldner des Gemeinschuldners als Concursforderungen 75.

Sachverständige: Vernehmung von S. kann von Amtswegen angeordnet werden 246.
Schenkungen: Anfechtbarkeit derselben im Concurse 146 ff.
Schlußrechnung 254, 330, 369.
Schlußtermin 330 ff.
Schlußvertheilung: wann sie stattfindet 315, 328, wie dabei behandelt werden: absonderungsberechtigte Concursgläubiger 318, bedingte Concursgläubiger 321, 343. Verfahren bei der Sch. 329 ff., Zurückbehaltung von Antheilen bei derselben 342.
Schlußverzeichniß 330.
Schuldenmasse: Ermittelung derselben 303 ff.
Sicherungsmaßregeln s. Anordnungen.
Solidarische Verpflichtungen des Gemeinschuldners: Behandlung im Concurse 92 ff.
Stimmenkauf als Grund der Verwerfung eines Zwangsvergleiches 365. Strafe des St. 412.

Tabelle 305. Berichtigung der T. 312.
Theilungsmasse: Begriff 25 A. 20, 27. Herstellung der Th. 295 ff.

Unterbrechung der das Concursvermögen betreffenden Processe durch die Concurseröffnung 54. Beseitigung dieser U.: durch Aufnahme des Verfahrens 55 ff., durch Beendigung des Concursverfahrens 64.
Unterhaltsansprüche als Concursforderungen 76.
Unterstützung des Gemeinschuldners aus der Concursmasse 214, 302.

Veräußerungsverbot: Wirkung des vor der Concurseröffnung an den Gemeinschuldner erlassenen allgemeinen V. 84, 217 A. 3, 286.
Vergleichstermin 356; Verhandlungen in demselben 358 ff., 367.
Verhandlungen im Concursverfahren sind nicht öffentlich 238 A. 12, 268 A. 25.
Verjährung: Einfluß des Concurses auf dieselbe 84.
Vermächtnisse: inwiefern sie in die Concursmasse fallen 125.
Bedingte V.: Ansprüche aus denselben an den Gemeinschuldner sind Concursforderungen 73 A. 23, Ansprüche des Gemeinschuldners aus denselben gehören zur Concursmasse 119 A. 8.
Vermögen, freies des Gemeinschuldners 23, 125. Rechtliche Beziehungen zwischen demselben und der Concursmasse 224 ff.
Vertheilungen: Allgemeines 314 ff. Vorbereitung der V. 316 ff. Weiteres Verfahren bei Abschlagsvertheilungen 323 ff. Schlußvertheilung 328 ff. Nachtragsvertheilungen 336 ff. Vollzug der V. 327, 334, 340 ff.
Vertheilungsverzeichniß: Inhalt 317 ff., Einwendungen gegen das V.: bei Abschlagsvertheilungen 323, bei der Schlußvertheilung 330.
Verträge, gegenseitige: Einwirkung der Concurseröffnung auf die Rechtsverhältnisse daraus 35 ff.
Vertragsstrafen: Behandlung im Concurse 89 A. 10; 91.
Verwaltung der Concursmasse s. Concursmasse.
Verwerthung der Concursmasse s. Concursmasse.
Vollzug der Vertheilungen 327, 334, 340 ff.
Vorführung, zwangsweise des Gemeinschuldners kann angeordnet werden: im Concursverfahren 273, im Vorverfahren 285.
Vorrechte im Concurse 95 ff., 183.

Wahltermin 291, Verhandlungen in demselben 301.
Wechselforderungen als Concursforderungen 76.
Widerspruchsprocesse in Rücksicht auf Concursforderungen 109 ff.
Wiederaufnahme des Concursverfahrens 377 ff.

Zahlungseinstellung: Begriff 279.
Zahlungsstockung: Begriff 280 A. 4.
Zeugen: Vernehmung von Z. kann von Amtswegen angeordnet werden 246.
Zinsen: für die Zeit bis zur Concurseröffnung können im Concurse als Nebenforderungen geltend gemacht werden 92, für die Zeit nach derselben können im Concurse nicht geltend gemacht werden 71.
Zurückbehaltung von Antheilen bei den Vertheilungen 342 ff.
Zustellung, besondere neben der öffentlichen Bekanntmachung: wie sie geschieht 237. Z. der Entscheidungen im Concursverfahren muß von Amtswegen geschehen 239.
Zuwendungen, freigebige des Gemeinschuldners: Forderungen daraus können im Concurse nicht geltend gemacht werden 72. Anfechtbarkeit solcher Z. 146 ff.
Zwangsvergleich 346 ff. Juristische Natur 349 A. 6, Inhalt 350 fg. Unzulässigkeit eines Z. 353. Vergleichsvorschlag 352 ff.; Vorprüfung desselben 354; Beschlußfassung über denselben 355 ff.; Verfahren nach der Annahme 364 ff. Wirkungen des Z. für die Concursgläubiger 371 ff., für die Vergleichsbürgen 374. Anfechtbarkeit des Z. wegen Betruges 376; Entkräftung desselben durch Verurtheilung des Gemeinschuldners wegen betrüglichen Bankeruttes 376.
Z. nach dem Tode des Gemeinschuldners 277.
Z. im Concurse einer Actiengesell-

schaft 391, im Concurse einer sonstigen juristischen Person 396, im Concurse einer offenen Handelsgesellschaft, Commanditgesellschaft, Commanditgesellschaft auf Actien 399, im Concurse über einen Nachlaß 403.

Unstatthaftigkeit eines Z.: im Concurse einer Genossenschaft 392, 393, zur Beendigung eines wiederaufgenommenen Concursverfahrens 381.

Zwangsvollstreckung: in die Concursmasse ist während des Concurses zu Gunsten von Concursgläubigern unstatthaft 81, in das inländische Vermögen eines Schuldners, gegen den im Auslande ein Concursverfahren schwebt, ist statthaft 405.

Zwangsvollstreckungsverfahren gegen den Gemeinschuldner: Einwirkung der Concurseröffnung auf ein solches 64.

II. Quellenregister.

Die Zahlen verweisen auf die Seiten, diejenigen mit vorgesetztem A. auf die Anmerkungen. Die Orte, wo von einer Gesetzesstelle vorzugsweise gehandelt wird, sind durch fetten Druck bezeichnet.

---

1. Gesetz, betreffend die Einführung der Concursordnung.

§. 1 S. 5 A. 6.
§. 2 S. 7 A. 6.
§. 3 Abs. 1 S. 9 A. 12.
= 2 S. 9 A. 13.
= 2 Nr. 3 S. 408 A. 2.
= 3 S. 9 A. 17, 85 A. 26.
= 4 S. 9 A. 18, 100 A. 20, 394 A. 12.
§. 4 Abs. 1 S. 7 A. 7, 29 A. 1.
= 2 S. 8 A. 10, 408 A. 2.
§. 5 Nr. 1 S. 7 A. 5, 123 A. 20, 180 A. 38.
= 2 S. 8 A. 11, 413 A. 17.
§. 6 S. 348 A. 6, 392 A. 12, 411 A. 12 a. E.
§. 7 S. 6 A. 3.
§. 8 S. 8 A. 8.
§. 9 S. 8 A. 9, 155 A. 32.
§. 10 S. 8 A. 9, 182 A. 43, 198 A. 26.
§. 11 S. 8 A. 9, 182 A. 44.
§. 12 S. 8 A. 9, 100 A. 21, 183 A. 45.
§. 13 S. 8 A. 9, 100 A. 21, 183 A. 45.
§. 14 Abs. 1 S. 172 A. 12.
= 2 Nr. 1 S. 173 A. 13.
= 2 S. 173 A. 14.
§. 15 S. 174 A. 16.
§. 16 S. 172 A. 9.
§. 17 S. 174 A. 16.

2. Concursordnung.

§. 1 S. 19 A. 10.
Abs. 1 S. 29 A. 2, 30 A. 5 u. 6, 41 A. 9, 117 A. 2, 123 A. 23, 125 A. 26.
Abs. 2 S. 23 A. 18, 29 A. 2, 32 A. 10, 118 A. 5 u. 6, 119 A. 7, 131 A. 14, 225 A. 24.

Abs. 3 S. 30 A. 5, 41 A. 9, 124 A. 24, 280 A. 4.
§. 2 S. 19 A. 9, 30 A. 6, 66 A. 1, 67 A. 2, 218 A. 4.
§. 3 S. 27 A. 23.
Abs. 1 S. 9 A. 18, 170 A. 2, 175 A. 18.
Abs. 2 S. 65 A. 24, 183 A. 2.
§. 4 Abs. 1 S. 10 A. 20, 77 A. 30.
Abs. 2 S. 10 A. 20, 78 A. 31.
§. 5 Abs. 1 S. 22 A. 16, 30 A. 7, 217 A. 1 u. 2.
Abs. 2 S. 31 A. 8, 197 A. 25, 205 A. 4.
§. 6 S. 32 A. 11.
Abs. 1 S. 114 A. 39, 218 A. 4, 219 A. 6.
Abs. 2 S. 222 A 14.
" 3 S. 218 A. 3, 291 A. 3.
§. 7 Abs. 1 S. 223 A. 18.
" 2 S. 224 A. 20.
" 3 S. 224 A. 20.
§. 8 S. 55 A. 5.
Abs. 1 S. 56 A. 6, 61 A. 16.
Abs. 2 S. 57 A. 7 u. 8, 124 A. 25.
§. 9 S. 55 A. 5, 229 A. 14 u. 15.
Abs. 1 S. 58 A. 9.
" 2 S. 64 A. 21.
§. 10 S. 33 A. 14, 60 A. 11, 81 A. 12, 101 A. 1.
§. 11 S. 24 A. 19, 33 A. 14, 65 A. 24 u. 25, 78 A. 2, 79 A. 6, 81 A. 14, 125 A. 27.
§. 12 S. 33 A. 16, 83 A. 22.
§. 13 S. 84 A. 25, 85 A. 26.
§. 14 S. 121 A. 12.
§. 15 S. 44 A. 20.
Abs. 1 S. 37 A. 5, 46 A. 26.
Abs. 2 S. 38 A. 6, 40 A. 8 a. E.
§. 16 Abs. 1 S. 43 A. 17.
" 2 S. 43 A. 17, 89 A. 8.
Abs. 3 S. 43 A. 18.
§. 17 Nr. 1 S. 47 A. 29.
" 2 S. 46 A. 28.
§. 18 Abs. 1 S. 45 A. 23.
" 2 S. 45 A. 25.
§. 19 S. 41 A. 31.
§. 20 S. 35 A. 2, 42 A. 12 u. 13, 50 A. 33 u. 34.
§. 21 S. 47 A. 28, 51 A. 37 u. 38, S. 52 A. 39.
§. 22 S. 162 A. 2.
§. 23 S. 17 A. 6.
Nr. 1 S. 149 A. 17, 150 A. 19, 153 A. 25, 194 A. 19.
" 2 S. 153 A. 26, 193 A. 18.
§. 24 S. 14 A. 3.
Nr. 1 S. 140 A. 9, 144 A. 3.
" 2 S. 146 A. 8.
§. 25 S. 14 A. 3.
Nr. 1 S. 147 A. 10.
" 2 S. 148 A. 12 u. 14.
§. 26 S. 151 A. 20, 154 A. 27.
§. 27 Abs. 1 S. 152 A. 21.
" 2 S. 152 A. 22.
§. 28 S. 141 A. 12.
§. 29 S. 32 A. 10, 156 A. 1.
§. 30 S. 138 A. 7, 140 A. 9.
Abs. 1 S. 163 A. 4, 168 A. 12, 169 A. 13.

Abs. 2 S. 168 A. 11.
§. 31 S. 167 A. 9.
§. 32 S. 140 A. 9, 152 A. 22, 166 A. 7, 182 A. 41.
§. 33 Abs. 1 S. 155 A. 31.
" 2 Nr. 1 S. 154 A. 29.
" 2 S. 155 A. 30.
§. 34 S. 160 A. 10.
§. 35 S. 199 A. 5.
§. 36 S. 201 A. 10.
§. 37 S. 202 A. 12.
§. 38 S. 204 A. 13 u. 14.
§. 39 Abs. 1 S. 65 A. 24, 170 A. 5.
" 2 S. 171 A. 6.
§. 40 S. 171 A. 7 u. 8.
§. 41 S. 174 A. 17.
Nr. 1 S. 175 A. 19.
" 2 S. 48 A. 30, 176 A. 23.
" 3 S. 176 A. 24.
" 4 S. 48 A. 30, 177 A. 29.
" 5 S. 177 A. 31.
" 6 S. 177 A. 32.
" 7 S. 178 A. 33.
" 8 S. 178 A. 34.
" 9 S. 65 A. 24, 179 A. 35.
§. 42 S. 182 A. 40 u. 43.
§. 43 S. 179 A. 36, 401 A. 4.
§. 44 S. 180 A. 37.
§. 45 S. 7 A. 5, 123 A. 20, 180 A. 38.
§. 46 S. 38 A. 7, 45 A. 21, 188 A. 3, 196 A. 21.
§. 47 Abs. 1 S. 38 A. 7, 45 A. 21, 189 A. 4 u. 5, 190 A. 7, 191 A. 10.
Abs. 2 S. 189 A. 5.
Abs. 3 S. 190 A. 7.
" 4 S. 38 A. 7, 189 A. 4.
§. 48 Nr. 1 S. 192 A. 14 u. 16.
" 2 S. 192 A. 14, 193 A. 17.
" 3 S. 194 A. 19, 197.
§. 49 S. 195 A. 20, 197.
§. 50 S. 127 A. 1.
§. 51 Nr. 1 S. 130 A. 6, 288 A. 35.
" 2 S. 98 A. 8, 129 A. 5, 130 A. 9.
" 3 S. 119 A. 7, 131 A. 14.
§. 52 Nr. 1 S. 62 A. 18, 97 A. 6, 112 A. 36, 132 A. 15.
" 2 S. 37 A. 5, 44 A. 20, 46 A. 26, 47 A. 30, 49 A. 32, 97 A. 6, 128 A. 3, 132 A. 18, 133 A. 19.
" 3 S. 133 A. 20, 289 A. 36, 313 A. 29.
§. 53 S. 135 A. 22.
§. 54 Eingang S. 95 A. 2, 100 A. 19.
Nr. 1 S. 49 A. 32, 96 A. 6.
" 2 S. 97 A. 8.
" 3 S. 98 A. 11.
" 4 S. 99 A. 16.
" 5 S. 99 A. 17.
" 6 S. 95 A. 2, 99 A. 18.
§. 55 Nr. 1 S. 62 A. 18, 91 A. 17.
" 2 S. 91 A. 18.
" 3 S. 92 A. 19.

§. 56 S. 66 A. 1, 73 A. 21, 188 A. 3. 372 A. 1.
Nr. 1 S. 71 A. 17.
" 2 S. 71 A. 17.
" 3 S. 69 A. 9, 72 A. 19.
" 4 S. 72 A. 20.
§. 57 S. 70 A. 12, 94 A. 23, 95 A. 25, 187 A. 12, 400 A. 14 u. 16.
§. 58 S. 73 A. 22.
Abs. 2 S. 33 A. 17, 87 A. 4, 88 A. 5.
§. 59 S. 74 A. 23 a. E., 91 A. 15, 191 A. 9, 322 A. 21.
§. 60 S. 73 A. 23, 90 A. 12.
§. 61 S. 93 A. 21, 94 A. 24.
§. 62 S. 33 A. 17, 87 A. 2, 88 A. 6, 89 A. 8 u. 9.
§. 63 S. 89 A. 7.
§. 64 Abs. 1 S. 244 A. 1.
" 2 S. 245 A. 3, 404 A. 2.
§. 65 S. 6 A. 2, 235 A. 1.
§. 66 Abs. 1 S. 238 A. 10.
" 2 S. 239 A. 15.
" 3 S. 240 A. 17, 243 A. 29.
§. 67 S. 246 A. 12, 273 A. 2.
§. 68 Abs. 1 S. 236 A. 4 u. 5.
" 2 S. 236 A. 6.
" 3 S. 237 A. 7.
§. 69 Abs. 1 S. 237 A. 8.
" 2 S. 237 A. 9.
§. 70 Abs. 1 S. 247 A. 1 u. 2.
" 2 S. 252 A. 25.
§. 71 S. 255 A. 38.
§. 72 S. 247 A. 1 u. 3, 254 A. 33.
§. 73 Abs. 1 S. 249 A. 9.
" 2 S. 249 A. 10 u. 11.
§. 74 S. 250 A. 18.
§. 75 S. 250 A. 20.
§. 76 Abs. 1 S. 251 A. 21, 253 A. 30 u. 31, 260 A. 20.
Abs. 2 251 A. 21, 253 A. 31.
§. 77 S. 250 A. 19.
§. 78 S. 251 A. 24, 254 A. 34, 255 A. 37, 260 A. 19, 330 A. 7, 369 A. 20.
§. 79 Abs. 1 S. 258 A. 8, 259 A. 10.
Abs. 2 S. 256 A. 1, 257 A. 2 u. 3.
§. 80 S. 216 A. 48.
Abs. 1 S. 259 A. 14, 260 A. 15.
Abs. 2 S. 260 A. 17.
§. 81 S. 258 A. 6, 259 A. 12.
§. 82 S. 257 A. 2, 261 A. 24.
§. 83 S. 258 A. 7, 259 A. 12.
§. 84 S. 257 A. 3, 259 A. 9.
§. 85 Abs. 1 S. 263 A. 8 u. 9, 264 A. 11, 272 A. 10.
Abs. 2 S. 263 A. 8, 264 A. 12 u. 13.
§. 86 Abs. 1 S. 268 A. 25.
" 2 S. 257 A. 2, 268 A. 26 u. 28, 272 A. 11.
Abs. 3 S. 269 A. 29.
§. 87 Abs. 1 S. 266 A. 20, 267 A. 22, 311 A. 24.
Abs. 2 S. 267 A. 23.
Abs. 3 S. 267 A. 22 u. 23.
§. 88 S. 268 A. 24.
§. 89 S. 269 A. 30.

§. 90 S. 264 A. 12.
§. 91 S. 269 A. 31.
§. 92 S. 273 A. 2.
§. 93 Abs. 1 S. 273 A. 6.
„ 2 S. 274 A. 7, 277 A. 16, 391 A. 9.
§. 94 Abs. 1 S. 279 A. 1.
„ 2 S. 279 A. 3.
§. 95 Abs. 1 S. 281 A. 5.
„ 2 S. 281 A. 6.
§. 96 S. 283 A. 13, 284 A. 17.
§. 97 Abs. 1 S. 282 A. 11.
„ 2 S. 282 A. 13.
„ 3 S. 283 A. 14.
§. 98 Abs. 1 S. 84 A. 24, 285 A. 22, 286 A. 23 u. 24.
Abs. 2 S. 287 A. 26.
§. 99 S. 288 A. 30.
§. 100 Abs. 1 S. 290 A. 2.
„ 2 S. 290 A. 1 u. 3.
§. 101 S. 289 A. 37.
§. 102 Abs. 1 S. 247 A. 2 u. 3, 291 A. 4.
Abs. 2 S. 293 A. 10.
§. 103 Abs. 1 S. 293 A. 11.
„ 2 S. 293 A. 12.
„ 3 S. 293 A. 13.
§. 104 S. 294 A. 14.
§. 105 S. 226 A. 1, 294 A. 15.
§. 106 S. 294 A. 17.
§. 107 S. 205 A. 2, 295 A. 2, 302 A. 23.
§. 108 S. 184 A. 3, 292 A. 8, 296 A. 4 u. 5.
§. 109 S. 184 A. 3, 292 A. 8, 296 A. 4.
§. 110 S. 184 A. 4, 296 A. 5.
§. 111 Abs. 1 S. 297 A. 6.
„ 2 S. 297 A. 7.
§. 112 Abs. 1 S. 298 A. 9.
„ 2 S. 298 A. 8.
§. 113 Abs. 1 S. 298 A. 10.
„ 2 S. 299 A. 11.
§. 114 S. 300 A. 12 u. 13.
§. 115 S. 32 A. 10, 277 A. 16, 300 A. 16, 384 A. 16, 391 A. 9.
§. 116 S. 65 A. 25, 184 A. 5, 208 A. 13.
§. 117 S. 208 A. 13.
Abs. 1 S. 185 A. 6 u. 7.
Abs. 2 S. 186 A. 9, 319 A. 8.
§. 118 Abs. 1 S. 215 A. 44 u. 45, 216 A. 47.
Abs. 2 S. 216 A. 46 u. 47.
§. 119 S. 301 A. 18.
§. 120 Abs. 1 S. 215 A. 43, 302 A. 21.
Abs. 2 S. 253 A. 27, 260 A. 18, 302 A. 22.
§. 121 S. 209 A. 20.
Nr 1. S. 302 A. 24, 353 A. 2.
„ 2
§. 122 S. 211 A. 28.
Nr. 2 S. 124 A. 25, 126 A. 30, 212 A. 33.
§. 123 Abs. 1 S. 213 A. 38.
„ 2 S. 214 A. 39.
§. 124 S. 207 A. 11, 213 A. 37, 214 A. 40.
§. 125 S. 216 A. 49, 260 A. 16.
§. 126 S. 303 A. 2 u. 3.
§. 127 S. 101 A. 1 u. 4, 304 A. 5, 6 u. 7.

§. 128 Abs. 1 S. 305 A. 8.
» 2 S. 102 A. 5, 306 A. 10.
§. 129 Abs. 1 S. 102 A. 6, 310 A. 21.
Abs. 2 S. 309 A. 19, 313 A. 31.
§. 130 S. 304 A. 4.
Abs. 1 S. 307 A. 12 u. 13.
Abs. 2 S. 102 A. 4, 307 A. 14.
Abs. 3 S. 307 A. 15.
§. 131 S. 309 A. 16.
§. 132 Abs. 1 S. 103 A. 8, 104 A. 9, 106 A. 13, 113 A. 39, 312 A. 26, 313 A. 32.
Abs. 2 S. 115 A. 42.
§. 133 Abs. 1 S. 312 A. 28, 313 A. 30.
Abs. 2 S. 105 A. 11, 106 A. 13, 232 A. 22, 312 A. 26.
§. 134 S. 106 A. 13, 312 A. 27.
Abs. 1 S. 106 A. 14 u. 16, S. 107 A. 17, 110 A. 29 a. E.
Abs. 2 S. 108 A. 20, 109 A. 22 u. 24, 110 A. 29 a. E.
Abs. 3 S. 109 A. 23, 115 A. 42.
Abs. 4 S. 106 A. 15.
» 5 S. 60 A. 13, 109 A. 24.
Abs. 6 S. 85 A. 27, 110 A. 28, 111 A. 31, 317 A. 5, 380 A. 20, 394 A. 10.
Abs. 7 S. 112 A. 34, 313 A. 29.
§. 135 S. 106 A. 13, 111 A. 32, 112 A. 34, 113 A. 37, 133 A. 20, 232 A. 22, 312 A. 27
§. 136 S. 108 A. 21, 113 A. 38.
§. 137 S. 115 A. 1.
§. 138 S. 316 A. 6 u. 7.
§. 139 S. 317 A. 4, 330 A. 5, 340 A. 9.
§. 140 S. 106 A. 14, 110 A. 28, 318 A. 6, 320 A. 12 u. 13.
§. 141 S. 320 A. 12.
Abs. 1 S. 318 A. 7, 320 A. 13.
Abs. 2 S. 319 A. 8.
§. 142 Abs 1 S. 90 A. 11, 321 A. 18.
Abs. 2 S. 90 A. 13 u. 14, 311 A. 22, 321 A. 17.
§. 143 S. 320 A. 14 u. 16, 326 A. 11.
§. 144 S. 90 A. 13, 319 A. 9, 322 A. 19, 337 A. 2.
§. 145 S. 322 A. 22, 330 A. 5.
§. 146 Abs. 1 S. 323 A. 2.
» 2 S. 324 A. 3, 5 u. 6.
§. 147 Abs. 1 S. 325 A. 9.
» 2 S. 327 A. 16, 334 A. 19, 340 A. 12, 341 A. 2.
§. 148 S. 238 A. 18, 353 A. 2, 356 (355) A. 15.
§. 149 Abs. 1 S. 315 A. 2, 329 A. 1.
Abs. 2 S. 316 A. 8, 329 A. 3.
§. 150 Abs. 1 S. 331 A. 10.
» 2 S. 331 A. 12.

§. 151 S. 226 A. 1.
Abs. 1 S. 334 A. 21, 335 A. 23.
Abs. 2 S. 335 A. 24, 25 u. 26.
Abs. 3 S. 335 A. 25.
§. 152 Abs. 1 S. 230 A. 19, 336 A. 29.
Abs. 2 S. 114 A. 39 u. 41, 115 A. 43, 232 A. 23, 313 A. 34, 336 A. 30.
Abs. 3 S. 115 A. 41 a. E.
§. 153 S. 315 A. 3, 332 A. 13, 333 A. 16.
Abs. 1 S. 316 A. 9 u. 1, 336 A. 31, 337 A. 1 u. 2, 338 A. 3, 339 A. 5—8.
Abs. 2 S. 220 A. 10, 334 A. 17, 337 A. 1, 338 A. 4.
§. 154 S. 340 A. 1.
§. 155 Nr. 1 S. 110 A. 28, 318 A. 6 a. E., 343 A. 8.
„ 2 S. 90 A. 12, 322 A. 19, 343 A. 10, 344 A. 11.
„ 3 S. 319 A. 9 344 A. 12.
„ 4 S. 91 A. 16, 311 A. 23, 322 A. 21, 343 A. 9.
§. 156 S. 341 A. 3, 345 A. 13, 14 u. 15.
§. 157 S. 315 A. 5.
§. 158 S. 190 A. 8, 322 A. 20.
§. 159 S. 326 A. 11, 327 A. 14, 333 A. 15, 340 A. 9 u. 11.
§. 160 S. 350 A. 6, 352 A. 1, 353 A. 2, 356 A. 2, 361 A. 18 u. 21 a. E.
§. 161 S. 353 A. 5, 359 A. 12.
§. 162 S. 354 A. 6.
Nr. 3 S. 381 A. 21.
§. 163 S. 353 A. 3, 355 A. 13.
§. 164 Abs. 1 S. 355 A. 14.
„ 2 S. 355 A. 15.
§. 165 S. 353 A. 4, 357 A. 6.
§. 166 S. 356 A. 3, 357 A. 5.
§. 167 S. 357 A. 4.
§. 168 S. 360 A. 14 u. 16.
§. 169 Abs. 1 Nr. 1 S. 272 A. 11, 361 A. 18, 362 A. 23.
„ 2 S. 361 A. 18, 362 A. 25.
Abs. 2 S. 363 A. 27.
§. 170 Abs. 1 S. 364 A. 1.
„ 2 S. 367 A. 13, 368 A. 17.
§. 171 S. 367 A. 14.
§. 172 Nr. 1 S. 360 A. 14, 364 A. 3.
„ 2 S. 365 A. 4.
§. 173 Abs. 1 S. 366 A. 7.
Nr. 1 S. 365 A. 5.
„ 2 S. 365 A. 6.
Abs. 2 S. 366 A. 11.
§. 174 Abs. 1 S. 368 A. 15.
„ 2 S. 367 A. 14, 368 A. 16.
Abs. 3 S. 368 A. 18.
§. 175 S. 226 A. 1.
Abs. 1 S. 359 A. 13, 368 A. 19, 370 A. 25.

Abs. 2 S. 370 A. 26.
" 3 S. 370 A. 26.
§. 176 S. 361 A. 17, 369 A. 22.
§. 177 S. 227 A. 8, 371 A. 28.
§. 178 S. 230 A. 19, 232 A. 21, 371 A. 1, 372 A. 3.
§. 179 S. 232 A. 23, 313 A. 34, 352 A. 1, 374 A. 7 u. 8.
§. 180 S. 375 A. 11.
§. 181 S. 359 A. 13, 375 A. 1.
§. 182 Abs. 1 S. 351 A. 7, 376 A. 3.
Abs. 2 S. 376 A. 4.,
§. 183 Abs. 1 S. 351 A. 7 376 A. 5.
Abs. 2 S. 377 A. 6.
§. 184 Abs. 1 S. 359 A. 13, 377 A. 7 u. 8.
Abs. 2 S. 378 A. 9.
§. 185 S. 379 A. 11.
§. 186 Abs. 1 S. 379 A. 14.
" 2 S. 379 A. 12, 13 u. 15.
§. 187 Abs. 1 S. 380 A. 16 u. 17.
Abs. 2 S. 380 A. 19.
§. 188 S. 351 A. 8 a. E.
Abs. 1 S. 362 A. 25, 382 A. 5 u. 6, 385 A. 17, 18 u. 19.
Abs. 2 S. 383 A. 7, 386 A. 20 u. 21.
§. 189 Abs. 1 S. 381 A. 4, 383 A. 10, 384 A. 12 u. 14, 385 A. 17, 387 A. 22.
Abs. 2 S. 384 A. 15.
§. 190 S. 387 A. 23.
§. 191 S. 226 A. 1, 388 A. 27.
§. 192 S. 388 A. 29.
Abs. 1 S. 227 A. 8.
Abs. 2 S. 114 A. 41, 230 A. 19, 232 A. 23, 314 A. 34, 388 A. 30.
§. 193 Abs. 1 S. 389 A. 2.
" 2 S. 389 A. 3.
§. 194 Abs. 1 S. 390 A. 4.
" 2 S. 390 A. 5 u. 6.
§. 195 Abs. 1 S. 392 A. 3.
" 2 S. 392 A. 4, 393 A. 5 u. 6.
§. 196 Abs. 1 S. 393 A. 7, 398 A. 10.
Abs. 2 S. 348 A. 2, 394 A. 9.
§. 197 S. 394 A. 10 u. 13, 395 A. 14
§. 198 Abs. 1 S. 397 A. 4 u. 5.
Abs. 2 S. 397 A. 6.
§. 199 Abs. 1 S. 398 A. 7.
" 2 S. 398 A. 8.
§. 200 S. 399 A. 12.
§. 201 Abs. 1 S. 400 A. 16.
" 2 S. 9 A. 18, 399 A. 13, 400 A. 14 u. 17.
§. 202 S. 402 A. 6.
§. 203 S. 402 A. 7.
§. 204 S. 402 A. 5.
§. 205 Abs. 1 S. 402 A. 10.
" 2 S. 403 A. 11.
§. 206 S. 277 A. 17, 353 A. 3, 403 A. 13.
§. 207 Abs. 1 S. 10 A. 20, 406 A. 13.
Abs. 2 S. 10 A. 20, 406 A. 14.
§. 208 S. 10 A. 20, 404 A. 2.
Abs. 1 S. 405 A. 7 u. 9.
" 2 S. 405 A. 7.
" 3 S. 405 A. 8.
" 4 S. 405 A. 12.

§. 209 S. 14 A. 2, 408 A. 4, 409 A. 8.
§. 210 S. 14 A. 2, 408 A. 4, 409 A. 10.
§. 211 S. 17 A. 6, 19 A. 8, 408 A. 4, 410 A. 11.
§. 212 S. 14 A. 2, 408 A. 4, 412 A. 13.
§. 213 S. 412 A. 15.
§. 214 S. 408 A. 4, 411 A. 12.

3. Gesetz, betreffend die Anfechtung von Rechtshandlungen eines Schuldners außerhalb des Concursverfahrens, vom 21. Juli 1879.

§. 3 S. 14 A. 3.
Nr. 1 S. 144 A. 3.
" 2 S. 146 A. 8.
" 3 S. 147 A. 10.
" 4 S. 148 A. 12 u. 14.
§. 7 S. 156 A. 1.
Abs. 1 S. 163 A. 4.
" 2 S. 168 A. 11.
§. 11 Abs. 1 S. 155 A. 31.
" 2 Nr. 1 S. 154 A. 29.
" 2 S. 155 A. 30.
§. 13 Abs. 1 S. 133 A. 20, 158 A. 3.
Abs. 2 S. 55 A. 4, 56 A. 6, 158 A. 4, 159 A. 6.
Abs. 3 S. 150 A. 19, 158 A. 3.
Abs. 4 S. 159 A. 6, 160 A. 10, 231 A. 19 a. E.
Abs. 5 S. 79 A. 2, 125 A. 27, 157 A. 2, 218 A. 4.
§. 14 S. 155 A. 32.

4. Allgemeines Deutsches Handelsgesetzbuch.

Art. 122 S. 7 A. 7, 9 A. 18, 399 A. 13, 400 A. 17.
Art. 169 S. 7 A. 7, 400 A. 17.
Art. 259 S. 147 A. 10 a. E.
Art. 368 S. 204 A. 13.
Art. 446 Abs. 1 S. 124 A. 24.

Buchdruckerei von Gustav Schade (Otto Francke) in Berlin N.

FSC
www.fsc.org
MIX
Papier | Fördert
gute Waldnutzung
FSC® C083411

Kolibri 360 GmbH
Ferdinand-Jühlke-Straße 7
99095 Erfurt, Deutschland
produktsicherheit@kolibri360.de